מחזור קורן לשלוש רגלים • נוסח אשכנז

קורן ירושלים

מחזור קורן
לשלוש רגלים

שלש
רגלים
תחג
לי
בשנה

ערוך ומוגה בידי
הרב דוד פוקס

•

הוצאת קורן ירושלים

מחזור קורן לשלוש רגלים
מהדורה רביעית © תשפ״ד (2024)
הוצאת קורן ירושלים
ת״ד 4044 ירושלים 9104001
www.korenpub.co.il

אשכנז, מהדורה אישית, כריכה קשה, מסת״ב: 978-965-301-845-7.
אשכנז, מהדורה אישית, עור בהיר, מסת״ב: 978-965-301-839-6.
אשכנז, מהדורה אישית, עור כהה, מסת״ב: 978-965-301-842-6.
סט מחזורים אשכנז, מהדורה אישית, עור חום, מסת״ב: 978-965-7812-34-1

Printed in PRC

6ברצא

תוכן

סוכות

שמחת תורה

שבת חול המועד

חול המועד

תפילות נוספות

מבוא למהדורה החדשה

רוּחַ ה׳ דִּבֶּר־בִּי וּמִלָּתוֹ עַל־לְשׁוֹנִי (שמואל ב׳ כג, ב)

אנשי ישראל – חקלאים, סוחרים, ובעלי מלאכה – הניחו עיסוקם, רחצו ידיהם, פשטו בגדי עבודתם ועטו לבוש חג. שלוש פעמים בשנה עזבו את מקום מושבם ואת חיי השגרה, ועלו, לעתים עם משפחותיהם, אל המקדש, נוכח פני ה׳. האדם הגיע לראות ולהיראות – לראות את עצמו, עם כל עם ישראל, כאילו הוא יצא ממצרים; לראות את התגלות ה׳, עם כל עם ישראל, כמו שראה העם את הקולות בהר סיני; ולראות, עם כל עם ישראל, את חיבת המקום ברוך הוא לעמו האהוב, במבט חטוף לתוך קודשי הקודשים (יומא נד ע״א). האדם הניצב אל מול הנסים הגלויים שהיו במקדש, היה יכול לראות את יד ה׳ פועלת במובהק בעולם ולהתוודע גם לכך שה׳ רואה אותו. במפגש זה הוא נחשף לנוכחות הסמויה של ה׳ גם בחיי היום־יום שלו, נוכחות המקרינה על עברו, מרוממת אותו וממלאת אותו בתחושת שליחות בשובו אל ביתו ואל מלאכתו.

בהיעדר המקדש המפגש הזה לכאורה אבד. וכל עתידנו תלוי על בלימה: איך אפשר למנוע מחיי האומה הכלליים והפרטיים להידרדר לרצף ממושך של חיי חול חסרי תכלית וריקים מתוכן? מה יעצור את החד־גוניות של השגרה מלחנוק את הרוח ואת הלב של עם ישראל? אלמלא התגלות ה׳ אלינו בעצם הפנייה שלנו אליו בתפילתנו, העם היה נידון לניוול צביונו הרוחני, חשוך מפגש עם ריבון העולם. אולם ה׳ מתגלה בקרבנו, והוא מעודד אותנו לפנות אליו, כדברי דוד המלך לה׳ (רש״י על תהלים כו, ח): ״לך אמר לבי בַּקְּשׁוּ פָנָי׳ – בשבילך, בשליחותך אומר לי לבי: ׳בקשו כולכם, ישראל, את פני!׳ ואני שומע לו – ׳את־פניך ה׳ אבקש׳״. מוקד המפגש עם ה׳ הוא בלבנו, בעידוד ה׳ לבקש אותו בתפילה.

הוצאת קורן קיבלה על עצמה את האחריות הכבדה להגיש את מילות התפילה בעלות הכוח הרוחני הכביר, למי שעומד לאומרן בִּרְגָלִים לפני בוראו. מלאכות רבות כרוכות בהכנת מחזור תפילה – בירור קפדני של נוסח התפילות, הגהה מדוקדקת, תכנון מבנה התפילה ועימוד מחושב. מטרתם של כל אלה לשרת את המתפלל. כמובן,

אין בזה כדי להחליף את כוונת הלב, אך בכלים שברשותנו עשינו כל שביכולתנו להעצים את המעמד הרם הזה.

על עיקר עריכת נוסח התפילות ותוכן ההערות שקד שעות רבות הרב דוד פוקס בכישרונו הייחודי, והרב חנן בניהו סייע וייעץ לו. את המחזור עימדה אסתר באר על פי העקרונות שקבע אליהו קורן ז״ל. על מלאכת ההגהה עמלה אפרת גרוס, ועל עיצוב הכריכה עמל אליהו משגב.

מן הראוי לציין כמה הבדלים בין המהדורה הקודמת של המחזור ובין מהדורה זו:

- שיפרנו את העריכה ואת העיצוב.
- הוספנו הנחיות רבות הפותחות את קטעי התפילה.
- הבאנו בסוף המחזור את הקריאות בתורה ואת הפיוטים הנאמרים בקהילות בחו״ל.

הוצאת קורן עשתה את מרב המאמצים כדי שישראל ׳לא ייכשלו בלשונם... ואל יאמר פיהם דבר שלא ברצונך׳. אנו תקווה שלא נפלה תקלה מתחת ידינו, ושסייענו למחלים פני ה׳, שאמרי פיהם יהיו לרצון.

׳יָהּ אֵלִי וְגוֹאֲלִי אֶתְיַצְּבָה לִקְרָאתֶךָ׳

יהושע מילר, עורך ראשי
ירושלים, א׳ לראש חודשים ה׳תשע״ו

ערב שבת ויום טוב

ערב שבת ויום טוב

ביעור חמץ

״אור לארבעה עשר בודקין את החמץ לאור הנר״ (פסחים ב ע״א).

נוהגים לבדוק את החמץ מיד לאחר צאת הכוכבים,
ואין להפסיק בין הברכה לביטול החמץ שבסוף הבדיקה.

בָּרוּךְ אַתָּה יהוה אֱלֹהֵינוּ מֶלֶךְ הָעוֹלָם
אֲשֶׁר קִדְּשָׁנוּ בְּמִצְוֹתָיו וְצִוָּנוּ עַל בִּעוּר חָמֵץ.

לאחר הבדיקה מבטל את החמץ ואומר:

כָּל חֲמִירָא וַחֲמִיעָא דְּאִכָּא בִרְשׁוּתִי, דְּלָא חֲמִתֵּהּ וּדְלָא בִעַרְתֵּהּ לִבְטִיל וְלֶהֱוֵי הֶפְקֵר כְּעַפְרָא דְאַרְעָא.

בערב פסח בבוקר לאחר שרפת החמץ (ואם ערב פסח חל בשבת, לאחר ביעורו) מבטל את החמץ שוב ואומר:

כָּל חֲמִירָא וַחֲמִיעָא דְּאִכָּא בִרְשׁוּתִי, דַּחֲמִתֵּהּ וּדְלָא חֲמִתֵּהּ דְּבִעַרְתֵּהּ וּדְלָא בִעַרְתֵּהּ, לִבְטִיל וְלֶהֱוֵי הֶפְקֵר כְּעַפְרָא דְאַרְעָא.

עירוב תחומין

״וּמַדֹּתֶם מִחוּץ לָעִיר אֶת־פְּאַת־קֵדְמָה אַלְפַּיִם בָּאַמָּה... וְהָעִיר בַּתָּוֶךְ, זֶה יִהְיֶה לָהֶם מִגְרְשֵׁי הֶעָרִים״ (במדבר לה, ה). מכאן למדו חכמים (עירובין נא ע״א) שלכל מקום יישוב ישנו תחום של אלפיים אמה, ואין לצאת ממנו בשבת וביום טוב. אך אדם יכול להגדיר מקום אחר כמקום שביתתו, וכך לשנות את גבולות התחום שבו הוא רשאי ללכת (רמב״ם, עירובין פ״ו ה״א). פעולה זו נקראת 'עירוב תחומין'.

מניח מזון המספיק לשתי סעודות, במרחק פחות מאלפיים אמה מהמקום שיקבל בו שבת או יום טוב ומהמקום שרוצה להגיע אליו בשבת, ומברך:

בָּרוּךְ אַתָּה יהוה אֱלֹהֵינוּ מֶלֶךְ הָעוֹלָם
אֲשֶׁר קִדְּשָׁנוּ בְּמִצְוֹתָיו וְצִוָּנוּ עַל מִצְוַת עֵרוּב.

ואומר:

בארמית: **בְּדֵין עֵרוּבָא יְהֵא שְׁרֵא לִי לְמֵיזַל מֵאַתְרָא הָדֵין תְּרֵין אַלְפִּין אַמִּין לְכָל רוּחָא.**

או בעברית: **בְּעֵרוּב זֶה יְהֵא מֻתָּר לִי לָלֶכֶת מִמָּקוֹם זֶה אַלְפַּיִם אַמָּה לְכָל רוּחַ.**

עירוב חצרות (בשבת)

מדין תורה, בשבת אסור להוציא חפץ מרשות היחיד לרשות הרבים ולהפך או לטלטלו ארבע אמות בתחום רשות הרבים (שבת צו ע״ב). וחכמים אסרו לטלטל גם ברשות היחיד, המשותפת לכמה יהודים, אם לא השתתפו לפני שבת ב׳עירוב חצרות׳ (רמב״ם, עירובין פ״א ה״ב–ה״ו).

במקומות רבים נוהגים שהרב המקומי מערב לכל תושבי השכונה או העיר, ויש שמערערים על המנהג.

במקום שאין בו עירוב תקין, אדם הבקי בהלכות עירובין מערב לכולם ומברך:

בָּרוּךְ אַתָּה יהוה אֱלֹהֵינוּ מֶלֶךְ הָעוֹלָם
אֲשֶׁר קִדְּשָׁנוּ בְּמִצְוֹתָיו וְצִוָּנוּ עַל מִצְוַת עֵרוּב.

ואומר:

בארמית: **בְּדֵין עֵרוּבָא יְהֵא שְׁרֵא לָנָא לְטַלְטוּלֵי וּלְאַפּוּקֵי וּלְעַיּוּלֵי מִן הַבָּתִּים לֶחָצֵר וּמִן הֶחָצֵר לַבָּתִּים וּמִבַּיִת לְבַיִת לְכָל הַבָּתִּים שֶׁבֶּחָצֵר.**

או בעברית: **בְּעֵרוּב זֶה יְהֵא מֻתָּר לָנוּ לְטַלְטֵל, לְהַכְנִיס וּלְהוֹצִיא מִן הַבָּתִּים לֶחָצֵר וּמִן הֶחָצֵר לַבָּתִּים וּמִבַּיִת לְבַיִת לְכָל הַבָּתִּים שֶׁבֶּחָצֵר.**

עירוב תבשילין

אם יום טוב חל בערב שבת, אסור להכין אוכל מיום טוב לשבת, אלא אם כן הניחו ׳עירובי תבשילין׳ (שו״ע תקכז, א).

המערב לוקח בערב יום טוב פת ותבשיל שהוא מייעד לאוכלם בשבת, ומברך:

בָּרוּךְ אַתָּה יהוה אֱלֹהֵינוּ מֶלֶךְ הָעוֹלָם
אֲשֶׁר קִדְּשָׁנוּ בְּמִצְוֹתָיו וְצִוָּנוּ עַל מִצְוַת עֵרוּב.

ואומר:

בארמית: **בְּדֵין עֵרוּבָא יְהֵא שְׁרֵא לָנָא לְמֵיפָא וּלְבַשָּׁלָא וּלְאַטְמָנָא וּלְאַדְלָקָא שְׁרָגָא וּלְמֶעְבַּד כָּל צָרְכָּנָא מִיּוֹמָא טָבָא לְשַׁבְּתָא לָנוּ וּלְכָל יִשְׂרָאֵל הַדָּרִים בָּעִיר הַזֹּאת.**

או בעברית: **בְּעֵרוּב זֶה יְהֵא מֻתָּר לָנוּ לֶאֱפוֹת וּלְבַשֵּׁל וּלְהַטְמִין וּלְהַדְלִיק נֵר, וּלְהָכִין כָּל צָרְכֵּנוּ מִיּוֹם טוֹב לְשַׁבָּת לָנוּ וּלְכָל יִשְׂרָאֵל הַדָּרִים בָּעִיר הַזֹּאת.**

הדלקת נרות

בערב יום טוב (בשבת יש להוסיף את המילים בסוגריים):

בָּרוּךְ אַתָּה יהוה אֱלֹהֵינוּ מֶלֶךְ הָעוֹלָם
אֲשֶׁר קִדְּשָׁנוּ בְּמִצְוֹתָיו
וְצִוָּנוּ לְהַדְלִיק נֵר שֶׁל (שַׁבָּת וְשֶׁל) יוֹם טוֹב.

ביום טוב (פרט לשביעי של פסח) מברכים 'שֶׁהֶחֱיָנוּ':

בָּרוּךְ אַתָּה יהוה אֱלֹהֵינוּ מֶלֶךְ הָעוֹלָם
שֶׁהֶחֱיָנוּ וְקִיְּמָנוּ, וְהִגִּיעָנוּ לַזְּמַן הַזֶּה.

בערב שבת:

בָּרוּךְ אַתָּה יהוה אֱלֹהֵינוּ מֶלֶךְ הָעוֹלָם
אֲשֶׁר קִדְּשָׁנוּ בְּמִצְוֹתָיו
וְצִוָּנוּ לְהַדְלִיק נֵר שֶׁל שַׁבָּת.

תפילה לאישה אחרי שהדליקה נרות:

יְהִי רָצוֹן מִלְּפָנֶיךָ יהוה אֱלֹהַי וֵאלֹהֵי אֲבוֹתַי, שֶׁתְּחוֹנֵן אוֹתִי (אישה נשואה מוסיפה: **וְאֶת אִישִׁי** / אם הוריה חיים: **וְאֶת אָבִי / וְאֶת אִמִּי** / אם יש לה ילדים: **וְאֶת בָּנַי וְאֶת בְּנוֹתַי**) **וְאֶת כָּל קְרוֹבַי, וְתִתֶּן לָנוּ וּלְכָל יִשְׂרָאֵל חַיִּים טוֹבִים וַאֲרֻכִּים, וְתִזְכְּרֵנוּ בְּזִכְרוֹן טוֹבָה וּבְרָכָה, וְתִפְקְדֵנוּ בִּפְקֻדַּת יְשׁוּעָה וְרַחֲמִים, וּתְבָרְכֵנוּ בְּרָכוֹת גְּדוֹלוֹת, וְתַשְׁלִים בָּתֵּינוּ וְתַשְׁכֵּן שְׁכִינָתְךָ בֵּינֵינוּ. וְזַכֵּנִי לְגַדֵּל בָּנִים וּבְנֵי בָנִים חֲכָמִים וּנְבוֹנִים, אוֹהֲבֵי יהוה יִרְאֵי אֱלֹהִים, אַנְשֵׁי אֱמֶת זֶרַע קֹדֶשׁ, בַּיהוה דְּבֵקִים וּמְאִירִים אֶת הָעוֹלָם בַּתּוֹרָה וּבְמַעֲשִׂים טוֹבִים וּבְכָל מְלֶאכֶת עֲבוֹדַת הַבּוֹרֵא. אָנָּא שְׁמַע אֶת תְּחִנָּתִי בָּעֵת הַזֹּאת בִּזְכוּת שָׂרָה וְרִבְקָה וְרָחֵל וְלֵאָה אִמּוֹתֵינוּ, וְהָאֵר נֵרֵנוּ שֶׁלֹּא יִכְבֶּה לְעוֹלָם וָעֶד, וְהָאֵר פָּנֶיךָ וְנִוָּשֵׁעָה. אָמֵן.**

מנחה לימות החול

"וַיְהִי בַּעֲלוֹת הַמִּנְחָה וַיִּגַּשׁ אֵלִיָּהוּ הַנָּבִיא וַיֹּאמַר" (מלכים א׳ יח, לו).

ראוי לומר גם לפני תפילת מנחה את פרשת קרבן התמיד (איגרת התשובה לר׳ יונה, ע).
רבים נוהגים לומר את סדר הקרבנות שלפני תפילת שחרית (עמ׳ 93-96)
פרט לפרשת תרומת הדשן ולסדר המערכה.

"אמר רבי אלעזר אמר רבי אבינא: כל האומר 'תְּהִלָּה לְדָוִד' בכל יום שלש פעמים – מובטח לו שהוא בן העולם הבא" (ברכות ד ע״ב).

תהלים פד אַשְׁרֵי יוֹשְׁבֵי בֵיתֶךָ, עוֹד יְהַלְלוּךָ סֶּלָה:

תהלים קמד אַשְׁרֵי הָעָם שֶׁכָּכָה לּוֹ, אַשְׁרֵי הָעָם שֶׁיהוה אֱלֹהָיו:

תהלים קמה תְּהִלָּה לְדָוִד

אֲרוֹמִמְךָ אֱלוֹהַי הַמֶּלֶךְ, וַאֲבָרְכָה שִׁמְךָ לְעוֹלָם וָעֶד:
בְּכָל־יוֹם אֲבָרְכֶךָּ, וַאֲהַלְלָה שִׁמְךָ לְעוֹלָם וָעֶד:
גָּדוֹל יהוה וּמְהֻלָּל מְאֹד, וְלִגְדֻלָּתוֹ אֵין חֵקֶר:
דּוֹר לְדוֹר יְשַׁבַּח מַעֲשֶׂיךָ, וּגְבוּרֹתֶיךָ יַגִּידוּ:
הֲדַר כְּבוֹד הוֹדֶךָ, וְדִבְרֵי נִפְלְאֹתֶיךָ אָשִׂיחָה:
וֶעֱזוּז נוֹרְאֹתֶיךָ יֹאמֵרוּ, וּגְדוּלָּתְךָ אֲסַפְּרֶנָּה:
זֵכֶר רַב־טוּבְךָ יַבִּיעוּ, וְצִדְקָתְךָ יְרַנֵּנוּ:
חַנּוּן וְרַחוּם יהוה, אֶרֶךְ אַפַּיִם וּגְדָל־חָסֶד:
טוֹב־יהוה לַכֹּל, וְרַחֲמָיו עַל־כָּל־מַעֲשָׂיו:
יוֹדוּךָ יהוה כָּל־מַעֲשֶׂיךָ, וַחֲסִידֶיךָ יְבָרְכוּכָה:
כְּבוֹד מַלְכוּתְךָ יֹאמֵרוּ, וּגְבוּרָתְךָ יְדַבֵּרוּ:
לְהוֹדִיעַ לִבְנֵי הָאָדָם גְּבוּרֹתָיו, וּכְבוֹד הֲדַר מַלְכוּתוֹ:
מַלְכוּתְךָ מַלְכוּת כָּל־עֹלָמִים, וּמֶמְשַׁלְתְּךָ בְּכָל־דּוֹר וָדֹר:
סוֹמֵךְ יהוה לְכָל־הַנֹּפְלִים, וְזוֹקֵף לְכָל־הַכְּפוּפִים:

עֵינֵי־כֹל אֵלֶיךָ יְשַׂבֵּרוּ, וְאַתָּה נוֹתֵן־לָהֶם אֶת־אָכְלָם בְּעִתּוֹ:
פּוֹתֵחַ אֶת־יָדֶךָ, וּמַשְׂבִּיעַ לְכָל־חַי רָצוֹן:
צַדִּיק יהוה בְּכָל־דְּרָכָיו, וְחָסִיד בְּכָל־מַעֲשָׂיו:
קָרוֹב יהוה לְכָל־קֹרְאָיו, לְכֹל אֲשֶׁר יִקְרָאֻהוּ בֶאֱמֶת:
רְצוֹן־יְרֵאָיו יַעֲשֶׂה, וְאֶת־שַׁוְעָתָם יִשְׁמַע, וְיוֹשִׁיעֵם:
שׁוֹמֵר יהוה אֶת־כָּל־אֹהֲבָיו, וְאֵת כָּל־הָרְשָׁעִים יַשְׁמִיד:
◂ תְּהִלַּת יהוה יְדַבֶּר פִּי, וִיבָרֵךְ כָּל־בָּשָׂר שֵׁם קָדְשׁוֹ לְעוֹלָם וָעֶד:
וַאֲנַחְנוּ נְבָרֵךְ יָהּ מֵעַתָּה וְעַד־עוֹלָם, הַלְלוּיָהּ: תהלים קטו

חצי קדיש

ש״ץ: יִתְגַּדַּל וְיִתְקַדַּשׁ שְׁמֵהּ רַבָּא (קהל: אָמֵן)
בְּעָלְמָא דִּי בְרָא כִרְעוּתֵהּ
וְיַמְלִיךְ מַלְכוּתֵהּ
בְּחַיֵּיכוֹן וּבְיוֹמֵיכוֹן וּבְחַיֵּי דְכָל בֵּית יִשְׂרָאֵל
בַּעֲגָלָא וּבִזְמַן קָרִיב
וְאִמְרוּ אָמֵן. (קהל: אָמֵן)

קהל וש״ץ: יְהֵא שְׁמֵהּ רַבָּא מְבָרַךְ לְעָלַם וּלְעָלְמֵי עָלְמַיָּא.

ש״ץ: יִתְבָּרַךְ וְיִשְׁתַּבַּח וְיִתְפָּאַר וְיִתְרוֹמַם וְיִתְנַשֵּׂא
וְיִתְהַדָּר וְיִתְעַלֶּה וְיִתְהַלָּל
שְׁמֵהּ דְּקֻדְשָׁא בְּרִיךְ הוּא (קהל: בְּרִיךְ הוּא)
לְעֵלָּא מִן כָּל בִּרְכָתָא וְשִׁירָתָא, תֻּשְׁבְּחָתָא וְנֶחֱמָתָא
דַּאֲמִירָן בְּעָלְמָא
וְאִמְרוּ אָמֵן. (קהל: אָמֵן)

עמידה

"המתפלל צריך שיכוין בלבו פירוש המלות שמוציא בשפתיו; ויחשוב כאלו שכינה כנגדו ויסיר כל המחשבות הטורדות אותו עד שתשאר מחשבתו וכוונתו זכה בתפלתו" (שו"ע צח, א).

פוסע שלוש פסיעות לפנים כמי שנכנס לפני המלך.

עומד ומתפלל בלחש מכאן ועד 'וּכְשָׁנִים קַדְמֹנִיּוֹת' בעמ' 16.

כורע במקומות המסומנים ב', קד לפנים במילה הבאה וזוקף בשם.

כִּי שֵׁם יהוה אֶקְרָא, הָבוּ גֹדֶל לֵאלֹהֵינוּ: דברים לב

אֲדֹנָי, שְׂפָתַי תִּפְתָּח, וּפִי יַגִּיד תְּהִלָּתֶךָ: תהלים נא

אבות

'בָּרוּךְ אַתָּה יהוה, אֱלֹהֵינוּ וֵאלֹהֵי אֲבוֹתֵינוּ
אֱלֹהֵי אַבְרָהָם, אֱלֹהֵי יִצְחָק, וֵאלֹהֵי יַעֲקֹב
הָאֵל הַגָּדוֹל הַגִּבּוֹר וְהַנּוֹרָא, אֵל עֶלְיוֹן
גּוֹמֵל חֲסָדִים טוֹבִים, וְקוֹנֵה הַכֹּל
וְזוֹכֵר חַסְדֵי אָבוֹת
וּמֵבִיא גוֹאֵל לִבְנֵי בְנֵיהֶם לְמַעַן שְׁמוֹ בְּאַהֲבָה.
מֶלֶךְ עוֹזֵר וּמוֹשִׁיעַ וּמָגֵן.
'בָּרוּךְ אַתָּה יהוה, מָגֵן אַבְרָהָם.

גבורות

אַתָּה גִּבּוֹר לְעוֹלָם, אֲדֹנָי
מְחַיֵּה מֵתִים אַתָּה, רַב לְהוֹשִׁיעַ

בערב פסח אומר:

מַשִּׁיב הָרוּחַ וּמוֹרִיד הַגֶּשֶׁם

בארץ ישראל, בשאר הימים אומר:

מוֹרִיד הַטָּל

מְכַלְכֵּל חַיִּים בְּחֶסֶד, מְחַיֵּה מֵתִים בְּרַחֲמִים רַבִּים
סוֹמֵךְ נוֹפְלִים, וְרוֹפֵא חוֹלִים, וּמַתִּיר אֲסוּרִים
וּמְקַיֵּם אֱמוּנָתוֹ לִישֵׁנֵי עָפָר.

מִי כָמְוֹךָ, בַּעַל גְּבוּרוֹת
וּמִי דּוֹמֶה לָּךְ
מֶלֶךְ, מֵמִית וּמְחַיֶּה וּמַצְמִיחַ יְשׁוּעָה.
וְנֶאֱמָן אַתָּה לְהַחֲיוֹת מֵתִים.
בָּרוּךְ אַתָּה יהוה, מְחַיֵּה הַמֵּתִים.

בתפילת לחש ממשיך 'אַתָּה קָדוֹשׁ' בעמוד הבא.

קדושה

בחזרת הש"ץ הקהל עומד ואומר קדושה.
במקומות המסומנים ב*, המתפלל מתרומם על קצות אצבעותיו.

קהל ואחריו שליח הציבור:
נְקַדֵּשׁ אֶת שִׁמְךָ בָּעוֹלָם, כְּשֵׁם שֶׁמַּקְדִּישִׁים אוֹתוֹ בִּשְׁמֵי מָרוֹם
כַּכָּתוּב עַל יַד נְבִיאֶךָ, וְקָרָא זֶה אֶל־זֶה וְאָמַר ישעיה ו

קהל ואחריו שליח הציבור:
*קָדוֹשׁ, *קָדוֹשׁ, *קָדוֹשׁ, יהוה צְבָאוֹת, מְלֹא כָל־הָאָרֶץ כְּבוֹדוֹ:
לְעֻמָּתָם בָּרוּךְ יֹאמֵרוּ

קהל ואחריו שליח הציבור:
*בָּרוּךְ כְּבוֹד־יהוה מִמְּקוֹמוֹ: יחזקאל ג
וּבְדִבְרֵי קָדְשְׁךָ כָּתוּב לֵאמֹר

קהל ואחריו שליח הציבור:
*יִמְלֹךְ יהוה לְעוֹלָם, אֱלֹהַיִךְ צִיּוֹן לְדֹר וָדֹר, הַלְלוּיָהּ: תהלים קמו

שליח הציבור:
לְדוֹר וָדוֹר נַגִּיד גָּדְלֶךָ, וּלְנֵצַח נְצָחִים קְדֻשָּׁתְךָ נַקְדִּישׁ
וְשִׁבְחֲךָ אֱלֹהֵינוּ מִפִּינוּ לֹא יָמוּשׁ לְעוֹלָם וָעֶד
כִּי אֵל מֶלֶךְ גָּדוֹל וְקָדוֹשׁ אָתָּה.
בָּרוּךְ אַתָּה יהוה, הָאֵל הַקָּדוֹשׁ.

שליח הציבור ממשיך 'אַתָּה חוֹנֵן' בעמוד הבא.

קדושת השם

אַתָּה קָדוֹשׁ וְשִׁמְךָ קָדוֹשׁ
וּקְדוֹשִׁים בְּכָל יוֹם יְהַלְלוּךָ סֶּלָה.
בָּרוּךְ אַתָּה יהוה, הָאֵל הַקָּדוֹשׁ.

דעת

אַתָּה חוֹנֵן לְאָדָם דַּעַת, וּמְלַמֵּד לֶאֱנוֹשׁ בִּינָה.
חָנֵּנוּ מֵאִתְּךָ דֵּעָה בִּינָה וְהַשְׂכֵּל.
בָּרוּךְ אַתָּה יהוה, חוֹנֵן הַדָּעַת.

תשובה

הֲשִׁיבֵנוּ אָבִינוּ לְתוֹרָתֶךָ
וְקָרְבֵנוּ מַלְכֵּנוּ לַעֲבוֹדָתֶךָ
וְהַחֲזִירֵנוּ בִּתְשׁוּבָה שְׁלֵמָה לְפָנֶיךָ.
בָּרוּךְ אַתָּה יהוה, הָרוֹצֶה בִּתְשׁוּבָה.

סליחה

נוהגים להכות כנגד הלב במקומות המסומנים ב°.

סְלַח לָנוּ אָבִינוּ כִּי °חָטָאנוּ
מְחַל לָנוּ מַלְכֵּנוּ כִּי °פָשָׁעְנוּ
כִּי מוֹחֵל וְסוֹלֵחַ אָתָּה.
בָּרוּךְ אַתָּה יהוה, חַנּוּן הַמַּרְבֶּה לִסְלֹחַ.

גאולה

רְאֵה בְעָנְיֵנוּ, וְרִיבָה רִיבֵנוּ
וּגְאָלֵנוּ מְהֵרָה לְמַעַן שְׁמֶךָ
כִּי גּוֹאֵל חָזָק אָתָּה.
בָּרוּךְ אַתָּה יהוה, גּוֹאֵל יִשְׂרָאֵל.

רפואה

רְפָאֵנוּ יהוה וְנֵרָפֵא
הוֹשִׁיעֵנוּ וְנִוָּשֵׁעָה
כִּי תְהִלָּתֵנוּ אָתָּה
וְהַעֲלֵה רְפוּאָה שְׁלֵמָה לְכָל מַכּוֹתֵינוּ

המתפלל על חולה מוסיף:

יְהִי רָצוֹן מִלְּפָנֶיךָ יהוה אֱלֹהַי וֵאלֹהֵי אֲבוֹתַי, שֶׁתִּשְׁלַח מְהֵרָה רְפוּאָה שְׁלֵמָה מִן הַשָּׁמַיִם, רְפוּאַת הַנֶּפֶשׁ וּרְפוּאַת הַגּוּף, לַחוֹלֶה פלוני בֶּן פלונית/ לַחוֹלָה פלונית בַּת פלונית בְּתוֹךְ שְׁאָר חוֹלֵי יִשְׂרָאֵל

כִּי אֵל מֶלֶךְ רוֹפֵא נֶאֱמָן וְרַחֲמָן אָתָּה.
בָּרוּךְ אַתָּה יהוה, רוֹפֵא חוֹלֵי עַמּוֹ יִשְׂרָאֵל.

ברכת השנים

בָּרֵךְ עָלֵינוּ יהוה אֱלֹהֵינוּ אֶת הַשָּׁנָה הַזֹּאת
וְאֶת כָּל מִינֵי תְבוּאָתָהּ, לְטוֹבָה

בערב פסח: וְתֵן טַל וּמָטָר לִבְרָכָה

בשאר הימים: וְתֵן בְּרָכָה

עַל פְּנֵי הָאֲדָמָה, וְשַׂבְּעֵנוּ מִטּוּבָהּ
וּבָרֵךְ שְׁנָתֵנוּ כַּשָּׁנִים הַטּוֹבוֹת.
בָּרוּךְ אַתָּה יהוה, מְבָרֵךְ הַשָּׁנִים.

קיבוץ גלויות

תְּקַע בְּשׁוֹפָר גָּדוֹל לְחֵרוּתֵנוּ
וְשָׂא נֵס לְקַבֵּץ גָּלֻיּוֹתֵינוּ
וְקַבְּצֵנוּ יַחַד מֵאַרְבַּע כַּנְפוֹת הָאָרֶץ.
בָּרוּךְ אַתָּה יהוה, מְקַבֵּץ נִדְחֵי עַמּוֹ יִשְׂרָאֵל.

השבת המשפט

הָשִׁיבָה שׁוֹפְטֵינוּ כְּבָרִאשׁוֹנָה
וְיוֹעֲצֵינוּ כְּבַתְּחִלָּה
וְהָסֵר מִמֶּנּוּ יָגוֹן וַאֲנָחָה
וּמְלֹךְ עָלֵינוּ אַתָּה יהוה לְבַדְּךָ בְּחֶסֶד וּבְרַחֲמִים
וְצַדְּקֵנוּ בַּמִּשְׁפָּט.
בָּרוּךְ אַתָּה יהוה, מֶלֶךְ אוֹהֵב צְדָקָה וּמִשְׁפָּט.

ברכת המינים

וְלַמַּלְשִׁינִים אַל תְּהִי תִקְוָה
וְכָל הָרִשְׁעָה כְּרֶגַע תֹּאבֵד
וְכָל אוֹיְבֵי עַמְּךָ מְהֵרָה יִכָּרֵתוּ
וְהַזֵּדִים מְהֵרָה תְעַקֵּר וּתְשַׁבֵּר
וּתְמַגֵּר וְתַכְנִיעַ בִּמְהֵרָה בְיָמֵינוּ.
בָּרוּךְ אַתָּה יהוה, שׁוֹבֵר אוֹיְבִים וּמַכְנִיעַ זֵדִים.

על הצדיקים

עַל הַצַּדִּיקִים וְעַל הַחֲסִידִים
וְעַל זִקְנֵי עַמְּךָ בֵּית יִשְׂרָאֵל, וְעַל פְּלֵיטַת סוֹפְרֵיהֶם
וְעַל גֵּרֵי הַצֶּדֶק, וְעָלֵינוּ
יֶהֱמוּ רַחֲמֶיךָ יהוה אֱלֹהֵינוּ
וְתֵן שָׂכָר טוֹב לְכָל הַבּוֹטְחִים בְּשִׁמְךָ בֶּאֱמֶת
וְשִׂים חֶלְקֵנוּ עִמָּהֶם
וּלְעוֹלָם לֹא נֵבוֹשׁ כִּי בְךָ בָּטָחְנוּ.
בָּרוּךְ אַתָּה יהוה, מִשְׁעָן וּמִבְטָח לַצַּדִּיקִים.

בניין ירושלים

וְלִירוּשָׁלַיִם עִירְךָ בְּרַחֲמִים תָּשׁוּב
וְתִשְׁכֹּן בְּתוֹכָהּ כַּאֲשֶׁר דִּבַּרְתָּ
וּבְנֵה אוֹתָהּ בְּקָרוֹב בְּיָמֵינוּ בִּנְיַן עוֹלָם
וְכִסֵּא דָוִד מְהֵרָה לְתוֹכָהּ תָּכִין.
בָּרוּךְ אַתָּה יהוה, בּוֹנֵה יְרוּשָׁלָיִם.

משיח בן דוד

אֶת צֶמַח דָּוִד עַבְדְּךָ מְהֵרָה תַצְמִיחַ
וְקַרְנוֹ תָּרוּם בִּישׁוּעָתֶךָ, כִּי לִישׁוּעָתְךָ קִוִּינוּ כָּל הַיּוֹם.
בָּרוּךְ אַתָּה יהוה, מַצְמִיחַ קֶרֶן יְשׁוּעָה.

שומע תפילה

שְׁמַע קוֹלֵנוּ יהוה אֱלֹהֵינוּ
חוּס וְרַחֵם עָלֵינוּ, וְקַבֵּל בְּרַחֲמִים וּבְרָצוֹן אֶת תְּפִלָּתֵנוּ
כִּי אֵל שׁוֹמֵעַ תְּפִלּוֹת וְתַחֲנוּנִים אָתָּה
וּמִלְּפָנֶיךָ מַלְכֵּנוּ רֵיקָם אַל תְּשִׁיבֵנוּ
כִּי אַתָּה שׁוֹמֵעַ תְּפִלַּת עַמְּךָ יִשְׂרָאֵל בְּרַחֲמִים.
בָּרוּךְ אַתָּה יהוה, שׁוֹמֵעַ תְּפִלָּה.

עבודה

רְצֵה יהוה אֱלֹהֵינוּ בְּעַמְּךָ יִשְׂרָאֵל וּבִתְפִלָּתָם
וְהָשֵׁב אֶת הָעֲבוֹדָה לִדְבִיר בֵּיתֶךָ
וְאִשֵּׁי יִשְׂרָאֵל וּתְפִלָּתָם בְּאַהֲבָה תְקַבֵּל בְּרָצוֹן
וּתְהִי לְרָצוֹן תָּמִיד עֲבוֹדַת יִשְׂרָאֵל עַמֶּךָ.

בערב פסח, שבועות וסוכות ממשיך ׳וְתֶחֱזֶינָה׳ בעמוד הבא.

בחול המועד:

אֱלֹהֵינוּ וֵאלֹהֵי אֲבוֹתֵינוּ
יַעֲלֶה וְיָבוֹא וְיַגִּיעַ, וְיֵרָאֶה וְיֵרָצֶה וְיִשָּׁמַע
וְיִפָּקֵד וְיִזָּכֵר זִכְרוֹנֵנוּ וּפִקְדוֹנֵנוּ
וְזִכְרוֹן אֲבוֹתֵינוּ
וְזִכְרוֹן מָשִׁיחַ בֶּן דָּוִד עַבְדֶּךָ
וְזִכְרוֹן יְרוּשָׁלַיִם עִיר קָדְשֶׁךָ
וְזִכְרוֹן כָּל עַמְּךָ בֵּית יִשְׂרָאֵל, לְפָנֶיךָ
לִפְלֵיטָה לְטוֹבָה, לְחֵן וּלְחֶסֶד וּלְרַחֲמִים
לְחַיִּים וּלְשָׁלוֹם בְּיוֹם

בפסח: חַג הַמַּצּוֹת הַזֶּה.

בסוכות: חַג הַסֻּכּוֹת הַזֶּה.

זָכְרֵנוּ יהוה אֱלֹהֵינוּ בּוֹ לְטוֹבָה
וּפָקְדֵנוּ בוֹ לִבְרָכָה
וְהוֹשִׁיעֵנוּ בוֹ לְחַיִּים.
וּבִדְבַר יְשׁוּעָה וְרַחֲמִים
חוּס וְחָנֵּנוּ וְרַחֵם עָלֵינוּ וְהוֹשִׁיעֵנוּ
כִּי אֵלֶיךָ עֵינֵינוּ
כִּי אֵל מֶלֶךְ חַנּוּן וְרַחוּם אָתָּה.

וְתֶחֱזֶינָה עֵינֵינוּ בְּשׁוּבְךָ לְצִיּוֹן בְּרַחֲמִים.
בָּרוּךְ אַתָּה יהוה, הַמַּחֲזִיר שְׁכִינָתוֹ לְצִיּוֹן.

הודאה

כורע ב׳מודים׳ ואינו זוקף עד אמירת השם (סידור השל״ה).

ימוֹדִים אֲנַחְנוּ לָךְ
שָׁאַתָּה הוּא יהוה אֱלֹהֵינוּ
וֵאלֹהֵי אֲבוֹתֵינוּ לְעוֹלָם וָעֶד.
צוּר חַיֵּינוּ, מָגֵן יִשְׁעֵנוּ
אַתָּה הוּא לְדוֹר וָדוֹר.
נוֹדֶה לְּךָ וּנְסַפֵּר תְּהִלָּתֶךָ
עַל חַיֵּינוּ הַמְּסוּרִים בְּיָדֶךָ
וְעַל נִשְׁמוֹתֵינוּ הַפְּקוּדוֹת לָךְ
וְעַל נִסֶּיךָ שֶׁבְּכָל יוֹם עִמָּנוּ
וְעַל נִפְלְאוֹתֶיךָ וְטוֹבוֹתֶיךָ
שֶׁבְּכָל עֵת
עֶרֶב וָבֹקֶר וְצָהֳרָיִם.
הַטּוֹב, כִּי לֹא כָלוּ רַחֲמֶיךָ
וְהַמְרַחֵם, כִּי לֹא תַמּוּ חֲסָדֶיךָ
מֵעוֹלָם קִוִּינוּ לָךְ.

כששליח הציבור אומר ׳מודים׳, הקהל אומר בלחש (סוטה מ ע״א):

ימוֹדִים אֲנַחְנוּ לָךְ
שָׁאַתָּה הוּא יהוה אֱלֹהֵינוּ
וֵאלֹהֵי אֲבוֹתֵינוּ
אֱלֹהֵי כָל בָּשָׂר
יוֹצְרֵנוּ, יוֹצֵר בְּרֵאשִׁית.
בְּרָכוֹת וְהוֹדָאוֹת
לְשִׁמְךָ הַגָּדוֹל וְהַקָּדוֹשׁ
עַל שֶׁהֶחֱיִיתָנוּ וְקִיַּמְתָּנוּ.
כֵּן תְּחַיֵּנוּ וּתְקַיְּמֵנוּ
וְתֶאֱסֹף גָּלֻיּוֹתֵינוּ
לְחַצְרוֹת קָדְשֶׁךָ
לִשְׁמֹר חֻקֶּיךָ
וְלַעֲשׂוֹת רְצוֹנֶךָ וּלְעָבְדְּךָ
בְּלֵבָב שָׁלֵם
עַל שֶׁאֲנַחְנוּ מוֹדִים לָךְ.
בָּרוּךְ אֵל הַהוֹדָאוֹת.

וְעַל כֻּלָּם יִתְבָּרַךְ וְיִתְרוֹמַם שִׁמְךָ מַלְכֵּנוּ תָּמִיד לְעוֹלָם וָעֶד.
וְכֹל הַחַיִּים יוֹדְוּךָ סֶּלָה, וִיהַלְלוּ אֶת שִׁמְךָ בֶּאֱמֶת
הָאֵל יְשׁוּעָתֵנוּ וְעֶזְרָתֵנוּ סֶלָה.
יבָּרוּךְ אַתָּה יהוה, הַטּוֹב שִׁמְךָ וּלְךָ נָאֶה לְהוֹדוֹת.

שלום

שָׁלוֹם רָב עַל יִשְׂרָאֵל עַמְּךָ תָּשִׂים לְעוֹלָם
כִּי אַתָּה הוּא מֶלֶךְ אָדוֹן לְכָל הַשָּׁלוֹם.
וְטוֹב בְּעֵינֶיךָ לְבָרֵךְ אֶת עַמְּךָ יִשְׂרָאֵל
בְּכָל עֵת וּבְכָל שָׁעָה בִּשְׁלוֹמֶךָ.
בָּרוּךְ אַתָּה יהוה, הַמְבָרֵךְ אֶת עַמּוֹ יִשְׂרָאֵל בַּשָּׁלוֹם.

שליח הציבור מסיים באמירת הפסוק הבא בלחש,
ויש הנוהגים לאומרו גם בסוף תפילת לחש של יחיד.

יִהְיוּ לְרָצוֹן אִמְרֵי־פִי וְהֶגְיוֹן לִבִּי לְפָנֶיךָ, יהוה צוּרִי וְגֹאֲלִי: תהלים יט

אֱלֹהַי ברכות יז.
נְצֹר לְשׁוֹנִי מֵרָע וּשְׂפָתַי מִדַּבֵּר מִרְמָה
וְלִמְקַלְלַי נַפְשִׁי תִדֹּם, וְנַפְשִׁי כֶּעָפָר לַכֹּל תִּהְיֶה.
פְּתַח לִבִּי בְּתוֹרָתֶךָ, וּבְמִצְוֹתֶיךָ תִּרְדֹּף נַפְשִׁי.
וְכָל הַחוֹשְׁבִים עָלַי רָעָה
מְהֵרָה הָפֵר עֲצָתָם וְקַלְקֵל מַחֲשַׁבְתָּם.
עֲשֵׂה לְמַעַן שְׁמֶךָ, עֲשֵׂה לְמַעַן יְמִינֶךָ
עֲשֵׂה לְמַעַן קְדֻשָּׁתֶךָ, עֲשֵׂה לְמַעַן תּוֹרָתֶךָ.
לְמַעַן יֵחָלְצוּן יְדִידֶיךָ, הוֹשִׁיעָה יְמִינְךָ וַעֲנֵנִי: תהלים ס
יִהְיוּ לְרָצוֹן אִמְרֵי־פִי וְהֶגְיוֹן לִבִּי לְפָנֶיךָ, יהוה צוּרִי וְגֹאֲלִי: תהלים יט

כורע ופוסע שלוש פסיעות לאחור. קד לשמאל, לימין ולפנים באמירת:

עֹשֶׂה שָׁלוֹם בִּמְרוֹמָיו
הוּא יַעֲשֶׂה שָׁלוֹם עָלֵינוּ וְעַל כָּל יִשְׂרָאֵל, וְאִמְרוּ אָמֵן.

יְהִי רָצוֹן מִלְּפָנֶיךָ יהוה אֱלֹהֵינוּ וֵאלֹהֵי אֲבוֹתֵינוּ
שֶׁיִּבָּנֶה בֵּית הַמִּקְדָּשׁ בִּמְהֵרָה בְיָמֵינוּ, וְתֵן חֶלְקֵנוּ בְּתוֹרָתֶךָ
וְשָׁם נַעֲבָדְךָ בְּיִרְאָה כִּימֵי עוֹלָם וּכְשָׁנִים קַדְמוֹנִיּוֹת.
וְעָרְבָה לַיהוה מִנְחַת יְהוּדָה וִירוּשָׁלָםִ כִּימֵי עוֹלָם וּכְשָׁנִים קַדְמֹנִיּוֹת: מלאכי ג

קדיש שלם

ש״ץ: יִתְגַּדַּל וְיִתְקַדַּשׁ שְׁמֵהּ רַבָּא (קהל: אָמֵן)
בְּעָלְמָא דִּי בְרָא כִרְעוּתֵהּ
וְיַמְלִיךְ מַלְכוּתֵהּ
בְּחַיֵּיכוֹן וּבְיוֹמֵיכוֹן וּבְחַיֵּי דְכָל בֵּית יִשְׂרָאֵל
בַּעֲגָלָא וּבִזְמַן קָרִיב
וְאִמְרוּ אָמֵן. (קהל: אָמֵן)

קהל וש״ץ: יְהֵא שְׁמֵהּ רַבָּא מְבָרַךְ לְעָלַם וּלְעָלְמֵי עָלְמַיָּא.

ש״ץ: יִתְבָּרַךְ וְיִשְׁתַּבַּח וְיִתְפָּאַר וְיִתְרוֹמַם וְיִתְנַשֵּׂא
וְיִתְהַדָּר וְיִתְעַלֶּה וְיִתְהַלָּל
שְׁמֵהּ דְּקֻדְשָׁא בְּרִיךְ הוּא (קהל: בְּרִיךְ הוּא)
לְעֵלָּא מִן כָּל בִּרְכָתָא וְשִׁירָתָא, תֻּשְׁבְּחָתָא וְנֶחֱמָתָא
דַּאֲמִירָן בְּעָלְמָא
וְאִמְרוּ אָמֵן. (קהל: אָמֵן)

תִּתְקַבַּל צְלוֹתְהוֹן וּבָעוּתְהוֹן דְּכָל יִשְׂרָאֵל
קֳדָם אֲבוּהוֹן דִּי בִשְׁמַיָּא
וְאִמְרוּ אָמֵן. (קהל: אָמֵן)

יְהֵא שְׁלָמָא רַבָּא מִן שְׁמַיָּא
וְחַיִּים, עָלֵינוּ וְעַל כָּל יִשְׂרָאֵל
וְאִמְרוּ אָמֵן. (קהל: אָמֵן)

כורע ופוסע שלוש פסיעות לאחור, קד לשמאל, לימין ולפנים באמירת:
עֹשֶׂה שָׁלוֹם בִּמְרוֹמָיו
הוּא יַעֲשֶׂה שָׁלוֹם עָלֵינוּ וְעַל כָּל יִשְׂרָאֵל
וְאִמְרוּ אָמֵן. (קהל: אָמֵן)

אומרים ׳עָלֵינוּ׳ בעמידה ומשתחווים במקום המסומן ב*.

עָלֵינוּ לְשַׁבֵּחַ לַאֲדוֹן הַכֹּל, לָתֵת גְּדֻלָּה לְיוֹצֵר בְּרֵאשִׁית
שֶׁלֹּא עָשָׂנוּ כְּגוֹיֵי הָאֲרָצוֹת, וְלֹא שָׂמָנוּ כְּמִשְׁפְּחוֹת הָאֲדָמָה
שֶׁלֹּא שָׂם חֶלְקֵנוּ כָּהֶם וְגוֹרָלֵנוּ כְּכָל הֲמוֹנָם.
שֶׁהֵם מִשְׁתַּחֲוִים לְהֶבֶל וָרִיק וּמִתְפַּלְלִים אֶל אֵל לֹא יוֹשִׁיעַ.
*וַאֲנַחְנוּ כּוֹרְעִים וּמִשְׁתַּחֲוִים וּמוֹדִים
לִפְנֵי מֶלֶךְ מַלְכֵי הַמְּלָכִים, הַקָּדוֹשׁ בָּרוּךְ הוּא
שֶׁהוּא נוֹטֶה שָׁמַיִם וְיוֹסֵד אָרֶץ, וּמוֹשַׁב יְקָרוֹ בַּשָּׁמַיִם מִמַּעַל
וּשְׁכִינַת עֻזּוֹ בְּגָבְהֵי מְרוֹמִים.
הוּא אֱלֹהֵינוּ, אֵין עוֹד.
אֱמֶת מַלְכֵּנוּ, אֶפֶס זוּלָתוֹ
כַּכָּתוּב בְּתוֹרָתוֹ, וְיָדַעְתָּ הַיּוֹם וַהֲשֵׁבֹתָ אֶל־לְבָבֶךָ דברים ד
כִּי יהוה הוּא הָאֱלֹהִים בַּשָּׁמַיִם מִמַּעַל וְעַל־הָאָרֶץ מִתָּחַת, אֵין עוֹד:

עַל כֵּן נְקַוֶּה לְּךָ יהוה אֱלֹהֵינוּ לִרְאוֹת מְהֵרָה בְּתִפְאֶרֶת עֻזֶּךָ
לְהַעֲבִיר גִּלּוּלִים מִן הָאָרֶץ, וְהָאֱלִילִים כָּרוֹת יִכָּרֵתוּן
לְתַקֵּן עוֹלָם בְּמַלְכוּת שַׁדַּי.
וְכָל בְּנֵי בָשָׂר יִקְרְאוּ בִשְׁמֶךָ לְהַפְנוֹת אֵלֶיךָ כָּל רִשְׁעֵי אָרֶץ.
יַכִּירוּ וְיֵדְעוּ כָּל יוֹשְׁבֵי תֵבֵל
כִּי לְךָ תִּכְרַע כָּל בֶּרֶךְ, תִּשָּׁבַע כָּל לָשׁוֹן.
לְפָנֶיךָ יהוה אֱלֹהֵינוּ יִכְרְעוּ וְיִפֹּלוּ, וְלִכְבוֹד שִׁמְךָ יְקָר יִתֵּנוּ
וִיקַבְּלוּ כֻלָּם אֶת עֹל מַלְכוּתֶךָ
וְתִמְלֹךְ עֲלֵיהֶם מְהֵרָה לְעוֹלָם וָעֶד.
כִּי הַמַּלְכוּת שֶׁלְּךָ הִיא וּלְעוֹלְמֵי עַד תִּמְלֹךְ בְּכָבוֹד
כַּכָּתוּב בְּתוֹרָתֶךָ, יהוה יִמְלֹךְ לְעֹלָם וָעֶד: שמות טו
וְנֶאֱמַר, וְהָיָה יהוה לְמֶלֶךְ עַל־כָּל־הָאָרֶץ ◄ זכריה יד
בַּיּוֹם הַהוּא יִהְיֶה יהוה אֶחָד וּשְׁמוֹ אֶחָד:

יש מוסיפים:

אַל־תִּירָא מִפַּחַד פִּתְאֹם וּמִשֹּׁאַת רְשָׁעִים כִּי תָבֹא: משלי ג

עֻצוּ עֵצָה וְתֻפָר, דַּבְּרוּ דָבָר וְלֹא יָקוּם, כִּי עִמָּנוּ אֵל: ישעיה ח

וְעַד־זִקְנָה אֲנִי הוּא, וְעַד־שֵׂיבָה אֲנִי אֶסְבֹּל אֲנִי עָשִׂיתִי וַאֲנִי אֶשָּׂא וַאֲנִי אֶסְבֹּל וַאֲמַלֵּט: ישעיה מו

קדיש יתום

אבל: יִתְגַּדַּל וְיִתְקַדַּשׁ שְׁמֵהּ רַבָּא (קהל: אָמֵן)
בְּעָלְמָא דִּי בְרָא כִרְעוּתֵהּ
וְיַמְלִיךְ מַלְכוּתֵהּ
בְּחַיֵּיכוֹן וּבְיוֹמֵיכוֹן וּבְחַיֵּי דְכָל בֵּית יִשְׂרָאֵל
בַּעֲגָלָא וּבִזְמַן קָרִיב, וְאִמְרוּ אָמֵן. (קהל: אָמֵן)

קהל ואבל: יְהֵא שְׁמֵהּ רַבָּא מְבָרַךְ לְעָלַם וּלְעָלְמֵי עָלְמַיָּא.

אבל: יִתְבָּרַךְ וְיִשְׁתַּבַּח וְיִתְפָּאַר וְיִתְרוֹמַם וְיִתְנַשֵּׂא
וְיִתְהַדָּר וְיִתְעַלֶּה וְיִתְהַלָּל
שְׁמֵהּ דְּקֻדְשָׁא בְּרִיךְ הוּא (קהל: בְּרִיךְ הוּא)
לְעֵלָּא מִן כָּל בִּרְכָתָא וְשִׁירָתָא, תֻּשְׁבְּחָתָא וְנֶחֱמָתָא
דַּאֲמִירָן בְּעָלְמָא, וְאִמְרוּ אָמֵן. (קהל: אָמֵן)

יְהֵא שְׁלָמָא רַבָּא מִן שְׁמַיָּא
וְחַיִּים, עָלֵינוּ וְעַל כָּל יִשְׂרָאֵל, וְאִמְרוּ אָמֵן. (קהל: אָמֵן)

כורע ופוסע שלוש פסיעות לאחור. קד לשמאל, לימין ולפנים באמירת:

עֹשֶׂה שָׁלוֹם בִּמְרוֹמָיו
הוּא יַעֲשֶׂה שָׁלוֹם עָלֵינוּ וְעַל כָּל יִשְׂרָאֵל, וְאִמְרוּ אָמֵן. (קהל: אָמֵן)

בבתי כנסת המתפללים בנוסח ספרד, מוסיפים את המזמור ׳לְדָוִד ה׳ אוֹרִי וְיִשְׁעִי׳ (עמ׳ 47) מר״ח אלול ועד הושענא רבה, ואחריו אומרים קדיש יתום.

בערב פסח יש הנוהגים לומר את סדר קרבן פסח בעמ׳ 457.

מעריב לחול המועד בעמ׳ 428.

בשבת שחל בה יום טוב, מוצאי יום טוב או חול המועד, מתחילים ׳מִזְמוֹר שִׁיר לְיוֹם הַשַּׁבָּת׳ (עמ׳ 27), ובבתי כנסת המתפללים בנוסח ספרד, מתחילים ׳מִזְמוֹר לְדָוִד׳ (עמ׳ 25).

ביום טוב שאינו חל בשבת, מתחילים ׳בָּרְכוּ׳ בעמ׳ 29.

שָׁלֹשׁ רְגָלִים
תָּחֹג לִי
בַּשָּׁנָה

אֶת־חַג הַמַּצּוֹת
תִּשְׁמֹר
שִׁבְעַת יָמִים

וְחַג הַקָּצִיר
בִּכּוּרֵי מַעֲשֶׂיךָ

וְחַג הָאָסִף
בְּצֵאת הַשָּׁנָה
בְּאָסְפְּךָ אֶת־מַעֲשֶׂיךָ

שמות כג, יד-טז

ערבית ליום טוב ולשבת חול המועד

ערב יום טוב

קבלת שבת

בשבת שחל בה יום טוב, מוצאי יום טוב או חול המועד, מתחילים ׳מִזְמוֹר שִׁיר לְיוֹם הַשַּׁבָּת׳ (עמ׳ 27).

ביום חול מתחילים ׳בָּרְכוּ׳ בעמ׳ 29.

בבתי כנסת המתפללים בנוסח ספרד, אומרים מזמור זה. אמירתו בערב שבת נזכרת בהנהגות האר״י. לאחריו אומרים נוסח מקוצר של ׳לְכָה דוֹדִי׳: שני הבתים הראשונים ושני האחרונים.

תהלים כט

מִזְמוֹר לְדָוִד, הָבוּ לַיהוה בְּנֵי אֵלִים, הָבוּ לַיהוה כָּבוֹד וָעֹז: הָבוּ לַיהוה כְּבוֹד שְׁמוֹ, הִשְׁתַּחֲווּ לַיהוה בְּהַדְרַת־קֹדֶשׁ: קוֹל יהוה עַל־הַמָּיִם, אֵל־הַכָּבוֹד הִרְעִים, יהוה עַל־מַיִם רַבִּים: קוֹל־יהוה בַּכֹּחַ, קוֹל יהוה בֶּהָדָר: קוֹל יהוה שֹׁבֵר אֲרָזִים, וַיְשַׁבֵּר יהוה אֶת־אַרְזֵי הַלְּבָנוֹן: וַיַּרְקִידֵם כְּמוֹ־עֵגֶל, לְבָנוֹן וְשִׂרְיוֹן כְּמוֹ בֶן־רְאֵמִים: קוֹל־יהוה חֹצֵב לַהֲבוֹת אֵשׁ: קוֹל יהוה יָחִיל מִדְבָּר, יָחִיל יהוה מִדְבַּר קָדֵשׁ: › קוֹל יהוה יְחוֹלֵל אַיָּלוֹת וַיֶּחֱשֹׂף יְעָרוֹת, וּבְהֵיכָלוֹ, כֻּלּוֹ אֹמֵר כָּבוֹד: יהוה לַמַּבּוּל יָשָׁב, וַיֵּשֶׁב יהוה מֶלֶךְ לְעוֹלָם: יהוה עֹז לְעַמּוֹ יִתֵּן, יהוה יְבָרֵךְ אֶת־עַמּוֹ בַשָּׁלוֹם:

המקובלים הנהיגו לומר פיוט זה, מכיוון ששבע השורות שבו מקבילות לשבע הפעמים שקול ה׳׳ נזכר במזמור שלמעלה (פרי עץ חיים).

אָנָּא, בְּכֹחַ גְּדֻלַּת יְמִינְךָ, תַּתִּיר צְרוּרָה.\
קַבֵּל רִנַּת עַמְּךָ, שַׂגְּבֵנוּ, טַהֲרֵנוּ, נוֹרָא.\
נָא גִבּוֹר, דּוֹרְשֵׁי יִחוּדְךָ כְּבָבַת שָׁמְרֵם.\
בָּרְכֵם, טַהֲרֵם, רַחֲמֵם, צִדְקָתְךָ תָּמִיד גָּמְלֵם.\
חֲסִין קָדוֹשׁ, בְּרֹב טוּבְךָ נַהֵל עֲדָתֶךָ.\
יָחִיד גֵּאֶה, לְעַמְּךָ פְּנֵה, זוֹכְרֵי קְדֻשָּׁתֶךָ.\
שַׁוְעָתֵנוּ קַבֵּל וּשְׁמַע צַעֲקָתֵנוּ, יוֹדֵעַ תַּעֲלוּמוֹת.\
בָּרוּךְ שֵׁם כְּבוֹד מַלְכוּתוֹ לְעוֹלָם וָעֶד.

לְכָה דוֹדִי לִקְרַאת כַּלָּה, פְּנֵי שַׁבָּת נְקַבְּלָה.

לְכָה דוֹדִי לִקְרַאת כַּלָּה, פְּנֵי שַׁבָּת נְקַבְּלָה.

שָׁמוֹר וְזָכוֹר בְּדִבּוּר אֶחָד
הִשְׁמִיעָנוּ אֵל הַמְיֻחָד
יהוה אֶחָד וּשְׁמוֹ אֶחָד
לְשֵׁם וּלְתִפְאֶרֶת וְלִתְהִלָּה.

לְכָה דוֹדִי לִקְרַאת כַּלָּה, פְּנֵי שַׁבָּת נְקַבְּלָה.

לִקְרַאת שַׁבָּת לְכוּ וְנֵלְכָה
כִּי הִיא מְקוֹר הַבְּרָכָה
מֵרֹאשׁ מִקֶּדֶם נְסוּכָה
סוֹף מַעֲשֶׂה בְּמַחֲשָׁבָה תְּחִלָּה.

לְכָה דוֹדִי לִקְרַאת כַּלָּה, פְּנֵי שַׁבָּת נְקַבְּלָה.

יָמִין וּשְׂמֹאל תִּפְרֹצִי
וְאֶת יהוה תַּעֲרִיצִי
עַל יַד אִישׁ בֶּן פַּרְצִי
וְנִשְׂמְחָה וְנָגִילָה.

לְכָה דוֹדִי לִקְרַאת כַּלָּה, פְּנֵי שַׁבָּת נְקַבְּלָה.

הקהל עומד ופונה אל פתח בית הכנסת כדי לקבל את פני הכלה (משנ״ב רסב, י).
באמירת ׳בּוֹאִי כַלָּה׳ הראשון קד לשמאל ובשני לימין (סידור יעב״ץ בשם אביו).

בּוֹאִי בְשָׁלוֹם עֲטֶרֶת בַּעְלָהּ
גַּם ביום טוב: בְּשִׂמְחָה / בשבת חול המועד: בְּרִנָּה/ וּבְצָהֳלָה
תּוֹךְ אֱמוּנֵי עַם סְגֻלָּה
בּוֹאִי כַלָּה, בּוֹאִי כַלָּה.

לְכָה דוֹדִי לִקְרַאת כַּלָּה, פְּנֵי שַׁבָּת נְקַבְּלָה.

נוהגים לומר 'מִזְמוֹר שִׁיר לְיוֹם הַשַּׁבָּת' לפני תפילת ערבית (ספר המנהיג).

מִזְמוֹר שִׁיר לְיוֹם הַשַּׁבָּת: תהלים צב
טוֹב לְהֹדוֹת לַיהוה, וּלְזַמֵּר לְשִׁמְךָ עֶלְיוֹן:
לְהַגִּיד בַּבְּקֶר חַסְדֶּךָ, וֶאֱמוּנָתְךָ בַּלֵּילוֹת:
עֲלֵי־עָשׂוֹר וַעֲלֵי־נָבֶל, עֲלֵי הִגָּיוֹן בְּכִנּוֹר:
כִּי שִׂמַּחְתַּנִי יהוה בְּפָעֳלֶךָ, בְּמַעֲשֵׂי יָדֶיךָ אֲרַנֵּן:
מַה־גָּדְלוּ מַעֲשֶׂיךָ יהוה, מְאֹד עָמְקוּ מַחְשְׁבֹתֶיךָ:
אִישׁ־בַּעַר לֹא יֵדָע, וּכְסִיל לֹא־יָבִין אֶת־זֹאת:
בִּפְרֹחַ רְשָׁעִים כְּמוֹ עֵשֶׂב, וַיָּצִיצוּ כָּל־פֹּעֲלֵי אָוֶן
לְהִשָּׁמְדָם עֲדֵי־עַד:
וְאַתָּה מָרוֹם לְעֹלָם יהוה:
כִּי הִנֵּה אֹיְבֶיךָ יהוה, כִּי־הִנֵּה אֹיְבֶיךָ יֹאבֵדוּ
יִתְפָּרְדוּ כָּל־פֹּעֲלֵי אָוֶן:
וַתָּרֶם כִּרְאֵים קַרְנִי, בַּלֹּתִי בְּשֶׁמֶן רַעֲנָן:
וַתַּבֵּט עֵינִי בְּשׁוּרָי, בַּקָּמִים עָלַי מְרֵעִים תִּשְׁמַעְנָה אָזְנָי:
◂ צַדִּיק כַּתָּמָר יִפְרָח, כְּאֶרֶז בַּלְּבָנוֹן יִשְׂגֶּה:
שְׁתוּלִים בְּבֵית יהוה, בְּחַצְרוֹת אֱלֹהֵינוּ יַפְרִיחוּ:
עוֹד יְנוּבוּן בְּשֵׂיבָה, דְּשֵׁנִים וְרַעֲנַנִּים יִהְיוּ:
לְהַגִּיד כִּי־יָשָׁר יהוה, צוּרִי, וְלֹא־עַוְלָתָה בּוֹ:

יהוה מָלָךְ, גֵּאוּת לָבֵשׁ תהלים צג
לָבֵשׁ יהוה עֹז הִתְאַזָּר אַף־תִּכּוֹן תֵּבֵל בַּל־תִּמּוֹט:
נָכוֹן כִּסְאֲךָ מֵאָז, מֵעוֹלָם אָתָּה:

נְשְׂאוּ נְהָרוֹת יהוה, נָשְׂאוּ נְהָרוֹת קוֹלָם, יִשְׂאוּ נְהָרוֹת דָּכְיָם:
◂ מִקֹּלוֹת מַיִם רַבִּים, אַדִּירִים מִשְׁבְּרֵי־יָם, אַדִּיר בַּמָּרוֹם יהוה:
עֵדֹתֶיךָ נֶאֶמְנוּ מְאֹד, לְבֵיתְךָ נַאֲוָה־קֹדֶשׁ, יהוה לְאֹרֶךְ יָמִים:

קדיש יתום

אבל: יִתְגַּדַּל וְיִתְקַדַּשׁ שְׁמֵהּ רַבָּא (קהל: אָמֵן)
בְּעָלְמָא דִּי בְרָא כִרְעוּתֵהּ
וְיַמְלִיךְ מַלְכוּתֵהּ
בְּחַיֵּיכוֹן וּבְיוֹמֵיכוֹן וּבְחַיֵּי דְכָל בֵּית יִשְׂרָאֵל
בַּעֲגָלָא וּבִזְמַן קָרִיב
וְאִמְרוּ אָמֵן. (קהל: אָמֵן)

קהל ואבל: יְהֵא שְׁמֵהּ רַבָּא מְבָרַךְ לְעָלַם וּלְעָלְמֵי עָלְמַיָּא.

אבל: יִתְבָּרַךְ וְיִשְׁתַּבַּח וְיִתְפָּאַר וְיִתְרוֹמַם וְיִתְנַשֵּׂא
וְיִתְהַדָּר וְיִתְעַלֶּה וְיִתְהַלָּל
שְׁמֵהּ דְּקֻדְשָׁא בְּרִיךְ הוּא (קהל: בְּרִיךְ הוּא)
לְעֵלָּא מִן כָּל בִּרְכָתָא וְשִׁירָתָא, תֻּשְׁבְּחָתָא וְנֶחֱמָתָא
דַּאֲמִירָן בְּעָלְמָא
וְאִמְרוּ אָמֵן. (קהל: אָמֵן)

יְהֵא שְׁלָמָא רַבָּא מִן שְׁמַיָּא
וְחַיִּים, עָלֵינוּ וְעַל כָּל יִשְׂרָאֵל
וְאִמְרוּ אָמֵן. (קהל: אָמֵן)

כורע ופוסע שלוש פסיעות לאחור. קד לשמאל, לימין ולפנים באמירת:

עֹשֶׂה שָׁלוֹם בִּמְרוֹמָיו
הוּא יַעֲשֶׂה שָׁלוֹם עָלֵינוּ וְעַל כָּל יִשְׂרָאֵל
וְאִמְרוּ אָמֵן. (קהל: אָמֵן)

ערבית לשבת וליום טוב

"מֵעֶרֶב עַד־עֶרֶב תִּשְׁבְּתוּ שַׁבַּתְּכֶם" (ויקרא כג, לב).

קריאת שמע וברכותיה

שליח הציבור כורע בתיבת 'בָּרְכוּ' וזוקף בשם. הקהל כורע בתיבת 'בָּרוּךְ' וזוקף בשם, ושליח הציבור כורע שוב כאשר הוא חוזר אחריהם.

ש"ץ: **בָּרְכוּ**

אֶת יהוה הַמְבֹרָךְ.

קהל: **בָּרוּךְ יהוה הַמְבֹרָךְ לְעוֹלָם וָעֶד.**

ש"ץ: **בָּרוּךְ יהוה הַמְבֹרָךְ לְעוֹלָם וָעֶד.**

'בְּחָכְמָה פּוֹתֵחַ שְׁעָרִים' – כמו שכתוב (ישעיה כו, ב): "פִּתְחוּ שְׁעָרִים וְיָבֹא גוֹי־צַדִּיק" (אבודרהם).

בָּרוּךְ אַתָּה יהוה אֱלֹהֵינוּ מֶלֶךְ הָעוֹלָם
אֲשֶׁר בִּדְבָרוֹ מַעֲרִיב עֲרָבִים, בְּחָכְמָה פּוֹתֵחַ שְׁעָרִים
וּבִתְבוּנָה מְשַׁנֶּה עִתִּים וּמַחֲלִיף אֶת הַזְּמַנִּים
וּמְסַדֵּר אֶת הַכּוֹכָבִים בְּמִשְׁמְרוֹתֵיהֶם בָּרָקִיעַ כִּרְצוֹנוֹ.
בּוֹרֵא יוֹם וָלָיְלָה, גּוֹלֵל אוֹר מִפְּנֵי חֹשֶׁךְ וְחֹשֶׁךְ מִפְּנֵי אוֹר
◂ וּמַעֲבִיר יוֹם וּמֵבִיא לָיְלָה, וּמַבְדִּיל בֵּין יוֹם וּבֵין לָיְלָה
יהוה צְבָאוֹת שְׁמוֹ.
אֵל חַי וְקַיָּם תָּמִיד, יִמְלֹךְ עָלֵינוּ לְעוֹלָם וָעֶד.
בָּרוּךְ אַתָּה יהוה, הַמַּעֲרִיב עֲרָבִים.

אַהֲבַת עוֹלָם בֵּית יִשְׂרָאֵל עַמְּךָ אָהָבְתָּ
תּוֹרָה וּמִצְוֹת, חֻקִּים וּמִשְׁפָּטִים, אוֹתָנוּ לִמַּדְתָּ
עַל כֵּן יהוה אֱלֹהֵינוּ בְּשָׁכְבֵנוּ וּבְקוּמֵנוּ נָשִׂיחַ בְּחֻקֶּיךָ
וְנִשְׂמַח בְּדִבְרֵי תוֹרָתֶךָ וּבְמִצְוֹתֶיךָ לְעוֹלָם וָעֶד
◂ כִּי הֵם חַיֵּינוּ וְאֹרֶךְ יָמֵינוּ, וּבָהֶם נֶהְגֶּה יוֹמָם וָלָיְלָה.
וְאַהֲבָתְךָ אַל תָּסִיר מִמֶּנּוּ לְעוֹלָמִים.
בָּרוּךְ אַתָּה יהוה, אוֹהֵב עַמּוֹ יִשְׂרָאֵל.

״יקרא קריאת שמע בכוונה – באימה, ביראה, ברתת וזיע״ (שו״ע סא, א).
קריאת שמע צריכה כוונה מיוחדת בכל שלוש פרשיותיה. מי שאינו יכול לכוון בכולן חייב לכוון בפסוק הראשון, ואם לא התכוון צריך לחזור ולקרוא שוב.

בקריאת שמע שלוש פרשיות: ׳שְׁמַע׳, שעניינה קבלת עול מלכות שמים; ׳וְהָיָה אִם־שָׁמֹעַ׳, שעניינה קבלת עול מצוות; ׳ציצית׳, שיש בה הזכרת יציאת מצרים ובחירת ה׳ בעם ישראל (משנה, ברכות יג ע״א).

המתפלל ביחידות אומר:

אֵל מֶלֶךְ נֶאֱמָן

מכסה את עיניו בידו ואומר בכוונה ובקול רם:

דברים ו
שְׁמַע יִשְׂרָאֵל, יהוה אֱלֹהֵינוּ, יהוה ׀ אֶחָד:

בלחש: בָּרוּךְ שֵׁם כְּבוֹד מַלְכוּתוֹ לְעוֹלָם וָעֶד.

דברים ו
וְאָהַבְתָּ אֵת יהוה אֱלֹהֶיךָ, בְּכָל־לְבָבְךָ וּבְכָל־נַפְשְׁךָ וּבְכָל־
מְאֹדֶךָ: וְהָיוּ הַדְּבָרִים הָאֵלֶּה, אֲשֶׁר אָנֹכִי מְצַוְּךָ הַיּוֹם, עַל־לְבָבֶךָ:
וְשִׁנַּנְתָּם לְבָנֶיךָ וְדִבַּרְתָּ בָּם, בְּשִׁבְתְּךָ בְּבֵיתֶךָ וּבְלֶכְתְּךָ בַדֶּרֶךְ,
וּבְשָׁכְבְּךָ וּבְקוּמֶךָ: וּקְשַׁרְתָּם לְאוֹת עַל־יָדֶךָ וְהָיוּ לְטֹטָפֹת בֵּין
עֵינֶיךָ: וּכְתַבְתָּם עַל־מְזֻזוֹת בֵּיתֶךָ וּבִשְׁעָרֶיךָ:

דברים יא
וְהָיָה אִם־שָׁמֹעַ תִּשְׁמְעוּ אֶל־מִצְוֹתַי אֲשֶׁר אָנֹכִי מְצַוֶּה אֶתְכֶם
הַיּוֹם, לְאַהֲבָה אֶת־יהוה אֱלֹהֵיכֶם וּלְעָבְדוֹ, בְּכָל־לְבַבְכֶם

וּבְכָל־נַפְשְׁכֶם: וְנָתַתִּי מְטַר־אַרְצְכֶם בְּעִתּוֹ, יוֹרֶה וּמַלְקוֹשׁ,
וְאָסַפְתָּ דְגָנֶךָ וְתִירֹשְׁךָ וְיִצְהָרֶךָ: וְנָתַתִּי עֵשֶׂב בְּשָׂדְךָ לִבְהֶמְתֶּךָ,
וְאָכַלְתָּ וְשָׂבָעְתָּ: הִשָּׁמְרוּ לָכֶם פֶּן־יִפְתֶּה לְבַבְכֶם, וְסַרְתֶּם
וַעֲבַדְתֶּם אֱלֹהִים אֲחֵרִים וְהִשְׁתַּחֲוִיתֶם לָהֶם: וְחָרָה אַף־יהוה
בָּכֶם, וְעָצַר אֶת־הַשָּׁמַיִם וְלֹא־יִהְיֶה מָטָר, וְהָאֲדָמָה לֹא תִתֵּן
אֶת־יְבוּלָהּ, וַאֲבַדְתֶּם מְהֵרָה מֵעַל הָאָרֶץ הַטֹּבָה אֲשֶׁר יהוה
נֹתֵן לָכֶם: וְשַׂמְתֶּם אֶת־דְּבָרַי אֵלֶּה עַל־לְבַבְכֶם וְעַל־נַפְשְׁכֶם,
וּקְשַׁרְתֶּם אֹתָם לְאוֹת עַל־יֶדְכֶם, וְהָיוּ לְטוֹטָפֹת בֵּין עֵינֵיכֶם:
וְלִמַּדְתֶּם אֹתָם אֶת־בְּנֵיכֶם לְדַבֵּר בָּם, בְּשִׁבְתְּךָ בְּבֵיתֶךָ וּבְלֶכְתְּךָ
בַדֶּרֶךְ, וּבְשָׁכְבְּךָ וּבְקוּמֶךָ: וּכְתַבְתָּם עַל־מְזוּזוֹת בֵּיתֶךָ וּבִשְׁעָרֶיךָ:
לְמַעַן יִרְבּוּ יְמֵיכֶם וִימֵי בְנֵיכֶם עַל הָאֲדָמָה אֲשֶׁר נִשְׁבַּע יהוה
לַאֲבֹתֵיכֶם לָתֵת לָהֶם, כִּימֵי הַשָּׁמַיִם עַל־הָאָרֶץ:

וַיֹּאמֶר יהוה אֶל־מֹשֶׁה לֵּאמֹר: דַּבֵּר אֶל־בְּנֵי יִשְׂרָאֵל וְאָמַרְתָּ במדבר טו
אֲלֵהֶם, וְעָשׂוּ לָהֶם צִיצִת עַל־כַּנְפֵי בִגְדֵיהֶם לְדֹרֹתָם, וְנָתְנוּ
עַל־צִיצִת הַכָּנָף פְּתִיל תְּכֵלֶת: וְהָיָה לָכֶם לְצִיצִת, וּרְאִיתֶם אֹתוֹ
וּזְכַרְתֶּם אֶת־כָּל־מִצְוֹת יהוה וַעֲשִׂיתֶם אֹתָם, וְלֹא תָתֻרוּ אַחֲרֵי
לְבַבְכֶם וְאַחֲרֵי עֵינֵיכֶם, אֲשֶׁר־אַתֶּם זֹנִים אַחֲרֵיהֶם: לְמַעַן תִּזְכְּרוּ
וַעֲשִׂיתֶם אֶת־כָּל־מִצְוֹתָי, וִהְיִיתֶם קְדֹשִׁים לֵאלֹהֵיכֶם: אֲנִי יהוה
אֱלֹהֵיכֶם, אֲשֶׁר הוֹצֵאתִי אֶתְכֶם מֵאֶרֶץ מִצְרַיִם, לִהְיוֹת לָכֶם
לֵאלֹהִים, אֲנִי יהוה אֱלֹהֵיכֶם:

אֱמֶת

שליח הציבור חוזר ואומר:

◂ **יהוה אֱלֹהֵיכֶם אֱמֶת**

״כל שלא אמר אמת ויציב שחרית ואמת ואמונה ערבית – לא יצא ידי חובתו, שנאמר (תהלים צב, ג): ׳לְהַגִּיד בַּבֹּקֶר חַסְדֶּךָ וֶאֱמוּנָתְךָ בַּלֵּילוֹת׳״ (ברכות יב ע״א).

״ברכת אמת ויציב כולה על חסד שעשה עם אבותינו היא, שהוציאם ממצרים ובקע להם הים והעבירם, וברכת אמת ואמונה מדבר בה אף על העתידות, שאנו מצפים שיקיים לנו הבטחתו ואמונתו לגאלנו מיד מלכים ומיד עריצים ולשום נפשנו בחיים, ולהדריכנו על במות אויבינו, כל אלה הנסים התדירים תמיד״ (רש״י שם).

וֶאֱמוּנָה כָּל זוֹאת וְקַיָּם עָלֵינוּ

כִּי הוּא יהוה אֱלֹהֵינוּ וְאֵין זוּלָתוֹ, וַאֲנַחְנוּ יִשְׂרָאֵל עַמּוֹ.
הַפּוֹדֵנוּ מִיַּד מְלָכִים, מַלְכֵּנוּ הַגּוֹאֲלֵנוּ מִכַּף כָּל הֶעָרִיצִים.
הָאֵל הַנִּפְרָע לָנוּ מִצָּרֵינוּ
וְהַמְשַׁלֵּם גְּמוּל לְכָל אוֹיְבֵי נַפְשֵׁנוּ.
הָעוֹשֶׂה גְדוֹלוֹת עַד אֵין חֵקֶר, וְנִפְלָאוֹת עַד אֵין מִסְפָּר.
הַשָּׂם נַפְשֵׁנוּ בַּחַיִּים, וְלֹא־נָתַן לַמּוֹט רַגְלֵנוּ: תהלים סו
הַמַּדְרִיכֵנוּ עַל בָּמוֹת אוֹיְבֵינוּ, וַיָּרֶם קַרְנֵנוּ עַל כָּל שׂוֹנְאֵינוּ.
הָעוֹשֶׂה לָּנוּ נִסִּים וּנְקָמָה בְּפַרְעֹה
אוֹתוֹת וּמוֹפְתִים בְּאַדְמַת בְּנֵי חָם.
הַמַּכֶּה בְעֶבְרָתוֹ כָּל בְּכוֹרֵי מִצְרָיִם
וַיּוֹצֵא אֶת עַמּוֹ יִשְׂרָאֵל מִתּוֹכָם לְחֵרוּת עוֹלָם.
הַמַּעֲבִיר בָּנָיו בֵּין גִּזְרֵי יַם סוּף
אֶת רוֹדְפֵיהֶם וְאֶת שׂוֹנְאֵיהֶם בִּתְהוֹמוֹת טִבַּע
וְרָאוּ בָנָיו גְּבוּרָתוֹ, שִׁבְּחוּ וְהוֹדוּ לִשְׁמוֹ
◄ **וּמַלְכוּתוֹ בְּרָצוֹן קִבְּלוּ עֲלֵיהֶם.**
מֹשֶׁה וּבְנֵי יִשְׂרָאֵל, לְךָ עָנוּ שִׁירָה בְּשִׂמְחָה רַבָּה
וְאָמְרוּ כֻלָּם

מִי־כָמֹכָה בָּאֵלִם יהוה שמות טו
מִי כָּמֹכָה נֶאְדָּר בַּקֹּדֶשׁ
נוֹרָא תְהִלֹּת עֹשֵׂה פֶלֶא:

מַלְכוּתְךָ רָאוּ בָנֶיךָ, בּוֹקֵעַ יָם לִפְנֵי מֹשֶׁה
זֶה אֵלִי עָנוּ, וְאָמְרוּ
יהוה יִמְלֹךְ לְעֹלָם וָעֶד: שמות טו
וְנֶאֱמַר
כִּי־פָדָה יהוה אֶת־יַעֲקֹב ירמיה לא
וּגְאָלוֹ מִיַּד חָזָק מִמֶּנּוּ:
בָּרוּךְ אַתָּה יהוה, גָּאַל יִשְׂרָאֵל.

בשבתות ובימים טובים אומרים ברכות קריאת שמע כביום חול
בשינוי החתימה של ברכת ׳הַשְׁכִּיבֵנוּ׳ (סדר רב עמרם גאון),
מפני שהשבת שומרת ומגנה, ואין צורך בשמירה נוספת מלבדה (טור, רסז).

הַשְׁכִּיבֵנוּ יהוה אֱלֹהֵינוּ לְשָׁלוֹם
וְהַעֲמִידֵנוּ מַלְכֵּנוּ לְחַיִּים
וּפְרֹשׂ עָלֵינוּ סֻכַּת שְׁלוֹמֶךָ
וְתַקְּנֵנוּ בְּעֵצָה טוֹבָה מִלְּפָנֶיךָ
וְהוֹשִׁיעֵנוּ לְמַעַן שְׁמֶךָ.
וְהָגֵן בַּעֲדֵנוּ
וְהָסֵר מֵעָלֵינוּ אוֹיֵב, דֶּבֶר וְחֶרֶב וְרָעָב וְיָגוֹן
וְהָסֵר שָׂטָן מִלְּפָנֵינוּ וּמֵאַחֲרֵינוּ
וּבְצֵל כְּנָפֶיךָ תַּסְתִּירֵנוּ
כִּי אֵל שׁוֹמְרֵנוּ וּמַצִּילֵנוּ אָתָּה
כִּי אֵל מֶלֶךְ חַנּוּן וְרַחוּם אָתָּה.
וּשְׁמֹר צֵאתֵנוּ וּבוֹאֵנוּ לְחַיִּים וּלְשָׁלוֹם
מֵעַתָּה וְעַד עוֹלָם.
וּפְרֹשׂ עָלֵינוּ סֻכַּת שְׁלוֹמֶךָ.
בָּרוּךְ אַתָּה יהוה
הַפּוֹרֵשׂ סֻכַּת שָׁלוֹם עָלֵינוּ וְעַל כָּל עַמּוֹ יִשְׂרָאֵל וְעַל יְרוּשָׁלָיִם.

נוהגים שהקהל עומד ואומר פסוקים אלה (אך הגר״א נהג שלא לאומרם כדי לא להפסיק בין גאולה לתפילה).

בשבת:

וְשָׁמְרוּ בְנֵי־יִשְׂרָאֵל אֶת־הַשַּׁבָּת שמות לא
לַעֲשׂוֹת אֶת־הַשַּׁבָּת לְדֹרֹתָם בְּרִית עוֹלָם:
בֵּינִי וּבֵין בְּנֵי יִשְׂרָאֵל, אוֹת הִוא לְעֹלָם
כִּי־שֵׁשֶׁת יָמִים עָשָׂה יהוה אֶת־הַשָּׁמַיִם וְאֶת־הָאָרֶץ
וּבַיּוֹם הַשְּׁבִיעִי שָׁבַת וַיִּנָּפַשׁ:

הקהל ואחריו שליח הציבור:

וַיְדַבֵּר מֹשֶׁה אֶת־מֹעֲדֵי יהוה אֶל־בְּנֵי יִשְׂרָאֵל: ויקרא כג

חצי קדיש

ש״ץ: יִתְגַּדַּל וְיִתְקַדַּשׁ שְׁמֵהּ רַבָּא (קהל: אָמֵן)
בְּעָלְמָא דִּי בְרָא כִרְעוּתֵהּ
וְיַמְלִיךְ מַלְכוּתֵהּ
בְּחַיֵּיכוֹן וּבְיוֹמֵיכוֹן וּבְחַיֵּי דְכָל בֵּית יִשְׂרָאֵל
בַּעֲגָלָא וּבִזְמַן קָרִיב
וְאִמְרוּ אָמֵן. (קהל: אָמֵן)

קהל וש״ץ: יְהֵא שְׁמֵהּ רַבָּא מְבָרַךְ לְעָלַם וּלְעָלְמֵי עָלְמַיָּא.

ש״ץ: יִתְבָּרַךְ וְיִשְׁתַּבַּח וְיִתְפָּאַר וְיִתְרוֹמַם וְיִתְנַשֵּׂא
וְיִתְהַדָּר וְיִתְעַלֶּה וְיִתְהַלָּל
שְׁמֵהּ דְּקֻדְשָׁא בְּרִיךְ הוּא (קהל: בְּרִיךְ הוּא)
לְעֵלָּא מִן כָּל בִּרְכָתָא וְשִׁירָתָא, תֻּשְׁבְּחָתָא וְנֶחֱמָתָא
דַּאֲמִירָן בְּעָלְמָא
וְאִמְרוּ אָמֵן. (קהל: אָמֵן)

עמידה

"המתפלל צריך שיכוין בלבו פירוש המלות שמוציא בשפתיו; ויחשוב כאלו שכינה כנגדו ויסיר כל המחשבות הטורדות אותו עד שתשאר מחשבתו וכוונתו זכה בתפלתו" (שו"ע צח, א).

פוסע שלוש פסיעות לפנים כמי שנכנס לפני המלך. עומד ומתפלל בלחש מכאן ועד 'וּכְשָׁנִים קַדְמֹנִיּוֹת' בעמ' 42.

כורע במקומות המסומנים ב', קד לפנים במילה הבאה וזוקף בשם.

אֲדֹנָי, שְׂפָתַי תִּפְתָּח, וּפִי יַגִּיד תְּהִלָּתֶךָ: תהלים נא

אבות

'בָּרוּךְ אַתָּה יהוה, אֱלֹהֵינוּ וֵאלֹהֵי אֲבוֹתֵינוּ
אֱלֹהֵי אַבְרָהָם, אֱלֹהֵי יִצְחָק, וֵאלֹהֵי יַעֲקֹב
הָאֵל הַגָּדוֹל הַגִּבּוֹר וְהַנּוֹרָא, אֵל עֶלְיוֹן
גּוֹמֵל חֲסָדִים טוֹבִים, וְקוֹנֵה הַכֹּל
וְזוֹכֵר חַסְדֵי אָבוֹת
וּמֵבִיא גוֹאֵל לִבְנֵי בְנֵיהֶם לְמַעַן שְׁמוֹ בְּאַהֲבָה.
מֶלֶךְ עוֹזֵר וּמוֹשִׁיעַ וּמָגֵן.
'בָּרוּךְ אַתָּה יהוה, מָגֵן אַבְרָהָם.

גבורות

אַתָּה גִּבּוֹר לְעוֹלָם, אֲדֹנָי
מְחַיֵּה מֵתִים אַתָּה, רַב לְהוֹשִׁיעַ

ביום א' של פסח (ובחו"ל גם בשמחת תורה) אומר:

מַשִּׁיב הָרְוּחַ וּמוֹרִיד הַגֶּשֶׁם

בשאר המועדים אומר:

מוֹרִיד הַטָּל

מְכַלְכֵּל חַיִּים בְּחֶסֶד, מְחַיֵּה מֵתִים בְּרַחֲמִים רַבִּים
סוֹמֵךְ נוֹפְלִים, וְרוֹפֵא חוֹלִים, וּמַתִּיר אֲסוּרִים
וּמְקַיֵּם אֱמוּנָתוֹ לִישֵׁנֵי עָפָר.

מִי כָמוֹךָ, בַּעַל גְּבוּרוֹת, וּמִי דּוֹמֶה לָּךְ
מֶלֶךְ, מֵמִית וּמְחַיֶּה וּמַצְמִיחַ יְשׁוּעָה.
וְנֶאֱמָן אַתָּה לְהַחֲיוֹת מֵתִים.
בָּרוּךְ אַתָּה יהוה, מְחַיֵּה הַמֵּתִים.

קדושת השם

אַתָּה קָדוֹשׁ וְשִׁמְךָ קָדוֹשׁ
וּקְדוֹשִׁים בְּכָל יוֹם יְהַלְלוּךָ סֶּלָה.
בָּרוּךְ אַתָּה יהוה, הָאֵל הַקָּדוֹשׁ.

ביום טוב (גם אם חל בשבת) ממשיכים כאן.
בשבת חול המועד ממשיכים מתחת לקו.

קדושת היום – ליום טוב

בניגוד לשבת שהתקדשה בששת ימי בראשית, קדושת הרגלים תלויה בקידוש החודשים על ידי ישראל. לכן תפילות החגים פותחות בבחירת ישראל וחותמות 'מְקַדֵּשׁ יִשְׂרָאֵל וְהַזְּמַנִּים' (רש"י, ביצה יז ע"א).

אַתָּה בְחַרְתָּנוּ מִכָּל הָעַמִּים
אָהַבְתָּ אוֹתָנוּ וְרָצִיתָ בָּנוּ
וְרוֹמַמְתָּנוּ מִכָּל הַלְּשׁוֹנוֹת

ממשיכים 'וְקִדַּשְׁתָּנוּ' בעמוד הבא.

קדושת היום – לשבת חול המועד

אַתָּה קִדַּשְׁתָּ אֶת יוֹם הַשְּׁבִיעִי לִשְׁמֶךָ
תַּכְלִית מַעֲשֵׂה שָׁמַיִם וָאָרֶץ
וּבֵרַכְתּוֹ מִכָּל הַיָּמִים, וְקִדַּשְׁתּוֹ מִכָּל הַזְּמַנִּים
וְכֵן כָּתוּב בְּתוֹרָתֶךָ

ממשיכים 'וַיְכֻלּוּ' מתחת לקו בעמוד הבא.

וְקִדַּשְׁתָּנוּ בְּמִצְוֹתֶיךָ
וְקֵרַבְתָּנוּ מַלְכֵּנוּ לַעֲבוֹדָתֶךָ
וְשִׁמְךָ הַגָּדוֹל וְהַקָּדוֹשׁ עָלֵינוּ קָרָאתָ.

במוצאי שבת מוסיפים (על פי ברכות לג ע״ב):

וַתּוֹדִיעֵנוּ יהוה אֱלֹהֵינוּ אֶת מִשְׁפְּטֵי צִדְקֶךָ, וַתְּלַמְּדֵנוּ לַעֲשׂוֹת חֻקֵּי רְצוֹנֶךָ, וַתִּתֶּן לָנוּ יהוה אֱלֹהֵינוּ מִשְׁפָּטִים יְשָׁרִים וְתוֹרוֹת אֱמֶת, חֻקִּים וּמִצְוֹת טוֹבִים, וַתַּנְחִילֵנוּ זְמַנֵּי שָׂשׂוֹן וּמוֹעֲדֵי קֹדֶשׁ וְחַגֵּי נְדָבָה, וַתּוֹרִישֵׁנוּ קְדֻשַּׁת שַׁבָּת וּכְבוֹד מוֹעֵד וַחֲגִיגַת הָרֶגֶל. וַתַּבְדֵּל יהוה אֱלֹהֵינוּ בֵּין קֹדֶשׁ לְחֹל, בֵּין אוֹר לְחֹשֶׁךְ, בֵּין יִשְׂרָאֵל לָעַמִּים, בֵּין יוֹם הַשְּׁבִיעִי לְשֵׁשֶׁת יְמֵי הַמַּעֲשֶׂה. בֵּין קְדֻשַּׁת שַׁבָּת לִקְדֻשַּׁת יוֹם טוֹב הִבְדַּלְתָּ, וְאֶת יוֹם הַשְּׁבִיעִי מִשֵּׁשֶׁת יְמֵי הַמַּעֲשֶׂה קִדַּשְׁתָּ, הִבְדַּלְתָּ וְקִדַּשְׁתָּ אֶת עַמְּךָ יִשְׂרָאֵל בִּקְדֻשָּׁתֶךָ.

בשבת מוסיפים את המילים שבסוגריים.

וַתִּתֶּן לָנוּ יהוה אֱלֹהֵינוּ בְּאַהֲבָה
(שַׁבָּתוֹת לִמְנוּחָה וּ) מוֹעֲדִים לְשִׂמְחָה
חַגִּים וּזְמַנִּים לְשָׂשׂוֹן

ממשיכים ׳אֶת יוֹם׳ בעמוד הבא.

וַיְכֻלּוּ הַשָּׁמַיִם וְהָאָרֶץ וְכָל־צְבָאָם: בראשית ב
וַיְכַל אֱלֹהִים בַּיּוֹם הַשְּׁבִיעִי מְלַאכְתּוֹ אֲשֶׁר עָשָׂה
וַיִּשְׁבֹּת בַּיּוֹם הַשְּׁבִיעִי מִכָּל־מְלַאכְתּוֹ אֲשֶׁר עָשָׂה:
וַיְבָרֶךְ אֱלֹהִים אֶת־יוֹם הַשְּׁבִיעִי, וַיְקַדֵּשׁ אֹתוֹ
כִּי בוֹ שָׁבַת מִכָּל־מְלַאכְתּוֹ, אֲשֶׁר־בָּרָא אֱלֹהִים לַעֲשׂוֹת:

ממשיכים ׳אֱלֹהֵינוּ וֵאלֹהֵי אֲבוֹתֵינוּ, רְצֵה בִמְנוּחָתֵנוּ׳ מתחת לקו בעמוד הבא.

אֶת יוֹם (הַשַּׁבָּת הַזֶּה וְאֶת יוֹם)

בפסח: חַג הַמַּצּוֹת הַזֶּה, זְמַן חֵרוּתֵנוּ

בשבועות: חַג הַשָּׁבוּעוֹת הַזֶּה, זְמַן מַתַּן תּוֹרָתֵנוּ

בסוכות: חַג הַסֻּכּוֹת הַזֶּה, זְמַן שִׂמְחָתֵנוּ

בשמע״צ: הַשְּׁמִינִי חַג הָעֲצֶרֶת הַזֶּה, זְמַן שִׂמְחָתֵנוּ

(בְּאַהֲבָה) מִקְרָא קֹדֶשׁ, זֵכֶר לִיצִיאַת מִצְרָיִם.

אֱלֹהֵינוּ וֵאלֹהֵי אֲבוֹתֵינוּ
יַעֲלֶה וְיָבוֹא וְיַגִּיעַ, וְיֵרָאֶה וְיֵרָצֶה וְיִשָּׁמַע
וְיִפָּקֵד וְיִזָּכֵר זִכְרוֹנֵנוּ וּפִקְדוֹנֵנוּ וְזִכְרוֹן אֲבוֹתֵינוּ
וְזִכְרוֹן מָשִׁיחַ בֶּן דָּוִד עַבְדֶּךָ, וְזִכְרוֹן יְרוּשָׁלַיִם עִיר קָדְשֶׁךָ
וְזִכְרוֹן כָּל עַמְּךָ בֵּית יִשְׂרָאֵל, לְפָנֶיךָ

ממשיכים ׳לִפְלֵיטָה לְטוֹבָה׳ בעמוד הבא.

אֱלֹהֵינוּ וֵאלֹהֵי אֲבוֹתֵינוּ, רְצֵה בִמְנוּחָתֵנוּ.
קַדְּשֵׁנוּ בְּמִצְוֹתֶיךָ, וְתֵן חֶלְקֵנוּ בְּתוֹרָתֶךָ
שַׂבְּעֵנוּ מִטּוּבֶךָ, וְשַׂמְּחֵנוּ בִּישׁוּעָתֶךָ
וְטַהֵר לִבֵּנוּ לְעָבְדְּךָ בֶּאֱמֶת.
וְהַנְחִילֵנוּ, יהוה אֱלֹהֵינוּ
בְּאַהֲבָה וּבְרָצוֹן שַׁבַּת קָדְשֶׁךָ
וְיָנוּחוּ בָהּ יִשְׂרָאֵל מְקַדְּשֵׁי שְׁמֶךָ.
בָּרוּךְ אַתָּה יהוה, מְקַדֵּשׁ הַשַּׁבָּת.

עבודה

רְצֵה יהוה אֱלֹהֵינוּ בְּעַמְּךָ יִשְׂרָאֵל וּבִתְפִלָּתָם
וְהָשֵׁב אֶת הָעֲבוֹדָה לִדְבִיר בֵּיתֶךָ

ממשיכים ׳וְאִשֵּׁי יִשְׂרָאֵל׳ מתחת לקו בעמוד הבא.

לִפְלֵיטָה לְטוֹבָה, לְחֵן וּלְחֶסֶד וּלְרַחֲמִים
לְחַיִּים וּלְשָׁלוֹם בְּיוֹם

בפסח: חַג הַמַּצּוֹת הַזֶּה.

בשבועות: חַג הַשָּׁבוּעוֹת הַזֶּה.

בסוכות: חַג הַסֻּכּוֹת הַזֶּה.

בשמע״צ: הַשְּׁמִינִי חַג הָעֲצֶרֶת הַזֶּה.

זָכְרֵנוּ יהוה אֱלֹהֵינוּ בּוֹ לְטוֹבָה
וּפָקְדֵנוּ בוֹ לִבְרָכָה
וְהוֹשִׁיעֵנוּ בוֹ לְחַיִּים.
וּבִדְבַר יְשׁוּעָה וְרַחֲמִים, חוּס וְחָנֵּנוּ, וְרַחֵם עָלֵינוּ וְהוֹשִׁיעֵנוּ
כִּי אֵלֶיךָ עֵינֵינוּ, כִּי אֵל מֶלֶךְ חַנּוּן וְרַחוּם אָתָּה.

ממשיכים ׳וְהַשִּׂיאֵנוּ׳ בעמוד הבא.

וְאִשֵּׁי יִשְׂרָאֵל וּתְפִלָּתָם בְּאַהֲבָה תְקַבֵּל בְּרָצוֹן
וּתְהִי לְרָצוֹן תָּמִיד עֲבוֹדַת יִשְׂרָאֵל עַמֶּךָ.

אֱלֹהֵינוּ וֵאלֹהֵי אֲבוֹתֵינוּ
יַעֲלֶה וְיָבוֹא וְיַגִּיעַ, וְיֵרָאֶה וְיֵרָצֶה וְיִשָּׁמַע
וְיִפָּקֵד וְיִזָּכֵר זִכְרוֹנֵנוּ וּפִקְדוֹנֵנוּ
וְזִכְרוֹן אֲבוֹתֵינוּ
וְזִכְרוֹן מָשִׁיחַ בֶּן דָּוִד עַבְדֶּךָ
וְזִכְרוֹן יְרוּשָׁלַיִם עִיר קָדְשֶׁךָ
וְזִכְרוֹן כָּל עַמְּךָ בֵּית יִשְׂרָאֵל, לְפָנֶיךָ
לִפְלֵיטָה לְטוֹבָה, לְחֵן וּלְחֶסֶד וּלְרַחֲמִים
לְחַיִּים וּלְשָׁלוֹם

ממשיכים ׳בְּיוֹם׳ מתחת לקו בעמוד הבא.

בשבת מוסיפים את המילים שבסוגריים.

וְהַשִּׂיאֵנוּ יהוה אֱלֹהֵינוּ אֶת בִּרְכַּת מוֹעֲדֶיךָ
לְחַיִּים וּלְשָׁלוֹם, לְשִׂמְחָה וּלְשָׂשׂוֹן
כַּאֲשֶׁר רָצִיתָ וְאָמַרְתָּ לְבָרְכֵנוּ.
(אֱלֹהֵינוּ וֵאלֹהֵי אֲבוֹתֵינוּ, רְצֵה בִמְנוּחָתֵנוּ)
קַדְּשֵׁנוּ בְּמִצְוֹתֶיךָ וְתֵן חֶלְקֵנוּ בְּתוֹרָתֶךָ
שַׂבְּעֵנוּ מִטּוּבֶךָ, וְשַׂמְּחֵנוּ בִּישׁוּעָתֶךָ
וְטַהֵר לִבֵּנוּ לְעָבְדְּךָ בֶּאֱמֶת.
וְהַנְחִילֵנוּ יהוה אֱלֹהֵינוּ (בְּאַהֲבָה וּבְרָצוֹן)
בְּשִׂמְחָה וּבְשָׂשׂוֹן (שַׁבָּת וּ) מוֹעֲדֵי קָדְשֶׁךָ
וְיִשְׂמְחוּ בְךָ יִשְׂרָאֵל מְקַדְּשֵׁי שְׁמֶךָ.
בָּרוּךְ אַתָּה יהוה, מְקַדֵּשׁ (הַשַּׁבָּת וְ) יִשְׂרָאֵל וְהַזְּמַנִּים.

עבודה

רְצֵה יהוה אֱלֹהֵינוּ בְּעַמְּךָ יִשְׂרָאֵל וּבִתְפִלָּתָם
וְהָשֵׁב אֶת הָעֲבוֹדָה לִדְבִיר בֵּיתֶךָ
וְאִשֵּׁי יִשְׂרָאֵל וּתְפִלָּתָם בְּאַהֲבָה תְקַבֵּל בְּרָצוֹן
וּתְהִי לְרָצוֹן תָּמִיד עֲבוֹדַת יִשְׂרָאֵל עַמֶּךָ.

ממשיכים 'וְתֶחֱזֶינָה' בעמוד הבא.

בְּיוֹם
בפסח: חַג הַמַּצּוֹת הַזֶּה. / בסוכות: חַג הַסֻּכּוֹת הַזֶּה.
זָכְרֵנוּ יהוה אֱלֹהֵינוּ בּוֹ לְטוֹבָה, וּפָקְדֵנוּ בוֹ לִבְרָכָה
וְהוֹשִׁיעֵנוּ בוֹ לְחַיִּים.
וּבִדְבַר יְשׁוּעָה וְרַחֲמִים, חוּס וְחָנֵּנוּ וְרַחֵם עָלֵינוּ וְהוֹשִׁיעֵנוּ
כִּי אֵלֶיךָ עֵינֵינוּ, כִּי אֵל מֶלֶךְ חַנּוּן וְרַחוּם אָתָּה.

ממשיכים 'וְתֶחֱזֶינָה' בעמוד הבא.

וְתֶחֱזֶינָה עֵינֵינוּ בְּשׁוּבְךָ לְצִיּוֹן בְּרַחֲמִים.
בָּרוּךְ אַתָּה יהוה
הַמַּחֲזִיר שְׁכִינָתוֹ לְצִיּוֹן.

הודאה

כורע ב'מוֹדִים' ואינו זוקף עד אמירת השם.

ˇמוֹדִים אֲנַחְנוּ לָךְ
שָׁאַתָּה הוּא יהוה אֱלֹהֵינוּ וֵאלֹהֵי אֲבוֹתֵינוּ לְעוֹלָם וָעֶד.
צוּר חַיֵּינוּ, מָגֵן יִשְׁעֵנוּ
אַתָּה הוּא לְדוֹר וָדוֹר.
נוֹדֶה לְּךָ וּנְסַפֵּר תְּהִלָּתֶךָ
עַל חַיֵּינוּ הַמְּסוּרִים בְּיָדֶךָ
וְעַל נִשְׁמוֹתֵינוּ הַפְּקוּדוֹת לָךְ
וְעַל נִסֶּיךָ שֶׁבְּכָל יוֹם עִמָּנוּ
וְעַל נִפְלְאוֹתֶיךָ וְטוֹבוֹתֶיךָ
שֶׁבְּכָל עֵת, עֶרֶב וָבֹקֶר וְצָהֳרָיִם.
הַטּוֹב, כִּי לֹא כָלוּ רַחֲמֶיךָ
וְהַמְרַחֵם, כִּי לֹא תַמּוּ חֲסָדֶיךָ
מֵעוֹלָם קִוִּינוּ לָךְ.
וְעַל כֻּלָּם יִתְבָּרַךְ וְיִתְרוֹמַם שִׁמְךָ מַלְכֵּנוּ תָּמִיד לְעוֹלָם וָעֶד.
וְכֹל הַחַיִּים יוֹדוּךָ סֶּלָה
וִיהַלְלוּ אֶת שִׁמְךָ בֶּאֱמֶת
הָאֵל יְשׁוּעָתֵנוּ וְעֶזְרָתֵנוּ סֶלָה.
ˇבָּרוּךְ אַתָּה יהוה
הַטּוֹב שִׁמְךָ וּלְךָ נָאֶה לְהוֹדוֹת.

שלום

שָׁלוֹם רָב עַל יִשְׂרָאֵל עַמְּךָ תָּשִׂים לְעוֹלָם
כִּי אַתָּה הוּא מֶלֶךְ אָדוֹן לְכָל הַשָּׁלוֹם.
וְטוֹב בְּעֵינֶיךָ לְבָרֵךְ אֶת עַמְּךָ יִשְׂרָאֵל
בְּכָל עֵת וּבְכָל שָׁעָה בִּשְׁלוֹמֶךָ.
בָּרוּךְ אַתָּה יהוה, הַמְבָרֵךְ אֶת עַמּוֹ יִשְׂרָאֵל בַּשָּׁלוֹם.

יש מוסיפים:

יִהְיוּ לְרָצוֹן אִמְרֵי־פִי וְהֶגְיוֹן לִבִּי לְפָנֶיךָ, יהוה צוּרִי וְגֹאֲלִי: תהלים יט

אֱלֹהַי ברכות יז.
נְצֹר לְשׁוֹנִי מֵרָע וּשְׂפָתַי מִדַּבֵּר מִרְמָה
וְלִמְקַלְלַי נַפְשִׁי תִדֹּם, וְנַפְשִׁי כֶּעָפָר לַכֹּל תִּהְיֶה.
פְּתַח לִבִּי בְּתוֹרָתֶךָ, וּבְמִצְוֹתֶיךָ תִּרְדֹּף נַפְשִׁי.
וְכָל הַחוֹשְׁבִים עָלַי רָעָה, מְהֵרָה הָפֵר עֲצָתָם וְקַלְקֵל מַחֲשַׁבְתָּם.
עֲשֵׂה לְמַעַן שְׁמֶךָ, עֲשֵׂה לְמַעַן יְמִינֶךָ
עֲשֵׂה לְמַעַן קְדֻשָּׁתֶךָ, עֲשֵׂה לְמַעַן תּוֹרָתֶךָ.
לְמַעַן יֵחָלְצוּן יְדִידֶיךָ, הוֹשִׁיעָה יְמִינְךָ וַעֲנֵנִי: תהלים ס
יִהְיוּ לְרָצוֹן אִמְרֵי־פִי וְהֶגְיוֹן לִבִּי לְפָנֶיךָ, יהוה צוּרִי וְגֹאֲלִי: תהלים יט

כורע ופוסע שלוש פסיעות לאחור. קד לשמאל, לימין ולפנים באמירת:

עֹשֶׂה שָׁלוֹם בִּמְרוֹמָיו
הוּא יַעֲשֶׂה שָׁלוֹם עָלֵינוּ וְעַל כָּל יִשְׂרָאֵל, וְאִמְרוּ אָמֵן.

יְהִי רָצוֹן מִלְּפָנֶיךָ יהוה אֱלֹהֵינוּ וֵאלֹהֵי אֲבוֹתֵינוּ
שֶׁיִּבָּנֶה בֵּית הַמִּקְדָּשׁ בִּמְהֵרָה בְיָמֵינוּ, וְתֵן חֶלְקֵנוּ בְּתוֹרָתֶךָ
וְשָׁם נַעֲבָדְךָ בְּיִרְאָה כִּימֵי עוֹלָם וּכְשָׁנִים קַדְמֹנִיּוֹת.
וְעָרְבָה לַיהוה מִנְחַת יְהוּדָה וִירוּשָׁלָםִ כִּימֵי עוֹלָם וּכְשָׁנִים קַדְמֹנִיּוֹת: מלאכי ג

אם יום טוב חל בשבת אומרים ׳וַיְכֻלּוּ׳ וברכה מעין שבע (בעמוד הבא).
בליל א׳ של פסח (ובחו״ל גם בליל ב׳), נוהגים לומר הלל בעמ׳ 150 (ואם חל בשבת,
אחרי ׳וַיְכֻלּוּ׳). בשאר הימים ממשיכים בקדיש שלם בעמ׳ 44.

הקהל עומד ואומר:

וַיְכֻלּוּ הַשָּׁמַיִם וְהָאָרֶץ וְכָל־צְבָאָם: בראשית ב
וַיְכַל אֱלֹהִים בַּיּוֹם הַשְּׁבִיעִי מְלַאכְתּוֹ אֲשֶׁר עָשָׂה
וַיִּשְׁבֹּת בַּיּוֹם הַשְּׁבִיעִי מִכָּל־מְלַאכְתּוֹ אֲשֶׁר עָשָׂה:
וַיְבָרֶךְ אֱלֹהִים אֶת־יוֹם הַשְּׁבִיעִי, וַיְקַדֵּשׁ אֹתוֹ
כִּי בוֹ שָׁבַת מִכָּל־מְלַאכְתּוֹ, אֲשֶׁר־בָּרָא אֱלֹהִים, לַעֲשׂוֹת:

שליח הציבור ממשיך פרט למקום שמתפללים בו במניין שאינו קבוע,
ופרט ליום טוב של פסח, אפילו כשחל בשבת (שו״ע, תפז, א).
בליל א׳ של פסח נוהגים לומר כאן הלל שלם (עמ׳ 150).

ברכה מעין שבע

שליח הציבור:

בָּרוּךְ אַתָּה יהוה, אֱלֹהֵינוּ וֵאלֹהֵי אֲבוֹתֵינוּ
אֱלֹהֵי אַבְרָהָם, אֱלֹהֵי יִצְחָק, וֵאלֹהֵי יַעֲקֹב
הָאֵל הַגָּדוֹל הַגִּבּוֹר וְהַנּוֹרָא, אֵל עֶלְיוֹן, קֹנֵה שָׁמַיִם וָאָרֶץ.

הקהל ואחריו שליח הציבור:

מָגֵן אָבוֹת בִּדְבָרוֹ, מְחַיֵּה מֵתִים בְּמַאֲמָרוֹ
הָאֵל הַקָּדוֹשׁ שֶׁאֵין כָּמְוֹהוּ
הַמֵּנִיחַ לְעַמּוֹ בְּיוֹם שַׁבַּת קָדְשׁוֹ, כִּי בָם רָצָה לְהָנִיחַ לָהֶם
לְפָנָיו נַעֲבֹד בְּיִרְאָה וָפַחַד
וְנוֹדֶה לִשְׁמוֹ בְּכָל יוֹם תָּמִיד, מֵעֵין הַבְּרָכוֹת
אֵל הַהוֹדָאוֹת, אֲדוֹן הַשָּׁלוֹם
מְקַדֵּשׁ הַשַּׁבָּת וּמְבָרֵךְ שְׁבִיעִי
וּמֵנִיחַ בִּקְדֻשָּׁה לְעַם מְדֻשְּׁנֵי עֹנֶג
זֵכֶר לְמַעֲשֵׂה בְרֵאשִׁית.

שליח הציבור ממשיך:

אֱלֹהֵינוּ וֵאלֹהֵי אֲבוֹתֵינוּ, רְצֵה בִמְנוּחָתֵנוּ.
קַדְּשֵׁנוּ בְּמִצְוֹתֶיךָ וְתֵן חֶלְקֵנוּ בְּתוֹרָתֶךָ

שַׂבְּעֵנוּ מִטּוּבֶךָ וְשַׂמְּחֵנוּ בִּישׁוּעָתֶךָ
וְטַהֵר לִבֵּנוּ לְעָבְדְּךָ בֶּאֱמֶת.
וְהַנְחִילֵנוּ יהוה אֱלֹהֵינוּ בְּאַהֲבָה וּבְרָצוֹן שַׁבַּת קָדְשֶׁךָ
וְיָנוּחוּ בָהּ יִשְׂרָאֵל מְקַדְּשֵׁי שְׁמֶךָ.
בָּרוּךְ אַתָּה יהוה, מְקַדֵּשׁ הַשַּׁבָּת.

קדיש שלם

ש״ץ: יִתְגַּדַּל וְיִתְקַדַּשׁ שְׁמֵהּ רַבָּא (קהל: אָמֵן)
בְּעָלְמָא דִּי בְרָא כִרְעוּתֵהּ
וְיַמְלִיךְ מַלְכוּתֵהּ
בְּחַיֵּיכוֹן וּבְיוֹמֵיכוֹן וּבְחַיֵּי דְכָל בֵּית יִשְׂרָאֵל
בַּעֲגָלָא וּבִזְמַן קָרִיב, וְאִמְרוּ אָמֵן. (קהל: אָמֵן)

קהל וש״ץ: יְהֵא שְׁמֵהּ רַבָּא מְבָרַךְ לְעָלַם וּלְעָלְמֵי עָלְמַיָּא.

ש״ץ: יִתְבָּרַךְ וְיִשְׁתַּבַּח וְיִתְפָּאַר
וְיִתְרוֹמַם וְיִתְנַשֵּׂא וְיִתְהַדָּר וְיִתְעַלֶּה וְיִתְהַלָּל
שְׁמֵהּ דְּקֻדְשָׁא בְּרִיךְ הוּא (קהל: בְּרִיךְ הוּא)
לְעֵלָּא מִן כָּל בִּרְכָתָא וְשִׁירָתָא, תֻּשְׁבְּחָתָא וְנֶחֱמָתָא
דַּאֲמִירָן בְּעָלְמָא, וְאִמְרוּ אָמֵן. (קהל: אָמֵן)

תִּתְקַבַּל צְלוֹתְהוֹן וּבָעוּתְהוֹן דְּכָל יִשְׂרָאֵל
קֳדָם אֲבוּהוֹן דִּי בִשְׁמַיָּא, וְאִמְרוּ אָמֵן. (קהל: אָמֵן)

יְהֵא שְׁלָמָא רַבָּא מִן שְׁמַיָּא
וְחַיִּים, עָלֵינוּ וְעַל כָּל יִשְׂרָאֵל, וְאִמְרוּ אָמֵן. (קהל: אָמֵן)

כורע ופוסע שלוש פסיעות לאחור. קד לשמאל, לימין ולפנים באמירת:

עֹשֶׂה שָׁלוֹם בִּמְרוֹמָיו
הוּא יַעֲשֶׂה שָׁלוֹם עָלֵינוּ
וְעַל כָּל יִשְׂרָאֵל, וְאִמְרוּ אָמֵן. (קהל: אָמֵן)

בבתי כנסת המתפללים בנוסח ספרד, נוהגים לומר כאן 'מִזְמוֹר לְדָוִד',
אחריו שליח הציבור אומר חצי קדיש (עמ' 34) ו'בָּרְכוּ'.

מִזְמוֹר לְדָוִד, יהוה רֹעִי לֹא אֶחְסָר: בִּנְאוֹת דֶּשֶׁא יַרְבִּיצֵנִי, עַל־מֵי מְנֻחוֹת תהלים כג
יְנַהֲלֵנִי: נַפְשִׁי יְשׁוֹבֵב, יַנְחֵנִי בְמַעְגְּלֵי־צֶדֶק לְמַעַן שְׁמוֹ: גַּם כִּי־אֵלֵךְ בְּגֵיא
צַלְמָוֶת לֹא־אִירָא רָע, כִּי־אַתָּה עִמָּדִי, שִׁבְטְךָ וּמִשְׁעַנְתֶּךָ הֵמָּה יְנַחֲמֻנִי:
תַּעֲרֹךְ לְפָנַי שֻׁלְחָן נֶגֶד צֹרְרָי, דִּשַּׁנְתָּ בַשֶּׁמֶן רֹאשִׁי, כּוֹסִי רְוָיָה: אַךְ טוֹב
וָחֶסֶד יִרְדְּפוּנִי כָּל־יְמֵי חַיָּי, וְשַׁבְתִּי בְּבֵית־יהוה לְאֹרֶךְ יָמִים:

בשמחת תורה ממשיכים בהקפות (עמ' 51).

יש בתי כנסת שבהם נוהגים לקדש (עמ' 64) קודם 'עָלֵינוּ'.

ממוצאי יום טוב ראשון של פסח ועד ערב שבועות סופרים את העומר (עמ' 49).
בשאר הימים ממשיכים 'עָלֵינוּ' למטה.

אומרים 'עָלֵינוּ' בעמידה ומשתחווים במקום המסומן ב*.

עָלֵינוּ לְשַׁבֵּחַ לַאֲדוֹן הַכֹּל, לָתֵת גְּדֻלָּה לְיוֹצֵר בְּרֵאשִׁית
שֶׁלֹּא עָשָׂנוּ כְּגוֹיֵי הָאֲרָצוֹת, וְלֹא שָׂמָנוּ כְּמִשְׁפְּחוֹת הָאֲדָמָה
שֶׁלֹּא שָׂם חֶלְקֵנוּ כָּהֶם וְגוֹרָלֵנוּ כְּכָל הֲמוֹנָם.
שֶׁהֵם מִשְׁתַּחֲוִים לְהֶבֶל וָרִיק וּמִתְפַּלְלִים אֶל אֵל לֹא יוֹשִׁיעַ.
*וַאֲנַחְנוּ כּוֹרְעִים וּמִשְׁתַּחֲוִים וּמוֹדִים
לִפְנֵי מֶלֶךְ מַלְכֵי הַמְּלָכִים, הַקָּדוֹשׁ בָּרוּךְ הוּא
שֶׁהוּא נוֹטֶה שָׁמַיִם וְיוֹסֵד אָרֶץ, וּמוֹשַׁב יְקָרוֹ בַּשָּׁמַיִם מִמַּעַל
וּשְׁכִינַת עֻזּוֹ בְּגָבְהֵי מְרוֹמִים.
הוּא אֱלֹהֵינוּ, אֵין עוֹד.
אֱמֶת מַלְכֵּנוּ, אֶפֶס זוּלָתוֹ
כַּכָּתוּב בְּתוֹרָתוֹ, וְיָדַעְתָּ הַיּוֹם וַהֲשֵׁבֹתָ אֶל־לְבָבֶךָ דברים ד
כִּי יהוה הוּא הָאֱלֹהִים בַּשָּׁמַיִם מִמַּעַל וְעַל־הָאָרֶץ מִתָּחַת, אֵין עוֹד:

עַל כֵּן נְקַוֶּה לְּךָ יהוה אֱלֹהֵינוּ לִרְאוֹת מְהֵרָה בְּתִפְאֶרֶת עֻזֶּךָ
לְהַעֲבִיר גִּלּוּלִים מִן הָאָרֶץ, וְהָאֱלִילִים כָּרוֹת יִכָּרֵתוּן
לְתַקֵּן עוֹלָם בְּמַלְכוּת שַׁדַּי.

וְכׇל בְּנֵי בָשָׂר יִקְרְאוּ בִשְׁמֶךָ לְהַפְנוֹת אֵלֶיךָ כׇּל רִשְׁעֵי אָרֶץ.
יַכִּירוּ וְיֵדְעוּ כׇּל יוֹשְׁבֵי תֵבֵל
כִּי לְךָ תִּכְרַע כׇּל בֶּרֶךְ, תִּשָּׁבַע כׇּל לָשׁוֹן.
לְפָנֶיךָ יהוה אֱלֹהֵינוּ יִכְרְעוּ וְיִפֹּלוּ
וְלִכְבוֹד שִׁמְךָ יְקָר יִתֵּנוּ
וִיקַבְּלוּ כֻלָּם אֶת עֹל מַלְכוּתֶךָ
וְתִמְלֹךְ עֲלֵיהֶם מְהֵרָה לְעוֹלָם וָעֶד.
כִּי הַמַּלְכוּת שֶׁלְּךָ הִיא וּלְעוֹלְמֵי עַד תִּמְלֹךְ בְּכָבוֹד
שמות טו כַּכָּתוּב בְּתוֹרָתֶךָ, יהוה יִמְלֹךְ לְעֹלָם וָעֶד:
זכריה יד ◄ וְנֶאֱמַר, וְהָיָה יהוה לְמֶלֶךְ עַל־כׇּל־הָאָרֶץ
בַּיּוֹם הַהוּא יִהְיֶה יהוה אֶחָד וּשְׁמוֹ אֶחָד:

יש מוסיפים:

משלי ג אַל־תִּירָא מִפַּחַד פִּתְאֹם וּמִשֹּׁאַת רְשָׁעִים כִּי תָבֹא:
ישעיה ח עֻצוּ עֵצָה וְתֻפָר, דַּבְּרוּ דָבָר וְלֹא יָקוּם, כִּי עִמָּנוּ אֵל:
ישעיה מו וְעַד־זִקְנָה אֲנִי הוּא, וְעַד־שֵׂיבָה אֲנִי אֶסְבֹּל, אֲנִי עָשִׂיתִי וַאֲנִי אֶשָּׂא וַאֲנִי אֶסְבֹּל וַאֲמַלֵּט:

קדיש יתום

אבל: יִתְגַּדַּל וְיִתְקַדַּשׁ שְׁמֵהּ רַבָּא (קהל: אָמֵן)
בְּעָלְמָא דִּי בְרָא כִרְעוּתֵהּ
וְיַמְלִיךְ מַלְכוּתֵהּ
בְּחַיֵּיכוֹן וּבְיוֹמֵיכוֹן וּבְחַיֵּי דְכׇל בֵּית יִשְׂרָאֵל
בַּעֲגָלָא וּבִזְמַן קָרִיב, וְאִמְרוּ אָמֵן. (קהל: אָמֵן)

קהל ואבל: יְהֵא שְׁמֵהּ רַבָּא מְבָרַךְ לְעָלַם וּלְעָלְמֵי עָלְמַיָּא.

אבל: יִתְבָּרַךְ וְיִשְׁתַּבַּח וְיִתְפָּאַר
וְיִתְרוֹמַם וְיִתְנַשֵּׂא וְיִתְהַדָּר וְיִתְעַלֶּה וְיִתְהַלָּל
שְׁמֵהּ דְּקֻדְשָׁא בְּרִיךְ הוּא (קהל: בְּרִיךְ הוּא)

לְעֵלָּא מִן כָּל בִּרְכָתָא וְשִׁירָתָא, תֻּשְׁבְּחָתָא וְנֶחֱמָתָא
דַּאֲמִירָן בְּעָלְמָא, וְאִמְרוּ אָמֵן. (קהל: אָמֵן)

יְהֵא שְׁלָמָא רַבָּא מִן שְׁמַיָּא
וְחַיִּים, עָלֵינוּ וְעַל כָּל יִשְׂרָאֵל, וְאִמְרוּ אָמֵן. (קהל: אָמֵן)

כורע ופוסע שלוש פסיעות לאחור. קד לשמאל, לימין ולפנים באמירת:

עֹשֶׂה שָׁלוֹם בִּמְרוֹמָיו
הוּא יַעֲשֶׂה שָׁלוֹם עָלֵינוּ
וְעַל כָּל יִשְׂרָאֵל, וְאִמְרוּ אָמֵן. (קהל: אָמֵן)

ברוב הקהילות נוהגים להוסיף את המזמור 'לְדָוִד ה' אוֹרִי וְיִשְׁעִי' בסוכות.

לְדָוִד, יהוה אוֹרִי וְיִשְׁעִי, מִמִּי אִירָא, יהוה מָעוֹז־חַיַּי, מִמִּי אֶפְחָד: תהלים כז
בִּקְרֹב עָלַי מְרֵעִים לֶאֱכֹל אֶת־בְּשָׂרִי, צָרַי וְאֹיְבַי לִי, הֵמָּה כָשְׁלוּ
וְנָפָלוּ: אִם־תַּחֲנֶה עָלַי מַחֲנֶה, לֹא־יִירָא לִבִּי, אִם־תָּקוּם עָלַי מִלְחָמָה,
בְּזֹאת אֲנִי בוֹטֵחַ: אַחַת שָׁאַלְתִּי מֵאֵת־יהוה, אוֹתָהּ אֲבַקֵּשׁ, שִׁבְתִּי
בְּבֵית־יהוה כָּל־יְמֵי חַיַּי, לַחֲזוֹת בְּנֹעַם־יהוה, וּלְבַקֵּר בְּהֵיכָלוֹ: כִּי
יִצְפְּנֵנִי בְּסֻכֹּה בְּיוֹם רָעָה, יַסְתִּרֵנִי בְּסֵתֶר אָהֳלוֹ, בְּצוּר יְרוֹמְמֵנִי:
וְעַתָּה יָרוּם רֹאשִׁי עַל אֹיְבַי סְבִיבוֹתַי, וְאֶזְבְּחָה בְאָהֳלוֹ זִבְחֵי תְרוּעָה,
אָשִׁירָה וַאֲזַמְּרָה לַיהוה: שְׁמַע־יהוה קוֹלִי אֶקְרָא, וְחָנֵּנִי וַעֲנֵנִי:
לְךָ אָמַר לִבִּי בַּקְּשׁוּ פָנָי, אֶת־פָּנֶיךָ יהוה אֲבַקֵּשׁ: אַל־תַּסְתֵּר פָּנֶיךָ
מִמֶּנִּי, אַל תַּט־בְּאַף עַבְדֶּךָ, עֶזְרָתִי הָיִיתָ, אַל־תִּטְּשֵׁנִי וְאַל־תַּעַזְבֵנִי,
אֱלֹהֵי יִשְׁעִי: כִּי־אָבִי וְאִמִּי עֲזָבוּנִי, וַיהוה יַאַסְפֵנִי: הוֹרֵנִי יהוה דַּרְכֶּךָ,
וּנְחֵנִי בְּאֹרַח מִישׁוֹר, לְמַעַן שׁוֹרְרָי: אַל־תִּתְּנֵנִי בְּנֶפֶשׁ צָרָי, כִּי קָמוּ־
בִי עֵדֵי־שֶׁקֶר, וִיפֵחַ חָמָס: ◂ לוּלֵא הֶאֱמַנְתִּי לִרְאוֹת בְּטוּב־יהוה
בְּאֶרֶץ חַיִּים: קַוֵּה אֶל־יהוה, חֲזַק וְיַאֲמֵץ לִבֶּךָ, וְקַוֵּה אֶל־יהוה:

קדיש יתום (בעמוד הקודם)

בקהילות רבות נוהגים לשיר כאן ׳אֲדוֹן עוֹלָם׳, ויש ששרים ׳יִגְדַּל׳ (עמ׳ 85).
ויש שנוהגים לשיר ׳יִגְדַּל׳ בליל יום טוב ו׳אֲדוֹן עוֹלָם׳ בליל שבת.

אֲדוֹן עוֹלָם

אֲשֶׁר מָלַךְ בְּטֶרֶם כָּל־יְצִיר נִבְרָא.
לְעֵת נַעֲשָׂה בְחֶפְצוֹ כֹּל אֲזַי מֶלֶךְ שְׁמוֹ נִקְרָא.
וְאַחֲרֵי כִּכְלוֹת הַכֹּל לְבַדּוֹ יִמְלֹךְ נוֹרָא.
וְהוּא הָיָה וְהוּא הֹוֶה וְהוּא יִהְיֶה בְּתִפְאָרָה.
וְהוּא אֶחָד וְאֵין שֵׁנִי לְהַמְשִׁיל לוֹ לְהַחְבִּירָה.
בְּלִי רֵאשִׁית בְּלִי תַכְלִית וְלוֹ הָעֹז וְהַמִּשְׂרָה.
וְהוּא אֵלִי וְחַי גּוֹאֲלִי וְצוּר חֶבְלִי בְּעֵת צָרָה.
וְהוּא נִסִּי וּמָנוֹס לִי מְנָת כּוֹסִי בְּיוֹם אֶקְרָא.
בְּיָדוֹ אַפְקִיד רוּחִי בְּעֵת אִישַׁן וְאָעִירָה.
וְעִם רוּחִי גְּוִיָּתִי יהוה לִי וְלֹא אִירָא.

סדר ספירת העומר

לפני ספירת העומר יש אומרים (יסוד ושורש העבודה):

לְשֵׁם יִחוּד קֻדְשָׁא בְּרִיךְ הוּא וּשְׁכִינְתֵּהּ בִּדְחִילוּ וּרְחִימוּ
לְיַחֵד שֵׁם י״ה בו״ה בְּיִחוּדָא שְׁלִים בְּשֵׁם כָּל יִשְׂרָאֵל.

הִנְנִי מוּכָן וּמְזֻמָּן לְקַיֵּם מִצְוַת עֲשֵׂה שֶׁל סְפִירַת הָעֹמֶר. כְּמוֹ שֶׁכָּתוּב בַּתּוֹרָה,
וּסְפַרְתֶּם לָכֶם מִמָּחֳרַת הַשַּׁבָּת, מִיּוֹם הֲבִיאֲכֶם אֶת־עֹמֶר הַתְּנוּפָה, שֶׁבַע ויקרא כג
שַׁבָּתוֹת תְּמִימֹת תִּהְיֶינָה: עַד מִמָּחֳרַת הַשַּׁבָּת הַשְּׁבִיעִת תִּסְפְּרוּ חֲמִשִּׁים
יוֹם, וְהִקְרַבְתֶּם מִנְחָה חֲדָשָׁה לַיהוה: וִיהִי נֹעַם אֲדֹנָי אֱלֹהֵינוּ עָלֵינוּ, וּמַעֲשֵׂה תהלים צ
יָדֵינוּ כּוֹנְנָה עָלֵינוּ, וּמַעֲשֵׂה יָדֵינוּ כּוֹנְנֵהוּ:

בָּרוּךְ אַתָּה יהוה אֱלֹהֵינוּ מֶלֶךְ הָעוֹלָם
אֲשֶׁר קִדְּשָׁנוּ בְּמִצְוֹתָיו, וְצִוָּנוּ עַל סְפִירַת הָעֹמֶר.

טז בניסן

הַיּוֹם יוֹם אֶחָד בָּעֹמֶר. חסד שבחסד

יז בניסן

הַיּוֹם שְׁנֵי יָמִים בָּעֹמֶר. גבורה שבחסד

יט בניסן

הַיּוֹם אַרְבָּעָה יָמִים בָּעֹמֶר. נצח שבחסד

כא בניסן

הַיּוֹם שִׁשָּׁה יָמִים בָּעֹמֶר. יסוד שבחסד

כב בניסן

הַיּוֹם שִׁבְעָה יָמִים, שֶׁהֵם שָׁבוּעַ אֶחָד בָּעֹמֶר. מלכות שבחסד

הָרַחֲמָן הוּא יַחֲזִיר לָנוּ עֲבוֹדַת בֵּית הַמִּקְדָּשׁ לִמְקוֹמָהּ
בִּמְהֵרָה בְיָמֵינוּ, אָמֵן סֶלָה.

יש מוסיפים (על פי סידור בעל ה'תניא'):

תהלים סז
לַמְנַצֵּחַ בִּנְגִינֹת, מִזְמוֹר שִׁיר:
אֱלֹהִים יְחָנֵּנוּ וִיבָרְכֵנוּ, יָאֵר פָּנָיו אִתָּנוּ סֶלָה:
לָדַעַת בָּאָרֶץ דַּרְכֶּךָ, בְּכָל־גּוֹיִם יְשׁוּעָתֶךָ:
יוֹדוּךָ עַמִּים אֱלֹהִים, יוֹדוּךָ עַמִּים כֻּלָּם:
יִשְׂמְחוּ וִירַנְּנוּ לְאֻמִּים, כִּי־תִשְׁפֹּט עַמִּים מִישֹׁר, וּלְאֻמִּים בָּאָרֶץ תַּנְחֵם סֶלָה:
יוֹדוּךָ עַמִּים אֱלֹהִים, יוֹדוּךָ עַמִּים כֻּלָּם:
אֶרֶץ נָתְנָה יְבוּלָהּ, יְבָרְכֵנוּ אֱלֹהִים אֱלֹהֵינוּ:
יְבָרְכֵנוּ אֱלֹהִים, וְיִירְאוּ אוֹתוֹ כָּל־אַפְסֵי־אָרֶץ:

אָנָּא, בְּכֹחַ גְּדֻלַּת יְמִינְךָ, תַּתִּיר צְרוּרָה.
קַבֵּל רִנַּת עַמְּךָ, שַׂגְּבֵנוּ, טַהֲרֵנוּ, נוֹרָא.
נָא גִבּוֹר, דּוֹרְשֵׁי יִחוּדְךָ כְּבָבַת שָׁמְרֵם.
בָּרְכֵם, טַהֲרֵם, רַחֲמֵם, צִדְקָתְךָ תָּמִיד גָּמְלֵם.
חֲסִין קָדוֹשׁ, בְּרֹב טוּבְךָ נַהֵל עֲדָתֶךָ.
יָחִיד גֵּאֶה, לְעַמְּךָ פְּנֵה, זוֹכְרֵי קְדֻשָּׁתֶךָ.
שַׁוְעָתֵנוּ קַבֵּל וּשְׁמַע צַעֲקָתֵנוּ, יוֹדֵעַ תַּעֲלוּמוֹת.
בָּרוּךְ שֵׁם כְּבוֹד מַלְכוּתוֹ לְעוֹלָם וָעֶד.

רִבּוֹנוֹ שֶׁל עוֹלָם, אַתָּה צִוִּיתָנוּ עַל יְדֵי מֹשֶׁה עַבְדֶּךָ לִסְפֹּר סְפִירַת הָעֹמֶר,
ויקרא כג
כְּדֵי לְטַהֲרֵנוּ מִקְּלִפּוֹתֵינוּ וּמִטֻּמְאוֹתֵינוּ. כְּמוֹ שֶׁכָּתַבְתָּ בְּתוֹרָתֶךָ: וּסְפַרְתֶּם
לָכֶם מִמָּחֳרַת הַשַּׁבָּת, מִיּוֹם הֲבִיאֲכֶם אֶת־עֹמֶר הַתְּנוּפָה, שֶׁבַע שַׁבָּתוֹת
תְּמִימֹת תִּהְיֶינָה: עַד מִמָּחֳרַת הַשַּׁבָּת הַשְּׁבִיעִת תִּסְפְּרוּ חֲמִשִּׁים יוֹם:
כְּדֵי שֶׁיִּטָּהֲרוּ נַפְשׁוֹת עַמְּךָ יִשְׂרָאֵל מִזֻּהֲמָתָם. וּבְכֵן יְהִי רָצוֹן מִלְּפָנֶיךָ
יהוה אֱלֹהֵינוּ וֵאלֹהֵי אֲבוֹתֵינוּ, שֶׁבִּזְכוּת סְפִירַת הָעֹמֶר שֶׁסָּפַרְתִּי הַיּוֹם,
יְתֻקַּן מַה שֶּׁפָּגַמְתִּי בִּסְפִירָה (פלונית השייכת לאותו היום) וְאֶטָּהֵר וְאֶתְקַדֵּשׁ
בִּקְדֻשָּׁה שֶׁל מַעְלָה, וְעַל יְדֵי זֶה יֻשְׁפַּע שֶׁפַע רַב בְּכָל הָעוֹלָמוֹת, לְתַקֵּן
אֶת נַפְשׁוֹתֵינוּ וְרוּחוֹתֵינוּ וְנִשְׁמוֹתֵינוּ מִכָּל סִיג וּפְגָם, וּלְטַהֲרֵנוּ וּלְקַדְּשֵׁנוּ
בִּקְדֻשָּׁתְךָ הָעֶלְיוֹנָה, אָמֵן סֶלָה.

ממשיכים ׳עָלֵינוּ׳ בעמ׳ 45.

סדר הקפות

בערבית של שמיני עצרת אומרים סדר זה לפני ההקפות (רמ״א, תרסט, א).
שליח הציבור אומר פסוק פסוק והקהל אחריו:

אַתָּה הָרְאֵתָ לָדַעַת, כִּי יהוה הוּא הָאֱלֹהִים, אֵין עוֹד מִלְּבַדּוֹ: דברים ד
לְעֹשֵׂה נִפְלָאוֹת גְּדֹלוֹת לְבַדּוֹ, כִּי לְעוֹלָם חַסְדּוֹ: תהלים קלו
אֵין־כָּמְוֹךָ בָאֱלֹהִים, אֲדֹנָי, וְאֵין כְּמַעֲשֶׂיךָ: תהלים פו
יְהִי כְבוֹד יהוה לְעוֹלָם, יִשְׂמַח יהוה בְּמַעֲשָׂיו: תהלים קד
יְהִי שֵׁם יהוה מְבֹרָךְ, מֵעַתָּה וְעַד־עוֹלָם: תהלים קיג
יְהִי יהוה אֱלֹהֵינוּ עִמָּנוּ, כַּאֲשֶׁר הָיָה עִם־אֲבֹתֵינוּ מלכים א׳ ח
אַל־יַעַזְבֵנוּ וְאַל־יִטְּשֵׁנוּ:
וְאִמְרוּ, הוֹשִׁיעֵנוּ אֱלֹהֵי יִשְׁעֵנוּ, וְקַבְּצֵנוּ וְהַצִּילֵנוּ מִן־הַגּוֹיִם דברי הימים א׳ טז
לְהֹדוֹת לְשֵׁם קָדְשֶׁךָ, לְהִשְׁתַּבֵּחַ בִּתְהִלָּתֶךָ:
יהוה מֶלֶךְ, יהוה מָלָךְ, יהוה יִמְלֹךְ לְעֹלָם וָעֶד.
יהוה עֹז לְעַמּוֹ יִתֵּן, יהוה יְבָרֵךְ אֶת־עַמּוֹ בַשָּׁלוֹם: תהלים כט
וְיִהְיוּ נָא אֲמָרֵינוּ לְרָצוֹן, לִפְנֵי אֲדוֹן כֹּל.

פותחים את ארון הקודש.

וַיְהִי בִּנְסֹעַ הָאָרֹן וַיֹּאמֶר מֹשֶׁה במדבר י
קוּמָה יהוה וְיָפֻצוּ אֹיְבֶיךָ, וְיָנֻסוּ מְשַׂנְאֶיךָ מִפָּנֶיךָ:
קוּמָה יהוה לִמְנוּחָתֶךָ, אַתָּה וַאֲרוֹן עֻזֶּךָ: תהלים קלב
כֹּהֲנֶיךָ יִלְבְּשׁוּ־צֶדֶק, וַחֲסִידֶיךָ יְרַנֵּנוּ:
בַּעֲבוּר דָּוִד עַבְדֶּךָ, אַל־תָּשֵׁב פְּנֵי מְשִׁיחֶךָ:
וְאָמַר בַּיּוֹם הַהוּא, הִנֵּה אֱלֹהֵינוּ זֶה קִוִּינוּ לוֹ, וְיוֹשִׁיעֵנוּ ישעיה כה
זֶה יהוה קִוִּינוּ לוֹ, נָגִילָה וְנִשְׂמְחָה בִּישׁוּעָתוֹ:
מַלְכוּתְךָ מַלְכוּת כָּל־עֹלָמִים, וּמֶמְשַׁלְתְּךָ בְּכָל־דּוֹר וָדֹר: תהלים קמה
כִּי מִצִּיּוֹן תֵּצֵא תוֹרָה, וּדְבַר־יהוה מִירוּשָׁלָםִ: ישעיה ב

אַב הָרַחֲמִים, הֵיטִיבָה בִרְצוֹנְךָ אֶת־צִיּוֹן, תִּבְנֶה חוֹמוֹת יְרוּשָׁלָםִ: תהלים נא
כִּי בְךָ לְבַד בָּטָחְנוּ, מֶלֶךְ אֵל רָם וְנִשָּׂא, אֲדוֹן עוֹלָמִים.

מוציאים את כל ספרי התורה ומקיפים את הבימה שבע פעמים.
יש קהילות שבהן אומרים נוסח מורחב לפני כל הקפה. ראה עמ׳ 266.

הקפה ראשונה:

אָנָּא יהוה הוֹשִׁיעָה נָּא, אָנָּא יהוה הַצְלִיחָה נָא: תהלים קיח
אָנָּא יהוה עֲנֵנוּ בְיוֹם קָרְאֵנוּ.

אֱלֹהֵי הָרוּחוֹת הוֹשִׁיעָה נָּא, בּוֹחֵן לְבָבוֹת הַצְלִיחָה נָא
גּוֹאֵל חָזָק עֲנֵנוּ בְיוֹם קָרְאֵנוּ.

הקפה שנייה:

דּוֹבֵר צְדָקוֹת הוֹשִׁיעָה נָּא, הָדוּר בִּלְבוּשׁוֹ הַצְלִיחָה נָא
וָתִיק וְחָסִיד עֲנֵנוּ בְיוֹם קָרְאֵנוּ.

הקפה שלישית:

זַךְ וְיָשָׁר הוֹשִׁיעָה נָּא, חַנּוּן וְרַחוּם הַצְלִיחָה נָא
טוֹב וּמֵיטִיב עֲנֵנוּ בְיוֹם קָרְאֵנוּ.

הקפה רביעית:

יוֹדֵעַ מַחֲשָׁבוֹת הוֹשִׁיעָה נָּא, כַּבִּיר כֹּחַ הַצְלִיחָה נָא
לוֹבֵשׁ צְדָקוֹת עֲנֵנוּ בְיוֹם קָרְאֵנוּ.

הקפה חמישית:

מֶלֶךְ עוֹלָמִים הוֹשִׁיעָה נָּא, נָאוֹר וְאַדִּיר הַצְלִיחָה נָא
סוֹמֵךְ וְסוֹעֵד עֲנֵנוּ בְיוֹם קָרְאֵנוּ.

הקפה שישית:

עוֹזֵר דַּלִּים הוֹשִׁיעָה נָּא, פּוֹדֶה וּמַצִּיל הַצְלִיחָה נָא
צוּר עוֹלָמִים עֲנֵנוּ בְיוֹם קָרְאֵנוּ.

הקפה שביעית:

קָדוֹשׁ וְנוֹרָא הוֹשִׁיעָה נָּא, רַחוּם וְחַנּוּן הַצְלִיחָה נָא
שׁוֹכֵן שְׁחָקִים עֲנֵנוּ בְיוֹם קָרְאֵנוּ.

תּוֹמֵךְ תְּמִימִים הוֹשִׁיעָה נָּא, תַּקִּיף לָעַד הַצְלִיחָה נָא
תָּמִים בְּמַעֲשָׂיו עֲנֵנוּ בְיוֹם קָרְאֵנוּ.

מחזירים את ספרי התורה לארון פרט לאחד.

שליח הציבור מקבל את ספר התורה בימינו, פונה לקהל
ואומר 'שְׁמַע יִשְׂרָאֵל' (מסכת סופרים פי"ד), ואחריו הקהל.

דברים ו **שְׁמַע יִשְׂרָאֵל, יהוה אֱלֹהֵינוּ, יהוה אֶחָד:**

שליח הציבור ואחריו הקהל:

אֶחָד אֱלֹהֵינוּ, גָּדוֹל אֲדוֹנֵינוּ, קָדוֹשׁ שְׁמוֹ.

שליח הציבור פונה לעבר ארון הקודש, קד, מגביה את ספר
התורה ואומר (משנ"ב קלד, יג על פי מסכת סופרים):

תהלים לד **גַּדְּלוּ לַיהוה אִתִּי וּנְרוֹמְמָה שְׁמוֹ יַחְדָּו:**

סוגרים את ארון הקודש. שליח הציבור הולך אל הבימה, והקהל אומר:

דברי הימים א׳ כט **לְךָ יהוה הַגְּדֻלָּה וְהַגְּבוּרָה וְהַתִּפְאֶרֶת וְהַנֵּצַח וְהַהוֹד, כִּי־כֹל בַּשָּׁמַיִם וּבָאָרֶץ, לְךָ יהוה הַמַּמְלָכָה וְהַמִּתְנַשֵּׂא לְכֹל לְרֹאשׁ:**

תהלים צט **רוֹמְמוּ יהוה אֱלֹהֵינוּ וְהִשְׁתַּחֲווּ לַהֲדֹם רַגְלָיו, קָדוֹשׁ הוּא: רוֹמְמוּ יהוה אֱלֹהֵינוּ וְהִשְׁתַּחֲווּ לְהַר קָדְשׁוֹ, כִּי־קָדוֹשׁ יהוה אֱלֹהֵינוּ:**

הקהל אומר בלחש (מחזור ויטרי, קסה):

עַל הַכֹּל יִתְגַּדַּל וְיִתְקַדַּשׁ וְיִשְׁתַּבַּח וְיִתְפָּאַר וְיִתְרוֹמַם וְיִתְנַשֵּׂא שְׁמוֹ שֶׁל
מֶלֶךְ מַלְכֵי הַמְּלָכִים הַקָּדוֹשׁ בָּרוּךְ הוּא בָּעוֹלָמוֹת שֶׁבָּרָא, הָעוֹלָם הַזֶּה
וְהָעוֹלָם הַבָּא, כִּרְצוֹנוֹ וְכִרְצוֹן יְרֵאָיו וְכִרְצוֹן כָּל בֵּית יִשְׂרָאֵל. צוּר הָעוֹלָמִים,
אֲדוֹן כָּל הַבְּרִיּוֹת, אֱלוֹהַּ כָּל הַנְּפָשׁוֹת, הַיּוֹשֵׁב בְּמֶרְחֲבֵי מָרוֹם, הַשּׁוֹכֵן
בִּשְׁמֵי שְׁמֵי קֶדֶם, קְדֻשָּׁתוֹ עַל הַחַיּוֹת, וּקְדֻשָּׁתוֹ עַל כִּסֵּא הַכָּבוֹד. וּבְכֵן
יִתְקַדַּשׁ שִׁמְךָ בָּנוּ יהוה אֱלֹהֵינוּ לְעֵינֵי כָּל חָי, וְנֹאמַר לְפָנָיו שִׁיר חָדָשׁ,
תהלים סח כַּכָּתוּב: שִׁירוּ לֵאלֹהִים זַמְּרוּ שְׁמוֹ, סֹלּוּ לָרֹכֵב בָּעֲרָבוֹת, בְּיָהּ שְׁמוֹ, וְעִלְזוּ
ישעיה נב לְפָנָיו: וְנִרְאֵהוּ עַיִן בְּעַיִן בְּשׁוּבוֹ אֶל נָוֵהוּ, כַּכָּתוּב: כִּי עַיִן בְּעַיִן יִרְאוּ בְּשׁוּב
ישעיה מ יהוה צִיּוֹן: וְנֶאֱמַר: וְנִגְלָה כְּבוֹד יהוה, וְרָאוּ כָל־בָּשָׂר יַחְדָּו כִּי פִּי יהוה דִּבֵּר:

אַב הָרַחֲמִים הוּא יְרַחֵם עַם עֲמוּסִים, וְיִזְכֹּר בְּרִית אֵיתָנִים, וְיַצִּיל נַפְשׁוֹתֵינוּ מִן הַשָּׁעוֹת הָרָעוֹת, וְיִגְעַר בְּיֵצֶר הָרָע מִן הַנְּשׂוּאִים, וְיָחֹן אוֹתָנוּ לִפְלֵיטַת עוֹלָמִים, וִימַלֵּא מִשְׁאֲלוֹתֵינוּ בְּמִדָּה טוֹבָה יְשׁוּעָה וְרַחֲמִים.

מניח את ספר התורה על הבימה, והגבאי מכריז (מחזור ויטרי):

וְיַעֲזֹר וְיָגֵן וְיוֹשִׁיעַ לְכָל הַחוֹסִים בּוֹ, וְנֹאמַר אָמֵן. הַכֹּל הָבוּ גֹדֶל לֵאלֹהֵינוּ וּתְנוּ כָבוֹד לַתּוֹרָה. *כֹּהֵן קְרַב, יַעֲמֹד (פלוני בֶּן פלוני) **הַכֹּהֵן.**

*אם אין כוהן, הגבאי קורא ללוי או לישראל ואומר:

/**אֵין כָּאן כֹּהֵן, יַעֲמֹד** (פלוני בֶּן פלוני) **בִּמְקוֹם כֹּהֵן.**/

בָּרוּךְ שֶׁנָּתַן תּוֹרָה לְעַמּוֹ יִשְׂרָאֵל בִּקְדֻשָּׁתוֹ.

הקהל ואחריו הגבאי:

דברים ד **וְאַתֶּם הַדְּבֵקִים בַּיהוה אֱלֹהֵיכֶם חַיִּים כֻּלְּכֶם הַיּוֹם:**

קודם הברכה על העולה לראות היכן קוראים ולנשק את ספר התורה.
בשעת הברכה אוחז בעמודי הספר.

עולה: **בָּרְכוּ אֶת יהוה הַמְבֹרָךְ.**

קהל: **בָּרוּךְ יהוה הַמְבֹרָךְ לְעוֹלָם וָעֶד.**

עולה: **בָּרוּךְ יהוה הַמְבֹרָךְ לְעוֹלָם וָעֶד.**

בָּרוּךְ אַתָּה יהוה, אֱלֹהֵינוּ מֶלֶךְ הָעוֹלָם
אֲשֶׁר בָּחַר בָּנוּ מִכָּל הָעַמִּים וְנָתַן לָנוּ אֶת תּוֹרָתוֹ.
בָּרוּךְ אַתָּה יהוה, נוֹתֵן הַתּוֹרָה.

לאחר הקריאה העולה מנשק את ספר התורה ומברך:

עולה: **בָּרוּךְ אַתָּה יהוה אֱלֹהֵינוּ מֶלֶךְ הָעוֹלָם**
אֲשֶׁר נָתַן לָנוּ תּוֹרַת אֱמֶת וְחַיֵּי עוֹלָם נָטַע בְּתוֹכֵנוּ.
בָּרוּךְ אַתָּה יהוה, נוֹתֵן הַתּוֹרָה.

קריאה לליל שמחת תורה

מנהג מקובל הוא להעלות שלושה קרואים בפרשת 'וְזֹאת הַבְּרָכָה', ויש המעלים חמישה קרואים. יש קהילות המסיימות את העלייה השלישית בתיבות 'אַלְפֵי מְנַשֶּׁה', ויש מהן המסיימות בתיבות 'וּבְגַאֲוָתוֹ שְׁחָקִים'.

דברים לג, א–כו **וְזֹאת הַבְּרָכָה אֲשֶׁר בֵּרַךְ מֹשֶׁה אִישׁ הָאֱלֹהִים אֶת־בְּנֵי יִשְׂרָאֵל**
לִפְנֵי מוֹתוֹ: וַיֹּאמַר יהוה מִסִּינַי בָּא וְזָרַח מִשֵּׂעִיר לָמוֹ הוֹפִיעַ
אֵשׁ דָּת **מֵהַר פָּארָן וְאָתָה מֵרִבְבֹת קֹדֶשׁ מִימִינוֹ אשדת לָמוֹ: אַף**

חֹבֵב עַמִּים כָּל־קְדֹשָׁיו בְּיָדֶךָ וְהֵם תֻּכּוּ לְרַגְלֶךָ יִשָּׂא מִדַּבְּרֹתֶיךָ:
תּוֹרָה צִוָּה־לָנוּ מֹשֶׁה מוֹרָשָׁה קְהִלַּת יַעֲקֹב: וַיְהִי בִישֻׁרוּן מֶלֶךְ
בְּהִתְאַסֵּף רָאשֵׁי עָם יַחַד שִׁבְטֵי יִשְׂרָאֵל: יְחִי רְאוּבֵן וְאַל־
יָמֹת וִיהִי מְתָיו מִסְפָּר: וְזֹאת לִיהוּדָה וַיֹּאמַר שְׁמַע
יהוה קוֹל יְהוּדָה וְאֶל־עַמּוֹ תְּבִיאֶנּוּ יָדָיו רָב לוֹ וְעֵזֶר מִצָּרָיו
תִּהְיֶה:
וּלְלֵוִי אָמַר תֻּמֶּיךָ וְאוּרֶיךָ לְאִישׁ חֲסִידֶךָ אֲשֶׁר נִסִּיתוֹ בְּמַסָּה לוי
תְּרִיבֵהוּ עַל־מֵי מְרִיבָה: הָאֹמֵר לְאָבִיו וּלְאִמּוֹ לֹא רְאִיתִיו וְאֶת־
אֶחָיו לֹא הִכִּיר וְאֶת־בָּנָו לֹא יָדָע כִּי שָׁמְרוּ אִמְרָתֶךָ וּבְרִיתְךָ
יִנְצֹרוּ: יוֹרוּ מִשְׁפָּטֶיךָ לְיַעֲקֹב וְתוֹרָתְךָ לְיִשְׂרָאֵל יָשִׂימוּ קְטוֹרָה
בְּאַפֶּךָ וְכָלִיל עַל־מִזְבְּחֶךָ: בָּרֵךְ יהוה חֵילוֹ וּפֹעַל יָדָיו תִּרְצֶה
מְחַץ מָתְנַיִם קָמָיו וּמְשַׂנְאָיו מִן־יְקוּמוּן: לְבִנְיָמִן
אָמַר יְדִיד יהוה יִשְׁכֹּן לָבֶטַח עָלָיו חֹפֵף עָלָיו כָּל־הַיּוֹם וּבֵין
כְּתֵפָיו שָׁכֵן: וּלְיוֹסֵף אָמַר מְבֹרֶכֶת יהוה אַרְצוֹ שלישי
מִמֶּגֶד שָׁמַיִם מִטָּל וּמִתְּהוֹם רֹבֶצֶת תָּחַת: וּמִמֶּגֶד תְּבוּאֹת
שָׁמֶשׁ וּמִמֶּגֶד גֶּרֶשׁ יְרָחִים: וּמֵרֹאשׁ הַרְרֵי־קֶדֶם וּמִמֶּגֶד גִּבְעוֹת
עוֹלָם: וּמִמֶּגֶד אֶרֶץ וּמְלֹאָהּ וּרְצוֹן שֹׁכְנִי סְנֶה תָּבוֹאתָה לְרֹאשׁ
יוֹסֵף וּלְקָדְקֹד נְזִיר אֶחָיו: בְּכוֹר שׁוֹרוֹ הָדָר לוֹ וְקַרְנֵי רְאֵם קַרְנָיו
בָּהֶם עַמִּים יְנַגַּח יַחְדָּו אַפְסֵי־אָרֶץ וְהֵם רִבְבוֹת אֶפְרַיִם וְהֵם
אַלְפֵי מְנַשֶּׁה: וְלִזְבוּלֻן אָמַר שְׂמַח זְבוּלֻן בְּצֵאתֶךָ רביעי
וְיִשָּׂשכָר בְּאֹהָלֶיךָ: עַמִּים הַר־יִקְרָאוּ שָׁם יִזְבְּחוּ זִבְחֵי־צֶדֶק כִּי
שֶׁפַע יַמִּים יִינָקוּ וּשְׂפֻנֵי טְמוּנֵי חוֹל: וּלְגָד אָמַר בָּרוּךְ
מַרְחִיב גָּד כְּלָבִיא שָׁכֵן וְטָרַף זְרוֹעַ אַף־קָדְקֹד: וַיַּרְא רֵאשִׁית לוֹ
כִּי־שָׁם חֶלְקַת מְחֹקֵק סָפוּן וַיֵּתֵא רָאשֵׁי עָם צִדְקַת יהוה עָשָׂה
וּמִשְׁפָּטָיו עִם־יִשְׂרָאֵל: וּלְדָן אָמַר דָּן גּוּר אַרְיֵה חמישי

יְזַנֵּק מִן־הַבָּשָׁן׃ וּלְנַפְתָּלִי אָמַר נַפְתָּלִי שְׂבַע רָצוֹן וּמָלֵא בִּרְכַּת
יהוה יָם וְדָרוֹם יְרָשָׁה׃ וּלְאָשֵׁר אָמַר בָּרוּךְ מִבָּנִים
אָשֵׁר יְהִי רְצוּי אֶחָיו וְטֹבֵל בַּשֶּׁמֶן רַגְלוֹ׃ בַּרְזֶל וּנְחֹשֶׁת מִנְעָלֶךָ
וּכְיָמֶיךָ דָּבְאֶךָ׃ אֵין כָּאֵל יְשֻׁרוּן רֹכֵב שָׁמַיִם בְּעֶזְרֶךָ וּבְגַאֲוָתוֹ
שְׁחָקִים׃

חצי קדיש

לפני שקוראים למפטיר, בעל הקורא אומר חצי קדיש
(רמב״ם, תפילה פי״ב ה״כ).

קורא: יִתְגַּדַּל וְיִתְקַדַּשׁ שְׁמֵהּ רַבָּא (קהל: אָמֵן)
בְּעָלְמָא דִּי בְרָא כִרְעוּתֵהּ
וְיַמְלִיךְ מַלְכוּתֵהּ
בְּחַיֵּיכוֹן וּבְיוֹמֵיכוֹן וּבְחַיֵּי דְכָל בֵּית יִשְׂרָאֵל
בַּעֲגָלָא וּבִזְמַן קָרִיב, וְאִמְרוּ אָמֵן. (קהל: אָמֵן)

קהל וקורא: יְהֵא שְׁמֵהּ רַבָּא מְבָרַךְ לְעָלַם וּלְעָלְמֵי עָלְמַיָּא.

קורא: יִתְבָּרַךְ וְיִשְׁתַּבַּח וְיִתְפָּאַר וְיִתְרוֹמַם וְיִתְנַשֵּׂא
וְיִתְהַדָּר וְיִתְעַלֶּה וְיִתְהַלָּל
שְׁמֵהּ דְּקֻדְשָׁא בְּרִיךְ הוּא (קהל: בְּרִיךְ הוּא)
לְעֵלָּא מִן כָּל בִּרְכָתָא וְשִׁירָתָא, תֻּשְׁבְּחָתָא וְנֶחֱמָתָא
דַּאֲמִירָן בְּעָלְמָא, וְאִמְרוּ אָמֵן. (קהל: אָמֵן)

הגבהה וגלילה

כאשר מגביהים את ספר התורה, הקהל אומר:

דברים ד וְזֹאת הַתּוֹרָה אֲשֶׁר־שָׂם מֹשֶׁה לִפְנֵי בְּנֵי יִשְׂרָאֵל׃
במדבר ט עַל־פִּי יהוה בְּיַד מֹשֶׁה׃
משלי ג ויש מוסיפים: עֵץ־חַיִּים הִיא לַמַּחֲזִיקִים בָּהּ וְתֹמְכֶיהָ מְאֻשָּׁר׃ דְּרָכֶיהָ דַרְכֵי־
נֹעַם וְכָל־נְתִיבֹתֶיהָ שָׁלוֹם׃ אֹרֶךְ יָמִים בִּימִינָהּ, בִּשְׂמֹאולָהּ עֹשֶׁר
ישעיה מב וְכָבוֹד׃ יהוה חָפֵץ לְמַעַן צִדְקוֹ יַגְדִּיל תּוֹרָה וְיַאְדִּיר׃

הכנסת ספר תורה

פותחים את ארון הקודש, והקהל עומד על רגליו. שליח הציבור נוטל את ספר התורה ואומר:

תהלים קמח

יְהַלְלוּ אֶת־שֵׁם יהוה, כִּי־נִשְׂגָּב שְׁמוֹ, לְבַדּוֹ

הקהל אומר:

הוֹדוֹ עַל־אֶרֶץ וְשָׁמָיִם:
וַיָּרֶם קֶרֶן לְעַמּוֹ, תְּהִלָּה לְכָל־חֲסִידָיו
לִבְנֵי יִשְׂרָאֵל עַם קְרֹבוֹ, הַלְלוּיָהּ:

מלווים את ספר התורה לארון הקודש באמירת מזמור זה על מתן תורה (טור, רפד):

תהלים כט

מִזְמוֹר לְדָוִד, הָבוּ לַיהוה בְּנֵי אֵלִים, הָבוּ לַיהוה כָּבוֹד וָעֹז: הָבוּ
לַיהוה כְּבוֹד שְׁמוֹ, הִשְׁתַּחֲווּ לַיהוה בְּהַדְרַת־קֹדֶשׁ: קוֹל יהוה עַל־
הַמָּיִם, אֵל־הַכָּבוֹד הִרְעִים, יהוה עַל־מַיִם רַבִּים: קוֹל־יהוה בַּכֹּחַ,
קוֹל יהוה בֶּהָדָר: קוֹל יהוה שֹׁבֵר אֲרָזִים, וַיְשַׁבֵּר יהוה אֶת־אַרְזֵי
הַלְּבָנוֹן: וַיַּרְקִידֵם כְּמוֹ־עֵגֶל, לְבָנוֹן וְשִׂרְיֹן כְּמוֹ בֶן־רְאֵמִים: קוֹל־
יהוה חֹצֵב לַהֲבוֹת אֵשׁ: קוֹל יהוה יָחִיל מִדְבָּר, יָחִיל יהוה מִדְבַּר
קָדֵשׁ: קוֹל יהוה יְחוֹלֵל אַיָּלוֹת וַיֶּחֱשֹׂף יְעָרוֹת, וּבְהֵיכָלוֹ, כֻּלּוֹ אֹמֵר
כָּבוֹד: יהוה לַמַּבּוּל יָשָׁב, וַיֵּשֶׁב יהוה מֶלֶךְ לְעוֹלָם: יהוה עֹז לְעַמּוֹ
יִתֵּן, יהוה יְבָרֵךְ אֶת־עַמּוֹ בַשָּׁלוֹם:

מכניסים את ספר התורה לארון הקודש ואומרים (ספר המחכים, סידור 'מלאה הארץ דעה'):

במדבר י / תהלים קלב
וּבְנֻחֹה יֹאמַר, שׁוּבָה יהוה רִבְבוֹת אַלְפֵי יִשְׂרָאֵל: קוּמָה יהוה
לִמְנוּחָתֶךָ, אַתָּה וַאֲרוֹן עֻזֶּךָ: כֹּהֲנֶיךָ יִלְבְּשׁוּ־צֶדֶק, וַחֲסִידֶיךָ
משלי ד
יְרַנֵּנוּ: בַּעֲבוּר דָּוִד עַבְדֶּךָ אַל־תָּשֵׁב פְּנֵי מְשִׁיחֶךָ: כִּי לֶקַח טוֹב
משלי ג
נָתַתִּי לָכֶם, תּוֹרָתִי אַל־תַּעֲזֹבוּ: ‹ עֵץ־חַיִּים הִיא לַמַּחֲזִיקִים
בָּהּ, וְתֹמְכֶיהָ מְאֻשָּׁר: דְּרָכֶיהָ דַרְכֵי־נֹעַם וְכָל־נְתִיבוֹתֶיהָ שָׁלוֹם:
איכה ה
הֲשִׁיבֵנוּ יהוה אֵלֶיךָ וְנָשׁוּבָה, חַדֵּשׁ יָמֵינוּ כְּקֶדֶם:

סוגרים את ארון הקודש וממשיכים 'עָלֵינוּ' בעמ' 45.

קידוש לליל שבת

ברכת הבנים

בשובם מבית הכנסת בליל שבת או בליל יום טוב, רבים נוהגים לברך את ילדיהם (ויש מברכים אחר ׳שָׁלוֹם עֲלֵיכֶם׳).

לזכר:

בראשית מח **יְשִׂמְךָ אֱלֹהִים כְּאֶפְרַיִם וְכִמְנַשֶּׁה:**

לנקבה:

יְשִׂימֵךְ אֱלֹהִים כְּשָׂרָה רִבְקָה רָחֵל וְלֵאָה.

במדבר ו **יְבָרֶכְךָ יהוה וְיִשְׁמְרֶךָ:**
יָאֵר יהוה פָּנָיו אֵלֶיךָ וִיחֻנֶּךָּ:
יִשָּׂא יהוה פָּנָיו אֵלֶיךָ וְיָשֵׂם לְךָ שָׁלוֹם:

הגמרא מתארת כיצד שני מלאכי שרת מלווים את האדם מבית הכנסת לביתו, וכשרואים את הבית מוכן לשבת, הם מברכים אותו (שבת קיט ע״ב). ועל זה ייסדו המקובלים את הפיוט הבא.

רבים נוהגים לשיר כל בית שלוש פעמים.

שָׁלוֹם עֲלֵיכֶם, מַלְאֲכֵי הַשָּׁרֵת, מַלְאֲכֵי עֶלְיוֹן
מִמֶּלֶךְ מַלְכֵי הַמְּלָכִים, הַקָּדוֹשׁ בָּרוּךְ הוּא.

בּוֹאֲכֶם לְשָׁלוֹם, מַלְאֲכֵי הַשָּׁלוֹם, מַלְאֲכֵי עֶלְיוֹן
מִמֶּלֶךְ מַלְכֵי הַמְּלָכִים, הַקָּדוֹשׁ בָּרוּךְ הוּא.

בָּרְכוּנִי לְשָׁלוֹם, מַלְאֲכֵי הַשָּׁלוֹם, מַלְאֲכֵי עֶלְיוֹן
מִמֶּלֶךְ מַלְכֵי הַמְּלָכִים, הַקָּדוֹשׁ בָּרוּךְ הוּא.

צֵאתְכֶם לְשָׁלוֹם, מַלְאֲכֵי הַשָּׁלוֹם, מַלְאֲכֵי עֶלְיוֹן
מִמֶּלֶךְ מַלְכֵי הַמְּלָכִים, הַקָּדוֹשׁ בָּרוּךְ הוּא.

תהלים צא **כִּי מַלְאָכָיו יְצַוֶּה־לָּךְ, לִשְׁמָרְךָ בְּכָל־דְּרָכֶיךָ:**
תהלים קכא **יהוה יִשְׁמָר־צֵאתְךָ וּבוֹאֶךָ, מֵעַתָּה וְעַד־עוֹלָם:**

בדורות הקודמים נהגו לומר תחינה זו בליל שבת, קודם שיוצא מבית הכנסת לביתו.
כיום מקובל לאומרה בבית אחרי ׳שָׁלוֹם עֲלֵיכֶם׳.

רִבּוֹן כָּל הָעוֹלָמִים, אֲדוֹן כָּל הַנְּשָׁמוֹת, אֲדוֹן הַשָּׁלוֹם. מֶלֶךְ אַבִּיר, מֶלֶךְ בָּרוּךְ, מֶלֶךְ גָּדוֹל, מֶלֶךְ דּוֹבֵר שָׁלוֹם, מֶלֶךְ הָדוּר, מֶלֶךְ וָתִיק, מֶלֶךְ זַךְ, מֶלֶךְ חֵי הָעוֹלָמִים, מֶלֶךְ טוֹב וּמֵטִיב, מֶלֶךְ יָחִיד וּמְיֻחָד, מֶלֶךְ כַּבִּיר, מֶלֶךְ לוֹבֵשׁ רַחֲמִים, מֶלֶךְ מַלְכֵי הַמְּלָכִים, מֶלֶךְ נִשְׂגָּב, מֶלֶךְ סוֹמֵךְ נוֹפְלִים, מֶלֶךְ עֹשֶׂה מַעֲשֵׂה בְרֵאשִׁית, מֶלֶךְ פּוֹדֶה וּמַצִּיל, מֶלֶךְ צַח וְאָדֹם, מֶלֶךְ קָדוֹשׁ, מֶלֶךְ רָם וְנִשָּׂא, מֶלֶךְ שׁוֹמֵעַ תְּפִלָּה, מֶלֶךְ תָּמִים דַּרְכּוֹ. מוֹדֶה אֲנִי לְפָנֶיךָ, יהוה אֱלֹהַי וֵאלֹהֵי אֲבוֹתַי, עַל כָּל הַחֶסֶד אֲשֶׁר עָשִׂיתָ עִמָּדִי וַאֲשֶׁר אַתָּה עָתִיד לַעֲשׂוֹת עִמִּי וְעִם כָּל בְּנֵי בֵיתִי וְעִם כָּל בְּרִיּוֹתֶיךָ, בְּנֵי בְרִיתִי. וּבְרוּכִים הֵם מַלְאָכֶיךָ הַקְּדוֹשִׁים וְהַטְּהוֹרִים שֶׁעוֹשִׂים רְצוֹנֶךָ. אֲדוֹן הַשָּׁלוֹם, מֶלֶךְ שֶׁהַשָּׁלוֹם שֶׁלּוֹ, בָּרְכֵנִי בַשָּׁלוֹם, וְתִפְקֹד אוֹתִי וְאֶת כָּל בְּנֵי בֵיתִי וְכָל עַמְּךָ בֵּית יִשְׂרָאֵל לְחַיִּים טוֹבִים וּלְשָׁלוֹם. מֶלֶךְ עֶלְיוֹן עַל כָּל צְבָא מָרוֹם, יוֹצְרֵנוּ, יוֹצֵר בְּרֵאשִׁית, אֲחַלֶּה פָנֶיךָ הַמְּאִירִים, שֶׁתְּזַכֶּה אוֹתִי וְאֶת כָּל בְּנֵי בֵיתִי לִמְצֹא חֵן וְשֵׂכֶל טוֹב בְּעֵינֶיךָ וּבְעֵינֵי כָּל בְּנֵי אָדָם וּבְעֵינֵי כָל רוֹאֵינוּ לַעֲבוֹדָתֶךָ. וְזַכֵּנוּ לְקַבֵּל שַׁבָּתוֹת מִתּוֹךְ רֹב שִׂמְחָה וּמִתּוֹךְ עֹשֶׁר וְכָבוֹד וּמִתּוֹךְ מִעוּט עֲוֹנוֹת. וְהָסֵר מִמֶּנִּי וּמִכָּל בְּנֵי בֵיתִי וּמִכָּל עַמְּךָ בֵּית יִשְׂרָאֵל כָּל מִינֵי חֹלִי וְכָל מִינֵי מַדְוֶה וְכָל מִינֵי דַלּוּת וַעֲנִיּוּת וְאֶבְיוֹנוּת. וְתֵן בָּנוּ יֵצֶר טוֹב לְעָבְדְּךָ בֶּאֱמֶת וּבְיִרְאָה וּבְאַהֲבָה. וְנִהְיֶה מְכֻבָּדִים בְּעֵינֶיךָ וּבְעֵינֵי כָל רוֹאֵינוּ, כִּי אַתָּה הוּא מֶלֶךְ הַכָּבוֹד, כִּי לְךָ נָאֶה, כִּי לְךָ יָאֶה. אָנָּא, מֶלֶךְ מַלְכֵי הַמְּלָכִים, צַוֵּה לְמַלְאָכֶיךָ, מַלְאֲכֵי הַשָּׁרֵת, מְשָׁרְתֵי עֶלְיוֹן, שֶׁיִּפְקְדוּנִי בְּרַחֲמִים וִיבָרְכוּנִי בְּבוֹאָם לְבֵיתִי בְּיוֹם קָדְשֵׁנוּ, כִּי הִדְלַקְתִּי נֵרוֹתַי וְהִצַּעְתִּי מִטָּתִי וְהֶחֱלַפְתִּי שִׂמְלוֹתַי לִכְבוֹד יוֹם הַשַּׁבָּת וּבָאתִי לְבֵיתְךָ לְהַפִּיל תְּחִנָּתִי לְפָנֶיךָ, שֶׁתַּעֲבִיר אַנְחָתִי, וָאָעִיד אֲשֶׁר בָּרָאתָ בְשִׁשָּׁה יָמִים כָּל הַיְצוּר, וָאֶשְׁנֶה, וַאֲשַׁלֵּשׁ עוֹד לְהָעִיד עַל כּוֹסִי בְּתוֹךְ שִׂמְחָתִי, כַּאֲשֶׁר צִוִּיתַנִי לְזָכְרוֹ וּלְהִתְעַנֵּג בְּיֶתֶר נִשְׁמָתִי אֲשֶׁר נָתַתָּ בִּי. בּוֹ אֶשְׁבֹּת כַּאֲשֶׁר צִוִּיתַנִי לְשָׁרְתֶךָ, וְכֵן אַגִּיד גְּדֻלָּתְךָ בְּרִנָּה, וְשִׁוִּיתִי יהוה לִקְרָאתִי שֶׁתְּרַחֲמֵנִי עוֹד בְּגָלוּתִי לְגָאֳלֵנִי לְעוֹרֵר לִבִּי לְאַהֲבָתֶךָ. וְאָז אֶשְׁמֹר פִּקּוּדֶיךָ וְחֻקֶּיךָ בְּלִי עֶצֶב, וְאֶתְפַּלֵּל כַּדָּת כָּרָאוּי וְכַנָּכוֹן. מַלְאֲכֵי הַשָּׁלוֹם, בּוֹאֲכֶם לְשָׁלוֹם, בָּרְכוּנִי לְשָׁלוֹם, וְאִמְרוּ בָּרוּךְ לְשֻׁלְחָנִי הֶעָרוּךְ, וְצֵאתְכֶם לְשָׁלוֹם מֵעַתָּה וְעַד עוֹלָם, אָמֵן סֶלָה.

'אֵשֶׁת־חַיִל' חותם את ספר משלי ומשבח את האישה האידאלית.
המקובלים ראו במזמור זה רמז לתורה (הגר"א) או לשכינה (סידור השל"ה)
או לשבת עצמה (שיבולי הלקט). עם זאת מזמור זה הוא על פי פשוטו
שיר הלל לאישה שטרחה והכינה את ביתה לקראת השבת (הרב זקס).

משלי לא

אֵשֶׁת־חַיִל מִי יִמְצָא, וְרָחֹק מִפְּנִינִים מִכְרָהּ:
בָּטַח בָּהּ לֵב בַּעְלָהּ, וְשָׁלָל לֹא יֶחְסָר:
גְּמָלַתְהוּ טוֹב וְלֹא־רָע, כֹּל יְמֵי חַיֶּיהָ:
דָּרְשָׁה צֶמֶר וּפִשְׁתִּים, וַתַּעַשׂ בְּחֵפֶץ כַּפֶּיהָ:
הָיְתָה כָּאֳנִיּוֹת סוֹחֵר, מִמֶּרְחָק תָּבִיא לַחְמָהּ:
וַתָּקָם בְּעוֹד לַיְלָה, וַתִּתֵּן טֶרֶף לְבֵיתָהּ, וְחֹק לְנַעֲרֹתֶיהָ:
זָמְמָה שָׂדֶה וַתִּקָּחֵהוּ, מִפְּרִי כַפֶּיהָ נָטְעָה כָּרֶם:
חָגְרָה בְעוֹז מָתְנֶיהָ, וַתְּאַמֵּץ זְרוֹעֹתֶיהָ:
טָעֲמָה כִּי־טוֹב סַחְרָהּ, לֹא־יִכְבֶּה בַלַּיְלָ נֵרָהּ:
יָדֶיהָ שִׁלְּחָה בַכִּישׁוֹר, וְכַפֶּיהָ תָּמְכוּ פָלֶךְ:
כַּפָּהּ פָּרְשָׂה לֶעָנִי, וְיָדֶיהָ שִׁלְּחָה לָאֶבְיוֹן:
לֹא־תִירָא לְבֵיתָהּ מִשָּׁלֶג, כִּי כָל־בֵּיתָהּ לָבֻשׁ שָׁנִים:
מַרְבַדִּים עָשְׂתָה־לָּהּ, שֵׁשׁ וְאַרְגָּמָן לְבוּשָׁהּ:
נוֹדָע בַּשְּׁעָרִים בַּעְלָהּ, בְּשִׁבְתּוֹ עִם־זִקְנֵי־אָרֶץ:
סָדִין עָשְׂתָה וַתִּמְכֹּר, וַחֲגוֹר נָתְנָה לַכְּנַעֲנִי:
עוֹז־וְהָדָר לְבוּשָׁהּ, וַתִּשְׂחַק לְיוֹם אַחֲרוֹן:
פִּיהָ פָּתְחָה בְחָכְמָה, וְתוֹרַת־חֶסֶד עַל־לְשׁוֹנָהּ:
צוֹפִיָּה הֲלִיכוֹת בֵּיתָהּ, וְלֶחֶם עַצְלוּת לֹא תֹאכֵל:
קָמוּ בָנֶיהָ וַיְאַשְּׁרוּהָ, בַּעְלָהּ וַיְהַלְלָהּ:
רַבּוֹת בָּנוֹת עָשׂוּ חָיִל, וְאַתְּ עָלִית עַל־כֻּלָּנָה:
שֶׁקֶר הַחֵן וְהֶבֶל הַיֹּפִי, אִשָּׁה יִרְאַת־יהוה הִיא תִתְהַלָּל:
תְּנוּ־לָהּ מִפְּרִי יָדֶיהָ, וִיהַלְלוּהָ בַשְּׁעָרִים מַעֲשֶׂיהָ:

יש אומרים (על פי הזוהר, יתרו פח ע״א):

אַתְקִינוּ סְעוּדְתָא דִמְהֵימְנוּתָא שְׁלִימְתָא
חֶדְוָתָא דְמַלְכָּא קַדִּישָׁא.
אַתְקִינוּ סְעוּדְתָא דְמַלְכָּא.
דָּא הִיא סְעוּדְתָא דַחֲקַל תַּפּוּחִין קַדִּישִׁין
וּזְעֵיר אַנְפִּין וְעַתִּיקָא קַדִּישָׁא אָתְיָן לְסַעֲדָה בַּהֲדָהּ.

זמר שחיבר האר״י לסעודת ליל שבת

אֲזַמֵּר בִּשְׁבָחִין / לְמֵעַל גּוֹ פִתְחִין / דְּבַחֲקַל תַּפּוּחִין / דְּאִנּוּן קַדִּישִׁין.
נְזַמֵּן לַהּ הַשְׁתָּא / בְּפָתוֹרָא חַדְתָּא / וּבִמְנַרְתָּא טָבְתָא / דְּנָהֲרָה עַל רֵישִׁין.
יְמִינָא וּשְׂמָאלָא / וּבֵינַיְהוּ כַלָּה / בְּקִשּׁוּטִין אָזְלָא / וּמָנִין וּלְבוּשִׁין.
יְחַבֵּק לַהּ בַּעְלָהּ / וּבִיסוֹדָא דִי לַהּ / דְּעָבֵד נַיְחָא לַהּ / יְהֵא כָתֵשׁ כְּתִישִׁין.
צְוָחִין אוּף עָקְתִין / בְּטִילִין וּשְׁבִיתִין / בְּרַם אַנְפִּין חַדְתִּין / וְרוּחִין עִם נַפְשִׁין.
חֲדוּ סַגִּי יֵיתֵי / וְעַל חֲדָה תַרְתֵּי / נְהוֹרָא לַהּ יַמְטֵי / וּבִרְכָן דִּנְפִישִׁין.
קְרִיבוּ שׁוֹשְׁבִינִין / עֲבִידוּ תִקּוּנִין / לְאַפָּשָׁה זֵינִין / וְנוּנִין עִם רַחְשִׁין.
לְמֶעְבַּד נִשְׁמָתִין / וְרוּחִין חַדְתִּין / בְּתַרְתֵּי וּתְלָתִין / וּבִתְלָתָא שִׁבְשִׁין.
וְעִטְרִין שַׁבְעִין לַהּ / וּמַלְכָּא דִלְעֵלָּא / דְּיִתְעַטַּר כֹּלָּא / בְּקַדִּישׁ קַדִּישִׁין.
רְשִׁימִין וּסְתִימִין / בְּגַוָּהּ כָּל עָלְמִין / בְּרַם עַתִּיק יוֹמִין / הֲלָא בָטֵשׁ בְּטִישִׁין.
יְהֵא רַעֲוָה קַמֵּהּ / דְּתִשְׁרֵי עַל עַמֵּהּ / דְּיִתְעַנַּג לִשְׁמֵהּ / בְּמִתְקִין וְדֻבְשִׁין.
אֲסַדֵּר לִדְרוֹמָא / מְנַרְתָּא דִסְתִימָא / וְשֻׁלְחָן עִם נַהֲמָא / בִּצְפּוֹנָא אַדְשִׁין.
בְּחַמְרָא גוֹ כָסָא / וּמְדָנֵי אָסָא / לְאָרוּס וַאֲרוּסָה / לְאַתְקָפָא חַלָּשִׁין.
נְעַבֵּד לוֹן כִּתְרִין / בְּמִלִּין יַקִּירִין / בְּשַׁבְעִין עִטּוּרִין / דְּעַל גַּבֵּי חַמְשִׁין.
שְׁכִינְתָּא תִתְעַטַּר / בְּשִׁית נַהֲמֵי לִסְטַר / בְּוָוִין תִּתְקַטַּר / וְזֵינִין דִּכְנִישִׁין.
(שְׁבִיתִין וּשְׁבִיקִין / מְסָאֲבִין דְּדַחֲקִין / חֲבִילִין דִּמְעִיקִין / וְכָל זֵינֵי חַרְשִׁין.)
לְמִבְצַע עַל רִיפְתָּא / כְּזֵיתָא וּכְבֵיעֲתָא / תְּרֵין יוּדִין נָקְטָא / סְתִימִין וּפְרִישִׁין.
מְשַׁח זֵיתָא דָכְיָא / דְּטָחֲנִין רֵיחַיָּא / וְנָגְדִין נַחְלַיָּא / בְּגַוַּהּ בִּלְחִישִׁין.
הֲלָא נֵימָא רָזִין / וּמִלִּין דִּגְנִיזִין / דְּלֵיתֵיהוֹן מִתְחֲזִין / טְמִירִין וּכְבִישִׁין.
לְאַעְטָרָה כַלָּה / בְּרָזִין דִּלְעֵלָּא / בְּגוֹ הַאי הִלּוּלָה / דְּעִירִין קַדִּישִׁין.

תפילה כשנכנסים לסוכה

בספר הזוהר (אמור, קג ע״ב) מובא שרב המנונא היה נוהג להזמין
את האבות ועוד צדיקים לישב עמו בסוכה באמירת ׳תִּיבוּ תִּיבוּ׳.
התפילה שלפני הזמנתם וה׳יְהִי רָצוֹן׳ שאחריה, לקוחים מסידור השל״ה.

הֲרֵינִי מוּכָן וּמְזֻמָּן לְקַיֵּם מִצְוַת סֻכָּה, כַּאֲשֶׁר צִוַּנִי הַבּוֹרֵא יִתְבָּרַךְ
שְׁמוֹ: בַּסֻּכֹּת תֵּשְׁבוּ שִׁבְעַת יָמִים, כָּל־הָאֶזְרָח בְּיִשְׂרָאֵל יֵשְׁבוּ בַּסֻּכֹּת: ויקרא כג
לְמַעַן יֵדְעוּ דֹרֹתֵיכֶם, כִּי בַסֻּכּוֹת הוֹשַׁבְתִּי אֶת־בְּנֵי יִשְׂרָאֵל, בְּהוֹצִיאִי
אוֹתָם מֵאֶרֶץ מִצְרָיִם:

תִּיבוּ תִּיבוּ אֻשְׁפִּיזִין עִלָּאִין, תִּיבוּ תִּיבוּ אֻשְׁפִּיזִין קַדִּישִׁין, תִּיבוּ תִּיבוּ
אֻשְׁפִּיזִין דִּמְהֵימְנוּתָא. זַכָּאָה חֻלְקְהוֹן דְּיִשְׂרָאֵל, דִּכְתִיב: כִּי חֵלֶק יהוה דברים לב
עַמּוֹ, יַעֲקֹב חֶבֶל נַחֲלָתוֹ:

יְהִי רָצוֹן מִלְּפָנֶיךָ יהוה אֱלֹהַי וֵאלֹהֵי אֲבוֹתַי, שֶׁתַּשְׁרֶה שְׁכִינָתְךָ בֵּינֵינוּ, וְתִפְרֹס עָלֵינוּ סֻכַּת שְׁלוֹמֶךָ, בִּזְכוּת מִצְוַת סֻכָּה שֶׁאֲנַחְנוּ מְקַיְּמִין לְיַחֲדָא שְׁמָא דְקֻדְשָׁא בְּרִיךְ הוּא וּשְׁכִינְתֵּהּ בִּדְחִילוּ וּרְחִימוּ, לְיַחֲדָא שֵׁם י״ה בו״ה בְּיִחוּדָא שְׁלִים בְּשֵׁם כָּל יִשְׂרָאֵל, וּלְהַקִּיף אוֹתָהּ מִזִּיו כְּבוֹדְךָ הַקָּדוֹשׁ וְהַטָּהוֹר, נָטוּי עַל רָאשֵׁיהֶם מִלְמַעְלָה כַּנֶּשֶׁר יָעִיר קִנּוֹ, וּמִשָּׁם יַשְׁפִּיעַ שֶׁפַע הַחַיִּים לְעַבְדְּךָ (פלוני בֶּן פלונית אֲמָתֶךָ). וּבִזְכוּת צֵאתִי מִבֵּיתִי הַחוּצָה וְדֶרֶךְ מִצְוֹתֶיךָ אָרוּצָה, יֵחָשֵׁב לִי זֹאת כְּאִלּוּ הִרְחַקְתִּי נְדוֹד, וְהֶרֶב כַּבְּסֵנִי מֵעֲוֹנִי וּמֵחַטָּאתִי טַהֲרֵנִי, וּמֵאֻשְׁפִּיזִין עִלָּאִין אֻשְׁפִּיזִין דִּמְהֵימְנוּתָא תִּהְיֶינָה אָזְנֶיךָ קַשֻּׁבוֹת רַב בְּרָכוֹת, וְלָרְעֵבִים גַּם צְמֵאִים תֶּן לַחְמָם וּמֵימָם הַנֶּאֱמָנִים, וְתִתֶּן לִי זְכוּת לָשֶׁבֶת וְלַחְסוֹת בְּסֵתֶר צֵל כְּנָפֶיךָ בְּעֵת פְּטִירָתִי מִן הָעוֹלָם, וְלַחֲסוֹת מִזֶּרֶם וּמִמָּטָר, כִּי תַמְטִיר עַל רְשָׁעִים פַּחִים. וּתְהֵא חֲשׁוּבָה מִצְוַת סֻכָּה זוֹ שֶׁאֲנִי מְקַיֵּם, כְּאִלּוּ קִיַּמְתִּיהָ בְּכָל פְּרָטֶיהָ וְדִקְדּוּקֶיהָ וּתְנָאֶיהָ וְכָל מִצְוֹת הַתְּלוּיוֹת בָּהּ. וְתֵיטִיב לָנוּ הַחֲתִימָה, וּתְזַכֵּנוּ לֵישֵׁב יָמִים רַבִּים
עַל הָאֲדָמָה אַדְמַת קֹדֶשׁ, בַּעֲבוֹדָתְךָ וּבְיִרְאָתֶךָ. בָּרוּךְ יהוה לְעוֹלָם תהלים פט
אָמֵן וְאָמֵן:

בכל לילה נוהגים להזמין לפני הסעודה צדיק אחד המיוחד לאותו היום, ואתו את הצדיקים האחרים.

לפי דעת האר״י, סדר האושפיזין הוא: אברהם, יצחק, יעקב, משה, אהרן, יוסף ודוד;
אך למנהג אשכנז מזמינים אותם לפי סדר הדורות, כדעת השל״ה.

אֲזַמִּין לִסְעוּדָתִי אֻשְׁפִּיזִין עִלָּאִין
אַבְרָהָם יִצְחָק יַעֲקֹב יוֹסֵף מֹשֶׁה אַהֲרֹן וְדָוִד.

ביום הראשון אומר:

בְּמָטוּ מִנָּךְ אַבְרָהָם אֻשְׁפִּיזִי עִלָּאִי דְּתֵיתֵב עִמִּי
וְעִמָּךְ כָּל אֻשְׁפִּיזֵי עִלָּאֵי: יִצְחָק יַעֲקֹב יוֹסֵף מֹשֶׁה אַהֲרֹן וְדָוִד.

ביום השני אומר:

בְּמָטוּ מִנָּךְ יִצְחָק אֻשְׁפִּיזִי עִלָּאִי דְּתֵיתֵב עִמִּי
וְעִמָּךְ כָּל אֻשְׁפִּיזֵי עִלָּאֵי: אַבְרָהָם יַעֲקֹב יוֹסֵף מֹשֶׁה אַהֲרֹן וְדָוִד.

ביום השלישי אומר:

בְּמָטוּ מִנָּךְ יַעֲקֹב אֻשְׁפִּיזִי עִלָּאִי דְּתֵיתֵב עִמִּי
וְעִמָּךְ כָּל אֻשְׁפִּיזֵי עִלָּאֵי: אַבְרָהָם יִצְחָק יוֹסֵף מֹשֶׁה אַהֲרֹן וְדָוִד.

ביום הרביעי אומר:

בְּמָטוּ מִנָּךְ יוֹסֵף אֻשְׁפִּיזִי עִלָּאִי דְּתֵיתֵב עִמִּי
וְעִמָּךְ כָּל אֻשְׁפִּיזֵי עִלָּאֵי: אַבְרָהָם יִצְחָק יַעֲקֹב מֹשֶׁה אַהֲרֹן וְדָוִד.

ביום החמישי אומר:

בְּמָטוּ מִנָּךְ מֹשֶׁה אֻשְׁפִּיזִי עִלָּאִי דְּתֵיתֵב עִמִּי
וְעִמָּךְ כָּל אֻשְׁפִּיזֵי עִלָּאֵי: אַבְרָהָם יִצְחָק יַעֲקֹב יוֹסֵף אַהֲרֹן וְדָוִד.

ביום השישי אומר:

בְּמָטוּ מִנָּךְ אַהֲרֹן אֻשְׁפִּיזִי עִלָּאִי דְּתֵיתֵב עִמִּי
וְעִמָּךְ כָּל אֻשְׁפִּיזֵי עִלָּאֵי: אַבְרָהָם יִצְחָק יַעֲקֹב יוֹסֵף מֹשֶׁה וְדָוִד.

בהושענא רבה אומר:

בְּמָטוּ מִנָּךְ דָּוִד אֻשְׁפִּיזִי עִלָּאִי דְּתֵיתֵב עִמִּי
וְעִמָּךְ כָּל אֻשְׁפִּיזֵי עִלָּאֵי: אַבְרָהָם יִצְחָק יַעֲקֹב יוֹסֵף מֹשֶׁה וְאַהֲרֹן.

פרידה מן הסוכה

כשיוצא מן הסוכה בערב שמיני עצרת (בחו״ל, בערב שמחת תורה),
אומר (׳כלבו׳ ע בשם מהר״ם):

יְהִי רָצוֹן מִלְּפָנֶיךָ יהוה אֱלֹהֵינוּ וֵאלֹהֵי אֲבוֹתֵינוּ
כְּשֵׁם שֶׁקִּיַּמְתִּי וְיָשַׁבְתִּי בְּסֻכָּה זוֹ
כֵּן אֶזְכֶּה לַשָּׁנָה הַבָּאָה לֵישֵׁב בְּסֻכַּת עוֹרוֹ שֶׁל לִוְיָתָן.

קידוש לליל יום טוב

קידוש לשבת חול המועד בעמ׳ 66.

נוהגים לעמוד בזמן הקידוש.

כשיום טוב חל בשבת, מוסיפים:

בלחש: וַיְהִי־עֶרֶב וַיְהִי־בֹקֶר בראשית א

יוֹם הַשִּׁשִּׁי:

וַיְכֻלּוּ הַשָּׁמַיִם וְהָאָרֶץ וְכָל־צְבָאָם: בראשית ב

וַיְכַל אֱלֹהִים בַּיּוֹם הַשְּׁבִיעִי מְלַאכְתּוֹ אֲשֶׁר עָשָׂה

וַיִּשְׁבֹּת בַּיּוֹם הַשְּׁבִיעִי מִכָּל־מְלַאכְתּוֹ אֲשֶׁר עָשָׂה:

וַיְבָרֶךְ אֱלֹהִים אֶת־יוֹם הַשְּׁבִיעִי, וַיְקַדֵּשׁ אֹתוֹ

כִּי בוֹ שָׁבַת מִכָּל־מְלַאכְתּוֹ, אֲשֶׁר־בָּרָא אֱלֹהִים, לַעֲשׂוֹת:

המקדש לאחרים, מוסיף:

סַבְרִי מָרָנָן

בָּרוּךְ אַתָּה יהוה אֱלֹהֵינוּ מֶלֶךְ הָעוֹלָם, בּוֹרֵא פְּרִי הַגָּפֶן.

כשיום טוב חל בשבת, מוסיפים את המילים שבסוגריים.

בָּרוּךְ אַתָּה יהוה אֱלֹהֵינוּ מֶלֶךְ הָעוֹלָם

אֲשֶׁר בָּחַר בָּנוּ מִכָּל עָם

וְרוֹמְמָנוּ מִכָּל לָשׁוֹן, וְקִדְּשָׁנוּ בְּמִצְוֹתָיו

וַתִּתֶּן לָנוּ יהוה אֱלֹהֵינוּ בְּאַהֲבָה

(שַׁבָּתוֹת לִמְנוּחָה וּ) מוֹעֲדִים לְשִׂמְחָה

חַגִּים וּזְמַנִּים לְשָׂשׂוֹן, אֶת יוֹם (הַשַּׁבָּת הַזֶּה וְאֶת יוֹם)

בפסח: **חַג הַמַּצּוֹת הַזֶּה, זְמַן חֵרוּתֵנוּ**

בשבועות: **חַג הַשָּׁבוּעוֹת הַזֶּה, זְמַן מַתַּן תּוֹרָתֵנוּ**

בסוכות: **חַג הַסֻּכּוֹת הַזֶּה, זְמַן שִׂמְחָתֵנוּ**

בשמיני עצרת: **הַשְּׁמִינִי חַג הָעֲצֶרֶת הַזֶּה, זְמַן שִׂמְחָתֵנוּ**

(בְּאַהֲבָה) מִקְרָא קֹדֶשׁ, זֵכֶר לִיצִיאַת מִצְרָיִם
כִּי בָנוּ בָחַרְתָּ וְאוֹתָנוּ קִדַּשְׁתָּ מִכָּל הָעַמִּים (וְשַׁבָּת)
וּמוֹעֲדֵי קָדְשֶׁךָ (בְּאַהֲבָה וּבְרָצוֹן)
בְּשִׂמְחָה וּבְשָׂשׂוֹן הִנְחַלְתָּנוּ.
בָּרוּךְ אַתָּה יהוה, מְקַדֵּשׁ (הַשַּׁבָּת וְ) יִשְׂרָאֵל וְהַזְּמַנִּים.

כשיום טוב חל במוצאי שבת, מבדילים על הנר:

בָּרוּךְ אַתָּה יהוה אֱלֹהֵינוּ מֶלֶךְ הָעוֹלָם
בּוֹרֵא מְאוֹרֵי הָאֵשׁ.

בָּרוּךְ אַתָּה יהוה אֱלֹהֵינוּ מֶלֶךְ הָעוֹלָם
הַמַּבְדִּיל בֵּין קֹדֶשׁ לְחֹל
בֵּין אוֹר לְחֹשֶׁךְ
בֵּין יִשְׂרָאֵל לָעַמִּים
בֵּין יוֹם הַשְּׁבִיעִי לְשֵׁשֶׁת יְמֵי הַמַּעֲשֶׂה.
בֵּין קְדֻשַּׁת שַׁבָּת לִקְדֻשַּׁת יוֹם טוֹב הִבְדַּלְתָּ
וְאֶת יוֹם הַשְּׁבִיעִי מִשֵּׁשֶׁת יְמֵי הַמַּעֲשֶׂה קִדַּשְׁתָּ
הִבְדַּלְתָּ וְקִדַּשְׁתָּ אֶת עַמְּךָ יִשְׂרָאֵל בִּקְדֻשָּׁתֶךָ.
בָּרוּךְ אַתָּה יהוה, הַמַּבְדִּיל בֵּין קֹדֶשׁ לְקֹדֶשׁ.

בסוכות מוסיף:

בָּרוּךְ אַתָּה יהוה אֱלֹהֵינוּ מֶלֶךְ הָעוֹלָם
אֲשֶׁר קִדְּשָׁנוּ בְּמִצְוֹתָיו וְצִוָּנוּ לֵישֵׁב בַּסֻּכָּה.

בשביעי של פסח אין אומרים 'שֶׁהֶחֱיָנוּ' (סוכה מז ע"א).

בָּרוּךְ אַתָּה יהוה אֱלֹהֵינוּ מֶלֶךְ הָעוֹלָם
שֶׁהֶחֱיָנוּ וְקִיְּמָנוּ וְהִגִּיעָנוּ לַזְּמַן הַזֶּה.

קידוש לליל שבת

קידוש לליל יום טוב בעמ׳ 64.

בראשית א בלחש: וַיְהִי־עֶרֶב וַיְהִי־בֹקֶר

יוֹם הַשִּׁשִּׁי:

בראשית ב וַיְכֻלּוּ הַשָּׁמַיִם וְהָאָרֶץ וְכָל־צְבָאָם:

וַיְכַל אֱלֹהִים בַּיּוֹם הַשְּׁבִיעִי מְלַאכְתּוֹ אֲשֶׁר עָשָׂה

וַיִּשְׁבֹּת בַּיּוֹם הַשְּׁבִיעִי מִכָּל־מְלַאכְתּוֹ אֲשֶׁר עָשָׂה:

וַיְבָרֶךְ אֱלֹהִים אֶת־יוֹם הַשְּׁבִיעִי, וַיְקַדֵּשׁ אֹתוֹ

כִּי בוֹ שָׁבַת מִכָּל־מְלַאכְתּוֹ, אֲשֶׁר־בָּרָא אֱלֹהִים, לַעֲשׂוֹת:

המקדש לאחרים, מוסיף:

סַבְרִי מָרָנָן

בָּרוּךְ אַתָּה יהוה אֱלֹהֵינוּ מֶלֶךְ הָעוֹלָם, בּוֹרֵא פְּרִי הַגָּפֶן.

בָּרוּךְ אַתָּה יהוה אֱלֹהֵינוּ מֶלֶךְ הָעוֹלָם

אֲשֶׁר קִדְּשָׁנוּ בְּמִצְוֹתָיו, וְרָצָה בָנוּ

וְשַׁבַּת קָדְשׁוֹ בְּאַהֲבָה וּבְרָצוֹן הִנְחִילָנוּ

זִכָּרוֹן לְמַעֲשֵׂה בְרֵאשִׁית

כִּי הוּא יוֹם תְּחִלָּה לְמִקְרָאֵי קֹדֶשׁ, זֵכֶר לִיצִיאַת מִצְרָיִם

כִּי בָנוּ בָחַרְתָּ וְאוֹתָנוּ קִדַּשְׁתָּ מִכָּל הָעַמִּים

וְשַׁבַּת קָדְשְׁךָ בְּאַהֲבָה וּבְרָצוֹן הִנְחַלְתָּנוּ.

בָּרוּךְ אַתָּה יהוה, מְקַדֵּשׁ הַשַּׁבָּת.

בשבת חול המועד סוכות מברך:

בָּרוּךְ אַתָּה יהוה אֱלֹהֵינוּ מֶלֶךְ הָעוֹלָם

אֲשֶׁר קִדְּשָׁנוּ בְּמִצְוֹתָיו וְצִוָּנוּ לֵישֵׁב בַּסֻּכָּה.

סדר סעודה וברכותיה

לפני נטילת ידיים לסעודה יש אומרים (כף החיים):

שְׂאוּ־יְדֵכֶם קֹדֶשׁ, וּבָרְכוּ אֶת־יהוה: תהלים קלד

כשנוטל את ידיו לפני הסעודה, מברך:

בָּרוּךְ אַתָּה יהוה אֱלֹהֵינוּ מֶלֶךְ הָעוֹלָם
אֲשֶׁר קִדְּשָׁנוּ בְּמִצְוֹתָיו וְצִוָּנוּ עַל נְטִילַת יָדָיִם.

על אכילת לחם מברך:

בָּרוּךְ אַתָּה יהוה אֱלֹהֵינוּ מֶלֶךְ הָעוֹלָם
הַמּוֹצִיא לֶחֶם מִן הָאָרֶץ.

ברכת המזון

בשבתות ובימים טובים, שאין מתאבלים בהם על החורבן, נוהגים לומר מזמור זה (שם):

שִׁיר הַמַּעֲלוֹת, בְּשׁוּב יהוה אֶת־שִׁיבַת צִיּוֹן, הָיִינוּ כְּחֹלְמִים: תהלים קכו
אָז יִמָּלֵא שְׂחוֹק פִּינוּ וּלְשׁוֹנֵנוּ רִנָּה
אָז יֹאמְרוּ בַגּוֹיִם הִגְדִּיל יהוה לַעֲשׂוֹת עִם־אֵלֶּה:
הִגְדִּיל יהוה לַעֲשׂוֹת עִמָּנוּ, הָיִינוּ שְׂמֵחִים:
שׁוּבָה יהוה אֶת־שְׁבִיתֵנוּ, כַּאֲפִיקִים בַּנֶּגֶב:
הַזֹּרְעִים בְּדִמְעָה בְּרִנָּה יִקְצֹרוּ:
הָלוֹךְ יֵלֵךְ וּבָכֹה נֹשֵׂא מֶשֶׁךְ־הַזָּרַע, בֹּא־יָבֹא בְרִנָּה נֹשֵׂא אֲלֻמֹּתָיו:

יש נוהגים להוסיף פסוקים אלה, שלדעת האר"י הם פתיחה לברכת המזון:

תְּהִלַּת יהוה יְדַבֶּר פִּי, וִיבָרֵךְ כָּל־בָּשָׂר שֵׁם קָדְשׁוֹ לְעוֹלָם וָעֶד: תהלים קמה
וַאֲנַחְנוּ נְבָרֵךְ יָהּ מֵעַתָּה וְעַד־עוֹלָם, הַלְלוּיָהּ: תהלים קטו
הוֹדוּ לַיהוה כִּי־טוֹב, כִּי לְעוֹלָם חַסְדּוֹ: תהלים קלו
מִי יְמַלֵּל גְּבוּרוֹת יהוה, יַשְׁמִיעַ כָּל־תְּהִלָּתוֹ: תהלים קו

סדר הזימון

שלושה שאכלו כאחד חייבים לזמן (משנה, ברכות מה ע״א).
אם עשרה אכלו יחד, מזכירים את השם בזימון.

המזומן אומר: **רַבּוֹתַי, נְבָרֵךְ.**

תהלים קיג המסובין: **יְהִי שֵׁם יהוה מְבֹרָךְ מֵעַתָּה וְעַד־עוֹלָם:**

המזומן חוזר: **יְהִי שֵׁם יהוה מְבֹרָךְ מֵעַתָּה וְעַד־עוֹלָם:**
בִּרְשׁוּת (אָבִי מוֹרִי / אִמִּי מוֹרָתִי / כֹּהֲנִים / מוֹרֵנוּ הָרַב / בַּעַל הַבַּיִת הַזֶּה / בַּעֲלַת הַבַּיִת הַזֶּה)
מָרָנָן וְרַבָּנָן וְרַבּוֹתַי
נְבָרֵךְ (במניין: אֱלֹהֵינוּ) שֶׁאָכַלְנוּ מִשֶּׁלּוֹ.

המסובין: **בָּרוּךְ (במניין: אֱלֹהֵינוּ) שֶׁאָכַלְנוּ מִשֶּׁלּוֹ וּבְטוּבוֹ חָיִינוּ.**

מי שלא אכל, אומר:
בָּרוּךְ וּמְבֹרָךְ שְׁמוֹ תָּמִיד לְעוֹלָם וָעֶד.

המזומן חוזר: **בָּרוּךְ (במניין: אֱלֹהֵינוּ) שֶׁאָכַלְנוּ מִשֶּׁלּוֹ וּבְטוּבוֹ חָיִינוּ.**
בָּרוּךְ הוּא וּבָרוּךְ שְׁמוֹ.

ברכת הזן

בָּרוּךְ אַתָּה יהוה אֱלֹהֵינוּ מֶלֶךְ הָעוֹלָם
הַזָּן אֶת הָעוֹלָם כֻּלּוֹ בְּטוּבוֹ
בְּחֵן בְּחֶסֶד וּבְרַחֲמִים
הוּא נוֹתֵן לֶחֶם לְכָל בָּשָׂר
כִּי לְעוֹלָם חַסְדּוֹ.
וּבְטוּבוֹ הַגָּדוֹל, תָּמִיד לֹא חָסַר לָנוּ

וְאַל יֶחְסַר לָנוּ מָזוֹן לְעוֹלָם וָעֶד
בַּעֲבוּר שְׁמוֹ הַגָּדוֹל.
כִּי הוּא אֵל זָן וּמְפַרְנֵס לַכֹּל
וּמֵטִיב לַכֹּל
וּמֵכִין מָזוֹן לְכָל בְּרִיּוֹתָיו אֲשֶׁר בָּרָא.
בָּרוּךְ אַתָּה יהוה, הַזָּן אֶת הַכֹּל.

ברכת הארץ

נוֹדֶה לְּךָ, יהוה אֱלֹהֵינוּ
עַל שֶׁהִנְחַלְתָּ לַאֲבוֹתֵינוּ אֶרֶץ חֶמְדָּה טוֹבָה וּרְחָבָה
וְעַל שֶׁהוֹצֵאתָנוּ יהוה אֱלֹהֵינוּ מֵאֶרֶץ מִצְרַיִם
וּפְדִיתָנוּ מִבֵּית עֲבָדִים
וְעַל בְּרִיתְךָ שֶׁחָתַמְתָּ בִּבְשָׂרֵנוּ
וְעַל תּוֹרָתְךָ שֶׁלִּמַּדְתָּנוּ
וְעַל חֻקֶּיךָ שֶׁהוֹדַעְתָּנוּ
וְעַל חַיִּים חֵן וָחֶסֶד שֶׁחוֹנַנְתָּנוּ
וְעַל אֲכִילַת מָזוֹן שָׁאַתָּה זָן וּמְפַרְנֵס אוֹתָנוּ תָּמִיד
בְּכָל יוֹם וּבְכָל עֵת וּבְכָל שָׁעָה.

וְעַל הַכֹּל, יהוה אֱלֹהֵינוּ
אֲנַחְנוּ מוֹדִים לָךְ וּמְבָרְכִים אוֹתָךְ
יִתְבָּרַךְ שִׁמְךָ בְּפִי כָּל חַי תָּמִיד לְעוֹלָם וָעֶד
כַּכָּתוּב: וְאָכַלְתָּ וְשָׂבָעְתָּ, וּבֵרַכְתָּ אֶת־יהוה אֱלֹהֶיךָ דברים ח
עַל־הָאָרֶץ הַטֹּבָה אֲשֶׁר נָתַן־לָךְ:
בָּרוּךְ אַתָּה יהוה, עַל הָאָרֶץ וְעַל הַמָּזוֹן.

ברכת ירושלים

רַחֵם נָא, יהוה אֱלֹהֵינוּ
עַל יִשְׂרָאֵל עַמֶּךָ
וְעַל יְרוּשָׁלַיִם עִירֶךָ
וְעַל צִיּוֹן מִשְׁכַּן כְּבוֹדֶךָ
וְעַל מַלְכוּת בֵּית דָּוִד מְשִׁיחֶךָ
וְעַל הַבַּיִת הַגָּדוֹל וְהַקָּדוֹשׁ שֶׁנִּקְרָא שִׁמְךָ עָלָיו.
אֱלֹהֵינוּ, אָבִינוּ
רְעֵנוּ, זוּנֵנוּ, פַּרְנְסֵנוּ וְכַלְכְּלֵנוּ
וְהַרְוִיחֵנוּ, וְהַרְוַח לָנוּ יהוה אֱלֹהֵינוּ מְהֵרָה מִכָּל צָרוֹתֵינוּ.
וְנָא אַל תַּצְרִיכֵנוּ, יהוה אֱלֹהֵינוּ
לֹא לִידֵי מַתְּנַת בָּשָׂר וָדָם, וְלֹא לִידֵי הַלְוָאָתָם
כִּי אִם לְיָדְךָ הַמְּלֵאָה, הַפְּתוּחָה, הַקְּדוֹשָׁה וְהָרְחָבָה
שֶׁלֹּא נֵבוֹשׁ וְלֹא נִכָּלֵם לְעוֹלָם וָעֶד.

בשבת:

רְצֵה וְהַחֲלִיצֵנוּ, יהוה אֱלֹהֵינוּ, בְּמִצְוֹתֶיךָ
וּבְמִצְוַת יוֹם הַשְּׁבִיעִי הַשַּׁבָּת הַגָּדוֹל וְהַקָּדוֹשׁ הַזֶּה
כִּי יוֹם זֶה גָּדוֹל וְקָדוֹשׁ הוּא לְפָנֶיךָ
לִשְׁבָּת בּוֹ, וְלָנוּחַ בּוֹ בְּאַהֲבָה כְּמִצְוַת רְצוֹנֶךָ
וּבִרְצוֹנְךָ הָנִיחַ לָנוּ, יהוה אֱלֹהֵינוּ
שֶׁלֹּא תְהֵא צָרָה וְיָגוֹן וַאֲנָחָה בְּיוֹם מְנוּחָתֵנוּ
וְהַרְאֵנוּ, יהוה אֱלֹהֵינוּ, בְּנֶחָמַת צִיּוֹן עִירֶךָ
וּבְבִנְיַן יְרוּשָׁלַיִם עִיר קָדְשֶׁךָ
כִּי אַתָּה הוּא בַּעַל הַיְשׁוּעוֹת וּבַעַל הַנֶּחָמוֹת.

אֱלֹהֵינוּ וֵאלֹהֵי אֲבוֹתֵינוּ
יַעֲלֶה וְיָבוֹא וְיַגִּיעַ
וְיֵרָאֶה וְיֵרָצֶה וְיִשָּׁמַע
וְיִפָּקֵד וְיִזָּכֵר זִכְרוֹנֵנוּ וּפִקְדוֹנֵנוּ
וְזִכְרוֹן אֲבוֹתֵינוּ
וְזִכְרוֹן מָשִׁיחַ בֶּן דָּוִד עַבְדֶּךָ
וְזִכְרוֹן יְרוּשָׁלַיִם עִיר קָדְשֶׁךָ
וְזִכְרוֹן כָּל עַמְּךָ בֵּית יִשְׂרָאֵל
לְפָנֶיךָ, לִפְלֵיטָה לְטוֹבָה, לְחֵן וּלְחֶסֶד וּלְרַחֲמִים
לְחַיִּים וּלְשָׁלוֹם בְּיוֹם

בפסח: חַג הַמַּצּוֹת הַזֶּה.

בשבועות: חַג הַשָּׁבוּעוֹת הַזֶּה.

בסוכות: חַג הַסֻּכּוֹת הַזֶּה.

בשמיני עצרת: הַשְּׁמִינִי חַג הָעֲצֶרֶת הַזֶּה.

זָכְרֵנוּ יהוה אֱלֹהֵינוּ בּוֹ לְטוֹבָה
וּפָקְדֵנוּ בוֹ לִבְרָכָה
וְהוֹשִׁיעֵנוּ בוֹ לְחַיִּים.
וּבִדְבַר יְשׁוּעָה וְרַחֲמִים
חוּס וְחָנֵּנוּ וְרַחֵם עָלֵינוּ, וְהוֹשִׁיעֵנוּ
כִּי אֵלֶיךָ עֵינֵינוּ, כִּי אֵל חַנּוּן וְרַחוּם אָתָּה.

וּבְנֵה יְרוּשָׁלַיִם עִיר הַקֹּדֶשׁ בִּמְהֵרָה בְיָמֵינוּ.
בָּרוּךְ אַתָּה יהוה
בּוֹנֶה בְרַחֲמָיו יְרוּשָׁלָיִם, אָמֵן.

ברכת הטוב והמטיב

בָּרוּךְ אַתָּה יהוה אֱלֹהֵינוּ מֶלֶךְ הָעוֹלָם
הָאֵל אָבִינוּ, מַלְכֵּנוּ, אַדִּירֵנוּ
בּוֹרְאֵנוּ, גּוֹאֲלֵנוּ, יוֹצְרֵנוּ, קְדוֹשֵׁנוּ, קְדוֹשׁ יַעֲקֹב
רוֹעֵנוּ, רוֹעֵה יִשְׂרָאֵל, הַמֶּלֶךְ הַטּוֹב וְהַמֵּיטִיב לַכֹּל, שֶׁבְּכָל יוֹם וָיוֹם
הוּא הֵיטִיב, הוּא מֵיטִיב, הוּא יֵיטִיב לָנוּ
הוּא גְמָלָנוּ, הוּא גוֹמְלֵנוּ, הוּא יִגְמְלֵנוּ לָעַד
לְחֵן וּלְחֶסֶד וּלְרַחֲמִים, וּלְרֶוַח, הַצָּלָה וְהַצְלָחָה
בְּרָכָה וִישׁוּעָה, נֶחָמָה, פַּרְנָסָה וְכַלְכָּלָה
וְרַחֲמִים וְחַיִּים וְשָׁלוֹם וְכָל טוֹב
וּמִכָּל טוּב לְעוֹלָם אַל יְחַסְּרֵנוּ.

בקשות נוספות

הָרַחֲמָן הוּא יִמְלֹךְ עָלֵינוּ לְעוֹלָם וָעֶד.

הָרַחֲמָן הוּא יִתְבָּרַךְ בַּשָּׁמַיִם וּבָאָרֶץ.

הָרַחֲמָן הוּא יִשְׁתַּבַּח לְדוֹר דּוֹרִים
וְיִתְפָּאַר בָּנוּ לָעַד וּלְנֵצַח נְצָחִים
וְיִתְהַדַּר בָּנוּ לָעַד וּלְעוֹלְמֵי עוֹלָמִים.

הָרַחֲמָן הוּא יְפַרְנְסֵנוּ בְּכָבוֹד.

הָרַחֲמָן הוּא יִשְׁבֹּר עֻלֵּנוּ מֵעַל צַוָּארֵנוּ
וְהוּא יוֹלִיכֵנוּ קוֹמְמִיּוּת לְאַרְצֵנוּ.

הָרַחֲמָן הוּא יִשְׁלַח לָנוּ בְּרָכָה מְרֻבָּה בַּבַּיִת הַזֶּה
וְעַל שֻׁלְחָן זֶה שֶׁאָכַלְנוּ עָלָיו.

הָרַחֲמָן הוּא יִשְׁלַח לָנוּ אֶת אֵלִיָּהוּ הַנָּבִיא זָכוּר לַטּוֹב
וִיבַשֶּׂר לָנוּ בְּשׂוֹרוֹת טוֹבוֹת יְשׁוּעוֹת וְנֶחָמוֹת.

הָרַחֲמָן הוּא יְבָרֵךְ אֶת מְדִינַת יִשְׂרָאֵל
רֵאשִׁית צְמִיחַת גְּאֻלָּתֵנוּ.

הָרַחֲמָן הוּא יְבָרֵךְ אֶת חַיָּלֵי צְבָא הַהֲגָנָה לְיִשְׂרָאֵל
הָעוֹמְדִים עַל מִשְׁמַר אַרְצֵנוּ.

ברכת האורח:

יְהִי רָצוֹן שֶׁלֹּא יֵבוֹשׁ בַּעַל הַבַּיִת בָּעוֹלָם הַזֶּה, וְלֹא יִכָּלֵם לָעוֹלָם הַבָּא, וְיִצְלַח מְאֹד בְּכָל נְכָסָיו, וְיִהְיוּ נְכָסָיו וּנְכָסֵינוּ מֻצְלָחִים וּקְרוֹבִים לָעִיר, וְאַל יִשְׁלֹט שָׂטָן לֹא בְּמַעֲשֵׂה יָדָיו וְלֹא בְּמַעֲשֵׂה יָדֵינוּ. וְאַל יִזְדַּקֵּק לֹא לְפָנָיו וְלֹא לְפָנֵינוּ שׁוּם דְּבַר הִרְהוּר חֵטְא, עֲבֵרָה וְעָוֹן, מֵעַתָּה וְעַד עוֹלָם.

הָרַחֲמָן הוּא יְבָרֵךְ

אם סמוך על שולחן עצמו, אומר:

אוֹתִי (וְאֶת אִשְׁתִּי / וְאֶת בַּעֲלִי / וְאֶת אָבִי מוֹרִי / וְאֶת אִמִּי מוֹרָתִי / וְאֶת זַרְעִי) וְאֶת כָּל אֲשֶׁר לִי.

אורח אומר:

אֶת בַּעַל הַבַּיִת הַזֶּה, אוֹתוֹ (וְאֶת אִשְׁתּוֹ בַּעֲלַת הַבַּיִת הַזֶּה / וְאֶת זַרְעוֹ) וְאֶת כָּל אֲשֶׁר לוֹ.

אם אכל על שולחן הוריו אומר:

אֶת אָבִי מוֹרִי (בַּעַל הַבַּיִת הַזֶּה), וְאֶת אִמִּי מוֹרָתִי (בַּעֲלַת הַבַּיִת הַזֶּה), אוֹתָם וְאֶת בֵּיתָם וְאֶת זַרְעָם וְאֶת כָּל אֲשֶׁר לָהֶם

אם יש אורחים נוספים, מוסיף:

וְאֶת כָּל הַמְסֻבִּין כָּאן

אוֹתָנוּ וְאֶת כָּל אֲשֶׁר לָנוּ, כְּמוֹ שֶׁנִּתְבָּרְכוּ אֲבוֹתֵינוּ
אַבְרָהָם יִצְחָק וְיַעֲקֹב, בַּכֹּל, מִכֹּל, כֹּל
כֵּן יְבָרֵךְ אוֹתָנוּ כֻּלָּנוּ יַחַד בִּבְרָכָה שְׁלֵמָה, וְנֹאמַר אָמֵן.

בַּמָּרוֹם יְלַמְּדוּ עֲלֵיהֶם וְעָלֵינוּ זְכוּת שֶׁתְּהֵא לְמִשְׁמֶרֶת שָׁלוֹם
וְנִשָּׂא בְרָכָה מֵאֵת יהוה וּצְדָקָה מֵאֱלֹהֵי יִשְׁעֵנוּ
וְנִמְצָא חֵן וְשֵׂכֶל טוֹב בְּעֵינֵי אֱלֹהִים וְאָדָם.

בשבת: הָרַחֲמָן הוּא יַנְחִילֵנוּ
יוֹם שֶׁכֻּלּוֹ שַׁבָּת וּמְנוּחָה לְחַיֵּי הָעוֹלָמִים.

ביום טוב: הָרַחֲמָן הוּא יַנְחִילֵנוּ יוֹם שֶׁכֻּלּוֹ טוֹב.

בסוכות: הָרַחֲמָן הוּא יָקִים לָנוּ אֶת סֻכַּת דָּוִד הַנּוֹפֶלֶת.

הָרַחֲמָן הוּא יְזַכֵּנוּ לִימוֹת הַמָּשִׁיחַ וּלְחַיֵּי הָעוֹלָם הַבָּא
מִגְדּוֹל יְשׁוּעוֹת מַלְכּוֹ שמואל ב׳ כב
וְעֹשֶׂה־חֶסֶד לִמְשִׁיחוֹ, לְדָוִד וּלְזַרְעוֹ עַד־עוֹלָם:
עֹשֶׂה שָׁלוֹם בִּמְרוֹמָיו
הוּא יַעֲשֶׂה שָׁלוֹם עָלֵינוּ וְעַל כָּל יִשְׂרָאֵל
וְאִמְרוּ אָמֵן.

יְראוּ אֶת־יהוה קְדֹשָׁיו, כִּי־אֵין מַחְסוֹר לִירֵאָיו: תהלים לד
כְּפִירִים רָשׁוּ וְרָעֵבוּ, וְדֹרְשֵׁי יהוה לֹא־יַחְסְרוּ כָל־טוֹב:
הוֹדוּ לַיהוה כִּי־טוֹב, כִּי לְעוֹלָם חַסְדּוֹ: תהלים קלו
פּוֹתֵחַ אֶת־יָדֶךָ, וּמַשְׂבִּיעַ לְכָל־חַי רָצוֹן: תהלים קמה
בָּרוּךְ הַגֶּבֶר אֲשֶׁר יִבְטַח בַּיהוה, וְהָיָה יהוה מִבְטַחוֹ: ירמיה יז
נַעַר הָיִיתִי גַּם־זָקַנְתִּי, וְלֹא־רָאִיתִי צַדִּיק נֶעֱזָב וְזַרְעוֹ מְבַקֶּשׁ־לָחֶם: תהלים לז
יהוה עֹז לְעַמּוֹ יִתֵּן, יהוה יְבָרֵךְ אֶת־עַמּוֹ בַשָּׁלוֹם: תהלים כט

אם בירך ברכת המזון על כוס יין, מברך אחריה ׳בּוֹרֵא פְּרִי הַגָּפֶן׳,
שותה רביעית ומברך ברכה מעין שלוש בעמוד הבא.

ברכה מעין שלוש

אחרי אכילת מזונות מחמשת מיני דגן, שתיית יין
או אכילת פירות משבעת המינים מברך:

בָּרוּךְ אַתָּה יהוה אֱלֹהֵינוּ מֶלֶךְ הָעוֹלָם

על מזונות: עַל הַמִּחְיָה וְעַל הַכַּלְכָּלָה

על יין: עַל הַגֶּפֶן וְעַל פְּרִי הַגֶּפֶן

על פירות משבעת המינים: עַל הָעֵץ וְעַל פְּרִי הָעֵץ

על יין ומזונות יחד: עַל הַמִּחְיָה וְעַל הַכַּלְכָּלָה וְעַל הַגֶּפֶן וְעַל פְּרִי הַגֶּפֶן

וְעַל תְּנוּבַת הַשָּׂדֶה וְעַל אֶרֶץ חֶמְדָּה טוֹבָה וּרְחָבָה
שֶׁרָצִיתָ וְהִנְחַלְתָּ לַאֲבוֹתֵינוּ לֶאֱכֹל מִפִּרְיָהּ וְלִשְׂבֹּעַ מִטּוּבָהּ.
רַחֵם נָא יהוה אֱלֹהֵינוּ
עַל יִשְׂרָאֵל עַמֶּךָ וְעַל יְרוּשָׁלַיִם עִירֶךָ
וְעַל צִיּוֹן מִשְׁכַּן כְּבוֹדֶךָ וְעַל מִזְבְּחֶךָ וְעַל הֵיכָלֶךָ.
וּבְנֵה יְרוּשָׁלַיִם עִיר הַקֹּדֶשׁ בִּמְהֵרָה בְיָמֵינוּ
וְהַעֲלֵנוּ לְתוֹכָהּ וְשַׂמְּחֵנוּ בְּבִנְיָנָהּ
וְנֹאכַל מִפִּרְיָהּ וְנִשְׂבַּע מִטּוּבָהּ
וּנְבָרֶכְךָ עָלֶיהָ בִּקְדֻשָּׁה וּבְטָהֳרָה.

בשבת: וּרְצֵה וְהַחֲלִיצֵנוּ בְּיוֹם הַשַּׁבָּת הַזֶּה

בפסח: וְשַׂמְּחֵנוּ בְּיוֹם חַג הַמַּצּוֹת הַזֶּה

בשבועות: וְשַׂמְּחֵנוּ בְּיוֹם חַג הַשָּׁבוּעוֹת הַזֶּה

בסוכות: וְשַׂמְּחֵנוּ בְּיוֹם חַג הַסֻּכּוֹת הַזֶּה

בשמיני עצרת: וְשַׂמְּחֵנוּ בְּיוֹם הַשְּׁמִינִי חַג הָעֲצֶרֶת הַזֶּה

כִּי אַתָּה יהוה טוֹב וּמֵטִיב לַכֹּל, וְנוֹדֶה לְּךָ עַל הָאָרֶץ

על מזונות: וְעַל הַמִּחְיָה.
בָּרוּךְ אַתָּה יהוה, עַל הָאָרֶץ וְעַל הַמִּחְיָה.

על יין: וְעַל פְּרִי גַפְנָהּ.*
בָּרוּךְ אַתָּה יהוה, עַל הָאָרֶץ וְעַל פְּרִי גַפְנָהּ.*

על פירות משבעת המינים: וְעַל פֵּרוֹתֶיהָ.**
בָּרוּךְ אַתָּה יהוה, עַל הָאָרֶץ וְעַל פֵּרוֹתֶיהָ.**

על יין ומזונות יחד: וְעַל הַמִּחְיָה וְעַל פְּרִי גַפְנָהּ.*
בָּרוּךְ אַתָּה יהוה, עַל הָאָרֶץ וְעַל הַמִּחְיָה וְעַל פְּרִי גַפְנָהּ.*

*על יין מחו״ל אומרים: הַגָּפֶן.

**על פירות מחו״ל אומרים: הַפֵּרוֹת.

בורא נפשות

אחרי אכילת פירות האדמה, פירות העץ
שאינם משבעת המינים או מזון שאינו מן הצומח,
וכן אחרי שתיית משקה חוץ מיין מברך:

בָּרוּךְ אַתָּה יהוה אֱלֹהֵינוּ מֶלֶךְ הָעוֹלָם
בּוֹרֵא נְפָשׁוֹת רַבּוֹת וְחֶסְרוֹנָן
עַל כָּל מַה שֶּׁבָּרָאתָ
לְהַחֲיוֹת בָּהֶם נֶפֶשׁ כָּל חָי.
בָּרוּךְ חֵי הָעוֹלָמִים.

תפילת שחרית

שחרית

"ה' בֹּקֶר תִּשְׁמַע קוֹלִי, בֹּקֶר אֶעֱרָךְ־לְךָ וַאֲצַפֶּה" (תהלים ה, ד).

השכמת הבוקר

"יתגבר כארי לעמוד בבוקר לעבודת בוראו" (שו"ע א, א).

מיד כשמתעורר אדם משנתו, עוד בטרם נוטל את ידיו,
כשעדיין אינו יכול לברך או לומר פסוקים, אומר:

מוֹדֶה/ נשים אומרות: מוֹדָה/ אֲנִי לְפָנֶיךָ מֶלֶךְ חַי וְקַיָּם
שֶׁהֶחֱזַרְתָּ בִּי נִשְׁמָתִי בְּחֶמְלָה
רַבָּה אֱמוּנָתֶךָ.

אחרי שנטל את ידיו, מברך:

בָּרוּךְ אַתָּה יהוה אֱלֹהֵינוּ מֶלֶךְ הָעוֹלָם
אֲשֶׁר קִדְּשָׁנוּ בְּמִצְוֹתָיו וְצִוָּנוּ עַל נְטִילַת יָדָיִם.

בָּרוּךְ אַתָּה יהוה אֱלֹהֵינוּ מֶלֶךְ הָעוֹלָם
אֲשֶׁר יָצַר אֶת הָאָדָם בְּחָכְמָה
וּבָרָא בוֹ נְקָבִים נְקָבִים, חֲלוּלִים חֲלוּלִים.
גָּלוּי וְיָדוּעַ לִפְנֵי כִסֵּא כְבוֹדֶךָ
שֶׁאִם יִפָּתֵחַ אֶחָד מֵהֶם אוֹ יִסָּתֵם אֶחָד מֵהֶם
אִי אֶפְשָׁר לְהִתְקַיֵּם וְלַעֲמֹד לְפָנֶיךָ.
בָּרוּךְ אַתָּה יהוה, רוֹפֵא כָל בָּשָׂר וּמַפְלִיא לַעֲשׂוֹת.

הגמרא בברכות ס ע״ב מזכירה ברכה זו שצריך לאומרה מיד כשמתעורר.
הגאונים תיקנו לאומרה אחרי ברכת ׳אֲשֶׁר יָצַר׳, כיוון שאינה
פותחת בתיבות ׳בָּרוּךְ אַתָּה ה׳״ (רב נטרונאי גאון).

אֱלֹהַי
נְשָׁמָה שֶׁנָּתַתָּ בִּי טְהוֹרָה הִיא.
אַתָּה בְרָאתָהּ
אַתָּה יְצַרְתָּהּ
אַתָּה נְפַחְתָּהּ בִּי
וְאַתָּה מְשַׁמְּרָהּ בְּקִרְבִּי
וְאַתָּה עָתִיד לִטְּלָהּ מִמֶּנִּי
וּלְהַחֲזִירָהּ בִּי לֶעָתִיד לָבוֹא.
כָּל זְמַן שֶׁהַנְּשָׁמָה בְקִרְבִּי, מוֹדֶה/ נשים אומרות: מוֹדָה/ אֲנִי לְפָנֶיךָ
יהוה אֱלֹהַי וֵאלֹהֵי אֲבוֹתַי
רִבּוֹן כָּל הַמַּעֲשִׂים, אֲדוֹן כָּל הַנְּשָׁמוֹת.
בָּרוּךְ אַתָּה יהוה, הַמַּחֲזִיר נְשָׁמוֹת לִפְגָרִים מֵתִים.

לבישת ציצית

לפני שלובש טלית קטן, מברך ׳עַל מִצְוַת צִיצִית׳.
ואם תכף יתעטף בטלית, לא יברך.

בָּרוּךְ אַתָּה יהוה אֱלֹהֵינוּ מֶלֶךְ הָעוֹלָם
אֲשֶׁר קִדְּשָׁנוּ בְּמִצְוֹתָיו וְצִוָּנוּ עַל מִצְוַת צִיצִית.

אחרי שלבש, אומר:

יְהִי רָצוֹן מִלְּפָנֶיךָ, יהוה אֱלֹהַי וֵאלֹהֵי אֲבוֹתַי
שֶׁתְּהֵא חֲשׁוּבָה מִצְוַת צִיצִית לְפָנֶיךָ
כְּאִלּוּ קִיַּמְתִּיהָ בְּכָל פְּרָטֶיהָ וְדִקְדּוּקֶיהָ וְכַוָּנוֹתֶיהָ
וְתַרְיַ״ג מִצְוֹת הַתְּלוּיוֹת בָּהּ
אָמֵן סֶלָה.

ברכות התורה

"ברכת התורה צריך להזהר בה מאד" (שו"ע מז, א).

בָּרוּךְ אַתָּה יהוה אֱלֹהֵינוּ מֶלֶךְ הָעוֹלָם
אֲשֶׁר קִדְּשָׁנוּ בְּמִצְוֹתָיו וְצִוָּנוּ לַעֲסֹק בְּדִבְרֵי תוֹרָה.
וְהַעֲרֶב נָא יהוה אֱלֹהֵינוּ אֶת דִּבְרֵי תוֹרָתְךָ
בְּפִינוּ וּבְפִי עַמְּךָ בֵּית יִשְׂרָאֵל
וְנִהְיֶה אֲנַחְנוּ וְצֶאֱצָאֵינוּ (וְצֶאֱצָאֵי צֶאֱצָאֵינוּ)
וְצֶאֱצָאֵי עַמְּךָ בֵּית יִשְׂרָאֵל
כֻּלָּנוּ יוֹדְעֵי שְׁמֶךָ וְלוֹמְדֵי תוֹרָתְךָ לִשְׁמָהּ.
בָּרוּךְ אַתָּה יהוה, הַמְלַמֵּד תּוֹרָה לְעַמּוֹ יִשְׂרָאֵל.

בָּרוּךְ אַתָּה יהוה אֱלֹהֵינוּ מֶלֶךְ הָעוֹלָם
אֲשֶׁר בָּחַר בָּנוּ מִכָּל הָעַמִּים וְנָתַן לָנוּ אֶת תּוֹרָתוֹ.
בָּרוּךְ אַתָּה יהוה, נוֹתֵן הַתּוֹרָה.

יְבָרֶכְךָ יהוה וְיִשְׁמְרֶךָ: במדבר ו
יָאֵר יהוה פָּנָיו אֵלֶיךָ וִיחֻנֶּךָּ:
יִשָּׂא יהוה פָּנָיו אֵלֶיךָ וְיָשֵׂם לְךָ שָׁלוֹם:

אֵלּוּ דְבָרִים שֶׁאֵין לָהֶם שִׁעוּר משנה פאה א, א
הַפֵּאָה וְהַבִּכּוּרִים וְהָרֵאָיוֹן, וּגְמִילוּת חֲסָדִים וְתַלְמוּד תּוֹרָה.

אֵלּוּ דְבָרִים שֶׁאָדָם אוֹכֵל פֵּרוֹתֵיהֶם בָּעוֹלָם הַזֶּה שבת קכז.
וְהַקֶּרֶן קַיֶּמֶת לוֹ לָעוֹלָם הַבָּא, וְאֵלּוּ הֵן
כִּבּוּד אָב וָאֵם, וּגְמִילוּת חֲסָדִים
וְהַשְׁכָּמַת בֵּית הַמִּדְרָשׁ שַׁחֲרִית וְעַרְבִית
וְהַכְנָסַת אוֹרְחִים, וּבִקּוּר חוֹלִים, וְהַכְנָסַת כַּלָּה
וּלְוָיַת הַמֵּת, וְעִיּוּן תְּפִלָּה, וַהֲבָאַת שָׁלוֹם בֵּין אָדָם לַחֲבֵרוֹ
וְתַלְמוּד תּוֹרָה כְּנֶגֶד כֻּלָּם.

עטיפת טלית

לפני עטיפה בטלית גדול נוהגים לומר:

תהלים קד
בָּרְכִי נַפְשִׁי אֶת־יהוה, יהוה אֱלֹהַי גָּדַלְתָּ מְּאֹד, הוֹד וְהָדָר לָבָשְׁתָּ:
עֹטֶה־אוֹר כַּשַּׂלְמָה, נוֹטֶה שָׁמַיִם כַּיְרִיעָה:

יש אומרים:

לְשֵׁם יִחוּד קֻדְשָׁא בְּרִיךְ הוּא וּשְׁכִינְתֵּהּ בִּדְחִילוּ וּרְחִימוּ, לְיַחֵד שֵׁם י״ה בו״ה בְּיִחוּדָא שְׁלִים בְּשֵׁם כָּל יִשְׂרָאֵל.

הֲרֵינִי מִתְעַטֵּף בְּצִיצִית. כֵּן תִּתְעַטֵּף נִשְׁמָתִי וּרְמַ״ח אֵבָרַי וּשְׁסָ״ה גִּידַי בְּאוֹר הַצִּיצִית הָעוֹלָה תַּרְיַ״ג. וּכְשֵׁם שֶׁאֲנִי מִתְכַּסֶּה בְּטַלִּית בָּעוֹלָם הַזֶּה, כָּךְ אֶזְכֶּה לַחֲלוּקָא דְרַבָּנָן וּלְטַלִּית נָאָה לָעוֹלָם הַבָּא בְּגַן עֵדֶן. וְעַל יְדֵי מִצְוַת צִיצִית תִּנָּצֵל נַפְשִׁי רוּחִי וְנִשְׁמָתִי וּתְפִלָּתִי מִן הַחִיצוֹנִים. וְהַטַּלִּית תִּפְרֹשׂ כְּנָפֶיהָ עֲלֵיהֶם וְתַצִּילֵם, כְּנֶשֶׁר יָעִיר קִנּוֹ עַל־גּוֹזָלָיו יְרַחֵף: (דברים לב) וּתְהֵא חֲשׁוּבָה מִצְוַת צִיצִית לִפְנֵי הַקָּדוֹשׁ בָּרוּךְ הוּא, כְּאִלּוּ קִיַּמְתִּיהָ בְּכָל פְּרָטֶיהָ וְדִקְדּוּקֶיהָ וְכַוָּנוֹתֶיהָ וְתַרְיַ״ג מִצְוֹת הַתְּלוּיוֹת בָּהּ, אָמֵן סֶלָה.

עומד ומברך:

בָּרוּךְ אַתָּה יהוה אֱלֹהֵינוּ מֶלֶךְ הָעוֹלָם
אֲשֶׁר קִדְּשָׁנוּ בְּמִצְוֹתָיו וְצִוָּנוּ לְהִתְעַטֵּף בַּצִּיצִית.

נוהגים להתעטף בטלית אחר הברכה.

מתעטף ואומר (סידור השל״ה):

תהלים לו
מַה־יָּקָר חַסְדְּךָ אֱלֹהִים, וּבְנֵי אָדָם בְּצֵל כְּנָפֶיךָ יֶחֱסָיוּן:
יִרְוְיֻן מִדֶּשֶׁן בֵּיתֶךָ, וְנַחַל עֲדָנֶיךָ תַשְׁקֵם:
כִּי־עִמְּךָ מְקוֹר חַיִּים, בְּאוֹרְךָ נִרְאֶה־אוֹר:
מְשֹׁךְ חַסְדְּךָ לְיֹדְעֶיךָ, וְצִדְקָתְךָ לְיִשְׁרֵי־לֵב:

המנהג המקובל היום הוא שלא להניח תפילין בחול המועד. ויש קהילות בחו״ל שבהן מניחים תפילין, כמנהג אשכנז המקורי (במרביתן, נוהגים להניח בלא ברכה).

הכנה לתפילה

"יִכָּנֵס שִׁיעוּר שְׁנֵי פְּתָחִים וְאַחַר כָּךְ יִתְפַּלֵּל" (שו"ע צ, כ).

כאשר נכנס לבית הכנסת, אומר:

מַה־טֹּבוּ אֹהָלֶיךָ יַעֲקֹב, מִשְׁכְּנֹתֶיךָ יִשְׂרָאֵל: במדבר כד

וַאֲנִי בְּרֹב חַסְדְּךָ אָבוֹא בֵיתֶךָ תהלים ה
אֶשְׁתַּחֲוֶה אֶל־הֵיכַל־קָדְשְׁךָ
בְּיִרְאָתֶךָ:

יהוה אָהַבְתִּי מְעוֹן בֵּיתֶךָ תהלים כו
וּמְקוֹם מִשְׁכַּן כְּבוֹדֶךָ:

וַאֲנִי אֶשְׁתַּחֲוֶה
וְאֶכְרָעָה
אֶבְרְכָה לִפְנֵי יהוה עֹשִׂי.

וַאֲנִי תְפִלָּתִי־לְךָ יהוה תהלים סט
עֵת רָצוֹן
אֱלֹהִים בְּרָב־חַסְדֶּךָ
עֲנֵנִי בֶּאֱמֶת יִשְׁעֶךָ:

"לְהַגִּיד בַּבֹּקֶר חַסְדֶּךָ וֶאֱמוּנָתְךָ בַּלֵּילוֹת" (תהלים צב, ג).

פיוט עתיק זה מיוחס לר׳ שלמה אבן גבירול (ויש המקדימים את זמנו לתקופת הגאונים). רבים נוהגים לאומרו פעמיים ביום: לפני תפילת שחרית ובקריאת שמע שעל המיטה.

אֲדוֹן עוֹלָם

אֲשֶׁר מָלַךְ בְּטֶרֶם כָּל־יְצִיר נִבְרָא.
לְעֵת נַעֲשָׂה בְחֶפְצוֹ כֹּל אֲזַי מֶלֶךְ שְׁמוֹ נִקְרָא.
וְאַחֲרֵי כִּכְלוֹת הַכֹּל לְבַדּוֹ יִמְלֹךְ נוֹרָא.
וְהוּא הָיָה וְהוּא הֹוֶה וְהוּא יִהְיֶה בְּתִפְאָרָה.
וְהוּא אֶחָד וְאֵין שֵׁנִי לְהַמְשִׁיל לוֹ לְהַחְבִּירָה.
בְּלִי רֵאשִׁית בְּלִי תַכְלִית וְלוֹ הָעֹז וְהַמִּשְׂרָה.
וְהוּא אֵלִי וְחַי גּוֹאֲלִי וְצוּר חֶבְלִי בְּעֵת צָרָה.
וְהוּא נִסִּי וּמָנוֹס לִי מְנָת כּוֹסִי בְּיוֹם אֶקְרָא.
בְּיָדוֹ אַפְקִיד רוּחִי בְּעֵת אִישַׁן וְאָעִירָה.
וְעִם רוּחִי גְּוִיָּתִי יהוה לִי וְלֹא אִירָא.

׳יִגְדַּל׳ מיוסד על שלושה עשר עיקרי האמונה שמָנה הרמב״ם.

יִגְדַּל

אֱלֹהִים חַי וְיִשְׁתַּבַּח, נִמְצָא וְאֵין עֵת אֶל מְצִיאוּתוֹ.

אֶחָד וְאֵין יָחִיד כְּיִחוּדוֹ, נֶעְלָם וְגַם אֵין סוֹף לְאַחְדוּתוֹ.

אֵין לוֹ דְּמוּת הַגּוּף וְאֵינוֹ גוּף, לֹא נַעֲרֹךְ אֵלָיו קְדֻשָּׁתוֹ.

קַדְמוֹן לְכָל דָּבָר אֲשֶׁר נִבְרָא, רִאשׁוֹן וְאֵין רֵאשִׁית לְרֵאשִׁיתוֹ.

הִנּוֹ אֲדוֹן עוֹלָם, וְכָל נוֹצָר יוֹרֶה גְדֻלָּתוֹ וּמַלְכוּתוֹ.

שֶׁפַע נְבוּאָתוֹ נְתָנוֹ אֶל־אַנְשֵׁי סְגֻלָּתוֹ וְתִפְאַרְתּוֹ.

לֹא קָם בְּיִשְׂרָאֵל כְּמשֶׁה עוֹד נָבִיא וּמַבִּיט אֶת תְּמוּנָתוֹ.

תּוֹרַת אֱמֶת נָתַן לְעַמּוֹ אֵל עַל יַד נְבִיאוֹ נֶאֱמַן בֵּיתוֹ.

לֹא יַחֲלִיף הָאֵל וְלֹא יָמִיר דָּתוֹ לְעוֹלָמִים לְזוּלָתוֹ.

צוֹפֶה וְיוֹדֵעַ סְתָרֵינוּ, מַבִּיט לְסוֹף דָּבָר בְּקַדְמָתוֹ.

גּוֹמֵל לְאִישׁ חֶסֶד כְּמִפְעָלוֹ, נוֹתֵן לְרָשָׁע רָע כְּרִשְׁעָתוֹ.

יִשְׁלַח לְקֵץ יָמִין מְשִׁיחֵנוּ לִפְדּוֹת מְחַכֵּי קֵץ יְשׁוּעָתוֹ.

מֵתִים יְחַיֶּה אֵל בְּרֹב חַסְדּוֹ, בָּרוּךְ עֲדֵי עַד שֵׁם תְּהִלָּתוֹ.

ברכות השחר

ברכות השחר נתקנו כדי שהאדם יאמרן במקביל למעשיו הראשונים כשמתעורר בבוקר (ברכות ס ע״ב), אך כבר בימי הראשונים נהגו שהציבור כולו אומרן יחד בבית הכנסת (פתיחה לסידור רב עמרם גאון).

בבתי כנסת רבים שליח הציבור מתחיל כאן. יש מקומות שבהם נוהגים ששליח הציבור מתחיל בברייתא דרבי ישמעאל (עמ׳ 99) או במזמור שלפני פסוקי דזמרה (עמ׳ 102).

בָּרוּךְ אַתָּה יהוה אֱלֹהֵינוּ מֶלֶךְ הָעוֹלָם
אֲשֶׁר נָתַן לַשֶּׂכְוִי בִינָה
לְהַבְחִין בֵּין יוֹם וּבֵין לָיְלָה.

בָּרוּךְ אַתָּה יהוה אֱלֹהֵינוּ מֶלֶךְ הָעוֹלָם
שֶׁלֹּא עָשַׂנִי גּוֹי.

בָּרוּךְ אַתָּה יהוה אֱלֹהֵינוּ מֶלֶךְ הָעוֹלָם
שֶׁלֹּא עָשַׂנִי עָבֶד.

בָּרוּךְ אַתָּה יהוה אֱלֹהֵינוּ מֶלֶךְ הָעוֹלָם
גברים: שֶׁלֹּא עָשַׂנִי אִשָּׁה. / נשים: שֶׁעָשַׂנִי כִּרְצוֹנוֹ.

בָּרוּךְ אַתָּה יהוה אֱלֹהֵינוּ מֶלֶךְ הָעוֹלָם
פּוֹקֵחַ עִוְרִים.

בָּרוּךְ אַתָּה יהוה אֱלֹהֵינוּ מֶלֶךְ הָעוֹלָם
מַלְבִּישׁ עֲרֻמִּים.

בָּרוּךְ אַתָּה יהוה אֱלֹהֵינוּ מֶלֶךְ הָעוֹלָם
מַתִּיר אֲסוּרִים.

בָּרוּךְ אַתָּה יהוה אֱלֹהֵינוּ מֶלֶךְ הָעוֹלָם
זוֹקֵף כְּפוּפִים.

בָּרוּךְ אַתָּה יהוה אֱלֹהֵינוּ מֶלֶךְ הָעוֹלָם
רוֹקַע הָאָרֶץ עַל הַמָּיִם.

בָּרוּךְ אַתָּה יהוה אֱלֹהֵינוּ מֶלֶךְ הָעוֹלָם
שֶׁעָשָׂה לִי כָּל צָרְכִּי.

בָּרוּךְ אַתָּה יהוה אֱלֹהֵינוּ מֶלֶךְ הָעוֹלָם
הַמֵּכִין מִצְעֲדֵי גָבֶר.

בָּרוּךְ אַתָּה יהוה אֱלֹהֵינוּ מֶלֶךְ הָעוֹלָם
אוֹזֵר יִשְׂרָאֵל בִּגְבוּרָה.

בָּרוּךְ אַתָּה יהוה אֱלֹהֵינוּ מֶלֶךְ הָעוֹלָם
עוֹטֵר יִשְׂרָאֵל בְּתִפְאָרָה.

בָּרוּךְ אַתָּה יהוה אֱלֹהֵינוּ מֶלֶךְ הָעוֹלָם
הַנּוֹתֵן לַיָּעֵף כֹּחַ.

בָּרוּךְ אַתָּה יהוה אֱלֹהֵינוּ מֶלֶךְ הָעוֹלָם, הַמַּעֲבִיר שֵׁנָה מֵעֵינַי וּתְנוּמָה מֵעַפְעַפָּי. וִיהִי רָצוֹן מִלְּפָנֶיךָ יהוה אֱלֹהֵינוּ וֵאלֹהֵי אֲבוֹתֵינוּ, שֶׁתַּרְגִּילֵנוּ בְּתוֹרָתֶךָ, וְדַבְּקֵנוּ בְּמִצְוֹתֶיךָ, וְאַל תְּבִיאֵנוּ לֹא לִידֵי חֵטְא, וְלֹא לִידֵי עֲבֵרָה וְעָוֹן, וְלֹא לִידֵי נִסָּיוֹן וְלֹא לִידֵי בִזָּיוֹן, וְאַל תַּשְׁלֶט בָּנוּ יֵצֶר הָרָע, וְהַרְחִיקֵנוּ מֵאָדָם רָע וּמֵחָבֵר רָע, וְדַבְּקֵנוּ בְּיֵצֶר הַטּוֹב וּבְמַעֲשִׂים טוֹבִים, וְכֹף אֶת יִצְרֵנוּ לְהִשְׁתַּעְבֶּד לָךְ, וּתְנֵנוּ הַיּוֹם וּבְכָל יוֹם לְחֵן וּלְחֶסֶד וּלְרַחֲמִים, בְּעֵינֶיךָ, וּבְעֵינֵי כָל רוֹאֵינוּ, וְתִגְמְלֵנוּ חֲסָדִים טוֹבִים. בָּרוּךְ אַתָּה יהוה, גּוֹמֵל חֲסָדִים טוֹבִים לְעַמּוֹ יִשְׂרָאֵל.

יְהִי רָצוֹן מִלְּפָנֶיךָ יהוה אֱלֹהַי וֵאלֹהֵי אֲבוֹתַי, שֶׁתַּצִּילֵנִי הַיּוֹם וּבְכָל יוֹם ברכות טז:
מֵעַזֵּי פָנִים וּמֵעַזּוּת פָּנִים, מֵאָדָם רָע, וּמֵחָבֵר רָע, וּמִשָּׁכֵן רָע, וּמִפֶּגַע רָע, וּמִשָּׂטָן הַמַּשְׁחִית, מִדִּין קָשֶׁה, וּמִבַּעַל דִּין קָשֶׁה בֵּין שֶׁהוּא בֶן בְּרִית וּבֵין שֶׁאֵינוֹ בֶן בְּרִית.

פרשת העקדה

עקדת יצחק הייתה הניסיון העיקרי שעמדו בו אבותינו.

רבים נוהגים לקרוא בכל בוקר את פרשת העקדה
כדי לזכור את מסירות הנפש של האבות ולהזכיר את זכותם.

לפני פרשה זו ואחריה נוהגים לומר תחינה המבוססת על ברכת 'זיכרונות'
שבתפילת מוסף לראש השנה. ולדעת רוב הפוסקים, אין אומרים אותה בשבת וביום טוב.

אֱלֹהֵינוּ וֵאלֹהֵי אֲבוֹתֵינוּ, זָכְרֵנוּ בְּזִכְרוֹן טוֹב לְפָנֶיךָ, וּפָקְדֵנוּ בִּפְקֻדַּת יְשׁוּעָה וְרַחֲמִים מִשְּׁמֵי שְׁמֵי קֶדֶם, וּזְכָר לָנוּ יהוה אֱלֹהֵינוּ, אַהֲבַת הַקַּדְמוֹנִים אַבְרָהָם יִצְחָק וְיִשְׂרָאֵל עֲבָדֶיךָ, אֶת הַבְּרִית וְאֶת הַחֶסֶד וְאֶת הַשְּׁבוּעָה שֶׁנִּשְׁבַּעְתָּ לְאַבְרָהָם אָבִינוּ בְּהַר הַמּוֹרִיָּה, וְאֶת הָעֲקֵדָה שֶׁעָקַד אֶת יִצְחָק בְּנוֹ עַל גַּבֵּי הַמִּזְבֵּחַ, כַּכָּתוּב בְּתוֹרָתֶךָ:

וַיְהִי אַחַר הַדְּבָרִים הָאֵלֶּה, וְהָאֱלֹהִים נִסָּה אֶת־אַבְרָהָם, בראשית כב
וַיֹּאמֶר אֵלָיו אַבְרָהָם, וַיֹּאמֶר הִנֵּנִי: וַיֹּאמֶר קַח־נָא אֶת־בִּנְךָ
אֶת־יְחִידְךָ אֲשֶׁר־אָהַבְתָּ, אֶת־יִצְחָק, וְלֶךְ־לְךָ אֶל־אֶרֶץ
הַמֹּרִיָּה, וְהַעֲלֵהוּ שָׁם לְעֹלָה עַל אַחַד הֶהָרִים אֲשֶׁר אֹמַר
אֵלֶיךָ: וַיַּשְׁכֵּם אַבְרָהָם בַּבֹּקֶר, וַיַּחֲבֹשׁ אֶת־חֲמֹרוֹ, וַיִּקַּח אֶת־
שְׁנֵי נְעָרָיו אִתּוֹ וְאֵת יִצְחָק בְּנוֹ, וַיְבַקַּע עֲצֵי עֹלָה, וַיָּקָם וַיֵּלֶךְ
אֶל־הַמָּקוֹם אֲשֶׁר־אָמַר־לוֹ הָאֱלֹהִים: בַּיּוֹם הַשְּׁלִישִׁי וַיִּשָּׂא
אַבְרָהָם אֶת־עֵינָיו וַיַּרְא אֶת־הַמָּקוֹם מֵרָחֹק: וַיֹּאמֶר אַבְרָהָם
אֶל־נְעָרָיו, שְׁבוּ־לָכֶם פֹּה עִם־הַחֲמוֹר, וַאֲנִי וְהַנַּעַר נֵלְכָה עַד־
כֹּה, וְנִשְׁתַּחֲוֶה וְנָשׁוּבָה אֲלֵיכֶם: וַיִּקַּח אַבְרָהָם אֶת־עֲצֵי הָעֹלָה
וַיָּשֶׂם עַל־יִצְחָק בְּנוֹ, וַיִּקַּח בְּיָדוֹ אֶת־הָאֵשׁ וְאֶת־הַמַּאֲכֶלֶת,
וַיֵּלְכוּ שְׁנֵיהֶם יַחְדָּו: וַיֹּאמֶר יִצְחָק אֶל־אַבְרָהָם אָבִיו, וַיֹּאמֶר
אָבִי, וַיֹּאמֶר הִנֶּנִּי בְנִי, וַיֹּאמֶר, הִנֵּה הָאֵשׁ וְהָעֵצִים, וְאַיֵּה
הַשֶּׂה לְעֹלָה: וַיֹּאמֶר אַבְרָהָם, אֱלֹהִים יִרְאֶה־לּוֹ הַשֶּׂה לְעֹלָה,
בְּנִי, וַיֵּלְכוּ שְׁנֵיהֶם יַחְדָּו: וַיָּבֹאוּ אֶל־הַמָּקוֹם אֲשֶׁר אָמַר־לוֹ

הָאֱלֹהִים, וַיִּבֶן שָׁם אַבְרָהָם אֶת־הַמִּזְבֵּחַ וַיַּעֲרֹךְ אֶת־הָעֵצִים,
וַיַּעֲקֹד אֶת־יִצְחָק בְּנוֹ, וַיָּשֶׂם אֹתוֹ עַל־הַמִּזְבֵּחַ מִמַּעַל לָעֵצִים:
וַיִּשְׁלַח אַבְרָהָם אֶת־יָדוֹ, וַיִּקַּח אֶת־הַמַּאֲכֶלֶת, לִשְׁחֹט אֶת־
בְּנוֹ: וַיִּקְרָא אֵלָיו מַלְאַךְ יהוה מִן־הַשָּׁמַיִם, וַיֹּאמֶר אַבְרָהָם
אַבְרָהָם, וַיֹּאמֶר הִנֵּנִי: וַיֹּאמֶר אַל־תִּשְׁלַח יָדְךָ אֶל־הַנַּעַר, וְאַל־
תַּעַשׂ לוֹ מְאוּמָה, כִּי עַתָּה יָדַעְתִּי כִּי־יְרֵא אֱלֹהִים אַתָּה, וְלֹא
חָשַׂכְתָּ אֶת־בִּנְךָ אֶת־יְחִידְךָ מִמֶּנִּי: וַיִּשָּׂא אַבְרָהָם אֶת־עֵינָיו,
וַיַּרְא וְהִנֵּה־אַיִל, אַחַר נֶאֱחַז בַּסְּבַךְ בְּקַרְנָיו, וַיֵּלֶךְ אַבְרָהָם
וַיִּקַּח אֶת־הָאַיִל, וַיַּעֲלֵהוּ לְעֹלָה תַּחַת בְּנוֹ: וַיִּקְרָא אַבְרָהָם
שֵׁם־הַמָּקוֹם הַהוּא יהוה יִרְאֶה, אֲשֶׁר יֵאָמֵר הַיּוֹם בְּהַר יהוה
יֵרָאֶה: וַיִּקְרָא מַלְאַךְ יהוה אֶל־אַבְרָהָם שֵׁנִית מִן־הַשָּׁמָיִם:
וַיֹּאמֶר, בִּי נִשְׁבַּעְתִּי נְאֻם־יהוה, כִּי יַעַן אֲשֶׁר עָשִׂיתָ אֶת־הַדָּבָר
הַזֶּה, וְלֹא חָשַׂכְתָּ אֶת־בִּנְךָ אֶת־יְחִידֶךָ: כִּי־בָרֵךְ אֲבָרֶכְךָ,
וְהַרְבָּה אַרְבֶּה אֶת־זַרְעֲךָ כְּכוֹכְבֵי הַשָּׁמַיִם, וְכַחוֹל אֲשֶׁר עַל־
שְׂפַת הַיָּם, וְיִרַשׁ זַרְעֲךָ אֵת שַׁעַר אֹיְבָיו: וְהִתְבָּרְכוּ בְזַרְעֲךָ
כֹּל גּוֹיֵי הָאָרֶץ, עֵקֶב אֲשֶׁר שָׁמַעְתָּ בְּקֹלִי: וַיָּשָׁב אַבְרָהָם
אֶל־נְעָרָיו, וַיָּקֻמוּ וַיֵּלְכוּ יַחְדָּו אֶל־בְּאֵר שָׁבַע, וַיֵּשֶׁב אַבְרָהָם
בִּבְאֵר שָׁבַע:

יש מדלגים.

רִבּוֹנוֹ שֶׁל עוֹלָם, כְּמוֹ שֶׁכָּבַשׁ אַבְרָהָם אָבִינוּ אֶת רַחֲמָיו לַעֲשׂוֹת רְצוֹנְךָ
בְּלֵבָב שָׁלֵם, כֵּן יִכְבְּשׁוּ רַחֲמֶיךָ אֶת כַּעַסְךָ מֵעָלֵינוּ וְיִגֹּלּוּ רַחֲמֶיךָ עַל מִדּוֹתֶיךָ.
וְתִתְנַהֵג עִמָּנוּ יהוה אֱלֹהֵינוּ בְּמִדַּת הַחֶסֶד וּבְמִדַּת הָרַחֲמִים, וּבְטוּבְךָ הַגָּדוֹל
יָשׁוּב חֲרוֹן אַפְּךָ מֵעַמְּךָ וּמֵעִירְךָ וּמֵאַרְצְךָ וּמִנַּחֲלָתֶךָ. וְקַיֶּם לָנוּ יהוה אֱלֹהֵינוּ
אֶת הַדָּבָר שֶׁהִבְטַחְתָּנוּ בְּתוֹרָתֶךָ עַל יְדֵי מֹשֶׁה עַבְדֶּךָ, כָּאָמוּר: וְזָכַרְתִּי ויקרא כו
אֶת־בְּרִיתִי יַעֲקוֹב וְאַף אֶת־בְּרִיתִי יִצְחָק, וְאַף אֶת־בְּרִיתִי אַבְרָהָם אֶזְכֹּר,
וְהָאָרֶץ אֶזְכֹּר:

קבלת עול מלכות שמים

תפילה לאומית, הפותחת בחולשת ההווה, ממשיכה בקריאת שמע ומסיימת בתפילה לגאולה ולהכרה כלל עולמית במלכות ה׳ (רש״ר הירש).

תפילה זו נזכרה כבר ב׳תנא דבי אליהו׳ יט, ו. ככל הנראה נקבעה בתקופת הרדיפות, כאשר היה אסור לקרוא קריאת שמע בציבור (ספר הפרדס, ׳שיבולי הלקט׳).

לְעוֹלָם יְהֵא אָדָם יְרֵא שָׁמַיִם בְּסֵתֶר וּבְגָלוּי
וּמוֹדֶה עַל הָאֱמֶת, וְדוֹבֵר אֱמֶת בִּלְבָבוֹ
וְיַשְׁכֵּם וְיֹאמַר
רִבּוֹן כָּל הָעוֹלָמִים
דניאל ט לֹא עַל־צִדְקֹתֵינוּ אֲנַחְנוּ מַפִּילִים תַּחֲנוּנֵינוּ לְפָנֶיךָ
כִּי עַל־רַחֲמֶיךָ הָרַבִּים:

מָה אָנוּ, מֶה חַיֵּינוּ, מֶה חַסְדֵּנוּ, מַה צִּדְקוֹתֵינוּ
מַה יְשׁוּעָתֵנוּ, מַה כֹּחֵנוּ, מַה גְּבוּרָתֵנוּ
מַה נֹּאמַר לְפָנֶיךָ, יהוה אֱלֹהֵינוּ וֵאלֹהֵי אֲבוֹתֵינוּ
הֲלֹא כָּל הַגִּבּוֹרִים כְּאַיִן לְפָנֶיךָ, וְאַנְשֵׁי הַשֵּׁם כְּלֹא הָיוּ
וַחֲכָמִים כִּבְלִי מַדָּע, וּנְבוֹנִים כִּבְלִי הַשְׂכֵּל
כִּי רֹב מַעֲשֵׂיהֶם תֹּהוּ, וִימֵי חַיֵּיהֶם הֶבֶל לְפָנֶיךָ
קהלת ג וּמוֹתַר הָאָדָם מִן־הַבְּהֵמָה אָיִן
כִּי הַכֹּל הָבֶל:

אֲבָל אֲנַחְנוּ עַמְּךָ בְּנֵי בְרִיתֶךָ
בְּנֵי אַבְרָהָם אֹהַבְךָ שֶׁנִּשְׁבַּעְתָּ לּוֹ בְּהַר הַמּוֹרִיָּה
זֶרַע יִצְחָק יְחִידוֹ שֶׁנֶּעֱקַד עַל גַּבֵּי הַמִּזְבֵּחַ
עֲדַת יַעֲקֹב בִּנְךָ בְּכוֹרֶךָ
שֶׁמֵּאַהֲבָתְךָ שֶׁאָהַבְתָּ אוֹתוֹ, וּמִשִּׂמְחָתְךָ שֶׁשָּׂמַחְתָּ בּוֹ
קָרָאתָ אֶת שְׁמוֹ יִשְׂרָאֵל וִישֻׁרוּן.

לְפִיכָךְ אֲנַחְנוּ חַיָּבִים
לְהוֹדוֹת לְךָ וּלְשַׁבֵּחֲךָ וּלְפָאֶרְךָ
וּלְבָרֵךְ וּלְקַדֵּשׁ וְלָתֵת שֶׁבַח וְהוֹדָיָה לִשְׁמֶךָ.
אַשְׁרֵינוּ, מַה טּוֹב חֶלְקֵנוּ
וּמַה נָּעִים גּוֹרָלֵנוּ, וּמַה יָּפָה יְרֻשָּׁתֵנוּ.

◂ אַשְׁרֵינוּ, שֶׁאֲנַחְנוּ מַשְׁכִּימִים וּמַעֲרִיבִים עֶרֶב וָבֹקֶר
וְאוֹמְרִים פַּעֲמַיִם בְּכָל יוֹם

דברים ו

שְׁמַע יִשְׂרָאֵל, יהוה אֱלֹהֵינוּ, יהוה אֶחָד:

בלחש: בָּרוּךְ שֵׁם כְּבוֹד מַלְכוּתוֹ לְעוֹלָם וָעֶד.

יש הקוראים כאן את הפרשה הראשונה בקריאת שמע (מהרש"ל),
והמנהג הנפוץ הוא להמשיך בתיבות 'אַתָּה הוּא עַד שֶׁלֹּא נִבְרָא הָעוֹלָם'.

אם חושש שיעבור זמן קריאת שמע, קורא את כל שלוש הפרשות (עמ' 134).

וְאָהַבְתָּ אֵת יהוה אֱלֹהֶיךָ, בְּכָל־לְבָבְךָ, וּבְכָל־נַפְשְׁךָ, וּבְכָל־מְאֹדֶךָ: וְהָיוּ הַדְּבָרִים הָאֵלֶּה, אֲשֶׁר אָנֹכִי מְצַוְּךָ הַיּוֹם, עַל־לְבָבֶךָ: וְשִׁנַּנְתָּם לְבָנֶיךָ, וְדִבַּרְתָּ בָּם, בְּשִׁבְתְּךָ בְּבֵיתֶךָ וּבְלֶכְתְּךָ בַדֶּרֶךְ, וּבְשָׁכְבְּךָ וּבְקוּמֶךָ: וּקְשַׁרְתָּם לְאוֹת עַל־יָדֶךָ וְהָיוּ לְטֹטָפֹת בֵּין עֵינֶיךָ: וּכְתַבְתָּם עַל־מְזֻזוֹת בֵּיתֶךָ וּבִשְׁעָרֶיךָ:

אַתָּה הוּא עַד שֶׁלֹּא נִבְרָא הָעוֹלָם
אַתָּה הוּא מִשֶּׁנִּבְרָא הָעוֹלָם.
אַתָּה הוּא בָּעוֹלָם הַזֶּה
וְאַתָּה הוּא לָעוֹלָם הַבָּא.
◂ קַדֵּשׁ אֶת שִׁמְךָ עַל מַקְדִּישֵׁי שְׁמֶךָ
וְקַדֵּשׁ אֶת שִׁמְךָ בְּעוֹלָמֶךָ
וּבִישׁוּעָתְךָ תָּרוּם וְתַגְבִּיהַּ קַרְנֵנוּ.
בָּרוּךְ אַתָּה יהוה, הַמְקַדֵּשׁ אֶת שִׁמְךָ בָּרַבִּים.

אַתָּה הוּא יהוה אֱלֹהֵינוּ
בַּשָּׁמַיִם וּבָאָרֶץ
וּבִשְׁמֵי הַשָּׁמַיִם הָעֶלְיוֹנִים.
אֱמֶת, אַתָּה הוּא רִאשׁוֹן
וְאַתָּה הוּא אַחֲרוֹן
וּמִבַּלְעָדֶיךָ אֵין אֱלֹהִים.
קַבֵּץ קֹוֶיךָ מֵאַרְבַּע כַּנְפוֹת הָאָרֶץ.
יַכִּירוּ וְיֵדְעוּ כָּל בָּאֵי עוֹלָם
מלכים ב׳ יט כִּי אַתָּה־הוּא הָאֱלֹהִים לְבַדְּךָ לְכֹל מַמְלְכוֹת הָאָרֶץ
אַתָּה עָשִׂיתָ אֶת־הַשָּׁמַיִם וְאֶת־הָאָרֶץ:
שמות כ אֶת־הַיָּם וְאֶת־כָּל־אֲשֶׁר־בָּם:
וּמִי בְּכָל מַעֲשֵׂי יָדֶיךָ בָּעֶלְיוֹנִים אוֹ בַתַּחְתּוֹנִים
שֶׁיֹּאמַר לְךָ מַה תַּעֲשֶׂה.

אָבִינוּ שֶׁבַּשָּׁמַיִם
עֲשֵׂה עִמָּנוּ חֶסֶד
בַּעֲבוּר שִׁמְךָ הַגָּדוֹל שֶׁנִּקְרָא עָלֵינוּ
וְקַיֶּם לָנוּ יהוה אֱלֹהֵינוּ
מַה שֶּׁכָּתוּב:
צפניה ג בָּעֵת הַהִיא אָבִיא אֶתְכֶם
וּבָעֵת קַבְּצִי אֶתְכֶם
כִּי־אֶתֵּן אֶתְכֶם לְשֵׁם וְלִתְהִלָּה בְּכֹל עַמֵּי הָאָרֶץ
בְּשׁוּבִי אֶת־שְׁבוּתֵיכֶם לְעֵינֵיכֶם
אָמַר יהוה:

סדר הקרבנות

"אמר אברהם: רבונו של עולם! שמא ישראל חוטאין לפניך... בזמן שאין בית המקדש קיים, מה תהא עליהם? – אמר לו: כבר תקנתי להם סדר קרבנות, בזמן שקוראין בהן לפני – מעלה אני עליהם כאילו הקריבום לפני, ואני מוחל להם על כל עונותיהם" (תענית כז ע"ב).

יש לומר את פרשת קרבן התמיד (בעמוד הבא) בכל יום.

ונוהגים לומר לפניה את פרשות הכיור ותרומת הדשן, ולאחריה את פרשת הקטורת (שו"ע א, ט).

פרשת הכיור

וַיְדַבֵּר יהוה אֶל־מֹשֶׁה לֵּאמֹר: וְעָשִׂיתָ כִּיּוֹר נְחֹשֶׁת וְכַנּוֹ נְחֹשֶׁת שמות ל
לְרָחְצָה, וְנָתַתָּ אֹתוֹ בֵּין־אֹהֶל מוֹעֵד וּבֵין הַמִּזְבֵּחַ, וְנָתַתָּ שָׁמָּה מָיִם:
וְרָחֲצוּ אַהֲרֹן וּבָנָיו מִמֶּנּוּ אֶת־יְדֵיהֶם וְאֶת־רַגְלֵיהֶם: בְּבֹאָם אֶל־אֹהֶל
מוֹעֵד יִרְחֲצוּ־מַיִם, וְלֹא יָמֻתוּ, אוֹ בְגִשְׁתָּם אֶל־הַמִּזְבֵּחַ לְשָׁרֵת,
לְהַקְטִיר אִשֶּׁה לַיהוה: וְרָחֲצוּ יְדֵיהֶם וְרַגְלֵיהֶם וְלֹא יָמֻתוּ, וְהָיְתָה
לָהֶם חָק־עוֹלָם, לוֹ וּלְזַרְעוֹ לְדֹרֹתָם:

פרשת תרומת הדשן

וַיְדַבֵּר יהוה אֶל־מֹשֶׁה לֵּאמֹר: צַו אֶת־אַהֲרֹן וְאֶת־בָּנָיו לֵאמֹר, זֹאת ויקרא ו
תּוֹרַת הָעֹלָה, הִוא הָעֹלָה עַל מוֹקְדָה עַל־הַמִּזְבֵּחַ כָּל־הַלַּיְלָה עַד־
הַבֹּקֶר, וְאֵשׁ הַמִּזְבֵּחַ תּוּקַד בּוֹ: וְלָבַשׁ הַכֹּהֵן מִדּוֹ בַד, וּמִכְנְסֵי־בַד
יִלְבַּשׁ עַל־בְּשָׂרוֹ, וְהֵרִים אֶת־הַדֶּשֶׁן אֲשֶׁר תֹּאכַל הָאֵשׁ אֶת־הָעֹלָה,
עַל־הַמִּזְבֵּחַ, וְשָׂמוֹ אֵצֶל הַמִּזְבֵּחַ: וּפָשַׁט אֶת־בְּגָדָיו, וְלָבַשׁ בְּגָדִים
אֲחֵרִים, וְהוֹצִיא אֶת־הַדֶּשֶׁן אֶל־מִחוּץ לַמַּחֲנֶה, אֶל־מָקוֹם טָהוֹר:
וְהָאֵשׁ עַל־הַמִּזְבֵּחַ תּוּקַד־בּוֹ, לֹא תִכְבֶּה, וּבִעֵר עָלֶיהָ הַכֹּהֵן עֵצִים
בַּבֹּקֶר בַּבֹּקֶר, וְעָרַךְ עָלֶיהָ הָעֹלָה, וְהִקְטִיר עָלֶיהָ חֶלְבֵי הַשְּׁלָמִים:
אֵשׁ, תָּמִיד תּוּקַד עַל־הַמִּזְבֵּחַ, לֹא תִכְבֶּה:

בשבת וביום טוב רבים מדלגים על הפיסקה הבאה.

יְהִי רָצוֹן מִלְּפָנֶיךָ יהוה אֱלֹהֵינוּ וֵאלֹהֵי אֲבוֹתֵינוּ, שֶׁתְּרַחֵם עָלֵינוּ, וְתִמְחֹל לָנוּ עַל כָּל חַטֹּאתֵינוּ וּתְכַפֵּר לָנוּ עַל כָּל עֲוֹנוֹתֵינוּ וְתִסְלַח לָנוּ עַל כָּל פְּשָׁעֵינוּ, וְתִבְנֶה בֵּית הַמִּקְדָּשׁ בִּמְהֵרָה בְיָמֵינוּ, וְנַקְרִיב לְפָנֶיךָ קָרְבַּן הַתָּמִיד שֶׁיְּכַפֵּר בַּעֲדֵנוּ, כְּמוֹ שֶׁכָּתַבְתָּ עָלֵינוּ בְּתוֹרָתֶךָ עַל יְדֵי מֹשֶׁה עַבְדֶּךָ מִפִּי כְבוֹדֶךָ, כָּאָמוּר

פרשת קרבן התמיד

במדבר כח וַיְדַבֵּר יהוה אֶל־מֹשֶׁה לֵּאמֹר: צַו אֶת־בְּנֵי יִשְׂרָאֵל וְאָמַרְתָּ אֲלֵהֶם, אֶת־קָרְבָּנִי לַחְמִי לְאִשַּׁי, רֵיחַ נִיחֹחִי, תִּשְׁמְרוּ לְהַקְרִיב לִי בְּמוֹעֲדוֹ: וְאָמַרְתָּ לָהֶם, זֶה הָאִשֶּׁה אֲשֶׁר תַּקְרִיבוּ לַיהוה, כְּבָשִׂים בְּנֵי־שָׁנָה תְמִימִם שְׁנַיִם לַיּוֹם, עֹלָה תָמִיד: אֶת־הַכֶּבֶשׂ אֶחָד תַּעֲשֶׂה בַבֹּקֶר, וְאֵת הַכֶּבֶשׂ הַשֵּׁנִי תַּעֲשֶׂה בֵּין הָעַרְבָּיִם: וַעֲשִׂירִית הָאֵיפָה סֹלֶת לְמִנְחָה, בְּלוּלָה בְּשֶׁמֶן כָּתִית רְבִיעִת הַהִין: עֹלַת תָּמִיד, הָעֲשֻׂיָה בְּהַר סִינַי, לְרֵיחַ נִיחֹחַ אִשֶּׁה לַיהוה: וְנִסְכּוֹ רְבִיעִת הַהִין לַכֶּבֶשׂ הָאֶחָד, בַּקֹּדֶשׁ הַסֵּךְ נֶסֶךְ שֵׁכָר לַיהוה: וְאֵת הַכֶּבֶשׂ הַשֵּׁנִי תַּעֲשֶׂה בֵּין הָעַרְבָּיִם, כְּמִנְחַת הַבֹּקֶר וּכְנִסְכּוֹ תַּעֲשֶׂה, אִשֵּׁה רֵיחַ נִיחֹחַ לַיהוה:

ויקרא א וְשָׁחַט אֹתוֹ עַל יֶרֶךְ הַמִּזְבֵּחַ צָפֹנָה לִפְנֵי יהוה, וְזָרְקוּ בְּנֵי אַהֲרֹן הַכֹּהֲנִים אֶת־דָּמוֹ עַל־הַמִּזְבֵּחַ, סָבִיב:

יְהִי רָצוֹן מִלְּפָנֶיךָ, יהוה אֱלֹהֵינוּ וֵאלֹהֵי אֲבוֹתֵינוּ, שֶׁתְּהֵא אֲמִירָה זוֹ חֲשׁוּבָה וּמְקֻבֶּלֶת וּמְרֻצָּה לְפָנֶיךָ, כְּאִלּוּ הִקְרַבְנוּ קָרְבַּן הַתָּמִיד בְּמוֹעֲדוֹ וּבִמְקוֹמוֹ וּכְהִלְכָתוֹ.

אַתָּה הוּא יהוה אֱלֹהֵינוּ שֶׁהִקְטִירוּ אֲבוֹתֵינוּ לְפָנֶיךָ אֶת קְטֹרֶת הַסַּמִּים בִּזְמַן שֶׁבֵּית הַמִּקְדָּשׁ הָיָה קַיָּם, כַּאֲשֶׁר צִוִּיתָ אוֹתָם עַל יְדֵי מֹשֶׁה נְבִיאֶךָ, כַּכָּתוּב בְּתוֹרָתֶךָ:

פרשת הקטורת

שמות ל וַיֹּאמֶר יהוה אֶל־מֹשֶׁה, קַח־לְךָ סַמִּים נָטָף וּשְׁחֵלֶת וְחֶלְבְּנָה, סַמִּים וּלְבֹנָה זַכָּה, בַּד בְּבַד יִהְיֶה: וְעָשִׂיתָ אֹתָהּ קְטֹרֶת, רֹקַח מַעֲשֵׂה רוֹקֵחַ, מְמֻלָּח, טָהוֹר קֹדֶשׁ: וְשָׁחַקְתָּ מִמֶּנָּה הָדֵק, וְנָתַתָּה מִמֶּנָּה לִפְנֵי הָעֵדֻת בְּאֹהֶל מוֹעֵד אֲשֶׁר אִוָּעֵד לְךָ שָׁמָּה, קֹדֶשׁ קָדָשִׁים תִּהְיֶה לָכֶם:

וְנֶאֱמַר

וְהִקְטִיר עָלָיו אַהֲרֹן קְטֹרֶת סַמִּים, בַּבֹּקֶר בַּבֹּקֶר בְּהֵיטִיבוֹ אֶת־הַנֵּרֹת יַקְטִירֶנָּה: וּבְהַעֲלֹת אַהֲרֹן אֶת־הַנֵּרֹת בֵּין הָעַרְבַּיִם יַקְטִירֶנָּה, קְטֹרֶת תָּמִיד לִפְנֵי יהוה לְדֹרֹתֵיכֶם:

כריתות ו.

תָּנוּ רַבָּנָן: פִּטּוּם הַקְּטֹרֶת כֵּיצַד, שְׁלֹשׁ מֵאוֹת וְשִׁשִּׁים וּשְׁמוֹנָה מָנִים הָיוּ בָהּ. שְׁלֹשׁ מֵאוֹת וְשִׁשִּׁים וַחֲמִשָּׁה כְּמִנְיַן יְמוֹת הַחַמָּה, מָנֶה לְכָל יוֹם, פְּרַס בְּשַׁחֲרִית וּפְרַס בֵּין הָעַרְבַּיִם, וּשְׁלֹשָׁה מָנִים יְתֵרִים שֶׁמֵּהֶם מַכְנִיס כֹּהֵן גָּדוֹל מְלֹא חָפְנָיו בְּיוֹם הַכִּפּוּרִים, וּמַחֲזִירָן לְמַכְתֶּשֶׁת בְּעֶרֶב יוֹם הַכִּפּוּרִים וְשׁוֹחֲקָן יָפֶה יָפֶה, כְּדֵי שֶׁתְּהֵא דַקָּה מִן הַדַּקָּה. וְאַחַד עָשָׂר סַמָּנִים הָיוּ בָהּ, וְאֵלּוּ הֵן: הַצֳּרִי, וְהַצִּפֹּרֶן, וְהַחֶלְבְּנָה, וְהַלְּבוֹנָה מִשְׁקַל שִׁבְעִים שִׁבְעִים מָנֶה, מֹר, וּקְצִיעָה, שִׁבֹּלֶת נֵרְדְּ, וְכַרְכֹּם מִשְׁקַל שִׁשָּׁה עָשָׂר שִׁשָּׁה עָשָׂר מָנֶה, הַקֹּשְׁטְ שְׁנֵים עָשָׂר, קִלּוּפָה שְׁלֹשָׁה וְקִנָּמוֹן תִּשְׁעָה, בֹּרִית כַּרְשִׁינָה תִּשְׁעָה קַבִּין, יֵין קַפְרִיסִין סְאִין תְּלָת וְקַבִּין תְּלָתָא, וְאִם אֵין לוֹ יֵין קַפְרִיסִין, מֵבִיא חֲמַר חִוַּרְיָן עַתִּיק. מֶלַח סְדוֹמִית רֹבַע, מַעֲלֶה עָשָׁן כָּל שֶׁהוּא. רַבִּי נָתָן הַבַּבְלִי אוֹמֵר: אַף כִּפַּת הַיַּרְדֵּן כָּל שֶׁהוּא, וְאִם נָתַן בָּהּ דְּבַשׁ פְּסָלָהּ, וְאִם חִסַּר אֶחָד מִכָּל סַמָּנֶיהָ, חַיָּב מִיתָה.

רַבָּן שִׁמְעוֹן בֶּן גַּמְלִיאֵל אוֹמֵר: הַצֳּרִי אֵינוֹ אֶלָּא שְׂרָף הַנּוֹטֵף מֵעֲצֵי הַקְּטָף. בֹּרִית כַּרְשִׁינָה שֶׁשָּׁפִין בָּהּ אֶת הַצִּפֹּרֶן כְּדֵי שֶׁתְּהֵא נָאָה, יֵין קַפְרִיסִין שֶׁשּׁוֹרִין בּוֹ אֶת הַצִּפֹּרֶן כְּדֵי שֶׁתְּהֵא עַזָּה, וַהֲלֹא מֵי רַגְלַיִם יָפִין לָהּ, אֶלָּא שֶׁאֵין מַכְנִיסִין מֵי רַגְלַיִם בַּמִּקְדָּשׁ מִפְּנֵי הַכָּבוֹד.

תַּנְיָא, רַבִּי נָתָן אוֹמֵר: כְּשֶׁהוּא שׁוֹחֵק אוֹמֵר, הָדֵק הֵיטֵב הֵיטֵב הָדֵק, מִפְּנֵי שֶׁהַקּוֹל יָפֶה לַבְּשָׂמִים. פִּטְּמָהּ לַחֲצָאִין כְּשֵׁרָה, לִשְׁלִישׁ וְלִרְבִיעַ לֹא שָׁמַעְנוּ. אָמַר רַבִּי יְהוּדָה: זֶה הַכְּלָל, אִם כְּמִדָּתָהּ כְּשֵׁרָה לַחֲצָאִין, וְאִם חִסַּר אֶחָד מִכָּל סַמָּנֶיהָ חַיָּב מִיתָה.

ירושלמי יומא ד, הלכה ה

תַּנְיָא, בַּר קַפָּרָא אוֹמֵר: אַחַת לְשִׁשִּׁים אוֹ לְשִׁבְעִים שָׁנָה הָיְתָה בָאָה שֶׁל שִׁירַיִם לַחֲצָאִין. וְעוֹד תָּנֵי בַּר קַפָּרָא: אִלּוּ הָיָה נוֹתֵן בָּהּ קוֹרְטוֹב שֶׁל דְּבַשׁ אֵין אָדָם יָכוֹל לַעֲמֹד מִפְּנֵי רֵיחָהּ, וְלָמָּה אֵין מְעָרְבִין בָּהּ דְּבַשׁ, מִפְּנֵי שֶׁהַתּוֹרָה אָמְרָה: כִּי כָל־שְׂאֹר וְכָל־דְּבַשׁ לֹא־תַקְטִירוּ מִמֶּנּוּ אִשֶּׁה לַיהוה: ויקרא ב

נוהגים לומר שלושה פסוקים אלה אחרי פרשת הקטורת (׳שער הכוונות׳, על פי הירושלמי במסכת ברכות). והשל״ה כתב לומר כל פסוק שלוש פעמים.

יהוה צְבָאוֹת עִמָּנוּ, מִשְׂגָּב לָנוּ אֱלֹהֵי יַעֲקֹב סֶלָה: תהלים מו

יהוה צְבָאוֹת, אַשְׁרֵי אָדָם בֹּטֵחַ בָּךְ: תהלים פד

יהוה הוֹשִׁיעָה, הַמֶּלֶךְ יַעֲנֵנוּ בְיוֹם־קָרְאֵנוּ: תהלים כ

אַתָּה סֵתֶר לִי, מִצַּר תִּצְּרֵנִי, רָנֵּי פַלֵּט תְּסוֹבְבֵנִי סֶלָה: תהלים לב

וְעָרְבָה לַיהוה מִנְחַת יְהוּדָה וִירוּשָׁלָםִ מלאכי ג

כִּימֵי עוֹלָם וּכְשָׁנִים קַדְמֹנִיּוֹת:

סדר המערכה

אַבַּיֵי הֲוָה מְסַדֵּר סֵדֶר הַמַּעֲרָכָה מִשְּׁמָא דִגְמָרָא, וְאַלִּבָּא דְאַבָּא שָׁאוּל: מַעֲרָכָה גְדוֹלָה קוֹדֶמֶת לְמַעֲרָכָה שְׁנִיָּה שֶׁל קְטֹרֶת, וּמַעֲרָכָה שְׁנִיָּה שֶׁל קְטֹרֶת קוֹדֶמֶת לְסִדּוּר שְׁנֵי גִזְרֵי עֵצִים, וְסִדּוּר שְׁנֵי גִזְרֵי עֵצִים קוֹדֵם לְדִשּׁוּן מִזְבֵּחַ הַפְּנִימִי, וְדִשּׁוּן מִזְבֵּחַ הַפְּנִימִי קוֹדֵם לַהֲטָבַת חָמֵשׁ נֵרוֹת, וַהֲטָבַת חָמֵשׁ נֵרוֹת קוֹדֶמֶת לְדַם הַתָּמִיד, וְדַם הַתָּמִיד קוֹדֵם לַהֲטָבַת שְׁתֵּי נֵרוֹת, וַהֲטָבַת שְׁתֵּי נֵרוֹת קוֹדֶמֶת לִקְטֹרֶת, וּקְטֹרֶת קוֹדֶמֶת לְאֵבָרִים, וְאֵבָרִים לְמִנְחָה, וּמִנְחָה לַחֲבִתִּין, וַחֲבִתִּין לִנְסָכִין, וּנְסָכִין לְמוּסָפִין, וּמוּסָפִין לְבָזִיכִין, וּבָזִיכִין קוֹדְמִין לְתָמִיד שֶׁל בֵּין הָעַרְבַּיִם. שֶׁנֶּאֱמַר: וְעָרַךְ עָלֶיהָ הָעֹלָה, וְהִקְטִיר עָלֶיהָ חֶלְבֵי הַשְּׁלָמִים: עָלֶיהָ הַשְׁלֵם כָּל הַקָּרְבָּנוֹת כֻּלָּם.

(יומא לג. ; ויקרא ו)

המקובלים הנהיגו לומר פיוט עתיק זה המיוחס לתנא ר׳ נחוניה בן הקנה, כהכנה לתפילה (שער הכוונות).

אָנָּא, בְּכֹחַ גְּדֻלַּת יְמִינְךָ, תַּתִּיר צְרוּרָה.
קַבֵּל רִנַּת עַמְּךָ, שַׂגְּבֵנוּ, טַהֲרֵנוּ, נוֹרָא.
נָא גִבּוֹר, דּוֹרְשֵׁי יִחוּדְךָ כְּבָבַת שָׁמְרֵם.
בָּרְכֵם, טַהֲרֵם, רַחֲמֵם, צִדְקָתְךָ תָּמִיד גָּמְלֵם.
חֲסִין קָדוֹשׁ, בְּרֹב טוּבְךָ נַהֵל עֲדָתֶךָ.
יָחִיד גֵּאֶה, לְעַמְּךָ פְּנֵה, זוֹכְרֵי קְדֻשָּׁתֶךָ.
שַׁוְעָתֵנוּ קַבֵּל וּשְׁמַע צַעֲקָתֵנוּ, יוֹדֵעַ תַּעֲלוּמוֹת.
בָּרוּךְ שֵׁם כְּבוֹד מַלְכוּתוֹ לְעוֹלָם וָעֶד.

בשבת וביום טוב יש המדלגים על התחינה הבאה.

רִבּוֹן הָעוֹלָמִים, אַתָּה צִוִּיתָנוּ לְהַקְרִיב קָרְבַּן הַתָּמִיד בְּמוֹעֲדוֹ וְלִהְיוֹת כֹּהֲנִים
בַּעֲבוֹדָתָם וּלְוִיִּם בְּדוּכָנָם וְיִשְׂרָאֵל בְּמַעֲמָדָם, וְעַתָּה בַּעֲוֹנוֹתֵינוּ חָרַב בֵּית
הַמִּקְדָּשׁ וּבָטַל הַתָּמִיד וְאֵין לָנוּ לֹא כֹהֵן בַּעֲבוֹדָתוֹ וְלֹא לֵוִי בְּדוּכָנוֹ וְלֹא יִשְׂרָאֵל
בְּמַעֲמָדוֹ, וְאַתָּה אָמַרְתָּ: וּנְשַׁלְּמָה פָרִים שְׂפָתֵינוּ: לָכֵן יְהִי רָצוֹן מִלְּפָנֶיךָ יהוה הושע יד
אֱלֹהֵינוּ וֵאלֹהֵי אֲבוֹתֵינוּ, שֶׁיְּהֵא שִׂיחַ שִׂפְתוֹתֵינוּ חָשׁוּב וּמְקֻבָּל וּמְרֻצֶּה לְפָנֶיךָ,
כְּאִלּוּ הִקְרַבְנוּ קָרְבַּן הַתָּמִיד בְּמוֹעֲדוֹ וּבִמְקוֹמוֹ וּכְהִלְכָתוֹ.

בשבת מוסיפים את פסוקי מוסף היום
כהשלמה לפסוקי התמיד (שו״ע מח, א):

וּבְיוֹם הַשַּׁבָּת במדבר כח
שְׁנֵי־כְבָשִׂים בְּנֵי־שָׁנָה תְּמִימִם
וּשְׁנֵי עֶשְׂרֹנִים סֹלֶת מִנְחָה בְּלוּלָה בַשֶּׁמֶן, וְנִסְכּוֹ:
עֹלַת שַׁבַּת בְּשַׁבַּתּוֹ, עַל־עֹלַת הַתָּמִיד וְנִסְכָּהּ:

לאחר פסוקי הקרבנות אומרים פרק משנה ואת הברייתא הפותחת את מדרש תורת כוהנים
כדי ללמוד בכל יום מקרא, משנה וגמרא (תוספות, קידושין ל ע״א).

חכמים בחרו את פרק ה במסכת זבחים,
כיוון שכולו הלכה פסוקה בלי מחלוקת (משנ״ב נ, ב).

דיני זבחים

אֵיזֶהוּ מְקוֹמָן שֶׁל זְבָחִים. קָדְשֵׁי קָדָשִׁים שְׁחִיטָתָן בַּצָּפוֹן. פַּר וְשָׂעִיר זבחים
שֶׁל יוֹם הַכִּפּוּרִים, שְׁחִיטָתָן בַּצָּפוֹן, וְקִבּוּל דָּמָן בִּכְלֵי שָׁרֵת בַּצָּפוֹן, פרק ה
וְדָמָן טָעוּן הַזָּיָה עַל בֵּין הַבַּדִּים, וְעַל הַפָּרֹכֶת, וְעַל מִזְבַּח הַזָּהָב. מַתָּנָה
אַחַת מֵהֶן מְעַכֶּבֶת. שְׁיָרֵי הַדָּם הָיָה שׁוֹפֵךְ עַל יְסוֹד מַעֲרָבִי שֶׁל מִזְבֵּחַ
הַחִיצוֹן, אִם לֹא נָתַן לֹא עִכֵּב.

פָּרִים הַנִּשְׂרָפִים וּשְׂעִירִים הַנִּשְׂרָפִים, שְׁחִיטָתָן בַּצָּפוֹן, וְקִבּוּל דָּמָן בִּכְלִי שָׁרֵת בַּצָּפוֹן, וְדָמָן טָעוּן הַזָּיָה עַל הַפָּרֹכֶת וְעַל מִזְבַּח הַזָּהָב. מַתָּנָה אַחַת מֵהֶן מְעַכֶּבֶת. שְׁיָרֵי הַדָּם הָיָה שׁוֹפֵךְ עַל יְסוֹד מַעֲרָבִי שֶׁל מִזְבֵּחַ הַחִיצוֹן, אִם לֹא נָתַן לֹא עִכֵּב. אֵלּוּ וָאֵלּוּ נִשְׂרָפִין בְּבֵית הַדָּשֶׁן.

חַטֹּאת הַצִּבּוּר וְהַיָּחִיד. אֵלּוּ הֵן חַטֹּאת הַצִּבּוּר: שְׂעִירֵי רָאשֵׁי חֳדָשִׁים וְשֶׁל מוֹעֲדוֹת. שְׁחִיטָתָן בַּצָּפוֹן, וְקִבּוּל דָּמָן בִּכְלִי שָׁרֵת בַּצָּפוֹן, וְדָמָן טָעוּן

אַרְבַּע מַתָּנוֹת עַל אַרְבַּע קְרָנוֹת. כֵּיצַד, עָלָה בַכֶּבֶשׁ, וּפָנָה לַסּוֹבֵב, וּבָא לוֹ לְקֶרֶן דְּרוֹמִית מִזְרָחִית, מִזְרָחִית צְפוֹנִית, צְפוֹנִית מַעֲרָבִית, מַעֲרָבִית דְּרוֹמִית. שְׁיָרֵי הַדָּם הָיָה שׁוֹפֵךְ עַל יְסוֹד דְּרוֹמִי. וְנֶאֱכָלִין לִפְנִים מִן הַקְּלָעִים, לְזִכְרֵי כְהֻנָּה, בְּכָל מַאֲכָל, לְיוֹם וָלַיְלָה עַד חֲצוֹת.

הָעוֹלָה קֹדֶשׁ קָדָשִׁים. שְׁחִיטָתָהּ בַּצָּפוֹן, וְקִבּוּל דָּמָהּ בִּכְלִי שָׁרֵת בַּצָּפוֹן, וְדָמָהּ טָעוּן שְׁתֵּי מַתָּנוֹת שֶׁהֵן אַרְבַּע, וּטְעוּנָה הֶפְשֵׁט וְנִתּוּחַ, וְכָלִיל לָאִשִּׁים.

זִבְחֵי שַׁלְמֵי צִבּוּר וַאֲשָׁמוֹת. אֵלּוּ הֵן אֲשָׁמוֹת: אֲשַׁם גְּזֵלוֹת, אֲשַׁם מְעִילוֹת, אֲשַׁם שִׁפְחָה חֲרוּפָה, אֲשַׁם נָזִיר, אֲשַׁם מְצֹרָע, אָשָׁם תָּלוּי. שְׁחִיטָתָן בַּצָּפוֹן, וְקִבּוּל דָּמָן בִּכְלִי שָׁרֵת בַּצָּפוֹן, וְדָמָן טָעוּן שְׁתֵּי מַתָּנוֹת שֶׁהֵן אַרְבַּע. וְנֶאֱכָלִין לִפְנִים מִן הַקְּלָעִים, לְזִכְרֵי כְהֻנָּה, בְּכָל מַאֲכָל, לְיוֹם וָלַיְלָה עַד חֲצוֹת.

הַתּוֹדָה וְאֵיל נָזִיר קָדָשִׁים קַלִּים. שְׁחִיטָתָן בְּכָל מָקוֹם בָּעֲזָרָה, וְדָמָן טָעוּן שְׁתֵּי מַתָּנוֹת שֶׁהֵן אַרְבַּע, וְנֶאֱכָלִין בְּכָל הָעִיר, לְכָל אָדָם, בְּכָל מַאֲכָל, לְיוֹם וָלַיְלָה עַד חֲצוֹת. הַמּוּרָם מֵהֶם כַּיּוֹצֵא בָהֶם, אֶלָּא שֶׁהַמּוּרָם נֶאֱכָל לַכֹּהֲנִים, לִנְשֵׁיהֶם, וְלִבְנֵיהֶם וּלְעַבְדֵיהֶם.

שְׁלָמִים קָדָשִׁים קַלִּים. שְׁחִיטָתָן בְּכָל מָקוֹם בָּעֲזָרָה, וְדָמָן טָעוּן שְׁתֵּי מַתָּנוֹת שֶׁהֵן אַרְבַּע, וְנֶאֱכָלִין בְּכָל הָעִיר, לְכָל אָדָם, בְּכָל מַאֲכָל, לִשְׁנֵי יָמִים וְלַיְלָה אֶחָד. הַמּוּרָם מֵהֶם כַּיּוֹצֵא בָהֶם, אֶלָּא שֶׁהַמּוּרָם נֶאֱכָל לַכֹּהֲנִים, לִנְשֵׁיהֶם, וְלִבְנֵיהֶם וּלְעַבְדֵיהֶם.

הַבְּכוֹר וְהַמַּעֲשֵׂר וְהַפֶּסַח קָדָשִׁים קַלִּים. שְׁחִיטָתָן בְּכָל מָקוֹם בָּעֲזָרָה, וְדָמָן טָעוּן מַתָּנָה אֶחָת, וּבִלְבָד שֶׁיִּתֵּן כְּנֶגֶד הַיְסוֹד. שִׁנָּה בַאֲכִילָתָן, הַבְּכוֹר נֶאֱכָל לַכֹּהֲנִים וְהַמַּעֲשֵׂר לְכָל אָדָם, וְנֶאֱכָלִין בְּכָל הָעִיר, בְּכָל מַאֲכָל, לִשְׁנֵי יָמִים וְלַיְלָה אֶחָד. הַפֶּסַח אֵינוֹ נֶאֱכָל אֶלָּא בַלַּיְלָה, וְאֵינוֹ נֶאֱכָל אֶלָּא עַד חֲצוֹת, וְאֵינוֹ נֶאֱכָל אֶלָּא לִמְנוּיָו, וְאֵינוֹ נֶאֱכָל אֶלָּא צָלִי.

יש בתי כנסת המתחילים את התפילה בציבור כאן.

ברייתא דרבי ישמעאל

רַבִּי יִשְׁמָעֵאל אוֹמֵר: בִּשְׁלֹשׁ עֶשְׂרֵה מִדּוֹת הַתּוֹרָה נִדְרֶשֶׁת

א מִקַּל וָחֹמֶר

ב וּמִגְּזֵרָה שָׁוָה

ג מִבִּנְיַן אָב מִכָּתוּב אֶחָד, וּמִבִּנְיַן אָב מִשְּׁנֵי כְתוּבִים

ד מִכְּלָל וּפְרָט

ה מִפְּרָט וּכְלָל

ו כְּלָל וּפְרָט וּכְלָל, אִי אַתָּה דָן אֶלָּא כְּעֵין הַפְּרָט

ז מִכְּלָל שֶׁהוּא צָרִיךְ לִפְרָט, וּמִפְּרָט שֶׁהוּא צָרִיךְ לִכְלָל

ח כָּל דָּבָר שֶׁהָיָה בִּכְלָל, וְיָצָא מִן הַכְּלָל לְלַמֵּד
לֹא לְלַמֵּד עַל עַצְמוֹ יָצָא, אֶלָּא לְלַמֵּד עַל הַכְּלָל כֻּלּוֹ יָצָא

ט כָּל דָּבָר שֶׁהָיָה בִּכְלָל, וְיָצָא לִטְעֹן טַֽעַן אֶחָד שֶׁהוּא כְעִנְיָנוֹ
יָצָא לְהָקֵל וְלֹא לְהַחֲמִיר

י כָּל דָּבָר שֶׁהָיָה בִּכְלָל, וְיָצָא לִטְעֹן טַֽעַן אַחֵר שֶׁלֹּא כְעִנְיָנוֹ
יָצָא לְהָקֵל וּלְהַחֲמִיר

יא כָּל דָּבָר שֶׁהָיָה בִּכְלָל, וְיָצָא לִדּוֹן בַּדָּבָר הֶחָדָשׁ
אִי אַתָּה יָכוֹל לְהַחֲזִירוֹ לִכְלָלוֹ
עַד שֶׁיַּחֲזִירֶנּוּ הַכָּתוּב לִכְלָלוֹ בְּפֵרוּשׁ

◄ יב דָּבָר הַלָּמֵד מֵעִנְיָנוֹ, וְדָבָר הַלָּמֵד מִסּוֹפוֹ

יג וְכֵן שְׁנֵי כְתוּבִים הַמַּכְחִישִׁים זֶה אֶת זֶה
עַד שֶׁיָּבוֹא הַכָּתוּב הַשְּׁלִישִׁי וְיַכְרִיעַ בֵּינֵיהֶם.

יְהִי רָצוֹן מִלְּפָנֶיךָ, יהוה אֱלֹהֵינוּ וֵאלֹהֵי אֲבוֹתֵינוּ, שֶׁיִּבָּנֶה בֵּית הַמִּקְדָּשׁ בִּמְהֵרָה בְיָמֵינוּ, וְתֵן חֶלְקֵנוּ בְּתוֹרָתֶךָ, וְשָׁם נַעֲבָדְךָ בְּיִרְאָה כִּימֵי עוֹלָם וּכְשָׁנִים קַדְמוֹנִיּוֹת.

קדיש דרבנן

אם יש מניין, האבלים עומדים ואומרים קדיש דרבנן.

אבל:

יתגדל ויתקדש שמו הגדול	יִתְגַּדַּל וְיִתְקַדַּשׁ שְׁמֵהּ רַבָּא (קהל: אָמֵן)
בעולם אשר ברא כרצונו	בְּעָלְמָא דִּי בְרָא כִרְעוּתֵהּ
וימליך מלכותו	וְיַמְלִיךְ מַלְכוּתֵהּ
בחייכם ובימיכם	בְּחַיֵּיכוֹן וּבְיוֹמֵיכוֹן
ובחיי כל בית ישראל	וּבְחַיֵּי דְכָל בֵּית יִשְׂרָאֵל
במהרה ובזמן קרוב	בַּעֲגָלָא וּבִזְמַן קָרִיב
ואמרו אמן.	וְאִמְרוּ אָמֵן. (קהל: אָמֵן)

קהל ואבל:

יהא שמו הגדול מבורך	יְהֵא שְׁמֵהּ רַבָּא מְבָרַךְ
לעולם ולעולמי עולמים	לְעָלַם וּלְעָלְמֵי עָלְמַיָּא.

אבל:

יתברך וישתבח ויתפאר	יִתְבָּרַךְ וְיִשְׁתַּבַּח וְיִתְפָּאַר
ויתרומם ויתנשא	וְיִתְרוֹמַם וְיִתְנַשֵּׂא
ויתהדר ויתעלה ויתהלל	וְיִתְהַדָּר וְיִתְעַלֶּה וְיִתְהַלָּל
שמו של הקדוש	שְׁמֵהּ דְּקֻדְשָׁא
ברוך הוא	בְּרִיךְ הוּא (קהל: בְּרִיךְ הוּא)
למעלה מכל הברכות והשירות	לְעֵלָּא מִן כָּל בִּרְכָתָא וְשִׁירָתָא
התשבחות והנחמות	תֻּשְׁבְּחָתָא וְנֶחֱמָתָא
האמורות בעולם	דַּאֲמִירָן בְּעָלְמָא
ואמרו אמן.	וְאִמְרוּ אָמֵן. (קהל: אָמֵן)

עַל יִשְׂרָאֵל וְעַל רַבָּנָן	על ישראל ועל רבותינו
וְעַל תַּלְמִידֵיהוֹן	ועל תלמידיהם
וְעַל כָּל תַּלְמִידֵי תַלְמִידֵיהוֹן	ועל כל תלמידי תלמידיהם
וְעַל כָּל מָאן דְּעָסְקִין בְּאוֹרַיְתָא	ועל כל מי שעוסקים בתורה
דִּי בְּאַתְרָא קַדִּישָׁא הָדֵין	שבמקום הקדוש הזה
וְדִי בְּכָל אֲתַר וַאֲתַר	ושבכל מקום ומקום
יְהֵא לְהוֹן וּלְכוֹן שְׁלָמָא רַבָּא	יהא להם ולכם שלום רב
חִנָּא וְחִסְדָּא, וְרַחֲמֵי	חן וחסד, ורחמים
וְחַיֵּי אֲרִיכֵי	וחיים ארוכים
וּמְזוֹנֵי רְוִיחֵי	ומזונות רווחים
וּפֻרְקָנָא מִן קֳדָם אֲבוּהוֹן דִּי בִשְׁמַיָּא	וישועה מלפני אביהם שבשמים
וְאִמְרוּ אָמֵן. (קהל: אָמֵן)	ואמרו אמן.

יְהֵא שְׁלָמָא רַבָּא מִן שְׁמַיָּא	יהא שלום רב מן השמים
וְחַיִּים (טוֹבִים) עָלֵינוּ	וחיים (טובים) עלינו
וְעַל כָּל יִשְׂרָאֵל	ועל כל ישראל
וְאִמְרוּ אָמֵן. (קהל: אָמֵן)	ואמרו אמן.

כורע ופוסע שלוש פסיעות לאחור.
קד לשמאל, לימין ולפנים באמירת:

עֹשֶׂה שָׁלוֹם בִּמְרוֹמָיו
הוּא יַעֲשֶׂה בְרַחֲמָיו שָׁלוֹם
עָלֵינוּ וְעַל כָּל יִשְׂרָאֵל
וְאִמְרוּ אָמֵן. (קהל: אָמֵן)

מזמור לפני פסוקי דזמרה

דוד לא זכה לבנות את בית המקדש, אך מכיוון שנתן את נפשו על המקדש, נקרא על שמו (במדבר רבה יב, ט).

בסידורי ספרד העתיקים פרק זה נאמר לפני פסוקי דזמרה. בדורות האחרונים גם קהילות אשכנז אימצו את המנהג והוסיפו אחריו קדיש, כיוון שאינו חלק מפסוקי דזמרה.

בבתי כנסת המתפללים בנוסח ספרד, הסדר הוא:
׳הוֹדוּ לַיהוה קִרְאוּ בִשְׁמוֹ׳ (עמ׳ 105), ׳מִזְמוֹר שִׁיר־חֲנֻכַּת הַבַּיִת לְדָוִד׳ (למטה, ואין אומרים קדיש אחריו) ופסוקי ייחוד ה׳ (עמ׳ 107).

תהלים ל מִזְמוֹר שִׁיר־חֲנֻכַּת הַבַּיִת לְדָוִד:
אֲרוֹמִמְךָ יהוה כִּי דִלִּיתָנִי, וְלֹא־שִׂמַּחְתָּ אֹיְבַי לִי:
יהוה אֱלֹהָי, שִׁוַּעְתִּי אֵלֶיךָ וַתִּרְפָּאֵנִי:
יהוה, הֶעֱלִיתָ מִן־שְׁאוֹל נַפְשִׁי, חִיִּיתַנִי מִיָּרְדִי־בוֹר:
זַמְּרוּ לַיהוה חֲסִידָיו, וְהוֹדוּ לְזֵכֶר קָדְשׁוֹ:
כִּי רֶגַע בְּאַפּוֹ, חַיִּים בִּרְצוֹנוֹ
בָּעֶרֶב יָלִין בֶּכִי וְלַבֹּקֶר רִנָּה:
וַאֲנִי אָמַרְתִּי בְשַׁלְוִי, בַּל־אֶמּוֹט לְעוֹלָם:
יהוה, בִּרְצוֹנְךָ הֶעֱמַדְתָּה לְהַרְרִי עֹז
הִסְתַּרְתָּ פָנֶיךָ הָיִיתִי נִבְהָל:
אֵלֶיךָ יהוה אֶקְרָא, וְאֶל־אֲדֹנָי אֶתְחַנָּן:
מַה־בֶּצַע בְּדָמִי, בְּרִדְתִּי אֶל שָׁחַת
הֲיוֹדְךָ עָפָר, הֲיַגִּיד אֲמִתֶּךָ:
שְׁמַע־יהוה וְחָנֵּנִי, יהוה הֱיֵה־עֹזֵר לִי:
◂ הָפַכְתָּ מִסְפְּדִי לְמָחוֹל לִי, פִּתַּחְתָּ שַׂקִּי
וַתְּאַזְּרֵנִי שִׂמְחָה:
לְמַעַן יְזַמֶּרְךָ כָבוֹד וְלֹא יִדֹּם, יהוה אֱלֹהַי, לְעוֹלָם אוֹדֶךָּ:

קדיש יתום

אם יש מניין, האבלים עומדים ואומרים קדיש יתום.

אבל: יִתְגַּדַּל וְיִתְקַדַּשׁ שְׁמֵהּ רַבָּא (קהל: אָמֵן)
בְּעָלְמָא דִּי בְרָא כִרְעוּתֵהּ
וְיַמְלִיךְ מַלְכוּתֵהּ
בְּחַיֵּיכוֹן וּבְיוֹמֵיכוֹן וּבְחַיֵּי דְכָל בֵּית יִשְׂרָאֵל
בַּעֲגָלָא וּבִזְמַן קָרִיב
וְאִמְרוּ אָמֵן. (קהל: אָמֵן)

קהל ואבל: יְהֵא שְׁמֵהּ רַבָּא מְבָרַךְ לְעָלַם וּלְעָלְמֵי עָלְמַיָּא.

אבל: יִתְבָּרַךְ וְיִשְׁתַּבַּח וְיִתְפָּאַר וְיִתְרוֹמַם וְיִתְנַשֵּׂא
וְיִתְהַדָּר וְיִתְעַלֶּה וְיִתְהַלָּל
שְׁמֵהּ דְּקֻדְשָׁא בְּרִיךְ הוּא (קהל: בְּרִיךְ הוּא)
לְעֵֽלָּא מִן כָּל בִּרְכָתָא וְשִׁירָתָא
תֻּשְׁבְּחָתָא וְנֶחֱמָתָא
דַּאֲמִירָן בְּעָלְמָא
וְאִמְרוּ אָמֵן. (קהל: אָמֵן)

יְהֵא שְׁלָמָא רַבָּא מִן שְׁמַיָּא
וְחַיִּים, עָלֵינוּ וְעַל כָּל יִשְׂרָאֵל
וְאִמְרוּ אָמֵן. (קהל: אָמֵן)

כורע ופוסע שלוש פסיעות לאחור. קד לשמאל, לימין ולפנים באמירת:

עֹשֶׂה שָׁלוֹם בִּמְרוֹמָיו
הוּא יַעֲשֶׂה שָׁלוֹם עָלֵינוּ וְעַל כָּל יִשְׂרָאֵל
וְאִמְרוּ אָמֵן. (קהל: אָמֵן)

פסוקי דזמרה

מ׳בָּרוּךְ שֶׁאָמַר׳ ואילך אסור לדבר בדברי חול עד סוף התפילה.
נהוג לומר ׳בָּרוּךְ שֶׁאָמַר׳ בעמידה, והמתפלל אוחז שתי ציציות לפניו.

יש אומרים:
הֲרֵינִי מְזַמֵּן אֶת פִּי לְהוֹדוֹת וּלְהַלֵּל וּלְשַׁבֵּחַ אֶת בּוֹרְאִי, לְשֵׁם יִחוּד קֻדְשָׁא בְּרִיךְ הוּא וּשְׁכִינְתֵּהּ עַל יְדֵי הַהוּא טָמִיר וְנֶעְלָם בְּשֵׁם כָּל יִשְׂרָאֵל.

בָּרוּךְ שֶׁאָמַר
וְהָיָה הָעוֹלָם, בָּרוּךְ הוּא.
בָּרוּךְ עוֹשֶׂה בְרֵאשִׁית
בָּרוּךְ אוֹמֵר וְעוֹשֶׂה
בָּרוּךְ גּוֹזֵר וּמְקַיֵּם
בָּרוּךְ מְרַחֵם עַל הָאָרֶץ
בָּרוּךְ מְרַחֵם עַל הַבְּרִיּוֹת
בָּרוּךְ מְשַׁלֵּם שָׂכָר טוֹב לִירֵאָיו
בָּרוּךְ חַי לָעַד וְקַיָּם לָנֶצַח
בָּרוּךְ פּוֹדֶה וּמַצִּיל
בָּרוּךְ שְׁמוֹ

בָּרוּךְ אַתָּה יהוה אֱלֹהֵינוּ מֶלֶךְ הָעוֹלָם, הָאֵל הָאָב הָרַחֲמָן הַמְהֻלָּל בְּפִי עַמּוֹ, מְשֻׁבָּח וּמְפֹאָר בִּלְשׁוֹן חֲסִידָיו וַעֲבָדָיו, וּבְשִׁירֵי דָוִד עַבְדֶּךָ, נְהַלֶּלְךָ יהוה אֱלֹהֵינוּ. בִּשְׁבָחוֹת וּבִזְמִירוֹת נְגַדֶּלְךָ וּנְשַׁבֵּחֲךָ וּנְפָאֶרְךָ, וְנַזְכִּיר שִׁמְךָ וְנַמְלִיכְךָ, מַלְכֵּנוּ אֱלֹהֵינוּ. ‹ יָחִיד חֵי הָעוֹלָמִים, מֶלֶךְ, מְשֻׁבָּח וּמְפֹאָר עֲדֵי עַד שְׁמוֹ הַגָּדוֹל, בָּרוּךְ אַתָּה יהוה, מֶלֶךְ מְהֻלָּל בַּתִּשְׁבָּחוֹת.

בבתי כנסת המתפללים בנוסח ספרד, ממשיכים במזמורי שבת בעמ׳ 108;
בחול המועד סוכות (לרבות בהושענא רבה) ממשיכים ׳מִזְמוֹר לְתוֹדָה׳
בעמ׳ 107; ובחול המועד פסח, ׳יְהִי כְבוֹד׳ בעמ׳ 116.

בשעה שהעלו את ארון ה׳ לירושלים, אמרו הלוויים מזמור זה.
לאחריו מוסיפים לקט פסוקים המזכירים את חסדי ה׳.

דברי הימים א׳ טז

הוֹדוּ לַיהוה קִרְאוּ בִשְׁמוֹ, הוֹדִיעוּ בָעַמִּים עֲלִילֹתָיו: שִׁירוּ לוֹ, זַמְּרוּ־לוֹ, שִׂיחוּ בְּכָל־נִפְלְאֹתָיו: הִתְהַלְלוּ בְּשֵׁם קָדְשׁוֹ, יִשְׂמַח לֵב מְבַקְשֵׁי יהוה: דִּרְשׁוּ יהוה וְעֻזּוֹ, בַּקְּשׁוּ פָנָיו תָּמִיד: זִכְרוּ נִפְלְאֹתָיו אֲשֶׁר עָשָׂה, מֹפְתָיו וּמִשְׁפְּטֵי־פִיהוּ: זֶרַע יִשְׂרָאֵל עַבְדּוֹ, בְּנֵי יַעֲקֹב בְּחִירָיו: הוּא יהוה אֱלֹהֵינוּ בְּכָל־הָאָרֶץ מִשְׁפָּטָיו: זִכְרוּ לְעוֹלָם בְּרִיתוֹ, דָּבָר צִוָּה לְאֶלֶף דּוֹר: אֲשֶׁר כָּרַת אֶת־אַבְרָהָם, וּשְׁבוּעָתוֹ לְיִצְחָק: וַיַּעֲמִידֶהָ לְיַעֲקֹב לְחֹק, לְיִשְׂרָאֵל בְּרִית עוֹלָם: לֵאמֹר, לְךָ אֶתֵּן אֶרֶץ־כְּנָעַן, חֶבֶל נַחֲלַתְכֶם: בִּהְיוֹתְכֶם מְתֵי מִסְפָּר, כִּמְעַט וְגָרִים בָּהּ: וַיִּתְהַלְּכוּ מִגּוֹי אֶל־גּוֹי, וּמִמַּמְלָכָה אֶל־עַם אַחֵר: לֹא־הִנִּיחַ לְאִישׁ לְעָשְׁקָם, וַיּוֹכַח עֲלֵיהֶם מְלָכִים: אַל־תִּגְּעוּ בִּמְשִׁיחָי, וּבִנְבִיאַי אַל־תָּרֵעוּ: שִׁירוּ לַיהוה כָּל־הָאָרֶץ, בַּשְּׂרוּ מִיּוֹם־אֶל־יוֹם יְשׁוּעָתוֹ: סַפְּרוּ בַגּוֹיִם אֶת־כְּבוֹדוֹ, בְּכָל־הָעַמִּים נִפְלְאֹתָיו: כִּי גָדוֹל יהוה וּמְהֻלָּל מְאֹד, וְנוֹרָא הוּא עַל־כָּל־אֱלֹהִים: ‹ כִּי כָּל־אֱלֹהֵי הָעַמִּים אֱלִילִים, וַיהוה שָׁמַיִם עָשָׂה:

הוֹד וְהָדָר לְפָנָיו, עֹז וְחֶדְוָה בִּמְקֹמוֹ: הָבוּ לַיהוה מִשְׁפְּחוֹת עַמִּים, הָבוּ לַיהוה כָּבוֹד וָעֹז: הָבוּ לַיהוה כְּבוֹד שְׁמוֹ, שְׂאוּ מִנְחָה וּבֹאוּ לְפָנָיו, הִשְׁתַּחֲווּ לַיהוה בְּהַדְרַת־קֹדֶשׁ: חִילוּ מִלְּפָנָיו כָּל־הָאָרֶץ, אַף־תִּכּוֹן תֵּבֵל בַּל־תִּמּוֹט: יִשְׂמְחוּ הַשָּׁמַיִם וְתָגֵל הָאָרֶץ, וְיֹאמְרוּ בַגּוֹיִם יהוה מָלָךְ: יִרְעַם הַיָּם וּמְלוֹאוֹ, יַעֲלֹץ הַשָּׂדֶה וְכָל־אֲשֶׁר־בּוֹ: אָז יְרַנְּנוּ עֲצֵי הַיָּעַר, מִלִּפְנֵי יהוה, כִּי־בָא לִשְׁפּוֹט אֶת־הָאָרֶץ: הוֹדוּ לַיהוה כִּי טוֹב, כִּי לְעוֹלָם חַסְדּוֹ: וְאִמְרוּ, הוֹשִׁיעֵנוּ

אֱלֹהֵי יִשְׁעֵנוּ, וְקַבְּצֵנוּ וְהַצִּילֵנוּ מִן־הַגּוֹיִם, לְהֹדוֹת לְשֵׁם קׇדְשֶׁךָ,
לְהִשְׁתַּבֵּחַ בִּתְהִלָּתֶךָ: בָּרוּךְ יהוה אֱלֹהֵי יִשְׂרָאֵל מִן־הָעוֹלָם
וְעַד־הָעֹלָם, וַיֹּאמְרוּ כׇל־הָעָם אָמֵן, וְהַלֵּל לַיהוה:

תהלים צט · רוֹמְמוּ יהוה אֱלֹהֵינוּ וְהִשְׁתַּחֲווּ לַהֲדֹם רַגְלָיו, קָדוֹשׁ הוּא:
רוֹמְמוּ יהוה אֱלֹהֵינוּ וְהִשְׁתַּחֲווּ לְהַר קׇדְשׁוֹ, כִּי־קָדוֹשׁ יהוה
אֱלֹהֵינוּ:

תהלים עח וְהוּא רַחוּם, יְכַפֵּר עָוֹן וְלֹא־יַשְׁחִית, וְהִרְבָּה לְהָשִׁיב אַפּוֹ,
תהלים מ וְלֹא־יָעִיר כׇּל־חֲמָתוֹ: אַתָּה יהוה לֹא־תִכְלָא רַחֲמֶיךָ מִמֶּנִּי, חַסְדְּךָ
תהלים כה וַאֲמִתְּךָ תָּמִיד יִצְּרוּנִי: זְכֹר־רַחֲמֶיךָ יהוה וַחֲסָדֶיךָ, כִּי מֵעוֹלָם
תהלים סח הֵמָּה: תְּנוּ עֹז לֵאלֹהִים, עַל־יִשְׂרָאֵל גַּאֲוָתוֹ, וְעֻזּוֹ בַּשְּׁחָקִים:
נוֹרָא אֱלֹהִים מִמִּקְדָּשֶׁיךָ, אֵל יִשְׂרָאֵל הוּא נֹתֵן עֹז וְתַעֲצֻמוֹת
תהלים צד לָעָם, בָּרוּךְ אֱלֹהִים: אֵל־נְקָמוֹת יהוה, אֵל נְקָמוֹת הוֹפִיעַ: הִנָּשֵׂא
תהלים ג שֹׁפֵט הָאָרֶץ, הָשֵׁב גְּמוּל עַל־גֵּאִים: לַיהוה הַיְשׁוּעָה, עַל־עַמְּךָ
תהלים מו בִרְכָתֶךָ סֶּלָה: · יהוה צְבָאוֹת עִמָּנוּ, מִשְׂגָּב לָנוּ אֱלֹהֵי יַעֲקֹב
תהלים פד תהלים כ סֶלָה: יהוה צְבָאוֹת, אַשְׁרֵי אָדָם בֹּטֵחַ בָּךְ: יהוה הוֹשִׁיעָה, הַמֶּלֶךְ
יַעֲנֵנוּ בְיוֹם־קׇרְאֵנוּ:

תהלים כח הוֹשִׁיעָה אֶת־עַמֶּךָ, וּבָרֵךְ אֶת־נַחֲלָתֶךָ, וּרְעֵם וְנַשְּׂאֵם עַד־
תהלים לג הָעוֹלָם: נַפְשֵׁנוּ חִכְּתָה לַיהוה, עֶזְרֵנוּ וּמָגִנֵּנוּ הוּא: כִּי־בוֹ יִשְׂמַח
לִבֵּנוּ, כִּי בְשֵׁם קׇדְשׁוֹ בָטָחְנוּ: יְהִי־חַסְדְּךָ יהוה עָלֵינוּ, כַּאֲשֶׁר
תהלים פה תהלים מד יִחַלְנוּ לָךְ: הַרְאֵנוּ יהוה חַסְדֶּךָ, וְיֶשְׁעֲךָ תִּתֶּן־לָנוּ: קוּמָה עֶזְרָתָה
תהלים פא לָּנוּ, וּפְדֵנוּ לְמַעַן חַסְדֶּךָ: אָנֹכִי יהוה אֱלֹהֶיךָ הַמַּעַלְךָ מֵאֶרֶץ
תהלים קמד מִצְרָיִם, הַרְחֶב־פִּיךָ וַאֲמַלְאֵהוּ: אַשְׁרֵי הָעָם שֶׁכָּכָה לּוֹ, אַשְׁרֵי
תהלים יג הָעָם שֶׁיהוה אֱלֹהָיו: · וַאֲנִי בְּחַסְדְּךָ בָטַחְתִּי, יָגֵל לִבִּי בִּישׁוּעָתֶךָ,
אָשִׁירָה לַיהוה, כִּי גָמַל עָלָי:

בבתי כנסת המתפללים בנוסח ספרד, עומדים ואומרים:

יהוה מֶלֶךְ, יהוה מָלָךְ, יהוה יִמְלֹךְ לְעֹלָם וָעֶד.
יהוה מֶלֶךְ, יהוה מָלָךְ, יהוה יִמְלֹךְ לְעֹלָם וָעֶד.

וְהָיָה יהוה לְמֶלֶךְ עַל־כָּל־הָאָרֶץ זכריה יד
בַּיּוֹם הַהוּא יִהְיֶה יהוה אֶחָד וּשְׁמוֹ אֶחָד:

הוֹשִׁיעֵנוּ יהוה אֱלֹהֵינוּ, וְקַבְּצֵנוּ מִן־הַגּוֹיִם, לְהוֹדוֹת לְשֵׁם קָדְשֶׁךָ, לְהִשְׁתַּבֵּחַ תהלים קו
בִּתְהִלָּתֶךָ: בָּרוּךְ יהוה אֱלֹהֵי יִשְׂרָאֵל מִן־הָעוֹלָם וְעַד הָעוֹלָם, וְאָמַר כָּל־הָעָם
אָמֵן, הַלְלוּיָהּ: כֹּל הַנְּשָׁמָה תְּהַלֵּל יָהּ, הַלְלוּיָהּ: תהלים קנ

ביום טוב ובשבת ממשיכים במזמורי שבת (בעמוד הבא) ואחריהם ׳בָּרוּךְ שֶׁאָמַר׳ (עמ׳ 104).
בהושענא רבה אומרים ׳מִזְמוֹר לְתוֹדָה׳ (למטה) ואחריו מזמורי שבת.

בחול המועד ממשיכים ׳לַמְנַצֵּחַ בִּנְגִינֹת, מִזְמוֹר שִׁיר׳ ו׳מִזְמוֹר לְתוֹדָה׳ (בסוכות),
אומרים ׳בָּרוּךְ שֶׁאָמַר׳ (עמ׳ 104) וממשיכים ׳יְהִי כְבוֹד׳ (עמ׳ 116).

לַמְנַצֵּחַ בִּנְגִינֹת, מִזְמוֹר שִׁיר: אֱלֹהִים יְחָנֵּנוּ וִיבָרְכֵנוּ, יָאֵר פָּנָיו אִתָּנוּ סֶלָה: תהלים סז
לָדַעַת בָּאָרֶץ דַּרְכֶּךָ, בְּכָל־גּוֹיִם יְשׁוּעָתֶךָ: יוֹדוּךָ עַמִּים אֱלֹהִים, יוֹדוּךָ עַמִּים
כֻּלָּם: יִשְׂמְחוּ וִירַנְּנוּ לְאֻמִּים, כִּי־תִשְׁפֹּט עַמִּים מִישֹׁר, וּלְאֻמִּים בָּאָרֶץ תַּנְחֵם
סֶלָה: יוֹדוּךָ עַמִּים אֱלֹהִים, יוֹדוּךָ עַמִּים כֻּלָּם: ‹ אֶרֶץ נָתְנָה יְבוּלָהּ, יְבָרְכֵנוּ
אֱלֹהִים אֱלֹהֵינוּ: יְבָרְכֵנוּ אֱלֹהִים, וְיִירְאוּ אוֹתוֹ כָּל־אַפְסֵי־אָרֶץ:

בחול המועד סוכות (לרבות בהושענא רבה) אומרים ׳מִזְמוֹר לְתוֹדָה׳,
והמנהג הנפוץ לאומרו בעמידה.

מִזְמוֹר לְתוֹדָה, הָרִיעוּ לַיהוה כָּל־הָאָרֶץ: עִבְדוּ אֶת־יהוה תהלים ק
בְּשִׂמְחָה, בֹּאוּ לְפָנָיו בִּרְנָנָה: דְּעוּ כִּי־יהוה הוּא אֱלֹהִים,
הוּא עָשָׂנוּ וְלוֹ אֲנַחְנוּ, עַמּוֹ וְצֹאן מַרְעִיתוֹ: בֹּאוּ שְׁעָרָיו
בְּתוֹדָה, חֲצֵרֹתָיו בִּתְהִלָּה, הוֹדוּ לוֹ, בָּרְכוּ שְׁמוֹ: ‹ כִּי־טוֹב
יהוה, לְעוֹלָם חַסְדּוֹ, וְעַד־דֹּר וָדֹר אֱמוּנָתוֹ:

ממשיכים ׳יְהִי כְבוֹד׳ בעמ׳ 116,
ובהושענא רבה ממשיכים במזמורי שבת בעמוד הבא.

נוהגים להאריך בפסוקי דזמרה לכבוד השבת ולכבוד הרגל.

בבתי כנסת המתפללים בנוסח ספרד, סדר המזמורים שונה: ׳לַמְנַצֵּחַ׳ (למטה), ׳רַנְּנוּ צַדִּיקִים בַּה׳׳ (עמ׳ 114), מזמורים לד, צ, צא (עמ׳ 108), ׳מִזְמוֹר שִׁירוּ לַה׳ שִׁיר חָדָשׁ׳, שירי המעלות קכא–קכד (עמ׳ 110), שני מזמורי הלל הגדול (עמ׳ 112), הפיוט ׳הָאַדֶּרֶת וְהָאֱמוּנָה׳ (עמ׳ 114), ורק אחר כך ׳בָּרוּךְ שֶׁאָמַר׳ (עמ׳ 104), וממשיכים ׳מִזְמוֹר שִׁיר לְיוֹם הַשַּׁבָּת׳ (עמ׳ 115).

תהלים יט

לַמְנַצֵּחַ מִזְמוֹר לְדָוִד: הַשָּׁמַיִם מְסַפְּרִים כְּבוֹד־אֵל, וּמַעֲשֵׂה יָדָיו מַגִּיד הָרָקִיעַ: יוֹם לְיוֹם יַבִּיעַ אֹמֶר, וְלַיְלָה לְּלַיְלָה יְחַוֶּה־דָּעַת: אֵין־אֹמֶר וְאֵין דְּבָרִים, בְּלִי נִשְׁמָע קוֹלָם: בְּכָל־הָאָרֶץ יָצָא קַוָּם, וּבִקְצֵה תֵבֵל מִלֵּיהֶם, לַשֶּׁמֶשׁ שָׂם־אֹהֶל בָּהֶם: וְהוּא כְּחָתָן יֹצֵא מֵחֻפָּתוֹ, יָשִׂישׂ כְּגִבּוֹר לָרוּץ אֹרַח: מִקְצֵה הַשָּׁמַיִם מוֹצָאוֹ, וּתְקוּפָתוֹ עַל־קְצוֹתָם, וְאֵין נִסְתָּר מֵחַמָּתוֹ: תּוֹרַת יהוה תְּמִימָה, מְשִׁיבַת נָפֶשׁ, עֵדוּת יהוה נֶאֱמָנָה, מַחְכִּימַת פֶּתִי: פִּקּוּדֵי יהוה יְשָׁרִים, מְשַׂמְּחֵי־לֵב, מִצְוַת יהוה בָּרָה, מְאִירַת עֵינָיִם: יִרְאַת יהוה טְהוֹרָה, עוֹמֶדֶת לָעַד, מִשְׁפְּטֵי־יהוה אֱמֶת, צָדְקוּ יַחְדָּו: הַנֶּחֱמָדִים מִזָּהָב וּמִפַּז רָב, וּמְתוּקִים מִדְּבַשׁ וְנֹפֶת צוּפִים: גַּם־עַבְדְּךָ נִזְהָר בָּהֶם, בְּשָׁמְרָם עֵקֶב רָב: שְׁגִיאוֹת מִי־יָבִין, מִנִּסְתָּרוֹת נַקֵּנִי: גַּם מִזֵּדִים חֲשֹׂךְ עַבְדֶּךָ, אַל־יִמְשְׁלוּ־בִי אָז אֵיתָם, וְנִקֵּיתִי מִפֶּשַׁע רָב: ◂ יִהְיוּ לְרָצוֹן אִמְרֵי־פִי וְהֶגְיוֹן לִבִּי לְפָנֶיךָ, יהוה, צוּרִי וְגֹאֲלִי:

מזמור זה, שנאמר בו ׳אֲבָרְכָה אֶת־ה׳ בְּכָל־עֵת׳, היה ראוי להיאמר בכל יום,
אך משום שחכמים חששו לטורח הציבור,
תיקנו לומר אותו רק בשבתות ובימים טובים (סידור ר״ש מגרמייזא).

תהלים לד

לְדָוִד, בְּשַׁנּוֹתוֹ אֶת־טַעְמוֹ לִפְנֵי אֲבִימֶלֶךְ, וַיְגָרְשֵׁהוּ וַיֵּלַךְ: אֲבָרְכָה אֶת־יהוה בְּכָל־עֵת, תָּמִיד תְּהִלָּתוֹ בְּפִי: בַּיהוה תִּתְהַלֵּל נַפְשִׁי, יִשְׁמְעוּ עֲנָוִים וְיִשְׂמָחוּ: גַּדְּלוּ לַיהוה אִתִּי, וּנְרוֹמְמָה שְׁמוֹ יַחְדָּו: דָּרַשְׁתִּי אֶת־יהוה וְעָנָנִי, וּמִכָּל־מְגוּרוֹתַי הִצִּילָנִי: הִבִּיטוּ אֵלָיו וְנָהָרוּ, וּפְנֵיהֶם אַל־יֶחְפָּרוּ: זֶה עָנִי קָרָא, וַיהוה שָׁמֵעַ, וּמִכָּל־

צָרוֹתָיו הוֹשִׁיעוֹ: חֹנֶה מַלְאַךְ־יהוה סָבִיב לִירֵאָיו, וַיְחַלְּצֵם: טַעֲמוּ וּרְאוּ כִּי־טוֹב יהוה, אַשְׁרֵי הַגֶּבֶר יֶחֱסֶה־בּוֹ: יְראוּ אֶת־יהוה קְדֹשָׁיו, כִּי־אֵין מַחְסוֹר לִירֵאָיו: כְּפִירִים רָשׁוּ וְרָעֵבוּ, וְדֹרְשֵׁי יהוה לֹא־יַחְסְרוּ כָל־טוֹב: לְכוּ־בָנִים שִׁמְעוּ־לִי, יִרְאַת יהוה אֲלַמֶּדְכֶם: מִי־הָאִישׁ הֶחָפֵץ חַיִּים, אֹהֵב יָמִים לִרְאוֹת טוֹב: נְצֹר לְשׁוֹנְךָ מֵרָע, וּשְׂפָתֶיךָ מִדַּבֵּר מִרְמָה: סוּר מֵרָע וַעֲשֵׂה־טוֹב, בַּקֵּשׁ שָׁלוֹם וְרָדְפֵהוּ: עֵינֵי יהוה אֶל־צַדִּיקִים, וְאָזְנָיו אֶל־שַׁוְעָתָם: פְּנֵי יהוה בְּעֹשֵׂי רָע, לְהַכְרִית מֵאֶרֶץ זִכְרָם: צָעֲקוּ וַיהוה שָׁמֵעַ, וּמִכָּל־צָרוֹתָם הִצִּילָם: קָרוֹב יהוה לְנִשְׁבְּרֵי־לֵב, וְאֶת־דַּכְּאֵי־רוּחַ יוֹשִׁיעַ: רַבּוֹת רָעוֹת צַדִּיק, וּמִכֻּלָּם יַצִּילֶנּוּ יהוה: שֹׁמֵר כָּל־עַצְמוֹתָיו, אַחַת מֵהֵנָּה לֹא נִשְׁבָּרָה: תְּמוֹתֵת רָשָׁע רָעָה, וְשֹׂנְאֵי צַדִּיק יֶאְשָׁמוּ:

‹ פּוֹדֶה יהוה נֶפֶשׁ עֲבָדָיו, וְלֹא יֶאְשְׁמוּ כָּל־הַחֹסִים בּוֹ:

אחד עשר מזמורים בספר תהלים, צ–ק, מיוחסים למשה (רש״י בתהלים), ותשעה מהם נאמרים בתפילות השבת: מזמורים צ–צא כאן, צב–צג שהם שיר של יום לשבת ולערב שבת, וצה–צט בקבלת שבת.

תהלים צ

תְּפִלָּה לְמֹשֶׁה אִישׁ־הָאֱלֹהִים, אֲדֹנָי, מָעוֹן אַתָּה הָיִיתָ לָּנוּ בְּדֹר וָדֹר: בְּטֶרֶם הָרִים יֻלָּדוּ, וַתְּחוֹלֵל אֶרֶץ וְתֵבֵל, וּמֵעוֹלָם עַד־עוֹלָם אַתָּה אֵל: תָּשֵׁב אֱנוֹשׁ עַד־דַּכָּא, וַתֹּאמֶר שׁוּבוּ בְנֵי־אָדָם: כִּי אֶלֶף שָׁנִים בְּעֵינֶיךָ, כְּיוֹם אֶתְמוֹל כִּי יַעֲבֹר, וְאַשְׁמוּרָה בַלָּיְלָה: זְרַמְתָּם, שֵׁנָה יִהְיוּ, בַּבֹּקֶר כֶּחָצִיר יַחֲלֹף: בַּבֹּקֶר יָצִיץ וְחָלָף, לָעֶרֶב יְמוֹלֵל וְיָבֵשׁ: כִּי־כָלִינוּ בְאַפֶּךָ, וּבַחֲמָתְךָ נִבְהָלְנוּ: שַׁתָּ עֲוֹנֹתֵינוּ לְנֶגְדֶּךָ, עֲלֻמֵנוּ לִמְאוֹר פָּנֶיךָ: כִּי כָל־יָמֵינוּ פָּנוּ בְעֶבְרָתֶךָ, כִּלִּינוּ שָׁנֵינוּ כְמוֹ־הֶגֶה: יְמֵי־שְׁנוֹתֵינוּ בָהֶם שִׁבְעִים שָׁנָה, וְאִם בִּגְבוּרֹת שְׁמוֹנִים שָׁנָה, וְרָהְבָּם עָמָל וָאָוֶן, כִּי־גָז חִישׁ וַנָּעֻפָה: מִי־יוֹדֵעַ עֹז אַפֶּךָ, וּכְיִרְאָתְךָ עֶבְרָתֶךָ: לִמְנוֹת יָמֵינוּ כֵּן הוֹדַע, וְנָבִא לְבַב חָכְמָה:

שׁוּבָה יהוה עַד־מָתָי, וְהִנָּחֵם עַל־עֲבָדֶיךָ: שַׂבְּעֵנוּ בַבֹּקֶר חַסְדֶּךָ, וּנְרַנְּנָה וְנִשְׂמְחָה בְּכָל־יָמֵינוּ: שַׂמְּחֵנוּ כִּימוֹת עִנִּיתָנוּ, שְׁנוֹת רָאִינוּ רָעָה: יֵרָאֶה אֶל־עֲבָדֶיךָ פָעֳלֶךָ, וַהֲדָרְךָ עַל־בְּנֵיהֶם: ◂ וִיהִי נֹעַם אֲדֹנָי אֱלֹהֵינוּ עָלֵינוּ, וּמַעֲשֵׂה יָדֵינוּ כּוֹנְנָה עָלֵינוּ, וּמַעֲשֵׂה יָדֵינוּ כּוֹנְנֵהוּ:

מזמור זה מכונה 'שיר של פגעים', מפני שהוא עוסק בשמירה של הקב"ה על האדם ובמידת הביטחון (שבועות טו ע"ב).

תהלים צא יֹשֵׁב בְּסֵתֶר עֶלְיוֹן, בְּצֵל שַׁדַּי יִתְלוֹנָן: אֹמַר לַיהוה מַחְסִי וּמְצוּדָתִי, אֱלֹהַי אֶבְטַח־בּוֹ: כִּי הוּא יַצִּילְךָ מִפַּח יָקוּשׁ, מִדֶּבֶר הַוּוֹת: בְּאֶבְרָתוֹ יָסֶךְ לָךְ, וְתַחַת־כְּנָפָיו תֶּחְסֶה, צִנָּה וְסֹחֵרָה אֲמִתּוֹ: לֹא־תִירָא מִפַּחַד לָיְלָה, מֵחֵץ יָעוּף יוֹמָם: מִדֶּבֶר בָּאֹפֶל יַהֲלֹךְ, מִקֶּטֶב יָשׁוּד צָהֳרָיִם: יִפֹּל מִצִּדְּךָ אֶלֶף, וּרְבָבָה מִימִינֶךָ, אֵלֶיךָ לֹא יִגָּשׁ: רַק בְּעֵינֶיךָ תַבִּיט, וְשִׁלֻּמַת רְשָׁעִים תִּרְאֶה: כִּי־אַתָּה יהוה מַחְסִי, עֶלְיוֹן שַׂמְתָּ מְעוֹנֶךָ: לֹא־תְאֻנֶּה אֵלֶיךָ רָעָה, וְנֶגַע לֹא־יִקְרַב בְּאָהֳלֶךָ: כִּי מַלְאָכָיו יְצַוֶּה־לָּךְ, לִשְׁמָרְךָ בְּכָל־דְּרָכֶיךָ: עַל־כַּפַּיִם יִשָּׂאוּנְךָ, פֶּן־תִּגֹּף בָּאֶבֶן רַגְלֶךָ: עַל־שַׁחַל וָפֶתֶן תִּדְרֹךְ, תִּרְמֹס כְּפִיר וְתַנִּין: כִּי בִי חָשַׁק וַאֲפַלְּטֵהוּ, אֲשַׂגְּבֵהוּ כִּי־יָדַע שְׁמִי: יִקְרָאֵנִי וְאֶעֱנֵהוּ, עִמּוֹ אָנֹכִי בְצָרָה, אֲחַלְּצֵהוּ וַאֲכַבְּדֵהוּ:

◂ אֹרֶךְ יָמִים אַשְׂבִּיעֵהוּ, וְאַרְאֵהוּ בִּישׁוּעָתִי:

אֹרֶךְ יָמִים אַשְׂבִּיעֵהוּ, וְאַרְאֵהוּ בִּישׁוּעָתִי:

בבתי כנסת המתפללים בנוסח ספרד, מוסיפים כאן את חמשת המזמורים הבאים:

תהלים צח מִזְמוֹר, שִׁירוּ לַיהוה שִׁיר חָדָשׁ, כִּי־נִפְלָאוֹת עָשָׂה, הוֹשִׁיעָה־לּוֹ יְמִינוֹ וּזְרוֹעַ קָדְשׁוֹ: הוֹדִיעַ יהוה יְשׁוּעָתוֹ, לְעֵינֵי הַגּוֹיִם גִּלָּה צִדְקָתוֹ: זָכַר חַסְדּוֹ וֶאֱמוּנָתוֹ לְבֵית יִשְׂרָאֵל, רָאוּ כָל־אַפְסֵי־אָרֶץ אֵת יְשׁוּעַת אֱלֹהֵינוּ: הָרִיעוּ לַיהוה כָּל־

הָאָרֶץ, פִּצְחוּ וְרַנְּנוּ וְזַמֵּרוּ: זַמְּרוּ לַיהוה בְּכִנּוֹר, בְּכִנּוֹר וְקוֹל זִמְרָה: בַּחֲצֹצְרוֹת
וְקוֹל שׁוֹפָר, הָרִיעוּ לִפְנֵי הַמֶּלֶךְ יהוה: יִרְעַם הַיָּם וּמְלֹאוֹ, תֵּבֵל וְיֹשְׁבֵי בָהּ:
› נְהָרוֹת יִמְחֲאוּ־כָף, יַחַד הָרִים יְרַנֵּנוּ: לִפְנֵי יהוה כִּי בָא לִשְׁפֹּט הָאָרֶץ,
יִשְׁפֹּט־תֵּבֵל בְּצֶדֶק, וְעַמִּים בְּמֵישָׁרִים:

תהלים קכא
שִׁיר לַמַּעֲלוֹת, אֶשָּׂא עֵינַי אֶל־הֶהָרִים, מֵאַיִן יָבֹא עֶזְרִי: עֶזְרִי מֵעִם יהוה,
עֹשֵׂה שָׁמַיִם וָאָרֶץ: אַל־יִתֵּן לַמּוֹט רַגְלֶךָ, אַל־יָנוּם שֹׁמְרֶךָ: הִנֵּה לֹא־יָנוּם
וְלֹא יִישָׁן, שׁוֹמֵר יִשְׂרָאֵל: יהוה שֹׁמְרֶךָ, יהוה צִלְּךָ עַל־יַד יְמִינֶךָ: יוֹמָם
הַשֶּׁמֶשׁ לֹא־יַכֶּכָּה, וְיָרֵחַ בַּלָּיְלָה: › יהוה יִשְׁמָרְךָ מִכָּל־רָע, יִשְׁמֹר אֶת־
נַפְשֶׁךָ: יהוה יִשְׁמָר־צֵאתְךָ וּבוֹאֶךָ, מֵעַתָּה וְעַד־עוֹלָם:

תהלים קכב
שִׁיר הַמַּעֲלוֹת לְדָוִד, שָׂמַחְתִּי בְּאֹמְרִים לִי בֵּית יהוה נֵלֵךְ: עֹמְדוֹת הָיוּ
רַגְלֵינוּ, בִּשְׁעָרַיִךְ יְרוּשָׁלָםִ: יְרוּשָׁלַםִ הַבְּנוּיָה, כְּעִיר שֶׁחֻבְּרָה־לָּהּ יַחְדָּו:
שֶׁשָּׁם עָלוּ שְׁבָטִים שִׁבְטֵי־יָהּ, עֵדוּת לְיִשְׂרָאֵל, לְהֹדוֹת לְשֵׁם יהוה: כִּי
שָׁמָּה יָשְׁבוּ כִסְאוֹת לְמִשְׁפָּט, כִּסְאוֹת לְבֵית דָּוִד: שַׁאֲלוּ שְׁלוֹם יְרוּשָׁלָםִ,
יִשְׁלָיוּ אֹהֲבָיִךְ: יְהִי־שָׁלוֹם בְּחֵילֵךְ, שַׁלְוָה בְּאַרְמְנוֹתָיִךְ: › לְמַעַן אַחַי וְרֵעָי,
אֲדַבְּרָה־נָּא שָׁלוֹם בָּךְ: לְמַעַן בֵּית־יהוה אֱלֹהֵינוּ, אֲבַקְשָׁה טוֹב לָךְ:

תהלים קכג
שִׁיר הַמַּעֲלוֹת, אֵלֶיךָ נָשָׂאתִי אֶת־עֵינַי, הַיֹּשְׁבִי בַּשָּׁמָיִם: הִנֵּה כְעֵינֵי עֲבָדִים
אֶל־יַד אֲדוֹנֵיהֶם, כְּעֵינֵי שִׁפְחָה אֶל־יַד גְּבִרְתָּהּ, כֵּן עֵינֵינוּ אֶל־יהוה אֱלֹהֵינוּ,
עַד שֶׁיְּחָנֵּנוּ: › חָנֵּנוּ יהוה חָנֵּנוּ, כִּי־רַב שָׂבַעְנוּ בוּז: רַבַּת שָׂבְעָה־לָּהּ נַפְשֵׁנוּ,
הַלַּעַג הַשַּׁאֲנַנִּים, הַבּוּז לִגְאֵי־יוֹנִים:

תהלים קכד
שִׁיר הַמַּעֲלוֹת לְדָוִד, לוּלֵי יהוה שֶׁהָיָה לָנוּ, יֹאמַר־נָא יִשְׂרָאֵל: לוּלֵי
יהוה שֶׁהָיָה לָנוּ, בְּקוּם עָלֵינוּ אָדָם: אֲזַי חַיִּים בְּלָעוּנוּ, בַּחֲרוֹת אַפָּם
בָּנוּ: אֲזַי הַמַּיִם שְׁטָפוּנוּ, נַחְלָה עָבַר עַל־נַפְשֵׁנוּ: אֲזַי עָבַר עַל־נַפְשֵׁנוּ,
הַמַּיִם הַזֵּידוֹנִים: בָּרוּךְ יהוה, שֶׁלֹּא נְתָנָנוּ טֶרֶף לְשִׁנֵּיהֶם: › נַפְשֵׁנוּ כְּצִפּוֹר
נִמְלְטָה מִפַּח יוֹקְשִׁים, הַפַּח נִשְׁבָּר וַאֲנַחְנוּ נִמְלָטְנוּ: עֶזְרֵנוּ בְּשֵׁם יהוה,
עֹשֵׂה שָׁמַיִם וָאָרֶץ:

במזמור זה המשורר פונה לכוהנים וללוויים שיהללו את ה׳,
ובמזמור הבא, המקביל לו, הוא פונה לישראל שיעשו כן אף הם (ראב״ע).

תהלים קלה
הַלְלוּיָהּ, הַלְלוּ אֶת־שֵׁם יהוה, הַלְלוּ עַבְדֵי יהוה: שֶׁעֹמְדִים בְּבֵית יהוה, בְּחַצְרוֹת בֵּית אֱלֹהֵינוּ: הַלְלוּיָהּ כִּי־טוֹב יהוה, זַמְּרוּ לִשְׁמוֹ כִּי נָעִים: כִּי־יַעֲקֹב בָּחַר לוֹ יָהּ, יִשְׂרָאֵל לִסְגֻלָּתוֹ: כִּי אֲנִי יָדַעְתִּי כִּי־גָדוֹל יהוה, וַאֲדֹנֵינוּ מִכָּל־אֱלֹהִים: כֹּל אֲשֶׁר־חָפֵץ יהוה עָשָׂה, בַּשָּׁמַיִם וּבָאָרֶץ, בַּיַּמִּים וְכָל־תְּהֹמוֹת: מַעֲלֶה נְשִׂאִים מִקְצֵה הָאָרֶץ, בְּרָקִים לַמָּטָר עָשָׂה, מוֹצֵא־רוּחַ מֵאוֹצְרוֹתָיו: שֶׁהִכָּה בְּכוֹרֵי מִצְרָיִם, מֵאָדָם עַד־בְּהֵמָה: שָׁלַח אוֹתֹת וּמֹפְתִים בְּתוֹכֵכִי מִצְרָיִם, בְּפַרְעֹה וּבְכָל־עֲבָדָיו: שֶׁהִכָּה גּוֹיִם רַבִּים, וְהָרַג מְלָכִים עֲצוּמִים: לְסִיחוֹן מֶלֶךְ הָאֱמֹרִי, וּלְעוֹג מֶלֶךְ הַבָּשָׁן, וּלְכֹל מַמְלְכוֹת כְּנָעַן: וְנָתַן אַרְצָם נַחֲלָה, נַחֲלָה לְיִשְׂרָאֵל עַמּוֹ: יהוה שִׁמְךָ לְעוֹלָם, יהוה זִכְרְךָ לְדֹר־וָדֹר: כִּי־יָדִין יהוה עַמּוֹ, וְעַל־עֲבָדָיו יִתְנֶחָם: עֲצַבֵּי הַגּוֹיִם כֶּסֶף וְזָהָב, מַעֲשֵׂה יְדֵי אָדָם: פֶּה־לָהֶם וְלֹא יְדַבֵּרוּ, עֵינַיִם לָהֶם וְלֹא יִרְאוּ: אָזְנַיִם לָהֶם וְלֹא יַאֲזִינוּ, אַף אֵין־יֶשׁ־רוּחַ בְּפִיהֶם: כְּמוֹהֶם יִהְיוּ עֹשֵׂיהֶם, כֹּל אֲשֶׁר־בֹּטֵחַ בָּהֶם: ◂ בֵּית יִשְׂרָאֵל בָּרְכוּ אֶת־יהוה, בֵּית אַהֲרֹן בָּרְכוּ אֶת־יהוה: בֵּית הַלֵּוִי בָּרְכוּ אֶת־יהוה, יִרְאֵי יהוה בָּרְכוּ אֶת־יהוה: בָּרוּךְ יהוה מִצִּיּוֹן, שֹׁכֵן יְרוּשָׁלָיִם, הַלְלוּיָהּ:

מזמור זה מכונה בגמרא ׳הלל הגדול׳ (פסחים קיח ע״א), מפני שהוא משבח את ה׳ על הבריאה, על הנסים שעשה לישראל ועל הפרנסה היום־יומית (סידור חסידי אשכנז).
נוהגים לומר אותו בעמידה.

תהלים קלו
הוֹדוּ לַיהוה כִּי־טוֹב כִּי לְעוֹלָם חַסְדּוֹ:
הוֹדוּ לֵאלֹהֵי הָאֱלֹהִים כִּי לְעוֹלָם חַסְדּוֹ:
הוֹדוּ לַאֲדֹנֵי הָאֲדֹנִים כִּי לְעוֹלָם חַסְדּוֹ:

לְעֹשֵׂה נִפְלָאוֹת גְּדֹלוֹת לְבַדּוֹ כִּי לְעוֹלָם חַסְדּוֹ:
לְעֹשֵׂה הַשָּׁמַיִם בִּתְבוּנָה כִּי לְעוֹלָם חַסְדּוֹ:
לְרֹקַע הָאָרֶץ עַל־הַמָּיִם כִּי לְעוֹלָם חַסְדּוֹ:
לְעֹשֵׂה אוֹרִים גְּדֹלִים כִּי לְעוֹלָם חַסְדּוֹ:
אֶת־הַשֶּׁמֶשׁ לְמֶמְשֶׁלֶת בַּיּוֹם כִּי לְעוֹלָם חַסְדּוֹ:
אֶת־הַיָּרֵחַ וְכוֹכָבִים לְמֶמְשְׁלוֹת בַּלָּיְלָה כִּי לְעוֹלָם חַסְדּוֹ:
לְמַכֵּה מִצְרַיִם בִּבְכוֹרֵיהֶם כִּי לְעוֹלָם חַסְדּוֹ:
וַיּוֹצֵא יִשְׂרָאֵל מִתּוֹכָם כִּי לְעוֹלָם חַסְדּוֹ:
בְּיָד חֲזָקָה וּבִזְרוֹעַ נְטוּיָה כִּי לְעוֹלָם חַסְדּוֹ:
לְגֹזֵר יַם־סוּף לִגְזָרִים כִּי לְעוֹלָם חַסְדּוֹ:
וְהֶעֱבִיר יִשְׂרָאֵל בְּתוֹכוֹ כִּי לְעוֹלָם חַסְדּוֹ:
וְנִעֵר פַּרְעֹה וְחֵילוֹ בְיַם־סוּף כִּי לְעוֹלָם חַסְדּוֹ:
לְמוֹלִיךְ עַמּוֹ בַּמִּדְבָּר כִּי לְעוֹלָם חַסְדּוֹ:
לְמַכֵּה מְלָכִים גְּדֹלִים כִּי לְעוֹלָם חַסְדּוֹ:
וַיַּהֲרֹג מְלָכִים אַדִּירִים כִּי לְעוֹלָם חַסְדּוֹ:
לְסִיחוֹן מֶלֶךְ הָאֱמֹרִי כִּי לְעוֹלָם חַסְדּוֹ:
וּלְעוֹג מֶלֶךְ הַבָּשָׁן כִּי לְעוֹלָם חַסְדּוֹ:
וְנָתַן אַרְצָם לְנַחֲלָה כִּי לְעוֹלָם חַסְדּוֹ:
נַחֲלָה לְיִשְׂרָאֵל עַבְדּוֹ כִּי לְעוֹלָם חַסְדּוֹ:
שֶׁבְּשִׁפְלֵנוּ זָכַר לָנוּ כִּי לְעוֹלָם חַסְדּוֹ:
וַיִּפְרְקֵנוּ מִצָּרֵינוּ כִּי לְעוֹלָם חַסְדּוֹ:
◂ נֹתֵן לֶחֶם לְכָל־בָּשָׂר כִּי לְעוֹלָם חַסְדּוֹ:
הוֹדוּ לְאֵל הַשָּׁמָיִם כִּי לְעוֹלָם חַסְדּוֹ:

בבתי כנסת המתפללים בנוסח ספרד, מוסיפים כאן את הפיוט הבא:

הָאַדֶּרֶת וְהָאֱמוּנָה לְחַי עוֹלָמִים | הַבִּינָה וְהַבְּרָכָה לְחַי עוֹלָמִים
הַגַּאֲוָה וְהַגְּדֻלָּה לְחַי עוֹלָמִים | הַדֵּעָה וְהַדִּבּוּר לְחַי עוֹלָמִים
הַהוֹד וְהֶהָדָר לְחַי עוֹלָמִים | הַוַּעַד וְהַוָּתִיקוּת לְחַי עוֹלָמִים
הַזּוֹךְ וְהַזֹּהַר לְחַי עוֹלָמִים | הַחַיִל וְהַחֹסֶן לְחַי עוֹלָמִים
הַטֶּכֶס וְהַטֹּהַר לְחַי עוֹלָמִים | הַיִּחוּד וְהַיִּרְאָה לְחַי עוֹלָמִים
הַכֶּתֶר וְהַכָּבוֹד לְחַי עוֹלָמִים | הַלֶּקַח וְהַלִּבּוּב לְחַי עוֹלָמִים
הַמְּלוּכָה וְהַמֶּמְשָׁלָה לְחַי עוֹלָמִים | הַנּוֹי וְהַנֵּצַח לְחַי עוֹלָמִים
הַסִּגּוּי וְהַשֶּׂגֶב לְחַי עוֹלָמִים | הָעֹז וְהָעֲנָוָה לְחַי עוֹלָמִים
הַפְּדוּת וְהַפְּאֵר לְחַי עוֹלָמִים | הַצְּבִי וְהַצֶּדֶק לְחַי עוֹלָמִים
הַקְּרִיאָה וְהַקְּדֻשָּׁה לְחַי עוֹלָמִים | הָרֹן וְהָרוֹמֵמוּת לְחַי עוֹלָמִים
◂ הַשִּׁיר וְהַשֶּׁבַח לְחַי עוֹלָמִים | הַתְּהִלָּה וְהַתִּפְאֶרֶת לְחַי עוֹלָמִים

ממשיכים ׳בָּרוּךְ שֶׁאָמַר׳ (עמ׳ 104), ואחריו ׳מִזְמוֹר שִׁיר לְיוֹם הַשַּׁבָּת׳ בעמוד הבא.

לאחר ההלל הגדול, המתאר את כל חסדיו של הקב״ה עמנו, אנו מודים לו ומרננים לשמו, לפני שמגיעים למנוחה בשבת (סידור חסידי אשכנז).

תהלים לג
רַנְּנוּ צַדִּיקִים בַּיהוה, לַיְשָׁרִים נָאוָה תְהִלָּה: הוֹדוּ לַיהוה בְּכִנּוֹר,
בְּנֵבֶל עָשׂוֹר זַמְּרוּ־לוֹ: שִׁירוּ־לוֹ שִׁיר חָדָשׁ, הֵיטִיבוּ נַגֵּן בִּתְרוּעָה:
כִּי־יָשָׁר דְּבַר־יהוה, וְכָל־מַעֲשֵׂהוּ בֶּאֱמוּנָה: אֹהֵב צְדָקָה וּמִשְׁפָּט,
חֶסֶד יהוה מָלְאָה הָאָרֶץ: בִּדְבַר יהוה שָׁמַיִם נַעֲשׂוּ, וּבְרוּחַ פִּיו
כָּל־צְבָאָם: כֹּנֵס כַּנֵּד מֵי הַיָּם, נֹתֵן בְּאוֹצָרוֹת תְּהוֹמוֹת: יִירְאוּ
מֵיהוה כָּל־הָאָרֶץ, מִמֶּנּוּ יָגוּרוּ כָּל־יֹשְׁבֵי תֵבֵל: כִּי הוּא אָמַר וַיֶּהִי,
הוּא־צִוָּה וַיַּעֲמֹד: יהוה הֵפִיר עֲצַת־גּוֹיִם, הֵנִיא מַחְשְׁבוֹת עַמִּים:
עֲצַת יהוה לְעוֹלָם תַּעֲמֹד, מַחְשְׁבוֹת לִבּוֹ לְדֹר וָדֹר: אַשְׁרֵי הַגּוֹי
אֲשֶׁר־יהוה אֱלֹהָיו, הָעָם בָּחַר לְנַחֲלָה לוֹ: מִשָּׁמַיִם הִבִּיט יהוה,
רָאָה אֶת־כָּל־בְּנֵי הָאָדָם: מִמְּכוֹן־שִׁבְתּוֹ הִשְׁגִּיחַ, אֶל כָּל־יֹשְׁבֵי
הָאָרֶץ: הַיֹּצֵר יַחַד לִבָּם, הַמֵּבִין אֶל־כָּל־מַעֲשֵׂיהֶם: אֵין־הַמֶּלֶךְ

נוֹשָׁע בְּרָב־חָיִל, גִּבּוֹר לֹא־יִנָּצֵל בְּרָב־כֹּחַ: שֶׁקֶר הַסּוּס לִתְשׁוּעָה,
וּבְרֹב חֵילוֹ לֹא יְמַלֵּט: הִנֵּה עֵין יהוה אֶל־יְרֵאָיו, לַמְיַחֲלִים לְחַסְדּוֹ:
לְהַצִּיל מִמָּוֶת נַפְשָׁם, וּלְחַיּוֹתָם בָּרָעָב: נַפְשֵׁנוּ חִכְּתָה לַיהוה,
עֶזְרֵנוּ וּמָגִנֵּנוּ הוּא: ‹ כִּי־בוֹ יִשְׂמַח לִבֵּנוּ, כִּי בְשֵׁם קָדְשׁוֹ בָטָחְנוּ:
יְהִי־חַסְדְּךָ יהוה עָלֵינוּ, כַּאֲשֶׁר יִחַלְנוּ לָךְ:

בהושענא רבה יש המדלגים על שני מזמורים אלה, וממשיכים
'יְהִי כְבוֹד' בעמוד הבא (ולדעת רוב הפוסקים יש לאומרם).

תהלים צב מִזְמוֹר שִׁיר לְיוֹם הַשַּׁבָּת: טוֹב לְהֹדוֹת לַיהוה, וּלְזַמֵּר לְשִׁמְךָ
עֶלְיוֹן: לְהַגִּיד בַּבֹּקֶר חַסְדֶּךָ, וֶאֱמוּנָתְךָ בַּלֵּילוֹת: עֲלֵי־עָשׂוֹר
וַעֲלֵי־נָבֶל, עֲלֵי הִגָּיוֹן בְּכִנּוֹר: כִּי שִׂמַּחְתַּנִי יהוה בְּפָעֳלֶךָ, בְּמַעֲשֵׂי
יָדֶיךָ אֲרַנֵּן: מַה־גָּדְלוּ מַעֲשֶׂיךָ יהוה, מְאֹד עָמְקוּ מַחְשְׁבֹתֶיךָ:
אִישׁ־בַּעַר לֹא יֵדָע, וּכְסִיל לֹא־יָבִין אֶת־זֹאת: בִּפְרֹחַ רְשָׁעִים
כְּמוֹ עֵשֶׂב, וַיָּצִיצוּ כָּל־פֹּעֲלֵי אָוֶן, לְהִשָּׁמְדָם עֲדֵי־עַד: וְאַתָּה
מָרוֹם לְעֹלָם יהוה: כִּי הִנֵּה אֹיְבֶיךָ יהוה, כִּי־הִנֵּה אֹיְבֶיךָ יֹאבֵדוּ,
יִתְפָּרְדוּ כָּל־פֹּעֲלֵי אָוֶן: וַתָּרֶם כִּרְאֵים קַרְנִי, בַּלֹּתִי בְּשֶׁמֶן רַעֲנָן:
וַתַּבֵּט עֵינִי בְּשׁוּרָי, בַּקָּמִים עָלַי מְרֵעִים תִּשְׁמַעְנָה אָזְנָי: ‹ צַדִּיק
כַּתָּמָר יִפְרָח, כְּאֶרֶז בַּלְּבָנוֹן יִשְׂגֶּה: שְׁתוּלִים בְּבֵית יהוה, בְּחַצְרוֹת
אֱלֹהֵינוּ יַפְרִיחוּ: עוֹד יְנוּבוּן בְּשֵׂיבָה, דְּשֵׁנִים וְרַעֲנַנִּים יִהְיוּ: לְהַגִּיד
כִּי־יָשָׁר יהוה, צוּרִי, וְלֹא־עַוְלָתָה בּוֹ:

תהלים צג יהוה מָלָךְ, גֵּאוּת לָבֵשׁ, לָבֵשׁ יהוה עֹז הִתְאַזָּר, אַף־תִּכּוֹן תֵּבֵל
בַּל־תִּמּוֹט: נָכוֹן כִּסְאֲךָ מֵאָז, מֵעוֹלָם אָתָּה: נָשְׂאוּ נְהָרוֹת יהוה,
נָשְׂאוּ נְהָרוֹת קוֹלָם, יִשְׂאוּ נְהָרוֹת דָּכְיָם: ‹ מִקֹּלוֹת מַיִם רַבִּים,
אַדִּירִים מִשְׁבְּרֵי־יָם, אַדִּיר בַּמָּרוֹם יהוה: עֵדֹתֶיךָ נֶאֶמְנוּ מְאֹד
לְבֵיתְךָ נַאֲוָה־קֹדֶשׁ, יהוה לְאֹרֶךְ יָמִים:

בכל הימים ממשיכים כאן.

הגמרא בחולין ס ע״א מייחסת את הפסוק ׳יְהִי כְבוֹד ה׳ לְעוֹלָם׳ לשר העולם, שאמרו לאחר הבריאה. לאחר אמירת שני המזמורים הקודמים על השלמת הבריאה ממשיכים באמירת פסוקי דזמרה שבכל יום.

תהלים קד / תהלים קיג יְהִי כְבוֹד יהוה לְעוֹלָם, יִשְׂמַח יהוה בְּמַעֲשָׂיו: יְהִי שֵׁם יהוה מְבֹרָךְ,
מֵעַתָּה וְעַד־עוֹלָם: מִמִּזְרַח־שֶׁמֶשׁ עַד־מְבוֹאוֹ, מְהֻלָּל שֵׁם יהוה:
תהלים קלה רָם עַל־כָּל־גּוֹיִם יהוה, עַל הַשָּׁמַיִם כְּבוֹדוֹ: יהוה שִׁמְךָ לְעוֹלָם,
תהלים קג יהוה זִכְרְךָ לְדֹר־וָדֹר: יהוה בַּשָּׁמַיִם הֵכִין כִּסְאוֹ, וּמַלְכוּתוֹ בַּכֹּל
דברי הימים א׳ טז מָשָׁלָה: יִשְׂמְחוּ הַשָּׁמַיִם וְתָגֵל הָאָרֶץ, וְיֹאמְרוּ בַגּוֹיִם יהוה מָלָךְ:
תהלים י יהוה מֶלֶךְ, יהוה מָלָךְ, יהוה יִמְלֹךְ לְעֹלָם וָעֶד. יהוה מֶלֶךְ עוֹלָם
תהלים לג וָעֶד, אָבְדוּ גוֹיִם מֵאַרְצוֹ: יהוה הֵפִיר עֲצַת־גּוֹיִם, הֵנִיא מַחְשְׁבוֹת
משלי יט / תהלים לג עַמִּים: רַבּוֹת מַחֲשָׁבוֹת בְּלֶב־אִישׁ, וַעֲצַת יהוה הִיא תָקוּם: עֲצַת
יהוה לְעוֹלָם תַּעֲמֹד, מַחְשְׁבוֹת לִבּוֹ לְדֹר וָדֹר: כִּי הוּא אָמַר וַיֶּהִי,
תהלים קלב / תהלים קלה הוּא־צִוָּה וַיַּעֲמֹד: כִּי־בָחַר יהוה בְּצִיּוֹן, אִוָּהּ לְמוֹשָׁב לוֹ: כִּי־יַעֲקֹב
תהלים צד בָּחַר לוֹ יָהּ, יִשְׂרָאֵל לִסְגֻלָּתוֹ: כִּי לֹא־יִטֹּשׁ יהוה עַמּוֹ, וְנַחֲלָתוֹ לֹא
תהלים עח יַעֲזֹב: ◂ וְהוּא רַחוּם, יְכַפֵּר עָוֹן וְלֹא־יַשְׁחִית, וְהִרְבָּה לְהָשִׁיב אַפּוֹ,
תהלים כ וְלֹא־יָעִיר כָּל־חֲמָתוֹ: יהוה הוֹשִׁיעָה, הַמֶּלֶךְ יַעֲנֵנוּ בְיוֹם־קָרְאֵנוּ:

״כל האומר תהלה לדוד בכל יום שלש פעמים – מובטח לו שהוא בן העולם הבא... משום דאית ביה ׳פּוֹתֵחַ אֶת־יָדֶךָ׳״, ויש לכוון במיוחד בפסוק זה, ואם לא התכוון צריך לחזור ולאומרו שנית.

תהלים פד אַשְׁרֵי יוֹשְׁבֵי בֵיתֶךָ, עוֹד יְהַלְלוּךָ סֶּלָה:
תהלים קמד אַשְׁרֵי הָעָם שֶׁכָּכָה לּוֹ, אַשְׁרֵי הָעָם שֶׁיהוה אֱלֹהָיו:
תהלים קמה תְּהִלָּה לְדָוִד

אֲרוֹמִמְךָ אֱלוֹהַי הַמֶּלֶךְ, וַאֲבָרְכָה שִׁמְךָ לְעוֹלָם וָעֶד:
בְּכָל־יוֹם אֲבָרְכֶךָּ, וַאֲהַלְלָה שִׁמְךָ לְעוֹלָם וָעֶד:
גָּדוֹל יהוה וּמְהֻלָּל מְאֹד, וְלִגְדֻלָּתוֹ אֵין חֵקֶר:
דּוֹר לְדוֹר יְשַׁבַּח מַעֲשֶׂיךָ, וּגְבוּרֹתֶיךָ יַגִּידוּ:

הֲדַר כְּבוֹד הוֹדֶךָ, וְדִבְרֵי נִפְלְאֹתֶיךָ אָשִׂיחָה:
וֶעֱזוּז נוֹרְאֹתֶיךָ יֹאמֵרוּ, וּגְדוּלָּתְךָ אֲסַפְּרֶנָּה:
זֵכֶר רַב־טוּבְךָ יַבִּיעוּ, וְצִדְקָתְךָ יְרַנֵּנוּ:
חַנּוּן וְרַחוּם יהוה, אֶרֶךְ אַפַּיִם וּגְדָל־חָסֶד:
טוֹב־יהוה לַכֹּל, וְרַחֲמָיו עַל־כָּל־מַעֲשָׂיו:
יוֹדוּךָ יהוה כָּל־מַעֲשֶׂיךָ, וַחֲסִידֶיךָ יְבָרְכוּכָה:
כְּבוֹד מַלְכוּתְךָ יֹאמֵרוּ, וּגְבוּרָתְךָ יְדַבֵּרוּ:
לְהוֹדִיעַ לִבְנֵי הָאָדָם גְּבוּרֹתָיו, וּכְבוֹד הֲדַר מַלְכוּתוֹ:
מַלְכוּתְךָ מַלְכוּת כָּל־עֹלָמִים, וּמֶמְשַׁלְתְּךָ בְּכָל־דּוֹר וָדֹר:
סוֹמֵךְ יהוה לְכָל־הַנֹּפְלִים, וְזוֹקֵף לְכָל־הַכְּפוּפִים:
עֵינֵי־כֹל אֵלֶיךָ יְשַׂבֵּרוּ, וְאַתָּה נוֹתֵן־לָהֶם אֶת־אָכְלָם בְּעִתּוֹ:
פּוֹתֵחַ אֶת־יָדֶךָ, וּמַשְׂבִּיעַ לְכָל־חַי רָצוֹן:
צַדִּיק יהוה בְּכָל־דְּרָכָיו, וְחָסִיד בְּכָל־מַעֲשָׂיו:
קָרוֹב יהוה לְכָל־קֹרְאָיו, לְכֹל אֲשֶׁר יִקְרָאֻהוּ בֶאֱמֶת:
רְצוֹן־יְרֵאָיו יַעֲשֶׂה, וְאֶת־שַׁוְעָתָם יִשְׁמַע, וְיוֹשִׁיעֵם:
שׁוֹמֵר יהוה אֶת־כָּל־אֹהֲבָיו, וְאֵת כָּל־הָרְשָׁעִים יַשְׁמִיד:
‹ תְּהִלַּת יהוה יְדַבֶּר פִּי, וִיבָרֵךְ כָּל־בָּשָׂר שֵׁם קָדְשׁוֹ לְעוֹלָם וָעֶד:
וַאֲנַחְנוּ נְבָרֵךְ יָהּ מֵעַתָּה וְעַד־עוֹלָם, הַלְלוּיָהּ: תהלים קטו

מזמור המשבח את ה' על עצם החיים

"'הַלְלוּיָהּ, הַלְלִי נַפְשִׁי' – הנפש שהיא העיקר הללי את ה' אשר בראך... הנה אנחנו ברחנו בעיר מינצברק בתתקמ"ח באדר השני מפני הגוים אשר רצו לטבוח אותנו כצאן טבחה, והנחנו כל אשר לנו בין הגוים את ספרי התורה וספרים וערבונות, והשם ישמרנו מכף כל אויבינו, וכל בני העיירות ברחו בעיר מצור, ועל כל זאת אנחנו מהללים שמו" (סידור הרוקח).

הַלְלוּיָהּ, הַלְלִי נַפְשִׁי אֶת־יהוה: אֲהַלְלָה יהוה בְּחַיָּי, אֲזַמְּרָה לֵאלֹהַי בְּעוֹדִי: אַל־תִּבְטְחוּ בִנְדִיבִים, בְּבֶן־אָדָם שֶׁאֵין לוֹ תְשׁוּעָה: תֵּצֵא רוּחוֹ, יָשֻׁב לְאַדְמָתוֹ, בַּיּוֹם הַהוּא אָבְדוּ עֶשְׁתֹּנֹתָיו: אַשְׁרֵי תהלים קמו

שֶׁאֵל יַעֲקֹב בְּעֶזְרוֹ, שִׂבְרוֹ עַל־יהוה אֱלֹהָיו: עֹשֶׂה שָׁמַיִם וָאָרֶץ,
אֶת־הַיָּם וְאֶת־כָּל־אֲשֶׁר־בָּם, הַשֹּׁמֵר אֱמֶת לְעוֹלָם: עֹשֶׂה מִשְׁפָּט
לַעֲשׁוּקִים, נֹתֵן לֶחֶם לָרְעֵבִים, יהוה מַתִּיר אֲסוּרִים: יהוה פֹּקֵחַ
עִוְרִים, יהוה זֹקֵף כְּפוּפִים, יהוה אֹהֵב צַדִּיקִים: יהוה שֹׁמֵר אֶת־
גֵּרִים, יָתוֹם וְאַלְמָנָה יְעוֹדֵד, וְדֶרֶךְ רְשָׁעִים יְעַוֵּת: ‹ יִמְלֹךְ יהוה
לְעוֹלָם, אֱלֹהַיִךְ צִיּוֹן לְדֹר וָדֹר, הַלְלוּיָהּ:

המשורר מהלל את ה׳ על הטובה העתידית, גאולת ישראל (רד״ק).

תהלים קמז הַלְלוּיָהּ, כִּי־טוֹב זַמְּרָה אֱלֹהֵינוּ, כִּי־נָעִים נָאוָה תְהִלָּה: בּוֹנֵה
יְרוּשָׁלַםִ יהוה, נִדְחֵי יִשְׂרָאֵל יְכַנֵּס: הָרוֹפֵא לִשְׁבוּרֵי לֵב, וּמְחַבֵּשׁ
לְעַצְּבוֹתָם: מוֹנֶה מִסְפָּר לַכּוֹכָבִים, לְכֻלָּם שֵׁמוֹת יִקְרָא: גָּדוֹל
אֲדוֹנֵינוּ וְרַב־כֹּחַ, לִתְבוּנָתוֹ אֵין מִסְפָּר: מְעוֹדֵד עֲנָוִים יהוה,
מַשְׁפִּיל רְשָׁעִים עֲדֵי־אָרֶץ: עֱנוּ לַיהוה בְּתוֹדָה, זַמְּרוּ לֵאלֹהֵינוּ
בְכִנּוֹר: הַמְכַסֶּה שָׁמַיִם בְּעָבִים, הַמֵּכִין לָאָרֶץ מָטָר, הַמַּצְמִיחַ
הָרִים חָצִיר: נוֹתֵן לִבְהֵמָה לַחְמָהּ, לִבְנֵי עֹרֵב אֲשֶׁר יִקְרָאוּ: לֹא
בִגְבוּרַת הַסּוּס יֶחְפָּץ, לֹא־בְשׁוֹקֵי הָאִישׁ יִרְצֶה: רוֹצֶה יהוה אֶת־
יְרֵאָיו, אֶת־הַמְיַחֲלִים לְחַסְדּוֹ: שַׁבְּחִי יְרוּשָׁלַםִ אֶת־יהוה, הַלְלִי
אֱלֹהַיִךְ צִיּוֹן: כִּי־חִזַּק בְּרִיחֵי שְׁעָרָיִךְ, בֵּרַךְ בָּנַיִךְ בְּקִרְבֵּךְ: הַשָּׂם־
גְּבוּלֵךְ שָׁלוֹם, חֵלֶב חִטִּים יַשְׂבִּיעֵךְ: הַשֹּׁלֵחַ אִמְרָתוֹ אָרֶץ, עַד־
מְהֵרָה יָרוּץ דְּבָרוֹ: הַנֹּתֵן שֶׁלֶג כַּצָּמֶר, כְּפוֹר כָּאֵפֶר יְפַזֵּר: מַשְׁלִיךְ
קַרְחוֹ כְפִתִּים, לִפְנֵי קָרָתוֹ מִי יַעֲמֹד: יִשְׁלַח דְּבָרוֹ וְיַמְסֵם, יַשֵּׁב
רוּחוֹ יִזְּלוּ־מָיִם: ‹ מַגִּיד דְּבָרָו לְיַעֲקֹב, חֻקָּיו וּמִשְׁפָּטָיו לְיִשְׂרָאֵל:
לֹא עָשָׂה כֵן לְכָל־גּוֹי, וּמִשְׁפָּטִים בַּל־יְדָעוּם, הַלְלוּיָהּ:

מזמור המתאר את גדולת ה׳ כפי שהיא בעולם הנברא (ראב״ע).

תהלים קמח הַלְלוּיָהּ, הַלְלוּ אֶת־יהוה מִן־הַשָּׁמַיִם, הַלְלוּהוּ בַּמְּרוֹמִים:
הַלְלוּהוּ כָל־מַלְאָכָיו, הַלְלוּהוּ כָּל־צְבָאָו: הַלְלוּהוּ שֶׁמֶשׁ וְיָרֵחַ,

הַלְלְוּהוּ כָּל־כּוֹכְבֵי אוֹר: הַלְלְוּהוּ שְׁמֵי הַשָּׁמָיִם, וְהַמַּיִם אֲשֶׁר מֵעַל
הַשָּׁמָיִם: יְהַלְלוּ אֶת־שֵׁם יהוה, כִּי הוּא צִוָּה וְנִבְרָאוּ: וַיַּעֲמִידֵם
לָעַד לְעוֹלָם, חָק־נָתַן וְלֹא יַעֲבוֹר: הַלְלוּ אֶת־יהוה מִן־הָאָרֶץ,
תַּנִּינִים וְכָל־תְּהֹמוֹת: אֵשׁ וּבָרָד שֶׁלֶג וְקִיטוֹר, רוּחַ סְעָרָה עֹשָׂה
דְבָרוֹ: הֶהָרִים וְכָל־גְּבָעוֹת, עֵץ פְּרִי וְכָל־אֲרָזִים: הַחַיָּה וְכָל־
בְּהֵמָה, רֶמֶשׂ וְצִפּוֹר כָּנָף: מַלְכֵי־אֶרֶץ וְכָל־לְאֻמִּים, שָׂרִים וְכָל־
שֹׁפְטֵי אָרֶץ: בַּחוּרִים וְגַם־בְּתוּלוֹת, זְקֵנִים עִם־נְעָרִים: ◂ יְהַלְלוּ
אֶת־שֵׁם יהוה, כִּי־נִשְׂגָּב שְׁמוֹ לְבַדּוֹ, הוֹדוֹ עַל־אֶרֶץ וְשָׁמָיִם:
וַיָּרֶם קֶרֶן לְעַמּוֹ, תְּהִלָּה לְכָל־חֲסִידָיו, לִבְנֵי יִשְׂרָאֵל עַם קְרֹבוֹ,
הַלְלוּיָהּ:

לקראת סוף ספר תהלים המשורר קורא שלא להסתפק במזמורים אלו,
אלא להמשיך ולחדש שירות לה׳ על כל גאולה וגאולה (רד״ק).

הַלְלוּיָהּ, שִׁירוּ לַיהוה שִׁיר חָדָשׁ, תְּהִלָּתוֹ בִּקְהַל חֲסִידִים: יִשְׂמַח תהלים קמט
יִשְׂרָאֵל בְּעֹשָׂיו, בְּנֵי־צִיּוֹן יָגִילוּ בְמַלְכָּם: יְהַלְלוּ שְׁמוֹ בְמָחוֹל, בְּתֹף
וְכִנּוֹר יְזַמְּרוּ־לוֹ: כִּי־רוֹצֶה יהוה בְּעַמּוֹ, יְפָאֵר עֲנָוִים בִּישׁוּעָה:
יַעְלְזוּ חֲסִידִים בְּכָבוֹד, יְרַנְּנוּ עַל־מִשְׁכְּבוֹתָם: רוֹמְמוֹת אֵל בִּגְרוֹנָם,
וְחֶרֶב פִּיפִיּוֹת בְּיָדָם: לַעֲשׂוֹת נְקָמָה בַּגּוֹיִם, תּוֹכֵחוֹת בַּלְאֻמִּים:
◂ לֶאְסֹר מַלְכֵיהֶם בְּזִקִּים, וְנִכְבְּדֵיהֶם בְּכַבְלֵי בַרְזֶל: לַעֲשׂוֹת בָּהֶם
מִשְׁפָּט כָּתוּב, הָדָר הוּא לְכָל־חֲסִידָיו, הַלְלוּיָהּ:

״אמר ר׳ מאיר: על כל נשימה ונשימה שאדם מעלה, חייב לקלס את
יוצרו... שנאמר ׳כֹּל הַנְּשָׁמָה תְּהַלֵּל יָהּ׳״ (דברים רבה ב, לז).

הַלְלוּיָהּ, הַלְלוּ־אֵל בְּקָדְשׁוֹ, הַלְלְוּהוּ בִּרְקִיעַ עֻזּוֹ: הַלְלְוּהוּ תהלים קנ
בִגְבוּרֹתָיו, הַלְלְוּהוּ כְּרֹב גֻּדְלוֹ: הַלְלְוּהוּ בְּתֵקַע שׁוֹפָר, הַלְלְוּהוּ
בְּנֵבֶל וְכִנּוֹר: הַלְלְוּהוּ בְתֹף וּמָחוֹל, הַלְלְוּהוּ בְּמִנִּים וְעֻגָב:
◂ הַלְלְוּהוּ בְצִלְצְלֵי־שָׁמַע, הַלְלְוּהוּ בְּצִלְצְלֵי תְרוּעָה: כֹּל הַנְּשָׁמָה
תְּהַלֵּל יָהּ, הַלְלוּיָהּ: כֹּל הַנְּשָׁמָה תְּהַלֵּל יָהּ, הַלְלוּיָהּ:

פסוקי הסיום של ספרי תהלים:

תהלים פט בָּרוּךְ יהוה לְעוֹלָם, אָמֵן וְאָמֵן:

תהלים קלה בָּרוּךְ יהוה מִצִּיּוֹן, שֹׁכֵן יְרוּשָׁלָםִ, הַלְלוּיָהּ:

תהלים עב בָּרוּךְ יהוה אֱלֹהִים אֱלֹהֵי יִשְׂרָאֵל, עֹשֵׂה נִפְלָאוֹת לְבַדּוֹ:

◂ וּבָרוּךְ שֵׁם כְּבוֹדוֹ לְעוֹלָם

וְיִמָּלֵא כְבוֹדוֹ אֶת־כָּל־הָאָרֶץ, אָמֵן וְאָמֵן:

נוהגים לעמוד מכאן ועד ׳נִשְׁמַת׳ (עמ׳ 123).

דברי הימים א׳ כט וַיְבָרֶךְ דָּוִיד אֶת־יהוה לְעֵינֵי כָּל־הַקָּהָל, וַיֹּאמֶר דָּוִיד, בָּרוּךְ אַתָּה
יהוה, אֱלֹהֵי יִשְׂרָאֵל אָבִינוּ, מֵעוֹלָם וְעַד־עוֹלָם: לְךָ יהוה הַגְּדֻלָּה
וְהַגְּבוּרָה וְהַתִּפְאֶרֶת וְהַנֵּצַח וְהַהוֹד, כִּי־כֹל בַּשָּׁמַיִם וּבָאָרֶץ,
לְךָ יהוה הַמַּמְלָכָה וְהַמִּתְנַשֵּׂא לְכֹל לְרֹאשׁ: וְהָעֹשֶׁר וְהַכָּבוֹד
מִלְּפָנֶיךָ, וְאַתָּה מוֹשֵׁל בַּכֹּל, וּבְיָדְךָ כֹּחַ וּגְבוּרָה, וּבְיָדְךָ לְגַדֵּל
וּלְחַזֵּק לַכֹּל: וְעַתָּה אֱלֹהֵינוּ מוֹדִים אֲנַחְנוּ לָךְ, וּמְהַלְלִים לְשֵׁם
נחמיה ט תִּפְאַרְתֶּךָ: אַתָּה־הוּא יהוה לְבַדֶּךָ, אַתְּ עָשִׂיתָ אֶת־
הַשָּׁמַיִם, שְׁמֵי הַשָּׁמַיִם וְכָל־צְבָאָם, הָאָרֶץ וְכָל־אֲשֶׁר עָלֶיהָ,
הַיַּמִּים וְכָל־אֲשֶׁר בָּהֶם, וְאַתָּה מְחַיֶּה אֶת־כֻּלָּם, וּצְבָא הַשָּׁמַיִם
לְךָ מִשְׁתַּחֲוִים: ◂ אַתָּה הוּא יהוה הָאֱלֹהִים אֲשֶׁר בָּחַרְתָּ בְּאַבְרָם,
וְהוֹצֵאתוֹ מֵאוּר כַּשְׂדִּים, וְשַׂמְתָּ שְּׁמוֹ אַבְרָהָם: וּמָצָאתָ אֶת־לְבָבוֹ
נֶאֱמָן לְפָנֶיךָ, ◂ וְכָרוֹת עִמּוֹ הַבְּרִית לָתֵת אֶת־אֶרֶץ הַכְּנַעֲנִי הַחִתִּי
הָאֱמֹרִי וְהַפְּרִזִּי וְהַיְבוּסִי וְהַגִּרְגָּשִׁי, לָתֵת לְזַרְעוֹ, וַתָּקֶם אֶת־דְּבָרֶיךָ,
כִּי צַדִּיק אָתָּה: וַתֵּרֶא אֶת־עֳנִי אֲבֹתֵינוּ בְּמִצְרָיִם, וְאֶת־זַעֲקָתָם
שָׁמַעְתָּ עַל־יַם־סוּף: וַתִּתֵּן אֹתֹת וּמֹפְתִים בְּפַרְעֹה וּבְכָל־עֲבָדָיו
וּבְכָל־עַם אַרְצוֹ, כִּי יָדַעְתָּ כִּי הֵזִידוּ עֲלֵיהֶם, וַתַּעַשׂ־לְךָ שֵׁם כְּהַיּוֹם
הַזֶּה: ◂ וְהַיָּם בָּקַעְתָּ לִפְנֵיהֶם, וַיַּעַבְרוּ בְתוֹךְ־הַיָּם בַּיַּבָּשָׁה, וְאֶת־
רֹדְפֵיהֶם הִשְׁלַכְתָּ בִמְצוֹלֹת כְּמוֹ־אֶבֶן, בְּמַיִם עַזִּים:

וַיּוֹשַׁע יהוה בַּיּוֹם הַהוּא אֶת־יִשְׂרָאֵל מִיַּד מִצְרָיִם וַיַּרְא יִשְׂרָאֵל שמות יד
אֶת־מִצְרַיִם מֵת עַל־שְׂפַת הַיָּם: • וַיַּרְא יִשְׂרָאֵל אֶת־הַיָּד הַגְּדֹלָה
אֲשֶׁר עָשָׂה יהוה בְּמִצְרַיִם וַיִּירְאוּ הָעָם אֶת־יהוה וַיַּאֲמִינוּ בַּיהוה
וּבְמֹשֶׁה עַבְדּוֹ:

בשביעי של פסח רבים נוהגים לומר את שירת הים פסוק פסוק.
ויש האומרים אותה בטעמי המקרא.

אָז יָשִׁיר־מֹשֶׁה וּבְנֵי יִשְׂרָאֵל אֶת־הַשִּׁירָה הַזֹּאת לַיהוה, וַיֹּאמְרוּ שמות טו
לֵאמֹר, אָשִׁירָה לַּיהוה כִּי־גָאֹה גָּאָה, סוּס
וְרֹכְבוֹ רָמָה בַיָּם: עָזִּי וְזִמְרָת יָהּ וַיְהִי־לִי
לִישׁוּעָה, זֶה אֵלִי וְאַנְוֵהוּ, אֱלֹהֵי
אָבִי וַאֲרֹמְמֶנְהוּ: יהוה אִישׁ מִלְחָמָה, יהוה
שְׁמוֹ: מַרְכְּבֹת פַּרְעֹה וְחֵילוֹ יָרָה בַיָּם, וּמִבְחַר
שָׁלִשָׁיו טֻבְּעוּ בְיַם־סוּף: תְּהֹמֹת יְכַסְיֻמוּ, יָרְדוּ בִמְצוֹלֹת כְּמוֹ־
אָבֶן: יְמִינְךָ יהוה נֶאְדָּרִי בַּכֹּחַ, יְמִינְךָ
יהוה תִּרְעַץ אוֹיֵב: וּבְרֹב גְּאוֹנְךָ תַּהֲרֹס
קָמֶיךָ, תְּשַׁלַּח חֲרֹנְךָ יֹאכְלֵמוֹ כַּקַּשׁ: וּבְרוּחַ
אַפֶּיךָ נֶעֶרְמוּ מַיִם, נִצְּבוּ כְמוֹ־נֵד
נֹזְלִים, קָפְאוּ תְהֹמֹת בְּלֶב־יָם: אָמַר
אוֹיֵב אֶרְדֹּף, אַשִּׂיג, אֲחַלֵּק שָׁלָל, תִּמְלָאֵמוֹ
נַפְשִׁי, אָרִיק חַרְבִּי תּוֹרִישֵׁמוֹ יָדִי: נָשַׁפְתָּ
בְרוּחֲךָ כִּסָּמוֹ יָם, צָלְלוּ כַּעוֹפֶרֶת בְּמַיִם
אַדִּירִים: מִי־כָמֹכָה בָּאֵלִם יהוה, מִי
כָּמֹכָה נֶאְדָּר בַּקֹּדֶשׁ, נוֹרָא תְהִלֹּת עֹשֵׂה
פֶלֶא: נָטִיתָ יְמִינְךָ תִּבְלָעֵמוֹ אָרֶץ: נָחִיתָ
בְחַסְדְּךָ עַם־זוּ גָּאָלְתָּ, נֵהַלְתָּ בְעָזְּךָ אֶל־נְוֵה

קָדְשֶׁךָ: שָׁמְעוּ עַמִּים יִרְגָּזוּן, חִיל
אָחַז יֹשְׁבֵי פְּלָשֶׁת: אָז נִבְהֲלוּ אַלּוּפֵי
אֱדוֹם, אֵילֵי מוֹאָב יֹאחֲזֵמוֹ רָעַד, נָמֹגוּ
כֹּל יֹשְׁבֵי כְנָעַן: תִּפֹּל עֲלֵיהֶם אֵימָתָה
וָפַחַד, בִּגְדֹל זְרוֹעֲךָ יִדְּמוּ כָּאָבֶן, עַד־
יַעֲבֹר עַמְּךָ יהוה, עַד־יַעֲבֹר עַם־זוּ
קָנִיתָ: תְּבִאֵמוֹ וְתִטָּעֵמוֹ בְּהַר נַחֲלָתְךָ, מָכוֹן
לְשִׁבְתְּךָ פָּעַלְתָּ יהוה, מִקְּדָשׁ אֲדֹנָי כּוֹנְנוּ
יָדֶיךָ: יהוה ׀ יִמְלֹךְ לְעֹלָם וָעֶד:

יהוה יִמְלֹךְ לְעֹלָם וָעֶד.
יהוה מַלְכוּתֵהּ קָאֵם לְעָלַם וּלְעָלְמֵי עָלְמַיָּא.

כִּי
בָא סוּס פַּרְעֹה בְּרִכְבּוֹ וּבְפָרָשָׁיו בַּיָּם, וַיָּשֶׁב יהוה עֲלֵהֶם אֶת־מֵי
הַיָּם, וּבְנֵי יִשְׂרָאֵל הָלְכוּ בַיַּבָּשָׁה בְּתוֹךְ הַיָּם:

תהלים כב ◂ כִּי לַיהוה הַמְּלוּכָה וּמֹשֵׁל בַּגּוֹיִם:
עובדיה א וְעָלוּ מוֹשִׁעִים בְּהַר צִיּוֹן
לִשְׁפֹּט אֶת־הַר עֵשָׂו
וְהָיְתָה לַיהוה הַמְּלוּכָה:
זכריה יד וְהָיָה יהוה לְמֶלֶךְ עַל־כָּל־הָאָרֶץ
בַּיּוֹם הַהוּא יִהְיֶה יהוה אֶחָד וּשְׁמוֹ אֶחָד:

דברים ו (וּבְתוֹרָתְךָ כָּתוּב לֵאמֹר, שְׁמַע יִשְׂרָאֵל, יהוה אֱלֹהֵינוּ יהוה אֶחָד:)

בחול המועד (לרבות הושענא רבה) ממשיכים ׳יִשְׁתַּבַּח׳ (עמ׳ 126).

׳נִשְׁמַת׳ הוא פיוט עתיק, ור׳ יוחנן כינהו ׳ברכת השיר׳ (פסחים קיח ע״א). בתשובות הגאונים הוא מיוחס לחכמי התלמוד, ויש שהקדימו את זמן חיבורו וייחסו אותו לאנשי הכנסת הגדולה (מרדכי, פסחים תריא).

נִשְׁמַת

כָּל חַי תְּבָרֵךְ אֶת שִׁמְךָ, יהוה אֱלֹהֵינוּ
וְרוּחַ כָּל בָּשָׂר תְּפָאֵר וּתְרוֹמֵם זִכְרְךָ מַלְכֵּנוּ תָּמִיד.
מִן הָעוֹלָם וְעַד הָעוֹלָם אַתָּה אֵל
וּמִבַּלְעָדֶיךָ אֵין לָנוּ מֶלֶךְ גּוֹאֵל וּמוֹשִׁיעַ
פּוֹדֶה וּמַצִּיל וּמְפַרְנֵס וּמְרַחֵם
בְּכָל עֵת צָרָה וְצוּקָה אֵין לָנוּ מֶלֶךְ אֶלָּא אָתָּה.
אֱלֹהֵי הָרִאשׁוֹנִים וְהָאַחֲרוֹנִים, אֱלוֹהַּ כָּל בְּרִיּוֹת
אֲדוֹן כָּל תּוֹלָדוֹת, הַמְהֻלָּל בְּרֹב הַתִּשְׁבָּחוֹת
הַמְנַהֵג עוֹלָמוֹ בְּחֶסֶד וּבְרִיּוֹתָיו בְּרַחֲמִים.
וַיהוה לֹא יָנוּם וְלֹא יִישָׁן
הַמְעוֹרֵר יְשֵׁנִים וְהַמֵּקִיץ נִרְדָּמִים
וְהַמֵּשִׂיחַ אִלְּמִים וְהַמַּתִּיר אֲסוּרִים
וְהַסּוֹמֵךְ נוֹפְלִים וְהַזּוֹקֵף כְּפוּפִים.
לְךָ לְבַדְּךָ אֲנַחְנוּ מוֹדִים.
אִלּוּ פִינוּ מָלֵא שִׁירָה כַּיָּם
וּלְשׁוֹנֵנוּ רִנָּה כַּהֲמוֹן גַּלָּיו
וְשִׂפְתוֹתֵינוּ שֶׁבַח כְּמֶרְחֲבֵי רָקִיעַ
וְעֵינֵינוּ מְאִירוֹת כַּשֶּׁמֶשׁ וְכַיָּרֵחַ
וְיָדֵינוּ פְרוּשׂוֹת כְּנִשְׁרֵי שָׁמָיִם, וְרַגְלֵינוּ קַלּוֹת כָּאַיָּלוֹת
אֵין אֲנַחְנוּ מַסְפִּיקִים לְהוֹדוֹת לְךָ
יהוה אֱלֹהֵינוּ וֵאלֹהֵי אֲבוֹתֵינוּ, וּלְבָרֵךְ אֶת שְׁמֶךָ

עַל אַחַת מֵאֶלֶף אֶלֶף אַלְפֵי אֲלָפִים
וְרִבֵּי רְבָבוֹת פְּעָמִים הַטּוֹבוֹת
שֶׁעָשִׂיתָ עִם אֲבוֹתֵינוּ וְעִמָּנוּ.
מִמִּצְרַיִם גְּאַלְתָּנוּ, יהוה אֱלֹהֵינוּ, וּמִבֵּית עֲבָדִים פְּדִיתָנוּ
בְּרָעָב זַנְתָּנוּ וּבְשָׂבָע כִּלְכַּלְתָּנוּ
מֵחֶרֶב הִצַּלְתָּנוּ וּמִדֶּבֶר מִלַּטְתָּנוּ
וּמֵחֳלָיִים רָעִים וְנֶאֱמָנִים דִּלִּיתָנוּ.
עַד הֵנָּה עֲזָרוּנוּ רַחֲמֶיךָ, וְלֹא עֲזָבוּנוּ חֲסָדֶיךָ
וְאַל תִּטְּשֵׁנוּ, יהוה אֱלֹהֵינוּ, לָנֶצַח.
עַל כֵּן אֵבָרִים שֶׁפִּלַּגְתָּ בָּנוּ
וְרוּחַ וּנְשָׁמָה שֶׁנָּפַחְתָּ בְּאַפֵּינוּ, וְלָשׁוֹן אֲשֶׁר שַׂמְתָּ בְּפִינוּ
הֵן הֵם יוֹדוּ וִיבָרְכוּ וִישַׁבְּחוּ וִיפָאֲרוּ
וִירוֹמְמוּ וְיַעֲרִיצוּ וְיַקְדִּישׁוּ וְיַמְלִיכוּ אֶת שִׁמְךָ מַלְכֵּנוּ
כִּי כָל פֶּה לְךָ יוֹדֶה וְכָל לָשׁוֹן לְךָ תִשָּׁבַע
וְכָל בֶּרֶךְ לְךָ תִכְרַע וְכָל קוֹמָה לְפָנֶיךָ תִשְׁתַּחֲוֶה
וְכָל לְבָבוֹת יִירָאוּךָ וְכָל קֶרֶב וּכְלָיוֹת יְזַמְּרוּ לִשְׁמֶךָ
כַּדָּבָר שֶׁכָּתוּב
כָּל עַצְמֹתַי תֹּאמַרְנָה יהוה מִי כָמוֹךָ תהלים לה
מַצִּיל עָנִי מֵחָזָק מִמֶּנּוּ, וְעָנִי וְאֶבְיוֹן מִגֹּזְלוֹ:
מִי יִדְמֶה לָּךְ וּמִי יִשְׁוֶה לָּךְ וּמִי יַעֲרָךְ לָךְ
הָאֵל הַגָּדוֹל, הַגִּבּוֹר וְהַנּוֹרָא, אֵל עֶלְיוֹן, קוֹנֵה שָׁמַיִם וָאָרֶץ.
◄ נְהַלֶּלְךָ וּנְשַׁבֵּחֲךָ וּנְפָאֶרְךָ וּנְבָרֵךְ אֶת שֵׁם קָדְשֶׁךָ
כָּאָמוּר
לְדָוִד, בָּרְכִי נַפְשִׁי אֶת־יהוה תהלים קג
וְכָל־קְרָבַי אֶת־שֵׁם קָדְשׁוֹ:

ביום טוב שליח הציבור מתחיל כאן:

הָאֵל בְּתַעֲצוּמוֹת עֻזֶּךָ
הַגָּדוֹל בִּכְבוֹד שְׁמֶךָ
הַגִּבּוֹר לָנֶצַח וְהַנּוֹרָא בְּנוֹרְאוֹתֶיךָ
הַמֶּלֶךְ הַיּוֹשֵׁב עַל כִּסֵּא
רָם וְנִשָּׂא

בשבת חול המועד שליח הציבור מתחיל כאן:

שׁוֹכֵן עַד מָרוֹם וְקָדוֹשׁ שְׁמוֹ
וְכָתוּב
רַנְּנוּ צַדִּיקִים בַּיהוה, לַיְשָׁרִים נָאוָה תְהִלָּה: תהלים לג

▸ בְּפִי יְשָׁרִים תִּתְהַלָּל
וּבְדִבְרֵי צַדִּיקִים תִּתְבָּרַךְ
וּבִלְשׁוֹן חֲסִידִים תִּתְרוֹמָם
וּבְקֶרֶב קְדוֹשִׁים תִּתְקַדָּשׁ

וּבְמַקְהֲלוֹת רִבְבוֹת עַמְּךָ בֵּית יִשְׂרָאֵל
בְּרִנָּה יִתְפָּאַר שִׁמְךָ מַלְכֵּנוּ בְּכָל דּוֹר וָדוֹר
▸ שֶׁכֵּן חוֹבַת כָּל הַיְצוּרִים
לְפָנֶיךָ יהוה אֱלֹהֵינוּ וֵאלֹהֵי אֲבוֹתֵינוּ
לְהוֹדוֹת, לְהַלֵּל, לְשַׁבֵּחַ, לְפָאֵר, לְרוֹמֵם
לְהַדֵּר, לְבָרֵךְ, לְעַלֵּה וּלְקַלֵּס
עַל כָּל דִּבְרֵי שִׁירוֹת וְתִשְׁבְּחוֹת
דָּוִד בֶּן יִשַׁי, עַבְדְּךָ מְשִׁיחֶךָ.

נוהגים לעמוד מכאן עד ׳בָּרְכוּ׳ בעמוד הבא.

יִשְׁתַּבַּח שִׁמְךָ לָעַד, מַלְכֵּנוּ
הָאֵל הַמֶּלֶךְ הַגָּדוֹל וְהַקָּדוֹשׁ בַּשָּׁמַיִם וּבָאָרֶץ
כִּי לְךָ נָאֶה, יהוה אֱלֹהֵינוּ וֵאלֹהֵי אֲבוֹתֵינוּ
שִׁיר וּשְׁבָחָה, הַלֵּל וְזִמְרָה
עֹז וּמֶמְשָׁלָה, נֶצַח, גְּדֻלָּה וּגְבוּרָה
תְּהִלָּה וְתִפְאֶרֶת
קְדֻשָּׁה וּמַלְכוּת
◂ בְּרָכוֹת וְהוֹדָאוֹת
מֵעַתָּה וְעַד עוֹלָם.
בָּרוּךְ אַתָּה יהוה
אֵל מֶלֶךְ גָּדוֹל בַּתִּשְׁבָּחוֹת
אֵל הַהוֹדָאוֹת, אֲדוֹן הַנִּפְלָאוֹת
הַבּוֹחֵר בְּשִׁירֵי זִמְרָה
מֶלֶךְ, אֵל, חֵי הָעוֹלָמִים.

בהושענא רבה יש אומרים:

שִׁיר הַמַּעֲלוֹת, מִמַּעֲמַקִּים קְרָאתִיךָ יהוה: תהלים קל
אֲדֹנָי שִׁמְעָה בְקוֹלִי, תִּהְיֶינָה אָזְנֶיךָ קַשֻּׁבוֹת לְקוֹל תַּחֲנוּנָי:
אִם־עֲוֹנוֹת תִּשְׁמָר־יָהּ, אֲדֹנָי מִי יַעֲמֹד:
כִּי־עִמְּךָ הַסְּלִיחָה, לְמַעַן תִּוָּרֵא:
קִוִּיתִי יהוה קִוְּתָה נַפְשִׁי, וְלִדְבָרוֹ הוֹחָלְתִּי:
נַפְשִׁי לַאדֹנָי, מִשֹּׁמְרִים לַבֹּקֶר, שֹׁמְרִים לַבֹּקֶר:
יַחֵל יִשְׂרָאֵל אֶל־יהוה, כִּי־עִם־יהוה הַחֶסֶד
וְהַרְבֵּה עִמּוֹ פְדוּת:
וְהוּא יִפְדֶּה אֶת־יִשְׂרָאֵל, מִכֹּל עֲוֹנוֹתָיו:

חצי קדיש

ש״ץ: יִתְגַּדַּל וְיִתְקַדַּשׁ שְׁמֵהּ רַבָּא (קהל: אָמֵן)
בְּעָלְמָא דִּי בְרָא כִרְעוּתֵהּ, וְיַמְלִיךְ מַלְכוּתֵהּ
בְּחַיֵּיכוֹן וּבְיוֹמֵיכוֹן וּבְחַיֵּי דְכָל בֵּית יִשְׂרָאֵל
בַּעֲגָלָא וּבִזְמַן קָרִיב, וְאִמְרוּ אָמֵן. (קהל: אָמֵן)

קהל וש״ץ: יְהֵא שְׁמֵהּ רַבָּא מְבָרַךְ לְעָלַם וּלְעָלְמֵי עָלְמַיָּא.

ש״ץ: יִתְבָּרַךְ וְיִשְׁתַּבַּח וְיִתְפָּאַר וְיִתְרוֹמַם וְיִתְנַשֵּׂא
וְיִתְהַדָּר וְיִתְעַלֶּה וְיִתְהַלָּל
שְׁמֵהּ דְּקֻדְשָׁא בְּרִיךְ הוּא (קהל: בְּרִיךְ הוּא)
לְעֵלָּא מִן כָּל בִּרְכָתָא וְשִׁירָתָא, תֻּשְׁבְּחָתָא וְנֶחֱמָתָא
דַּאֲמִירָן בְּעָלְמָא, וְאִמְרוּ אָמֵן. (קהל: אָמֵן)

קריאת שמע וברכותיה

שליח הציבור כורע בתיבת ׳בָּרְכוּ׳ וזוקף בשם. הקהל כורע בתיבת ׳בָּרוּךְ׳ וזוקף בשם, ושליח הציבור כורע שוב כאשר הוא חוזר אחריהם.

ש״ץ: **בָּרְכוּ**
אֶת יהוה הַמְבֹרָךְ.

קהל: בָּרוּךְ יהוה הַמְבֹרָךְ לְעוֹלָם וָעֶד.

ש״ץ: בָּרוּךְ יהוה הַמְבֹרָךְ לְעוֹלָם וָעֶד.

״בשחר מברך שתים לפניה ואחת לאחריה״ (משנה, ברכות יא ע״א).
הברכה הראשונה היא על האור, שהוא תחילת הבריאה, עם זאת מזכירים גם את בריאת החושך להודיע שבורא אחד ברא הכול (תלמידי רבינו יונה, ברכות יא ע״ב) ומטיל שלום ביניהם, שכן ״אם אין שלום אין כלום״ (רש״י, ויקרא כו, ו).
נוהגים לשבת בקריאת שמע וברכותיה (זוהר חדש, תרומה ח״א, סט ע״ב).
אין להפסיק בדיבור מתחילת הברכה ועד סוף תפילת העמידה פרט לדברים שבקדושה.

בָּרוּךְ אַתָּה יהוה אֱלֹהֵינוּ מֶלֶךְ הָעוֹלָם
יוֹצֵר אוֹר וּבוֹרֵא חֹשֶׁךְ, עֹשֶׂה שָׁלוֹם וּבוֹרֵא אֶת הַכֹּל.

אם יום טוב חל בשבת אומרים ׳הַכֹּל יוֹדוּךָ׳ בעמוד הבא.
ביום טוב שאינו חל בשבת אומרים ׳הַמֵּאִיר לָאָרֶץ׳ (סידור הרוקח).

הַמֵּאִיר לָאָרֶץ וְלַדָּרִים עָלֶיהָ בְּרַחֲמִים
וּבְטוּבוֹ מְחַדֵּשׁ בְּכָל יוֹם תָּמִיד מַעֲשֵׂה בְרֵאשִׁית.

מָה רַבּוּ מַעֲשֶׂיךָ יהוה תהלים קד
כֻּלָּם בְּחָכְמָה עָשִׂיתָ
מָלְאָה הָאָרֶץ קִנְיָנֶךָ:
הַמֶּלֶךְ הַמְרוֹמָם לְבַדּוֹ מֵאָז
הַמְשֻׁבָּח וְהַמְפֹאָר וְהַמִּתְנַשֵּׂא מִימוֹת עוֹלָם.
אֱלֹהֵי עוֹלָם
בְּרַחֲמֶיךָ הָרַבִּים רַחֵם עָלֵינוּ
אֲדוֹן עֻזֵּנוּ, צוּר מִשְׂגַּבֵּנוּ
מָגֵן יִשְׁעֵנוּ, מִשְׂגָּב בַּעֲדֵנוּ.

אֵל בָּרוּךְ גְּדוֹל דֵּעָה
הֵכִין וּפָעַל זָהֳרֵי חַמָּה
טוֹב יָצַר כָּבוֹד לִשְׁמוֹ
מְאוֹרוֹת נָתַן סְבִיבוֹת עֻזּוֹ
פִּנּוֹת צְבָאָיו קְדוֹשִׁים
רוֹמְמֵי שַׁדַּי
תָּמִיד מְסַפְּרִים כְּבוֹד אֵל וּקְדֻשָּׁתוֹ.
◂ תִּתְבָּרַךְ יהוה אֱלֹהֵינוּ
עַל שֶׁבַח מַעֲשֵׂה יָדֶיךָ
וְעַל מְאוֹרֵי אוֹר שֶׁעָשִׂיתָ
יְפָאֲרוּךָ סֶּלָה.

וממשיכים ׳תִּתְבָּרַךְ צוּרֵנוּ׳ בעמ׳ 131.

בשבת אומרים 'הַכֹּל יוֹדוּךָ' (מחזור ויטרי, קסא).

הַכֹּל יוֹדְוּךָ וְהַכֹּל יְשַׁבְּחְוּךָ
וְהַכֹּל יֹאמְרוּ אֵין קָדוֹשׁ כַּיהוה
הַכֹּל יְרוֹמְמְוּךָ סֶּלָה, יוֹצֵר הַכֹּל.
הָאֵל הַפּוֹתֵחַ בְּכָל יוֹם דַּלְתוֹת שַׁעֲרֵי מִזְרָח
וּבוֹקֵעַ חַלּוֹנֵי רָקִיעַ
מוֹצִיא חַמָּה מִמְּקוֹמָהּ וּלְבָנָה מִמְּכוֹן שִׁבְתָּהּ
וּמֵאִיר לָעוֹלָם כֻּלּוֹ וּלְיוֹשְׁבָיו
שֶׁבָּרָא בְּמִדַּת הָרַחֲמִים.
הַמֵּאִיר לָאָרֶץ וְלַדָּרִים עָלֶיהָ בְּרַחֲמִים
וּבְטוּבוֹ מְחַדֵּשׁ בְּכָל יוֹם תָּמִיד מַעֲשֵׂה בְרֵאשִׁית.
הַמֶּלֶךְ הַמְרוֹמָם לְבַדּוֹ מֵאָז
הַמְשֻׁבָּח וְהַמְפֹאָר וְהַמִּתְנַשֵּׂא מִימוֹת עוֹלָם.
אֱלֹהֵי עוֹלָם, בְּרַחֲמֶיךָ הָרַבִּים רַחֵם עָלֵינוּ
אֲדוֹן עֻזֵּנוּ, צוּר מִשְׂגַּבֵּנוּ, מָגֵן יִשְׁעֵנוּ, מִשְׂגָּב בַּעֲדֵנוּ.

אֵין כְּעֶרְכֶּךָ
וְאֵין זוּלָתֶךָ
אֶפֶס בִּלְתֶּךָ
וּמִי דּוֹמֶה לָּךְ.

• אֵין כְּעֶרְכְּךָ, יהוה אֱלֹהֵינוּ, בָּעוֹלָם הַזֶּה
וְאֵין זוּלָתְךָ, מַלְכֵּנוּ, לְחַיֵּי הָעוֹלָם הַבָּא
אֶפֶס בִּלְתְּךָ, גּוֹאֲלֵנוּ, לִימוֹת הַמָּשִׁיחַ
וְאֵין דּוֹמֶה לְּךָ, מוֹשִׁיעֵנוּ, לִתְחִיַּת הַמֵּתִים.

אֵל אָדוֹן עַל כָּל הַמַּעֲשִׂים
בָּרוּךְ וּמְבֹרָךְ בְּפִי כָּל נְשָׁמָה
גָּדְלוֹ וְטוּבוֹ מָלֵא עוֹלָם
דַּעַת וּתְבוּנָה סוֹבְבִים אוֹתוֹ.

הַמִּתְגָּאֶה עַל חַיּוֹת הַקֹּדֶשׁ
וְנֶהְדָּר בְּכָבוֹד עַל הַמֶּרְכָּבָה
זְכוּת וּמִישׁוֹר לִפְנֵי כִסְאוֹ
חֶסֶד וְרַחֲמִים לִפְנֵי כְבוֹדוֹ.

טוֹבִים מְאוֹרוֹת שֶׁבָּרָא אֱלֹהֵינוּ
יְצָרָם בְּדַעַת בְּבִינָה וּבְהַשְׂכֵּל
כֹּחַ וּגְבוּרָה נָתַן בָּהֶם
לִהְיוֹת מוֹשְׁלִים בְּקֶרֶב תֵּבֵל.

מְלֵאִים זִיו וּמְפִיקִים נֹגַהּ
נָאֶה זִיוָם בְּכָל הָעוֹלָם
שְׂמֵחִים בְּצֵאתָם וְשָׂשִׂים בְּבוֹאָם
עוֹשִׂים בְּאֵימָה רְצוֹן קוֹנָם.

פְּאֵר וְכָבוֹד נוֹתְנִים לִשְׁמוֹ
צָהֳלָה וְרִנָּה לְזֵכֶר מַלְכוּתוֹ
קָרָא לַשֶּׁמֶשׁ וַיִּזְרַח אוֹר
רָאָה וְהִתְקִין צוּרַת הַלְּבָנָה.

שֶׁבַח נוֹתְנִים לוֹ כָּל צְבָא מָרוֹם
תִּפְאֶרֶת וּגְדֻלָּה, שְׂרָפִים וְאוֹפַנִּים וְחַיּוֹת הַקֹּדֶשׁ.

לָאֵל אֲשֶׁר שָׁבַת מִכָּל הַמַּעֲשִׂים
בַּיּוֹם הַשְּׁבִיעִי נִתְעַלָּה וְיָשַׁב עַל כִּסֵּא כְבוֹדוֹ.
תִּפְאֶרֶת עָטָה לְיוֹם הַמְּנוּחָה
עֹנֶג קָרָא לְיוֹם הַשַּׁבָּת.
זֶה שֶׁבַח שֶׁלַּיּוֹם הַשְּׁבִיעִי
שֶׁבּוֹ שָׁבַת אֵל מִכָּל מְלַאכְתּוֹ
וְיוֹם הַשְּׁבִיעִי מְשַׁבֵּחַ וְאוֹמֵר
מִזְמוֹר שִׁיר לְיוֹם הַשַּׁבָּת, טוֹב לְהֹדוֹת לַיהוה: תהלים צב
לְפִיכָךְ יְפָאֲרוּ וִיבָרְכוּ לָאֵל כָּל יְצוּרָיו
שֶׁבַח יְקָר וּגְדֻלָּה יִתְּנוּ לָאֵל מֶלֶךְ יוֹצֵר כֹּל
הַמַּנְחִיל מְנוּחָה לְעַמּוֹ יִשְׂרָאֵל בִּקְדֻשָּׁתוֹ בְּיוֹם שַׁבַּת קֹדֶשׁ.
שִׁמְךָ יהוה אֱלֹהֵינוּ יִתְקַדַּשׁ, וְזִכְרְךָ מַלְכֵּנוּ יִתְפָּאַר
בַּשָּׁמַיִם מִמַּעַל וְעַל הָאָרֶץ מִתָּחַת.
תִּתְבָּרַךְ מוֹשִׁיעֵנוּ עַל שֶׁבַח מַעֲשֵׂה יָדֶיךָ
וְעַל מְאוֹרֵי אוֹר שֶׁעָשִׂיתָ, יְפָאֲרוּךָ סֶּלָה.

בכל הימים ממשיכים כאן.

תִּתְבָּרַךְ
צוּרֵנוּ מַלְכֵּנוּ וְגוֹאֲלֵנוּ, בּוֹרֵא קְדוֹשִׁים
יִשְׁתַּבַּח שִׁמְךָ לָעַד
מַלְכֵּנוּ, יוֹצֵר מְשָׁרְתִים
וַאֲשֶׁר מְשָׁרְתָיו כֻּלָּם עוֹמְדִים בְּרוּם עוֹלָם
וּמַשְׁמִיעִים בְּיִרְאָה יַחַד בְּקוֹל
דִּבְרֵי אֱלֹהִים חַיִּים וּמֶלֶךְ עוֹלָם.

כֻּלָּם אֲהוּבִים, כֻּלָּם בְּרוּרִים, כֻּלָּם גִּבּוֹרִים
וְכֻלָּם עוֹשִׂים בְּאֵימָה וּבְיִרְאָה רְצוֹן קוֹנָם
◂ וְכֻלָּם פּוֹתְחִים אֶת פִּיהֶם
בִּקְדֻשָּׁה וּבְטָהֳרָה
בְּשִׁירָה וּבְזִמְרָה
וּמְבָרְכִים וּמְשַׁבְּחִים וּמְפָאֲרִים
וּמַעֲרִיצִים וּמַקְדִּישִׁים וּמַמְלִיכִים ◂
אֶת שֵׁם הָאֵל
הַמֶּלֶךְ הַגָּדוֹל, הַגִּבּוֹר וְהַנּוֹרָא
קָדוֹשׁ הוּא.
◂ וְכֻלָּם מְקַבְּלִים עֲלֵיהֶם עֹל מַלְכוּת שָׁמַיִם זֶה מִזֶּה
וְנוֹתְנִים רְשׁוּת זֶה לָזֶה
לְהַקְדִּישׁ לְיוֹצְרָם בְּנַחַת רוּחַ, בְּשָׂפָה בְרוּרָה וּבִנְעִימָה
קְדֻשָּׁה כֻּלָּם כְּאֶחָד
עוֹנִים וְאוֹמְרִים בְּיִרְאָה

יש פוסקים הסבורים שיחיד אינו אומר את הפסוקים ׳קָדוֹשׁ׳ ו׳בָּרוּךְ׳ אלא רק ציבור (רס״ג), ולכן ראוי שיחיד יאמר אותם בטעמים (שו״ע נט, ג; משנ״ב שם, יא).

הקהל עונה בקול רם (אליה רבה):

ישעיה ו
קָדוֹשׁ ׀ קָדוֹשׁ, קָדוֹשׁ יְהוָה צְבָאוֹת
מְלֹא כָל־הָאָרֶץ כְּבוֹדוֹ:

◂ וְהָאוֹפַנִּים וְחַיּוֹת הַקֹּדֶשׁ
בְּרַעַשׁ גָּדוֹל מִתְנַשְּׂאִים לְעֻמַּת שְׂרָפִים
לְעֻמָּתָם מְשַׁבְּחִים וְאוֹמְרִים

הקהל עונה בקול רם (שם):

יחזקאל ג
בָּרוּךְ כְּבוֹד־יְהוָה מִמְּקוֹמוֹ:

לָאֵל בָּרוּךְ נְעִימוֹת יִתֵּנוּ, לַמֶּלֶךְ אֵל חַי וְקַיָּם
זְמִירוֹת יֹאמֵרוּ וְתִשְׁבָּחוֹת יַשְׁמִיעוּ
כִּי הוּא לְבַדּוֹ
פּוֹעֵל גְּבוּרוֹת, עוֹשֶׂה חֲדָשׁוֹת
בַּעַל מִלְחָמוֹת, זוֹרֵעַ צְדָקוֹת
מַצְמִיחַ יְשׁוּעוֹת, בּוֹרֵא רְפוּאוֹת
נוֹרָא תְהִלּוֹת, אֲדוֹן הַנִּפְלָאוֹת
הַמְחַדֵּשׁ בְּטוּבוֹ בְּכָל יוֹם תָּמִיד מַעֲשֵׂה בְרֵאשִׁית
כָּאָמוּר
לְעֹשֵׂה אוֹרִים גְּדֹלִים, כִּי לְעוֹלָם חַסְדּוֹ: תהלים קלו
◂ אוֹר חָדָשׁ עַל צִיּוֹן תָּאִיר וְנִזְכֶּה כֻלָּנוּ מְהֵרָה לְאוֹרוֹ.
בָּרוּךְ אַתָּה יהוה, יוֹצֵר הַמְּאוֹרוֹת.

בברכות יא ע״ב נחלקו התנאים, אם נוסח הברכה השנייה לפני קריאת שמע הוא ׳אַהֲבָה רַבָּה׳ או ׳אַהֲבַת עוֹלָם׳. מנהג אשכנז לומר ׳אַהֲבָה רַבָּה׳ בשחרית ו׳אַהֲבַת עוֹלָם׳ בערבית (ראבי״ה ח״א, לד), כיוון שבבוקר האדם מודה על החסדים שה׳ גמל עמו, ובערב מתפלל על החסדים שיעשה עמו בעתיד (צל״ח, ברכות שם).

אַהֲבָה רַבָּה אֲהַבְתָּנוּ, יהוה אֱלֹהֵינוּ
חֶמְלָה גְדוֹלָה וִיתֵרָה חָמַלְתָּ עָלֵינוּ.
אָבִינוּ מַלְכֵּנוּ
בַּעֲבוּר אֲבוֹתֵינוּ שֶׁבָּטְחוּ בְךָ, וַתְּלַמְּדֵם חֻקֵּי חַיִּים
כֵּן תְּחָנֵּנוּ וּתְלַמְּדֵנוּ.
אָבִינוּ, הָאָב הָרַחֲמָן, הַמְרַחֵם
רַחֵם עָלֵינוּ
וְתֵן בְּלִבֵּנוּ לְהָבִין וּלְהַשְׂכִּיל
לִשְׁמֹעַ, לִלְמֹד וּלְלַמֵּד, לִשְׁמֹר וְלַעֲשׂוֹת, וּלְקַיֵּם
אֶת כָּל דִּבְרֵי תַלְמוּד תּוֹרָתֶךָ בְּאַהֲבָה.

וְהָאֵר עֵינֵינוּ בְּתוֹרָתֶךָ, וְדַבֵּק לִבֵּנוּ בְּמִצְוֹתֶיךָ
וְיַחֵד לְבָבֵנוּ לְאַהֲבָה וּלְיִרְאָה אֶת שְׁמֶךָ, וְלֹא נֵבוֹשׁ לְעוֹלָם וָעֶד.
כִּי בְשֵׁם קָדְשְׁךָ הַגָּדוֹל וְהַנּוֹרָא בָּטָחְנוּ
נָגִילָה וְנִשְׂמְחָה בִּישׁוּעָתֶךָ.

״מצוה לאחוז הציצית ביד שמאלית כנגד לבו בשעת קריאת שמע״ (שו״ע כד, ב), ולדעת האר״י, יש לאוספן ולאוחזן בין קמיצה לזרת כשמגיע ל׳וַהֲבִיאֵנוּ׳.

יש נוהגים לאחוז את ארבעתן (הרדב״ז והאר״י), ויש נוהגים לאחוז רק שתיים כדי להישאר מסובב במצוות (׳בית יוסף׳ בשם הרקנטי, מהרש״ל והגר״א).

וַהֲבִיאֵנוּ לְשָׁלוֹם מֵאַרְבַּע כַּנְפוֹת הָאָרֶץ
וְתוֹלִיכֵנוּ קוֹמְמִיּוּת לְאַרְצֵנוּ.
◄ כִּי אֵל פּוֹעֵל יְשׁוּעוֹת אָתָּה, וּבָנוּ בָחַרְתָּ מִכָּל עַם וְלָשׁוֹן
וְקֵרַבְתָּנוּ לְשִׁמְךָ הַגָּדוֹל סֶלָה, בֶּאֱמֶת
לְהוֹדוֹת לְךָ וּלְיַחֶדְךָ בְּאַהֲבָה.
בָּרוּךְ אַתָּה יהוה, הַבּוֹחֵר בְּעַמּוֹ יִשְׂרָאֵל בְּאַהֲבָה.

״יקרא קריאת שמע בכוונה – באימה, ביראה, ברתת וזיע״ (שו״ע סא, א).

קריאת שמע צריכה כוונה מיוחדת בכל שלוש פרשיותיה. מי שאינו יכול לכוון בכולן חייב לכוון בפסוק הראשון, ואם לא התכוון צריך לחזור ולקרוא שוב.

בקריאת שמע שלוש פרשיות: ׳שְׁמַע׳, שעניינה קבלת עול מלכות שמים; ׳וְהָיָה אִם־שָׁמֹעַ׳, שעניינה קבלת עול מצוות; ׳ציצית׳, שיש בה הזכרת יציאת מצרים ובחירת ה׳ בעם ישראל (משנה, ברכות יג ע״א).

המתפלל ביחידות אומר (רמ״א סא, ג על פי ספר חסידים):

אֵל מֶלֶךְ נֶאֱמָן

מכסה את עיניו בידו ואומר בכוונה ובקול רם:

שְׁמַע יִשְׂרָאֵל, יהוה אֱלֹהֵינוּ, יהוה ׀ אֶחָד׃ דברים ו

בלחש: בָּרוּךְ שֵׁם כְּבוֹד מַלְכוּתוֹ לְעוֹלָם וָעֶד.

וְאָהַבְתָּ אֵת יהוה אֱלֹהֶיךָ, בְּכָל־לְבָבְךָ וּבְכָל־נַפְשְׁךָ וּבְכָל־מְאֹדֶךָ׃ דברים ו
וְהָיוּ הַדְּבָרִים הָאֵלֶּה, אֲשֶׁר אָנֹכִי מְצַוְּךָ הַיּוֹם, עַל־לְבָבֶךָ׃ וְשִׁנַּנְתָּם

לְבָנֶיךָ וְדִבַּרְתָּ בָּם, בְּשִׁבְתְּךָ בְּבֵיתֶךָ וּבְלֶכְתְּךָ בַדֶּרֶךְ, וּבְשָׁכְבְּךָ
וּבְקוּמֶךָ: וּקְשַׁרְתָּם לְאוֹת עַל־יָדֶךָ וְהָיוּ לְטֹטָפֹת בֵּין עֵינֶיךָ:
וּכְתַבְתָּם עַל־מְזֻזוֹת בֵּיתֶךָ וּבִשְׁעָרֶיךָ:

וְהָיָה אִם־שָׁמֹעַ תִּשְׁמְעוּ אֶל־מִצְוֹתַי אֲשֶׁר אָנֹכִי מְצַוֶּה אֶתְכֶם דברים יא
הַיּוֹם, לְאַהֲבָה אֶת־יהוה אֱלֹהֵיכֶם וּלְעָבְדוֹ, בְּכָל־לְבַבְכֶם וּבְכָל־
נַפְשְׁכֶם: וְנָתַתִּי מְטַר־אַרְצְכֶם בְּעִתּוֹ, יוֹרֶה וּמַלְקוֹשׁ, וְאָסַפְתָּ
דְגָנֶךָ וְתִירֹשְׁךָ וְיִצְהָרֶךָ: וְנָתַתִּי עֵשֶׂב בְּשָׂדְךָ לִבְהֶמְתֶּךָ, וְאָכַלְתָּ
וְשָׂבָעְתָּ: הִשָּׁמְרוּ לָכֶם פֶּן־יִפְתֶּה לְבַבְכֶם, וְסַרְתֶּם וַעֲבַדְתֶּם אֱלֹהִים
אֲחֵרִים וְהִשְׁתַּחֲוִיתֶם לָהֶם: וְחָרָה אַף־יהוה בָּכֶם, וְעָצַר אֶת־
הַשָּׁמַיִם וְלֹא־יִהְיֶה מָטָר, וְהָאֲדָמָה לֹא תִתֵּן אֶת־יְבוּלָהּ, וַאֲבַדְתֶּם
מְהֵרָה מֵעַל הָאָרֶץ הַטֹּבָה אֲשֶׁר יהוה נֹתֵן לָכֶם: וְשַׂמְתֶּם אֶת־
דְּבָרַי אֵלֶּה עַל־לְבַבְכֶם וְעַל־נַפְשְׁכֶם, וּקְשַׁרְתֶּם אֹתָם לְאוֹת עַל־
יֶדְכֶם, וְהָיוּ לְטוֹטָפֹת בֵּין עֵינֵיכֶם: וְלִמַּדְתֶּם אֹתָם אֶת־בְּנֵיכֶם
לְדַבֵּר בָּם, בְּשִׁבְתְּךָ בְּבֵיתֶךָ וּבְלֶכְתְּךָ בַדֶּרֶךְ, וּבְשָׁכְבְּךָ וּבְקוּמֶךָ:
וּכְתַבְתָּם עַל־מְזוּזוֹת בֵּיתֶךָ וּבִשְׁעָרֶיךָ: לְמַעַן יִרְבּוּ יְמֵיכֶם וִימֵי
בְנֵיכֶם עַל הָאֲדָמָה אֲשֶׁר נִשְׁבַּע יהוה לַאֲבֹתֵיכֶם לָתֵת לָהֶם, כִּימֵי
הַשָּׁמַיִם עַל־הָאָרֶץ:

נוהגים להעביר את הציציות ליד ימין ולנשקן במקומות המסומנים ב°.

וַיֹּאמֶר יהוה אֶל־מֹשֶׁה לֵּאמֹר: דַּבֵּר אֶל־בְּנֵי יִשְׂרָאֵל וְאָמַרְתָּ במדבר טו
אֲלֵהֶם, וְעָשׂוּ לָהֶם °צִיצִת עַל־כַּנְפֵי בִגְדֵיהֶם לְדֹרֹתָם, וְנָתְנוּ
°עַל־צִיצִת הַכָּנָף פְּתִיל תְּכֵלֶת: וְהָיָה לָכֶם °לְצִיצִת, וּרְאִיתֶם
אֹתוֹ וּזְכַרְתֶּם אֶת־כָּל־מִצְוֹת יהוה וַעֲשִׂיתֶם אֹתָם, וְלֹא תָתוּרוּ
אַחֲרֵי לְבַבְכֶם וְאַחֲרֵי עֵינֵיכֶם, אֲשֶׁר־אַתֶּם זֹנִים אַחֲרֵיהֶם: לְמַעַן
תִּזְכְּרוּ וַעֲשִׂיתֶם אֶת־כָּל־מִצְוֹתָי, וִהְיִיתֶם קְדֹשִׁים לֵאלֹהֵיכֶם: אֲנִי

יְהוָה אֱלֹהֵיכֶם, אֲשֶׁר הוֹצֵאתִי אֶתְכֶם מֵאֶרֶץ מִצְרַיִם, לִהְיוֹת לָכֶם לֵאלֹהִים, אֲנִי יְהוָה אֱלֹהֵיכֶם:

°אֱמֶת

שליח הציבור חוזר ואומר (שו״ע סא, ג על פי הזוהר):

◂ יהוה אֱלֹהֵיכֶם אֱמֶת

וְיַצִּיב, וְנָכוֹן וְקַיָּם, וְיָשָׁר וְנֶאֱמָן
וְאָהוּב וְחָבִיב, וְנֶחְמָד וְנָעִים
וְנוֹרָא וְאַדִּיר, וּמְתֻקָּן וּמְקֻבָּל, וְטוֹב וְיָפֶה
הַדָּבָר הַזֶּה עָלֵינוּ לְעוֹלָם וָעֶד.

אֱמֶת אֱלֹהֵי עוֹלָם מַלְכֵּנוּ
צוּר יַעֲקֹב מָגֵן יִשְׁעֵנוּ
לְדוֹר וָדוֹר הוּא קַיָּם וּשְׁמוֹ קַיָּם, וְכִסְאוֹ נָכוֹן
וּמַלְכוּתוֹ וֶאֱמוּנָתוֹ לָעַד קַיֶּמֶת.

במקום המסומן ב°, מנשק את הציציות ומניחן (שער הכוונות).

וּדְבָרָיו חָיִים וְקַיָּמִים, נֶאֱמָנִים וְנֶחֱמָדִים
°לָעַד וּלְעוֹלְמֵי עוֹלָמִים
◂ עַל אֲבוֹתֵינוּ וְעָלֵינוּ, עַל בָּנֵינוּ וְעַל דּוֹרוֹתֵינוּ
וְעַל כָּל דּוֹרוֹת זֶרַע יִשְׂרָאֵל עֲבָדֶיךָ. ◂
עַל הָרִאשׁוֹנִים וְעַל הָאַחֲרוֹנִים
דָּבָר טוֹב וְקַיָּם לְעוֹלָם וָעֶד

אֱמֶת וֶאֱמוּנָה, חֹק וְלֹא יַעֲבֹר.

אֱמֶת שָׁאַתָּה הוּא יהוה אֱלֹהֵינוּ וֵאלֹהֵי אֲבוֹתֵינוּ
◂ מַלְכֵּנוּ מֶלֶךְ אֲבוֹתֵינוּ, גּוֹאֲלֵנוּ גּוֹאֵל אֲבוֹתֵינוּ
יוֹצְרֵנוּ צוּר יְשׁוּעָתֵנוּ, פּוֹדֵנוּ וּמַצִּילֵנוּ מֵעוֹלָם שְׁמֶךָ
אֵין אֱלֹהִים זוּלָתֶךָ.

עֶזְרַת אֲבוֹתֵינוּ אַתָּה הוּא מֵעוֹלָם
מָגֵן וּמוֹשִׁיעַ לִבְנֵיהֶם אַחֲרֵיהֶם בְּכָל דּוֹר וָדוֹר.
בְּרוּם עוֹלָם מוֹשָׁבֶךָ
וּמִשְׁפָּטֶיךָ וְצִדְקָתְךָ עַד אַפְסֵי אָרֶץ.
אַשְׁרֵי אִישׁ שֶׁיִּשְׁמַע לְמִצְוֹתֶיךָ
וְתוֹרָתְךָ וּדְבָרְךָ יָשִׂים עַל לִבּוֹ.
אֱמֶת אַתָּה הוּא אָדוֹן לְעַמֶּךָ
וּמֶלֶךְ גִּבּוֹר לָרִיב רִיבָם.
אֱמֶת אַתָּה הוּא רִאשׁוֹן
וְאַתָּה הוּא אַחֲרוֹן
וּמִבַּלְעָדֶיךָ אֵין לָנוּ מֶלֶךְ גּוֹאֵל וּמוֹשִׁיעַ.
מִמִּצְרַיִם גְּאַלְתָּנוּ, יהוה אֱלֹהֵינוּ
וּמִבֵּית עֲבָדִים פְּדִיתָנוּ
כָּל בְּכוֹרֵיהֶם הָרַגְתָּ, וּבְכוֹרְךָ גָּאָלְתָּ
וְיַם סוּף בָּקַעְתָּ
וְזֵדִים טִבַּעְתָּ
וִידִידִים הֶעֱבַרְתָּ
וַיְכַסּוּ־מַיִם צָרֵיהֶם, אֶחָד מֵהֶם לֹא נוֹתָר: תהלים קו

עַל זֹאת שִׁבְּחוּ אֲהוּבִים, וְרוֹמְמוּ אֵל
וְנָתְנוּ יְדִידִים
זְמִירוֹת, שִׁירוֹת וְתִשְׁבָּחוֹת
בְּרָכוֹת וְהוֹדָאוֹת
לְמֶלֶךְ אֵל חַי וְקַיָּם
רָם וְנִשָּׂא, גָּדוֹל וְנוֹרָא

מַשְׁפִּיל גֵּאִים וּמַגְבִּיהַּ שְׁפָלִים
מוֹצִיא אֲסִירִים, וּפוֹדֶה עֲנָוִים וְעוֹזֵר דַּלִּים
וְעוֹנֶה לְעַמּוֹ בְּעֵת שַׁוְּעָם אֵלָיו.

כאן נוהגים לעמוד כהכנה לתפילת העמידה (׳דרך החיים׳ על פי מהרי״ל)
ולפסוע שלוש פסיעות לאחור (׳אליה רבה׳ סו, ט בשם ׳פרי עץ חיים׳).

◂ **תְּהִלּוֹת לְאֵל עֶלְיוֹן, בָּרוּךְ הוּא וּמְבֹרָךְ**
מֹשֶׁה וּבְנֵי יִשְׂרָאֵל, לְךָ עָנוּ שִׁירָה בְּשִׂמְחָה רַבָּה
וְאָמְרוּ כֻלָּם

מִי־כָמֹכָה בָּאֵלִם, יהוה שמות טו
מִי כָּמֹכָה נֶאְדָּר בַּקֹּדֶשׁ
נוֹרָא תְהִלֹּת, עֹשֵׂה פֶלֶא:

◂ **שִׁירָה חֲדָשָׁה שִׁבְּחוּ גְאוּלִים**
לְשִׁמְךָ עַל שְׂפַת הַיָּם
יַחַד כֻּלָּם הוֹדוּ וְהִמְלִיכוּ
וְאָמְרוּ
יהוה יִמְלֹךְ לְעֹלָם וָעֶד: שמות טו

רבים נוהגים לסיים את ברכת ׳גָּאַל יִשְׂרָאֵל׳ עם שליח הציבור
כדי לצאת מהמחלוקת אם לענות אמן אחר ברכתו.

◂ **צוּר יִשְׂרָאֵל, קוּמָה בְּעֶזְרַת יִשְׂרָאֵל**
וּפְדֵה כִנְאֻמֶךָ יְהוּדָה וְיִשְׂרָאֵל.
גֹּאֲלֵנוּ יהוה צְבָאוֹת שְׁמוֹ, קְדוֹשׁ יִשְׂרָאֵל: ישעיה מז

בחו״ל יש קהילות האומרות כאן בפסח את פיוטי ׳בְּרַח דּוֹדִי׳ (עמ׳ 466-469).
באחרון של פסח אין אומרים פיוט, אלא אם חל בשבת,
ואז אומרים את הפיוט ׳בְּרַח דּוֹדִי אֶל שֶׁאֲנָן נָוֶה׳ בעמ׳ 468.

בָּרוּךְ אַתָּה יהוה, גָּאַל יִשְׂרָאֵל.

בחול המועד מתפללים תפילת עמידה בעמ׳ 389.

עמידה ליום טוב ולשבת חול המועד

"המתפלל צריך שיכוין בלבו פירוש המלות שמוציא בשפתיו; ויחשוב כאלו שכינה כנגדו ויסיר כל המחשבות הטורדות אותו עד שתשאר מחשבתו וכוונתו זכה בתפלתו" (שו"ע צח, א).

פוסע שלוש פסיעות לפנים כמי שנכנס לפני המלך.

עומד ומתפלל בלחש מכאן ועד 'וּכְשָׁנִים קַדְמֹנִיּוֹת' בעמ' 148.

כורע במקומות המסומנים ב', קד לפנים במילה הבאה וזוקף בשם.

אֲדֹנָי, שְׂפָתַי תִּפְתָּח, וּפִי יַגִּיד תְּהִלָּתֶךָ: תהלים נא

אבות

'בָּרוּךְ אַתָּה יהוה, אֱלֹהֵינוּ וֵאלֹהֵי אֲבוֹתֵינוּ
אֱלֹהֵי אַבְרָהָם, אֱלֹהֵי יִצְחָק, וֵאלֹהֵי יַעֲקֹב
הָאֵל הַגָּדוֹל הַגִּבּוֹר וְהַנּוֹרָא, אֵל עֶלְיוֹן
גּוֹמֵל חֲסָדִים טוֹבִים, וְקֹנֵה הַכֹּל, וְזוֹכֵר חַסְדֵי אָבוֹת
וּמֵבִיא גוֹאֵל לִבְנֵי בְנֵיהֶם לְמַעַן שְׁמוֹ בְּאַהֲבָה.
מֶלֶךְ עוֹזֵר וּמוֹשִׁיעַ וּמָגֵן.
'בָּרוּךְ אַתָּה יהוה, מָגֵן אַבְרָהָם.

גבורות

אַתָּה גִּבּוֹר לְעוֹלָם, אֲדֹנָי, מְחַיֵּה מֵתִים אַתָּה, רַב לְהוֹשִׁיעַ

ביום א' של פסח (ובחו"ל גם בשמחת תורה) אומר:

מַשִּׁיב הָרְוּחַ וּמוֹרִיד הַגֶּשֶׁם

בשאר המועדים אומר:

מוֹרִיד הַטָּל

מְכַלְכֵּל חַיִּים בְּחֶסֶד, מְחַיֵּה מֵתִים בְּרַחֲמִים רַבִּים
סוֹמֵךְ נוֹפְלִים, וְרוֹפֵא חוֹלִים, וּמַתִּיר אֲסוּרִים
וּמְקַיֵּם אֱמוּנָתוֹ לִישֵׁנֵי עָפָר.
מִי כָמוֹךָ, בַּעַל גְּבוּרוֹת, וּמִי דּוֹמֶה לָּךְ
מֶלֶךְ, מֵמִית וּמְחַיֶּה וּמַצְמִיחַ יְשׁוּעָה.

וְנֶאֱמָן אַתָּה לְהַחֲיוֹת מֵתִים.
בָּרוּךְ אַתָּה יהוה, מְחַיֵּה הַמֵּתִים.

בתפילת לחש ממשיך 'אַתָּה קָדוֹשׁ' בעמוד הבא.

קדושה

בחזרת הש"ץ הקהל עומד ואומר קדושה.
במקומות המסומנים ב', המתפלל מתרומם על קצות אצבעותיו.

קהל ואחריו שליח הציבור:

נְקַדֵּשׁ אֶת שִׁמְךָ בָּעוֹלָם, כְּשֵׁם שֶׁמַּקְדִּישִׁים אוֹתוֹ בִּשְׁמֵי מָרוֹם
ישעיה ו כַּכָּתוּב עַל יַד נְבִיאֶךָ: וְקָרָא זֶה אֶל־זֶה וְאָמַר

קהל ואחריו שליח הציבור:

'קָדוֹשׁ, 'קָדוֹשׁ, 'קָדוֹשׁ, יהוה צְבָאוֹת, מְלֹא כָל־הָאָרֶץ כְּבוֹדוֹ:
אָז בְּקוֹל רַעַשׁ גָּדוֹל אַדִּיר וְחָזָק, מַשְׁמִיעִים קוֹל
מִתְנַשְּׂאִים לְעֻמַּת שְׂרָפִים, לְעֻמָּתָם בָּרוּךְ יֹאמֵרוּ

קהל ואחריו שליח הציבור:

יחזקאל ג 'בָּרוּךְ כְּבוֹד־יהוה מִמְּקוֹמוֹ:
מִמְּקוֹמְךָ מַלְכֵּנוּ תוֹפִיעַ וְתִמְלֹךְ עָלֵינוּ, כִּי מְחַכִּים אֲנַחְנוּ לָךְ.
מָתַי תִּמְלֹךְ בְּצִיּוֹן, בְּקָרוֹב בְּיָמֵינוּ לְעוֹלָם וָעֶד תִּשְׁכֹּן
תִּתְגַּדַּל וְתִתְקַדַּשׁ בְּתוֹךְ יְרוּשָׁלַיִם עִירְךָ, לְדוֹר וָדוֹר וּלְנֵצַח נְצָחִים.
וְעֵינֵינוּ תִרְאֶינָה מַלְכוּתֶךָ
כַּדָּבָר הָאָמוּר בְּשִׁירֵי עֻזֶּךָ, עַל יְדֵי דָוִד מְשִׁיחַ צִדְקֶךָ

קהל ואחריו שליח הציבור:

תהלים קמו 'יִמְלֹךְ יהוה לְעוֹלָם, אֱלֹהַיִךְ צִיּוֹן לְדֹר וָדֹר, הַלְלוּיָהּ:

(בבתי כנסת המתפללים בנוסח ספרד, ממשיכים 'אַתָּה קָדוֹשׁ' בעמוד הבא).

שליח הציבור ממשיך:

לְדוֹר וָדוֹר נַגִּיד גָּדְלֶךָ, וּלְנֵצַח נְצָחִים קְדֻשָּׁתְךָ נַקְדִּישׁ
וְשִׁבְחֲךָ אֱלֹהֵינוּ מִפִּינוּ לֹא יָמוּשׁ לְעוֹלָם וָעֶד
כִּי אֵל מֶלֶךְ גָּדוֹל וְקָדוֹשׁ אָתָּה.
בָּרוּךְ אַתָּה יהוה הָאֵל הַקָּדוֹשׁ.

שליח הציבור ממשיך ביום טוב 'אַתָּה בְחַרְתָּנוּ' בעמוד הבא,
ובשבת 'יִשְׂמַח מֹשֶׁה' גם כן בעמוד הבא מתחת לקו.

קדושת השם

אַתָּה קָדוֹשׁ וְשִׁמְךָ קָדוֹשׁ
וּקְדוֹשִׁים בְּכָל יוֹם יְהַלְלוּךָ סֶּלָה.
בָּרוּךְ אַתָּה יהוה, הָאֵל הַקָּדוֹשׁ.

בשבת חול המועד ממשיכים ׳יִשְׂמַח מֹשֶׁה׳ מתחת לקו.
ביום טוב ממשיכים כאן.

קדושת היום – ליום טוב

אַתָּה בְחַרְתָּנוּ מִכָּל הָעַמִּים
אָהַבְתָּ אוֹתָנוּ וְרָצִיתָ בָּנוּ
וְרוֹמַמְתָּנוּ מִכָּל הַלְּשׁוֹנוֹת
וְקִדַּשְׁתָּנוּ בְּמִצְוֹתֶיךָ
וְקֵרַבְתָּנוּ מַלְכֵּנוּ לַעֲבוֹדָתֶךָ
וְשִׁמְךָ הַגָּדוֹל וְהַקָּדוֹשׁ עָלֵינוּ קָרָאתָ.

ממשיכים ׳וַתִּתֶּן לָנוּ׳ בעמוד הבא.

קדושת היום – לשבת חול המועד

בשבת ניתנה תורה לישראל (שבת פו ע״ב), ולכן תיקנו לומר בשחרית לשבת ׳יִשְׂמַח מֹשֶׁה׳, העוסק במתן תורה (ר״י ב״ר יקר).

יִשְׂמַח מֹשֶׁה בְּמַתְּנַת חֶלְקוֹ
כִּי עֶבֶד נֶאֱמָן קָרָאתָ לּוֹ
כְּלִיל תִּפְאֶרֶת בְּרֹאשׁוֹ נָתַתָּ לּוֹ
בְּעָמְדוֹ לְפָנֶיךָ עַל הַר סִינַי
וּשְׁנֵי לוּחוֹת אֲבָנִים הוֹרִיד בְּיָדוֹ
וְכָתוּב בָּהֶם שְׁמִירַת שַׁבָּת
וְכֵן כָּתוּב בְּתוֹרָתֶךָ

ממשיכים ׳וְשָׁמְרוּ בְנֵי־יִשְׂרָאֵל׳ מתחת לקו בעמוד הבא.

בשבת מוסיפים את המילים שבסוגריים.

וַתִּתֶּן לָנוּ יהוה אֱלֹהֵינוּ בְּאַהֲבָה
(שַׁבָּתוֹת לִמְנוּחָה וּ) מוֹעֲדִים לְשִׂמְחָה
חַגִּים וּזְמַנִּים לְשָׂשׂוֹן
אֶת יוֹם (הַשַּׁבָּת הַזֶּה וְאֶת יוֹם)

בפסח: חַג הַמַּצּוֹת הַזֶּה, זְמַן חֵרוּתֵנוּ
בשבועות: חַג הַשָּׁבוּעוֹת הַזֶּה, זְמַן מַתַּן תּוֹרָתֵנוּ
בסוכות: חַג הַסֻּכּוֹת הַזֶּה, זְמַן שִׂמְחָתֵנוּ
בשמע״צ: הַשְּׁמִינִי חַג הָעֲצֶרֶת הַזֶּה, זְמַן שִׂמְחָתֵנוּ

(בְּאַהֲבָה) מִקְרָא קֹדֶשׁ, זֵכֶר לִיצִיאַת מִצְרָיִם.

ממשיכים ׳אֱלֹהֵינוּ וֵאלֹהֵי אֲבוֹתֵינוּ, יַעֲלֶה וְיָבוֹא וְיַגִּיעַ׳, בעמוד הבא.

וְשָׁמְרוּ בְנֵי־יִשְׂרָאֵל אֶת־הַשַּׁבָּת שמות לא
לַעֲשׂוֹת אֶת־הַשַּׁבָּת לְדֹרֹתָם בְּרִית עוֹלָם:
בֵּינִי וּבֵין בְּנֵי יִשְׂרָאֵל אוֹת הִוא לְעֹלָם
כִּי־שֵׁשֶׁת יָמִים עָשָׂה יהוה אֶת־הַשָּׁמַיִם וְאֶת־הָאָרֶץ
וּבַיּוֹם הַשְּׁבִיעִי שָׁבַת וַיִּנָּפַשׁ:

וְלֹא נְתַתּוֹ, יהוה אֱלֹהֵינוּ, לְגוֹיֵי הָאֲרָצוֹת
וְלֹא הִנְחַלְתּוֹ, מַלְכֵּנוּ, לְעוֹבְדֵי פְסִילִים
וְגַם בִּמְנוּחָתוֹ לֹא יִשְׁכְּנוּ עֲרֵלִים
כִּי לְיִשְׂרָאֵל עַמְּךָ נְתַתּוֹ בְּאַהֲבָה
לְזֶרַע יַעֲקֹב אֲשֶׁר בָּם בָּחָרְתָּ.

ממשיכים ׳עַם מְקַדְּשֵׁי שְׁבִיעִי׳ מתחת לקו בעמוד הבא.

אֱלֹהֵינוּ וֵאלֹהֵי אֲבוֹתֵינוּ
יַעֲלֶה וְיָבוֹא וְיַגִּיעַ
וְיֵרָאֶה וְיֵרָצֶה וְיִשָּׁמַע
וְיִפָּקֵד וְיִזָּכֵר זִכְרוֹנֵנוּ וּפִקְדוֹנֵנוּ
וְזִכְרוֹן אֲבוֹתֵינוּ
וְזִכְרוֹן מָשִׁיחַ בֶּן דָּוִד עַבְדֶּךָ
וְזִכְרוֹן יְרוּשָׁלַיִם עִיר קָדְשֶׁךָ
וְזִכְרוֹן כָּל עַמְּךָ בֵּית יִשְׂרָאֵל, לְפָנֶיךָ
לִפְלֵיטָה לְטוֹבָה
לְחֵן וּלְחֶסֶד וּלְרַחֲמִים

ממשיכים ׳לְחַיִּים וּלְשָׁלוֹם׳ בעמוד הבא.

עַם מְקַדְּשֵׁי שְׁבִיעִי, כֻּלָּם יִשְׂבְּעוּ וְיִתְעַנְּגוּ מִטּוּבֶךָ
וּבַשְּׁבִיעִי רָצִיתָ בּוֹ וְקִדַּשְׁתּוֹ
חֶמְדַּת יָמִים אוֹתוֹ קָרָאתָ, זֵכֶר לְמַעֲשֵׂה בְרֵאשִׁית.

אֱלֹהֵינוּ וֵאלֹהֵי אֲבוֹתֵינוּ, רְצֵה בִמְנוּחָתֵנוּ
קַדְּשֵׁנוּ בְּמִצְוֹתֶיךָ וְתֵן חֶלְקֵנוּ בְּתוֹרָתֶךָ
שַׂבְּעֵנוּ מִטּוּבֶךָ וְשַׂמְּחֵנוּ בִּישׁוּעָתֶךָ
וְטַהֵר לִבֵּנוּ לְעָבְדְּךָ בֶּאֱמֶת
וְהַנְחִילֵנוּ, יהוה אֱלֹהֵינוּ, בְּאַהֲבָה וּבְרָצוֹן שַׁבַּת קָדְשֶׁךָ
וְיָנוּחוּ בוֹ יִשְׂרָאֵל מְקַדְּשֵׁי שְׁמֶךָ.
בָּרוּךְ אַתָּה יהוה, מְקַדֵּשׁ הַשַּׁבָּת.

ממשיכים ׳רְצֵה׳ מתחת לקו בעמוד הבא.

לְחַיִּים וּלְשָׁלוֹם בְּיוֹם

בפסח: חַג הַמַּצּוֹת הַזֶּה.

בשבועות: חַג הַשָּׁבוּעוֹת הַזֶּה.

בסוכות: חַג הַסֻּכּוֹת הַזֶּה.

בשמע״צ: הַשְּׁמִינִי חַג הָעֲצֶרֶת הַזֶּה.

זָכְרֵנוּ יהוה אֱלֹהֵינוּ בּוֹ לְטוֹבָה, וּפָקְדֵנוּ בוֹ לִבְרָכָה
וְהוֹשִׁיעֵנוּ בוֹ לְחַיִּים.
וּבִדְבַר יְשׁוּעָה וְרַחֲמִים, חוּס וְחָנֵּנוּ, וְרַחֵם עָלֵינוּ וְהוֹשִׁיעֵנוּ
כִּי אֵלֶיךָ עֵינֵינוּ, כִּי אֵל מֶלֶךְ חַנּוּן וְרַחוּם אָתָּה.

בשבת מוסיפים את המילים שבסוגריים.

וְהַשִּׂיאֵנוּ יהוה אֱלֹהֵינוּ אֶת בִּרְכַּת מוֹעֲדֶיךָ
לְחַיִּים וּלְשָׁלוֹם, לְשִׂמְחָה וּלְשָׂשׂוֹן
כַּאֲשֶׁר רָצִיתָ וְאָמַרְתָּ לְבָרְכֵנוּ.

ממשיכים ׳(אֱלֹהֵינוּ וֵאלֹהֵי אֲבוֹתֵינוּ, רְצֵה בִמְנוּחָתֵנוּ)׳ בעמוד הבא.

עבודה

רְצֵה יהוה אֱלֹהֵינוּ בְּעַמְּךָ יִשְׂרָאֵל וּבִתְפִלָּתָם
וְהָשֵׁב אֶת הָעֲבוֹדָה לִדְבִיר בֵּיתֶךָ
וְאִשֵּׁי יִשְׂרָאֵל וּתְפִלָּתָם בְּאַהֲבָה תְקַבֵּל בְּרָצוֹן
וּתְהִי לְרָצוֹן תָּמִיד עֲבוֹדַת יִשְׂרָאֵל עַמֶּךָ.

אֱלֹהֵינוּ וֵאלֹהֵי אֲבוֹתֵינוּ
יַעֲלֶה וְיָבוֹא וְיַגִּיעַ, וְיֵרָאֶה וְיֵרָצֶה וְיִשָּׁמַע
וְיִפָּקֵד וְיִזָּכֵר זִכְרוֹנֵנוּ וּפִקְדוֹנֵנוּ
וְזִכְרוֹן אֲבוֹתֵינוּ

ממשיכים ׳וְזִכְרוֹן מָשִׁיחַ בֶּן דָּוִד׳ מתחת לקו בעמוד הבא.

(אֱלֹהֵינוּ וֵאלֹהֵי אֲבוֹתֵינוּ, רְצֵה בִמְנוּחָתֵנוּ)
קַדְּשֵׁנוּ בְּמִצְוֹתֶיךָ וְתֵן חֶלְקֵנוּ בְּתוֹרָתֶךָ
שַׂבְּעֵנוּ מִטּוּבֶךָ, וְשַׂמְּחֵנוּ בִּישׁוּעָתֶךָ
וְטַהֵר לִבֵּנוּ לְעָבְדְּךָ בֶּאֱמֶת.
וְהַנְחִילֵנוּ יהוה אֱלֹהֵינוּ (בְּאַהֲבָה וּבְרָצוֹן)
בְּשִׂמְחָה וּבְשָׂשׂוֹן (שַׁבָּת וּ) מוֹעֲדֵי קָדְשֶׁךָ
וְיִשְׂמְחוּ בְךָ יִשְׂרָאֵל מְקַדְּשֵׁי שְׁמֶךָ.
בָּרוּךְ אַתָּה יהוה, מְקַדֵּשׁ (הַשַּׁבָּת וְ) יִשְׂרָאֵל וְהַזְּמַנִּים.

עבודה

רְצֵה יהוה אֱלֹהֵינוּ בְּעַמְּךָ יִשְׂרָאֵל וּבִתְפִלָּתָם
וְהָשֵׁב אֶת הָעֲבוֹדָה לִדְבִיר בֵּיתֶךָ
וְאִשֵּׁי יִשְׂרָאֵל וּתְפִלָּתָם בְּאַהֲבָה תְקַבֵּל בְּרָצוֹן
וּתְהִי לְרָצוֹן תָּמִיד עֲבוֹדַת יִשְׂרָאֵל עַמֶּךָ.

ממשיכים 'וְתֶחֱזֶינָה' בעמוד הבא.

וְזִכְרוֹן מָשִׁיחַ בֶּן דָּוִד עַבְדֶּךָ, וְזִכְרוֹן יְרוּשָׁלַיִם עִיר קָדְשֶׁךָ
וְזִכְרוֹן כָּל עַמְּךָ בֵּית יִשְׂרָאֵל, לְפָנֶיךָ
לִפְלֵיטָה לְטוֹבָה, לְחֵן וּלְחֶסֶד וּלְרַחֲמִים
לְחַיִּים וּלְשָׁלוֹם בְּיוֹם

בפסח: חַג הַמַּצּוֹת הַזֶּה. / בסוכות: חַג הַסֻּכּוֹת הַזֶּה.

זָכְרֵנוּ יהוה אֱלֹהֵינוּ בּוֹ לְטוֹבָה, וּפָקְדֵנוּ בוֹ לִבְרָכָה
וְהוֹשִׁיעֵנוּ בוֹ לְחַיִּים.
וּבִדְבַר יְשׁוּעָה וְרַחֲמִים, חוּס וְחָנֵּנוּ וְרַחֵם עָלֵינוּ וְהוֹשִׁיעֵנוּ
כִּי אֵלֶיךָ עֵינֵינוּ, כִּי אֵל מֶלֶךְ חַנּוּן וְרַחוּם אָתָּה.

ממשיכים 'וְתֶחֱזֶינָה' בעמוד הבא.

וְתֶחֱזֶינָה עֵינֵינוּ בְּשׁוּבְךָ לְצִיּוֹן בְּרַחֲמִים.
בָּרוּךְ אַתָּה יהוה, הַמַּחֲזִיר שְׁכִינָתוֹ לְצִיּוֹן.

הודאה

כורע ב'מוֹדִים' ואינו זוקף עד אמירת השם.

׳מוֹדִים אֲנַחְנוּ לָךְ
שָׁאַתָּה הוּא יהוה אֱלֹהֵינוּ
וֵאלֹהֵי אֲבוֹתֵינוּ לְעוֹלָם וָעֶד.
צוּר חַיֵּינוּ, מָגֵן יִשְׁעֵנוּ
אַתָּה הוּא לְדוֹר וָדוֹר.
נוֹדֶה לְּךָ וּנְסַפֵּר תְּהִלָּתֶךָ
עַל חַיֵּינוּ הַמְּסוּרִים בְּיָדֶךָ
וְעַל נִשְׁמוֹתֵינוּ הַפְּקוּדוֹת לָךְ
וְעַל נִסֶּיךָ שֶׁבְּכָל יוֹם עִמָּנוּ
וְעַל נִפְלְאוֹתֶיךָ וְטוֹבוֹתֶיךָ
שֶׁבְּכָל עֵת
עֶרֶב וָבֹקֶר וְצָהֳרָיִם.
הַטּוֹב, כִּי לֹא כָלוּ רַחֲמֶיךָ
וְהַמְרַחֵם, כִּי לֹא תַמּוּ חֲסָדֶיךָ
מֵעוֹלָם קִוִּינוּ לָךְ.

כששליח הציבור אומר 'מוֹדִים', הקהל אומר בלחש:

׳מוֹדִים אֲנַחְנוּ לָךְ
שָׁאַתָּה הוּא יהוה אֱלֹהֵינוּ
וֵאלֹהֵי אֲבוֹתֵינוּ
אֱלֹהֵי כָל בָּשָׂר
יוֹצְרֵנוּ, יוֹצֵר בְּרֵאשִׁית.
בְּרָכוֹת וְהוֹדָאוֹת
לְשִׁמְךָ הַגָּדוֹל וְהַקָּדוֹשׁ
עַל שֶׁהֶחֱיִיתָנוּ וְקִיַּמְתָּנוּ.
כֵּן תְּחַיֵּנוּ וּתְקַיְּמֵנוּ
וְתֶאֱסֹף גָּלֻיּוֹתֵינוּ
לְחַצְרוֹת קָדְשֶׁךָ
לִשְׁמֹר חֻקֶּיךָ
וְלַעֲשׂוֹת רְצוֹנֶךָ וּלְעָבְדְּךָ
בְּלֵבָב שָׁלֵם
עַל שֶׁאֲנַחְנוּ מוֹדִים לָךְ.
בָּרוּךְ אֵל הַהוֹדָאוֹת.

וְעַל כֻּלָּם יִתְבָּרַךְ וְיִתְרוֹמַם שִׁמְךָ מַלְכֵּנוּ תָּמִיד לְעוֹלָם וָעֶד.
וְכֹל הַחַיִּים יוֹדוּךָ סֶּלָה, וִיהַלְלוּ אֶת שִׁמְךָ בֶּאֱמֶת
הָאֵל יְשׁוּעָתֵנוּ וְעֶזְרָתֵנוּ סֶלָה.
׳בָּרוּךְ אַתָּה יהוה, הַטּוֹב שִׁמְךָ וּלְךָ נָאֶה לְהוֹדוֹת.

אם יותר מכוהן אחד עולה לדוכן, הגבאי קורא:

כֹּהֲנִים

הכוהנים מברכים: בָּרוּךְ אַתָּה יהוה אֱלֹהֵינוּ מֶלֶךְ הָעוֹלָם, אֲשֶׁר קִדְּשָׁנוּ בִּקְדֻשָּׁתוֹ שֶׁל אַהֲרֹן, וְצִוָּנוּ לְבָרֵךְ אֶת עַמּוֹ יִשְׂרָאֵל בְּאַהֲבָה.

השר"ץ מקריא מילה במילה, והכוהנים אחריו:

יְבָרֶכְךָ יהוה וְיִשְׁמְרֶךָ: קהל: אָמֵן במדבר ו

יָאֵר יהוה פָּנָיו אֵלֶיךָ וִיחֻנֶּךָּ: קהל: אָמֵן

יִשָּׂא יהוה פָּנָיו אֵלֶיךָ וְיָשֵׂם לְךָ שָׁלוֹם: קהל: אָמֵן

שליח הציבור ממשיך ׳שִׂים שָׁלוֹם׳.

הקהל אומר:

אַדִּיר בַּמָּרוֹם שׁוֹכֵן בִּגְבוּרָה, אַתָּה שָׁלוֹם וְשִׁמְךָ שָׁלוֹם. יְהִי רָצוֹן שֶׁתָּשִׂים עָלֵינוּ וְעַל כָּל עַמְּךָ בֵּית יִשְׂרָאֵל חַיִּים וּבְרָכָה לְמִשְׁמֶרֶת שָׁלוֹם.

הכוהנים אומרים:

רִבּוֹנוֹ שֶׁל עוֹלָם, עָשִׂינוּ מַה שֶּׁגָּזַרְתָּ עָלֵינוּ, אַף אַתָּה עֲשֵׂה עִמָּנוּ כְּמוֹ שֶׁהִבְטַחְתָּנוּ. הַשְׁקִיפָה מִמְּעוֹן קָדְשְׁךָ מִן־הַשָּׁמַיִם, וּבָרֵךְ אֶת־עַמְּךָ אֶת־יִשְׂרָאֵל, וְאֵת הָאֲדָמָה אֲשֶׁר נָתַתָּה לָנוּ, כַּאֲשֶׁר נִשְׁבַּעְתָּ לַאֲבֹתֵינוּ, אֶרֶץ זָבַת חָלָב וּדְבָשׁ: דברים כו

אם אין כוהנים העולים לדוכן, שליח הציבור אומר:

אֱלֹהֵינוּ וֵאלֹהֵי אֲבוֹתֵינוּ, בָּרְכֵנוּ בַּבְּרָכָה הַמְשֻׁלֶּשֶׁת בַּתּוֹרָה, הַכְּתוּבָה עַל יְדֵי מֹשֶׁה עַבְדֶּךָ, הָאֲמוּרָה מִפִּי אַהֲרֹן וּבָנָיו כֹּהֲנִים עַם קְדוֹשֶׁיךָ, כָּאָמוּר

יְבָרֶכְךָ יהוה וְיִשְׁמְרֶךָ: קהל: כֵּן יְהִי רָצוֹן במדבר ו

יָאֵר יהוה פָּנָיו אֵלֶיךָ וִיחֻנֶּךָּ: קהל: כֵּן יְהִי רָצוֹן

יִשָּׂא יהוה פָּנָיו אֵלֶיךָ וְיָשֵׂם לְךָ שָׁלוֹם: קהל: כֵּן יְהִי רָצוֹן

שלום

שִׂים שָׁלוֹם טוֹבָה וּבְרָכָה, חֵן וָחֶסֶד וְרַחֲמִים
עָלֵינוּ וְעַל כָּל יִשְׂרָאֵל עַמֶּךָ.
בָּרְכֵנוּ אָבִינוּ כֻּלָּנוּ כְּאֶחָד בְּאוֹר פָּנֶיךָ
כִּי בְאוֹר פָּנֶיךָ נָתַתָּ לָּנוּ, יהוה אֱלֹהֵינוּ
תּוֹרַת חַיִּים וְאַהֲבַת חֶסֶד
וּצְדָקָה וּבְרָכָה וְרַחֲמִים וְחַיִּים וְשָׁלוֹם.

וְטוֹב בְּעֵינֶיךָ לְבָרֵךְ אֶת עַמְּךָ יִשְׂרָאֵל
בְּכָל עֵת וּבְכָל שָׁעָה בִּשְׁלוֹמֶךָ.
בָּרוּךְ אַתָּה יהוה, הַמְבָרֵךְ אֶת עַמּוֹ יִשְׂרָאֵל בַּשָּׁלוֹם.

שליח הציבור מסיים באמירת הפסוק הבא בלחש,
ויש הנוהגים לאומרו גם בסוף תפילת לחש של יחיד.

יִהְיוּ לְרָצוֹן אִמְרֵי־פִי וְהֶגְיוֹן לִבִּי לְפָנֶיךָ, יהוה צוּרִי וְגוֹאֲלִי: תהלים יט

אֱלֹהַי ברכות יז.
נְצֹר לְשׁוֹנִי מֵרָע, וּשְׂפָתַי מִדַּבֵּר מִרְמָה
וְלִמְקַלְלַי נַפְשִׁי תִדֹּם, וְנַפְשִׁי כֶּעָפָר לַכֹּל תִּהְיֶה.
פְּתַח לִבִּי בְּתוֹרָתֶךָ, וּבְמִצְוֹתֶיךָ תִּרְדֹּף נַפְשִׁי.
וְכָל הַחוֹשְׁבִים עָלַי רָעָה
מְהֵרָה הָפֵר עֲצָתָם וְקַלְקֵל מַחֲשַׁבְתָּם.
עֲשֵׂה לְמַעַן שְׁמֶךָ, עֲשֵׂה לְמַעַן יְמִינֶךָ
עֲשֵׂה לְמַעַן קְדֻשָּׁתֶךָ, עֲשֵׂה לְמַעַן תּוֹרָתֶךָ.
לְמַעַן יֵחָלְצוּן יְדִידֶיךָ, הוֹשִׁיעָה יְמִינְךָ וַעֲנֵנִי: תהלים ס
יִהְיוּ לְרָצוֹן אִמְרֵי־פִי וְהֶגְיוֹן לִבִּי לְפָנֶיךָ, יהוה צוּרִי וְגוֹאֲלִי: תהלים יט

כורע ופוסע שלוש פסיעות לאחור. קד לשמאל, לימין ולפנים באמירת:

עֹשֶׂה שָׁלוֹם בִּמְרוֹמָיו
הוּא יַעֲשֶׂה שָׁלוֹם עָלֵינוּ וְעַל כָּל יִשְׂרָאֵל, וְאִמְרוּ אָמֵן.

יְהִי רָצוֹן מִלְּפָנֶיךָ יהוה אֱלֹהֵינוּ וֵאלֹהֵי אֲבוֹתֵינוּ
שֶׁיִּבָּנֶה בֵּית הַמִּקְדָּשׁ בִּמְהֵרָה בְיָמֵינוּ, וְתֵן חֶלְקֵנוּ בְּתוֹרָתֶךָ
וְשָׁם נַעֲבָדְךָ בְּיִרְאָה כִּימֵי עוֹלָם וּכְשָׁנִים קַדְמוֹנִיּוֹת.
וְעָרְבָה לַיהוה מִנְחַת יְהוּדָה וִירוּשָׁלָםִ כִּימֵי עוֹלָם וּכְשָׁנִים קַדְמֹנִיּוֹת: מלאכי ג

שליח הציבור חוזר על העמידה בקול רם (עמ׳ 139).

בסוכות נוטלים לולב (בעמוד הבא), ובשאר הימים ממשיכים באמירת הלל בעמ׳ 150.

סדר נטילת לולב

בכל ימי הסוכות (פרט לשבת) נוטלים את הלולב.
נוהגים ליטול את ארבעת המינים קודם ההלל,
ולאחוז אותם עד הקדיש שאחרי ההלל.

יש אומרים תחינה זו (מספר 'שערי ציון'):

יְהִי רָצוֹן מִלְּפָנֶיךָ יהוה אֱלֹהַי וֵאלֹהֵי אֲבוֹתַי, בִּפְרִי עֵץ הָדָר וְכַפֹּת תְּמָרִים וַעֲנַף עֵץ עָבוֹת וְעַרְבֵי נַחַל, אוֹתִיּוֹת שִׁמְךָ הַמְיֻחָד תְּקָרֵב אֶחָד אֶל אֶחָד וְהָיוּ לַאֲחָדִים בְּיָדִי, וְלֵידַע אֵיךְ שִׁמְךָ נִקְרָא עָלַי וְיִירְאוּ מִגֶּשֶׁת אֵלָי. וּבְנַעֲנוּעִי אוֹתָם תַּשְׁפִּיעַ שֶׁפַע בְּרָכוֹת מִדַּעַת עֶלְיוֹן לִנְוֵה אַפִּרְיוֹן לִמְכוֹן בֵּית אֱלֹהֵינוּ, וּתְהֵא חֲשׁוּבָה לְפָנֶיךָ מִצְוַת אַרְבָּעָה מִינִים אֵלּוּ כְּאִלּוּ קִיַּמְתִּיהָ בְּכָל פְּרָטוֹתֶיהָ וְשָׁרָשֶׁיהָ וְתַרְיַ״ג מִצְוֹת הַתְּלוּיוֹת בָּהּ, כִּי כַוָּנָתִי לְיַחֲדָא שְׁמָא דְקֻדְשָׁא בְּרִיךְ הוּא וּשְׁכִינְתֵּהּ בִּדְחִילוּ וּרְחִימוּ, לְיַחֵד שֵׁם י״ה בו״ה בְּיִחוּדָא שְׁלִים בְּשֵׁם כָּל יִשְׂרָאֵל, אָמֵן. בָּרוּךְ יהוה לְעוֹלָם, אָמֵן וְאָמֵן: תהלים פט

נוטל שלושה מינים ביד ימינו – הלולב באמצע, ההדסים מימינו והערבות משמאלו.
נוטל את האתרוג בשמאלו כשפיטמתו כלפי מטה, ומברך:

בָּרוּךְ אַתָּה יהוה אֱלֹהֵינוּ מֶלֶךְ הָעוֹלָם
אֲשֶׁר קִדְּשָׁנוּ בְּמִצְוֹתָיו וְצִוָּנוּ עַל נְטִילַת לוּלָב.

בפעם הראשונה בשנה שבה נוטל לולב, מברך:

בָּרוּךְ אַתָּה יהוה אֱלֹהֵינוּ מֶלֶךְ הָעוֹלָם
שֶׁהֶחֱיָנוּ וְקִיְּמָנוּ וְהִגִּיעָנוּ לַזְּמַן הַזֶּה.

הופך את האתרוג כך שפיטמתו למעלה,
ומנענע את ארבעת המינים לארבע רוחות השמים (סוכה לז ע״ב).
מנענע שלוש פעמים לכל כיוון (ר״ח שם):
לכיוון מורח ולימינו, לאחריו ולשמאלו, למעלה ולמטה (שו״ע תרנא, י).

סדר הלל

״שמונה עשר יום בשנה יחיד גומר בהם את ההלל...״ (תענית כח ע״ב).

ביום ראשון של פסח (בחו״ל גם ביום השני), בשבועות,
בכל ימי סוכות ובשמיני עצרת גומרים את ההלל.
בארץ ישראל נתקבל המנהג לומר הלל בציבור גם בליל פסח (שו״ע תפז, ד).
בחול המועד פסח ובשביעי של פסח קוראים הלל בדילוג.

אין להפסיק בדיבור באמצע הלל פרט לדברים שבקדושה.

בָּרוּךְ אַתָּה יהוה אֱלֹהֵינוּ מֶלֶךְ הָעוֹלָם
אֲשֶׁר קִדְּשָׁנוּ בְּמִצְוֹתָיו וְצִוָּנוּ לִקְרֹא אֶת הַהַלֵּל.

תהלים קיג הַלְלוּיָהּ, הַלְלוּ עַבְדֵי יהוה, הַלְלוּ אֶת־שֵׁם יהוה: יְהִי שֵׁם יהוה מְבֹרָךְ, מֵעַתָּה וְעַד־עוֹלָם: מִמִּזְרַח־שֶׁמֶשׁ עַד־מְבוֹאוֹ, מְהֻלָּל שֵׁם יהוה: רָם עַל־כָּל־גּוֹיִם יהוה, עַל הַשָּׁמַיִם כְּבוֹדוֹ: מִי כַּיהוה אֱלֹהֵינוּ, הַמַּגְבִּיהִי לָשָׁבֶת: הַמַּשְׁפִּילִי לִרְאוֹת, בַּשָּׁמַיִם וּבָאָרֶץ: ◂ מְקִימִי מֵעָפָר דָּל, מֵאַשְׁפֹּת יָרִים אֶבְיוֹן: לְהוֹשִׁיבִי עִם־נְדִיבִים, עִם נְדִיבֵי עַמּוֹ: מוֹשִׁיבִי עֲקֶרֶת הַבַּיִת, אֵם־הַבָּנִים שְׂמֵחָה, הַלְלוּיָהּ:

תהלים קיד בְּצֵאת יִשְׂרָאֵל מִמִּצְרָיִם, בֵּית יַעֲקֹב מֵעַם לֹעֵז: הָיְתָה יְהוּדָה לְקָדְשׁוֹ, יִשְׂרָאֵל מַמְשְׁלוֹתָיו: הַיָּם רָאָה וַיָּנֹס, הַיַּרְדֵּן יִסֹּב לְאָחוֹר: הֶהָרִים רָקְדוּ כְאֵילִים, גְּבָעוֹת כִּבְנֵי־צֹאן: ◂ מַה־לְּךָ הַיָּם כִּי תָנוּס, הַיַּרְדֵּן תִּסֹּב לְאָחוֹר: הֶהָרִים תִּרְקְדוּ כְאֵילִים, גְּבָעוֹת כִּבְנֵי־צֹאן: מִלִּפְנֵי אָדוֹן חוּלִי אָרֶץ, מִלִּפְנֵי אֱלוֹהַּ יַעֲקֹב: הַהֹפְכִי הַצּוּר אֲגַם־מָיִם, חַלָּמִישׁ לְמַעְיְנוֹ־מָיִם:

בחול המועד פסח ובשביעי של פסח ממשיכים ׳ה׳ זְכָרָנוּ יְבָרֵךְ׳.

תהלים קטו

לֹא לָנוּ יהוה לֹא לָנוּ, כִּי־לְשִׁמְךָ תֵּן כָּבוֹד, עַל־חַסְדְּךָ עַל־אֲמִתֶּךָ: לָמָּה יֹאמְרוּ הַגּוֹיִם אַיֵּה־נָא אֱלֹהֵיהֶם: וֵאלֹהֵינוּ בַשָּׁמָיִם, כֹּל אֲשֶׁר־חָפֵץ עָשָׂה: עֲצַבֵּיהֶם כֶּסֶף וְזָהָב, מַעֲשֵׂה יְדֵי אָדָם: פֶּה־לָהֶם וְלֹא יְדַבֵּרוּ, עֵינַיִם לָהֶם וְלֹא יִרְאוּ: אָזְנַיִם לָהֶם וְלֹא יִשְׁמָעוּ, אַף לָהֶם וְלֹא יְרִיחוּן: יְדֵיהֶם וְלֹא יְמִישׁוּן, רַגְלֵיהֶם וְלֹא יְהַלֵּכוּ, לֹא־יֶהְגּוּ בִּגְרוֹנָם: כְּמוֹהֶם יִהְיוּ עֹשֵׂיהֶם, כֹּל אֲשֶׁר־בֹּטֵחַ בָּהֶם: ◂ יִשְׂרָאֵל בְּטַח בַּיהוה, עֶזְרָם וּמָגִנָּם הוּא: בֵּית אַהֲרֹן בִּטְחוּ בַיהוה, עֶזְרָם וּמָגִנָּם הוּא: יִרְאֵי יהוה בִּטְחוּ בַיהוה, עֶזְרָם וּמָגִנָּם הוּא:

יהוה זְכָרָנוּ יְבָרֵךְ, יְבָרֵךְ אֶת־בֵּית יִשְׂרָאֵל, יְבָרֵךְ אֶת־בֵּית אַהֲרֹן: יְבָרֵךְ יִרְאֵי יהוה, הַקְּטַנִּים עִם־הַגְּדֹלִים: יֹסֵף יהוה עֲלֵיכֶם, עֲלֵיכֶם וְעַל־בְּנֵיכֶם: בְּרוּכִים אַתֶּם לַיהוה, עֹשֵׂה שָׁמַיִם וָאָרֶץ: ◂ הַשָּׁמַיִם שָׁמַיִם לַיהוה, וְהָאָרֶץ נָתַן לִבְנֵי־אָדָם: לֹא הַמֵּתִים יְהַלְלוּ־יָהּ, וְלֹא כָּל־יֹרְדֵי דוּמָה: וַאֲנַחְנוּ נְבָרֵךְ יָהּ, מֵעַתָּה וְעַד־עוֹלָם, הַלְלוּיָהּ:

בחול המועד פסח ובשביעי של פסח ממשיכים ׳מָה־אָשִׁיב לַה׳׳ בעמוד הבא.

תהלים קטז

אָהַבְתִּי, כִּי־יִשְׁמַע יהוה, אֶת־קוֹלִי תַּחֲנוּנָי: כִּי־הִטָּה אָזְנוֹ לִי, וּבְיָמַי אֶקְרָא: אֲפָפוּנִי חֶבְלֵי־מָוֶת, וּמְצָרֵי שְׁאוֹל מְצָאוּנִי, צָרָה וְיָגוֹן אֶמְצָא: וּבְשֵׁם־יהוה אֶקְרָא, אָנָּה יהוה מַלְּטָה נַפְשִׁי: חַנּוּן יהוה וְצַדִּיק, וֵאלֹהֵינוּ מְרַחֵם: שֹׁמֵר פְּתָאיִם יהוה, דַּלֹּתִי וְלִי יְהוֹשִׁיעַ: שׁוּבִי נַפְשִׁי לִמְנוּחָיְכִי, כִּי־יהוה גָּמַל עָלָיְכִי: כִּי חִלַּצְתָּ נַפְשִׁי מִמָּוֶת, אֶת־עֵינִי מִן־דִּמְעָה, אֶת־רַגְלִי מִדֶּחִי: ◂ אֶתְהַלֵּךְ לִפְנֵי יהוה, בְּאַרְצוֹת הַחַיִּים: הֶאֱמַנְתִּי כִּי אֲדַבֵּר, אֲנִי עָנִיתִי מְאֹד: אֲנִי אָמַרְתִּי בְחָפְזִי, כָּל־הָאָדָם כֹּזֵב:

תהלים קטז מָה־אָשִׁיב לַיהוה, כָּל־תַּגְמוּלוֹהִי עָלָי: כּוֹס־יְשׁוּעוֹת אֶשָּׂא,
וּבְשֵׁם יהוה אֶקְרָא: נְדָרַי לַיהוה אֲשַׁלֵּם, נֶגְדָה־נָּא לְכָל־עַמּוֹ:
יָקָר בְּעֵינֵי יהוה, הַמָּוְתָה לַחֲסִידָיו: אָנָּה יהוה כִּי־אֲנִי עַבְדֶּךָ,
אֲנִי־עַבְדְּךָ בֶּן־אֲמָתֶךָ, פִּתַּחְתָּ לְמוֹסֵרָי: · לְךָ־אֶזְבַּח זֶבַח תּוֹדָה,
וּבְשֵׁם יהוה אֶקְרָא: נְדָרַי לַיהוה אֲשַׁלֵּם, נֶגְדָה־נָּא לְכָל־עַמּוֹ:
בְּחַצְרוֹת בֵּית יהוה, בְּתוֹכֵכִי יְרוּשָׁלָםִ, הַלְלוּיָהּ:

תהלים קיז הַלְלוּ אֶת־יהוה כָּל־גּוֹיִם, שַׁבְּחוּהוּ כָּל־הָאֻמִּים:
כִּי גָבַר עָלֵינוּ חַסְדּוֹ, וֶאֱמֶת־יהוה לְעוֹלָם
הַלְלוּיָהּ:

שליח הציבור אומר את ארבעת הפסוקים הבאים בקול, והקהל עונה אחריו ׳הוֹדוּ לַה׳ כִּי־טוֹב כִּי לְעוֹלָם חַסְדּוֹ׳ (טור, תכב).

בסוכות נוהגים לנענע כאן את ארבעת המינים כסדר שנענעו בשעת הברכה (עמ׳ 149) – שליח הציבור בשני הפסוקים הראשונים, והקהל בכל פעם שאומר ׳הודו׳ (תוספות, סוכה לז ע״ב).

תהלים קיח
הוֹדוּ לַיהוה כִּי־טוֹב כִּי לְעוֹלָם חַסְדּוֹ:
יֹאמַר־נָא יִשְׂרָאֵל כִּי לְעוֹלָם חַסְדּוֹ:
יֹאמְרוּ־נָא בֵית־אַהֲרֹן כִּי לְעוֹלָם חַסְדּוֹ:
יֹאמְרוּ־נָא יִרְאֵי יהוה כִּי לְעוֹלָם חַסְדּוֹ:

מִן־הַמֵּצַר קָרָאתִי יָּהּ, עָנָנִי בַמֶּרְחָב יָהּ: יהוה לִי לֹא אִירָא, מַה־יַּעֲשֶׂה לִי אָדָם: יהוה לִי בְּעֹזְרָי, וַאֲנִי אֶרְאֶה בְשֹׂנְאָי: טוֹב לַחֲסוֹת בַּיהוה, מִבְּטֹחַ בָּאָדָם: טוֹב לַחֲסוֹת בַּיהוה, מִבְּטֹחַ בִּנְדִיבִים: כָּל־גּוֹיִם סְבָבוּנִי, בְּשֵׁם יהוה כִּי אֲמִילַם: סַבּוּנִי גַם־סְבָבוּנִי, בְּשֵׁם יהוה כִּי אֲמִילַם: סַבּוּנִי כִדְבֹרִים, דֹּעֲכוּ כְּאֵשׁ קוֹצִים, בְּשֵׁם יהוה כִּי אֲמִילַם: דַּחֹה דְחִיתַנִי לִנְפֹּל, וַיהוה עֲזָרָנִי: עָזִּי וְזִמְרָת יָהּ,

וַיְהִי־לִי לִישׁוּעָה: קוֹל רִנָּה וִישׁוּעָה בְּאָהֳלֵי צַדִּיקִים, יְמִין יהוה עֹשָׂה חָיִל: יְמִין יהוה רוֹמֵמָה, יְמִין יהוה עֹשָׂה חָיִל: לֹא־אָמוּת כִּי־אֶחְיֶה, וַאֲסַפֵּר מַעֲשֵׂי יָהּ: יַסֹּר יִסְּרַנִּי יָּהּ, וְלַמָּוֶת לֹא נְתָנָנִי: › פִּתְחוּ־לִי שַׁעֲרֵי־צֶדֶק, אָבֹא־בָם אוֹדֶה יָהּ: זֶה־הַשַּׁעַר לַיהוה, צַדִּיקִים יָבֹאוּ בוֹ:

בפסחים קיט ע״א מובא שהפסוקים מ׳אוֹדְךָ׳ ועד סוף הפרק נאמרו כנבואה על מלכות דוד, ומשום כך נוהגים לכפול אותם (אבודרהם בשם רי״ץ גיאת).

אוֹדְךָ כִּי עֲנִיתָנִי, וַתְּהִי־לִי לִישׁוּעָה:

אוֹדְךָ כִּי עֲנִיתָנִי, וַתְּהִי־לִי לִישׁוּעָה:

אֶבֶן מָאֲסוּ הַבּוֹנִים, הָיְתָה לְרֹאשׁ פִּנָּה:

אֶבֶן מָאֲסוּ הַבּוֹנִים, הָיְתָה לְרֹאשׁ פִּנָּה:

מֵאֵת יהוה הָיְתָה זֹּאת, הִיא נִפְלָאת בְּעֵינֵינוּ:

מֵאֵת יהוה הָיְתָה זֹּאת, הִיא נִפְלָאת בְּעֵינֵינוּ:

זֶה־הַיּוֹם עָשָׂה יהוה, נָגִילָה וְנִשְׂמְחָה בוֹ:

זֶה־הַיּוֹם עָשָׂה יהוה, נָגִילָה וְנִשְׂמְחָה בוֹ:

הפסוק ׳אָנָּא ה׳ הוֹשִׁיעָה נָּא, אָנָּא ה׳ הַצְלִיחָה נָא׳ מחולק לשניים כמו בגמרא בפסחים (אבודרהם). ונוהגים ששליח הציבור אומרו ואחריו הקהל.

בסוכות מנענעים בלולב כסדר שנענעו בשעת הברכה, רק בתיבות ׳אָנָּא ה׳ הוֹשִׁיעָה נָּא׳ (משנה, סוכה לז ע״ב).

אָנָּא יהוה הוֹשִׁיעָה נָּא:

אָנָּא יהוה הוֹשִׁיעָה נָּא:

אָנָּא יהוה הַצְלִיחָה נָא:

אָנָּא יהוה הַצְלִיחָה נָא:

בסוכות נוהגים לנענע בלולב כסדר שנענעו בשעת הברכה,
בתיבות 'הוֹדוּ לַה' כִּי־טוֹב, כִּי לְעוֹלָם חַסְדּוֹ'.

בָּרוּךְ הַבָּא בְּשֵׁם יהוה, בֵּרַכְנוּכֶם מִבֵּית יהוה:

בָּרוּךְ הַבָּא בְּשֵׁם יהוה, בֵּרַכְנוּכֶם מִבֵּית יהוה:

אֵל יהוה וַיָּאֶר לָנוּ, אִסְרוּ־חַג בַּעֲבֹתִים עַד־קַרְנוֹת הַמִּזְבֵּחַ:

אֵל יהוה וַיָּאֶר לָנוּ, אִסְרוּ־חַג בַּעֲבֹתִים עַד־קַרְנוֹת הַמִּזְבֵּחַ:

אֵלִי אַתָּה וְאוֹדֶךָּ, אֱלֹהַי אֲרוֹמְמֶךָּ:

אֵלִי אַתָּה וְאוֹדֶךָּ, אֱלֹהַי אֲרוֹמְמֶךָּ:

הוֹדוּ לַיהוה כִּי־טוֹב, כִּי לְעוֹלָם חַסְדּוֹ:

הוֹדוּ לַיהוה כִּי־טוֹב, כִּי לְעוֹלָם חַסְדּוֹ:

יְהַלְלְוּךָ יהוה אֱלֹהֵינוּ כָּל מַעֲשֶׂיךָ
וַחֲסִידֶיךָ צַדִּיקִים עוֹשֵׂי רְצוֹנֶךָ
וְכָל עַמְּךָ בֵּית יִשְׂרָאֵל בְּרִנָּה
יוֹדוּ וִיבָרְכוּ וִישַׁבְּחוּ וִיפָאֲרוּ
וִירוֹמְמוּ וְיַעֲרִיצוּ וְיַקְדִּישׁוּ
וְיַמְלִיכוּ אֶת שִׁמְךָ מַלְכֵּנוּ
◂ כִּי לְךָ טוֹב לְהוֹדוֹת וּלְשִׁמְךָ נָאֶה לְזַמֵּר
כִּי מֵעוֹלָם וְעַד עוֹלָם אַתָּה אֵל.
בָּרוּךְ אַתָּה יהוה, מֶלֶךְ מְהֻלָּל בַּתִּשְׁבָּחוֹת.

בלילה הראשון של פסח אומרים קדיש שלם בעמ' 44
וממשיכים בסוף תפילת ערבית ליום טוב.

בבתי כנסת המתפללים בנוסח ספרד, אומרים בסוכות הושענות (עמ' 333) לפני הקדיש,
ובכל יום שאומרים בו קדיש שלם אומרים אחריו שיר של יום (עמ' 326).
ויש גם מקהילות אשכנז שאימצו מנהגים אלה.

בשאר הימים ממשיכים בקדיש שלם בעמוד הבא.

קדיש שלם

ש״ץ: יִתְגַּדַּל וְיִתְקַדַּשׁ שְׁמֵהּ רַבָּא (קהל: אָמֵן)
בְּעָלְמָא דִּי בְרָא כִרְעוּתֵהּ
וְיַמְלִיךְ מַלְכוּתֵהּ בְּחַיֵּיכוֹן וּבְיוֹמֵיכוֹן וּבְחַיֵּי דְכָל בֵּית יִשְׂרָאֵל
בַּעֲגָלָא וּבִזְמַן קָרִיב, וְאִמְרוּ אָמֵן. (קהל: אָמֵן)

קהל וש״ץ: יְהֵא שְׁמֵהּ רַבָּא מְבָרַךְ לְעָלַם וּלְעָלְמֵי עָלְמַיָּא.

ש״ץ: יִתְבָּרַךְ וְיִשְׁתַּבַּח וְיִתְפָּאַר וְיִתְרוֹמַם וְיִתְנַשֵּׂא
וְיִתְהַדָּר וְיִתְעַלֶּה וְיִתְהַלָּל
שְׁמֵהּ דְּקֻדְשָׁא בְּרִיךְ הוּא (קהל: בְּרִיךְ הוּא)
לְעֵלָּא מִן כָּל בִּרְכָתָא וְשִׁירָתָא, תֻּשְׁבְּחָתָא וְנֶחֱמָתָא
דַּאֲמִירָן בְּעָלְמָא, וְאִמְרוּ אָמֵן. (קהל: אָמֵן)

תִּתְקַבַּל צְלוֹתְהוֹן וּבָעוּתְהוֹן דְּכָל יִשְׂרָאֵל
קֳדָם אֲבוּהוֹן דִּי בִשְׁמַיָּא, וְאִמְרוּ אָמֵן. (קהל: אָמֵן)

יְהֵא שְׁלָמָא רַבָּא מִן שְׁמַיָּא
וְחַיִּים, עָלֵינוּ וְעַל כָּל יִשְׂרָאֵל, וְאִמְרוּ אָמֵן. (קהל: אָמֵן)

כורע ופוסע שלוש פסיעות לאחור. קד לשמאל, לימין ולפנים באמירת:

עֹשֶׂה שָׁלוֹם בִּמְרוֹמָיו
הוּא יַעֲשֶׂה שָׁלוֹם עָלֵינוּ וְעַל כָּל יִשְׂרָאֵל, וְאִמְרוּ אָמֵן. (קהל: אָמֵן)

בבתי כנסת המתפללים בנוסח ספרד, אומרים כאן שיר של יום (בעמ׳ 326), ויש אומרים גם שיר הכבוד בעמ׳ 331.

בפסח, כשיום טוב ראשון חל בשבת (בחו״ל ביום השמיני) או בשבת חול המועד, קוראים את מגילת שיר השירים (עמ׳ 159). בשאר הימים ממשיכים בהוצאת ספר תורה בעמ׳ 166.

בשבועות קוראים את מגילת רות (עמ׳ 197), ובחו״ל קוראים אותה ביום טוב שני.

בסוכות, כשחל יום טוב ראשון בשבת (בחו״ל בשמיני עצרת) או בשבת חול המועד, קוראים את מגילת קהלת (עמ׳ 225). ביום טוב החל בחול ממשיכים בהוצאת ספר תורה בעמ׳ 239.

בשמחת תורה עורכים הקפות (עמ׳ 265). בשמיני עצרת בחו״ל ממשיכים בהוצאת ספר תורה בעמ׳ 239 (ואם חל בשבת, קוראים את מגילת קהלת בעמ׳ 225 לפני הוצאת ספר תורה).

אֶת־חַג הַמַּצּוֹת תִּשְׁמֹר שִׁבְעַת יָמִים

שמות לד, יח

בַּחֹדֶשׁ הָרִאשׁוֹן

בְּאַרְבָּעָה עָשָׂר לַחֹדֶשׁ

בֵּין הָעַרְבָּיִם

פֶּסַח לַה׳

וּבַחֲמִשָּׁה עָשָׂר יוֹם

לַחֹדֶשׁ הַזֶּה

חַג הַמַּצּוֹת לַה׳

שִׁבְעַת יָמִים

מַצּוֹת תֹּאכֵלוּ

ויקרא כג, ה-ו

שיר השירים

יש הקוראים מתוך מגילה הכתובה על קלף, ומברכים לפני הקריאה:

בָּרוּךְ אַתָּה יהוה אֱלֹהֵינוּ מֶלֶךְ הָעוֹלָם
אֲשֶׁר קִדְּשָׁנוּ בְּמִצְוֹתָיו וְצִוָּנוּ עַל מִקְרָא מְגִלָּה.

בָּרוּךְ אַתָּה יהוה אֱלֹהֵינוּ מֶלֶךְ הָעוֹלָם
שֶׁהֶחֱיָנוּ וְקִיְּמָנוּ וְהִגִּיעָנוּ לַזְּמַן הַזֶּה.

א שִׁיר הַשִּׁירִים אֲשֶׁר לִשְׁלֹמֹה: יִשָּׁקֵנִי מִנְּשִׁיקוֹת פִּיהוּ כִּי־
טוֹבִים דֹּדֶיךָ מִיָּיִן: לְרֵיחַ שְׁמָנֶיךָ טוֹבִים שֶׁמֶן תּוּרַק שְׁמֶךָ עַל־
כֵּן עֲלָמוֹת אֲהֵבוּךָ: מָשְׁכֵנִי אַחֲרֶיךָ נָּרוּצָה הֱבִיאַנִי הַמֶּלֶךְ
חֲדָרָיו נָגִילָה וְנִשְׂמְחָה בָּךְ נַזְכִּירָה דֹדֶיךָ מִיַּיִן מֵישָׁרִים
אֲהֵבוּךָ: שְׁחוֹרָה אֲנִי וְנָאוָה בְּנוֹת יְרוּשָׁלִָם כְּאָהֳלֵי
קֵדָר כִּירִיעוֹת שְׁלֹמֹה: אַל־תִּרְאוּנִי שֶׁאֲנִי שְׁחַרְחֹרֶת שֶׁשֱּׁזָפַתְנִי
הַשָּׁמֶשׁ בְּנֵי אִמִּי נִחֲרוּ־בִי שָׂמֻנִי נֹטֵרָה אֶת־הַכְּרָמִים כַּרְמִי
שֶׁלִּי לֹא נָטָרְתִּי: הַגִּידָה לִּי שֶׁאָהֲבָה נַפְשִׁי אֵיכָה תִרְעֶה אֵיכָה
תַּרְבִּיץ בַּצָּהֳרָיִם שַׁלָּמָה אֶהְיֶה כְּעֹטְיָה עַל עֶדְרֵי חֲבֵרֶיךָ: אִם־
לֹא תֵדְעִי לָךְ הַיָּפָה בַּנָּשִׁים צְאִי־לָךְ בְּעִקְבֵי הַצֹּאן וּרְעִי אֶת־
גְּדִיֹּתַיִךְ עַל מִשְׁכְּנוֹת הָרֹעִים: לְסֻסָתִי בְּרִכְבֵי פַרְעֹה
דִּמִּיתִיךְ רַעְיָתִי: נָאווּ לְחָיַיִךְ בַּתֹּרִים צַוָּארֵךְ בַּחֲרוּזִים: תּוֹרֵי
זָהָב נַעֲשֶׂה־לָּךְ עִם נְקֻדּוֹת הַכָּסֶף: עַד־שֶׁהַמֶּלֶךְ בִּמְסִבּוֹ נִרְדִּי
נָתַן רֵיחוֹ: צְרוֹר הַמֹּר ׀ דּוֹדִי לִי בֵּין שָׁדַי יָלִין: אֶשְׁכֹּל הַכֹּפֶר ׀
דּוֹדִי לִי בְּכַרְמֵי עֵין גֶּדִי: הִנָּךְ יָפָה רַעְיָתִי הִנָּךְ יָפָה
עֵינַיִךְ יוֹנִים: הִנְּךָ יָפֶה דוֹדִי אַף נָעִים אַף־עַרְשֵׂנוּ רַעֲנָנָה: קֹרוֹת
ב בָּתֵּינוּ אֲרָזִים רחיטנו בְּרוֹתִים: אֲנִי חֲבַצֶּלֶת הַשָּׁרוֹן שׁוֹשַׁנַּת רָהִיטֵנוּ

הָעֲמָקִים: כְּשׁוֹשַׁנָּה בֵּין הַחוֹחִים כֵּן רַעְיָתִי בֵּין הַבָּנוֹת: כְּתַפּוּחַ
בַּעֲצֵי הַיַּעַר כֵּן דּוֹדִי בֵּין הַבָּנִים בְּצִלּוֹ חִמַּדְתִּי וְיָשַׁבְתִּי וּפִרְיוֹ
מָתוֹק לְחִכִּי: הֱבִיאַנִי אֶל־בֵּית הַיָּיִן וְדִגְלוֹ עָלַי אַהֲבָה: סַמְּכוּנִי
בָּאֲשִׁישׁוֹת רַפְּדוּנִי בַּתַּפּוּחִים כִּי־חוֹלַת אַהֲבָה אָנִי: שְׂמֹאלוֹ
תַּחַת לְרֹאשִׁי וִימִינוֹ תְּחַבְּקֵנִי: הִשְׁבַּעְתִּי אֶתְכֶם בְּנוֹת יְרוּשָׁלִַם
בִּצְבָאוֹת אוֹ בְּאַיְלוֹת הַשָּׂדֶה אִם־תָּעִירוּ ׀ וְאִם־תְּעוֹרְרוּ אֶת־
הָאַהֲבָה עַד שֶׁתֶּחְפָּץ: קוֹל דּוֹדִי הִנֵּה־זֶה בָּא מְדַלֵּג
עַל־הֶהָרִים מְקַפֵּץ עַל־הַגְּבָעוֹת: דּוֹמֶה דוֹדִי לִצְבִי אוֹ לְעֹפֶר
הָאַיָּלִים הִנֵּה־זֶה עוֹמֵד אַחַר כָּתְלֵנוּ מַשְׁגִּיחַ מִן־הַחַלֹּנוֹת
מֵצִיץ מִן־הַחֲרַכִּים: עָנָה דוֹדִי וְאָמַר לִי קוּמִי לָךְ רַעְיָתִי יָפָתִי
וּלְכִי־לָךְ: כִּי־הִנֵּה הַסְּתָו עָבָר הַגֶּשֶׁם חָלַף הָלַךְ לוֹ: הַנִּצָּנִים
נִרְאוּ בָאָרֶץ עֵת הַזָּמִיר הִגִּיעַ וְקוֹל הַתּוֹר נִשְׁמַע בְּאַרְצֵנוּ:
לָךְ הַתְּאֵנָה חָנְטָה פַגֶּיהָ וְהַגְּפָנִים ׀ סְמָדַר נָתְנוּ רֵיחַ קוּמִי לְכִי רַעְיָתִי
יָפָתִי וּלְכִי־לָךְ: יוֹנָתִי בְּחַגְוֵי הַסֶּלַע בְּסֵתֶר הַמַּדְרֵגָה
הַרְאִינִי אֶת־מַרְאַיִךְ הַשְׁמִיעִינִי אֶת־קוֹלֵךְ כִּי־קוֹלֵךְ עָרֵב וּמַרְאֵיךְ
נָאוֶה: אֶחֱזוּ־לָנוּ שׁוּעָלִים שֻׁעָלִים קְטַנִּים מְחַבְּלִים
כְּרָמִים וּכְרָמֵינוּ סְמָדַר: דּוֹדִי לִי וַאֲנִי לוֹ הָרֹעֶה בַּשּׁוֹשַׁנִּים: עַד
שֶׁיָּפוּחַ הַיּוֹם וְנָסוּ הַצְּלָלִים סֹב דְּמֵה־לְךָ דוֹדִי לִצְבִי אוֹ לְעֹפֶר
הָאַיָּלִים עַל־הָרֵי בָתֶר: עַל־מִשְׁכָּבִי בַּלֵּילוֹת בִּקַּשְׁתִּי ג
אֵת שֶׁאָהֲבָה נַפְשִׁי בִּקַּשְׁתִּיו וְלֹא מְצָאתִיו: אָקוּמָה נָּא וַאֲסוֹבְבָה
בָעִיר בַּשְּׁוָקִים וּבָרְחֹבוֹת אֲבַקְשָׁה אֵת שֶׁאָהֲבָה נַפְשִׁי בִּקַּשְׁתִּיו
וְלֹא מְצָאתִיו: מְצָאוּנִי הַשֹּׁמְרִים הַסֹּבְבִים בָּעִיר אֵת שֶׁאָהֲבָה
נַפְשִׁי רְאִיתֶם: כִּמְעַט שֶׁעָבַרְתִּי מֵהֶם עַד שֶׁמָּצָאתִי אֵת שֶׁאָהֲבָה
נַפְשִׁי אֲחַזְתִּיו וְלֹא אַרְפֶּנּוּ עַד־שֶׁהֲבֵיאתִיו אֶל־בֵּית אִמִּי וְאֶל־

חֶדֶר הוֹרָתִי: הִשְׁבַּעְתִּי אֶתְכֶם בְּנוֹת יְרוּשָׁלַםִ בִּצְבָאוֹת אוֹ
בְּאַיְלוֹת הַשָּׂדֶה אִם־תָּעִירוּ ׀ וְאִם־תְּעוֹרְרוּ אֶת־הָאַהֲבָה עַד
שֶׁתֶּחְפָּץ: מִי זֹאת עֹלָה מִן־הַמִּדְבָּר כְּתִימְרוֹת עָשָׁן
מְקֻטֶּרֶת מוֹר וּלְבוֹנָה מִכֹּל אַבְקַת רוֹכֵל: הִנֵּה מִטָּתוֹ שֶׁלִּשְׁלֹמֹה
שִׁשִּׁים גִּבֹּרִים סָבִיב לָהּ מִגִּבֹּרֵי יִשְׂרָאֵל: כֻּלָּם אֲחֻזֵי חֶרֶב מְלֻמְּדֵי
מִלְחָמָה אִישׁ חַרְבּוֹ עַל־יְרֵכוֹ מִפַּחַד בַּלֵּילוֹת: אַפִּרְיוֹן
עָשָׂה לוֹ הַמֶּלֶךְ שְׁלֹמֹה מֵעֲצֵי הַלְּבָנוֹן: עַמּוּדָיו עָשָׂה כֶסֶף
רְפִידָתוֹ זָהָב מֶרְכָּבוֹ אַרְגָּמָן תּוֹכוֹ רָצוּף אַהֲבָה מִבְּנוֹת יְרוּשָׁלָםִ:
צְאֶינָה ׀ וּרְאֶינָה בְּנוֹת צִיּוֹן בַּמֶּלֶךְ שְׁלֹמֹה בָּעֲטָרָה שֶׁעִטְּרָה־לּוֹ
ד אִמּוֹ בְּיוֹם חֲתֻנָּתוֹ וּבְיוֹם שִׂמְחַת לִבּוֹ: הִנָּךְ יָפָה רַעְיָתִי
הִנָּךְ יָפָה עֵינַיִךְ יוֹנִים מִבַּעַד לְצַמָּתֵךְ שַׂעְרֵךְ כְּעֵדֶר הָעִזִּים שֶׁגָּלְשׁוּ
מֵהַר גִּלְעָד: שִׁנַּיִךְ כְּעֵדֶר הַקְּצוּבוֹת שֶׁעָלוּ מִן־הָרַחְצָה שֶׁכֻּלָּם
מַתְאִימוֹת וְשַׁכֻּלָה אֵין בָּהֶם: כְּחוּט הַשָּׁנִי שִׂפְתוֹתַיִךְ וּמִדְבָּרֵיךְ
נָאוֶה כְּפֶלַח הָרִמּוֹן רַקָּתֵךְ מִבַּעַד לְצַמָּתֵךְ: כְּמִגְדַּל דָּוִיד צַוָּארֵךְ
בָּנוּי לְתַלְפִּיּוֹת אֶלֶף הַמָּגֵן תָּלוּי עָלָיו כֹּל שִׁלְטֵי הַגִּבֹּרִים: שְׁנֵי
שָׁדַיִךְ כִּשְׁנֵי עֳפָרִים תְּאוֹמֵי צְבִיָּה הָרוֹעִים בַּשּׁוֹשַׁנִּים: עַד שֶׁיָּפוּחַ
הַיּוֹם וְנָסוּ הַצְּלָלִים אֵלֶךְ לִי אֶל־הַר הַמּוֹר וְאֶל־גִּבְעַת הַלְּבוֹנָה:
כֻּלָּךְ יָפָה רַעְיָתִי וּמוּם אֵין בָּךְ: אִתִּי מִלְּבָנוֹן כַּלָּה אִתִּי
מִלְּבָנוֹן תָּבוֹאִי תָּשׁוּרִי ׀ מֵרֹאשׁ אֲמָנָה מֵרֹאשׁ שְׂנִיר וְחֶרְמוֹן
מִמְּעֹנוֹת אֲרָיוֹת מֵהַרְרֵי נְמֵרִים: לִבַּבְתִּנִי אֲחֹתִי כַלָּה לִבַּבְתִּינִי
באחד מֵעֵינַיִךְ בְּאַחַד עֲנָק מִצַּוְּרֹנָיִךְ: מַה־יָּפוּ דֹדַיִךְ אֲחֹתִי כַלָּה בְּאַחַת
מַה־טֹּבוּ דֹדַיִךְ מִיַּיִן וְרֵיחַ שְׁמָנַיִךְ מִכָּל־בְּשָׂמִים: נֹפֶת תִּטֹּפְנָה
שִׂפְתוֹתַיִךְ כַּלָּה דְּבַשׁ וְחָלָב תַּחַת לְשׁוֹנֵךְ וְרֵיחַ שַׂלְמֹתַיִךְ כְּרֵיחַ
לְבָנוֹן: גַּן ׀ נָעוּל אֲחֹתִי כַלָּה גַּל נָעוּל מַעְיָן חָתוּם:

שְׁלָחַיִךְ פַּרְדֵּס רִמּוֹנִים עִם פְּרִי מְגָדִים כְּפָרִים עִם־נְרָדִים׃ נֵרְדְּ ׀
וְכַרְכֹּם קָנֶה וְקִנָּמוֹן עִם כָּל־עֲצֵי לְבוֹנָה מֹר וַאֲהָלוֹת עִם כָּל־
רָאשֵׁי בְשָׂמִים׃ מַעְיַן גַּנִּים בְּאֵר מַיִם חַיִּים וְנֹזְלִים מִן־לְבָנוֹן׃
עוּרִי צָפוֹן וּבוֹאִי תֵימָן הָפִיחִי גַנִּי יִזְּלוּ בְשָׂמָיו יָבֹא דוֹדִי לְגַנּוֹ
וְיֹאכַל פְּרִי מְגָדָיו׃ בָּאתִי לְגַנִּי אֲחֹתִי כַלָּה אָרִיתִי מוֹרִי עִם־בְּשָׂמִי ה
אָכַלְתִּי יַעְרִי עִם־דִּבְשִׁי שָׁתִיתִי יֵינִי עִם־חֲלָבִי אִכְלוּ רֵעִים שְׁתוּ
וְשִׁכְרוּ דּוֹדִים׃ אֲנִי יְשֵׁנָה וְלִבִּי עֵר קוֹל ׀ דּוֹדִי דוֹפֵק
פִּתְחִי־לִי אֲחֹתִי רַעְיָתִי יוֹנָתִי תַמָּתִי שֶׁרֹּאשִׁי נִמְלָא־טָל קְוֻצּוֹתַי
רְסִיסֵי לָיְלָה׃ פָּשַׁטְתִּי אֶת־כֻּתָּנְתִּי אֵיכָכָה אֶלְבָּשֶׁנָּה רָחַצְתִּי
אֶת־רַגְלַי אֵיכָכָה אֲטַנְּפֵם׃ דּוֹדִי שָׁלַח יָדוֹ מִן־הַחוֹר וּמֵעַי הָמוּ
עָלָיו׃ קַמְתִּי אֲנִי לִפְתֹּחַ לְדוֹדִי וְיָדַי נָטְפוּ־מוֹר וְאֶצְבְּעֹתַי מוֹר
עֹבֵר עַל כַּפּוֹת הַמַּנְעוּל׃ פָּתַחְתִּי אֲנִי לְדוֹדִי וְדוֹדִי חָמַק עָבָר
נַפְשִׁי יָצְאָה בְדַבְּרוֹ בִּקַּשְׁתִּיהוּ וְלֹא מְצָאתִיהוּ קְרָאתִיו וְלֹא עָנָנִי׃
מְצָאֻנִי הַשֹּׁמְרִים הַסֹּבְבִים בָּעִיר הִכּוּנִי פְצָעוּנִי נָשְׂאוּ אֶת־רְדִידִי
מֵעָלַי שֹׁמְרֵי הַחֹמוֹת׃ הִשְׁבַּעְתִּי אֶתְכֶם בְּנוֹת יְרוּשָׁלָםִ אִם־
תִּמְצְאוּ אֶת־דּוֹדִי מַה־תַּגִּידוּ לוֹ שֶׁחוֹלַת אַהֲבָה אָנִי׃ מַה־דּוֹדֵךְ
מִדּוֹד הַיָּפָה בַּנָּשִׁים מַה־דּוֹדֵךְ מִדּוֹד שֶׁכָּכָה הִשְׁבַּעְתָּנוּ׃ דּוֹדִי
צַח וְאָדוֹם דָּגוּל מֵרְבָבָה׃ רֹאשׁוֹ כֶּתֶם פָּז קְוֻצּוֹתָיו תַּלְתַּלִּים
שְׁחֹרוֹת כָּעוֹרֵב׃ עֵינָיו כְּיוֹנִים עַל־אֲפִיקֵי מָיִם רֹחֲצוֹת בֶּחָלָב
יֹשְׁבוֹת עַל־מִלֵּאת׃ לְחָיָו כַּעֲרוּגַת הַבֹּשֶׂם מִגְדְּלוֹת מֶרְקָחִים
שִׂפְתוֹתָיו שׁוֹשַׁנִּים נֹטְפוֹת מוֹר עֹבֵר׃ יָדָיו גְּלִילֵי זָהָב מְמֻלָּאִים
בַּתַּרְשִׁישׁ מֵעָיו עֶשֶׁת שֵׁן מְעֻלֶּפֶת סַפִּירִים׃ שׁוֹקָיו עַמּוּדֵי שֵׁשׁ
מְיֻסָּדִים עַל־אַדְנֵי־פָז מַרְאֵהוּ כַּלְּבָנוֹן בָּחוּר כָּאֲרָזִים׃ חִכּוֹ
מַמְתַקִּים וְכֻלּוֹ מַחֲמַדִּים זֶה דוֹדִי וְזֶה רֵעִי בְּנוֹת יְרוּשָׁלָםִ׃ אָנָה ו

הָלַךְ דּוֹדֵךְ הַיָּפָה בַּנָּשִׁים אָנָה פָּנָה דוֹדֵךְ וּנְבַקְשֶׁנּוּ עִמָּךְ: דּוֹדִי
יָרַד לְגַנּוֹ לַעֲרֻגוֹת הַבֹּשֶׂם לִרְעוֹת בַּגַּנִּים וְלִלְקֹט שׁוֹשַׁנִּים: אֲנִי
לְדוֹדִי וְדוֹדִי לִי הָרֹעֶה בַּשּׁוֹשַׁנִּים:
יָפָה אַתְּ רַעְיָתִי כְּתִרְצָה נָאוָה כִּירוּשָׁלָ͏ִם אֲיֻמָּה כַּנִּדְגָּלוֹת:
הָסֵבִּי עֵינַיִךְ מִנֶּגְדִּי שֶׁהֵם הִרְהִיבֻנִי שַׂעְרֵךְ כְּעֵדֶר הָעִזִּים
שֶׁגָּלְשׁוּ מִן־הַגִּלְעָד: שִׁנַּיִךְ כְּעֵדֶר הָרְחֵלִים שֶׁעָלוּ מִן־הָרַחְצָה
שֶׁכֻּלָּם מַתְאִימוֹת וְשַׁכֻּלָה אֵין בָּהֶם: כְּפֶלַח הָרִמּוֹן רַקָּתֵךְ
מִבַּעַד לְצַמָּתֵךְ: שִׁשִּׁים הֵמָּה מְלָכוֹת וּשְׁמֹנִים פִּילַגְשִׁים
וַעֲלָמוֹת אֵין מִסְפָּר: אַחַת הִיא יוֹנָתִי תַמָּתִי אַחַת הִיא לְאִמָּהּ
בָּרָה הִיא לְיוֹלַדְתָּהּ רָאוּהָ בָנוֹת וַיְאַשְּׁרוּהָ מְלָכוֹת וּפִילַגְשִׁים
וַיְהַלְלוּהָ: מִי־זֹאת הַנִּשְׁקָפָה כְּמוֹ־שָׁחַר יָפָה כַלְּבָנָה
בָּרָה כַּחַמָּה אֲיֻמָּה כַּנִּדְגָּלוֹת: אֶל־גִּנַּת אֱגוֹז יָרַדְתִּי לִרְאוֹת בְּאִבֵּי
הַנָּחַל לִרְאוֹת הֲפָרְחָה הַגֶּפֶן הֵנֵצוּ הָרִמֹּנִים: לֹא יָדַעְתִּי נַפְשִׁי
ז שָׂמַתְנִי מַרְכְּבוֹת עַמִּי־נָדִיב: שׁוּבִי שׁוּבִי הַשּׁוּלַמִּית שׁוּבִי שׁוּבִי
וְנֶחֱזֶה־בָּךְ מַה־תֶּחֱזוּ בַּשּׁוּלַמִּית כִּמְחֹלַת הַמַּחֲנָיִם: מַה־יָּפוּ
פְעָמַיִךְ בַּנְּעָלִים בַּת־נָדִיב חַמּוּקֵי יְרֵכַיִךְ כְּמוֹ חֲלָאִים מַעֲשֵׂה
יְדֵי אָמָּן: שָׁרְרֵךְ אַגַּן הַסַּהַר אַל־יֶחְסַר הַמָּזֶג בִּטְנֵךְ עֲרֵמַת
חִטִּים סוּגָה בַּשּׁוֹשַׁנִּים: שְׁנֵי שָׁדַיִךְ כִּשְׁנֵי עֳפָרִים תָּאֳמֵי צְבִיָּה:
צַוָּארֵךְ כְּמִגְדַּל הַשֵּׁן עֵינַיִךְ בְּרֵכוֹת בְּחֶשְׁבּוֹן עַל־שַׁעַר בַּת־רַבִּים
אַפֵּךְ כְּמִגְדַּל הַלְּבָנוֹן צוֹפֶה פְּנֵי דַמָּשֶׂק: רֹאשֵׁךְ עָלַיִךְ כַּכַּרְמֶל
וְדַלַּת רֹאשֵׁךְ כָּאַרְגָּמָן מֶלֶךְ אָסוּר בָּרְהָטִים: מַה־יָּפִית וּמַה־
נָּעַמְתְּ אַהֲבָה בַּתַּעֲנוּגִים: זֹאת קוֹמָתֵךְ דָּמְתָה לְתָמָר וְשָׁדַיִךְ
לְאַשְׁכֹּלוֹת: אָמַרְתִּי אֶעֱלֶה בְתָמָר אֹחֲזָה בְּסַנְסִנָּיו וְיִהְיוּ־נָא
שָׁדַיִךְ כְּאֶשְׁכְּלוֹת הַגֶּפֶן וְרֵיחַ אַפֵּךְ כַּתַּפּוּחִים: וְחִכֵּךְ כְּיֵין הַטּוֹב

הוֹלֵךְ לְדוֹדִי לְמֵישָׁרִים דּוֹבֵב שִׂפְתֵי יְשֵׁנִים: אֲנִי לְדוֹדִי וְעָלַי
תְּשׁוּקָתוֹ: לְכָה דוֹדִי נֵצֵא הַשָּׂדֶה נָלִינָה בַּכְּפָרִים: נַשְׁכִּימָה
לַכְּרָמִים נִרְאֶה אִם־פָּרְחָה הַגֶּפֶן פִּתַּח הַסְּמָדַר הֵנֵצוּ הָרִמּוֹנִים
שָׁם אֶתֵּן אֶת־דֹּדַי לָךְ: הַדּוּדָאִים נָתְנוּ־רֵיחַ וְעַל־פְּתָחֵינוּ כָּל־
מְגָדִים חֲדָשִׁים גַּם־יְשָׁנִים דּוֹדִי צָפַנְתִּי לָךְ: מִי יִתֶּנְךָ כְּאָח לִי ח
יוֹנֵק שְׁדֵי אִמִּי אֶמְצָאֲךָ בַחוּץ אֶשָּׁקְךָ גַּם לֹא־יָבוּזוּ לִי: אֶנְהָגְךָ
אֲבִיאֲךָ אֶל־בֵּית אִמִּי תְּלַמְּדֵנִי אַשְׁקְךָ מִיַּיִן הָרֶקַח מֵעֲסִיס
רִמֹּנִי: שְׂמֹאלוֹ תַּחַת רֹאשִׁי וִימִינוֹ תְּחַבְּקֵנִי: הִשְׁבַּעְתִּי אֶתְכֶם
בְּנוֹת יְרוּשָׁלִָם מַה־תָּעִירוּ ׀ וּמַה־תְּעֹרְרוּ אֶת־הָאַהֲבָה עַד
שֶׁתֶּחְפָּץ: מִי זֹאת עֹלָה מִן־הַמִּדְבָּר מִתְרַפֶּקֶת
עַל־דּוֹדָהּ תַּחַת הַתַּפּוּחַ עוֹרַרְתִּיךָ שָׁמָּה חִבְּלַתְךָ אִמֶּךָ שָׁמָּה
חִבְּלָה יְלָדַתְךָ: שִׂימֵנִי כַחוֹתָם עַל־לִבֶּךָ כַּחוֹתָם עַל־זְרוֹעֶךָ
כִּי־עַזָּה כַמָּוֶת אַהֲבָה קָשָׁה כִשְׁאוֹל קִנְאָה רְשָׁפֶיהָ רִשְׁפֵּי אֵשׁ
שַׁלְהֶבֶתְיָה: מַיִם רַבִּים לֹא יוּכְלוּ לְכַבּוֹת אֶת־הָאַהֲבָה וּנְהָרוֹת
לֹא יִשְׁטְפוּהָ אִם־יִתֵּן אִישׁ אֶת־כָּל־הוֹן בֵּיתוֹ בָּאַהֲבָה בּוֹז
יָבוּזוּ לוֹ: אָחוֹת לָנוּ קְטַנָּה וְשָׁדַיִם אֵין לָהּ מַה־
נַּעֲשֶׂה לַאֲחֹתֵנוּ בַּיּוֹם שֶׁיְּדֻבַּר־בָּהּ: אִם־חוֹמָה הִיא נִבְנֶה
עָלֶיהָ טִירַת כָּסֶף וְאִם־דֶּלֶת הִיא נָצוּר עָלֶיהָ לוּחַ אָרֶז: אֲנִי
חוֹמָה וְשָׁדַי כַּמִּגְדָּלוֹת אָז הָיִיתִי בְעֵינָיו כְּמוֹצְאֵת שָׁלוֹם: כֶּרֶם
הָיָה לִשְׁלֹמֹה בְּבַעַל הָמוֹן נָתַן אֶת־הַכֶּרֶם לַנֹּטְרִים אִישׁ יָבִא
בְּפִרְיוֹ אֶלֶף כָּסֶף: כַּרְמִי שֶׁלִּי לְפָנָי הָאֶלֶף לְךָ שְׁלֹמֹה וּמָאתַיִם
לְנֹטְרִים אֶת־פִּרְיוֹ: הַיּוֹשֶׁבֶת בַּגַּנִּים חֲבֵרִים מַקְשִׁיבִים לְקוֹלֵךְ
הַשְׁמִיעִנִי: בְּרַח ׀ דּוֹדִי וּדְמֵה־לְךָ לִצְבִי אוֹ לְעֹפֶר הָאַיָּלִים עַל
הָרֵי בְשָׂמִים:

קדיש יתום

אם יש מניין, האבלים עומדים ואומרים קדיש יתום.

אבל: **יִתְגַּדַּל וְיִתְקַדַּשׁ שְׁמֵהּ רַבָּא** (קהל: **אָמֵן**)
בְּעָלְמָא דִּי בְרָא כִרְעוּתֵהּ
וְיַמְלִיךְ מַלְכוּתֵהּ
בְּחַיֵּיכוֹן וּבְיוֹמֵיכוֹן וּבְחַיֵּי דְכָל בֵּית יִשְׂרָאֵל
בַּעֲגָלָא וּבִזְמַן קָרִיב
וְאִמְרוּ אָמֵן. (קהל: **אָמֵן**)

קהל ואבל: **יְהֵא שְׁמֵהּ רַבָּא מְבָרַךְ לְעָלַם וּלְעָלְמֵי עָלְמַיָּא.**

אבל: **יִתְבָּרַךְ וְיִשְׁתַּבַּח וְיִתְפָּאַר וְיִתְרוֹמַם וְיִתְנַשֵּׂא**
וְיִתְהַדָּר וְיִתְעַלֶּה וְיִתְהַלָּל
שְׁמֵהּ דְּקֻדְשָׁא בְּרִיךְ הוּא (קהל: **בְּרִיךְ הוּא**)
לְעֵלָּא מִן כָּל בִּרְכָתָא וְשִׁירָתָא
תֻּשְׁבְּחָתָא וְנֶחֱמָתָא
דַּאֲמִירָן בְּעָלְמָא
וְאִמְרוּ אָמֵן. (קהל: **אָמֵן**)

יְהֵא שְׁלָמָא רַבָּא מִן שְׁמַיָּא
וְחַיִּים, עָלֵינוּ וְעַל כָּל יִשְׂרָאֵל
וְאִמְרוּ אָמֵן. (קהל: **אָמֵן**)

כורע ופוסע שלוש פסיעות לאחור. קד לשמאל, לימין ולפנים באמירת:

עֹשֶׂה שָׁלוֹם בִּמְרוֹמָיו
הוּא יַעֲשֶׂה שָׁלוֹם עָלֵינוּ וְעַל כָּל יִשְׂרָאֵל
וְאִמְרוּ אָמֵן. (קהל: **אָמֵן**)

הוצאת ספר תורה

לפני קריאת התורה אומרים (׳אור זרוע׳ ח״ב, מב):

תהלים פו אֵין־כָּמְוֹךָ בָאֱלֹהִים, אֲדֹנָי, וְאֵין כְּמַעֲשֶׂיךָ:
תהלים קמה מַלְכוּתְךָ מַלְכוּת כָּל־עֹלָמִים, וּמֶמְשַׁלְתְּךָ בְּכָל־דּוֹר וָדֹר:

יהוה מֶלֶךְ, יהוה מָלָךְ, יהוה יִמְלֹךְ לְעֹלָם וָעֶד.
תהלים כט יהוה עֹז לְעַמּוֹ יִתֵּן, יהוה יְבָרֵךְ אֶת־עַמּוֹ בַשָּׁלוֹם:

תהלים נא אַב הָרַחֲמִים, הֵיטִיבָה בִרְצוֹנְךָ אֶת־צִיּוֹן תִּבְנֶה חוֹמוֹת יְרוּשָׁלָיִם:
כִּי בְךָ לְבַד בָּטָחְנוּ, מֶלֶךְ אֵל רָם וְנִשָּׂא, אֲדוֹן עוֹלָמִים.

פותחים את ארון הקודש. הקהל עומד על רגליו.

במדבר י וַיְהִי בִּנְסֹעַ הָאָרֹן וַיֹּאמֶר מֹשֶׁה
קוּמָה יהוה וְיָפֻצוּ אֹיְבֶיךָ וְיָנֻסוּ מְשַׂנְאֶיךָ מִפָּנֶיךָ:
ישעיה ב כִּי מִצִּיּוֹן תֵּצֵא תוֹרָה וּדְבַר־יהוה מִירוּשָׁלָיִם:
בָּרוּךְ שֶׁנָּתַן תּוֹרָה לְעַמּוֹ יִשְׂרָאֵל בִּקְדֻשָּׁתוֹ.

בשבת ממשיך ׳בְּרִיךְ שְׁמֵהּ׳ בעמוד הבא.

ביום טוב נוהגים לומר שלוש עשרה מידות (פרי עץ חיים), אחריהן תפילות אלו (שערי ציון) ואחר כך ׳בְּרִיךְ שְׁמֵהּ׳. ואין אומרים אותן בשבת (שערי אפרים).

אומרים שלוש פעמים:

שמות לד יהוה, יהוה, אֵל רַחוּם וְחַנּוּן, אֶרֶךְ אַפַּיִם וְרַב־חֶסֶד וֶאֱמֶת:
נֹצֵר חֶסֶד לָאֲלָפִים, נֹשֵׂא עָוֹן וָפֶשַׁע וְחַטָּאָה, וְנַקֵּה:

רִבּוֹנוֹ שֶׁל עוֹלָם, מַלֵּא מִשְׁאֲלוֹת לִבִּי לְטוֹבָה, וְהָפֵק רְצוֹנִי וְתֵן שְׁאֵלָתִי, וְזַכֵּה לִי (פלוני(ת) בֶּן/בַּת פלוני) (וְאִשְׁתִּי/בַּעְלִי וּבָנַי וּבְנוֹתַי) וְכָל בְּנֵי בֵיתִי, לַעֲשׂוֹת רְצוֹנְךָ בְּלֵבָב שָׁלֵם, וּמַלְּטֵנוּ מִיֵּצֶר הָרָע, וְתֵן חֶלְקֵנוּ בְּתוֹרָתֶךָ, וְזַכֵּנוּ שֶׁתַּשְׁרֶה שְׁכִינָתְךָ עָלֵינוּ, וְהוֹפַע עָלֵינוּ רוּחַ חָכְמָה וּבִינָה. וְיִתְקַיֵּם בָּנוּ מִקְרָא שֶׁכָּתוּב:
ישעיה יא וְנָחָה עָלָיו רוּחַ יהוה, רוּחַ חָכְמָה וּבִינָה, רוּחַ עֵצָה וּגְבוּרָה, רוּחַ דַּעַת וְיִרְאַת יהוה: וּבְכֵן יְהִי רָצוֹן מִלְּפָנֶיךָ יהוה אֱלֹהֵינוּ וֵאלֹהֵי אֲבוֹתֵינוּ, שֶׁתְּזַכֵּנוּ לַעֲשׂוֹת

מַעֲשִׂים טוֹבִים בְּעֵינֶיךָ וְלָלֶכֶת בְּדַרְכֵי יְשָׁרִים לְפָנֶיךָ, וְקַדְּשֵׁנוּ בִּקְדֻשָּׁתֶךָ כְּדֵי שֶׁנִּזְכֶּה לְחַיִּים טוֹבִים וַאֲרוּכִים וּלְחַיֵּי הָעוֹלָם הַבָּא, וְתִשְׁמְרֵנוּ מִמַּעֲשִׂים רָעִים וּמִשָּׁעוֹת רָעוֹת הַמִּתְרַגְּשׁוֹת לָבוֹא לָעוֹלָם, וְהַבּוֹטֵחַ בַּיהוה חֶסֶד יְסוֹבְבֶנּוּ: אָמֵן. תהלים לב

יִהְיוּ לְרָצוֹן אִמְרֵי־פִי וְהֶגְיוֹן לִבִּי לְפָנֶיךָ, יהוה צוּרִי וְגֹאֲלִי: תהלים יט

אומרים שלוש פעמים:

וַאֲנִי תְפִלָּתִי־לְךָ יהוה, עֵת רָצוֹן, אֱלֹהִים בְּרָב־חַסְדֶּךָ
עֲנֵנִי בֶּאֱמֶת יִשְׁעֶךָ: תהלים סט

כתוב בספר הזוהר שבזמן הוצאת ספר התורה לקריאה בציבור, נפתחים שערי השמים וראוי לומר תחינה זו.

בְּרִיךְ שְׁמֵהּ דְּמָרֵא עָלְמָא, בְּרִיךְ כִּתְרָךְ וְאַתְרָךְ. יְהֵא רְעוּתָךְ עִם עַמָּךְ יִשְׂרָאֵל לְעָלַם, וּפֻרְקַן יְמִינָךְ אַחֲזֵי לְעַמָּךְ בְּבֵית מַקְדְּשָׁךְ, וּלְאַמְטוּיֵי לָנָא מִטּוּב נְהוֹרָךְ, וּלְקַבֵּל צְלוֹתָנָא בְּרַחֲמִין. יְהֵא רַעֲוָא קֳדָמָךְ דְּתוֹרִיךְ לָן חַיִּין בְּטִיבוּ, וְלֶהֱוֵי אֲנָא פְּקִידָא בְּגוֹ צַדִּיקַיָּא, לְמִרְחַם עָלַי וּלְמִנְטַר יָתִי וְיַת כָּל דִּי לִי וְדִי לְעַמָּךְ יִשְׂרָאֵל. אַנְתְּ הוּא זָן לְכֹלָּא וּמְפַרְנֵס לְכֹלָּא, אַנְתְּ הוּא שַׁלִּיט עַל כֹּלָּא, אַנְתְּ הוּא דְּשַׁלִּיט עַל מַלְכַיָּא, וּמַלְכוּתָא דִּילָךְ הִיא. אֲנָא עַבְדָּא דְקֻדְשָׁא בְּרִיךְ הוּא, דְּסָגִדְנָא קַמֵּהּ וּמִקַּמֵּי דִּיקַר אוֹרַיְתֵהּ בְּכָל עִדָּן וְעִדָּן. לָא עַל אֱנָשׁ רָחִיצְנָא וְלָא עַל בַּר אֱלָהִין סָמִיכְנָא, אֶלָּא בֶּאֱלָהָא דִשְׁמַיָּא, דְּהוּא אֱלָהָא קְשׁוֹט, וְאוֹרַיְתֵהּ קְשׁוֹט, וּנְבִיאוֹהִי קְשׁוֹט, וּמַסְגֵּא לְמֶעְבַּד טַבְוָן וּקְשׁוֹט. • בֵּהּ אֲנָא רָחִיץ, וְלִשְׁמֵהּ קַדִּישָׁא יַקִּירָא אֲנָא אֵמַר תֻּשְׁבְּחָן. יְהֵא רַעֲוָא קֳדָמָךְ דְּתִפְתַּח לִבַּאי בְּאוֹרַיְתָא, וְתַשְׁלִים מִשְׁאֲלִין דְּלִבַּאי וְלִבָּא דְכָל עַמָּךְ יִשְׂרָאֵל לְטָב וּלְחַיִּין וְלִשְׁלָם. זוהר ויקהל

תרגום

ברוך שמו של אדון העולם, ברוך כתרך ומקומך. יהי רצונך עם עמך ישראל לעולם, וישועת ימינך הראה לעמך בבית מקדשך, ולהביא לנו מטוב אורך, ולקבל תפילותינו ברחמים. יהי רצון מלפניך שתאריך לנו חיים בטוב, ואהיה אני נמנה בתוך הצדיקים, לרחם עלי ולשמור אותי ואת כל אשר לי ואשר לעמך ישראל. אתה הוא זן לכול ומפרנס לכול, אתה הוא שליט על הכול, אתה הוא השליט על המלכים, והמלכות שלך היא. אני עבדו של הקדוש ברוך הוא, משתחוה לפניו ולפני כבוד תורתו בכל עת ועת. לא על אדם אני בטוח ולא על מלאך אני סמוך, אלא באלהי השמים, שהוא אלהים אמת, ותורתו אמת, ונביאיו אמת, ומרבה לעשות חסד ואמת. בו אני בטוח, ולשמו הקדוש הנכבד אני אומר תשבחות. יהי רצון מלפניך שתפתח לבי בתורה, ותמלא משאלות לבי ולב כל עמך ישראל לטובה ולחיים ולשלום.

שליח הציבור מקבל את ספר התורה בימינו, פונה לקהל
ואומר ׳שְׁמַע יִשְׂרָאֵל׳ (מסכת סופרים פי״ד), ואחריו הקהל.

שְׁמַע יִשְׂרָאֵל, יהוה אֱלֹהֵינוּ, יהוה אֶחָד: דברים ו

שליח הציבור ואחריו הקהל:

אֶחָד אֱלֹהֵינוּ, גָּדוֹל אֲדוֹנֵינוּ, קָדוֹשׁ שְׁמוֹ.

שליח הציבור פונה לעבר ארון הקודש, קד, מגביה את ספר התורה
ואומר (משנ״ב קלד, יג על פי מסכת סופרים):

גַּדְּלוּ לַיהוה אִתִּי וּנְרוֹמְמָה שְׁמוֹ יַחְדָּו: תהלים לד

סוגרים את ארון הקודש. שליח הציבור הולך אל הבימה, והקהל אומר:

לְךָ יהוה הַגְּדֻלָּה וְהַגְּבוּרָה וְהַתִּפְאֶרֶת וְהַנֵּצַח וְהַהוֹד, כִּי־כֹל דברי הימים א׳ כט
בַּשָּׁמַיִם וּבָאָרֶץ, לְךָ יהוה הַמַּמְלָכָה וְהַמִּתְנַשֵּׂא לְכֹל לְרֹאשׁ:

רוֹמְמוּ יהוה אֱלֹהֵינוּ וְהִשְׁתַּחֲווּ לַהֲדֹם רַגְלָיו, קָדוֹשׁ הוּא: רוֹמְמוּ תהלים צט
יהוה אֱלֹהֵינוּ וְהִשְׁתַּחֲווּ לְהַר קָדְשׁוֹ, כִּי־קָדוֹשׁ יהוה אֱלֹהֵינוּ:

הקהל אומר בלחש (מחזור ויטרי, קסה):

עַל הַכֹּל יִתְגַּדַּל וְיִתְקַדַּשׁ וְיִשְׁתַּבַּח וְיִתְפָּאַר וְיִתְרוֹמַם וְיִתְנַשֵּׂא שְׁמוֹ שֶׁל מֶלֶךְ מַלְכֵי הַמְּלָכִים הַקָּדוֹשׁ בָּרוּךְ הוּא בָּעוֹלָמוֹת שֶׁבָּרָא, הָעוֹלָם הַזֶּה וְהָעוֹלָם הַבָּא, כִּרְצוֹנוֹ וְכִרְצוֹן יְרֵאָיו וְכִרְצוֹן כָּל בֵּית יִשְׂרָאֵל. צוּר הָעוֹלָמִים, אֲדוֹן כָּל הַבְּרִיּוֹת, אֱלוֹהַּ כָּל הַנְּפָשׁוֹת, הַיּוֹשֵׁב בְּמֶרְחֲבֵי מָרוֹם, הַשּׁוֹכֵן בִּשְׁמֵי שְׁמֵי קֶדֶם, קְדֻשָּׁתוֹ עַל הַחַיּוֹת, וּקְדֻשָּׁתוֹ עַל כִּסֵּא הַכָּבוֹד. וּבְכֵן יִתְקַדַּשׁ שִׁמְךָ בָּנוּ יהוה אֱלֹהֵינוּ לְעֵינֵי כָּל חָי, וְנֹאמַר לְפָנָיו שִׁיר חָדָשׁ, כַּכָּתוּב:
שִׁירוּ לֵאלֹהִים זַמְּרוּ שְׁמוֹ, סֹלּוּ לָרֹכֵב בָּעֲרָבוֹת, בְּיָהּ שְׁמוֹ, וְעִלְזוּ לְפָנָיו: תהלים סח
וְנִרְאֵהוּ עַיִן בְּעַיִן בְּשׁוּבוֹ אֶל נָוֵהוּ, כַּכָּתוּב: כִּי עַיִן בְּעַיִן יִרְאוּ בְּשׁוּב יהוה ישעיה נב
צִיּוֹן: וְנֶאֱמַר: וְנִגְלָה כְּבוֹד יהוה, וְרָאוּ כָל־בָּשָׂר יַחְדָּו כִּי פִּי יהוה דִּבֵּר: ישעיה מ

אַב הָרַחֲמִים הוּא יְרַחֵם עַם עֲמוּסִים, וְיִזְכֹּר בְּרִית אֵיתָנִים, וְיַצִּיל נַפְשׁוֹתֵינוּ מִן הַשָּׁעוֹת הָרָעוֹת, וְיִגְעַר בְּיֵצֶר הָרָע מִן הַנְּשׂוּאִים, וְיָחֹן אוֹתָנוּ לִפְלֵיטַת עוֹלָמִים, וִימַלֵּא מִשְׁאֲלוֹתֵינוּ בְּמִדָּה טוֹבָה יְשׁוּעָה וְרַחֲמִים.

מניח את ספר התורה על הבימה, והגבאי מכריז (מחזור ויטרי):

וְיַעֲזֹר וְיָגֵן וְיוֹשִׁיעַ לְכָל הַחוֹסִים בּוֹ, וְנֹאמַר אָמֵן. הַכֹּל הָבוּ גֹדֶל לֵאלֹהֵינוּ וּתְנוּ כָבוֹד לַתּוֹרָה. *כֹּהֵן קְרַב, יַעֲמֹד (פלוני בֶּן פלוני) **הַכֹּהֵן.**

*אם אין כוהן, הגבאי קורא ללוי או לישראל ואומר:

/אֵין כָּאן כֹּהֵן, יַעֲמֹד (פלוני בֶּן פלוני) **בִּמְקוֹם כֹּהֵן./**

בָּרוּךְ שֶׁנָּתַן תּוֹרָה לְעַמּוֹ יִשְׂרָאֵל בִּקְדֻשָּׁתוֹ.

הקהל ואחריו הגבאי:

וְאַתֶּם הַדְּבֵקִים בַּיהוה אֱלֹהֵיכֶם חַיִּים כֻּלְּכֶם הַיּוֹם: דברים ד

לקריאת התורה - ראה טבלה בעמ׳ 172.

קודם הברכה על העולה לראות היכן קוראים (מגילה לב ע״א) ולנשק את ספר התורה (׳ערוך השולחן׳ קלט, טו). בשעת הברכה אוחז בעמודי הספר (שו״ע קלט, יא על פי הראבי״ה והמנהיג).

עולה: **בָּרְכוּ אֶת יהוה הַמְבֹרָךְ.**

קהל: **בָּרוּךְ יהוה הַמְבֹרָךְ לְעוֹלָם וָעֶד.**

עולה: **בָּרוּךְ יהוה הַמְבֹרָךְ לְעוֹלָם וָעֶד.**
בָּרוּךְ אַתָּה יהוה, אֱלֹהֵינוּ מֶלֶךְ הָעוֹלָם
אֲשֶׁר בָּחַר בָּנוּ מִכָּל הָעַמִּים
וְנָתַן לָנוּ אֶת תּוֹרָתוֹ.
בָּרוּךְ אַתָּה יהוה, נוֹתֵן הַתּוֹרָה.

לאחר הקריאה העולה מנשק את ספר התורה (מג״א קלט, יא בשם ספר חסידים) ומברך:

עולה: **בָּרוּךְ אַתָּה יהוה אֱלֹהֵינוּ מֶלֶךְ הָעוֹלָם**
אֲשֶׁר נָתַן לָנוּ תּוֹרַת אֱמֶת וְחַיֵּי עוֹלָם נָטַע בְּתוֹכֵנוּ.
בָּרוּךְ אַתָּה יהוה, נוֹתֵן הַתּוֹרָה.

מי שהיה בסכנה וניצל ממנה, מברך 'הגומל':

בָּרוּךְ אַתָּה יהוה אֱלֹהֵינוּ מֶלֶךְ הָעוֹלָם הַגּוֹמֵל לְחַיָּבִים טוֹבוֹת שֶׁגְּמָלַנִי כָּל טוֹב.

הקהל עונה:

אָמֵן. מִי שֶׁגְּמָלְךָ כָּל טוֹב הוּא יִגְמָלְךָ כָּל טוֹב, סֶלָה.

כאשר נער עולה לתורה בפעם הראשונה במלאות לו שלוש עשרה שנה, אביו מברך (רמ"א רכה, ב על פי בראשית רבה סג, י):

בָּרוּךְ שֶׁפְּטָרַנִי מֵעָנְשׁוֹ שֶׁלָּזֶה.

מי שבירך לעולה לתורה

מִי שֶׁבֵּרַךְ אֲבוֹתֵינוּ אַבְרָהָם יִצְחָק וְיַעֲקֹב, הוּא יְבָרֵךְ אֶת (פלוני בֶּן פלוני), בַּעֲבוּר שֶׁעָלָה לִכְבוֹד הַמָּקוֹם וְלִכְבוֹד הַתּוֹרָה (בשבת: וְלִכְבוֹד הַשַּׁבָּת / ביום טוב: וְלִכְבוֹד הָרֶגֶל). בִּשְׂכַר זֶה הַקָּדוֹשׁ בָּרוּךְ הוּא יִשְׁמְרֵהוּ וְיַצִּילֵהוּ מִכָּל צָרָה וְצוּקָה וּמִכָּל נֶגַע וּמַחֲלָה, וְיִשְׁלַח בְּרָכָה וְהַצְלָחָה בְּכָל מַעֲשֵׂה יָדָיו וְיִזְכֶּה לַעֲלוֹת לָרֶגֶל עִם כָּל יִשְׂרָאֵל אֶחָיו, וְנֹאמַר אָמֵן.

מי שבירך לחולה

מִי שֶׁבֵּרַךְ אֲבוֹתֵינוּ אַבְרָהָם יִצְחָק וְיַעֲקֹב, מֹשֶׁה וְאַהֲרֹן דָּוִד וּשְׁלֹמֹה הוּא יְבָרֵךְ וִירַפֵּא אֶת הַחוֹלֶה (פלוני בֶּן פלונית) בַּעֲבוּר שֶׁ(פלוני בֶּן פלוני) נוֹדֵר צְדָקָה בַּעֲבוּרוֹ. בִּשְׂכַר זֶה הַקָּדוֹשׁ בָּרוּךְ הוּא יִמָּלֵא רַחֲמִים עָלָיו לְהַחֲלִימוֹ וּלְרַפְּאוֹתוֹ וּלְהַחֲזִיקוֹ וּלְהַחֲיוֹתוֹ וְיִשְׁלַח לוֹ מְהֵרָה רְפוּאָה שְׁלֵמָה מִן הַשָּׁמַיִם לִרְמַ"ח אֵבָרָיו וּשְׁסָ"ה גִּידָיו בְּתוֹךְ שְׁאָר חוֹלֵי יִשְׂרָאֵל, רְפוּאַת הַנֶּפֶשׁ וּרְפוּאַת הַגּוּף. ביום טוב: יוֹם טוֹב הוּא מִלִּזְעֹק / בשבת: שַׁבָּת וְיוֹם טוֹב הֵם מִלִּזְעֹק/ וּרְפוּאָה קְרוֹבָה לָבוֹא, הַשְׁתָּא בַּעֲגָלָא וּבִזְמַן קָרִיב, וְנֹאמַר אָמֵן.

מי שבירך לחולָה

מִי שֶׁבֵּרַךְ אֲבוֹתֵינוּ אַבְרָהָם יִצְחָק וְיַעֲקֹב, מֹשֶׁה וְאַהֲרֹן דָּוִד וּשְׁלֹמֹה הוּא יְבָרֵךְ וִירַפֵּא אֶת הַחוֹלָה (פלונית בַּת פלונית) בַּעֲבוּר שֶׁ(פלוני בֶּן פלוני) נוֹדֵר צְדָקָה בַּעֲבוּרָהּ. בִּשְׂכַר זֶה הַקָּדוֹשׁ בָּרוּךְ הוּא יִמָּלֵא רַחֲמִים עָלֶיהָ לְהַחֲלִימָהּ וּלְרַפְּאתָהּ וּלְהַחֲזִיקָהּ וּלְהַחֲיוֹתָהּ וְיִשְׁלַח לָהּ מְהֵרָה רְפוּאָה שְׁלֵמָה מִן הַשָּׁמַיִם לְכָל אֵבָרֶיהָ וּלְכָל גִּידֶיהָ בְּתוֹךְ שְׁאָר חוֹלֵי יִשְׂרָאֵל,

רְפוּאַת הַנֶּפֶשׁ וּרְפוּאַת הַגּוּף. ביום טוב: יוֹם טוֹב הוּא מִלִּזְעֹק / בשבת: שַׁבָּת וְיוֹם טוֹב הֵם מִלִּזְעֹק/ וּרְפוּאָה קְרוֹבָה לָבוֹא, הַשְׁתָּא בַּעֲגָלָא וּבִזְמַן קָרִיב, וְנֹאמַר אָמֵן.

מי שבירך ליולדת בן

מִי שֶׁבֵּרַךְ אֲבוֹתֵינוּ אַבְרָהָם יִצְחָק וְיַעֲקֹב, מֹשֶׁה וְאַהֲרֹן דָּוִד וּשְׁלֹמֹה, שָׂרָה רִבְקָה רָחֵל וְלֵאָה הוּא יְבָרֵךְ אֶת הָאִשָּׁה הַיּוֹלֶדֶת (פלונית בַּת פלוני) וְאֶת בְּנָהּ שֶׁנּוֹלַד לָהּ לְמַזָּל טוֹב בַּעֲבוּר שֶׁבַּעְלָהּ וְאָבִיו נוֹדֵר צְדָקָה בַּעֲדָם. בִּשְׂכַר זֶה יִזְכּוּ אָבִיו וְאִמּוֹ לְהַכְנִיסוֹ בִּבְרִיתוֹ שֶׁל אַבְרָהָם אָבִינוּ וּלְגַדְּלוֹ לְתוֹרָה וּלְחֻפָּה וּלְמַעֲשִׂים טוֹבִים, וְנֹאמַר אָמֵן.

מי שבירך ליולדת בת

מִי שֶׁבֵּרַךְ אֲבוֹתֵינוּ אַבְרָהָם יִצְחָק וְיַעֲקֹב, מֹשֶׁה וְאַהֲרֹן דָּוִד וּשְׁלֹמֹה, שָׂרָה רִבְקָה רָחֵל וְלֵאָה הוּא יְבָרֵךְ אֶת הָאִשָּׁה הַיּוֹלֶדֶת (פלונית בַּת פלוני) וְאֶת בִּתָּהּ שֶׁנּוֹלְדָה לָהּ לְמַזָּל טוֹב וְיִקָּרֵא שְׁמָהּ בְּיִשְׂרָאֵל (פלונית בַּת פלוני), בַּעֲבוּר שֶׁבַּעְלָהּ וְאָבִיהָ נוֹדֵר צְדָקָה בַּעֲדָן. בִּשְׂכַר זֶה יִזְכּוּ אָבִיהָ וְאִמָּהּ לְגַדְּלָהּ לְתוֹרָה וּלְחֻפָּה וּלְמַעֲשִׂים טוֹבִים, וְנֹאמַר אָמֵן.

מי שבירך לבר מצווה

מִי שֶׁבֵּרַךְ אֲבוֹתֵינוּ אַבְרָהָם יִצְחָק וְיַעֲקֹב הוּא יְבָרֵךְ אֶת (פלוני בֶּן פלוני) שֶׁמָּלְאוּ לוֹ שְׁלֹשׁ עֶשְׂרֵה שָׁנָה וְהִגִּיעַ לְמִצְוֹת, וְעָלָה לַתּוֹרָה, לָתֵת שֶׁבַח וְהוֹדָיָה לְהַשֵּׁם יִתְבָּרַךְ עַל כָּל הַטּוֹבָה שֶׁגָּמַל אִתּוֹ. יִשְׁמְרֵהוּ הַקָּדוֹשׁ בָּרוּךְ הוּא וִיחַיֵּהוּ, וִיכוֹנֵן אֶת לִבּוֹ לִהְיוֹת שָׁלֵם עִם יהוה וְלָלֶכֶת בִּדְרָכָיו וְלִשְׁמֹר מִצְוֹתָיו כָּל הַיָּמִים, וְנֹאמַר אָמֵן.

מי שבירך לבת מצווה

מִי שֶׁבֵּרַךְ אֲבוֹתֵינוּ אַבְרָהָם יִצְחָק וְיַעֲקֹב, שָׂרָה רִבְקָה רָחֵל וְלֵאָה, הוּא יְבָרֵךְ אֶת (פלונית בַּת פלוני) שֶׁמָּלְאוּ לָהּ שְׁתֵּים עֶשְׂרֵה שָׁנָה וְהִגִּיעָה לְמִצְוֹת, וְנוֹתֶנֶת שֶׁבַח וְהוֹדָיָה לְהַשֵּׁם יִתְבָּרַךְ עַל כָּל הַטּוֹבָה שֶׁגָּמַל אִתָּהּ. יִשְׁמְרֶהָ הַקָּדוֹשׁ בָּרוּךְ הוּא וִיחַיֶּהָ, וִיכוֹנֵן אֶת לִבָּהּ לִהְיוֹת שָׁלֵם עִם יהוה וְלָלֶכֶת בִּדְרָכָיו וְלִשְׁמֹר מִצְוֹתָיו כָּל הַיָּמִים, וְנֹאמַר אָמֵן.

קריאת התורה, מפטיר והפטרה ליום טוב ולשבת חול המועד פסח

יום	קריאת התורה	מפטיר	הפטרה
יום טוב ראשון של פסח	172	182	183
יום טוב שני של פסח בחוץ לארץ	408	182	476
שבת חול המועד פסח	174	182	185
שביעי של פסח	176	182	186
אחרון של פסח בחוץ לארץ	470	474	477

קריאת התורה ליום הראשון של פסח

שמות יב, כא–נא וַיִּקְרָא מֹשֶׁה לְכָל־זִקְנֵי יִשְׂרָאֵל וַיֹּאמֶר אֲלֵהֶם מִשְׁכוּ וּקְחוּ
לָכֶם צֹאן לְמִשְׁפְּחֹתֵיכֶם וְשַׁחֲטוּ הַפָּסַח: וּלְקַחְתֶּם אֲגֻדַּת אֵזוֹב
וּטְבַלְתֶּם בַּדָּם אֲשֶׁר־בַּסַּף וְהִגַּעְתֶּם אֶל־הַמַּשְׁקוֹף וְאֶל־שְׁתֵּי
הַמְּזוּזֹת מִן־הַדָּם אֲשֶׁר בַּסָּף וְאַתֶּם לֹא תֵצְאוּ אִישׁ מִפֶּתַח־
בֵּיתוֹ עַד־בֹּקֶר: וְעָבַר יְהוָה לִנְגֹּף אֶת־מִצְרַיִם וְרָאָה אֶת־הַדָּם
עַל־הַמַּשְׁקוֹף וְעַל שְׁתֵּי הַמְּזוּזֹת וּפָסַח יְהוָה עַל־הַפֶּתַח וְלֹא יִתֵּן
הַמַּשְׁחִית לָבֹא אֶל־בָּתֵּיכֶם לִנְגֹּף: וּשְׁמַרְתֶּם אֶת־הַדָּבָר הַזֶּה
לוי לְחָק־לְךָ וּלְבָנֶיךָ עַד־עוֹלָם: וְהָיָה כִּי־תָבֹאוּ אֶל־הָאָרֶץ אֲשֶׁר
יִתֵּן יְהוָה לָכֶם כַּאֲשֶׁר דִּבֵּר וּשְׁמַרְתֶּם אֶת־הָעֲבֹדָה הַזֹּאת: וְהָיָה
כִּי־יֹאמְרוּ אֲלֵיכֶם בְּנֵיכֶם מָה הָעֲבֹדָה הַזֹּאת לָכֶם: וַאֲמַרְתֶּם
זֶבַח־פֶּסַח הוּא לַיהוָה אֲשֶׁר פָּסַח עַל־בָּתֵּי בְנֵי־יִשְׂרָאֵל בְּמִצְרַיִם
בְּנָגְפּוֹ אֶת־מִצְרַיִם וְאֶת־בָּתֵּינוּ הִצִּיל וַיִּקֹּד הָעָם וַיִּשְׁתַּחֲווּ:
וַיֵּלְכוּ וַיַּעֲשׂוּ בְּנֵי יִשְׂרָאֵל כַּאֲשֶׁר צִוָּה יְהוָה אֶת־מֹשֶׁה וְאַהֲרֹן
שלישי כֵּן עָשׂוּ: וַיְהִי ׀ בַּחֲצִי הַלַּיְלָה וַיהוָה הִכָּה כָל־בְּכוֹר
בְּאֶרֶץ מִצְרַיִם מִבְּכֹר פַּרְעֹה הַיֹּשֵׁב עַל־כִּסְאוֹ עַד בְּכוֹר הַשְּׁבִי
אֲשֶׁר בְּבֵית הַבּוֹר וְכֹל בְּכוֹר בְּהֵמָה: וַיָּקָם פַּרְעֹה לַיְלָה הוּא

וְכָל־עֲבָדָיו וְכָל־מִצְרַיִם וַתְּהִי צְעָקָה גְדֹלָה בְּמִצְרָיִם כִּי־אֵין
בַּיִת אֲשֶׁר אֵין־שָׁם מֵת׃ וַיִּקְרָא לְמֹשֶׁה וּלְאַהֲרֹן לַיְלָה וַיֹּאמֶר
קוּמוּ צְּאוּ מִתּוֹךְ עַמִּי גַּם־אַתֶּם גַּם־בְּנֵי יִשְׂרָאֵל וּלְכוּ עִבְדוּ אֶת־
יְהוָה כְּדַבֶּרְכֶם׃ גַּם־צֹאנְכֶם גַּם־בְּקַרְכֶם קְחוּ כַּאֲשֶׁר דִּבַּרְתֶּם
וָלֵכוּ וּבֵרַכְתֶּם גַּם־אֹתִי׃ וַתֶּחֱזַק מִצְרַיִם עַל־הָעָם לְמַהֵר לְשַׁלְּחָם (בשבת רביעי)
מִן־הָאָרֶץ כִּי אָמְרוּ כֻּלָּנוּ מֵתִים׃ וַיִּשָּׂא הָעָם אֶת־בְּצֵקוֹ טֶרֶם
יֶחְמָץ מִשְׁאֲרֹתָם צְרֻרֹת בְּשִׂמְלֹתָם עַל־שִׁכְמָם׃ וּבְנֵי־יִשְׂרָאֵל
עָשׂוּ כִּדְבַר מֹשֶׁה וַיִּשְׁאֲלוּ מִמִּצְרַיִם כְּלֵי־כֶסֶף וּכְלֵי זָהָב וּשְׂמָלֹת׃
וַיהוָה נָתַן אֶת־חֵן הָעָם בְּעֵינֵי מִצְרַיִם וַיַּשְׁאִלוּם וַיְנַצְּלוּ אֶת־
מִצְרָיִם׃

וַיִּסְעוּ בְנֵי־יִשְׂרָאֵל מֵרַעְמְסֵס סֻכֹּתָה כְּשֵׁשׁ־מֵאוֹת אֶלֶף רַגְלִי רביעי (בשבת חמישי)
הַגְּבָרִים לְבַד מִטָּף׃ וְגַם־עֵרֶב רַב עָלָה אִתָּם וְצֹאן וּבָקָר מִקְנֶה
כָּבֵד מְאֹד׃ וַיֹּאפוּ אֶת־הַבָּצֵק אֲשֶׁר הוֹצִיאוּ מִמִּצְרַיִם עֻגֹת מַצּוֹת
כִּי לֹא חָמֵץ כִּי־גֹרְשׁוּ מִמִּצְרַיִם וְלֹא יָכְלוּ לְהִתְמַהְמֵהַּ וְגַם־
צֵדָה לֹא־עָשׂוּ לָהֶם׃ וּמוֹשַׁב בְּנֵי יִשְׂרָאֵל אֲשֶׁר יָשְׁבוּ בְּמִצְרָיִם
שְׁלֹשִׁים שָׁנָה וְאַרְבַּע מֵאוֹת שָׁנָה׃ וַיְהִי מִקֵּץ שְׁלֹשִׁים שָׁנָה
וְאַרְבַּע מֵאוֹת שָׁנָה וַיְהִי בְּעֶצֶם הַיּוֹם הַזֶּה יָצְאוּ כָּל־צִבְאוֹת
יְהוָה מֵאֶרֶץ מִצְרָיִם׃ לֵיל שִׁמֻּרִים הוּא לַיהוָה לְהוֹצִיאָם מֵאֶרֶץ
מִצְרָיִם הוּא־הַלַּיְלָה הַזֶּה לַיהוָה שִׁמֻּרִים לְכָל־בְּנֵי יִשְׂרָאֵל
לְדֹרֹתָם׃

וַיֹּאמֶר יְהוָה אֶל־מֹשֶׁה וְאַהֲרֹן זֹאת חֻקַּת הַפָּסַח כָּל־בֶּן־נֵכָר חמישי (בשבת שישי)
לֹא־יֹאכַל בּוֹ׃ וְכָל־עֶבֶד אִישׁ מִקְנַת־כָּסֶף וּמַלְתָּה אֹתוֹ אָז יֹאכַל
בּוֹ׃ תּוֹשָׁב וְשָׂכִיר לֹא־יֹאכַל בּוֹ׃ בְּבַיִת אֶחָד יֵאָכֵל לֹא־תוֹצִיא
מִן־הַבַּיִת מִן־הַבָּשָׂר חוּצָה וְעֶצֶם לֹא תִשְׁבְּרוּ־בוֹ׃ כָּל־עֲדַת

(בשבת שביעי) יִשְׂרָאֵל יַעֲשׂוּ אֹתוֹ: וְכִי־יָגוּר אִתְּךָ גֵּר וְעָשָׂה פֶסַח לַיהוה הִמּוֹל
לוֹ כָל־זָכָר וְאָז יִקְרַב לַעֲשֹׂתוֹ וְהָיָה כְּאֶזְרַח הָאָרֶץ וְכָל־עָרֵל
לֹא־יֹאכַל בּוֹ: תּוֹרָה אַחַת יִהְיֶה לָאֶזְרָח וְלַגֵּר הַגָּר בְּתוֹכְכֶם:
וַיַּעֲשׂוּ כָּל־בְּנֵי יִשְׂרָאֵל כַּאֲשֶׁר צִוָּה יהוה אֶת־מֹשֶׁה וְאֶת־אַהֲרֹן
כֵּן עָשׂוּ: וַיְהִי בְּעֶצֶם הַיּוֹם הַזֶּה הוֹצִיא יהוה אֶת־
בְּנֵי יִשְׂרָאֵל מֵאֶרֶץ מִצְרַיִם עַל־צִבְאֹתָם:

אומרים חצי קדיש ומגביהים את ספר התורה (עמ' 181).

קריאת התורה לשבת חול המועד פסח

שמות לג,יב – לד,כו וַיֹּאמֶר מֹשֶׁה אֶל־יהוה רְאֵה אַתָּה אֹמֵר אֵלַי הַעַל אֶת־הָעָם
הַזֶּה וְאַתָּה לֹא הוֹדַעְתַּנִי אֵת אֲשֶׁר־תִּשְׁלַח עִמִּי וְאַתָּה אָמַרְתָּ
יְדַעְתִּיךָ בְשֵׁם וְגַם־מָצָאתָ חֵן בְּעֵינָי: וְעַתָּה אִם־נָא מָצָאתִי חֵן
בְּעֵינֶיךָ הוֹדִעֵנִי נָא אֶת־דְּרָכֶךָ וְאֵדָעֲךָ לְמַעַן אֶמְצָא־חֵן בְּעֵינֶיךָ
וּרְאֵה כִּי עַמְּךָ הַגּוֹי הַזֶּה: וַיֹּאמַר פָּנַי יֵלֵכוּ וַהֲנִחֹתִי לָךְ: וַיֹּאמֶר
אֵלָיו אִם־אֵין פָּנֶיךָ הֹלְכִים אַל־תַּעֲלֵנוּ מִזֶּה: וּבַמֶּה ׀ יִוָּדַע אֵפוֹא
כִּי־מָצָאתִי חֵן בְּעֵינֶיךָ אֲנִי וְעַמֶּךָ הֲלוֹא בְּלֶכְתְּךָ עִמָּנוּ וְנִפְלֵינוּ
אֲנִי וְעַמְּךָ מִכָּל־הָעָם אֲשֶׁר עַל־פְּנֵי הָאֲדָמָה:
לוי וַיֹּאמֶר יהוה אֶל־מֹשֶׁה גַּם אֶת־הַדָּבָר הַזֶּה אֲשֶׁר דִּבַּרְתָּ אֶעֱשֶׂה
כִּי־מָצָאתָ חֵן בְּעֵינַי וָאֵדָעֲךָ בְּשֵׁם: וַיֹּאמַר הַרְאֵנִי נָא אֶת־כְּבֹדֶךָ:
וַיֹּאמֶר אֲנִי אַעֲבִיר כָּל־טוּבִי עַל־פָּנֶיךָ וְקָרָאתִי בְשֵׁם יהוה לְפָנֶיךָ
שלישי וְחַנֹּתִי אֶת־אֲשֶׁר אָחֹן וְרִחַמְתִּי אֶת־אֲשֶׁר אֲרַחֵם: וַיֹּאמֶר לֹא
תוּכַל לִרְאֹת אֶת־פָּנָי כִּי לֹא־יִרְאַנִי הָאָדָם וָחָי: וַיֹּאמֶר יהוה
הִנֵּה מָקוֹם אִתִּי וְנִצַּבְתָּ עַל־הַצּוּר: וְהָיָה בַּעֲבֹר כְּבֹדִי וְשַׂמְתִּיךָ
בְּנִקְרַת הַצּוּר וְשַׂכֹּתִי כַפִּי עָלֶיךָ עַד־עָבְרִי: וַהֲסִרֹתִי אֶת־כַּפִּי
וְרָאִיתָ אֶת־אֲחֹרָי וּפָנַי לֹא יֵרָאוּ:

ויאמר יהוה אל־משה פסל־לך שני־לחת אבנים כראשנים רביעי
וכתבתי על־הלחת את־הדברים אשר היו על־הלחת הראשנים
אשר שברת: והיה נכון לבקר ועלית בבקר אל־הר סיני
ונצבת לי שם על־ראש ההר: ואיש לא־יעלה עמך וגם־איש
אל־ירא בכל־ההר גם־הצאן והבקר אל־ירעו אל־מול ההר
ההוא: ויפסל שני־לחת אבנים כראשנים וישכם משה בבקר חמישי
ויעל אל־הר סיני כאשר צוה יהוה אתו ויקח בידו שני לחת
אבנים: וירד יהוה בענן ויתיצב עמו שם ויקרא בשם יהוה:
ויעבר יהוה | על־פניו ויקרא יהוה | יהוה אל רחום וחנון ארך
אפים ורב־חסד ואמת: נצר חסד לאלפים נשא עון ופשע
וחטאה ונקה לא ינקה פקד | עון אבות על־בנים ועל־בני בנים
על־שלשים ועל־רבעים: וימהר משה ויקד ארצה וישתחו:
ויאמר אם־נא מצאתי חן בעיניך אדני ילך־נא אדני בקרבנו
כי עם־קשה־ערף הוא וסלחת לעוננו ולחטאתנו ונחלתנו:
ויאמר הנה אנכי כרת ברית נגד כל־עמך אעשה נפלאת
אשר לא־נבראו בכל־הארץ ובכל־הגוים וראה כל־העם
אשר־אתה בקרבו את־מעשה יהוה כי־נורא הוא אשר אני
עשה עמך: שמר־לך את אשר אנכי מצוך היום הנני גרש שישי
מפניך את־האמרי והכנעני והחתי והפרזי והחוי והיבוסי:
השמר לך פן־תכרת ברית ליושב הארץ אשר אתה בא
עליה פן־יהיה למוקש בקרבך: כי את־מזבחתם תתצון ואת־
מצבתם תשברון ואת־אשריו תכרתון: כי לא תשתחוה לאל
אחר כי יהוה קנא שמו אל קנא הוא: פן־תכרת ברית ליושב
הארץ וזנו | אחרי אלהיהם וזבחו לאלהיהם וקרא לך ואכלת

מִזִּבְחוֹ: וְלָקַחְתָּ מִבְּנֹתָיו לְבָנֶיךָ וְזָנוּ בְנֹתָיו אַחֲרֵי אֱלֹהֵיהֶן וְהִזְנוּ
שביעי אֶת־בָּנֶיךָ אַחֲרֵי אֱלֹהֵיהֶן: אֱלֹהֵי מַסֵּכָה לֹא תַעֲשֶׂה־לָּךְ: *אֶת־
חַג הַמַּצּוֹת תִּשְׁמֹר שִׁבְעַת יָמִים תֹּאכַל מַצּוֹת אֲשֶׁר צִוִּיתִךָ
לְמוֹעֵד חֹדֶשׁ הָאָבִיב כִּי בְּחֹדֶשׁ הָאָבִיב יָצָאתָ מִמִּצְרָיִם: כָּל־
פֶּטֶר רֶחֶם לִי וְכָל־מִקְנְךָ תִּזָּכָר פֶּטֶר שׁוֹר וָשֶׂה: וּפֶטֶר חֲמוֹר
תִּפְדֶּה בְשֶׂה וְאִם־לֹא תִפְדֶּה וַעֲרַפְתּוֹ כֹּל בְּכוֹר בָּנֶיךָ תִּפְדֶּה
וְלֹא־יֵרָאוּ פָנַי רֵיקָם: שֵׁשֶׁת יָמִים תַּעֲבֹד וּבַיּוֹם הַשְּׁבִיעִי תִּשְׁבֹּת
בֶּחָרִישׁ וּבַקָּצִיר תִּשְׁבֹּת: וְחַג שָׁבֻעֹת תַּעֲשֶׂה לְךָ בִּכּוּרֵי קְצִיר
חִטִּים וְחַג הָאָסִיף תְּקוּפַת הַשָּׁנָה: שָׁלֹשׁ פְּעָמִים בַּשָּׁנָה יֵרָאֶה
כָּל־זְכוּרְךָ אֶת־פְּנֵי הָאָדֹן ׀ יְהוָה אֱלֹהֵי יִשְׂרָאֵל: כִּי־אוֹרִישׁ
גּוֹיִם מִפָּנֶיךָ וְהִרְחַבְתִּי אֶת־גְּבֻלֶךָ וְלֹא־יַחְמֹד אִישׁ אֶת־אַרְצְךָ
בַּעֲלֹתְךָ לֵרָאוֹת אֶת־פְּנֵי יְהוָה אֱלֹהֶיךָ שָׁלֹשׁ פְּעָמִים בַּשָּׁנָה:
לֹא־תִשְׁחַט עַל־חָמֵץ דַּם־זִבְחִי וְלֹא־יָלִין לַבֹּקֶר זֶבַח חַג הַפָּסַח:
רֵאשִׁית בִּכּוּרֵי אַדְמָתְךָ תָּבִיא בֵּית יְהוָה אֱלֹהֶיךָ לֹא־תְבַשֵּׁל
גְּדִי בַּחֲלֵב אִמּוֹ:

אומרים חצי קדיש ומגביהים את ספר התורה (עמ׳ 181).

קריאת התורה ליום השביעי של פסח

שמות יג,יז – טו,כו

וַיְהִי בְּשַׁלַּח פַּרְעֹה אֶת־הָעָם וְלֹא־נָחָם אֱלֹהִים דֶּרֶךְ אֶרֶץ
פְּלִשְׁתִּים כִּי קָרוֹב הוּא כִּי ׀ אָמַר אֱלֹהִים פֶּן־יִנָּחֵם הָעָם בִּרְאֹתָם
מִלְחָמָה וְשָׁבוּ מִצְרָיְמָה: וַיַּסֵּב אֱלֹהִים ׀ אֶת־הָעָם דֶּרֶךְ הַמִּדְבָּר
יַם־סוּף וַחֲמֻשִׁים עָלוּ בְנֵי־יִשְׂרָאֵל מֵאֶרֶץ מִצְרָיִם: וַיִּקַּח מֹשֶׁה
אֶת־עַצְמוֹת יוֹסֵף עִמּוֹ כִּי הַשְׁבֵּעַ הִשְׁבִּיעַ אֶת־בְּנֵי יִשְׂרָאֵל לֵאמֹר
פָּקֹד יִפְקֹד אֱלֹהִים אֶתְכֶם וְהַעֲלִיתֶם אֶת־עַצְמֹתַי מִזֶּה אִתְּכֶם:

★ויסעו מסכת ויחנו באתם בקצה המדבר: ויהוה הלך לפניהם (בשבת לוי)
יומם בעמוד ענן לנחתם הדרך ולילה בעמוד אש להאיר להם
ללכת יומם ולילה: לא־ימיש עמוד הענן יומם ועמוד האש
לילה לפני העם:

וידבר יהוה אל־משה לאמר: דבר אל־בני ישראל וישבו ויחנו לוי (בשבת שלישי)
לפני פי החירת בין מגדל ובין הים לפני בעל צפן נכחו תחנו
על־הים: ואמר פרעה לבני ישראל נבכים הם בארץ סגר
עליהם המדבר: וחזקתי את־לב־פרעה ורדף אחריהם ואכבדה
בפרעה ובכל־חילו וידעו מצרים כי־אני יהוה ויעשו־כן: ויגד (בשבת רביעי)
למלך מצרים כי ברח העם ויהפך לבב פרעה ועבדיו אל־
העם ויאמרו מה־זאת עשינו כי־שלחנו את־ישראל מעבדנו:
ויאסר את־רכבו ואת־עמו לקח עמו: ויקח שש־מאות רכב
בחור וכל רכב מצרים ושלשם על־כלו: ויחזק יהוה את־לב
פרעה מלך מצרים וירדף אחרי בני ישראל ובני ישראל יצאים
ביד רמה: וירדפו מצרים אחריהם וישיגו אותם חנים על־ שלישי (בשבת חמישי)
הים כל־סוס רכב פרעה ופרשיו וחילו על־פי החירת לפני
בעל צפן: ופרעה הקריב וישאו בני־ישראל את־עיניהם והנה
מצרים ׀ נסע אחריהם וייראו מאד ויצעקו בני־ישראל אל־
יהוה: ויאמרו אל־משה המבלי אין־קברים במצרים לקחתנו
למות במדבר מה־זאת עשית לנו להוציאנו ממצרים: הלא־
זה הדבר אשר דברנו אליך במצרים לאמר חדל ממנו ונעבדה
את־מצרים כי טוב לנו עבד את־מצרים ממתנו במדבר:
ויאמר משה אל־העם אל־תיראו התיצבו וראו את־ישועת
יהוה אשר־יעשה לכם היום כי אשר ראיתם את־מצרים היום

לֹא תֹסִפוּ לִרְאֹתָם עוֹד עַד־עוֹלָם: יהוה יִלָּחֵם לָכֶם וְאַתֶּם
תַּחֲרִשׁוּן:

רביעי (בשבת ששי)
וַיֹּאמֶר יהוה אֶל־מֹשֶׁה מַה־תִּצְעַק אֵלָי דַּבֵּר אֶל־בְּנֵי־יִשְׂרָאֵל
וְיִסָּעוּ: וְאַתָּה הָרֵם אֶת־מַטְּךָ וּנְטֵה אֶת־יָדְךָ עַל־הַיָּם וּבְקָעֵהוּ
וְיָבֹאוּ בְנֵי־יִשְׂרָאֵל בְּתוֹךְ הַיָּם בַּיַּבָּשָׁה: וַאֲנִי הִנְנִי מְחַזֵּק אֶת־
לֵב מִצְרַיִם וְיָבֹאוּ אַחֲרֵיהֶם וְאִכָּבְדָה בְּפַרְעֹה וּבְכָל־חֵילוֹ בְּרִכְבּוֹ
וּבְפָרָשָׁיו: וְיָדְעוּ מִצְרַיִם כִּי־אֲנִי יהוה בְּהִכָּבְדִי בְּפַרְעֹה בְּרִכְבּוֹ
וּבְפָרָשָׁיו: וַיִּסַּע מַלְאַךְ הָאֱלֹהִים הַהֹלֵךְ לִפְנֵי מַחֲנֵה יִשְׂרָאֵל
וַיֵּלֶךְ מֵאַחֲרֵיהֶם וַיִּסַּע עַמּוּד הֶעָנָן מִפְּנֵיהֶם וַיַּעֲמֹד מֵאַחֲרֵיהֶם:
וַיָּבֹא בֵּין ׀ מַחֲנֵה מִצְרַיִם וּבֵין מַחֲנֵה יִשְׂרָאֵל וַיְהִי הֶעָנָן וְהַחֹשֶׁךְ
וַיָּאֶר אֶת־הַלָּיְלָה וְלֹא־קָרַב זֶה אֶל־זֶה כָּל־הַלָּיְלָה: וַיֵּט מֹשֶׁה
אֶת־יָדוֹ עַל־הַיָּם וַיּוֹלֶךְ יהוה ׀ אֶת־הַיָּם בְּרוּחַ קָדִים עַזָּה כָּל־
הַלַּיְלָה וַיָּשֶׂם אֶת־הַיָּם לֶחָרָבָה וַיִּבָּקְעוּ הַמָּיִם: וַיָּבֹאוּ בְנֵי־יִשְׂרָאֵל
בְּתוֹךְ הַיָּם בַּיַּבָּשָׁה וְהַמַּיִם לָהֶם חוֹמָה מִימִינָם וּמִשְּׂמֹאלָם:
וַיִּרְדְּפוּ מִצְרַיִם וַיָּבֹאוּ אַחֲרֵיהֶם כֹּל סוּס פַּרְעֹה רִכְבּוֹ וּפָרָשָׁיו
אֶל־תּוֹךְ הַיָּם: וַיְהִי בְּאַשְׁמֹרֶת הַבֹּקֶר וַיַּשְׁקֵף יהוה אֶל־מַחֲנֵה
מִצְרַיִם בְּעַמּוּד אֵשׁ וְעָנָן וַיָּהָם אֵת מַחֲנֵה מִצְרָיִם: וַיָּסַר אֵת
אֹפַן מַרְכְּבֹתָיו וַיְנַהֲגֵהוּ בִּכְבֵדֻת וַיֹּאמֶר מִצְרַיִם אָנוּסָה מִפְּנֵי
יִשְׂרָאֵל כִּי יהוה נִלְחָם לָהֶם בְּמִצְרָיִם:

חמישי (בשבת שביעי)
וַיֹּאמֶר יהוה אֶל־מֹשֶׁה נְטֵה אֶת־יָדְךָ עַל־הַיָּם וְיָשֻׁבוּ הַמַּיִם
עַל־מִצְרַיִם עַל־רִכְבּוֹ וְעַל־פָּרָשָׁיו: וַיֵּט מֹשֶׁה אֶת־יָדוֹ עַל־הַיָּם
וַיָּשָׁב הַיָּם לִפְנוֹת בֹּקֶר לְאֵיתָנוֹ וּמִצְרַיִם נָסִים לִקְרָאתוֹ וַיְנַעֵר
יהוה אֶת־מִצְרַיִם בְּתוֹךְ הַיָּם: וַיָּשֻׁבוּ הַמַּיִם וַיְכַסּוּ אֶת־הָרֶכֶב

וְאֶת־הַפָּרָשִׁים לְכֹל חֵיל פַּרְעֹה הַבָּאִים אַחֲרֵיהֶם בַּיָּם לֹא־
נִשְׁאַר בָּהֶם עַד־אֶחָד׃ וּבְנֵי יִשְׂרָאֵל הָלְכוּ בַיַּבָּשָׁה בְּתוֹךְ הַיָּם
וְהַמַּיִם לָהֶם חֹמָה מִימִינָם וּמִשְּׂמֹאלָם׃ וַיּוֹשַׁע יהוה בַּיּוֹם
הַהוּא אֶת־יִשְׂרָאֵל מִיַּד מִצְרָיִם וַיַּרְא יִשְׂרָאֵל אֶת־מִצְרַיִם מֵת
עַל־שְׂפַת הַיָּם׃ וַיַּרְא יִשְׂרָאֵל אֶת־הַיָּד הַגְּדֹלָה אֲשֶׁר עָשָׂה
יהוה בְּמִצְרַיִם וַיִּירְאוּ הָעָם אֶת־יהוה וַיַּאֲמִינוּ בַּיהוה וּבְמֹשֶׁה
עַבְדּוֹ׃

אָז יָשִׁיר־מֹשֶׁה וּבְנֵי יִשְׂרָאֵל אֶת־הַשִּׁירָה הַזֹּאת לַיהוה וַיֹּאמְרוּ
לֵאמֹר   אָשִׁירָה לַיהוה כִּי־גָאֹה גָּאָה   סוּס
וְרֹכְבוֹ רָמָה בַיָּם׃   עָזִּי וְזִמְרָת יָהּ וַיְהִי־לִי
לִישׁוּעָה   זֶה אֵלִי וְאַנְוֵהוּ   אֱלֹהֵי
אָבִי וַאֲרֹמְמֶנְהוּ׃   יהוה אִישׁ מִלְחָמָה יהוה
שְׁמוֹ׃   מַרְכְּבֹת פַּרְעֹה וְחֵילוֹ יָרָה בַיָּם   וּמִבְחַר
שָׁלִשָׁיו טֻבְּעוּ בְיַם־סוּף׃   תְּהֹמֹת יְכַסְיֻמוּ יָרְדוּ בִמְצוֹלֹת כְּמוֹ־
אָבֶן׃   יְמִינְךָ יהוה נֶאְדָּרִי בַּכֹּחַ   יְמִינְךָ
יהוה תִּרְעַץ אוֹיֵב׃   וּבְרֹב גְּאוֹנְךָ תַּהֲרֹס
קָמֶיךָ   תְּשַׁלַּח חֲרֹנְךָ יֹאכְלֵמוֹ כַּקַּשׁ׃   וּבְרוּחַ
אַפֶּיךָ נֶעֶרְמוּ מַיִם   נִצְּבוּ כְמוֹ־נֵד
נֹזְלִים   קָפְאוּ תְהֹמֹת בְּלֶב־יָם׃   אָמַר
אוֹיֵב אֶרְדֹּף אַשִּׂיג   אֲחַלֵּק שָׁלָל תִּמְלָאֵמוֹ
נַפְשִׁי   אָרִיק חַרְבִּי תּוֹרִישֵׁמוֹ יָדִי׃   נָשַׁפְתָּ
בְרוּחֲךָ כִּסָּמוֹ יָם   צָלְלוּ כַּעוֹפֶרֶת בְּמַיִם
אַדִּירִים׃   מִי־כָמֹכָה בָּאֵלִם יהוה   מִי

כָּמֹכָה נֶאְדָּר בַּקֹּדֶשׁ   נוֹרָא תְהִלֹּת עֹשֵׂה

פֶלֶא׃   נָטִיתָ יְמִינְךָ תִּבְלָעֵמוֹ אָרֶץ׃   נָחִיתָ

בְחַסְדְּךָ עַם־זוּ גָּאָלְתָּ   נֵהַלְתָּ בְעָזְּךָ אֶל־נְוֵה

קָדְשֶׁךָ׃   שָׁמְעוּ עַמִּים יִרְגָּזוּן   חִיל

אָחַז יֹשְׁבֵי פְּלָשֶׁת׃   אָז נִבְהֲלוּ אַלּוּפֵי

אֱדוֹם   אֵילֵי מוֹאָב יֹאחֲזֵמוֹ רָעַד   נָמֹגוּ

כֹּל יֹשְׁבֵי כְנָעַן׃   תִּפֹּל עֲלֵיהֶם אֵימָתָה

וָפַחַד   בִּגְדֹל זְרוֹעֲךָ יִדְּמוּ כָּאָבֶן   עַד־

יַעֲבֹר עַמְּךָ יהוה   עַד־יַעֲבֹר עַם־זוּ

קָנִיתָ׃   תְּבִאֵמוֹ וְתִטָּעֵמוֹ בְּהַר נַחֲלָתְךָ   מָכוֹן

לְשִׁבְתְּךָ פָּעַלְתָּ יהוה   מִקְּדָשׁ אֲדֹנָי כּוֹנְנוּ

יָדֶיךָ׃   יהוה ׀ יִמְלֹךְ לְעֹלָם וָעֶד׃   כִּי

בָא סוּס פַּרְעֹה בְּרִכְבּוֹ וּבְפָרָשָׁיו בַּיָּם   וַיָּשֶׁב יהוה עֲלֵהֶם אֶת־מֵי

הַיָּם   וּבְנֵי יִשְׂרָאֵל הָלְכוּ בַיַּבָּשָׁה בְּתוֹךְ   הַיָּם׃

וַתִּקַּח מִרְיָם הַנְּבִיאָה אֲחוֹת אַהֲרֹן אֶת־הַתֹּף בְּיָדָהּ וַתֵּצֶאןָ כָל־הַנָּשִׁים אַחֲרֶיהָ בְּתֻפִּים וּבִמְחֹלֹת׃ וַתַּעַן לָהֶם מִרְיָם שִׁירוּ לַיהוה כִּי־גָאֹה גָּאָה סוּס וְרֹכְבוֹ רָמָה בַיָּם׃ וַיַּסַּע מֹשֶׁה אֶת־יִשְׂרָאֵל מִיַּם־סוּף וַיֵּצְאוּ אֶל־מִדְבַּר־שׁוּר וַיֵּלְכוּ שְׁלֹשֶׁת־יָמִים בַּמִּדְבָּר וְלֹא־מָצְאוּ מָיִם׃ וַיָּבֹאוּ מָרָתָה וְלֹא יָכְלוּ לִשְׁתֹּת מַיִם מִמָּרָה כִּי מָרִים הֵם עַל־כֵּן קָרָא־שְׁמָהּ מָרָה׃ וַיִּלֹּנוּ הָעָם עַל־מֹשֶׁה לֵּאמֹר מַה־נִּשְׁתֶּה׃ וַיִּצְעַק אֶל־יהוה וַיּוֹרֵהוּ יהוה עֵץ וַיַּשְׁלֵךְ אֶל־הַמַּיִם וַיִּמְתְּקוּ הַמָּיִם שָׁם שָׂם לוֹ חֹק וּמִשְׁפָּט וְשָׁם נִסָּהוּ׃ וַיֹּאמֶר אִם־שָׁמוֹעַ תִּשְׁמַע לְקוֹל ׀ יהוה אֱלֹהֶיךָ

וְהַיָּשָׁר בְּעֵינָיו תַּעֲשֶׂה וְהַאֲזַנְתָּ לְמִצְוֹתָיו וְשָׁמַרְתָּ כָּל־חֻקָּיו כָּל־הַמַּחֲלָה אֲשֶׁר־שַׂמְתִּי בְמִצְרַיִם לֹא־אָשִׂים עָלֶיךָ כִּי אֲנִי יהוה רֹפְאֶךָ:

חצי קדיש

לפני שקוראים למפטיר, בעל הקורא אומר חצי קדיש (רמב״ם, תפילה פי״ב ה״כ).

קורא: יִתְגַּדַּל וְיִתְקַדַּשׁ שְׁמֵהּ רַבָּא (קהל: אָמֵן)
בְּעָלְמָא דִּי בְרָא כִרְעוּתֵהּ
וְיַמְלִיךְ מַלְכוּתֵהּ
בְּחַיֵּיכוֹן וּבְיוֹמֵיכוֹן וּבְחַיֵּי דְכָל בֵּית יִשְׂרָאֵל
בַּעֲגָלָא וּבִזְמַן קָרִיב, וְאִמְרוּ אָמֵן. (קהל: אָמֵן)

קהל וקורא: יְהֵא שְׁמֵהּ רַבָּא מְבָרַךְ לְעָלַם וּלְעָלְמֵי עָלְמַיָּא.

קורא: יִתְבָּרַךְ וְיִשְׁתַּבַּח וְיִתְפָּאַר וְיִתְרוֹמַם וְיִתְנַשֵּׂא
וְיִתְהַדָּר וְיִתְעַלֶּה וְיִתְהַלָּל
שְׁמֵהּ דְּקֻדְשָׁא בְּרִיךְ הוּא (קהל: בְּרִיךְ הוּא)
לְעֵלָּא מִן כָּל בִּרְכָתָא וְשִׁירָתָא, תֻּשְׁבְּחָתָא וְנֶחֱמָתָא
דַּאֲמִירָן בְּעָלְמָא, וְאִמְרוּ אָמֵן. (קהל: אָמֵן)

הגבהה וגלילה

כאשר מגביהים את ספר התורה (רמב״ן, דברים כז, כו), הקהל אומר:

וְזֹאת הַתּוֹרָה אֲשֶׁר־שָׂם מֹשֶׁה לִפְנֵי בְּנֵי יִשְׂרָאֵל: דברים ד

עַל־פִּי יהוה בְּיַד מֹשֶׁה: במדבר ט

ויש מוסיפים: עֵץ־חַיִּים הִיא לַמַּחֲזִיקִים בָּהּ וְתֹמְכֶיהָ מְאֻשָּׁר: משלי ג
דְּרָכֶיהָ דַרְכֵי־נֹעַם וְכָל־נְתִיבוֹתֶיהָ שָׁלוֹם:
אֹרֶךְ יָמִים בִּימִינָהּ, בִּשְׂמֹאולָהּ עֹשֶׁר וְכָבוֹד:
יהוה חָפֵץ לְמַעַן צִדְקוֹ יַגְדִּיל תּוֹרָה וְיַאְדִּיר: ישעיה מב

מפטיר

ביום טוב ראשון של פסח (וביום טוב שני בחו״ל) מתחילים כאן:

במדבר כח, טז–יח

וּבַחֹדֶשׁ הָרִאשׁוֹן בְּאַרְבָּעָה עָשָׂר יוֹם לַחֹדֶשׁ פֶּסַח לַיהוָה: וּבַחֲמִשָּׁה עָשָׂר יוֹם לַחֹדֶשׁ הַזֶּה חָג שִׁבְעַת יָמִים מַצּוֹת יֵאָכֵל: בַּיּוֹם הָרִאשׁוֹן מִקְרָא־קֹדֶשׁ כָּל־מְלֶאכֶת עֲבֹדָה לֹא תַעֲשׂוּ:

בשבת חול המועד ובשביעי של פסח (גם באחרון בחו״ל) מתחילים כאן:

במדבר כח, יט–כה

וְהִקְרַבְתֶּם אִשֶּׁה עֹלָה לַיהוָה פָּרִים בְּנֵי־בָקָר שְׁנַיִם וְאַיִל אֶחָד וְשִׁבְעָה כְבָשִׂים בְּנֵי שָׁנָה תְּמִימִם יִהְיוּ לָכֶם: וּמִנְחָתָם סֹלֶת בְּלוּלָה בַשָּׁמֶן שְׁלֹשָׁה עֶשְׂרֹנִים לַפָּר וּשְׁנֵי עֶשְׂרֹנִים לָאַיִל תַּעֲשׂוּ: עִשָּׂרוֹן עִשָּׂרוֹן תַּעֲשֶׂה לַכֶּבֶשׂ הָאֶחָד לְשִׁבְעַת הַכְּבָשִׂים: וּשְׂעִיר חַטָּאת אֶחָד לְכַפֵּר עֲלֵיכֶם: מִלְּבַד עֹלַת הַבֹּקֶר אֲשֶׁר לְעֹלַת הַתָּמִיד תַּעֲשׂוּ אֶת־אֵלֶּה: כָּאֵלֶּה תַּעֲשׂוּ לַיּוֹם שִׁבְעַת יָמִים לֶחֶם אִשֵּׁה רֵיחַ־נִיחֹחַ לַיהוָה עַל־עוֹלַת הַתָּמִיד יֵעָשֶׂה וְנִסְכּוֹ: וּבַיּוֹם הַשְּׁבִיעִי מִקְרָא־קֹדֶשׁ יִהְיֶה לָכֶם כָּל־מְלֶאכֶת עֲבֹדָה לֹא תַעֲשׂוּ:

הגבהה וגלילה

כאשר מגביהים את ספר התורה (רמב״ן, דברים כז, כו), הקהל אומר:

דברים ד — וְזֹאת הַתּוֹרָה אֲשֶׁר־שָׂם מֹשֶׁה לִפְנֵי בְּנֵי יִשְׂרָאֵל:

במדבר ט — עַל־פִּי יהוה בְּיַד מֹשֶׁה:

משלי ג — ויש מוסיפים: עֵץ־חַיִּים הִיא לַמַּחֲזִיקִים בָּהּ וְתֹמְכֶיהָ מְאֻשָּׁר:
דְּרָכֶיהָ דַרְכֵי־נֹעַם וְכָל־נְתִיבוֹתֶיהָ שָׁלוֹם:
אֹרֶךְ יָמִים בִּימִינָהּ, בִּשְׂמֹאולָהּ עֹשֶׁר וְכָבוֹד:

ישעיה מב — יהוה חָפֵץ לְמַעַן צִדְקוֹ יַגְדִּיל תּוֹרָה וְיַאְדִּיר:

ברכות ההפטרה

לפני קריאת ההפטרה בנביא, המפטיר מברך:

בָּרוּךְ אַתָּה יהוה אֱלֹהֵינוּ מֶלֶךְ הָעוֹלָם אֲשֶׁר בָּחַר בִּנְבִיאִים טוֹבִים, וְרָצָה בְדִבְרֵיהֶם הַנֶּאֱמָרִים בֶּאֱמֶת. בָּרוּךְ אַתָּה יהוה, הַבּוֹחֵר בַּתּוֹרָה וּבְמֹשֶׁה עַבְדּוֹ וּבְיִשְׂרָאֵל עַמּוֹ וּבִנְבִיאֵי הָאֱמֶת וָצֶדֶק.

ההפטרה ליום טוב שני של פסח בחו״ל בעמ׳ 476.
ההפטרה לשבת חול המועד בעמ׳ 185.
ההפטרה לשביעי של פסח בעמ׳ 186.

הפטרה ליום טוב ראשון של פסח

יש מתחילים (סדר רב עמרם גאון):

וַיֹּאמֶר יְהוֹשֻׁעַ אֶל־הָעָם הִתְקַדָּשׁוּ כִּי מָחָר יַעֲשֶׂה יְהוָה בְּקִרְבְּכֶם יהושע ג,ה-ז
נִפְלָאוֹת: וַיֹּאמֶר יְהוֹשֻׁעַ אֶל־הַכֹּהֲנִים לֵאמֹר שְׂאוּ אֶת־אֲרוֹן
הַבְּרִית וְעִבְרוּ לִפְנֵי הָעָם וַיִּשְׂאוּ אֶת־אֲרוֹן הַבְּרִית וַיֵּלְכוּ לִפְנֵי
הָעָם: וַיֹּאמֶר יהוה אֶל־יְהוֹשֻׁעַ הַיּוֹם הַזֶּה אָחֵל
גַּדֶּלְךָ בְּעֵינֵי כָּל־יִשְׂרָאֵל אֲשֶׁר יֵדְעוּן כִּי כַּאֲשֶׁר הָיִיתִי עִם־מֹשֶׁה
אֶהְיֶה עִמָּךְ:

ברוב הקהילות מתחילים (רב האי גאון):

בָּעֵת הַהִיא אָמַר יהוה אֶל־יְהוֹשֻׁעַ עֲשֵׂה לְךָ חַרְבוֹת צֻרִים יהושע ה,ב-ו,א
וְשׁוּב מֹל אֶת־בְּנֵי־יִשְׂרָאֵל שֵׁנִית: וַיַּעַשׂ־לוֹ יְהוֹשֻׁעַ חַרְבוֹת
צֻרִים וַיָּמָל אֶת־בְּנֵי יִשְׂרָאֵל אֶל־גִּבְעַת הָעֲרָלוֹת: וְזֶה הַדָּבָר
אֲשֶׁר־מָל יְהוֹשֻׁעַ כָּל־הָעָם הַיֹּצֵא מִמִּצְרַיִם הַזְּכָרִים כֹּל ׀ אַנְשֵׁי
הַמִּלְחָמָה מֵתוּ בַמִּדְבָּר בַּדֶּרֶךְ בְּצֵאתָם מִמִּצְרָיִם: כִּי־מֻלִים הָיוּ
כָּל־הָעָם הַיֹּצְאִים וְכָל־הָעָם הַיִּלֹּדִים בַּמִּדְבָּר בַּדֶּרֶךְ בְּצֵאתָם
מִמִּצְרַיִם לֹא־מָלוּ: כִּי ׀ אַרְבָּעִים שָׁנָה הָלְכוּ בְנֵי־יִשְׂרָאֵל בַּמִּדְבָּר

עד־תם כל־הגוי אנשי המלחמה היצאים ממצרים אשר
לא־שמעו בקול יהוה אשר נשבע יהוה להם לבלתי הראותם
את־הארץ אשר נשבע יהוה לאבותם לתת לנו ארץ זבת
חלב ודבש: ואת־בניהם הקים תחתם אתם מל יהושע כי־
ערלים היו כי לא־מלו אותם בדרך: ויהי כאשר־תמו כל־הגוי
להמול וישבו תחתם במחנה עד חיותם: ויאמר
יהוה אל־יהושע היום גלותי את־חרפת מצרים מעליכם
ויקרא שם המקום ההוא גלגל עד היום הזה: ויחנו בני־ישראל
בגלגל ויעשו את־הפסח בארבעה עשר יום לחדש בערב
בערבות יריחו: ויאכלו מעבור הארץ ממחרת הפסח מצות
וקלוי בעצם היום הזה: וישבת המן ממחרת באכלם מעבור
הארץ ולא־היה עוד לבני ישראל מן ויאכלו מתבואת ארץ
כנען בשנה ההיא: ויהי בהיות יהושע ביריחו
וישא עיניו וירא והנה־איש עמד לנגדו וחרבו שלופה בידו
וילך יהושע אליו ויאמר לו הלנו אתה אם־לצרינו: ויאמר | לא
כי אני שר־צבא־יהוה עתה באתי ויפל יהושע אל־פניו ארצה
וישתחו ויאמר לו מה אדני מדבר אל־עבדו: ויאמר שר־צבא
יהוה אל־יהושע של־נעלך מעל רגלך כי המקום אשר אתה
עמד עליו קדש הוא ויעש יהושע כן: ויריחו סגרת ומסגרת
מפני בני ישראל אין יוצא ואין בא:

יש מוסיפים (רי"ץ גיאת):

ויהי יהוה את־יהושע ויהי שמעו בכל־הארץ: יהושע ו, כז

ממשיכים בברכות שלאחר ההפטרה בעמ' 189.

הפטרה לשבת חול המועד פסח

יחזקאל לז, א–יד

היתה עלי יד־יהוה ויוצאני ברוח יהוה ויניחני בתוך הבקעה והיא מלאה עצמות: והעבירני עליהם סביב ׀ סביב והנה רבות מאד על־פני הבקעה והנה יבשות מאד: ויאמר אלי בן־אדם התחיינה העצמות האלה ואמר אדני יהוה אתה ידעת: ויאמר אלי הנבא על־העצמות האלה ואמרת אליהם העצמות היבשות שמעו דבר־יהוה: כה אמר אדני יהוה לעצמות האלה הנה אני מביא בכם רוח וחייתם: ונתתי עליכם גידים והעלתי עליכם בשר וקרמתי עליכם עור ונתתי בכם רוח וחייתם וידעתם כי־אני יהוה: ונבאתי כאשר צויתי ויהי־קול כהנבאי והנה־רעש ותקרבו עצמות עצם אל־עצמו: וראיתי והנה־עליהם גדים ובשר עלה ויקרם עליהם עור מלמעלה ורוח אין בהם: ויאמר אלי הנבא אל־הרוח הנבא בן־אדם ואמרת אל־הרוח כה־אמר ׀ אדני יהוה מארבע רוחות באי הרוח ופחי בהרוגים האלה ויחיו: והנבאתי כאשר צוני ותבוא בהם הרוח ויחיו ויעמדו על־רגליהם חיל גדול מאד מאד: ויאמר אלי בן־אדם העצמות האלה כל־בית ישראל המה הנה אמרים יבשו עצמותינו ואבדה תקותנו נגזרנו לנו: לכן הנבא ואמרת אליהם כה־אמר אדני יהוה הנה אני פתח את־קברותיכם והעליתי אתכם מקברותיכם עמי והבאתי אתכם אל־אדמת ישראל: וידעתם כי־אני יהוה בפתחי את־קברותיכם ובהעלותי אתכם מקברותיכם עמי: ונתתי רוחי בכם וחייתם והנחתי אתכם על־אדמתכם וידעתם כי אני יהוה דברתי ועשיתי נאם־יהוה:

ממשיכים בברכות שלאחר ההפטרה בעמ׳ 189.

הפטרה לשביעי של פסח

שמואל ב׳ כב,א–נא

וַיְדַבֵּר דָּוִד לַיהוָה אֶת־דִּבְרֵי הַשִּׁירָה הַזֹּאת בְּיוֹם
הִצִּיל יְהוָה אֹתוֹ מִכַּף כָּל־אֹיְבָיו וּמִכַּף שָׁאוּל׃
וַיֹּאמַר יְהוָה סַלְעִי וּמְצֻדָתִי וּמְפַלְטִי־לִי׃ אֱלֹהֵי
צוּרִי אֶחֱסֶה־בּוֹ מָגִנִּי וְקֶרֶן יִשְׁעִי מִשְׂגַּבִּי
וּמְנוּסִי מֹשִׁעִי מֵחָמָס תֹּשִׁעֵנִי׃ מְהֻלָּל
אֶקְרָא יְהוָה וּמֵאֹיְבַי אִוָּשֵׁעַ׃ כִּי אֲפָפֻנִי מִשְׁבְּרֵי־
מָוֶת נַחֲלֵי בְלִיַּעַל יְבַעֲתֻנִי׃ חֶבְלֵי
שְׁאוֹל סַבֻּנִי קִדְּמֻנִי מֹקְשֵׁי־
מָוֶת׃ בַּצַּר־לִי אֶקְרָא יְהוָה וְאֶל־
אֱלֹהַי אֶקְרָא וַיִּשְׁמַע מֵהֵיכָלוֹ
קוֹלִי וְשַׁוְעָתִי בְּאָזְנָיו׃ ותגעש (וַיִּתְגָּעַשׁ)
וַתִּרְעַשׁ הָאָרֶץ מוֹסְדוֹת הַשָּׁמַיִם
יִרְגָּזוּ וַיִּתְגָּעֲשׁוּ כִּי־חָרָה לוֹ׃ עָלָה
עָשָׁן בְּאַפּוֹ וְאֵשׁ מִפִּיו
תֹּאכֵל גֶּחָלִים בָּעֲרוּ מִמֶּנּוּ׃ וַיֵּט
שָׁמַיִם וַיֵּרַד וַעֲרָפֶל תַּחַת
רַגְלָיו׃ וַיִּרְכַּב עַל־כְּרוּב וַיָּעֹף וַיֵּרָא
עַל־כַּנְפֵי־רוּחַ׃ וַיָּשֶׁת חֹשֶׁךְ סְבִיבֹתָיו
סֻכּוֹת חַשְׁרַת־מַיִם עָבֵי שְׁחָקִים׃ מִנֹּגַהּ
נֶגְדּוֹ בָּעֲרוּ גַּחֲלֵי־אֵשׁ׃ יַרְעֵם מִן־שָׁמַיִם
יְהוָה וְעֶלְיוֹן יִתֵּן קוֹלוֹ׃ וַיִּשְׁלַח
חִצִּים וַיְפִיצֵם בָּרָק ויהמם׃ וַיֵּרָאוּ אֲפִקֵי (וַיָּהֹם)
יָם יִגָּלוּ מֹסְדוֹת תֵּבֵל בְּגַעֲרַת

יְהוָ֔ה מִנִּשְׁמַ֖ת ר֥וּחַ אַפּֽוֹ׃ יִשְׁלַ֥ח מִמָּר֖וֹם
יִקָּחֵ֑נִי יַמְשֵׁ֖נִי מִמַּ֥יִם רַבִּֽים׃ יַצִּילֵ֕נִי
מֵאֹיְבִ֖י עָ֑ז מִשֹּׂ֣נְאַ֔י כִּ֥י אָמְצ֖וּ
מִמֶּֽנִּי׃ יְקַדְּמֻ֖נִי בְּי֣וֹם אֵידִ֑י וַיְהִ֥י
יְהוָ֖ה מִשְׁעָ֥ן לִֽי׃ וַיֹּצֵ֥א לַמֶּרְחָ֖ב
אֹתִ֑י יְחַלְּצֵ֖נִי כִּֽי־חָ֥פֵֽץ בִּֽי׃ יִגְמְלֵ֥נִי
יְהוָ֖ה כְּצִדְקָתִ֑י כְּבֹ֥ר יָדַ֖י יָשִׁ֥יב
לִֽי׃ כִּ֥י שָׁמַ֖רְתִּי דַּ֣רְכֵ֣י יְהוָ֑ה וְלֹ֥א
רָשַׁ֖עְתִּי מֵאֱלֹהָֽי׃ כִּ֥י כָל־מִשְׁפָּטָ֖ו
לְנֶגְדִּ֑י וְחֻקֹּתָ֖יו לֹא־אָס֥וּר מִמֶּֽנָּה׃ וָאֶהְיֶ֥ה
תָמִ֖ים ל֑וֹ וָאֶשְׁתַּמְּרָ֖ה מֵעֲוֺנִֽי׃ וַיָּ֧שֶׁב יְהוָ֛ה לִ֖י
כְּצִדְקָתִ֑י כְּבֹרִ֖י לְנֶ֥גֶד עֵינָֽיו׃ עִם־
חָסִ֖יד תִּתְחַסָּ֑ד עִם־גִּבּ֥וֹר תָּמִ֖ים
תִּתַּמָּֽם׃ עִם־נָבָ֖ר תִּתָּבָ֑ר וְעִם־
עִקֵּ֖שׁ תִּתַּפָּֽל׃ וְאֶת־עַ֥ם עָנִ֖י
תּוֹשִׁ֑יעַ וְעֵינֶ֖יךָ עַל־רָמִ֥ים תַּשְׁפִּֽיל׃ כִּֽי־
אַתָּ֥ה נֵירִ֖י יְהוָ֑ה וַיהוָ֖ה יַגִּ֥יהַּ
חָשְׁכִּֽי׃ כִּ֥י בְכָ֖ה אָר֣וּץ גְּד֑וּד בֵּאלֹהַ֖י
אֲדַלֶּג־שֽׁוּר׃ הָאֵ֖ל תָּמִ֣ים
דַּרְכּ֑וֹ אִמְרַ֤ת יְהוָה֙ צְרוּפָ֔ה מָגֵ֣ן
ה֔וּא לְכֹ֖ל הַחֹסִ֥ים בּֽוֹ׃ כִּ֥י מִי־אֵ֖ל מִבַּלְעֲדֵ֣י
יְהוָ֑ה וּמִ֥י צ֖וּר מִבַּלְעֲדֵ֥י אֱלֹהֵֽינוּ׃ הָאֵ֖ל
מָֽעוּזִּ֣י חָ֑יִל וַיַּתֵּ֥ר תָּמִ֖ים
דרכו׃ מְשַׁוֶּ֥ה רגליו כָּֽאַיָּל֑וֹת וְעַל־ דַּרְכִּ֖י | רַגְלַ֔י

בָּמוֹתַי יַעֲמִדֵנִי׃ מְלַמֵּד יָדַי
לַמִּלְחָמָה וְנִחַת קֶשֶׁת־נְחוּשָׁה זְרֹעֹתָי׃ וַתִּתֶּן־
לִי מָגֵן יִשְׁעֶךָ וַעֲנֹתְךָ תַּרְבֵּנִי׃ תַּרְחִיב צַעֲדִי
תַּחְתֵּנִי וְלֹא מָעֲדוּ קַרְסֻלָּי׃ אֶרְדְּפָה
אֹיְבַי וָאַשְׁמִידֵם וְלֹא אָשׁוּב עַד־
כַּלּוֹתָם׃ וָאֲכַלֵּם וָאֶמְחָצֵם וְלֹא יְקוּמוּן וַיִּפְּלוּ
תַּחַת רַגְלָי׃ וַתַּזְרֵנִי חַיִל
לַמִּלְחָמָה תַּכְרִיעַ קָמַי תַּחְתֵּנִי׃ וְאֹיְבַי
תַּתָּה לִּי עֹרֶף מְשַׂנְאַי וָאַצְמִיתֵם׃ יִשְׁעוּ וְאֵין
מֹשִׁיעַ אֶל־יְהוָה וְלֹא עָנָם׃ וְאֶשְׁחָקֵם
כַּעֲפַר־אָרֶץ כְּטִיט־חוּצוֹת אֲדִקֵּם
אֶרְקָעֵם׃ וַתְּפַלְּטֵנִי מֵרִיבֵי עַמִּי תִּשְׁמְרֵנִי
לְרֹאשׁ גּוֹיִם עַם לֹא־יָדַעְתִּי
יַעַבְדֻנִי׃ בְּנֵי נֵכָר יִתְכַּחֲשׁוּ־לִי לִשְׁמוֹעַ
אֹזֶן יִשָּׁמְעוּ לִי׃ בְּנֵי נֵכָר יִבֹּלוּ וְיַחְגְּרוּ
מִמִּסְגְּרוֹתָם׃ חַי־יְהוָה וּבָרוּךְ צוּרִי וְיָרֻם
אֱלֹהֵי צוּר יִשְׁעִי׃ הָאֵל הַנֹּתֵן נְקָמֹת
לִי וּמוֹרִיד עַמִּים תַּחְתֵּנִי׃ וּמוֹצִיאִי
מֵאֹיְבָי וּמִקָּמַי תְּרוֹמְמֵנִי מֵאִישׁ חֲמָסִים
תַּצִּילֵנִי׃ עַל־כֵּן אוֹדְךָ יְהוָה בַּגּוֹיִם וּלְשִׁמְךָ
אֲזַמֵּר׃ מגדיל יְשׁוּעוֹת מִגְדּוֹל
מַלְכּוֹ וְעֹשֶׂה־חֶסֶד לִמְשִׁיחוֹ
לְדָוִד וּלְזַרְעוֹ עַד־עוֹלָם׃

ברכות לאחר ההפטרה

אחר קריאת ההפטרה המפטיר מברך:

בָּרוּךְ אַתָּה יהוה אֱלֹהֵינוּ מֶלֶךְ הָעוֹלָם, צוּר כָּל הָעוֹלָמִים, צַדִּיק בְּכָל הַדּוֹרוֹת, הָאֵל הַנֶּאֱמָן, הָאוֹמֵר וְעוֹשֶׂה, הַמְדַבֵּר וּמְקַיֵּם, שֶׁכָּל דְּבָרָיו אֱמֶת וָצֶדֶק. נֶאֱמָן אַתָּה הוּא יהוה אֱלֹהֵינוּ וְנֶאֱמָנִים דְּבָרֶיךָ, וְדָבָר אֶחָד מִדְּבָרֶיךָ אָחוֹר לֹא יָשׁוּב רֵיקָם, כִּי אֵל מֶלֶךְ נֶאֱמָן (וְרַחֲמָן) אָתָּה. בָּרוּךְ אַתָּה יהוה, הָאֵל הַנֶּאֱמָן בְּכָל דְּבָרָיו.

רַחֵם עַל צִיּוֹן כִּי הִיא בֵּית חַיֵּינוּ, וְלַעֲלוּבַת נֶפֶשׁ תּוֹשִׁיעַ בִּמְהֵרָה בְיָמֵינוּ. בָּרוּךְ אַתָּה יהוה, מְשַׂמֵּחַ צִיּוֹן בְּבָנֶיהָ.

שַׂמְּחֵנוּ יהוה אֱלֹהֵינוּ בְּאֵלִיָּהוּ הַנָּבִיא עַבְדֶּךָ, וּבְמַלְכוּת בֵּית דָּוִד מְשִׁיחֶךָ, בִּמְהֵרָה יָבוֹא וְיָגֵל לִבֵּנוּ. עַל כִּסְאוֹ לֹא יֵשֶׁב זָר, וְלֹא יִנְחֲלוּ עוֹד אֲחֵרִים אֶת כְּבוֹדוֹ, כִּי בְשֵׁם קָדְשְׁךָ נִשְׁבַּעְתָּ לּוֹ שֶׁלֹּא יִכְבֶּה נֵרוֹ לְעוֹלָם וָעֶד. בָּרוּךְ אַתָּה יהוה, מָגֵן דָּוִד.

ביום טוב (גם אם חל בשבת) מסיימים כאן (בשבת חול המועד מסיימים בעמוד הבא).

עַל הַתּוֹרָה וְעַל הָעֲבוֹדָה וְעַל הַנְּבִיאִים (בשבת: וְעַל יוֹם הַשַּׁבָּת הַזֶּה), וְעַל יוֹם חַג הַמַּצּוֹת הַזֶּה, שֶׁנָּתַתָּ לָּנוּ, יהוה אֱלֹהֵינוּ (בשבת: לִקְדֻשָּׁה וְלִמְנוּחָה) לְשָׂשׂוֹן וּלְשִׂמְחָה, לְכָבוֹד וּלְתִפְאָרֶת. עַל הַכֹּל יהוה אֱלֹהֵינוּ אֲנַחְנוּ מוֹדִים לָךְ וּמְבָרְכִים אוֹתָךְ. יִתְבָּרַךְ שִׁמְךָ בְּפִי כָּל חַי תָּמִיד לְעוֹלָם וָעֶד. בָּרוּךְ אַתָּה יהוה, מְקַדֵּשׁ (בשבת: הַשַּׁבָּת וְ)יִשְׂרָאֵל וְהַזְּמַנִּים.

בשבת חול המועד מסיימים:

עַל הַתּוֹרָה וְעַל הָעֲבוֹדָה וְעַל הַנְּבִיאִים וְעַל יוֹם הַשַּׁבָּת הַזֶּה, שֶׁנָּתַתָּ לָּנוּ יהוה אֱלֹהֵינוּ לִקְדֻשָּׁה וְלִמְנוּחָה, לְכָבוֹד וּלְתִפְאָרֶת. עַל הַכֹּל יהוה אֱלֹהֵינוּ אֲנַחְנוּ מוֹדִים לָךְ וּמְבָרְכִים אוֹתָךְ, יִתְבָּרַךְ שִׁמְךָ בְּפִי כָּל חַי תָּמִיד לְעוֹלָם וָעֶד. בָּרוּךְ אַתָּה יהוה, מְקַדֵּשׁ הַשַּׁבָּת.

בשבת ממשיכים ׳יְקוּם פֻּרְקָן׳,
וביום חול, תפילה לשלום המדינה (עמ׳ 192).

במקום שיש בו מניין השכינה שורה, ולכן אומרים ברכה לקהל. ואין אומרים אותה ביחידות (׳אור זרוע׳ ח״ב, נ), ויש שנוהגים לומר את הפיסקה הראשונה גם ביחידות (שערי אפרים).

יְקוּם פֻּרְקָן מִן שְׁמַיָּא, חִנָּא וְחִסְדָּא וְרַחֲמֵי וְחַיֵּי אֲרִיכֵי וּמְזוֹנֵי רְוִיחֵי, וְסִיַּעְתָּא דִשְׁמַיָּא, וּבַרְיוּת גּוּפָא וּנְהוֹרָא מְעַלְיָא, זַרְעָא חַיָּא וְקַיָּמָא, זַרְעָא דִּי לָא יִפְסֻק וְדִי לָא יִבְטֻל מִפִּתְגָּמֵי אוֹרַיְתָא, לְמָרָנָן וְרַבָּנָן חֲבוּרָתָא קַדִּישָׁתָא דִּי בְאַרְעָא דְיִשְׂרָאֵל וְדִי בְּבָבֶל, לְרֵישֵׁי כַלָּה, וּלְרֵישֵׁי גַלְוָתָא, וּלְרֵישֵׁי מְתִיבָתָא, וּלְדַיָּנֵי דְבָבָא, לְכָל תַּלְמִידֵיהוֹן, וּלְכָל תַּלְמִידֵי תַלְמִידֵיהוֹן, וּלְכָל מָאן דְּעָסְקִין בְּאוֹרַיְתָא. מַלְכָּא דְעָלְמָא יְבָרֵךְ יָתְהוֹן, יַפֵּשׁ חַיֵּיהוֹן וְיַסְגֵּא יוֹמֵיהוֹן, וְיִתֵּן אַרְכָא לִשְׁנֵיהוֹן, וְיִתְפָּרְקוּן וְיִשְׁתֵּיזְבוּן מִן כָּל עָקָא וּמִן כָּל מַרְעִין בִּישִׁין. מָרַן דִּי בִשְׁמַיָּא יְהֵא בְסַעְדְּהוֹן כָּל זְמַן וְעִדָּן, וְנֹאמַר אָמֵן.

תרגום

יקום פורקן מן השמים, חן וחסד ורחמים וחיים ארוכים ומזונות רווחים וסיוע מן השמים, ובריאות הגוף ואור מעולה, זרע חי וקיים, זרע שלא יפסוק ושלא יבטל מדברי תורה, למורינו ורבותינו החבורות הקדושות אשר בארץ ישראל ואשר בבבל, לראשי כלה ולראשי גלויות ולראשי הישיבות ולדייני השער, לכל תלמידיהם, ולכל תלמידי תלמידיהם, ולכל מי שעוסקים בתורה. מלך העולם יברך אותם, ירבה חייהם ויגדיל ימיהם ויתן

יְקוּם פֻּרְקָן מִן שְׁמַיָּא, חִנָּא וְחִסְדָּא וְרַחֲמֵי וְחַיֵּי אֲרִיכֵי וּמְזוֹנֵי רְוִיחֵי, וְסִיַּעְתָּא דִשְׁמַיָּא, וּבַרְיוּת גּוּפָא וּנְהוֹרָא מְעַלְיָא, זַרְעָא חַיָּא וְקַיָּמָא, זַרְעָא דִּי לָא יִפְסֻק וְדִי לָא יִבְטֻל מִפִּתְגָּמֵי אוֹרַיְתָא, לְכָל קְהָלָא קַדִּישָׁא הָדֵין, רַבְרְבַיָּא עִם זְעֵרַיָּא, טַפְלָא וּנְשַׁיָּא. מַלְכָּא דְעָלְמָא יְבָרֵךְ יָתְכוֹן, יַפֵּשׁ חַיֵּיכוֹן וְיַסְגֵּא יוֹמֵיכוֹן, וְיִתֵּן אַרְכָא לִשְׁנֵיכוֹן, וְתִתְפָּרְקוּן וְתִשְׁתֵּיזְבוּן מִן כָּל עָקָא וּמִן כָּל מַרְעִין בִּישִׁין. מָרַן דִּי בִשְׁמַיָּא יְהֵא בְסַעְדְּכוֹן כָּל זְמַן וְעִדָּן, וְנֹאמַר אָמֵן.

מִי שֶׁבֵּרַךְ אֲבוֹתֵינוּ אַבְרָהָם יִצְחָק וְיַעֲקֹב, הוּא יְבָרֵךְ אֶת כָּל הַקָּהָל הַקָּדוֹשׁ הַזֶּה עִם כָּל קְהִלּוֹת הַקֹּדֶשׁ, הֵם וּנְשֵׁיהֶם וּבְנֵיהֶם וּבְנוֹתֵיהֶם וְכָל אֲשֶׁר לָהֶם, וּמִי שֶׁמְּיַחֲדִים בָּתֵּי כְנֵסִיּוֹת לִתְפִלָּה, וּמִי שֶׁבָּאִים בְּתוֹכָם לְהִתְפַּלֵּל, וּמִי שֶׁנּוֹתְנִים נֵר לַמָּאוֹר וְיַיִן לְקִדּוּשׁ וּלְהַבְדָּלָה וּפַת לָאוֹרְחִים וּצְדָקָה לָעֲנִיִּים, וְכָל מִי שֶׁעוֹסְקִים בְּצָרְכֵי צִבּוּר בֶּאֱמוּנָה. הַקָּדוֹשׁ בָּרוּךְ הוּא יְשַׁלֵּם שְׂכָרָם, וְיָסִיר מֵהֶם כָּל מַחֲלָה, וְיִרְפָּא לְכָל גּוּפָם, וְיִסְלַח לְכָל עֲוֹנָם, וְיִשְׁלַח בְּרָכָה וְהַצְלָחָה בְּכָל מַעֲשֵׂי יְדֵיהֶם עִם כָּל יִשְׂרָאֵל אֲחֵיהֶם, וְנֹאמַר אָמֵן.

אריכות לשנותיהם. ויוָשעו ויינצלו מכל צרה ומכל חוליים רעים. אדוננו שבשמים יהיה בעזרתם בכל זמן ועת, ונאמר אמן.

יקום פורקן מן השמים, חן וחסד ורחמים וחיים ארוכים ומזונות רווחים וסיוע מן השמים, ובריאות הגוף ואור מעולה, זרע חי וקיים, זרע שלא יפסוק ושלא יבטל מדברי תורה, לכל הקהל הקדוש הזה, הגדולים עם הקטנים, הטף והנשים. מלך העולם יברך אתכם, ירבה חייכם ויגדיל ימיכם ויתן אריכות לשנותיכם. ותוָשעו ותינצלו מכל צרה ומכל חוליים רעים. אדוננו שבשמים יהיה בעזרתכם בכל זמן ועת, ונאמר אמן.

תפילה לשלום מדינת ישראל

אָבִינוּ שֶׁבַּשָּׁמַיִם, צוּר יִשְׂרָאֵל וְגוֹאֲלוֹ, בָּרֵךְ אֶת מְדִינַת יִשְׂרָאֵל, רֵאשִׁית צְמִיחַת גְּאֻלָּתֵנוּ. הָגֵן עָלֶיהָ בְּאֶבְרַת חַסְדֶּךָ וּפְרֹשׂ עָלֶיהָ סֻכַּת שְׁלוֹמֶךָ, וּשְׁלַח אוֹרְךָ וַאֲמִתְּךָ לְרָאשֶׁיהָ, שָׂרֶיהָ וְיוֹעֲצֶיהָ, וְתַקְּנֵם בְּעֵצָה טוֹבָה מִלְּפָנֶיךָ.

חַזֵּק אֶת יְדֵי מְגִנֵּי אֶרֶץ קָדְשֵׁנוּ, וְהַנְחִילֵם אֱלֹהֵינוּ יְשׁוּעָה וַעֲטֶרֶת נִצָּחוֹן תְּעַטְּרֵם, וְנָתַתָּ שָׁלוֹם בָּאָרֶץ וְשִׂמְחַת עוֹלָם לְיוֹשְׁבֶיהָ.

וְאֶת אַחֵינוּ כָּל בֵּית יִשְׂרָאֵל, פְּקָד נָא בְּכָל אַרְצוֹת פְּזוּרֵיהֶם, וְתוֹלִיכֵם מְהֵרָה קוֹמְמִיּוּת לְצִיּוֹן עִירֶךָ וְלִירוּשָׁלַיִם מִשְׁכַּן
דברים ל שְׁמֶךָ, כַּכָּתוּב בְּתוֹרַת מֹשֶׁה עַבְדֶּךָ: אִם־יִהְיֶה נִדַּחֲךָ בִּקְצֵה הַשָּׁמָיִם, מִשָּׁם יְקַבֶּצְךָ יהוה אֱלֹהֶיךָ וּמִשָּׁם יִקָּחֶךָ: וֶהֱבִיאֲךָ יהוה אֱלֹהֶיךָ אֶל־הָאָרֶץ אֲשֶׁר־יָרְשׁוּ אֲבֹתֶיךָ וִירִשְׁתָּהּ, וְהֵיטִבְךָ וְהִרְבְּךָ מֵאֲבֹתֶיךָ: וּמָל יהוה אֱלֹהֶיךָ אֶת־לְבָבְךָ וְאֶת־לְבַב זַרְעֶךָ, לְאַהֲבָה אֶת־יהוה אֱלֹהֶיךָ בְּכָל־לְבָבְךָ וּבְכָל־נַפְשְׁךָ, לְמַעַן חַיֶּיךָ:

וְיַחֵד לְבָבֵנוּ לְאַהֲבָה וּלְיִרְאָה אֶת שְׁמֶךָ, וְלִשְׁמֹר אֶת כָּל דִּבְרֵי תוֹרָתֶךָ, וּשְׁלַח לָנוּ מְהֵרָה בֶּן דָּוִד מְשִׁיחַ צִדְקֶךָ, לִפְדּוֹת מְחַכֵּי קֵץ יְשׁוּעָתֶךָ.

וְהוֹפַע בַּהֲדַר גְּאוֹן עֻזֶּךָ עַל כָּל יוֹשְׁבֵי תֵּבֵל אַרְצֶךָ וְיֹאמַר כֹּל אֲשֶׁר נְשָׁמָה בְאַפּוֹ, יהוה אֱלֹהֵי יִשְׂרָאֵל מֶלֶךְ וּמַלְכוּתוֹ בַּכֹּל מָשָׁלָה, אָמֵן סֶלָה.

מי שבירך לחיילי צה״ל

מִי שֶׁבֵּרַךְ אֲבוֹתֵינוּ אַבְרָהָם יִצְחָק וְיַעֲקֹב הוּא יְבָרֵךְ אֶת חַיָּלֵי צְבָא הַהֲגָנָה לְיִשְׂרָאֵל וְאַנְשֵׁי כֹּחוֹת הַבִּטָּחוֹן, הָעוֹמְדִים עַל מִשְׁמַר אַרְצֵנוּ וְעָרֵי אֱלֹהֵינוּ, מִגְּבוּל הַלְּבָנוֹן וְעַד מִדְבַּר מִצְרַיִם וּמִן הַיָּם הַגָּדוֹל עַד לְבוֹא הָעֲרָבָה וּבְכָל מָקוֹם שֶׁהֵם, בַּיַּבָּשָׁה, בָּאֲוִיר וּבַיָּם. יִתֵּן יהוה אֶת אוֹיְבֵינוּ הַקָּמִים עָלֵינוּ נִגָּפִים לִפְנֵיהֶם. הַקָּדוֹשׁ בָּרוּךְ הוּא יִשְׁמֹר וְיַצִּיל אֶת חַיָּלֵינוּ מִכָּל צָרָה וְצוּקָה וּמִכָּל נֶגַע וּמַחֲלָה, וְיִשְׁלַח בְּרָכָה וְהַצְלָחָה בְּכָל מַעֲשֵׂי יְדֵיהֶם. יַדְבֵּר שׂוֹנְאֵינוּ תַּחְתֵּיהֶם וִיעַטְּרֵם בְּכֶתֶר יְשׁוּעָה וּבַעֲטֶרֶת נִצָּחוֹן. וִיקֻיַּם
בָּהֶם הַכָּתוּב: כִּי יהוה אֱלֹהֵיכֶם הַהֹלֵךְ עִמָּכֶם לְהִלָּחֵם לָכֶם עִם־ דברים כ
אֹיְבֵיכֶם לְהוֹשִׁיעַ אֶתְכֶם: וְנֹאמַר אָמֵן.

מי שבירך לשבויים

מִי שֶׁבֵּרַךְ אֲבוֹתֵינוּ אַבְרָהָם יִצְחָק וְיַעֲקֹב, יוֹסֵף מֹשֶׁה וְאַהֲרֹן, דָּוִד וּשְׁלֹמֹה, הוּא יְבָרֵךְ וְיִשְׁמֹר וְיִנְצֹר אֶת נֶעְדְּרֵי צְבָא הַהֲגָנָה לְיִשְׂרָאֵל וּשְׁבוּיָו, וְאֶת כָּל אַחֵינוּ הַנְּתוּנִים בְּצָרָה וּבְשִׁבְיָה, בַּעֲבוּר שֶׁכָּל הַקָּהָל הַקָּדוֹשׁ הַזֶּה מִתְפַּלֵּל בַּעֲבוּרָם. הַקָּדוֹשׁ בָּרוּךְ הוּא יִמָּלֵא רַחֲמִים עֲלֵיהֶם, וְיוֹצִיאֵם מֵחֹשֶׁךְ וְצַלְמָוֶת, וּמוֹסְרוֹתֵיהֶם יְנַתֵּק, וּמִמְּצוּקוֹתֵיהֶם יוֹשִׁיעֵם, וִישִׁיבֵם מְהֵרָה לְחֵיק מִשְׁפְּחוֹתֵיהֶם.
יוֹדוּ לַיהוה חַסְדּוֹ וְנִפְלְאוֹתָיו לִבְנֵי אָדָם: וִיקֻיַּם בָּהֶם מִקְרָא תהלים קז
שֶׁכָּתוּב: וּפְדוּיֵי יהוה יְשֻׁבוּן, וּבָאוּ צִיּוֹן בְּרִנָּה, וְשִׂמְחַת עוֹלָם ישעיה לה
עַל־רֹאשָׁם, שָׂשׂוֹן וְשִׂמְחָה יַשִּׂיגוּ, וְנָסוּ יָגוֹן וַאֲנָחָה: וְנֹאמַר אָמֵן.

ביום האחרון של פסח אומרים יזכור בעמ׳ 292. ביום טוב שאינו חל בשבת ושאין אומרים בו יזכור, יש אומרים ׳יָהּ אֵלִי׳ בעמ׳ 296. בשאר הימים ממשיכים ׳אַשְׁרֵי׳ בעמ׳ 296.

וְחַ֣ג הַקָּצִיר֙ בִּכּוּרֵ֣י מַעֲשֶׂ֔יךָ

שמות כג, טז

שִׁבְעָ֥ה שָׁבֻעֹ֖ת

תִּסְפָּר־לָ֑ךְ

מֵהָחֵ֤ל חֶרְמֵשׁ֙ בַּקָּמָ֔ה

תָּחֵ֣ל לִסְפֹּ֔ר

שִׁבְעָ֖ה שָׁבֻעֽוֹת׃

וְעָשִׂ֜יתָ

חַ֤ג שָׁבֻעוֹת֙

לַה֣' אֱלֹהֶ֔יךָ

וְשָׂמַחְתָּ֞ לִפְנֵ֣י ׀ ה֣' אֱלֹהֶ֗יךָ

דברים טז, ט-יא

רות

יש הקוראים מתוך מגילה הכתובה על קלף, ומברכים לפני הקריאה:

בָּרוּךְ אַתָּה יהוה אֱלֹהֵינוּ מֶלֶךְ הָעוֹלָם
אֲשֶׁר קִדְּשָׁנוּ בְּמִצְוֹתָיו וְצִוָּנוּ עַל מִקְרָא מְגִלָּה.

בָּרוּךְ אַתָּה יהוה אֱלֹהֵינוּ מֶלֶךְ הָעוֹלָם
שֶׁהֶחֱיָנוּ וְקִיְּמָנוּ וְהִגִּיעָנוּ לַזְּמַן הַזֶּה.

א וַיְהִ֗י בִּימֵי֙ שְׁפֹ֣ט הַשֹּׁפְטִ֔ים וַיְהִ֥י רָעָ֖ב בָּאָ֑רֶץ וַיֵּ֨לֶךְ אִ֜ישׁ מִבֵּ֧ית
לֶ֣חֶם יְהוּדָ֗ה לָגוּר֙ בִּשְׂדֵ֣י מוֹאָ֔ב ה֥וּא וְאִשְׁתּ֖וֹ וּשְׁנֵ֥י בָנָֽיו׃ וְשֵׁ֣ם
הָאִ֣ישׁ אֱֽלִימֶ֡לֶךְ וְשֵׁם֩ אִשְׁתּ֨וֹ נָעֳמִ֜י וְשֵׁ֥ם שְׁנֵֽי־בָנָ֣יו ׀ מַחְל֤וֹן וְכִלְיוֹן֙
אֶפְרָתִ֔ים מִבֵּ֥ית לֶ֖חֶם יְהוּדָ֑ה וַיָּבֹ֥אוּ שְׂדֵי־מוֹאָ֖ב וַיִּהְיוּ־שָֽׁם׃ וַיָּ֥מָת
אֱלִימֶ֖לֶךְ אִ֣ישׁ נָעֳמִ֑י וַתִּשָּׁאֵ֥ר הִ֖יא וּשְׁנֵ֥י בָנֶֽיהָ׃ וַיִּשְׂא֣וּ לָהֶ֗ם נָשִׁים֙
מֹֽאֲבִיּ֔וֹת שֵׁ֤ם הָֽאַחַת֙ עָרְפָּ֔ה וְשֵׁ֥ם הַשֵּׁנִ֖ית ר֑וּת וַיֵּ֥שְׁבוּ שָׁ֖ם כְּעֶ֥שֶׂר
שָׁנִֽים׃ וַיָּמ֥וּתוּ גַם־שְׁנֵיהֶ֖ם מַחְל֣וֹן וְכִלְי֑וֹן וַתִּשָּׁאֵר֙ הָֽאִשָּׁ֔ה מִשְּׁנֵ֥י
יְלָדֶ֖יהָ וּמֵאִישָֽׁהּ׃ וַתָּ֤קָם הִיא֙ וְכַלֹּתֶ֔יהָ וַתָּ֖שָׁב מִשְּׂדֵ֣י מוֹאָ֑ב כִּ֤י
שָֽׁמְעָה֙ בִּשְׂדֵ֣ה מוֹאָ֔ב כִּֽי־פָקַ֤ד יהוה֙ אֶת־עַמּ֔וֹ לָתֵ֥ת לָהֶ֖ם לָֽחֶם׃
וַתֵּצֵ֗א מִן־הַמָּקוֹם֙ אֲשֶׁ֣ר הָיְתָה־שָׁ֔מָּה וּשְׁתֵּ֥י כַלֹּתֶ֖יהָ עִמָּ֑הּ וַתֵּלַ֣כְנָה
בַדֶּ֔רֶךְ לָשׁ֖וּב אֶל־אֶ֥רֶץ יְהוּדָֽה׃ וַתֹּ֤אמֶר נָעֳמִי֙ לִשְׁתֵּ֣י כַלֹּתֶ֔יהָ לֵ֣כְנָה
שֹּׁ֔בְנָה אִשָּׁ֖ה לְבֵ֣ית אִמָּ֑הּ יעשה יהוה עִמָּכֶם֙ חֶ֔סֶד כַּאֲשֶׁ֧ר עֲשִׂיתֶ֛ם יַ֣עַשׂ
עִם־הַמֵּתִ֖ים וְעִמָּדִֽי׃ יִתֵּ֤ן יהוה֙ לָכֶ֔ם וּמְצֶ֣אןָ מְנוּחָ֔ה אִשָּׁ֖ה בֵּ֣ית
אִישָׁ֑הּ וַתִּשַּׁ֣ק לָהֶ֔ן וַתִּשֶּׂ֥אנָה קוֹלָ֖ן וַתִּבְכֶּֽינָה׃ וַתֹּאמַ֖רְנָה־לָּ֑הּ כִּי־
אִתָּ֥ךְ נָשׁ֖וּב לְעַמֵּֽךְ׃ וַתֹּ֤אמֶר נָעֳמִי֙ שֹׁ֣בְנָה בְנֹתַ֔י לָ֥מָּה תֵלַ֖כְנָה
עִמִּ֑י הַע֤וֹד לִי֙ בָנִים֙ בְּֽמֵעַ֔י וְהָי֥וּ לָכֶ֖ם לַאֲנָשִֽׁים׃ שֹׁ֤בְנָה בְנֹתַי֙

לֵכְןָ כִּי זָקַנְתִּי מִהְיוֹת לְאִישׁ כִּי אָמַרְתִּי יֶשׁ־לִי תִקְוָה גַּם הָיִיתִי
הַלַּיְלָה לְאִישׁ וְגַם יָלַדְתִּי בָנִים: הֲלָהֵן ׀ תְּשַׂבֵּרְנָה עַד אֲשֶׁר יִגְדָּלוּ
הֲלָהֵן תֵּעָגֵנָה לְבִלְתִּי הֱיוֹת לְאִישׁ אַל בְּנֹתַי כִּי־מַר־לִי מְאֹד מִכֶּם
כִּי־יָצְאָה בִי יַד־יְהוָה: וַתִּשֶּׂנָה קוֹלָן וַתִּבְכֶּינָה עוֹד וַתִּשַּׁק עָרְפָּה
לַחֲמוֹתָהּ וְרוּת דָּבְקָה בָּהּ: וַתֹּאמֶר הִנֵּה שָׁבָה יְבִמְתֵּךְ אֶל־עַמָּהּ
וְאֶל־אֱלֹהֶיהָ שׁוּבִי אַחֲרֵי יְבִמְתֵּךְ: וַתֹּאמֶר רוּת אַל־תִּפְגְּעִי־בִי
לְעָזְבֵךְ לָשׁוּב מֵאַחֲרָיִךְ כִּי אֶל־אֲשֶׁר תֵּלְכִי אֵלֵךְ וּבַאֲשֶׁר תָּלִינִי
אָלִין עַמֵּךְ עַמִּי וֵאלֹהַיִךְ אֱלֹהָי: בַּאֲשֶׁר תָּמוּתִי אָמוּת וְשָׁם
אֶקָּבֵר כֹּה יַעֲשֶׂה יְהוָה לִי וְכֹה יֹסִיף כִּי הַמָּוֶת יַפְרִיד בֵּינִי וּבֵינֵךְ:
וַתֵּרֶא כִּי־מִתְאַמֶּצֶת הִיא לָלֶכֶת אִתָּהּ וַתֶּחְדַּל לְדַבֵּר אֵלֶיהָ:
וַתֵּלַכְנָה שְׁתֵּיהֶם עַד־בֹּאָנָה בֵּית לָחֶם וַיְהִי כְּבֹאָנָה בֵּית לֶחֶם
וַתֵּהֹם כָּל־הָעִיר עֲלֵיהֶן וַתֹּאמַרְנָה הֲזֹאת נָעֳמִי: וַתֹּאמֶר אֲלֵיהֶן
אַל־תִּקְרֶאנָה לִי נָעֳמִי קְרֶאןָ לִי מָרָא כִּי־הֵמַר שַׁדַּי לִי מְאֹד:
אֲנִי מְלֵאָה הָלַכְתִּי וְרֵיקָם הֱשִׁיבַנִי יְהוָה לָמָּה תִקְרֶאנָה לִי נָעֳמִי
וַיהוָה עָנָה בִי וְשַׁדַּי הֵרַע לִי: וַתָּשָׁב נָעֳמִי וְרוּת הַמּוֹאֲבִיָּה כַלָּתָהּ
עִמָּהּ הַשָּׁבָה מִשְּׂדֵי מוֹאָב וְהֵמָּה בָּאוּ בֵּית לֶחֶם בִּתְחִלַּת קְצִיר
ב מודע שְׂעֹרִים: וּלְנָעֳמִי מידע לְאִישָׁהּ אִישׁ גִּבּוֹר חַיִל מִמִּשְׁפַּחַת
אֱלִימֶלֶךְ וּשְׁמוֹ בֹּעַז: וַתֹּאמֶר רוּת הַמּוֹאֲבִיָּה אֶל־נָעֳמִי אֵלְכָה־
נָּא הַשָּׂדֶה וַאֲלַקֳטָה בַשִּׁבֳּלִים אַחַר אֲשֶׁר אֶמְצָא־חֵן בְּעֵינָיו
וַתֹּאמֶר לָהּ לְכִי בִתִּי: וַתֵּלֶךְ וַתָּבוֹא וַתְּלַקֵּט בַּשָּׂדֶה אַחֲרֵי
הַקֹּצְרִים וַיִּקֶר מִקְרֶהָ חֶלְקַת הַשָּׂדֶה לְבֹעַז אֲשֶׁר מִמִּשְׁפַּחַת
אֱלִימֶלֶךְ: וְהִנֵּה־בֹעַז בָּא מִבֵּית לֶחֶם וַיֹּאמֶר לַקּוֹצְרִים יְהוָה
עִמָּכֶם וַיֹּאמְרוּ לוֹ יְבָרֶכְךָ יְהוָה: וַיֹּאמֶר בֹּעַז לְנַעֲרוֹ הַנִּצָּב עַל־

הַקּוֹצְרִים לְמִי הַנַּעֲרָה הַזֹּאת׃ וַיַּעַן הַנַּעַר הַנִּצָּב עַל־הַקּוֹצְרִים
וַיֹּאמַר נַעֲרָה מוֹאֲבִיָּה הִיא הַשָּׁבָה עִם־נָעֳמִי מִשְּׂדֵה מוֹאָב׃
וַתֹּאמֶר אֲלַקֳּטָה־נָּא וְאָסַפְתִּי בָעֳמָרִים אַחֲרֵי הַקּוֹצְרִים וַתָּבוֹא
וַתַּעֲמוֹד מֵאָז הַבֹּקֶר וְעַד־עַתָּה זֶה שִׁבְתָּהּ הַבַּיִת מְעָט׃ וַיֹּאמֶר
בֹּעַז אֶל־רוּת הֲלוֹא שָׁמַעַתְּ בִּתִּי אַל־תֵּלְכִי לִלְקֹט בְּשָׂדֶה אַחֵר
וְגַם לֹא תַעֲבוּרִי מִזֶּה וְכֹה תִדְבָּקִין עִם־נַעֲרֹתָי׃ עֵינַיִךְ בַּשָּׂדֶה
אֲשֶׁר־יִקְצֹרוּן וְהָלַכְתְּ אַחֲרֵיהֶן הֲלוֹא צִוִּיתִי אֶת־הַנְּעָרִים לְבִלְתִּי
נָגְעֵךְ וְצָמִת וְהָלַכְתְּ אֶל־הַכֵּלִים וְשָׁתִית מֵאֲשֶׁר יִשְׁאֲבוּן הַנְּעָרִים׃
וַתִּפֹּל עַל־פָּנֶיהָ וַתִּשְׁתַּחוּ אָרְצָה וַתֹּאמֶר אֵלָיו מַדּוּעַ מָצָאתִי חֵן
בְּעֵינֶיךָ לְהַכִּירֵנִי וְאָנֹכִי נָכְרִיָּה׃ וַיַּעַן בֹּעַז וַיֹּאמֶר לָהּ הֻגֵּד הֻגַּד
לִי כֹּל אֲשֶׁר־עָשִׂית אֶת־חֲמוֹתֵךְ אַחֲרֵי מוֹת אִישֵׁךְ וַתַּעַזְבִי אָבִיךְ
וְאִמֵּךְ וְאֶרֶץ מוֹלַדְתֵּךְ וַתֵּלְכִי אֶל־עַם אֲשֶׁר לֹא־יָדַעַתְּ תְּמוֹל
שִׁלְשׁוֹם׃ יְשַׁלֵּם יהוה פָּעֳלֵךְ וּתְהִי מַשְׂכֻּרְתֵּךְ שְׁלֵמָה מֵעִם
יהוה אֱלֹהֵי יִשְׂרָאֵל אֲשֶׁר־בָּאת לַחֲסוֹת תַּחַת־כְּנָפָיו׃ וַתֹּאמֶר
אֶמְצָא־חֵן בְּעֵינֶיךָ אֲדֹנִי כִּי נִחַמְתָּנִי וְכִי דִבַּרְתָּ עַל־לֵב שִׁפְחָתֶךָ
וְאָנֹכִי לֹא אֶהְיֶה כְּאַחַת שִׁפְחֹתֶיךָ׃ וַיֹּאמֶר לָה בֹעַז לְעֵת הָאֹכֶל
גֹּשִׁי הֲלֹם וְאָכַלְתְּ מִן־הַלֶּחֶם וְטָבַלְתְּ פִּתֵּךְ בַּחֹמֶץ וַתֵּשֶׁב מִצַּד
הַקֹּצְרִים וַיִּצְבָּט־לָהּ קָלִי וַתֹּאכַל וַתִּשְׂבַּע וַתֹּתַר׃ וַתָּקָם לְלַקֵּט
וַיְצַו בֹּעַז אֶת־נְעָרָיו לֵאמֹר גַּם בֵּין הָעֳמָרִים תְּלַקֵּט וְלֹא תַכְלִימוּהָ׃
וְגַם שֹׁל־תָּשֹׁלּוּ לָהּ מִן־הַצְּבָתִים וַעֲזַבְתֶּם וְלִקְּטָה וְלֹא תִגְעֲרוּ־
בָהּ׃ וַתְּלַקֵּט בַּשָּׂדֶה עַד־הָעָרֶב וַתַּחְבֹּט אֵת אֲשֶׁר־לִקֵּטָה וַיְהִי
כְּאֵיפָה שְׂעֹרִים׃ וַתִּשָּׂא וַתָּבוֹא הָעִיר וַתֵּרֶא חֲמוֹתָהּ אֵת אֲשֶׁר־
לִקֵּטָה וַתּוֹצֵא וַתִּתֶּן־לָהּ אֵת אֲשֶׁר־הוֹתִרָה מִשָּׂבְעָהּ׃ וַתֹּאמֶר

לָהּ חֲמוֹתָהּ אֵיפֹה לִקַּטְתְּ הַיּוֹם וְאָנָה עָשִׂית יְהִי מַכִּירֵךְ בָּרוּךְ
וַתַּגֵּד לַחֲמוֹתָהּ אֵת אֲשֶׁר־עָשְׂתָה עִמּוֹ וַתֹּאמֶר שֵׁם הָאִישׁ
אֲשֶׁר עָשִׂיתִי עִמּוֹ הַיּוֹם בֹּעַז׃ וַתֹּאמֶר נָעֳמִי לְכַלָּתָהּ בָּרוּךְ הוּא
לַיהוָה אֲשֶׁר לֹא־עָזַב חַסְדּוֹ אֶת־הַחַיִּים וְאֶת־הַמֵּתִים וַתֹּאמֶר
לָהּ נָעֳמִי קָרוֹב לָנוּ הָאִישׁ מִגֹּאֲלֵנוּ הוּא׃ וַתֹּאמֶר רוּת הַמּוֹאֲבִיָּה
גַּם ׀ כִּי־אָמַר אֵלַי עִם־הַנְּעָרִים אֲשֶׁר־לִי תִּדְבָּקִין עַד אִם־כִּלּוּ
אֵת כָּל־הַקָּצִיר אֲשֶׁר־לִי׃ וַתֹּאמֶר נָעֳמִי אֶל־רוּת כַּלָּתָהּ טוֹב
בִּתִּי כִּי תֵצְאִי עִם־נַעֲרוֹתָיו וְלֹא יִפְגְּעוּ־בָךְ בְּשָׂדֶה אַחֵר׃ וַתִּדְבַּק
בְּנַעֲרוֹת בֹּעַז לְלַקֵּט עַד־כְּלוֹת קְצִיר־הַשְּׂעֹרִים וּקְצִיר הַחִטִּים
וַתֵּשֶׁב אֶת־חֲמוֹתָהּ׃ וַתֹּאמֶר לָהּ נָעֳמִי חֲמוֹתָהּ בִּתִּי הֲלֹא ג
אֲבַקֶּשׁ־לָךְ מָנוֹחַ אֲשֶׁר יִיטַב־לָךְ׃ וְעַתָּה הֲלֹא בֹעַז מֹדַעְתָּנוּ
אֲשֶׁר הָיִית אֶת־נַעֲרוֹתָיו הִנֵּה־הוּא זֹרֶה אֶת־גֹּרֶן הַשְּׂעֹרִים
הַלָּיְלָה׃ וְרָחַצְתְּ ׀ וָסַכְתְּ וְשַׂמְתְּ שמלתך עָלַיִךְ וירדתי הַגֹּרֶן שִׂמְלֹתַיִךְ וְיָרַדְתְּ
אַל־תִּוָּדְעִי לָאִישׁ עַד כַּלֹּתוֹ לֶאֱכֹל וְלִשְׁתּוֹת׃ וִיהִי בְשָׁכְבוֹ וְיָדַעַתְּ
אֶת־הַמָּקוֹם אֲשֶׁר יִשְׁכַּב־שָׁם וּבָאת וְגִלִּית מַרְגְּלֹתָיו ושכבתי וְשָׁכָבְתְּ
וְהוּא יַגִּיד לָךְ אֵת אֲשֶׁר תַּעֲשִׂין׃ וַתֹּאמֶר אֵלֶיהָ כֹּל אֲשֶׁר־
תֹּאמְרִי אֶעֱשֶׂה׃ וַתֵּרֶד הַגֹּרֶן וַתַּעַשׂ כְּכֹל אֲשֶׁר־צִוַּתָּה חֲמוֹתָהּ׃ אֵלַי
וַיֹּאכַל בֹּעַז וַיֵּשְׁתְּ וַיִּיטַב לִבּוֹ וַיָּבֹא לִשְׁכַּב בִּקְצֵה הָעֲרֵמָה וַתָּבֹא
בַלָּט וַתְּגַל מַרְגְּלֹתָיו וַתִּשְׁכָּב׃ וַיְהִי בַּחֲצִי הַלַּיְלָה וַיֶּחֱרַד הָאִישׁ
וַיִּלָּפֵת וְהִנֵּה אִשָּׁה שֹׁכֶבֶת מַרְגְּלֹתָיו׃ וַיֹּאמֶר מִי־אָתְּ וַתֹּאמֶר
אָנֹכִי רוּת אֲמָתֶךָ וּפָרַשְׂתָּ כְנָפֶךָ עַל־אֲמָתְךָ כִּי גֹאֵל אָתָּה׃ וַיֹּאמֶר
בְּרוּכָה אַתְּ לַיהוָה בִּתִּי הֵיטַבְתְּ חַסְדֵּךְ הָאַחֲרוֹן מִן־הָרִאשׁוֹן
לְבִלְתִּי־לֶכֶת אַחֲרֵי הַבַּחוּרִים אִם־דַּל וְאִם־עָשִׁיר׃ וְעַתָּה בִּתִּי

אַל־תִּ֣ירְאִ֔י כֹּ֥ל אֲשֶׁר־תֹּאמְרִ֖י אֶֽעֱשֶׂה־לָּ֑ךְ כִּ֤י יוֹדֵ֙עַ֙ כָּל־שַׁ֣עַר עַמִּ֔י
כִּ֛י אֵ֥שֶׁת חַ֖יִל אָֽתְּ׃ וְעַתָּה֙ כִּ֣י אָמְנָ֔ם כִּ֥י אם גֹאֵ֖ל אָנֹ֑כִי וְגַ֛ם יֵ֥שׁ גֹּאֵ֖ל
קָר֥וֹב מִמֶּֽנִּי׃ לִ֣ינִי ׀ הַלַּ֗יְלָה וְהָיָ֤ה בַבֹּ֙קֶר֙ אִם־יִגְאָלֵ֥ךְ טוֹב֙ יִגְאָ֔ל
וְאִם־לֹ֨א יַחְפֹּ֧ץ לְגָאֳלֵ֛ךְ וּגְאַלְתִּ֥יךְ אָנֹ֖כִי חַי־יְהוָ֑ה שִׁכְבִ֖י עַד־
הַבֹּֽקֶר׃ וַתִּשְׁכַּ֤ב מַרְגְּלוֹתָו֙ עַד־הַבֹּ֔קֶר וַתָּ֕קָם בטרום יַכִּ֥יר אִ֖ישׁ בְּטֶ֣רֶם
אֶת־רֵעֵ֑הוּ וַיֹּ֙אמֶר֙ אַל־יִוָּדַ֔ע כִּי־בָ֥אָה הָאִשָּׁ֖ה הַגֹּֽרֶן׃ וַיֹּ֗אמֶר הָ֠בִי
הַמִּטְפַּ֨חַת אֲשֶׁר־עָלַ֧יִךְ וְאֶֽחֳזִי־בָ֛הּ וַתֹּ֣אחֶז בָּ֑הּ וַיָּ֤מָד שֵׁשׁ־שְׂעֹרִים֙
וַיָּ֣שֶׁת עָלֶ֔יהָ וַיָּבֹ֖א הָעִֽיר׃ וַתָּבוֹא֙ אֶל־חֲמוֹתָ֔הּ וַתֹּ֖אמֶר מִי־אַ֣תְּ
בִּתִּ֑י וַתַּ֨גֶּד־לָ֔הּ אֵ֛ת כָּל־אֲשֶׁ֥ר עָֽשָׂה־לָ֖הּ הָאִֽישׁ׃ וַתֹּ֕אמֶר שֵׁשׁ־
הַשְּׂעֹרִ֥ים הָאֵ֖לֶּה נָ֣תַן לִ֑י כִּ֚י אָמַ֣ר אַל־תָּב֥וֹאִי רֵיקָ֖ם אֶל־ אֵלַ֔י
חֲמוֹתֵֽךְ׃ וַתֹּ֙אמֶר֙ שְׁבִ֣י בִתִּ֔י עַ֚ד אֲשֶׁ֣ר תֵּֽדְעִ֔ין אֵ֖יךְ יִפֹּ֣ל דָּבָ֑ר כִּ֣י
ד לֹ֤א יִשְׁקֹט֙ הָאִ֔ישׁ כִּֽי־אִם־כִּלָּ֥ה הַדָּבָ֖ר הַיּֽוֹם׃ וּבֹ֨עַז עָלָ֣ה הַשַּׁ֘עַר֒
וַיֵּ֣שֶׁב שָׁם֒ וְהִנֵּ֨ה הַגֹּאֵ֤ל עֹבֵר֙ אֲשֶׁ֣ר דִּבֶּר־בֹּ֔עַז וַיֹּ֛אמֶר ס֥וּרָה שְׁבָה־
פֹּ֖ה פְּלֹנִ֣י אַלְמֹנִ֑י וַיָּ֖סַר וַיֵּשֵֽׁב׃ וַיִּקַּ֗ח עֲשָׂרָ֧ה אֲנָשִׁ֛ים מִזִּקְנֵ֥י הָעִ֖יר
וַיֹּ֣אמֶר שְׁבוּ־פֹ֑ה וַיֵּשֵֽׁבוּ׃ וַיֹּ֙אמֶר֙ לַגֹּאֵ֔ל חֶלְקַת֙ הַשָּׂדֶ֔ה אֲשֶׁ֥ר
לְאָחִ֖ינוּ לֶאֱלִימֶ֑לֶךְ מָֽכְרָ֣ה נָעֳמִ֔י הַשָּׁ֖בָה מִשְּׂדֵ֥ה מוֹאָֽב׃ וַאֲנִ֨י
אָמַ֜רְתִּי אֶגְלֶ֧ה אָזְנְךָ֣ לֵאמֹ֗ר קְ֠נֵה נֶ֥גֶד הַיֹּשְׁבִים֮ וְנֶ֣גֶד זִקְנֵ֣י עַמִּי֒
אִם־תִּגְאַל֙ גְּאָ֔ל וְאִם־לֹ֨א יִגְאַ֜ל הַגִּ֣ידָה לִּ֗י וְאֵדְעָ֙ כִּ֣י אֵ֤ין זוּלָֽתְךָ֙
לִגְא֔וֹל וְאָנֹכִ֖י אַחֲרֶ֑יךָ וַיֹּ֖אמֶר אָנֹכִ֥י אֶגְאָֽל׃ וַיֹּ֣אמֶר בֹּ֔עַז בְּיוֹם־
קְנוֹתְךָ֥ הַשָּׂדֶ֖ה מִיַּ֣ד נָעֳמִ֑י וּמֵאֵ֨ת ר֤וּת הַמּוֹאֲבִיָּה֙ אֵֽשֶׁת־הַמֵּת֙
קניתי לְהָקִ֥ים שֵׁם־הַמֵּ֖ת עַל־נַחֲלָתֽוֹ׃ וַיֹּ֣אמֶר הַגֹּאֵ֗ל לֹ֤א אוּכַל֙ קָנִ֫יתָ
לגאול־לִ֔י פֶּן־אַשְׁחִ֖ית אֶת־נַחֲלָתִ֑י גְּאַל־לְךָ֤ אַתָּה֙ אֶת־גְּאֻלָּתִ֔י לִגְאָל־
כִּ֥י לֹא־אוּכַ֖ל לִגְאֹֽל׃ וְזֹאת֩ לְפָנִ֨ים בְּיִשְׂרָאֵ֜ל עַל־הַגְּאוּלָּ֤ה וְעַל־

הַתְּמוּרָה֙ לְקַיֵּ֣ם כׇּל־דָּבָ֔ר שָׁלַ֥ף אִ֛ישׁ נַעֲל֖וֹ וְנָתַ֣ן לְרֵעֵ֑הוּ וְזֹ֥את הַתְּעוּדָ֖ה בְּיִשְׂרָאֵֽל׃ וַיֹּ֧אמֶר הַגֹּאֵ֛ל לְבֹ֖עַז קְנֵה־לָ֑ךְ וַיִּשְׁלֹ֖ף נַעֲלֽוֹ׃ וַיֹּאמֶר֩ בֹּ֨עַז לַזְּקֵנִ֜ים וְכׇל־הָעָ֗ם עֵדִ֤ים אַתֶּם֙ הַיּ֔וֹם כִּ֤י קָנִ֙יתִי֙ אֶת־כׇּל־אֲשֶׁ֣ר לֶֽאֱלִימֶ֔לֶךְ וְאֵ֛ת כׇּל־אֲשֶׁ֥ר לְכִלְי֖וֹן וּמַחְל֑וֹן מִיַּ֖ד נׇעֳמִֽי׃ וְגַ֣ם אֶת־ר֣וּת הַמֹּאֲבִיָּה֩ אֵ֨שֶׁת מַחְל֜וֹן קָנִ֧יתִי לִ֣י לְאִשָּׁ֗ה לְהָקִ֤ים שֵׁם־הַמֵּת֙ עַל־נַ֣חֲלָת֔וֹ וְלֹֽא־יִכָּרֵ֧ת שֵׁם־הַמֵּ֛ת מֵעִ֥ם אֶחָ֖יו וּמִשַּׁ֣עַר מְקוֹמ֑וֹ עֵדִ֥ים אַתֶּ֖ם הַיּֽוֹם׃ וַיֹּ֨אמְר֜וּ כׇּל־הָעָ֧ם אֲשֶׁר־בַּשַּׁ֛עַר וְהַזְּקֵנִ֖ים עֵדִ֑ים יִתֵּן֩ יְהֹוָ֨ה אֶֽת־הָאִשָּׁ֜ה הַבָּאָ֣ה אֶל־בֵּיתֶ֗ךָ כְּרָחֵ֤ל ׀ וּכְלֵאָה֙ אֲשֶׁ֨ר בָּנ֤וּ שְׁתֵּיהֶם֙ אֶת־בֵּ֣ית יִשְׂרָאֵ֔ל וַעֲשֵׂה־חַ֣יִל בְּאֶפְרָ֔תָה וּקְרָא־שֵׁ֖ם בְּבֵ֥ית לָֽחֶם׃ וִיהִ֤י בֵֽיתְךָ֙ כְּבֵ֣ית פֶּ֔רֶץ אֲשֶׁר־יָלְדָ֥ה תָמָ֖ר לִיהוּדָ֑ה מִן־הַזֶּ֗רַע אֲשֶׁ֨ר יִתֵּ֤ן יְהֹוָה֙ לְךָ֔ מִן־הַנַּעֲרָ֖ה הַזֹּֽאת׃ וַיִּקַּ֨ח בֹּ֤עַז אֶת־רוּת֙ וַתְּהִי־ל֣וֹ לְאִשָּׁ֔ה וַיָּבֹ֖א אֵלֶ֑יהָ וַיִּתֵּ֨ן יְהֹוָ֥ה לָ֛הּ הֵרָי֖וֹן וַתֵּ֥לֶד בֵּֽן׃ וַתֹּאמַ֤רְנָה הַנָּשִׁים֙ אֶֽל־נׇעֳמִ֔י בָּר֣וּךְ יְהֹוָ֔ה אֲשֶׁ֨ר לֹ֣א הִשְׁבִּ֥ית לָ֛ךְ גֹּאֵ֖ל הַיּ֑וֹם וְיִקָּרֵ֥א שְׁמ֖וֹ בְּיִשְׂרָאֵֽל׃ וְהָ֤יָה לָךְ֙ לְמֵשִׁ֣יב נֶ֔פֶשׁ וּלְכַלְכֵּ֖ל אֶת־שֵׂיבָתֵ֑ךְ כִּ֣י כַלָּתֵ֣ךְ אֲשֶׁר־אֲהֵבַ֣תֶךְ יְלָדַ֔תּוּ אֲשֶׁר־הִיא֙ ט֣וֹבָה לָ֔ךְ מִשִּׁבְעָ֖ה בָּנִֽים׃ וַתִּקַּ֨ח נׇעֳמִ֤י אֶת־הַיֶּ֙לֶד֙ וַתְּשִׁתֵ֣הוּ בְחֵיקָ֔הּ וַתְּהִי־ל֖וֹ לְאֹמֶֽנֶת׃ וַתִּקְרֶאנָה֩ ל֨וֹ הַשְּׁכֵנ֥וֹת שֵׁם֙ לֵאמֹ֔ר יֻלַּד־בֵּ֖ן לְנׇעֳמִ֑י וַתִּקְרֶ֤אנָֽה שְׁמוֹ֙ עוֹבֵ֔ד ה֥וּא אֲבִי־יִשַׁ֖י אֲבִ֥י דָוִֽד׃

וְאֵ֙לֶּה֙ תּוֹלְד֣וֹת פָּ֔רֶץ פֶּ֖רֶץ הוֹלִ֥יד אֶת־חֶצְרֽוֹן׃ וְחֶצְרוֹן֙ הוֹלִ֣יד אֶת־רָ֔ם וְרָ֖ם הוֹלִ֥יד אֶת־עַמִּֽינָדָֽב׃ וְעַמִּֽינָדָב֙ הוֹלִ֣יד אֶת־נַחְשׁ֔וֹן וְנַחְשׁ֖וֹן הוֹלִ֥יד אֶת־שַׂלְמָֽה׃ וְשַׂלְמוֹן֙ הוֹלִ֣יד אֶת־בֹּ֔עַז וּבֹ֖עַז הוֹלִ֥יד אֶת־עוֹבֵֽד׃ וְעֹבֵד֙ הוֹלִ֣יד אֶת־יִשָׁ֔י וְיִשַׁ֖י הוֹלִ֥יד אֶת־דָּוִֽד׃

קדיש יתום

אם יש מניין, האבלים עומדים ואומרים קדיש יתום.

אבל: **יִתְגַּדַּל וְיִתְקַדַּשׁ שְׁמֵהּ רַבָּא** (קהל: אָמֵן)

בְּעָלְמָא דִּי בְרָא כִרְעוּתֵהּ

וְיַמְלִיךְ מַלְכוּתֵהּ

בְּחַיֵּיכוֹן וּבְיוֹמֵיכוֹן וּבְחַיֵּי דְכָל בֵּית יִשְׂרָאֵל

בַּעֲגָלָא וּבִזְמַן קָרִיב

וְאִמְרוּ אָמֵן. (קהל: אָמֵן)

קהל ואבל: **יְהֵא שְׁמֵהּ רַבָּא מְבָרַךְ לְעָלַם וּלְעָלְמֵי עָלְמַיָּא.**

אבל: **יִתְבָּרַךְ וְיִשְׁתַּבַּח וְיִתְפָּאַר וְיִתְרוֹמַם וְיִתְנַשֵּׂא**

וְיִתְהַדָּר וְיִתְעַלֶּה וְיִתְהַלָּל

שְׁמֵהּ דְּקֻדְשָׁא בְּרִיךְ הוּא (קהל: בְּרִיךְ הוּא)

לְעֵלָּא מִן כָּל בִּרְכָתָא וְשִׁירָתָא, תֻּשְׁבְּחָתָא וְנֶחֱמָתָא

דַּאֲמִירָן בְּעָלְמָא

וְאִמְרוּ אָמֵן. (קהל: אָמֵן)

יְהֵא שְׁלָמָא רַבָּא מִן שְׁמַיָּא

וְחַיִּים, עָלֵינוּ וְעַל כָּל יִשְׂרָאֵל

וְאִמְרוּ אָמֵן. (קהל: אָמֵן)

כורע ופוסע שלוש פסיעות לאחור. קד לשמאל, לימין ולפנים באמירת:

עֹשֶׂה שָׁלוֹם בִּמְרוֹמָיו

הוּא יַעֲשֶׂה שָׁלוֹם עָלֵינוּ וְעַל כָּל יִשְׂרָאֵל

וְאִמְרוּ אָמֵן. (קהל: אָמֵן)

הוצאת ספר תורה

לפני קריאת התורה אומרים (׳אור זרוע׳ ח״ב, מב):

תהלים פו אֵין־כָּמְוֹךָ בָאֱלֹהִים, אֲדֹנָי, וְאֵין כְּמַעֲשֶׂיךָ:
תהלים קמה מַלְכוּתְךָ מַלְכוּת כָּל־עֹלָמִים, וּמֶמְשַׁלְתְּךָ בְּכָל־דּוֹר וָדֹר:
יהוה מֶלֶךְ, יהוה מָלָךְ, יהוה יִמְלֹךְ לְעֹלָם וָעֶד.
תהלים כט יהוה עֹז לְעַמּוֹ יִתֵּן, יהוה יְבָרֵךְ אֶת־עַמּוֹ בַשָּׁלוֹם:

תהלים נא אַב הָרַחֲמִים, הֵיטִיבָה בִרְצוֹנְךָ אֶת־צִיּוֹן תִּבְנֶה חוֹמוֹת יְרוּשָׁלָםִ:
כִּי בְךָ לְבַד בָּטָחְנוּ, מֶלֶךְ אֵל רָם וְנִשָּׂא, אֲדוֹן עוֹלָמִים.

פותחים את ארון הקודש. הקהל עומד על רגליו.

במדבר י וַיְהִי בִּנְסֹעַ הָאָרֹן וַיֹּאמֶר מֹשֶׁה
קוּמָה יהוה וְיָפֻצוּ אֹיְבֶיךָ וְיָנֻסוּ מְשַׂנְאֶיךָ מִפָּנֶיךָ:
ישעיה ב כִּי מִצִּיּוֹן תֵּצֵא תוֹרָה וּדְבַר־יהוה מִירוּשָׁלָםִ:
בָּרוּךְ שֶׁנָּתַן תּוֹרָה לְעַמּוֹ יִשְׂרָאֵל בִּקְדֻשָּׁתוֹ.

ביום טוב נוהגים לומר שלוש עשרה מידות (פרי עץ חיים),
אחריהן תפילות אלו (שערי ציון) ואחר כך ׳בְּרִיךְ שְׁמֵהּ׳.

אומרים שלוש פעמים:

שמות לד יהוה, יהוה, אֵל רַחוּם וְחַנּוּן, אֶרֶךְ אַפַּיִם וְרַב־חֶסֶד וֶאֱמֶת:
נֹצֵר חֶסֶד לָאֲלָפִים, נֹשֵׂא עָוֹן וָפֶשַׁע וְחַטָּאָה, וְנַקֵּה:

רִבּוֹנוֹ שֶׁל עוֹלָם, מַלֵּא מִשְׁאֲלוֹת לִבִּי לְטוֹבָה, וְהָפֵק רְצוֹנִי וְתֵן שְׁאֵלָתִי, וְזַכֵּה לִי (פלוני/ת) בֶּן/בַּת פלוני) (וְאִשְׁתִּי/בַּעְלִי וּבָנַי וּבְנוֹתַי) וְכָל בְּנֵי בֵיתִי, לַעֲשׂוֹת רְצוֹנְךָ בְּלֵבָב שָׁלֵם, וּמַלְּטֵנוּ מִיֵּצֶר הָרָע, וְתֵן חֶלְקֵנוּ בְּתוֹרָתֶךָ, וְזַכֵּנוּ שֶׁתִּשְׁרֶה שְׁכִינָתְךָ עָלֵינוּ, וְהוֹפַע עָלֵינוּ רוּחַ חָכְמָה וּבִינָה. וְיִתְקַיֵּם בָּנוּ מִקְרָא שֶׁכָּתוּב:
ישעיה יא וְנָחָה עָלָיו רוּחַ יהוה, רוּחַ חָכְמָה וּבִינָה, רוּחַ עֵצָה וּגְבוּרָה, רוּחַ דַּעַת וְיִרְאַת יהוה: וּבְכֵן יְהִי רָצוֹן מִלְּפָנֶיךָ יהוה אֱלֹהֵינוּ וֵאלֹהֵי אֲבוֹתֵינוּ, שֶׁתְּזַכֵּנוּ לַעֲשׂוֹת מַעֲשִׂים טוֹבִים בְּעֵינֶיךָ וְלָלֶכֶת בְּדַרְכֵי יְשָׁרִים לְפָנֶיךָ, וְקַדְּשֵׁנוּ בִּקְדֻשָּׁתֶךָ כְּדֵי שֶׁנִּזְכֶּה לְחַיִּים טוֹבִים וַאֲרוּכִים וּלְחַיֵּי הָעוֹלָם הַבָּא, וְתִשְׁמְרֵנוּ מִמַּעֲשִׂים

רָעִים וּמִשָּׁעוֹת רָעוֹת הַמִּתְרַגְּשׁוֹת לָבוֹא לָעוֹלָם, וְהַבּוֹטֵחַ בַּיהוה חֶסֶד יְסוֹבְבֶנּוּ: אָמֵן. תהלים לב

יִהְיוּ לְרָצוֹן אִמְרֵי־פִי וְהֶגְיוֹן לִבִּי לְפָנֶיךָ, יהוה צוּרִי וְגֹאֲלִי: תהלים יט

אומרים שלוש פעמים:

וַאֲנִי תְפִלָּתִי־לְךָ יהוה, עֵת רָצוֹן, אֱלֹהִים בְּרָב־חַסְדֶּךָ
עֲנֵנִי בֶּאֱמֶת יִשְׁעֶךָ: תהלים סט

בְּרִיךְ שְׁמֵהּ דְּמָרֵא עָלְמָא, בְּרִיךְ כִּתְרָךְ וְאַתְרָךְ. יְהֵא רְעוּתָךְ עִם עַמָּךְ יִשְׂרָאֵל לְעָלַם, וּפֻרְקַן יְמִינָךְ אַחֲזִי לְעַמָּךְ בְּבֵית מַקְדְּשָׁךְ, וּלְאַמְטוּיֵי לָנָא מִטּוּב נְהוֹרָךְ, וּלְקַבֵּל צְלוֹתַנָא בְּרַחֲמִין. יְהֵא רַעֲוָא קֳדָמָךְ דְּתוֹרִיךְ לַן חַיִּין בְּטִיבוּ, וְלֶהֱוֵי אֲנָא פְקִידָא בְּגוֹ צַדִּיקַיָּא, לְמִרְחַם עֲלַי וּלְמִנְטַר יָתִי וְיַת כָּל דִּי לִי וְדִי לְעַמָּךְ יִשְׂרָאֵל. אַנְתְּ הוּא זָן לְכֹלָּא וּמְפַרְנֵס לְכֹלָּא, אַנְתְּ הוּא שַׁלִּיט עַל כֹּלָּא, אַנְתְּ הוּא דְּשַׁלִּיט עַל מַלְכַיָּא, וּמַלְכוּתָא דִּילָךְ הִיא. אֲנָא עַבְדָּא דְקֻדְשָׁא בְּרִיךְ הוּא, דְּסָגֵדְנָא קַמֵּהּ וּמִקַּמֵּי דִּיקַר אוֹרַיְתֵהּ בְּכָל עִדָּן וְעִדָּן. לָא עַל אֱנָשׁ רָחִיצְנָא וְלָא עַל בַּר אֱלָהִין סָמִיכְנָא, אֶלָּא בֶּאֱלָהָא דִשְׁמַיָּא, דְּהוּא אֱלָהָא קְשׁוֹט, וְאוֹרַיְתֵהּ קְשׁוֹט, וּנְבִיאוֹהִי קְשׁוֹט, וּמַסְגֵּא לְמֶעְבַּד טָבְוָן וּקְשׁוֹט. ‹ בֵּהּ אֲנָא רָחִיץ, וְלִשְׁמֵהּ קַדִּישָׁא יַקִּירָא אֲנָא אֵמַר תֻּשְׁבְּחָן. יְהֵא רַעֲוָא קֳדָמָךְ דְּתִפְתַּח לִבַּאי בְּאוֹרַיְתָא, וְתַשְׁלִים מִשְׁאֲלִין דְּלִבַּאי וְלִבָּא דְכָל עַמָּךְ יִשְׂרָאֵל לְטָב וּלְחַיִּין וְלִשְׁלָם. זוהר ויקהל

תרגום

ברוך שמו של אדון העולם, ברוך כתרך ומקומך. יהי רצונך עם עמך ישראל לעולם, וישועת ימינך הראה לעמך בבית מקדשך, ולהביא לנו מטוב אורך, ולקבל תפילותינו ברחמים. יהי רצון מלפניך שתאריך לנו חיים בטוב, ואהיה אני נמנה בתוך הצדיקים, לרחם עלי ולשמור אותי ואת כל אשר לי ואשר לעמך ישראל. אתה הוא זן לכול ומפרנס לכול, אתה הוא שליט על הכול, אתה הוא השליט על המלכים, והמלכות שלך היא. אני עבדו של הקדוש ברוך הוא, משתחוה לפניו ולפני כבוד תורתו בכל עת ועת. לא על אדם אני בטוח ולא על מלאך אני סמוך, אלא באלהי השמים, שהוא אלהים אמת, ותורתו אמת, ונביאיו אמת, ומרבה לעשות חסד ואמת. בו אני בטוח, ולשמו הקדוש הנכבד אני אומר תשבחות. יהי רצון מלפניך שתפתח לבי בתורה, ותמלא משאלות לבי ולב כל עמך ישראל לטובה ולחיים ולשלום.

שליח הציבור מקבל את ספר התורה בימינו, פונה לקהל ואומר ׳שְׁמַע יִשְׂרָאֵל׳ (מסכת סופרים פי״ד), ואחריו הקהל.

שְׁמַע יִשְׂרָאֵל, יהוה אֱלֹהֵינוּ, יהוה אֶחָד: דברים ו

שליח הציבור ואחריו הקהל:

אֶחָד אֱלֹהֵינוּ, גָּדוֹל אֲדוֹנֵינוּ, קָדוֹשׁ שְׁמוֹ.

שליח הציבור פונה לעבר ארון הקודש, קד, מגביה את ספר התורה ואומר (משנ״ב קלד, יג על פי מסכת סופרים):

גַּדְּלוּ לַיהוה אִתִּי וּנְרוֹמְמָה שְׁמוֹ יַחְדָּו: תהלים לד

סוגרים את ארון הקודש. שליח הציבור הולך אל הבימה, והקהל אומר:

לְךָ יהוה הַגְּדֻלָּה וְהַגְּבוּרָה וְהַתִּפְאֶרֶת וְהַנֵּצַח וְהַהוֹד, כִּי־כֹל בַּשָּׁמַיִם וּבָאָרֶץ, לְךָ יהוה הַמַּמְלָכָה וְהַמִּתְנַשֵּׂא לְכֹל לְרֹאשׁ: דברי הימים א׳ כט

רוֹמְמוּ יהוה אֱלֹהֵינוּ וְהִשְׁתַּחֲווּ לַהֲדֹם רַגְלָיו, קָדוֹשׁ הוּא: רוֹמְמוּ יהוה אֱלֹהֵינוּ וְהִשְׁתַּחֲווּ לְהַר קָדְשׁוֹ, כִּי־קָדוֹשׁ יהוה אֱלֹהֵינוּ: תהלים צט

הקהל אומר בלחש (מחזור ויטרי, קסה):

עַל הַכֹּל יִתְגַּדַּל וְיִתְקַדַּשׁ וְיִשְׁתַּבַּח וְיִתְפָּאַר וְיִתְרוֹמַם וְיִתְנַשֵּׂא שְׁמוֹ שֶׁל מֶלֶךְ מַלְכֵי הַמְּלָכִים הַקָּדוֹשׁ בָּרוּךְ הוּא בָּעוֹלָמוֹת שֶׁבָּרָא, הָעוֹלָם הַזֶּה וְהָעוֹלָם הַבָּא, כִּרְצוֹנוֹ וְכִרְצוֹן יְרֵאָיו וְכִרְצוֹן כָּל בֵּית יִשְׂרָאֵל. צוּר הָעוֹלָמִים, אֲדוֹן כָּל הַבְּרִיּוֹת, אֱלוֹהַּ כָּל הַנְּפָשׁוֹת, הַיּוֹשֵׁב בְּמֶרְחֲבֵי מָרוֹם, הַשּׁוֹכֵן בִּשְׁמֵי שְׁמֵי קֶדֶם, קְדֻשָּׁתוֹ עַל הַחַיּוֹת, וּקְדֻשָּׁתוֹ עַל כִּסֵּא הַכָּבוֹד. וּבְכֵן יִתְקַדַּשׁ שִׁמְךָ בָּנוּ יהוה אֱלֹהֵינוּ לְעֵינֵי כָּל חָי, וְנֹאמַר לְפָנָיו שִׁיר חָדָשׁ, כַּכָּתוּב:
שִׁירוּ לֵאלֹהִים זַמְּרוּ שְׁמוֹ, סֹלּוּ לָרֹכֵב בָּעֲרָבוֹת, בְּיָהּ שְׁמוֹ, וְעִלְזוּ לְפָנָיו: תהלים סח
וְנִרְאֵהוּ עַיִן בְּעַיִן בְּשׁוּבוֹ אֶל נָוֵהוּ, כַּכָּתוּב: כִּי עַיִן בְּעַיִן יִרְאוּ בְּשׁוּב יהוה ישעיה נב
צִיּוֹן: וְנֶאֱמַר: וְנִגְלָה כְּבוֹד יהוה, וְרָאוּ כָל־בָּשָׂר יַחְדָּו כִּי פִּי יהוה דִּבֵּר: ישעיה מ

אַב הָרַחֲמִים הוּא יְרַחֵם עַם עֲמוּסִים, וְיִזְכֹּר בְּרִית אֵיתָנִים, וְיַצִּיל נַפְשׁוֹתֵינוּ מִן הַשָּׁעוֹת הָרָעוֹת, וְיִגְעַר בְּיֵצֶר הָרָע מִן הַנְּשׂוּאִים, וְיָחֹן אוֹתָנוּ לִפְלֵיטַת עוֹלָמִים, וִימַלֵּא מִשְׁאֲלוֹתֵינוּ בְּמִדָּה טוֹבָה יְשׁוּעָה וְרַחֲמִים.

מניח את ספר התורה על הבימה, והגבאי מכריז (מחזור ויטרי):

וְיַעֲזֹר וְיָגֵן וְיוֹשִׁיעַ לְכָל הַחוֹסִים בּוֹ, וְנֹאמַר אָמֵן. הַכֹּל הָבוּ גֹדֶל לֵאלֹהֵינוּ וּתְנוּ כָבוֹד לַתּוֹרָה. *כֹּהֵן קְרָב, יַעֲמֹד (פלוני בֶּן פלוני) **הַכֹּהֵן.**

*אם אין כוהן, הגבאי קורא ללוי או לישראל ואומר:

/**אֵין כָּאן כֹּהֵן, יַעֲמֹד** (פלוני בֶּן פלוני) **בִּמְקוֹם כֹּהֵן.**/

בָּרוּךְ שֶׁנָּתַן תּוֹרָה לְעַמּוֹ יִשְׂרָאֵל בִּקְדֻשָּׁתוֹ.

הקהל ואחריו הגבאי:

וְאַתֶּם הַדְּבֵקִים בַּיהוה אֱלֹהֵיכֶם חַיִּים כֻּלְּכֶם הַיּוֹם: דברים ד

קריאת התורה בעמ׳ 213.

ביום טוב שני של שבועות החל בשבת, קוראים ׳עַשֵּׂר תְּעַשֵּׂר׳ בעמ׳ 470, ואם חל ביום חול, מתחילים ׳כָּל־הַבְּכוֹר׳ בעמ׳ 472.

קודם הברכה על העולה לראות היכן קוראים ולנשק את ספר התורה.
בשעת הברכה אוחז בעמודי הספר.

עולה: **בָּרְכוּ אֶת יהוה הַמְבֹרָךְ.**

קהל: בָּרוּךְ יהוה הַמְבֹרָךְ לְעוֹלָם וָעֶד.

עולה: **בָּרוּךְ יהוה הַמְבֹרָךְ לְעוֹלָם וָעֶד.**

בָּרוּךְ אַתָּה יהוה, אֱלֹהֵינוּ מֶלֶךְ הָעוֹלָם
אֲשֶׁר בָּחַר בָּנוּ מִכָּל הָעַמִּים, וְנָתַן לָנוּ אֶת תּוֹרָתוֹ.
בָּרוּךְ אַתָּה יהוה, נוֹתֵן הַתּוֹרָה.

לאחר הקריאה העולה מנשק את ספר התורה ומברך:

עולה: **בָּרוּךְ אַתָּה יהוה אֱלֹהֵינוּ מֶלֶךְ הָעוֹלָם**
אֲשֶׁר נָתַן לָנוּ תּוֹרַת אֱמֶת
וְחַיֵּי עוֹלָם נָטַע בְּתוֹכֵנוּ.
בָּרוּךְ אַתָּה יהוה, נוֹתֵן הַתּוֹרָה.

מי שהיה בסכנה וניצל ממנה, מברך 'הַגּוֹמֵל':

בָּרוּךְ אַתָּה יהוה אֱלֹהֵינוּ מֶלֶךְ הָעוֹלָם הַגּוֹמֵל לְחַיָּבִים טוֹבוֹת שֶׁגְּמָלַנִי כָּל טוֹב.

הקהל עונה:

אָמֵן. מִי שֶׁגְּמָלְךָ כָּל טוֹב הוּא יִגְמָלְךָ כָּל טוֹב, סֶלָה.

כאשר נער עולה לתורה בפעם הראשונה
במלאות לו שלוש עשרה שנה, אביו מברך:

בָּרוּךְ שֶׁפְּטָרַנִי מֵעָנְשׁוֹ שֶׁלָּזֶה.

מי שבירך לעולה לתורה

מִי שֶׁבֵּרַךְ אֲבוֹתֵינוּ אַבְרָהָם יִצְחָק וְיַעֲקֹב, הוּא יְבָרֵךְ אֶת (פלוני בֶּן פלוני), בַּעֲבוּר שֶׁעָלָה לִכְבוֹד הַמָּקוֹם וְלִכְבוֹד הַתּוֹרָה וְלִכְבוֹד הָרֶגֶל. בִּשְׂכַר זֶה הַקָּדוֹשׁ בָּרוּךְ הוּא יִשְׁמְרֵהוּ וְיַצִּילֵהוּ מִכָּל צָרָה וְצוּקָה וּמִכָּל נֶגַע וּמַחֲלָה, וְיִשְׁלַח בְּרָכָה וְהַצְלָחָה בְּכָל מַעֲשֵׂה יָדָיו וְיִזְכֶּה לַעֲלוֹת לָרֶגֶל עִם כָּל יִשְׂרָאֵל אֶחָיו, וְנֹאמַר אָמֵן.

מי שבירך לחולֶה

מִי שֶׁבֵּרַךְ אֲבוֹתֵינוּ אַבְרָהָם יִצְחָק וְיַעֲקֹב, מֹשֶׁה וְאַהֲרֹן דָּוִד וּשְׁלֹמֹה הוּא יְבָרֵךְ וִירַפֵּא אֶת הַחוֹלֶה (פלוני בֶּן פלונית) בַּעֲבוּר שֶׁ(פלוני בֶּן פלוני) נוֹדֵר צְדָקָה בַּעֲבוּרוֹ. בִּשְׂכַר זֶה הַקָּדוֹשׁ בָּרוּךְ הוּא יִמָּלֵא רַחֲמִים עָלָיו לְהַחֲלִימוֹ וּלְרַפְּאוֹתוֹ וּלְהַחֲזִיקוֹ וּלְהַחֲיוֹתוֹ וְיִשְׁלַח לוֹ מְהֵרָה רְפוּאָה שְׁלֵמָה מִן הַשָּׁמַיִם לִרְמַ״ח אֵבָרָיו וּשְׁסָ״ה גִּידָיו בְּתוֹךְ שְׁאָר חוֹלֵי יִשְׂרָאֵל, רְפוּאַת הַנֶּפֶשׁ וּרְפוּאַת הַגּוּף. יוֹם טוֹב הוּא מִלִּזְעֹק וּרְפוּאָה קְרוֹבָה לָבוֹא, הַשְׁתָּא בַּעֲגָלָא וּבִזְמַן קָרִיב, וְנֹאמַר אָמֵן.

מי שבירך לחולָה

מִי שֶׁבֵּרַךְ אֲבוֹתֵינוּ אַבְרָהָם יִצְחָק וְיַעֲקֹב, מֹשֶׁה וְאַהֲרֹן דָּוִד וּשְׁלֹמֹה הוּא יְבָרֵךְ וִירַפֵּא אֶת הַחוֹלָה (פלונית בַּת פלונית) בַּעֲבוּר שֶׁ(פלוני בֶּן פלוני) נוֹדֵר צְדָקָה בַּעֲבוּרָהּ. בִּשְׂכַר זֶה הַקָּדוֹשׁ בָּרוּךְ הוּא יִמָּלֵא רַחֲמִים עָלֶיהָ לְהַחֲלִימָהּ וּלְרַפְּאוֹתָהּ וּלְהַחֲזִיקָהּ וּלְהַחֲיוֹתָהּ וְיִשְׁלַח לָהּ מְהֵרָה רְפוּאָה

שְׁלֵמָה מִן הַשָּׁמַיִם לְכָל אֵבָרֶיהָ וּלְכָל גִּידֶיהָ בְּתוֹךְ שְׁאָר חוֹלֵי יִשְׂרָאֵל, רְפוּאַת הַנֶּפֶשׁ וּרְפוּאַת הַגּוּף. יוֹם טוֹב הוּא מִלִּזְעֹק וּרְפוּאָה קְרוֹבָה לָבוֹא, הַשְׁתָּא בַּעֲגָלָא וּבִזְמַן קָרִיב, וְנֹאמַר אָמֵן.

מי שבירך ליולדת בן

מִי שֶׁבֵּרַךְ אֲבוֹתֵינוּ אַבְרָהָם יִצְחָק וְיַעֲקֹב, מֹשֶׁה וְאַהֲרֹן דָּוִד וּשְׁלֹמֹה, שָׂרָה רִבְקָה רָחֵל וְלֵאָה הוּא יְבָרֵךְ אֶת הָאִשָּׁה הַיּוֹלֶדֶת (פלונית בַּת פלוני) וְאֶת בְּנָהּ שֶׁנּוֹלַד לָהּ לְמַזָּל טוֹב בַּעֲבוּר שֶׁבַּעְלָהּ וְאָבִיו נוֹדֵר צְדָקָה בַּעֲדָם. בִּשְׂכַר זֶה יִזְכּוּ אָבִיו וְאִמּוֹ לְהַכְנִיסוֹ בִּבְרִיתוֹ שֶׁל אַבְרָהָם אָבִינוּ וּלְגַדְּלוֹ לְתוֹרָה וּלְחֻפָּה וּלְמַעֲשִׂים טוֹבִים, וְנֹאמַר אָמֵן.

מי שבירך ליולדת בת

מִי שֶׁבֵּרַךְ אֲבוֹתֵינוּ אַבְרָהָם יִצְחָק וְיַעֲקֹב, מֹשֶׁה וְאַהֲרֹן דָּוִד וּשְׁלֹמֹה, שָׂרָה רִבְקָה רָחֵל וְלֵאָה הוּא יְבָרֵךְ אֶת הָאִשָּׁה הַיּוֹלֶדֶת (פלונית בַּת פלוני) וְאֶת בִּתָּהּ שֶׁנּוֹלְדָה לָהּ לְמַזָּל טוֹב וְיִקָּרֵא שְׁמָהּ בְּיִשְׂרָאֵל (פלונית בַּת פלוני), בַּעֲבוּר שֶׁבַּעְלָהּ וְאָבִיהָ נוֹדֵר צְדָקָה בַּעֲדָן. בִּשְׂכַר זֶה יִזְכּוּ אָבִיהָ וְאִמָּהּ לְגַדְּלָהּ לְתוֹרָה וּלְחֻפָּה וּלְמַעֲשִׂים טוֹבִים, וְנֹאמַר אָמֵן.

מי שבירך לבר מצווה

מִי שֶׁבֵּרַךְ אֲבוֹתֵינוּ אַבְרָהָם יִצְחָק וְיַעֲקֹב הוּא יְבָרֵךְ אֶת (פלוני בֶּן פלוני) שֶׁמָּלְאוּ לוֹ שְׁלֹשׁ עֶשְׂרֵה שָׁנָה וְהִגִּיעַ לְמִצְוֹת, וְעָלָה לַתּוֹרָה, לָתֵת שֶׁבַח וְהוֹדָיָה לְהַשֵּׁם יִתְבָּרַךְ עַל כָּל הַטּוֹבָה שֶׁגָּמַל אִתּוֹ. יִשְׁמְרֵהוּ הַקָּדוֹשׁ בָּרוּךְ הוּא וִיחַיֵּהוּ, וִיכוֹנֵן אֶת לִבּוֹ לִהְיוֹת שָׁלֵם עִם יהוה וְלָלֶכֶת בִּדְרָכָיו וְלִשְׁמֹר מִצְוֹתָיו כָּל הַיָּמִים, וְנֹאמַר אָמֵן.

מי שבירך לבת מצווה

מִי שֶׁבֵּרַךְ אֲבוֹתֵינוּ אַבְרָהָם יִצְחָק וְיַעֲקֹב, שָׂרָה רִבְקָה רָחֵל וְלֵאָה, הוּא יְבָרֵךְ אֶת (פלונית בַּת פלוני) שֶׁמָּלְאוּ לָהּ שְׁתֵּים עֶשְׂרֵה שָׁנָה וְהִגִּיעָה לְמִצְוֹת, וְנוֹתֶנֶת שֶׁבַח וְהוֹדָיָה לְהַשֵּׁם יִתְבָּרַךְ עַל כָּל הַטּוֹבָה שֶׁגָּמַל אִתָּהּ. יִשְׁמְרֶהָ הַקָּדוֹשׁ בָּרוּךְ הוּא וִיחַיֶּהָ, וִיכוֹנֵן אֶת לִבָּהּ לִהְיוֹת שָׁלֵם עִם יהוה וְלָלֶכֶת בִּדְרָכָיו וְלִשְׁמֹר מִצְוֹתָיו כָּל הַיָּמִים, וְנֹאמַר אָמֵן.

אקדמות

אחרי שקראו לעולה הראשון וקודם שהתחיל את ברכת התורה (ט״ז, תצד, א), אומרים:

ש״ץ: אַקְדָּמוּת מִלִּין וְשָׁרָיוּת שׁוּתָא
אַוְלָא שָׁקֵלְנָא הַרְמָן וּרְשׁוּתָא.

קהל: בְּבָבֵי תְרֵי וּתְלָת דְּאֶפְתַּח בְּנַקְשׁוּתָא
בְּבָרֵי דְבָרֵי וְטָרֵי עֲדֵי לְקַשִּׁישׁוּתָא.

ש״ץ: גְּבוּרָן עָלְמִין לֵהּ, וְלָא סָפֵק פְּרִישׁוּתָא
גְּוִיל אִלּוּ רְקִיעֵי, קְנֵי כָּל חֻרְשָׁתָא.

קהל: דְּיוֹ אִלּוּ יַמֵּי וְכָל מֵי כְנִישׁוּתָא
דָּיְרֵי אַרְעָא סָפְרֵי וְרָשְׁמֵי רַשְׁוָתָא.

ש״ץ: הֲדַר מָרֵי שְׁמַיָּא וְשַׁלִּיט בְּיַבֶּשְׁתָּא
הֲקֵים עָלְמָא יְחִידָאי, וְכַבְשֵׁהּ בְּכַבְשׁוּתָא.

קהל: וּבְלָא לֵאוּ שַׁכְלְלֵהּ, וּבְלָא תְשָׁשׁוּתָא
וּבְאָתָא קַלִּילָא דְּלֵית בַּהּ מְשָׁשׁוּתָא.

ש״ץ: זַמֵּן כָּל עֲבִידְתֵּהּ בְּהַךְ יוֹמֵי שִׁתָּא
זְהוֹר יְקָרֵהּ עֲלִי, עֲלֵי כָּרְסְיֵהּ דְּאֶשָּׁתָא.

קהל: חֵיל אֶלֶף אַלְפִין וְרִבּוֹא לְשַׁמָּשׁוּתָא
חַדְתִּין נְבוֹט לְצַפְרִין, סַגִּיאָה טְרָשׁוּתָא.

ש״ץ: טְפֵי יְקִידִין שְׂרָפִין, כְּלוּל גַּפֵּי שִׁתָּא
טְעֵם עַד יִתְיְהֵב לְהוֹן, שְׁתִיקִין בְּאַדִּישְׁתָּא.

קהל: יְקַבְּלוּן דֵּין מִן דֵּין שָׁוֵי דְּלָא בְשַׁשְׁתָּא
יְקַר מְלֵי כָל אַרְעָא לְתַלּוּתֵי קְדֻשְׁתָּא.

ש״ץ: כְּקָל מִן קֳדָם שַׁדַּי, כְּקָל מֵי נְפִישׁוּתָא
כְּרוּבִין קֳבֵל גַּלְגִּלִּין מְרוֹמְמִין בְּאַוְשָׁתָא.

קהל: לְמֶחֱזֵי בְּאַנְפָּא עֵין כְּוָת גִּירֵי קַשְׁתָּא
לְכָל אֲתַר דְּמִשְׁתַּלְּחִין, זְרִיזִין בְּאַשְׁוָתָא.

ש״ץ: מְבָרְכִין בְּרִיךְ יְקָרֵהּ בְּכָל לִשַּׁן לְחִישׁוּתָא
מֵאֲתַר בֵּית שְׁכִינְתֵּהּ, דְּלָא צְרִיךְ בְּחִישׁוּתָא.

קהל: נְהֵם כָּל חֵיל מְרוֹמָא, מְקַלְּסִין בַּחֲשַׁשְׁתָּא
נְהִירָא מַלְכוּתֵהּ לְדָר וְדָר לְאַפַּרְשְׁתָּא.

ש״ץ: סְדִירָא בְהוֹן קְדֻשְׁתָּא, וְכַד חָלְפָא שַׁעְתָּא
סִיּוּמָא דִלְעָלַם, וְאוֹף לָא לִשְׁבוּעֲתָא.

קהל: עֲדַב יְקַר אַחְסַנְתֵּהּ חֲבִיבִין, דְּבִקְבַעְתָּא
עֲבִידִין לֵהּ חֲטִיבָא בִּדְנַח וּשְׁקַעְתָּא.

ש״ץ: פְּרִישָׁן לְמָנָתֵהּ לְמֶעְבַּד לֵהּ רְעוּתָא
פְּרִישָׁתֵי שְׁבָחֵהּ יְחַוּוֹן בְּשָׁעוּתָא.

קהל: צְבֵי וְחָמֵד וְרָגֵג דְּיִלְאוּן בְּלָעוּתָא
צְלוֹתְהוֹן בְּכֵן מְקַבֵּל, וְהָנְיָא בָעוּתָא.

ש״ץ: קְטִירָא לְחַי עָלְמָא בְּתָגָא בִּשְׁבוּעֲתָא
קֳבֵל יְקַר טוֹטֶפְתָּא יְתִיבָא בִקְבִיעֲתָא.

קהל: רְשִׁימָא הִיא גּוּפָא בְּחָכְמְתָא וּבְדַעְתָּא
רְבוּתְהוֹן דְּיִשְׂרָאֵל, קָרָאֵי בִשְׁמַעְתָּא.

ש״ץ: שְׁבַח רִבּוֹן עָלְמָא, אֲמִירָא דַּכְוָתָא
שְׁפַר עֲלַי לְחַוּוֹיֵהּ בְּאַפֵּי מַלְכְּוָתָא.

קהל: תָּאִין וּמִתְכַּנְּשִׁין כְּחֵזוּ אַדְוָתָא
תְּמֵהִין וְשָׁיְלִין לֵהּ בְּעֵסֶק אָתְוָתָא.

ש״ץ: מְנָן וּמַאן הוּא רְחִימָךְ, שַׁפִּירָא בְּרֵוָתָא
אֲרוּם בְּגִינֵהּ סְפֵית מְדוֹר אַרְיָוָתָא.

קהל: יְקָרָא וְיָאֶה אַתְּ, אִין תְּעָרְבִי לְמָרְוָתָא
רְעוּתֵךְ נַעֲבֵד לִיךְ בְּכָל אַתְרְוָתָא.

ש״ץ: בְּחָכְמְתָא מְתִיבְתָּא לְהוֹן, קְצַת לְהוֹדָעוּתָא
יָדַעְתּוּן חַכְּמִין לֵהּ בְּאִשְׁתְּמוֹדָעוּתָא.

קהל: רְבוּתְכוֹן מָה חֲשִׁיבָא קֳבֵל הַהִיא שְׁבַחְתָּא
רְבוּתָא דְיַעֲבֵד לִי, כַּד מָטְיָא יְשׁוּעֲתָא.

ש״ץ: בְּמֵיתֵי לִי נְהוֹרָא, וְתַחֲפֵי לְכוֹן בַּהֲתָא
יְקָרֵהּ כַּד אִתְגְּלֵי בְּתָקְפָּא וּבְגֵיוְתָא.

קהל: יְשַׁלֵּם גְּמָלַיָּא לְשָׂנְאֵי וְנַגְוָתָא
צִדְקָתָא לְעַם חָבִיב וְסַגִּי זַכְוָתָא.

ש״ץ: חֲדוּ שְׁלֵמָא בְּמֵיתֵי, וּמָנָא דַכְוָתָא
קִרְיְתָא דִירוּשְׁלֵם כַּד יְכַנֵּשׁ גָּלְוָתָא.

קהל: יְקָרֵהּ מַטֵּל עֲלַהּ בְּיוֹמֵי וְלֵילְוָתָא
גְּנוּנֵהּ לְמֶעְבַּד בַּהּ בְּתִשְׁבְּחָן כְּלִילָתָא.

ש״ץ: דְּזֵהוֹר עֲנָנַיָּא לְמִשְׁפַּר כִּילָתָא
לְפוּמֵהּ דַעֲבִידְתָּא עֲבִידָן מְטַלַּלְתָּא.

קהל: בְּתַכְתְּקֵי דְהַב פִּזָּא, וּשְׁבַע מַעֲלָתָא
תְּחִימִין צַדִּיקֵי קֳדָם רַב פָּעֳלָתָא.

ש״ץ: וְרֵוֵיהוֹן דָּמֵי לְשָׂבְעָא חֶדְוָתָא
רְקִיעָא בְּזֵהוֹרֵהּ וְכוֹכְבֵי זִיוָתָא.

קהל: הֲדָרָא דְלָא אֶפְשַׁר לְמִפְרַט שִׂפְוָתָא
וְלָא אִשְׁתְּמַע וַחֲמֵי נְבִיאָן חֶזְוָתָא.

ש״ץ: בְּלָא שָׁלְטָא בֵהּ עֵין, בְּגוֹ עֵדֶן גִּנְּתָא
מְטַיְּלֵי בֵהּ חִנְגָּא לְבַהֲדֵי דִשְׁכִינְתָּא.

קהל: עֲלֵהּ רָמֵיז דֵּין הוּא, בְּרַם בְּאִימְתָנוּתָא
שַׁבְרָנָא לֵהּ בְּשַׁבְיָן, תְּקוֹף הֵימָנוּתָא.

ש״ץ: יְדַבַּר לָן עָלְמִין, עָלְמִין מְדַמּוּתָא
מְנָת דִּילַן דְּמִלְּקַדְמִין פָּרֵשׁ בְּאַרְמוּתָא.

קהל: טְלוּלָא דְלִוְיָתָן וְתוֹר טוּר רָמוּתָא
וְחַד בְּחַד כִּי סָבֵיךְ וְעָבֵד קְרָבוּתָא.

ש״ץ: בְּקַרְנוֹהִי מְנַגַּח בְּהֵמוֹת בְּרַבוּתָא
יְקַרְטַע נוּן לְקִבְלֵהּ בְּצִיצוֹי בִּגְבוּרְתָּא.

קהל: מְקָרֵב לֵהּ בָּרְיֵהּ בְּחַרְבֵּהּ בְּרַבְרְבוּתָא
אֲרִסְטוֹן לְצַדִּיקֵי יְתַקַּן, וְשֵׁרוּתָא.

ש״ץ: מְסַחֲרִין עֲלֵי תַכֵּי דְּכַדְכֹּד וְגוּמַרְתָּא
נְגִידִין קַמֵּיהוֹן אֲפַרְסְמוֹן נַהֲרָתָא.

קהל: וּמִתְפַּנְּקִין וְרָווּ בְּכַסֵּי רְוָיָתָא
חֲמַר מְרַת דְּמִבְּרֵאשִׁית נְטִיר בֵּי נַעֲוָתָא.

ש״ץ: זַכָּאִין, כַּד שְׁמַעְתּוּן שִׁבְחָא דָּא שִׁירָתָא
קְבִיעִין כֵּן תֶּהֱווֹן בְּהַנְהוּ חֲבוּרָתָא.

קהל: וְתִזְכּוּן דִּי תֵיתְבוּן בְּעֵלָּא דָרָתָא
אֲרֵי תְצִיתוּן לְמִלּוֹי, דְּנָפְקִין בַּהֲדָרָתָא.

ש״ץ: מְרוֹמַם הוּא אֱלָהִין בְּקַדְמֵיתָא וּבַתְרַיְתָא
צְבִי וְאִתְרְעֵי בַן, וּמְסַר לָן אוֹרָיְתָא.

קריאת התורה לשבועות

בַּחֹדֶשׁ הַשְּׁלִישִׁי לְצֵאת בְּנֵי־יִשְׂרָאֵל מֵאֶרֶץ מִצְרָיִם בַּיּוֹם הַזֶּה שמות יט,א – כ,כג
בָּאוּ מִדְבַּר סִינָי: וַיִּסְעוּ מֵרְפִידִים וַיָּבֹאוּ מִדְבַּר סִינַי וַיַּחֲנוּ בַּמִּדְבָּר
וַיִּחַן־שָׁם יִשְׂרָאֵל נֶגֶד הָהָר: וּמֹשֶׁה עָלָה אֶל־הָאֱלֹהִים וַיִּקְרָא

אֵלָיו יְהוָה מִן־הָהָר לֵאמֹר כֹּה תֹאמַר לְבֵית יַעֲקֹב וְתַגֵּיד לִבְנֵי
יִשְׂרָאֵל: אַתֶּם רְאִיתֶם אֲשֶׁר עָשִׂיתִי לְמִצְרָיִם וָאֶשָּׂא אֶתְכֶם עַל־
כַּנְפֵי נְשָׁרִים וָאָבִא אֶתְכֶם אֵלָי: וְעַתָּה אִם־שָׁמוֹעַ תִּשְׁמְעוּ בְּקֹלִי
וּשְׁמַרְתֶּם אֶת־בְּרִיתִי וִהְיִיתֶם לִי סְגֻלָּה מִכָּל־הָעַמִּים כִּי־לִי כָּל־
הָאָרֶץ: וְאַתֶּם תִּהְיוּ־לִי מַמְלֶכֶת כֹּהֲנִים וְגוֹי קָדוֹשׁ אֵלֶּה הַדְּבָרִים
לוי אֲשֶׁר תְּדַבֵּר אֶל־בְּנֵי יִשְׂרָאֵל: וַיָּבֹא מֹשֶׁה וַיִּקְרָא לְזִקְנֵי הָעָם
וַיָּשֶׂם לִפְנֵיהֶם אֵת כָּל־הַדְּבָרִים הָאֵלֶּה אֲשֶׁר צִוָּהוּ יְהוָה: וַיַּעֲנוּ
כָל־הָעָם יַחְדָּו וַיֹּאמְרוּ כֹּל אֲשֶׁר־דִּבֶּר יְהוָה נַעֲשֶׂה וַיָּשֶׁב מֹשֶׁה
אֶת־דִּבְרֵי הָעָם אֶל־יְהוָה: וַיֹּאמֶר יְהוָה אֶל־מֹשֶׁה הִנֵּה אָנֹכִי
בָּא אֵלֶיךָ בְּעַב הֶעָנָן בַּעֲבוּר יִשְׁמַע הָעָם בְּדַבְּרִי עִמָּךְ וְגַם־בְּךָ
יַאֲמִינוּ לְעוֹלָם וַיַּגֵּד מֹשֶׁה אֶת־דִּבְרֵי הָעָם אֶל־יְהוָה: וַיֹּאמֶר יְהוָה
אֶל־מֹשֶׁה לֵךְ אֶל־הָעָם וְקִדַּשְׁתָּם הַיּוֹם וּמָחָר וְכִבְּסוּ שִׂמְלֹתָם:
וְהָיוּ נְכֹנִים לַיּוֹם הַשְּׁלִישִׁי כִּי ׀ בַּיּוֹם הַשְּׁלִשִׁי יֵרֵד יְהוָה לְעֵינֵי כָל־
הָעָם עַל־הַר סִינָי: וְהִגְבַּלְתָּ אֶת־הָעָם סָבִיב לֵאמֹר הִשָּׁמְרוּ לָכֶם
עֲלוֹת בָּהָר וּנְגֹעַ בְּקָצֵהוּ כָּל־הַנֹּגֵעַ בָּהָר מוֹת יוּמָת: לֹא־תִגַּע בּוֹ
יָד כִּי־סָקוֹל יִסָּקֵל אוֹ־יָרֹה יִיָּרֶה אִם־בְּהֵמָה אִם־אִישׁ לֹא יִחְיֶה
שלישי בִּמְשֹׁךְ הַיֹּבֵל הֵמָּה יַעֲלוּ בָהָר: וַיֵּרֶד מֹשֶׁה מִן־הָהָר אֶל־הָעָם
וַיְקַדֵּשׁ אֶת־הָעָם וַיְכַבְּסוּ שִׂמְלֹתָם: וַיֹּאמֶר אֶל־הָעָם הֱיוּ נְכֹנִים
לִשְׁלֹשֶׁת יָמִים אַל־תִּגְּשׁוּ אֶל־אִשָּׁה: וַיְהִי בַיּוֹם הַשְּׁלִישִׁי בִּהְיֹת
הַבֹּקֶר וַיְהִי קֹלֹת וּבְרָקִים וְעָנָן כָּבֵד עַל־הָהָר וְקֹל שֹׁפָר חָזָק
מְאֹד וַיֶּחֱרַד כָּל־הָעָם אֲשֶׁר בַּמַּחֲנֶה: וַיּוֹצֵא מֹשֶׁה אֶת־הָעָם
לִקְרַאת הָאֱלֹהִים מִן־הַמַּחֲנֶה וַיִּתְיַצְּבוּ בְּתַחְתִּית הָהָר: וְהַר
סִינַי עָשַׁן כֻּלּוֹ מִפְּנֵי אֲשֶׁר יָרַד עָלָיו יְהוָה בָּאֵשׁ וַיַּעַל עֲשָׁנוֹ כְּעֶשֶׁן

הַכִּבְשָׁן וַיֶּחֱרַד כָּל־הָהָר מְאֹד: וַיְהִי קוֹל הַשֹּׁפָר הוֹלֵךְ וְחָזֵק
מְאֹד מֹשֶׁה יְדַבֵּר וְהָאֱלֹהִים יַעֲנֶנּוּ בְקוֹל: וַיֵּרֶד יְהוָה עַל־הַר רביעי
סִינַי אֶל־רֹאשׁ הָהָר וַיִּקְרָא יְהוָה לְמֹשֶׁה אֶל־רֹאשׁ הָהָר וַיַּעַל
מֹשֶׁה: וַיֹּאמֶר יְהוָה אֶל־מֹשֶׁה רֵד הָעֵד בָּעָם פֶּן־יֶהֶרְסוּ אֶל־יְהוָה
לִרְאוֹת וְנָפַל מִמֶּנּוּ רָב: וְגַם הַכֹּהֲנִים הַנִּגָּשִׁים אֶל־יְהוָה יִתְקַדָּשׁוּ
פֶּן־יִפְרֹץ בָּהֶם יְהוָה: וַיֹּאמֶר מֹשֶׁה אֶל־יְהוָה לֹא־יוּכַל הָעָם
לַעֲלֹת אֶל־הַר סִינָי כִּי־אַתָּה הַעֵדֹתָה בָּנוּ לֵאמֹר הַגְבֵּל אֶת־הָהָר
וְקִדַּשְׁתּוֹ: וַיֹּאמֶר אֵלָיו יְהוָה לֶךְ־רֵד וְעָלִיתָ אַתָּה וְאַהֲרֹן עִמָּךְ
וְהַכֹּהֲנִים וְהָעָם אַל־יֶהֶרְסוּ לַעֲלֹת אֶל־יְהוָה פֶּן־יִפְרָץ־בָּם: וַיֵּרֶד
מֹשֶׁה אֶל־הָעָם וַיֹּאמֶר אֲלֵהֶם: וַיְדַבֵּר אֱלֹהִים אֵת
כָּל־הַדְּבָרִים הָאֵלֶּה לֵאמֹר: אָנֹכִי יְהוָה אֱלֹהֶיךָ אֲשֶׁר
הוֹצֵאתִיךָ מֵאֶרֶץ מִצְרַיִם מִבֵּית עֲבָדִים לֹא יִהְיֶה לְךָ אֱלֹהִים
אֲחֵרִים עַל־פָּנַי לֹא תַעֲשֶׂה־לְךָ פֶסֶל ׀ וְכָל־תְּמוּנָה אֲשֶׁר בַּשָּׁמַיִם ׀
מִמַּעַל וַאֲשֶׁר בָּאָרֶץ מִתָּחַת וַאֲשֶׁר בַּמַּיִם ׀ מִתַּחַת לָאָרֶץ לֹא־
תִשְׁתַּחֲוֶה לָהֶם וְלֹא תָעָבְדֵם כִּי אָנֹכִי יְהוָה אֱלֹהֶיךָ אֵל קַנָּא
פֹּקֵד עֲוֺן אָבֹת עַל־בָּנִים עַל־שִׁלֵּשִׁים וְעַל־רִבֵּעִים לְשֹׂנְאָי וְעֹשֶׂה
חֶסֶד לַאֲלָפִים לְאֹהֲבַי וּלְשֹׁמְרֵי מִצְוֺתָי: לֹא תִשָּׂא
אֶת־שֵׁם־יְהוָה אֱלֹהֶיךָ לַשָּׁוְא כִּי לֹא יְנַקֶּה יְהוָה אֵת אֲשֶׁר־יִשָּׂא
אֶת־שְׁמוֹ לַשָּׁוְא:

זָכוֹר אֶת־יוֹם הַשַּׁבָּת לְקַדְּשׁוֹ שֵׁשֶׁת יָמִים תַּעֲבֹד וְעָשִׂיתָ כָּל־
מְלַאכְתֶּךָ וְיוֹם הַשְּׁבִיעִי שַׁבָּת ׀ לַיהוָה אֱלֹהֶיךָ לֹא תַעֲשֶׂה כָל־
מְלָאכָה אַתָּה וּבִנְךָ וּבִתֶּךָ עַבְדְּךָ וַאֲמָתְךָ וּבְהֶמְתֶּךָ וְגֵרְךָ אֲשֶׁר
בִּשְׁעָרֶיךָ כִּי שֵׁשֶׁת־יָמִים עָשָׂה יְהוָה אֶת־הַשָּׁמַיִם וְאֶת־הָאָרֶץ

אֶת־הַיָּם וְאֶת־כָּל־אֲשֶׁר־בָּם וַיָּנַח בַּיּוֹם הַשְּׁבִיעִי עַל־כֵּן בֵּרַךְ
יְהֹוָה אֶת־יוֹם הַשַּׁבָּת וַיְקַדְּשֵׁהוּ׃ כַּבֵּד אֶת־אָבִיךָ
וְאֶת־אִמֶּךָ לְמַעַן יַאֲרִכוּן יָמֶיךָ עַל הָאֲדָמָה אֲשֶׁר־יְהֹוָה אֱלֹהֶיךָ
נֹתֵן לָךְ׃ לֹא תִרְצָח׃ לֹא
תִנְאָף׃ לֹא תִגְנֹב׃ לֹא־
תַעֲנֶה בְרֵעֲךָ עֵד שָׁקֶר׃ לֹא
תַחְמֹד בֵּית רֵעֶךָ לֹא־
תַחְמֹד אֵשֶׁת רֵעֶךָ וְעַבְדּוֹ וַאֲמָתוֹ וְשׁוֹרוֹ וַחֲמֹרוֹ וְכֹל אֲשֶׁר
לְרֵעֶךָ׃
חמישי וְכָל־הָעָם רֹאִים אֶת־הַקּוֹלֹת וְאֶת־הַלַּפִּידִם וְאֵת קוֹל הַשֹּׁפָר
וְאֶת־הָהָר עָשֵׁן וַיַּרְא הָעָם וַיָּנֻעוּ וַיַּעַמְדוּ מֵרָחֹק׃ וַיֹּאמְרוּ אֶל־
מֹשֶׁה דַּבֵּר־אַתָּה עִמָּנוּ וְנִשְׁמָעָה וְאַל־יְדַבֵּר עִמָּנוּ אֱלֹהִים פֶּן־
נָמוּת׃ וַיֹּאמֶר מֹשֶׁה אֶל־הָעָם אַל־תִּירָאוּ כִּי לְבַעֲבוּר נַסּוֹת
אֶתְכֶם בָּא הָאֱלֹהִים וּבַעֲבוּר תִּהְיֶה יִרְאָתוֹ עַל־פְּנֵיכֶם לְבִלְתִּי
תֶחֱטָאוּ׃ וַיַּעֲמֹד הָעָם מֵרָחֹק וּמֹשֶׁה נִגַּשׁ אֶל־הָעֲרָפֶל אֲשֶׁר־
שָׁם הָאֱלֹהִים׃ וַיֹּאמֶר יְהֹוָה אֶל־מֹשֶׁה כֹּה תֹאמַר
אֶל־בְּנֵי יִשְׂרָאֵל אַתֶּם רְאִיתֶם כִּי מִן־הַשָּׁמַיִם דִּבַּרְתִּי עִמָּכֶם׃
לֹא תַעֲשׂוּן אִתִּי אֱלֹהֵי כֶסֶף וֵאלֹהֵי זָהָב לֹא תַעֲשׂוּ לָכֶם׃ מִזְבַּח
אֲדָמָה תַּעֲשֶׂה־לִּי וְזָבַחְתָּ עָלָיו אֶת־עֹלֹתֶיךָ וְאֶת־שְׁלָמֶיךָ אֶת־
צֹאנְךָ וְאֶת־בְּקָרֶךָ בְּכָל־הַמָּקוֹם אֲשֶׁר אַזְכִּיר אֶת־שְׁמִי אָבוֹא
אֵלֶיךָ וּבֵרַכְתִּיךָ׃ וְאִם־מִזְבַּח אֲבָנִים תַּעֲשֶׂה־לִּי לֹא־תִבְנֶה אֶתְהֶן
גָּזִית כִּי חַרְבְּךָ הֵנַפְתָּ עָלֶיהָ וַתְּחַלְלֶהָ׃ וְלֹא־תַעֲלֶה בְמַעֲלֹת עַל־
מִזְבְּחִי אֲשֶׁר לֹא־תִגָּלֶה עֶרְוָתְךָ עָלָיו׃

חצי קדיש

לפני שקוראים למפטיר, בעל הקורא אומר חצי קדיש (רמב״ם, תפילה פי״ב ה״כ).

קורא: יִתְגַּדַּל וְיִתְקַדַּשׁ שְׁמֵהּ רַבָּא (קהל: אָמֵן)
בְּעָלְמָא דִּי בְרָא כִרְעוּתֵהּ
וְיַמְלִיךְ מַלְכוּתֵהּ
בְּחַיֵּיכוֹן וּבְיוֹמֵיכוֹן וּבְחַיֵּי דְכָל בֵּית יִשְׂרָאֵל
בַּעֲגָלָא וּבִזְמַן קָרִיב, וְאִמְרוּ אָמֵן. (קהל: אָמֵן)

קהל וקורא: יְהֵא שְׁמֵהּ רַבָּא מְבָרַךְ לְעָלַם וּלְעָלְמֵי עָלְמַיָּא.

קורא: יִתְבָּרַךְ וְיִשְׁתַּבַּח וְיִתְפָּאַר וְיִתְרוֹמַם וְיִתְנַשֵּׂא
וְיִתְהַדָּר וְיִתְעַלֶּה וְיִתְהַלָּל
שְׁמֵהּ דְּקֻדְשָׁא בְּרִיךְ הוּא (קהל: בְּרִיךְ הוּא)
לְעֵלָּא מִן כָּל בִּרְכָתָא וְשִׁירָתָא, תֻּשְׁבְּחָתָא וְנֶחֱמָתָא
דַּאֲמִירָן בְּעָלְמָא, וְאִמְרוּ אָמֵן. (קהל: אָמֵן)

הגבהה וגלילה

כאשר מגביהים את ספר התורה, הקהל אומר:

וְזֹאת הַתּוֹרָה אֲשֶׁר־שָׂם מֹשֶׁה לִפְנֵי בְּנֵי יִשְׂרָאֵל: דברים ד
עַל־פִּי יהוה בְּיַד מֹשֶׁה: במדבר ט

ויש מוסיפים: עֵץ־חַיִּים הִיא לַמַּחֲזִיקִים בָּהּ וְתֹמְכֶיהָ מְאֻשָּׁר: משלי ג
דְּרָכֶיהָ דַרְכֵי־נֹעַם וְכָל־נְתִיבֹתֶיהָ שָׁלוֹם:
אֹרֶךְ יָמִים בִּימִינָהּ, בִּשְׂמֹאולָהּ עֹשֶׁר וְכָבוֹד:
יהוה חָפֵץ לְמַעַן צִדְקוֹ יַגְדִּיל תּוֹרָה וְיַאְדִּיר: ישעיה מב

מפטיר

וּבְי֣וֹם הַבִּכּוּרִ֗ים בְּהַקְרִ֨יבְכֶ֜ם מִנְחָ֤ה חֲדָשָׁה֙ לַֽיהוָ֔ה בְּשָׁבֻעֹֽתֵיכֶ֑ם במדבר כח, כו–לא
מִקְרָא־קֹ֙דֶשׁ֙ יִהְיֶ֣ה לָכֶ֔ם כָּל־מְלֶ֥אכֶת עֲבֹדָ֖ה לֹ֥א תַעֲשֽׂוּ׃
וְהִקְרַבְתֶּ֨ם עוֹלָ֜ה לְרֵ֤יחַ נִיחֹ֙חַ֙ לַֽיהוָ֔ה פָּרִ֧ים בְּנֵי־בָקָ֛ר שְׁנַ֖יִם אַ֣יִל

אחד שבעה כבשים בני שנה: ומנחתם סלת בלולה בשמן
שלשה עשרנים לפר האחד שני עשרנים לאיל האחד: עשרון
עשרון לכבש האחד לשבעת הכבשים: שעיר עזים אחד
לכפר עליכם: מלבד עלת התמיד ומנחתו תעשו תמימם יהיו־
לכם ונסכיהם:

מגביהים את ספר התורה השני (בעמוד הקודם).

ברכות ההפטרה

לפני קריאת ההפטרה בנביא, המפטיר מברך:

ברוך אתה יהוה אלהינו מלך העולם אשר בחר בנביאים טובים,
ורצה בדבריהם הנאמרים באמת. ברוך אתה יהוה, הבוחר
בתורה ובמשה עבדו ובישראל עמו ובנביאי האמת וצדק.

הפטרה ליום טוב ראשון של שבועות

יחזקאל א, א–כח

ויהי | בשלשים שנה ברביעי בחמשה לחדש ואני בתוך־
הגולה על־נהר־כבר נפתחו השמים ואראה מראות אלהים:
בחמשה לחדש היא השנה החמישית לגלות המלך יויכין:
היה היה דבר־יהוה אל־יחזקאל בן־בוזי הכהן בארץ כשדים
על־נהר־כבר ותהי עליו שם יד־יהוה: וארא והנה רוח סערה
באה מן־הצפון ענן גדול ואש מתלקחת ונגה לו סביב ומתוכה
כעין החשמל מתוך האש: ומתוכה דמות ארבע חיות וזה
מראיהן דמות אדם להנה: וארבעה פנים לאחת וארבע
כנפים לאחת להם: ורגליהם רגל ישרה וכף רגליהם ככף
רגל עגל ונצצים כעין נחשת קלל: וידו אדם מתחת כנפיהם וידי
על ארבעת רבעיהם ופניהם וכנפיהם לארבעתם: חברת
אשה אל־אחותה כנפיהם לא־יסבו בלכתן איש אל־עבר פניו

יֵלֵכוּ׃ וּדְמוּת פְּנֵיהֶם פְּנֵי אָדָם וּפְנֵי אַרְיֵה אֶל־הַיָּמִין לְאַרְבַּעְתָּם
וּפְנֵי־שׁוֹר מֵהַשְּׂמֹאול לְאַרְבַּעְתָּן וּפְנֵי־נֶשֶׁר לְאַרְבַּעְתָּן׃ וּפְנֵיהֶם
וְכַנְפֵיהֶם פְּרֻדוֹת מִלְמָעְלָה לְאִישׁ שְׁתַּיִם חֹבְרוֹת אִישׁ וּשְׁתַּיִם
מְכַסּוֹת אֵת גְּוִיֹתֵיהֶנָה׃ וְאִישׁ אֶל־עֵבֶר פָּנָיו יֵלֵכוּ אֶל אֲשֶׁר
יִהְיֶה־שָׁמָּה הָרוּחַ לָלֶכֶת יֵלֵכוּ לֹא יִסַּבּוּ בְּלֶכְתָּן׃ וּדְמוּת הַחַיּוֹת
מַרְאֵיהֶם כְּגַחֲלֵי־אֵשׁ בֹּעֲרוֹת כְּמַרְאֵה הַלַּפִּדִים הִיא מִתְהַלֶּכֶת
בֵּין הַחַיּוֹת וְנֹגַהּ לָאֵשׁ וּמִן־הָאֵשׁ יוֹצֵא בָרָק׃ וְהַחַיּוֹת רָצוֹא
וָשׁוֹב כְּמַרְאֵה הַבָּזָק׃ וָאֵרֶא הַחַיּוֹת וְהִנֵּה אוֹפַן אֶחָד בָּאָרֶץ
אֵצֶל הַחַיּוֹת לְאַרְבַּעַת פָּנָיו׃ מַרְאֵה הָאוֹפַנִּים וּמַעֲשֵׂיהֶם כְּעֵין
תַּרְשִׁישׁ וּדְמוּת אֶחָד לְאַרְבַּעְתָּן וּמַרְאֵיהֶם וּמַעֲשֵׂיהֶם כַּאֲשֶׁר
יִהְיֶה הָאוֹפַן בְּתוֹךְ הָאוֹפָן׃ עַל־אַרְבַּעַת רִבְעֵיהֶן בְּלֶכְתָּם יֵלֵכוּ
לֹא יִסַּבּוּ בְּלֶכְתָּן׃ וְגַבֵּיהֶן וְגֹבַהּ לָהֶם וְיִרְאָה לָהֶם וְגַבֹּתָם מְלֵאֹת
עֵינַיִם סָבִיב לְאַרְבַּעְתָּן׃ וּבְלֶכֶת הַחַיּוֹת יֵלְכוּ הָאוֹפַנִּים אֶצְלָם
וּבְהִנָּשֵׂא הַחַיּוֹת מֵעַל הָאָרֶץ יִנָּשְׂאוּ הָאוֹפַנִּים׃ עַל אֲשֶׁר יִהְיֶה־
שָּׁם הָרוּחַ לָלֶכֶת יֵלֵכוּ שָׁמָּה הָרוּחַ לָלֶכֶת וְהָאוֹפַנִּים יִנָּשְׂאוּ
לְעֻמָּתָם כִּי רוּחַ הַחַיָּה בָּאוֹפַנִּים׃ בְּלֶכְתָּם יֵלֵכוּ וּבְעָמְדָם יַעֲמֹדוּ
וּבְהִנָּשְׂאָם מֵעַל הָאָרֶץ יִנָּשְׂאוּ הָאוֹפַנִּים לְעֻמָּתָם כִּי רוּחַ הַחַיָּה
בָּאוֹפַנִּים׃ וּדְמוּת עַל־רָאשֵׁי הַחַיָּה רָקִיעַ כְּעֵין הַקֶּרַח הַנּוֹרָא
נָטוּי עַל־רָאשֵׁיהֶם מִלְמָעְלָה׃ וְתַחַת הָרָקִיעַ כַּנְפֵיהֶם יְשָׁרוֹת
אִשָּׁה אֶל־אֲחוֹתָהּ לְאִישׁ שְׁתַּיִם מְכַסּוֹת לָהֵנָּה וּלְאִישׁ שְׁתַּיִם
מְכַסּוֹת לָהֵנָּה אֵת גְּוִיֹּתֵיהֶם׃ וָאֶשְׁמַע אֶת־קוֹל כַּנְפֵיהֶם כְּקוֹל
מַיִם רַבִּים כְּקוֹל־שַׁדַּי בְּלֶכְתָּם קוֹל הֲמֻלָּה כְּקוֹל מַחֲנֶה בְּעָמְדָם
תְּרַפֶּינָה כַנְפֵיהֶן׃ וַיְהִי־קוֹל מֵעַל לָרָקִיעַ אֲשֶׁר עַל־רֹאשָׁם
בְּעָמְדָם תְּרַפֶּינָה כַנְפֵיהֶן׃ וּמִמַּעַל לָרָקִיעַ אֲשֶׁר עַל־רֹאשָׁם

כְּמַרְאֵה אֶבֶן־סַפִּיר דְּמוּת כִּסֵּא וְעַל דְּמוּת הַכִּסֵּא דְּמוּת כְּמַרְאֵה
אָדָם עָלָיו מִלְמָעְלָה: וָאֵרֶא ׀ כְּעֵין חַשְׁמַל כְּמַרְאֵה־אֵשׁ בֵּית־לָהּ
סָבִיב מִמַּרְאֵה מָתְנָיו וּלְמָעְלָה וּמִמַּרְאֵה מָתְנָיו וּלְמַטָּה רָאִיתִי
כְּמַרְאֵה־אֵשׁ וְנֹגַהּ לוֹ סָבִיב: כְּמַרְאֵה הַקֶּשֶׁת אֲשֶׁר יִהְיֶה בֶעָנָן
בְּיוֹם הַגֶּשֶׁם כֵּן מַרְאֵה הַנֹּגַהּ סָבִיב הוּא מַרְאֵה דְּמוּת כְּבוֹד־יְהוָה
וָאֶרְאֶה וָאֶפֹּל עַל־פָּנַי וָאֶשְׁמַע קוֹל מְדַבֵּר:

יחזקאל ג, יב וַתִּשָּׂאֵנִי רוּחַ וָאֶשְׁמַע אַחֲרַי קוֹל רַעַשׁ גָּדוֹל בָּרוּךְ כְּבוֹד־יְהוָה
מִמְּקוֹמוֹ:

ברכות לאחר ההפטרה

אחר קריאת ההפטרה המפטיר מברך:

בָּרוּךְ אַתָּה יהוה אֱלֹהֵינוּ מֶלֶךְ הָעוֹלָם, צוּר כָּל הָעוֹלָמִים, צַדִּיק בְּכָל הַדּוֹרוֹת, הָאֵל הַנֶּאֱמָן, הָאוֹמֵר וְעוֹשֶׂה, הַמְדַבֵּר וּמְקַיֵּם, שֶׁכָּל דְּבָרָיו אֱמֶת וָצֶדֶק. נֶאֱמָן אַתָּה הוּא יהוה אֱלֹהֵינוּ וְנֶאֱמָנִים דְּבָרֶיךָ, וְדָבָר אֶחָד מִדְּבָרֶיךָ אָחוֹר לֹא יָשׁוּב רֵיקָם, כִּי אֵל מֶלֶךְ נֶאֱמָן (וְרַחֲמָן) אָתָּה. בָּרוּךְ אַתָּה יהוה, הָאֵל הַנֶּאֱמָן בְּכָל דְּבָרָיו.

רַחֵם עַל צִיּוֹן כִּי הִיא בֵּית חַיֵּינוּ, וְלַעֲלוּבַת נֶפֶשׁ תּוֹשִׁיעַ בִּמְהֵרָה בְיָמֵינוּ. בָּרוּךְ אַתָּה יהוה, מְשַׂמֵּחַ צִיּוֹן בְּבָנֶיהָ.

שַׂמְּחֵנוּ יהוה אֱלֹהֵינוּ בְּאֵלִיָּהוּ הַנָּבִיא עַבְדֶּךָ, וּבְמַלְכוּת בֵּית דָּוִד מְשִׁיחֶךָ, בִּמְהֵרָה יָבוֹא וְיָגֵל לִבֵּנוּ. עַל כִּסְאוֹ לֹא יֵשֵׁב זָר, וְלֹא יִנְחֲלוּ עוֹד אֲחֵרִים אֶת כְּבוֹדוֹ, כִּי בְשֵׁם קָדְשְׁךָ נִשְׁבַּעְתָּ לּוֹ שֶׁלֹּא יִכְבֶּה נֵרוֹ לְעוֹלָם וָעֶד. בָּרוּךְ אַתָּה יהוה, מָגֵן דָּוִד.

עַל הַתּוֹרָה וְעַל הָעֲבוֹדָה וְעַל הַנְּבִיאִים, וְעַל יוֹם חַג הַשָּׁבוּעוֹת הַזֶּה, שֶׁנָּתַתָּ לָּנוּ, יהוה אֱלֹהֵינוּ לְשָׂשׂוֹן וּלְשִׂמְחָה, לְכָבוֹד וּלְתִפְאָרֶת. עַל הַכֹּל יהוה אֱלֹהֵינוּ אֲנַחְנוּ מוֹדִים לָךְ וּמְבָרְכִים אוֹתָךְ. יִתְבָּרַךְ

שִׁמְךָ בְּפִי כָּל חַי תָּמִיד לְעוֹלָם וָעֶד. בָּרוּךְ אַתָּה יהוה, מְקַדֵּשׁ יִשְׂרָאֵל וְהַזְּמַנִּים.

אם יום טוב שני של שבועות חל בשבת ממשיכים ׳יְקוּם פֻּרְקָן׳ בעמ׳ 190.

תפילה לשלום מדינת ישראל

אָבִינוּ שֶׁבַּשָּׁמַיִם, צוּר יִשְׂרָאֵל וְגוֹאֲלוֹ, בָּרֵךְ אֶת מְדִינַת יִשְׂרָאֵל, רֵאשִׁית צְמִיחַת גְּאֻלָּתֵנוּ. הָגֵן עָלֶיהָ בְּאֶבְרַת חַסְדֶּךָ וּפְרֹשׂ עָלֶיהָ סֻכַּת שְׁלוֹמֶךָ, וּשְׁלַח אוֹרְךָ וַאֲמִתְּךָ לְרָאשֶׁיהָ, שָׂרֶיהָ וְיוֹעֲצֶיהָ, וְתַקְּנֵם בְּעֵצָה טוֹבָה מִלְּפָנֶיךָ.

חַזֵּק אֶת יְדֵי מְגִנֵּי אֶרֶץ קָדְשֵׁנוּ, וְהַנְחִילֵם אֱלֹהֵינוּ יְשׁוּעָה וַעֲטֶרֶת נִצָּחוֹן תְּעַטְּרֵם, וְנָתַתָּ שָׁלוֹם בָּאָרֶץ וְשִׂמְחַת עוֹלָם לְיוֹשְׁבֶיהָ.

וְאֶת אַחֵינוּ כָּל בֵּית יִשְׂרָאֵל, פְּקָד נָא בְּכָל אַרְצוֹת פְּזוּרֵיהֶם, וְתוֹלִיכֵם מְהֵרָה קוֹמְמִיּוּת לְצִיּוֹן עִירֶךָ וְלִירוּשָׁלַיִם מִשְׁכַּן
שְׁמֶךָ, כַּכָּתוּב בְּתוֹרַת מֹשֶׁה עַבְדֶּךָ: אִם־יִהְיֶה נִדַּחֲךָ בִּקְצֵה דברים ל
הַשָּׁמָיִם, מִשָּׁם יְקַבֶּצְךָ יהוה אֱלֹהֶיךָ וּמִשָּׁם יִקָּחֶךָ: וֶהֱבִיאֲךָ יהוה אֱלֹהֶיךָ אֶל־הָאָרֶץ אֲשֶׁר־יָרְשׁוּ אֲבֹתֶיךָ וִירִשְׁתָּהּ, וְהֵיטִבְךָ וְהִרְבְּךָ מֵאֲבֹתֶיךָ: וּמָל יהוה אֱלֹהֶיךָ אֶת־לְבָבְךָ וְאֶת־לְבַב זַרְעֶךָ, לְאַהֲבָה אֶת־יהוה אֱלֹהֶיךָ בְּכָל־לְבָבְךָ וּבְכָל־נַפְשְׁךָ, לְמַעַן חַיֶּיךָ:

וְיַחֵד לְבָבֵנוּ לְאַהֲבָה וּלְיִרְאָה אֶת שְׁמֶךָ, וְלִשְׁמֹר אֶת כָּל דִּבְרֵי תוֹרָתֶךָ, וּשְׁלַח לָנוּ מְהֵרָה בֶּן דָּוִד מְשִׁיחַ צִדְקֶךָ, לִפְדּוֹת מְחַכֵּי קֵץ יְשׁוּעָתֶךָ.

וְהוֹפַע בַּהֲדַר גְּאוֹן עֻזֶּךָ עַל כָּל יוֹשְׁבֵי תֵּבֵל אַרְצֶךָ וְיֹאמַר כֹּל אֲשֶׁר נְשָׁמָה בְאַפּוֹ, יהוה אֱלֹהֵי יִשְׂרָאֵל מֶלֶךְ וּמַלְכוּתוֹ בַּכֹּל מָשָׁלָה, אָמֵן סֶלָה.

מי שבירך לחיילי צה״ל

מִי שֶׁבֵּרַךְ אֲבוֹתֵינוּ אַבְרָהָם יִצְחָק וְיַעֲקֹב הוּא יְבָרֵךְ אֶת חַיָּלֵי
צְבָא הַהֲגָנָה לְיִשְׂרָאֵל וְאַנְשֵׁי כֹּחוֹת הַבִּטָּחוֹן, הָעוֹמְדִים עַל
מִשְׁמַר אַרְצֵנוּ וְעָרֵי אֱלֹהֵינוּ, מִגְּבוּל הַלְּבָנוֹן וְעַד מִדְבַּר מִצְרַיִם
וּמִן הַיָּם הַגָּדוֹל עַד לְבוֹא הָעֲרָבָה וּבְכָל מָקוֹם שֶׁהֵם, בַּיַּבָּשָׁה,
בָּאֲוִיר וּבַיָּם. יִתֵּן יהוה אֶת אוֹיְבֵינוּ הַקָּמִים עָלֵינוּ נִגָּפִים לִפְנֵיהֶם.
הַקָּדוֹשׁ בָּרוּךְ הוּא יִשְׁמֹר וְיַצִּיל אֶת חַיָּלֵינוּ מִכָּל צָרָה וְצוּקָה
וּמִכָּל נֶגַע וּמַחֲלָה, וְיִשְׁלַח בְּרָכָה וְהַצְלָחָה בְּכָל מַעֲשֵׂי יְדֵיהֶם.
יַדְבֵּר שׂוֹנְאֵינוּ תַּחְתֵּיהֶם וִיעַטְּרֵם בְּכֶתֶר יְשׁוּעָה וּבַעֲטֶרֶת נִצָּחוֹן.
וִיקֻיַּם בָּהֶם הַכָּתוּב: כִּי יהוה אֱלֹהֵיכֶם הַהֹלֵךְ עִמָּכֶם לְהִלָּחֵם דברים כ
לָכֶם עִם־אֹיְבֵיכֶם לְהוֹשִׁיעַ אֶתְכֶם: וְנֹאמַר אָמֵן.

מי שבירך לשבויים

מִי שֶׁבֵּרַךְ אֲבוֹתֵינוּ אַבְרָהָם יִצְחָק וְיַעֲקֹב, יוֹסֵף מֹשֶׁה וְאַהֲרֹן,
דָּוִד וּשְׁלֹמֹה, הוּא יְבָרֵךְ וְיִשְׁמֹר וְיִנְצֹר אֶת נֶעְדְּרֵי צְבָא הַהֲגָנָה
לְיִשְׂרָאֵל וּשְׁבוּיָו, וְאֶת כָּל אַחֵינוּ הַנְּתוּנִים בְּצָרָה וּבְשִׁבְיָה,
בַּעֲבוּר שֶׁכָּל הַקָּהָל הַקָּדוֹשׁ הַזֶּה מִתְפַּלֵּל בַּעֲבוּרָם. הַקָּדוֹשׁ
בָּרוּךְ הוּא יִמָּלֵא רַחֲמִים עֲלֵיהֶם, וְיוֹצִיאֵם מֵחֹשֶׁךְ וְצַלְמָוֶת,
וּמוֹסְרוֹתֵיהֶם יְנַתֵּק, וּמִמְּצוּקוֹתֵיהֶם יוֹשִׁיעֵם, וִישִׁיבֵם מְהֵרָה
לְחֵיק מִשְׁפְּחוֹתֵיהֶם. יוֹדוּ לַיהוה חַסְדּוֹ וְנִפְלְאוֹתָיו לִבְנֵי אָדָם: תהלים קז
וִיקֻיַּם בָּהֶם מִקְרָא שֶׁכָּתוּב: וּפְדוּיֵי יהוה יְשֻׁבוּן, וּבָאוּ צִיּוֹן ישעיה לה
בְּרִנָּה, וְשִׂמְחַת עוֹלָם עַל־רֹאשָׁם, שָׂשׂוֹן וְשִׂמְחָה יַשִּׂיגוּ, וְנָסוּ
יָגוֹן וַאֲנָחָה: וְנֹאמַר אָמֵן.

ממשיכים יזכור בעמ׳ 292.

בחו״ל ביום הראשון ממשיכים ׳יָהּ אֵלִי׳ בעמ׳ 296, וביום השני אומרים יזכור בעמ׳ 292.

וְחַ֤ג הָֽאָסִף֙ בְּצֵ֣את הַשָּׁנָ֔ה בְּאָסְפְּךָ֥ אֶֽת־מַעֲשֶׂ֖יךָ

שמות כג, טז

בַּחֲמִשָּׁה֩ עָשָׂ֨ר י֜וֹם

לַחֹ֤דֶשׁ הַשְּׁבִיעִי֙ הַזֶּ֔ה

חַ֧ג הַסֻּכּ֛וֹת

שִׁבְעַ֥ת יָמִ֖ים לַיהוָֽה

בַּסֻּכֹּ֥ת תֵּשְׁב֖וּ שִׁבְעַ֣ת יָמִ֑ים

ויקרא כג, לד; מב

קהלת

יש הקוראים מתוך מגילה הכתובה על קלף, ומברכים לפני הקריאה:

בָּרוּךְ אַתָּה יהוה אֱלֹהֵינוּ מֶלֶךְ הָעוֹלָם
אֲשֶׁר קִדְּשָׁנוּ בְּמִצְוֹתָיו וְצִוָּנוּ עַל מִקְרָא מְגִלָּה.

בָּרוּךְ אַתָּה יהוה אֱלֹהֵינוּ מֶלֶךְ הָעוֹלָם
שֶׁהֶחֱיָנוּ וְקִיְּמָנוּ וְהִגִּיעָנוּ לַזְּמַן הַזֶּה.

א דִּבְרֵי קֹהֶלֶת בֶּן־דָּוִד מֶלֶךְ בִּירוּשָׁלָֽם׃ הֲבֵל הֲבָלִים אָמַר קֹהֶלֶת
הֲבֵל הֲבָלִים הַכֹּל הָֽבֶל׃ מַה־יִּתְרוֹן לָֽאָדָם בְּכָל־עֲמָלוֹ שֶׁיַּעֲמֹל
תַּחַת הַשָּֽׁמֶשׁ׃ דּוֹר הֹלֵךְ וְדוֹר בָּא וְהָאָרֶץ לְעוֹלָם עֹמָֽדֶת׃
וְזָרַח הַשֶּׁמֶשׁ וּבָא הַשָּׁמֶשׁ וְאֶל־מְקוֹמוֹ שׁוֹאֵף זוֹרֵחַ הוּא שָֽׁם׃
הוֹלֵךְ אֶל־דָּרוֹם וְסוֹבֵב אֶל־צָפוֹן סוֹבֵב ׀ סֹבֵב הוֹלֵךְ הָרוּחַ וְעַל־
סְבִיבֹתָיו שָׁב הָרֽוּחַ׃ כָּל־הַנְּחָלִים הֹלְכִים אֶל־הַיָּם וְהַיָּם אֵינֶנּוּ
מָלֵא אֶל־מְקוֹם שֶׁהַנְּחָלִים הֹלְכִים שָׁם הֵם שָׁבִים לָלָֽכֶת׃ כָּל־
הַדְּבָרִים יְגֵעִים לֹא־יוּכַל אִישׁ לְדַבֵּר לֹא־תִשְׂבַּע עַיִן לִרְאוֹת
וְלֹא־תִמָּלֵא אֹזֶן מִשְּׁמֹֽעַ׃ מַה־שֶּֽׁהָיָה הוּא שֶׁיִּהְיֶה וּמַה־שֶּׁנַּעֲשָׂה
הוּא שֶׁיֵּעָשֶׂה וְאֵין כָּל־חָדָשׁ תַּחַת הַשָּֽׁמֶשׁ׃ יֵשׁ דָּבָר שֶׁיֹּאמַר
רְאֵה־זֶה חָדָשׁ הוּא כְּבָר הָיָה לְעֹלָמִים אֲשֶׁר הָיָה מִלְּפָנֵֽנוּ׃
אֵין זִכְרוֹן לָרִאשֹׁנִים וְגַם לָאַחֲרֹנִים שֶׁיִּהְיוּ לֹא־יִהְיֶה לָהֶם זִכָּרוֹן
עִם שֶׁיִּהְיוּ לָאַחֲרֹנָֽה׃
אֲנִי קֹהֶלֶת הָיִיתִי מֶלֶךְ עַל־יִשְׂרָאֵל בִּירוּשָׁלָֽם׃ וְנָתַתִּי אֶת־
לִבִּי לִדְרוֹשׁ וְלָתוּר בַּֽחָכְמָה עַל כָּל־אֲשֶׁר נַעֲשָׂה תַּחַת הַשָּׁמָיִם
הוּא ׀ עִנְיַן רָע נָתַן אֱלֹהִים לִבְנֵי הָאָדָם לַעֲנוֹת בּֽוֹ׃ רָאִיתִי אֶת־

כָּל־הַמַּעֲשִׂים שֶׁנַּעֲשׂוּ תַּחַת הַשָּׁמֶשׁ וְהִנֵּה הַכֹּל הֶבֶל וּרְעוּת
רוּחַ: מְעֻוָּת לֹא־יוּכַל לִתְקֹן וְחֶסְרוֹן לֹא־יוּכַל לְהִמָּנוֹת: דִּבַּרְתִּי
אֲנִי עִם־לִבִּי לֵאמֹר אֲנִי הִנֵּה הִגְדַּלְתִּי וְהוֹסַפְתִּי חָכְמָה עַל כָּל־
אֲשֶׁר־הָיָה לְפָנַי עַל־יְרוּשָׁלִָם וְלִבִּי רָאָה הַרְבֵּה חָכְמָה וָדָעַת:
וָאֶתְּנָה לִבִּי לָדַעַת חָכְמָה וְדַעַת הֹלֵלוֹת וְשִׂכְלוּת יָדַעְתִּי שֶׁגַּם־
זֶה הוּא רַעְיוֹן רוּחַ: כִּי בְּרֹב חָכְמָה רָב־כָּעַס וְיוֹסִיף דַּעַת יוֹסִיף
מַכְאוֹב: אָמַרְתִּי אֲנִי בְּלִבִּי לְכָה־נָּא אֲנַסְּכָה בְשִׂמְחָה וּרְאֵה בְטוֹב ב
וְהִנֵּה גַם־הוּא הָבֶל: לִשְׂחוֹק אָמַרְתִּי מְהוֹלָל וּלְשִׂמְחָה מַה־זֹּה
עֹשָׂה: תַּרְתִּי בְלִבִּי לִמְשׁוֹךְ בַּיַּיִן אֶת־בְּשָׂרִי וְלִבִּי נֹהֵג בַּחָכְמָה
וְלֶאֱחֹז בְּסִכְלוּת עַד אֲשֶׁר־אֶרְאֶה אֵי־זֶה טוֹב לִבְנֵי הָאָדָם אֲשֶׁר
יַעֲשׂוּ תַּחַת הַשָּׁמַיִם מִסְפַּר יְמֵי חַיֵּיהֶם: הִגְדַּלְתִּי מַעֲשָׂי בָּנִיתִי
לִי בָּתִּים נָטַעְתִּי לִי כְּרָמִים: עָשִׂיתִי לִי גַּנּוֹת וּפַרְדֵּסִים וְנָטַעְתִּי
בָהֶם עֵץ כָּל־פֶּרִי: עָשִׂיתִי לִי בְּרֵכוֹת מָיִם לְהַשְׁקוֹת מֵהֶם יַעַר
צוֹמֵחַ עֵצִים: קָנִיתִי עֲבָדִים וּשְׁפָחוֹת וּבְנֵי־בַיִת הָיָה לִי גַּם מִקְנֶה
בָקָר וָצֹאן הַרְבֵּה הָיָה לִי מִכֹּל שֶׁהָיוּ לְפָנַי בִּירוּשָׁלִָם: כָּנַסְתִּי
לִי גַּם־כֶּסֶף וְזָהָב וּסְגֻלַּת מְלָכִים וְהַמְּדִינוֹת עָשִׂיתִי לִי שָׁרִים
וְשָׁרוֹת וְתַעֲנוּגוֹת בְּנֵי הָאָדָם שִׁדָּה וְשִׁדּוֹת: וְגָדַלְתִּי וְהוֹסַפְתִּי
מִכֹּל שֶׁהָיָה לְפָנַי בִּירוּשָׁלִָם אַף חָכְמָתִי עָמְדָה לִּי: וְכֹל אֲשֶׁר
שָׁאֲלוּ עֵינַי לֹא אָצַלְתִּי מֵהֶם לֹא־מָנַעְתִּי אֶת־לִבִּי מִכָּל־שִׂמְחָה
כִּי־לִבִּי שָׂמֵחַ מִכָּל־עֲמָלִי וְזֶה־הָיָה חֶלְקִי מִכָּל־עֲמָלִי: וּפָנִיתִי
אֲנִי בְּכָל־מַעֲשַׂי שֶׁעָשׂוּ יָדַי וּבֶעָמָל שֶׁעָמַלְתִּי לַעֲשׂוֹת וְהִנֵּה
הַכֹּל הֶבֶל וּרְעוּת רוּחַ וְאֵין יִתְרוֹן תַּחַת הַשָּׁמֶשׁ: וּפָנִיתִי אֲנִי
לִרְאוֹת חָכְמָה וְהוֹלֵלוֹת וְסִכְלוּת כִּי | מֶה הָאָדָם שֶׁיָּבוֹא אַחֲרֵי
הַמֶּלֶךְ אֵת אֲשֶׁר־כְּבָר עָשׂוּהוּ: וְרָאִיתִי אָנִי שֶׁיֵּשׁ יִתְרוֹן לַחָכְמָה

מִן־הַסִּכְל֑וּת כִּֽיתְר֥וֹן הָא֖וֹר מִן־הַחֹֽשֶׁךְ׃ הֶחָכָם֙ עֵינָ֣יו בְּרֹאשׁ֔וֹ
וְהַכְּסִ֖יל בַּחֹ֣שֶׁךְ הוֹלֵ֑ךְ וְיָדַ֣עְתִּי גַם־אָ֔נִי שֶׁמִּקְרֶ֥ה אֶחָ֖ד יִקְרֶ֥ה אֶת־
כֻּלָּֽם׃ וְאָמַ֨רְתִּי אֲנִ֜י בְּלִבִּ֗י כְּמִקְרֵ֤ה הַכְּסִיל֙ גַּם־אֲנִ֣י יִקְרֵ֔נִי וְלָ֧מָּה
חָכַ֛מְתִּי אֲנִ֖י אָ֣ז יוֹתֵ֑ר וְדִבַּ֣רְתִּי בְלִבִּ֔י שֶׁגַּם־זֶ֖ה הָֽבֶל׃ כִּי֩ אֵ֨ין זִכְר֧וֹן
לֶחָכָ֛ם עִֽם־הַכְּסִ֖יל לְעוֹלָ֑ם בְּשֶׁכְּבָ֞ר הַיָּמִ֤ים הַבָּאִים֙ הַכֹּ֣ל נִשְׁכָּ֔ח
וְאֵ֥יךְ יָמ֛וּת הֶחָכָ֖ם עִם־הַכְּסִֽיל׃ וְשָׂנֵ֙אתִי֙ אֶת־הַֽחַיִּ֔ים כִּ֣י רַ֤ע עָלַי֙
הַֽמַּעֲשֶׂ֔ה שֶׁנַּעֲשָׂ֖ה תַּ֣חַת הַשָּׁ֑מֶשׁ כִּֽי־הַכֹּ֥ל הֶ֖בֶל וּרְע֥וּת רֽוּחַ׃
וְשָׂנֵ֤אתִֽי אֲנִי֙ אֶת־כָּל־עֲמָלִ֔י שֶׁאֲנִ֥י עָמֵ֖ל תַּ֣חַת הַשָּׁ֑מֶשׁ שֶׁאַנִּיחֶ֕נּוּ
לָאָדָ֖ם שֶׁיִּהְיֶ֥ה אַחֲרָֽי׃ וּמִ֣י יוֹדֵ֗עַ הֶֽחָכָ֤ם יִהְיֶה֙ א֣וֹ סָכָ֔ל וְיִשְׁלַט֙ בְּכָל־
עֲמָלִ֔י שֶׁעָמַ֥לְתִּי וְשֶׁחָכַ֖מְתִּי תַּ֣חַת הַשָּׁ֑מֶשׁ גַּם־זֶ֖ה הָֽבֶל׃ וְסַבּ֥וֹתִי
אֲנִ֖י לְיַאֵ֣שׁ אֶת־לִבִּ֑י עַ֚ל כָּל־הֶ֣עָמָ֔ל שֶׁעָמַ֖לְתִּי תַּ֥חַת הַשָּֽׁמֶשׁ׃
כִּי־יֵ֣שׁ אָדָ֗ם שֶׁעֲמָל֛וֹ בְּחָכְמָ֥ה וּבְדַ֖עַת וּבְכִשְׁר֑וֹן וּלְאָדָ֞ם שֶׁלֹּ֤א
עָֽמַל־בּוֹ֙ יִתְּנֶ֣נּוּ חֶלְק֔וֹ גַּם־זֶ֥ה הֶ֖בֶל וְרָעָ֥ה רַבָּֽה׃ כִּ֤י מֶֽה־הֹוֶה֙ לָֽאָדָם֙
בְּכָל־עֲמָל֔וֹ וּבְרַעְי֖וֹן לִבּ֑וֹ שֶׁה֥וּא עָמֵ֖ל תַּ֥חַת הַשָּֽׁמֶשׁ׃ כִּ֣י כָל־יָמָ֞יו
מַכְאֹבִ֗ים וָכַ֙עַס֙ עִנְיָנ֔וֹ גַּם־בַּלַּ֖יְלָה לֹא־שָׁכַ֣ב לִבּ֑וֹ גַּם־זֶ֖ה הֶ֥בֶל הֽוּא׃
אֵֽין־ט֤וֹב בָּאָדָם֙ שֶׁיֹּאכַ֣ל וְשָׁתָ֔ה וְהֶרְאָ֧ה אֶת־נַפְשׁ֛וֹ ט֖וֹב בַּעֲמָל֑וֹ
גַּם־זֹה֙ רָאִ֣יתִי אָ֔נִי כִּ֛י מִיַּ֥ד הָאֱלֹהִ֖ים הִֽיא׃ כִּ֣י מִ֥י יֹאכַ֛ל וּמִ֥י יָח֖וּשׁ
ח֥וּץ מִמֶּֽנִּי׃ כִּ֣י לְאָדָם֙ שֶׁטּ֣וֹב לְפָנָ֔יו נָתַ֥ן חָכְמָ֛ה וְדַ֖עַת וְשִׂמְחָ֑ה
וְלַֽחוֹטֶא֩ נָתַ֨ן עִנְיָ֜ן לֶאֱס֣וֹף וְלִכְנ֗וֹס לָתֵת֙ לְט֔וֹב לִפְנֵ֣י הָֽאֱלֹהִ֔ים גַּם־
ג זֶ֥ה הֶ֖בֶל וּרְע֥וּת רֽוּחַ׃ לַכֹּ֖ל זְמָ֑ן וְעֵ֥ת לְכָל־חֵ֖פֶץ תַּ֥חַת הַשָּׁמָֽיִם׃

עֵ֥ת לָלֶ֖דֶת וְעֵ֣ת לָמ֑וּת
עֵ֥ת לָטַ֖עַת וְעֵ֥ת לַעֲק֥וֹר נָטֽוּעַ׃
עֵ֤ת לַהֲרוֹג֙ וְעֵ֣ת לִרְפּ֔וֹא
עֵ֥ת לִפְר֖וֹץ וְעֵ֥ת לִבְנֽוֹת׃

עֵת לִבְכּוֹת   וְעֵת לִשְׂחוֹק
עֵת סְפוֹד   וְעֵת רְקוֹד׃
עֵת לְהַשְׁלִיךְ אֲבָנִים   וְעֵת כְּנוֹס אֲבָנִים
עֵת לַחֲבוֹק   וְעֵת לִרְחֹק מֵחַבֵּק׃
עֵת לְבַקֵּשׁ   וְעֵת לְאַבֵּד
עֵת לִשְׁמוֹר   וְעֵת לְהַשְׁלִיךְ׃
עֵת לִקְרוֹעַ   וְעֵת לִתְפּוֹר
עֵת לַחֲשׁוֹת   וְעֵת לְדַבֵּר׃
עֵת לֶאֱהֹב   וְעֵת לִשְׂנֹא
עֵת מִלְחָמָה   וְעֵת שָׁלוֹם׃

מַה־יִּתְרוֹן הָעוֹשֶׂה בַּאֲשֶׁר הוּא עָמֵל׃ רָאִיתִי אֶת־הָעִנְיָן אֲשֶׁר נָתַן אֱלֹהִים לִבְנֵי הָאָדָם לַעֲנוֹת בּוֹ׃ אֶת־הַכֹּל עָשָׂה יָפֶה בְעִתּוֹ גַּם אֶת־הָעֹלָם נָתַן בְּלִבָּם מִבְּלִי אֲשֶׁר לֹא־יִמְצָא הָאָדָם אֶת־הַמַּעֲשֶׂה אֲשֶׁר־עָשָׂה הָאֱלֹהִים מֵרֹאשׁ וְעַד־סוֹף׃ יָדַעְתִּי כִּי אֵין טוֹב בָּם כִּי אִם־לִשְׂמוֹחַ וְלַעֲשׂוֹת טוֹב בְּחַיָּיו׃ וְגַם כָּל־הָאָדָם שֶׁיֹּאכַל וְשָׁתָה וְרָאָה טוֹב בְּכָל־עֲמָלוֹ מַתַּת אֱלֹהִים הִיא׃ יָדַעְתִּי כִּי כָּל־אֲשֶׁר יַעֲשֶׂה הָאֱלֹהִים הוּא יִהְיֶה לְעוֹלָם עָלָיו אֵין לְהוֹסִיף וּמִמֶּנּוּ אֵין לִגְרוֹעַ וְהָאֱלֹהִים עָשָׂה שֶׁיִּרְאוּ מִלְּפָנָיו׃ מַה־שֶּׁהָיָה כְּבָר הוּא וַאֲשֶׁר לִהְיוֹת כְּבָר הָיָה וְהָאֱלֹהִים יְבַקֵּשׁ אֶת־נִרְדָּף׃ וְעוֹד רָאִיתִי תַּחַת הַשָּׁמֶשׁ מְקוֹם הַמִּשְׁפָּט שָׁמָּה הָרֶשַׁע וּמְקוֹם הַצֶּדֶק שָׁמָּה הָרָשַׁע׃ אָמַרְתִּי אֲנִי בְּלִבִּי אֶת־הַצַּדִּיק וְאֶת־הָרָשָׁע יִשְׁפֹּט הָאֱלֹהִים כִּי־עֵת לְכָל־חֵפֶץ וְעַל כָּל־הַמַּעֲשֶׂה שָׁם׃ אָמַרְתִּי אֲנִי בְּלִבִּי עַל־דִּבְרַת בְּנֵי הָאָדָם לְבָרָם הָאֱלֹהִים וְלִרְאוֹת שְׁהֶם־בְּהֵמָה הֵמָּה לָהֶם׃ כִּי מִקְרֶה בְנֵי־הָאָדָם

וּמִקְרֶה הַבְּהֵמָה וּמִקְרֶה אֶחָד לָהֶם כְּמוֹת זֶה כֵּן מוֹת זֶה וְרוּחַ
אֶחָד לַכֹּל וּמוֹתַר הָאָדָם מִן־הַבְּהֵמָה אָיִן כִּי הַכֹּל הָבֶל: הַכֹּל
הוֹלֵךְ אֶל־מָקוֹם אֶחָד הַכֹּל הָיָה מִן־הֶעָפָר וְהַכֹּל שָׁב אֶל־הֶעָפָר:
מִי יוֹדֵעַ רוּחַ בְּנֵי הָאָדָם הָעֹלָה הִיא לְמָעְלָה וְרוּחַ הַבְּהֵמָה
הַיֹּרֶדֶת הִיא לְמַטָּה לָאָרֶץ: וְרָאִיתִי כִּי אֵין טוֹב מֵאֲשֶׁר יִשְׂמַח
הָאָדָם בְּמַעֲשָׂיו כִּי־הוּא חֶלְקוֹ כִּי מִי יְבִיאֶנּוּ לִרְאוֹת בְּמֶה שֶׁיִּהְיֶה
ד אַחֲרָיו: וְשַׁבְתִּי אֲנִי וָאֶרְאֶה אֶת־כָּל־הָעֲשֻׁקִים אֲשֶׁר נַעֲשִׂים
תַּחַת הַשָּׁמֶשׁ וְהִנֵּה ׀ דִּמְעַת הָעֲשֻׁקִים וְאֵין לָהֶם מְנַחֵם וּמִיַּד
עֹשְׁקֵיהֶם כֹּחַ וְאֵין לָהֶם מְנַחֵם: וְשַׁבֵּחַ אֲנִי אֶת־הַמֵּתִים שֶׁכְּבָר
מֵתוּ מִן־הַחַיִּים אֲשֶׁר הֵמָּה חַיִּים עֲדֶנָה: וְטוֹב מִשְּׁנֵיהֶם אֵת
אֲשֶׁר־עֲדֶן לֹא הָיָה אֲשֶׁר לֹא־רָאָה אֶת־הַמַּעֲשֶׂה הָרָע אֲשֶׁר
נַעֲשָׂה תַּחַת הַשָּׁמֶשׁ: וְרָאִיתִי אֲנִי אֶת־כָּל־עָמָל וְאֵת כָּל־כִּשְׁרוֹן
הַמַּעֲשֶׂה כִּי הִיא קִנְאַת־אִישׁ מֵרֵעֵהוּ גַּם־זֶה הֶבֶל וּרְעוּת רוּחַ:
הַכְּסִיל חֹבֵק אֶת־יָדָיו וְאֹכֵל אֶת־בְּשָׂרוֹ: טוֹב מְלֹא כַף נָחַת
מִמְּלֹא חָפְנַיִם עָמָל וּרְעוּת רוּחַ: וְשַׁבְתִּי אֲנִי וָאֶרְאֶה הֶבֶל תַּחַת
הַשָּׁמֶשׁ: יֵשׁ אֶחָד וְאֵין שֵׁנִי גַּם בֵּן וָאָח אֵין־לוֹ וְאֵין קֵץ לְכָל־
עֲמָלוֹ גַּם־עֵינָיו לֹא־תִשְׂבַּע עֹשֶׁר וּלְמִי ׀ אֲנִי עָמֵל וּמְחַסֵּר אֶת־ עֵינוֹ
נַפְשִׁי מִטּוֹבָה גַּם־זֶה הֶבֶל וְעִנְיַן רָע הוּא: טוֹבִים הַשְּׁנַיִם מִן־
הָאֶחָד אֲשֶׁר יֵשׁ־לָהֶם שָׂכָר טוֹב בַּעֲמָלָם: כִּי אִם־יִפֹּלוּ הָאֶחָד
יָקִים אֶת־חֲבֵרוֹ וְאִילוֹ הָאֶחָד שֶׁיִּפּוֹל וְאֵין שֵׁנִי לַהֲקִימוֹ: גַּם
אִם־יִשְׁכְּבוּ שְׁנַיִם וְחַם לָהֶם וּלְאֶחָד אֵיךְ יֵחָם: וְאִם־יִתְקְפוֹ
הָאֶחָד הַשְּׁנַיִם יַעַמְדוּ נֶגְדּוֹ וְהַחוּט הַמְשֻׁלָּשׁ לֹא בִמְהֵרָה יִנָּתֵק:
טוֹב יֶלֶד מִסְכֵּן וְחָכָם מִמֶּלֶךְ זָקֵן וּכְסִיל אֲשֶׁר לֹא־יָדַע לְהִזָּהֵר
עוֹד: כִּי־מִבֵּית הָסוּרִים יָצָא לִמְלֹךְ כִּי גַּם בְּמַלְכוּתוֹ נוֹלַד רָשׁ:

רָאִיתִי אֶת־כָּל־הַחַיִּים הַמְהַלְּכִים תַּחַת הַשָּׁמֶשׁ עִם הַיֶּלֶד הַשֵּׁנִי
אֲשֶׁר יַעֲמֹד תַּחְתָּיו׃ אֵין־קֵץ לְכָל־הָעָם לְכֹל אֲשֶׁר־הָיָה לִפְנֵיהֶם
גַּם הָאַחֲרוֹנִים לֹא יִשְׂמְחוּ־בוֹ כִּי־גַם־זֶה הֶבֶל וְרַעְיוֹן רוּחַ׃ שְׁמוֹר
רַגְלְךָ רגליך כַּאֲשֶׁר תֵּלֵךְ אֶל־בֵּית הָאֱלֹהִים וְקָרוֹב לִשְׁמֹעַ מִתֵּת
הַכְּסִילִים זָבַח כִּי־אֵינָם יוֹדְעִים לַעֲשׂוֹת רָע׃ אַל־תְּבַהֵל עַל־ ה
פִּיךָ וְלִבְּךָ אַל־יְמַהֵר לְהוֹצִיא דָבָר לִפְנֵי הָאֱלֹהִים כִּי הָאֱלֹהִים
בַּשָּׁמַיִם וְאַתָּה עַל־הָאָרֶץ עַל־כֵּן יִהְיוּ דְבָרֶיךָ מְעַטִּים׃ כִּי בָּא
הַחֲלוֹם בְּרֹב עִנְיָן וְקוֹל כְּסִיל בְּרֹב דְּבָרִים׃ כַּאֲשֶׁר תִּדֹּר נֶדֶר
לֵאלֹהִים אַל־תְּאַחֵר לְשַׁלְּמוֹ כִּי אֵין חֵפֶץ בַּכְּסִילִים אֵת אֲשֶׁר־
תִּדֹּר שַׁלֵּם׃ טוֹב אֲשֶׁר לֹא־תִדֹּר מִשֶּׁתִּדּוֹר וְלֹא תְשַׁלֵּם׃ אַל־תִּתֵּן
אֶת־פִּיךָ לַחֲטִיא אֶת־בְּשָׂרֶךָ וְאַל־תֹּאמַר לִפְנֵי הַמַּלְאָךְ כִּי שְׁגָגָה
הִיא לָמָּה יִקְצֹף הָאֱלֹהִים עַל־קוֹלֶךָ וְחִבֵּל אֶת־מַעֲשֵׂה יָדֶיךָ׃
כִּי בְרֹב חֲלֹמוֹת וַהֲבָלִים וּדְבָרִים הַרְבֵּה כִּי אֶת־הָאֱלֹהִים יְרָא׃
אִם־עֹשֶׁק רָשׁ וְגֵזֶל מִשְׁפָּט וָצֶדֶק תִּרְאֶה בַמְּדִינָה אַל־תִּתְמַהּ
עַל־הַחֵפֶץ כִּי גָבֹהַּ מֵעַל גָּבֹהַּ שֹׁמֵר וּגְבֹהִים עֲלֵיהֶם׃ וְיִתְרוֹן אֶרֶץ
הִוא בַּכֹּל הִיא מֶלֶךְ לְשָׂדֶה נֶעֱבָד׃ אֹהֵב כֶּסֶף לֹא־יִשְׂבַּע כֶּסֶף וּמִי־
אֹהֵב בֶּהָמוֹן לֹא תְבוּאָה גַּם־זֶה הָבֶל׃ בִּרְבוֹת הַטּוֹבָה רַבּוּ
רְאוּת אוֹכְלֶיהָ וּמַה־כִּשְׁרוֹן לִבְעָלֶיהָ כִּי אִם־ראית עֵינָיו׃ מְתוּקָה שְׁנַת
הָעֹבֵד אִם־מְעַט וְאִם־הַרְבֵּה יֹאכֵל וְהַשָּׂבָע לֶעָשִׁיר אֵינֶנּוּ מַנִּיחַ
לוֹ לִישׁוֹן׃ יֵשׁ רָעָה חוֹלָה רָאִיתִי תַּחַת הַשָּׁמֶשׁ עֹשֶׁר שָׁמוּר
לִבְעָלָיו לְרָעָתוֹ׃ וְאָבַד הָעֹשֶׁר הַהוּא בְּעִנְיַן רָע וְהוֹלִיד בֵּן וְאֵין
בְּיָדוֹ מְאוּמָה׃ כַּאֲשֶׁר יָצָא מִבֶּטֶן אִמּוֹ עָרוֹם יָשׁוּב לָלֶכֶת כְּשֶׁבָּא
וּמְאוּמָה לֹא־יִשָּׂא בַעֲמָלוֹ שֶׁיֹּלֵךְ בְּיָדוֹ׃ וְגַם־זֹה רָעָה חוֹלָה כָּל־
עֻמַּת שֶׁבָּא כֵּן יֵלֵךְ וּמַה־יִּתְרוֹן לוֹ שֶׁיַּעֲמֹל לָרוּחַ׃ גַּם כָּל־יָמָיו

בַּחֹשֶׁךְ יֹאכֵל וְכָעַס הַרְבֵּה וְחָלְיוֹ וָקָצֶף׃ הִנֵּה אֲשֶׁר־רָאִיתִי אָנִי
טוֹב אֲשֶׁר־יָפֶה לֶאֱכוֹל וְלִשְׁתּוֹת וְלִרְאוֹת טוֹבָה בְּכָל־עֲמָלוֹ ׀
שֶׁיַּעֲמֹל תַּחַת־הַשֶּׁמֶשׁ מִסְפַּר יְמֵי־חַיָּו אֲשֶׁר־נָתַן־לוֹ הָאֱלֹהִים
כִּי־הוּא חֶלְקוֹ׃ גַּם כָּל־הָאָדָם אֲשֶׁר נָתַן־לוֹ הָאֱלֹהִים עֹשֶׁר
וּנְכָסִים וְהִשְׁלִיטוֹ לֶאֱכֹל מִמֶּנּוּ וְלָשֵׂאת אֶת־חֶלְקוֹ וְלִשְׂמֹחַ
בַּעֲמָלוֹ זֹה מַתַּת אֱלֹהִים הִיא׃ כִּי לֹא הַרְבֵּה יִזְכֹּר אֶת־יְמֵי חַיָּיו
כִּי הָאֱלֹהִים מַעֲנֶה בְּשִׂמְחַת לִבּוֹ׃ יֵשׁ רָעָה אֲשֶׁר רָאִיתִי תַּחַת ו
הַשָּׁמֶשׁ וְרַבָּה הִיא עַל־הָאָדָם׃ אִישׁ אֲשֶׁר יִתֶּן־לוֹ הָאֱלֹהִים עֹשֶׁר
וּנְכָסִים וְכָבוֹד וְאֵינֶנּוּ חָסֵר לְנַפְשׁוֹ ׀ מִכֹּל אֲשֶׁר־יִתְאַוֶּה וְלֹא־
יַשְׁלִיטֶנּוּ הָאֱלֹהִים לֶאֱכֹל מִמֶּנּוּ כִּי אִישׁ נָכְרִי יֹאכְלֶנּוּ זֶה הֶבֶל
וָחֳלִי רָע הוּא׃ אִם־יוֹלִיד אִישׁ מֵאָה וְשָׁנִים רַבּוֹת יִחְיֶה וְרַב ׀
שֶׁיִּהְיוּ יְמֵי־שָׁנָיו וְנַפְשׁוֹ לֹא־תִשְׂבַּע מִן־הַטּוֹבָה וְגַם־קְבוּרָה לֹא־
הָיְתָה לּוֹ אָמַרְתִּי טוֹב מִמֶּנּוּ הַנָּפֶל׃ כִּי־בַהֶבֶל בָּא וּבַחֹשֶׁךְ יֵלֵךְ
וּבַחֹשֶׁךְ שְׁמוֹ יְכֻסֶּה׃ גַּם־שֶׁמֶשׁ לֹא־רָאָה וְלֹא יָדָע נַחַת לָזֶה מִזֶּה׃
וְאִלּוּ חָיָה אֶלֶף שָׁנִים פַּעֲמַיִם וְטוֹבָה לֹא רָאָה הֲלֹא אֶל־מָקוֹם
אֶחָד הַכֹּל הוֹלֵךְ׃ כָּל־עֲמַל הָאָדָם לְפִיהוּ וְגַם־הַנֶּפֶשׁ לֹא תִמָּלֵא׃
כִּי מַה־יּוֹתֵר לֶחָכָם מִן־הַכְּסִיל מַה־לֶּעָנִי יוֹדֵעַ לַהֲלֹךְ נֶגֶד הַחַיִּים׃
טוֹב מַרְאֵה עֵינַיִם מֵהֲלָךְ־נָפֶשׁ גַּם־זֶה הֶבֶל וּרְעוּת רוּחַ׃ מַה־
שֶּׁהָיָה כְּבָר נִקְרָא שְׁמוֹ וְנוֹדָע אֲשֶׁר־הוּא אָדָם וְלֹא־יוּכַל לָדִין
עִם שהתקיף מִמֶּנּוּ׃ כִּי יֵשׁ־דְּבָרִים הַרְבֵּה מַרְבִּים הָבֶל מַה־ שֶׁתַּקִּיף
יֹּתֵר לָאָדָם׃ כִּי מִי־יוֹדֵעַ מַה־טּוֹב לָאָדָם בַּחַיִּים מִסְפַּר יְמֵי־
חַיֵּי הֶבְלוֹ וְיַעֲשֵׂם כַּצֵּל אֲשֶׁר מִי־יַגִּיד לָאָדָם מַה־יִּהְיֶה אַחֲרָיו
תַּחַת הַשָּׁמֶשׁ׃ טוֹב שֵׁם מִשֶּׁמֶן טוֹב וְיוֹם הַמָּוֶת ז
מִיּוֹם הִוָּלְדוֹ׃ טוֹב לָלֶכֶת אֶל־בֵּית־אֵבֶל מִלֶּכֶת אֶל־בֵּית מִשְׁתֶּה

בַּאֲשֶׁר הוּא סוֹף כָּל־הָאָדָם וְהַחַי יִתֵּן אֶל־לִבּוֹ: טוֹב כַּעַס מִשְּׂחוֹק
כִּי־בְרֹעַ פָּנִים יִיטַב לֵב: לֵב חֲכָמִים בְּבֵית אֵבֶל וְלֵב כְּסִילִים
בְּבֵית שִׂמְחָה: טוֹב לִשְׁמוֹעַ גַּעֲרַת חָכָם מֵאִישׁ שֹׁמֵעַ שִׁיר
כְּסִילִים: כִּי כְקוֹל הַסִּירִים תַּחַת הַסִּיר כֵּן שְׂחֹק הַכְּסִיל וְגַם־
זֶה הָבֶל: כִּי הָעֹשֶׁק יְהוֹלֵל חָכָם וִיאַבֵּד אֶת־לֵב מַתָּנָה: טוֹב
אַחֲרִית דָּבָר מֵרֵאשִׁיתוֹ טוֹב אֶרֶךְ־רוּחַ מִגְּבַהּ רוּחַ: אַל־תְּבַהֵל
בְּרוּחֲךָ לִכְעוֹס כִּי כַעַס בְּחֵיק כְּסִילִים יָנוּחַ: אַל־תֹּאמַר מֶה הָיָה
שֶׁהַיָּמִים הָרִאשֹׁנִים הָיוּ טוֹבִים מֵאֵלֶּה כִּי לֹא מֵחָכְמָה שָׁאַלְתָּ
עַל־זֶה: טוֹבָה חָכְמָה עִם־נַחֲלָה וְיֹתֵר לְרֹאֵי הַשָּׁמֶשׁ: כִּי בְּצֵל
הַחָכְמָה בְּצֵל הַכָּסֶף וְיִתְרוֹן דַּעַת הַחָכְמָה תְּחַיֶּה בְעָלֶיהָ: רְאֵה
אֶת־מַעֲשֵׂה הָאֱלֹהִים כִּי מִי יוּכַל לְתַקֵּן אֵת אֲשֶׁר עִוְּתוֹ: בְּיוֹם
טוֹבָה הֱיֵה בְטוֹב וּבְיוֹם רָעָה רְאֵה גַּם אֶת־זֶה לְעֻמַּת־זֶה עָשָׂה
הָאֱלֹהִים עַל־דִּבְרַת שֶׁלֹּא יִמְצָא הָאָדָם אַחֲרָיו מְאוּמָה: אֶת־
הַכֹּל רָאִיתִי בִּימֵי הֶבְלִי יֵשׁ צַדִּיק אֹבֵד בְּצִדְקוֹ וְיֵשׁ רָשָׁע מַאֲרִיךְ
בְּרָעָתוֹ: אַל־תְּהִי צַדִּיק הַרְבֵּה וְאַל־תִּתְחַכַּם יוֹתֵר לָמָּה תִּשּׁוֹמֵם:
אַל־תִּרְשַׁע הַרְבֵּה וְאַל־תְּהִי סָכָל לָמָּה תָמוּת בְּלֹא עִתֶּךָ: טוֹב
אֲשֶׁר תֶּאֱחֹז בָּזֶה וְגַם־מִזֶּה אַל־תַּנַּח אֶת־יָדֶךָ כִּי־יְרֵא אֱלֹהִים
יֵצֵא אֶת־כֻּלָּם: הַחָכְמָה תָּעֹז לֶחָכָם מֵעֲשָׂרָה שַׁלִּיטִים אֲשֶׁר הָיוּ
בָּעִיר: כִּי אָדָם אֵין צַדִּיק בָּאָרֶץ אֲשֶׁר יַעֲשֶׂה־טּוֹב וְלֹא יֶחֱטָא:
גַּם לְכָל־הַדְּבָרִים אֲשֶׁר יְדַבֵּרוּ אַל־תִּתֵּן לִבֶּךָ אֲשֶׁר לֹא־תִשְׁמַע
אֶת־עַבְדְּךָ מְקַלְלֶךָ: כִּי גַּם־פְּעָמִים רַבּוֹת יָדַע לִבֶּךָ אֲשֶׁר גַּם־אַתָּ
קִלַּלְתָּ אֲחֵרִים: כָּל־זֹה נִסִּיתִי בַחָכְמָה אָמַרְתִּי אֶחְכָּמָה וְהִיא
רְחוֹקָה מִמֶּנִּי: רָחוֹק מַה־שֶּׁהָיָה וְעָמֹק ׀ עָמֹק מִי יִמְצָאֶנּוּ: סַבּוֹתִי
אֲנִי וְלִבִּי לָדַעַת וְלָתוּר וּבַקֵּשׁ חָכְמָה וְחֶשְׁבּוֹן וְלָדַעַת רֶשַׁע כֶּסֶל

וְהַסִּכְלוּת הוֹלֵלוֹת: וּמוֹצֶא אֲנִי מַר מִמָּוֶת אֶת־הָאִשָּׁה אֲשֶׁר־הִיא
מְצוֹדִים וַחֲרָמִים לִבָּהּ אֲסוּרִים יָדֶיהָ טוֹב לִפְנֵי הָאֱלֹהִים יִמָּלֵט
מִמֶּנָּה וְחוֹטֵא יִלָּכֶד בָּהּ: רְאֵה זֶה מָצָאתִי אָמְרָה קֹהֶלֶת אַחַת
לְאַחַת לִמְצֹא חֶשְׁבּוֹן: אֲשֶׁר עוֹד־בִּקְשָׁה נַפְשִׁי וְלֹא מָצָאתִי
אָדָם אֶחָד מֵאֶלֶף מָצָאתִי וְאִשָּׁה בְכָל־אֵלֶּה לֹא מָצָאתִי: לְבַד
רְאֵה־זֶה מָצָאתִי אֲשֶׁר עָשָׂה הָאֱלֹהִים אֶת־הָאָדָם יָשָׁר וְהֵמָּה
ח בִקְשׁוּ חִשְּׁבֹנוֹת רַבִּים: מִי כְּהֶחָכָם וּמִי יוֹדֵעַ פֵּשֶׁר דָּבָר חָכְמַת
אָדָם תָּאִיר פָּנָיו וְעֹז פָּנָיו יְשֻׁנֶּא: אֲנִי פִּי־מֶלֶךְ שְׁמֹר וְעַל דִּבְרַת
שְׁבוּעַת אֱלֹהִים: אַל־תִּבָּהֵל מִפָּנָיו תֵּלֵךְ אַל־תַּעֲמֹד בְּדָבָר רָע
כִּי כָּל־אֲשֶׁר יַחְפֹּץ יַעֲשֶׂה: בַּאֲשֶׁר דְּבַר־מֶלֶךְ שִׁלְטוֹן וּמִי יֹאמַר־
לוֹ מַה־תַּעֲשֶׂה: שׁוֹמֵר מִצְוָה לֹא יֵדַע דָּבָר רָע וְעֵת וּמִשְׁפָּט יֵדַע
לֵב חָכָם: כִּי לְכָל־חֵפֶץ יֵשׁ עֵת וּמִשְׁפָּט כִּי־רָעַת הָאָדָם רַבָּה
עָלָיו: כִּי־אֵינֶנּוּ יֹדֵעַ מַה־שֶּׁיִּהְיֶה כִּי כַּאֲשֶׁר יִהְיֶה מִי יַגִּיד לוֹ:
אֵין אָדָם שַׁלִּיט בָּרוּחַ לִכְלוֹא אֶת־הָרוּחַ וְאֵין שִׁלְטוֹן בְּיוֹם הַמָּוֶת
וְאֵין מִשְׁלַחַת בַּמִּלְחָמָה וְלֹא־יְמַלֵּט רֶשַׁע אֶת־בְּעָלָיו: אֶת־כָּל־
זֶה רָאִיתִי וְנָתוֹן אֶת־לִבִּי לְכָל־מַעֲשֶׂה אֲשֶׁר נַעֲשָׂה תַּחַת הַשָּׁמֶשׁ
עֵת אֲשֶׁר שָׁלַט הָאָדָם בְּאָדָם לְרַע לוֹ: וּבְכֵן רָאִיתִי רְשָׁעִים
קְבֻרִים וָבָאוּ וּמִמְּקוֹם קָדוֹשׁ יְהַלֵּכוּ וְיִשְׁתַּכְּחוּ בָעִיר אֲשֶׁר כֵּן־
עָשׂוּ גַּם־זֶה הָבֶל: אֲשֶׁר אֵין־נַעֲשָׂה פִתְגָם מַעֲשֵׂה הָרָעָה מְהֵרָה
עַל־כֵּן מָלֵא לֵב בְּנֵי־הָאָדָם בָּהֶם לַעֲשׂוֹת רָע: אֲשֶׁר חֹטֶא עֹשֶׂה
רָע מְאַת וּמַאֲרִיךְ לוֹ כִּי גַּם־יוֹדֵעַ אָנִי אֲשֶׁר יִהְיֶה־טּוֹב לְיִרְאֵי
הָאֱלֹהִים אֲשֶׁר יִירְאוּ מִלְּפָנָיו: וְטוֹב לֹא־יִהְיֶה לָרָשָׁע וְלֹא־יַאֲרִיךְ
יָמִים כַּצֵּל אֲשֶׁר אֵינֶנּוּ יָרֵא מִלִּפְנֵי אֱלֹהִים: יֶשׁ־הֶבֶל אֲשֶׁר נַעֲשָׂה
עַל־הָאָרֶץ אֲשֶׁר ׀ יֵשׁ צַדִּיקִים אֲשֶׁר מַגִּיעַ אֲלֵהֶם כְּמַעֲשֵׂה

הרשעים ויש רשעים שמגיע אלהם כמעשה הצדיקים אמרתי
שגם־זה הבל: ושבחתי אני את־השמחה אשר אין־טוב
לאדם תחת השמש כי אם־לאכל ולשתות ולשמוח והוא
ילונו בעמלו ימי חייו אשר־נתן־לו האלהים תחת השמש:
כאשר נתתי את־לבי לדעת חכמה ולראות את־הענין אשר
נעשה על־הארץ כי גם ביום ובלילה שנה בעיניו איננו ראה:
וראיתי את־כל־מעשה האלהים כי לא יוכל האדם למצוא
את־המעשה אשר נעשה תחת־השמש בשל אשר יעמל
האדם לבקש ולא ימצא וגם אם־יאמר החכם לדעת לא יוכל
למצא: כי את־כל־זה נתתי אל־לבי ולבור את־כל־זה אשר ט
הצדיקים והחכמים ועבדיהם ביד האלהים גם־אהבה גם־
שנאה אין יודע האדם הכל לפניהם: הכל כאשר לכל מקרה
אחד לצדיק ולרשע לטוב ולטהור ולטמא ולזבח ולאשר
איננו זבח כטוב כחטא הנשבע כאשר שבועה ירא: זה ׀
רע בכל אשר־נעשה תחת השמש כי־מקרה אחד לכל וגם
לב בני־האדם מלא־רע והוללות בלבבם בחייהם ואחריו
יְחֻבַּר אל־המתים: כי־מי אשר יבחר אל כל־החיים יש בטחון כי־
לכלב חי הוא טוב מן־האריה המת: כי החיים יודעים שימתו
והמתים אינם יודעים מאומה ואין־עוד להם שכר כי נשכח
זכרם: גם אהבתם גם־שנאתם גם־קנאתם כבר אבדה וחלק
אין־להם עוד לעולם בכל אשר־נעשה תחת השמש: לך אכל
בשמחה לחמך ושתה בלב־טוב יינך כי כבר רצה האלהים
את־מעשיך: בכל־עת יהיו בגדיך לבנים ושמן על־ראשך
אל־יחסר: ראה חיים עם־אשה אשר־אהבת כל־ימי חיי הבלך

אשר נתן־לך תחת השמש כל ימי הבלך כי הוא חלקך בחיים
ובעמלך אשר־אתה עמל תחת השמש: כל אשר תמצא
ידך לעשות בכחך עשה כי אין מעשה וחשבון ודעת וחכמה
בשאול אשר אתה הלך שמה: שבתי וראה תחת־השמש כי
לא לקלים המרוץ ולא לגבורים המלחמה וגם לא לחכמים
לחם וגם לא לנבנים עשר וגם לא לידעים חן כי־עת ופגע יקרה
את־כלם: כי גם לא־ידע האדם את־עתו כדגים שנאחזים
במצודה רעה וכצפרים האחזות בפח כהם יוקשים בני האדם
לעת רעה כשתפול עליהם פתאם: גם־זה ראיתי חכמה תחת
השמש וגדולה היא אלי: עיר קטנה ואנשים בה מעט ובא־
אליה מלך גדול וסבב אתה ובנה עליה מצודים גדלים: ומצא
בה איש מסכן חכם ומלט־הוא את־העיר בחכמתו ואדם לא
זכר את־האיש המסכן ההוא: ואמרתי אני טובה חכמה
מגבורה וחכמת המסכן בזויה ודבריו אינם נשמעים: דברי
חכמים בנחת נשמעים מזעקת מושל בכסילים: טובה חכמה
מכלי קרב וחוטא אחד יאבד טובה הרבה: זבובי מות יבאיש י
יביע שמן רוקח יקר מחכמה מכבוד סכלות מעט: לב חכם
לימינו ולב כסיל לשמאלו: וגם־בדרך כשהסכל הלך לבו חסר כשסכל
ואמר לכל סכל הוא: אם־רוח המושל תעלה עליך מקומך
אל־תנח כי מרפא יניח חטאים גדולים: יש רעה ראיתי תחת
השמש כשגגה שיצא מלפני השליט: נתן הסכל במרומים
רבים ועשירים בשפל ישבו: ראיתי עבדים על־סוסים ושרים
הלכים כעבדים על־הארץ: חפר גומץ בו יפול ופרץ גדר ישכנו
נחש: מסיע אבנים יעצב בהם בוקע עצים יסכן בם: אם־

קֵהָה הַבַּרְזֶל וְהוּא לֹא־פָנִים קִלְקַל וַחֲיָלִים יְגַבֵּר וְיִתְרוֹן הַכְשֵׁיר
חָכְמָה: אִם־יִשֹּׁךְ הַנָּחָשׁ בְּלוֹא־לָחַשׁ וְאֵין יִתְרוֹן לְבַעַל הַלָּשׁוֹן:
דִּבְרֵי פִי־חָכָם חֵן וְשִׂפְתוֹת כְּסִיל תְּבַלְּעֶנּוּ: תְּחִלַּת דִּבְרֵי־פִיהוּ
סִכְלוּת וְאַחֲרִית פִּיהוּ הוֹלֵלוּת רָעָה: וְהַסָּכָל יַרְבֶּה דְבָרִים לֹא־
יֵדַע הָאָדָם מַה־שֶּׁיִּהְיֶה וַאֲשֶׁר יִהְיֶה מֵאַחֲרָיו מִי יַגִּיד לוֹ: עֲמַל
הַכְּסִילִים תְּיַגְּעֶנּוּ אֲשֶׁר לֹא־יָדַע לָלֶכֶת אֶל־עִיר: אִי־לָךְ אֶרֶץ
שֶׁמַּלְכֵּךְ נָעַר וְשָׂרַיִךְ בַּבֹּקֶר יֹאכֵלוּ: אַשְׁרֵיךְ אֶרֶץ שֶׁמַּלְכֵּךְ בֶּן־
חוֹרִים וְשָׂרַיִךְ בָּעֵת יֹאכֵלוּ בִּגְבוּרָה וְלֹא בַשְּׁתִי: בַּעֲצַלְתַּיִם יִמַּךְ
הַמְּקָרֶה וּבְשִׁפְלוּת יָדַיִם יִדְלֹף הַבָּיִת: לִשְׂחוֹק עֹשִׂים לֶחֶם וְיַיִן
יְשַׂמַּח חַיִּים וְהַכֶּסֶף יַעֲנֶה אֶת־הַכֹּל: גַּם בְּמַדָּעֲךָ מֶלֶךְ אַל־תְּקַלֵּל
וּבְחַדְרֵי מִשְׁכָּבְךָ אַל־תְּקַלֵּל עָשִׁיר כִּי עוֹף הַשָּׁמַיִם יוֹלִיךְ אֶת־
יא הַקּוֹל וּבַעַל הכנפים יַגֵּיד דָּבָר: שַׁלַּח לַחְמְךָ עַל־פְּנֵי הַמָּיִם כְּנָפַיִם
כִּי־בְרֹב הַיָּמִים תִּמְצָאֶנּוּ: תֶּן־חֵלֶק לְשִׁבְעָה וְגַם לִשְׁמוֹנָה כִּי
לֹא תֵדַע מַה־יִּהְיֶה רָעָה עַל־הָאָרֶץ: אִם־יִמָּלְאוּ הֶעָבִים גֶּשֶׁם
עַל־הָאָרֶץ יָרִיקוּ וְאִם־יִפּוֹל עֵץ בַּדָּרוֹם וְאִם בַּצָּפוֹן מְקוֹם שֶׁיִּפּוֹל
הָעֵץ שָׁם יְהוּא: שֹׁמֵר רוּחַ לֹא יִזְרָע וְרֹאֶה בֶעָבִים לֹא יִקְצוֹר:
כַּאֲשֶׁר אֵינְךָ יוֹדֵעַ מַה־דֶּרֶךְ הָרוּחַ כַּעֲצָמִים בְּבֶטֶן הַמְּלֵאָה
כָּכָה לֹא תֵדַע אֶת־מַעֲשֵׂה הָאֱלֹהִים אֲשֶׁר יַעֲשֶׂה אֶת־הַכֹּל:
בַּבֹּקֶר זְרַע אֶת־זַרְעֶךָ וְלָעֶרֶב אַל־תַּנַּח יָדֶךָ כִּי אֵינְךָ יוֹדֵעַ אֵי
זֶה יִכְשַׁר הֲזֶה אוֹ־זֶה וְאִם־שְׁנֵיהֶם כְּאֶחָד טוֹבִים: וּמָתוֹק הָאוֹר
וְטוֹב לַעֵינַיִם לִרְאוֹת אֶת־הַשָּׁמֶשׁ: כִּי אִם־שָׁנִים הַרְבֵּה יִחְיֶה
הָאָדָם בְּכֻלָּם יִשְׂמָח וְיִזְכֹּר אֶת־יְמֵי הַחֹשֶׁךְ כִּי־הַרְבֵּה יִהְיוּ כָּל־
שֶׁבָּא הָבֶל: שְׂמַח בָּחוּר בְּיַלְדוּתֶךָ וִיטִיבְךָ לִבְּךָ בִּימֵי בְחוּרוֹתֶךָ
וְהַלֵּךְ בְּדַרְכֵי לִבְּךָ ובמראי עֵינֶיךָ וְדָע כִּי עַל־כָּל־אֵלֶּה יְבִיאֲךָ וּבְמַרְאֵה

הָאֱלֹהִים בַּמִּשְׁפָּט׃ וְהָסֵר כַּעַס מִלִּבֶּךָ וְהַעֲבֵר רָעָה מִבְּשָׂרֶךָ
יב כִּי־הַיַּלְדוּת וְהַשַּׁחֲרוּת הָבֶל׃ וּזְכֹר אֶת־בּוֹרְאֶיךָ בִּימֵי בְּחוּרֹתֶיךָ
עַד אֲשֶׁר לֹא־יָבֹאוּ יְמֵי הָרָעָה וְהִגִּיעוּ שָׁנִים אֲשֶׁר תֹּאמַר אֵין־
לִי בָהֶם חֵפֶץ׃ עַד אֲשֶׁר לֹא־תֶחְשַׁךְ הַשֶּׁמֶשׁ וְהָאוֹר וְהַיָּרֵחַ
וְהַכּוֹכָבִים וְשָׁבוּ הֶעָבִים אַחַר הַגָּשֶׁם׃ בַּיּוֹם שֶׁיָּזֻעוּ שֹׁמְרֵי הַבַּיִת
וְהִתְעַוְּתוּ אַנְשֵׁי הֶחָיִל וּבָטְלוּ הַטֹּחֲנוֹת כִּי מִעֵטוּ וְחָשְׁכוּ הָרֹאוֹת
בָּאֲרֻבּוֹת׃ וְסֻגְּרוּ דְלָתַיִם בַּשּׁוּק בִּשְׁפַל קוֹל הַטַּחֲנָה וְיָקוּם לְקוֹל
הַצִּפּוֹר וְיִשַּׁחוּ כָּל־בְּנוֹת הַשִּׁיר׃ גַּם מִגָּבֹהַּ יִרָאוּ וְחַתְחַתִּים
בַּדֶּרֶךְ וְיָנֵאץ הַשָּׁקֵד וְיִסְתַּבֵּל הֶחָגָב וְתָפֵר הָאֲבִיּוֹנָה כִּי־הֹלֵךְ
הָאָדָם אֶל־בֵּית עוֹלָמוֹ וְסָבְבוּ בַשּׁוּק הַסֹּפְדִים׃ עַד אֲשֶׁר לֹא־
ירחק חֶבֶל הַכֶּסֶף וְתָרֻץ גֻּלַּת הַזָּהָב וְתִשָּׁבֶר כַּד עַל־הַמַּבּוּעַ יֵרָתֵק
וְנָרֹץ הַגַּלְגַּל אֶל־הַבּוֹר׃ וְיָשֹׁב הֶעָפָר עַל־הָאָרֶץ כְּשֶׁהָיָה וְהָרוּחַ
תָּשׁוּב אֶל־הָאֱלֹהִים אֲשֶׁר נְתָנָהּ׃ הֲבֵל הֲבָלִים אָמַר הַקּוֹהֶלֶת
הַכֹּל הָבֶל׃ וְיֹתֵר שֶׁהָיָה קֹהֶלֶת חָכָם עוֹד לִמַּד־דַּעַת אֶת־הָעָם
וְאִזֵּן וְחִקֵּר תִּקֵּן מְשָׁלִים הַרְבֵּה׃ בִּקֵּשׁ קֹהֶלֶת לִמְצֹא דִּבְרֵי־חֵפֶץ
וְכָתוּב יֹשֶׁר דִּבְרֵי אֱמֶת׃ דִּבְרֵי חֲכָמִים כַּדָּרְבֹנוֹת וּכְמַשְׂמְרוֹת
נְטוּעִים בַּעֲלֵי אֲסֻפּוֹת נִתְּנוּ מֵרֹעֶה אֶחָד׃ וְיֹתֵר מֵהֵמָּה בְּנִי הִזָּהֵר
עֲשׂוֹת סְפָרִים הַרְבֵּה אֵין קֵץ וְלַהַג הַרְבֵּה יְגִעַת בָּשָׂר׃ סוֹף
דָּבָר הַכֹּל נִשְׁמָע אֶת־הָאֱלֹהִים יְרָא וְאֶת־מִצְוֺתָיו שְׁמוֹר כִּי־
זֶה כָּל־הָאָדָם׃ כִּי אֶת־כָּל־מַעֲשֶׂה הָאֱלֹהִים יָבִא בְמִשְׁפָּט עַל
כָּל־נֶעְלָם אִם־טוֹב וְאִם־רָע׃

סוף דבר הכל נשמע
את האלהים ירא ואת מצותיו שמור
כי זה כל האדם

קדיש יתום

אם יש מניין, האבלים עומדים ואומרים קדיש יתום.

אבל: יִתְגַּדַּל וְיִתְקַדַּשׁ שְׁמֵהּ רַבָּא (קהל: אָמֵן)
בְּעָלְמָא דִּי בְרָא כִרְעוּתֵהּ
וְיַמְלִיךְ מַלְכוּתֵהּ
בְּחַיֵּיכוֹן וּבְיוֹמֵיכוֹן וּבְחַיֵּי דְכָל בֵּית יִשְׂרָאֵל
בַּעֲגָלָא וּבִזְמַן קָרִיב
וְאִמְרוּ אָמֵן. (קהל: אָמֵן)

קהל ואבל: יְהֵא שְׁמֵהּ רַבָּא מְבָרַךְ לְעָלַם וּלְעָלְמֵי עָלְמַיָּא.

אבל: יִתְבָּרַךְ וְיִשְׁתַּבַּח וְיִתְפָּאַר וְיִתְרוֹמַם וְיִתְנַשֵּׂא
וְיִתְהַדָּר וְיִתְעַלֶּה וְיִתְהַלָּל
שְׁמֵהּ דְּקֻדְשָׁא בְּרִיךְ הוּא (קהל: בְּרִיךְ הוּא)
לְעֵלָּא מִן כָּל בִּרְכָתָא וְשִׁירָתָא
תֻּשְׁבְּחָתָא וְנֶחֱמָתָא
דַּאֲמִירָן בְּעָלְמָא
וְאִמְרוּ אָמֵן. (קהל: אָמֵן)

יְהֵא שְׁלָמָא רַבָּא מִן שְׁמַיָּא
וְחַיִּים, עָלֵינוּ וְעַל כָּל יִשְׂרָאֵל
וְאִמְרוּ אָמֵן. (קהל: אָמֵן)

כורע ופוסע שלוש פסיעות לאחור. קד לשמאל, לימין ולפנים באמירת:

עֹשֶׂה שָׁלוֹם בִּמְרוֹמָיו
הוּא יַעֲשֶׂה שָׁלוֹם עָלֵינוּ וְעַל כָּל יִשְׂרָאֵל
וְאִמְרוּ אָמֵן. (קהל: אָמֵן)

הוצאת ספר תורה

לפני קריאת התורה אומרים (׳אור זרוע׳ ח״ב, מב):

אֵין־כָּמְוֹךָ בָאֱלֹהִים, אֲדֹנָי, וְאֵין כְּמַעֲשֶׂיךָ: תהלים פו

מַלְכוּתְךָ מַלְכוּת כָּל־עֹלָמִים, וּמֶמְשַׁלְתְּךָ בְּכָל־דּוֹר וָדֹר: תהלים קמה

יהוה מֶלֶךְ, יהוה מָלָךְ, יהוה יִמְלֹךְ לְעֹלָם וָעֶד.

יהוה עֹז לְעַמּוֹ יִתֵּן, יהוה יְבָרֵךְ אֶת־עַמּוֹ בַשָּׁלוֹם: תהלים כט

אַב הָרַחֲמִים, הֵיטִיבָה בִרְצוֹנְךָ אֶת־צִיּוֹן תִּבְנֶה חוֹמוֹת יְרוּשָׁלָםִ: תהלים נא

כִּי בְךָ לְבַד בָּטָחְנוּ, מֶלֶךְ אֵל רָם וְנִשָּׂא, אֲדוֹן עוֹלָמִים.

פותחים את ארון הקודש. הקהל עומד על רגליו.

וַיְהִי בִּנְסֹעַ הָאָרֹן וַיֹּאמֶר מֹשֶׁה במדבר י

קוּמָה יהוה וְיָפֻצוּ אֹיְבֶיךָ וְיָנֻסוּ מְשַׂנְאֶיךָ מִפָּנֶיךָ:

כִּי מִצִּיּוֹן תֵּצֵא תוֹרָה וּדְבַר־יהוה מִירוּשָׁלָםִ: ישעיה ב

בָּרוּךְ שֶׁנָּתַן תּוֹרָה לְעַמּוֹ יִשְׂרָאֵל בִּקְדֻשָּׁתוֹ.

בשבת ממשיך ׳בְּרִיךְ שְׁמֵהּ׳ בעמוד הבא.

ביום טוב נוהגים לומר שלוש עשרה מידות (פרי עץ חיים), אחריהן תפילות אלו (שערי ציון) ואחר כך ׳בְּרִיךְ שְׁמֵהּ׳. ואין אומרים אותן בשבת (שערי אפרים).

אומרים שלוש פעמים:

יהוה, יהוה, אֵל רַחוּם וְחַנּוּן, אֶרֶךְ אַפַּיִם וְרַב־חֶסֶד וֶאֱמֶת: שמות לד

נֹצֵר חֶסֶד לָאֲלָפִים, נֹשֵׂא עָוֹן וָפֶשַׁע וְחַטָּאָה, וְנַקֵּה:

רִבּוֹנוֹ שֶׁל עוֹלָם, מַלֵּא מִשְׁאֲלוֹת לִבִּי לְטוֹבָה, וְהָפֵק רְצוֹנִי וְתֵן שְׁאֵלָתִי, וְזַכֵּה לִי (פלוני/ת בן/בת פלוני) (וְאִשְׁתִּי/בַּעְלִי וּבָנַי וּבְנוֹתַי) וְכָל בְּנֵי בֵיתִי, לַעֲשׂוֹת רְצוֹנְךָ בְּלֵבָב שָׁלֵם, וּמַלְּטֵנוּ מִיֵּצֶר הָרָע, וְתֵן חֶלְקֵנוּ בְּתוֹרָתֶךָ, וְזַכֵּנוּ שֶׁתִּשְׁרֶה שְׁכִינָתְךָ עָלֵינוּ, וְהוֹפַע עָלֵינוּ רוּחַ חָכְמָה וּבִינָה. וְיִתְקַיֵּם בָּנוּ מִקְרָא שֶׁכָּתוּב:
ישעיה יא וְנָחָה עָלָיו רוּחַ יהוה, רוּחַ חָכְמָה וּבִינָה, רוּחַ עֵצָה וּגְבוּרָה, רוּחַ דַּעַת וְיִרְאַת
יהוה: וּבְכֵן יְהִי רָצוֹן מִלְּפָנֶיךָ יהוה אֱלֹהֵינוּ וֵאלֹהֵי אֲבוֹתֵינוּ, שֶׁתְּזַכֵּנוּ לַעֲשׂוֹת

מַעֲשִׂים טוֹבִים בְּעֵינֶיךָ וְלָלֶכֶת בְּדַרְכֵי יְשָׁרִים לְפָנֶיךָ, וְקַדְּשֵׁנוּ בִּקְדֻשָּׁתְךָ כְּדֵי שֶׁנִּזְכֶּה לְחַיִּים טוֹבִים וַאֲרוּכִים וּלְחַיֵּי הָעוֹלָם הַבָּא, וְתִשְׁמְרֵנוּ מִמַּעֲשִׂים רָעִים
תהלים לב וּמִשָּׁעוֹת רָעוֹת הַמִּתְרַגְּשׁוֹת לָבוֹא לָעוֹלָם, וְהַבּוֹטֵחַ בַּיהוה חֶסֶד יְסוֹבְבֶנּוּ: אָמֵן.

תהלים יט **יִהְיוּ לְרָצוֹן אִמְרֵי־פִי וְהֶגְיוֹן לִבִּי לְפָנֶיךָ, יהוה צוּרִי וְגוֹאֲלִי:**

אומרים שלוש פעמים:

תהלים סט **וַאֲנִי תְפִלָּתִי־לְךָ יהוה, עֵת רָצוֹן, אֱלֹהִים בְּרָב־חַסְדֶּךָ עֲנֵנִי בֶּאֱמֶת יִשְׁעֶךָ:**

זוהר ויקהל בְּרִיךְ שְׁמֵהּ דְּמָרֵא עָלְמָא, בְּרִיךְ כִּתְרָךְ וְאַתְרָךְ. יְהֵא רְעוּתָךְ עִם עַמָּךְ יִשְׂרָאֵל לְעָלַם, וּפֻרְקַן יְמִינָךְ אַחֲזֵי לְעַמָּךְ בְּבֵית מַקְדְּשָׁךְ, וּלְאַמְטוּיֵי לָנָא מִטּוּב נְהוֹרָךְ, וּלְקַבֵּל צְלוֹתַנָא בְּרַחֲמִין. יְהֵא רַעֲוָא קֳדָמָךְ דְּתוֹרִיךְ לָן חַיִּין בְּטִיבוּ, וְלֶהֱוֵי אֲנָא פְקִידָא בְּגוֹ צַדִּיקַיָּא, לְמִרְחַם עָלַי וּלְמִנְטַר יָתִי וְיַת כָּל דִּי לִי וְדִי לְעַמָּךְ יִשְׂרָאֵל. אַנְתְּ הוּא זָן לְכֹלָּא וּמְפַרְנֵס לְכֹלָּא, אַנְתְּ הוּא שַׁלִּיט עַל כֹּלָּא, אַנְתְּ הוּא דְּשַׁלִּיט עַל מַלְכַיָּא, וּמַלְכוּתָא דִּילָךְ הִיא. אֲנָא עַבְדָּא דְקֻדְשָׁא בְּרִיךְ הוּא, דְּסָגֵדְנָא קַמֵּהּ וּמִקַּמֵּי דִּיקַר אוֹרַיְתֵהּ בְּכָל עִדָּן וְעִדָּן. לָא עַל אֱנָשׁ רָחִיצְנָא וְלָא עַל בַּר אֱלָהִין סָמִיכְנָא, אֶלָּא בֶּאֱלָהָא דִשְׁמַיָּא, דְּהוּא אֱלָהָא קְשׁוֹט, וְאוֹרַיְתֵהּ קְשׁוֹט, וּנְבִיאוֹהִי קְשׁוֹט, וּמַסְגֵּא לְמֶעְבַּד טַבְוָן וּקְשׁוֹט. ‹ בֵּהּ אֲנָא רָחִיץ, וְלִשְׁמֵהּ קַדִּישָׁא יַקִּירָא אֲנָא אֵמַר תֻּשְׁבְּחָן. יְהֵא רַעֲוָא קֳדָמָךְ דְּתִפְתַּח לִבַּאי בְּאוֹרַיְתָא, וְתַשְׁלִים מִשְׁאֲלִין דְּלִבַּאי וְלִבָּא דְכָל עַמָּךְ יִשְׂרָאֵל לְטָב וּלְחַיִּין וְלִשְׁלָם.

תרגום

ברוך שמו של אדון העולם, ברוך כתרך ומקומך. יהי רצונך עם עמך ישראל לעולם, וישועת ימינך הראה לעמך בבית מקדשך, ולהביא לנו מטוב אורך, ולקבל תפילותינו ברחמים. יהי רצון מלפניך שתאריך לנו חיים בטוב, ואהיה אני נמנה בתוך הצדיקים, לרחם עלי ולשמור אותי ואת כל אשר לי ואשר לעמך ישראל. אתה הוא זן לכול ומפרנס לכול, אתה הוא שליט על הכול, אתה הוא השליט על המלכים, והמלכות שלך היא. אני עבדו של הקדוש ברוך הוא, משתחוה לפניו ולפני כבוד תורתו בכל עת ועת. לא על אדם אני בטוח ולא על מלאך אני סמוך, אלא באלהי השמים, שהוא אלהים אמת, ותורתו אמת, ונביאיו אמת, ומרבה לעשות חסד ואמת. בו אני בטוח, ולשמו הקדוש הנכבד אני אומר תשבחות. יהי רצון מלפניך שתפתח לבי בתורה, ותמלא משאלות לבי ולב כל עמך ישראל לטובה ולחיים ולשלום.

שליח הציבור מקבל את ספר התורה בימינו, פונה לקהל ואומר ׳שְׁמַע יִשְׂרָאֵל׳ (מסכת סופרים פי״ד), ואחריו הקהל.

שְׁמַע יִשְׂרָאֵל, יהוה אֱלֹהֵינוּ, יהוה אֶחָד: דברים ו

שליח הציבור ואחריו הקהל:

אֶחָד אֱלֹהֵינוּ, גָּדוֹל אֲדוֹנֵינוּ, קָדוֹשׁ שְׁמוֹ.

שליח הציבור פונה לעבר ארון הקודש, קד, מגביה את ספר התורה ואומר (משנ״ב קלד, יג על פי מסכת סופרים):

גַּדְּלוּ לַיהוה אִתִּי וּנְרוֹמְמָה שְׁמוֹ יַחְדָּו: תהלים לד

סוגרים את ארון הקודש. שליח הציבור הולך אל הבימה, והקהל אומר:

לְךָ יהוה הַגְּדֻלָּה וְהַגְּבוּרָה וְהַתִּפְאֶרֶת וְהַנֵּצַח וְהַהוֹד, כִּי־כֹל בַּשָּׁמַיִם וּבָאָרֶץ, לְךָ יהוה הַמַּמְלָכָה וְהַמִּתְנַשֵּׂא לְכֹל לְרֹאשׁ: דברי הימים א׳ כט

רוֹמְמוּ יהוה אֱלֹהֵינוּ וְהִשְׁתַּחֲווּ לַהֲדֹם רַגְלָיו, קָדוֹשׁ הוּא: רוֹמְמוּ יהוה אֱלֹהֵינוּ וְהִשְׁתַּחֲווּ לְהַר קָדְשׁוֹ, כִּי־קָדוֹשׁ יהוה אֱלֹהֵינוּ: תהלים צט

הקהל אומר בלחש (מחזור ויטרי, קסה):

עַל הַכֹּל יִתְגַּדַּל וְיִתְקַדַּשׁ וְיִשְׁתַּבַּח וְיִתְפָּאַר וְיִתְרוֹמַם וְיִתְנַשֵּׂא שְׁמוֹ שֶׁל מֶלֶךְ מַלְכֵי הַמְּלָכִים הַקָּדוֹשׁ בָּרוּךְ הוּא בָּעוֹלָמוֹת שֶׁבָּרָא, הָעוֹלָם הַזֶּה וְהָעוֹלָם הַבָּא, כִּרְצוֹנוֹ וְכִרְצוֹן יְרֵאָיו וְכִרְצוֹן כָּל בֵּית יִשְׂרָאֵל. צוּר הָעוֹלָמִים, אֲדוֹן כָּל הַבְּרִיּוֹת, אֱלוֹהַּ כָּל הַנְּפָשׁוֹת, הַיּוֹשֵׁב בְּמֶרְחֲבֵי מָרוֹם, הַשּׁוֹכֵן בִּשְׁמֵי שְׁמֵי קֶדֶם, קְדֻשָּׁתוֹ עַל הַחַיּוֹת, וּקְדֻשָּׁתוֹ עַל כִּסֵּא הַכָּבוֹד. וּבְכֵן יִתְקַדַּשׁ שִׁמְךָ בָּנוּ יהוה אֱלֹהֵינוּ לְעֵינֵי כָּל חָי, וְנֹאמַר לְפָנָיו שִׁיר חָדָשׁ, כַּכָּתוּב:
שִׁירוּ לֵאלֹהִים זַמְּרוּ שְׁמוֹ, סֹלּוּ לָרֹכֵב בָּעֲרָבוֹת, בְּיָהּ שְׁמוֹ, וְעִלְזוּ לְפָנָיו: תהלים סח
וְנִרְאֵהוּ עַיִן בְּעַיִן בְּשׁוּבוֹ אֶל נָוֵהוּ, כַּכָּתוּב: כִּי עַיִן בְּעַיִן יִרְאוּ בְּשׁוּב יהוה ישעיה נב
צִיּוֹן: וְנֶאֱמַר: וְנִגְלָה כְּבוֹד יהוה, וְרָאוּ כָל־בָּשָׂר יַחְדָּו כִּי פִּי יהוה דִּבֵּר: ישעיה מ

אַב הָרַחֲמִים הוּא יְרַחֵם עַם עֲמוּסִים, וְיִזְכֹּר בְּרִית אֵיתָנִים, וְיַצִּיל נַפְשׁוֹתֵינוּ מִן הַשָּׁעוֹת הָרָעוֹת, וְיִגְעַר בְּיֵצֶר הָרָע מִן הַנְּשׂוּאִים, וְיָחֹן אוֹתָנוּ לִפְלֵיטַת עוֹלָמִים, וִימַלֵּא מִשְׁאֲלוֹתֵינוּ בְּמִדָּה טוֹבָה יְשׁוּעָה וְרַחֲמִים.

מניח את ספר התורה על הבימה, והגבאי מכריז (מחזור ויטרי):

וְיַעֲזֹר וְיָגֵן וְיוֹשִׁיעַ לְכָל הַחוֹסִים בּוֹ, וְנֹאמַר אָמֵן. הַכֹּל הָבוּ גֹדֶל לֵאלֹהֵינוּ וּתְנוּ כָבוֹד לַתּוֹרָה. *כֹּהֵן קְרַב, יַעֲמֹד (פלוני בֶּן פלוני) **הַכֹּהֵן.**

*אם אין כוהן, הגבאי קורא ללוי או לישראל ואומר:

/**אֵין כָּאן כֹּהֵן, יַעֲמֹד** (פלוני בֶּן פלוני) **בִּמְקוֹם כֹּהֵן.**/

בָּרוּךְ שֶׁנָּתַן תּוֹרָה לְעַמּוֹ יִשְׂרָאֵל בִּקְדֻשָּׁתוֹ.

הקהל ואחריו הגבאי:

דברים ד **וְאַתֶּם הַדְּבֵקִים בַּיהוה אֱלֹהֵיכֶם חַיִּים כֻּלְּכֶם הַיּוֹם:**

קודם הברכה על העולה לראות היכן קוראים ולנשק את ספר התורה.
בשעת הברכה אוחז בעמודי הספר.

עולה: **בָּרְכוּ אֶת יהוה הַמְבֹרָךְ.**

קהל: בָּרוּךְ יהוה הַמְבֹרָךְ לְעוֹלָם וָעֶד.

עולה: **בָּרוּךְ יהוה הַמְבֹרָךְ לְעוֹלָם וָעֶד.**

בָּרוּךְ אַתָּה יהוה, אֱלֹהֵינוּ מֶלֶךְ הָעוֹלָם
אֲשֶׁר בָּחַר בָּנוּ מִכָּל הָעַמִּים
וְנָתַן לָנוּ אֶת תּוֹרָתוֹ.
בָּרוּךְ אַתָּה יהוה, נוֹתֵן הַתּוֹרָה.

לאחר הקריאה העולה מנשק את ספר התורה ומברך:

עולה: **בָּרוּךְ אַתָּה יהוה אֱלֹהֵינוּ מֶלֶךְ הָעוֹלָם**
אֲשֶׁר נָתַן לָנוּ תּוֹרַת אֱמֶת
וְחַיֵּי עוֹלָם נָטַע בְּתוֹכֵנוּ.
בָּרוּךְ אַתָּה יהוה, נוֹתֵן הַתּוֹרָה.

מי שהיה בסכנה וניצל ממנה, מברך ׳הַגּוֹמֵל׳:

בָּרוּךְ אַתָּה יהוה אֱלֹהֵינוּ מֶלֶךְ הָעוֹלָם הַגּוֹמֵל לְחַיָּבִים טוֹבוֹת שֶׁגְּמָלַנִי כָּל טוֹב.

הקהל עונה:

אָמֵן. מִי שֶׁגְּמָלְךָ כָּל טוֹב הוּא יִגְמָלְךָ כָּל טוֹב, סֶלָה.

כאשר נער עולה לתורה בפעם הראשונה במלאות לו שלוש עשרה שנה, אביו מברך:

בָּרוּךְ שֶׁפְּטָרַנִי מֵעָנְשׁוֹ שֶׁלָּזֶה.

מי שבירך לעולה לתורה

מִי שֶׁבֵּרַךְ אֲבוֹתֵינוּ אַבְרָהָם יִצְחָק וְיַעֲקֹב, הוּא יְבָרֵךְ אֶת (פלוני בֶּן פלוני), בַּעֲבוּר שֶׁעָלָה לִכְבוֹד הַמָּקוֹם וְלִכְבוֹד הַתּוֹרָה (בשבת: וְלִכְבוֹד הַשַּׁבָּת/ ביום טוב: וְלִכְבוֹד הָרֶגֶל). בִּשְׂכַר זֶה הַקָּדוֹשׁ בָּרוּךְ הוּא יִשְׁמְרֵהוּ וְיַצִּילֵהוּ מִכָּל צָרָה וְצוּקָה וּמִכָּל נֶגַע וּמַחֲלָה, וְיִשְׁלַח בְּרָכָה וְהַצְלָחָה בְּכָל מַעֲשֵׂה יָדָיו וְיִזְכֶּה לַעֲלוֹת לָרֶגֶל עִם כָּל יִשְׂרָאֵל אֶחָיו, וְנֹאמַר אָמֵן.

מי שבירך לחולה

מִי שֶׁבֵּרַךְ אֲבוֹתֵינוּ אַבְרָהָם יִצְחָק וְיַעֲקֹב, מֹשֶׁה וְאַהֲרֹן דָּוִד וּשְׁלֹמֹה הוּא יְבָרֵךְ וִירַפֵּא אֶת הַחוֹלֶה (פלוני בֶּן פלונית) בַּעֲבוּר שֶׁ(פלוני בֶּן פלוני) נוֹדֵר צְדָקָה בַּעֲבוּרוֹ. בִּשְׂכַר זֶה הַקָּדוֹשׁ בָּרוּךְ הוּא יִמָּלֵא רַחֲמִים עָלָיו לְהַחֲלִימוֹ וּלְרַפְּאתוֹ וּלְהַחֲזִיקוֹ וּלְהַחֲיוֹתוֹ וְיִשְׁלַח לוֹ מְהֵרָה רְפוּאָה שְׁלֵמָה מִן הַשָּׁמַיִם לִרְמַ״ח אֵבָרָיו וּשְׁסָ״ה גִּידָיו בְּתוֹךְ שְׁאָר חוֹלֵי יִשְׂרָאֵל, רְפוּאַת הַנֶּפֶשׁ וּרְפוּאַת הַגּוּף. ביום טוב: יוֹם טוֹב הוּא מִלִּזְעֹק / בשבת: שַׁבָּת וְיוֹם טוֹב הֵם מִלִּזְעֹק/ וּרְפוּאָה קְרוֹבָה לָבוֹא, הַשְׁתָּא בַּעֲגָלָא וּבִזְמַן קָרִיב, וְנֹאמַר אָמֵן.

מי שבירך לחולה

מִי שֶׁבֵּרַךְ אֲבוֹתֵינוּ אַבְרָהָם יִצְחָק וְיַעֲקֹב, מֹשֶׁה וְאַהֲרֹן דָּוִד וּשְׁלֹמֹה הוּא יְבָרֵךְ וִירַפֵּא אֶת הַחוֹלָה (פלונית בַּת פלונית) בַּעֲבוּר שֶׁ(פלוני בֶּן פלוני) נוֹדֵר צְדָקָה בַּעֲבוּרָהּ. בִּשְׂכַר זֶה הַקָּדוֹשׁ בָּרוּךְ הוּא יִמָּלֵא רַחֲמִים עָלֶיהָ לְהַחֲלִימָהּ וּלְרַפְּאתָהּ וּלְהַחֲזִיקָהּ וּלְהַחֲיוֹתָהּ וְיִשְׁלַח לָהּ מְהֵרָה רְפוּאָה שְׁלֵמָה מִן הַשָּׁמַיִם לְכָל אֵבָרֶיהָ וּלְכָל גִּידֶיהָ בְּתוֹךְ שְׁאָר חוֹלֵי יִשְׂרָאֵל,

רְפוּאַת הַנֶּפֶשׁ וּרְפוּאַת הַגּוּף. ביום טוב: יוֹם טוֹב הוּא מִלִּזְעֹק / בשבת: שַׁבָּת וְיוֹם טוֹב הֵם מִלִּזְעֹק/ וּרְפוּאָה קְרוֹבָה לָבוֹא, הַשְׁתָּא בַּעֲגָלָא וּבִזְמַן קָרִיב, וְנֹאמַר אָמֵן.

מי שבירך ליולדת בן

מִי שֶׁבֵּרַךְ אֲבוֹתֵינוּ אַבְרָהָם יִצְחָק וְיַעֲקֹב, מֹשֶׁה וְאַהֲרֹן דָּוִד וּשְׁלֹמֹה, שָׂרָה רִבְקָה רָחֵל וְלֵאָה הוּא יְבָרֵךְ אֶת הָאִשָּׁה הַיּוֹלֶדֶת (פלונית בַּת פלוני) וְאֶת בְּנָהּ שֶׁנּוֹלַד לָהּ לְמַזָּל טוֹב בַּעֲבוּר שֶׁבַּעְלָהּ וְאָבִיו נוֹדֵר צְדָקָה בַּעֲדָם. בִּשְׂכַר זֶה יִזְכּוּ אָבִיו וְאִמּוֹ לְהַכְנִיסוֹ בִּבְרִיתוֹ שֶׁל אַבְרָהָם אָבִינוּ וּלְגַדְּלוֹ לְתוֹרָה וּלְחֻפָּה וּלְמַעֲשִׂים טוֹבִים, וְנֹאמַר אָמֵן.

מי שבירך ליולדת בת

מִי שֶׁבֵּרַךְ אֲבוֹתֵינוּ אַבְרָהָם יִצְחָק וְיַעֲקֹב, מֹשֶׁה וְאַהֲרֹן דָּוִד וּשְׁלֹמֹה, שָׂרָה רִבְקָה רָחֵל וְלֵאָה הוּא יְבָרֵךְ אֶת הָאִשָּׁה הַיּוֹלֶדֶת (פלונית בַּת פלוני) וְאֶת בִּתָּהּ שֶׁנּוֹלְדָה לָהּ לְמַזָּל טוֹב וְיִקָּרֵא שְׁמָהּ בְּיִשְׂרָאֵל (פלונית בַּת פלוני), בַּעֲבוּר שֶׁבַּעְלָהּ וְאָבִיהָ נוֹדֵר צְדָקָה בַּעֲדָן. בִּשְׂכַר זֶה יִזְכּוּ אָבִיהָ וְאִמָּהּ לְגַדְּלָהּ לְתוֹרָה וּלְחֻפָּה וּלְמַעֲשִׂים טוֹבִים, וְנֹאמַר אָמֵן.

מי שבירך לבר מצווה

מִי שֶׁבֵּרַךְ אֲבוֹתֵינוּ אַבְרָהָם יִצְחָק וְיַעֲקֹב הוּא יְבָרֵךְ אֶת (פלוני בֶּן פלוני) שֶׁמָּלְאוּ לוֹ שְׁלֹשׁ עֶשְׂרֵה שָׁנָה וְהִגִּיעַ לְמִצְוֹת, וְעָלָה לַתּוֹרָה, לָתֵת שֶׁבַח וְהוֹדָיָה לְהַשֵּׁם יִתְבָּרַךְ עַל כָּל הַטּוֹבָה שֶׁגָּמַל אִתּוֹ. יִשְׁמְרֵהוּ הַקָּדוֹשׁ בָּרוּךְ הוּא וִיחַיֵּהוּ, וִיכוֹנֵן אֶת לִבּוֹ לִהְיוֹת שָׁלֵם עִם יהוה וְלָלֶכֶת בִּדְרָכָיו וְלִשְׁמֹר מִצְוֹתָיו כָּל הַיָּמִים, וְנֹאמַר אָמֵן.

מי שבירך לבת מצווה

מִי שֶׁבֵּרַךְ אֲבוֹתֵינוּ אַבְרָהָם יִצְחָק וְיַעֲקֹב, שָׂרָה רִבְקָה רָחֵל וְלֵאָה, הוּא יְבָרֵךְ אֶת (פלונית בַּת פלוני) שֶׁמָּלְאוּ לָהּ שְׁתֵּים עֶשְׂרֵה שָׁנָה וְהִגִּיעָה לְמִצְוֹת, וְנוֹתֶנֶת שֶׁבַח וְהוֹדָיָה לְהַשֵּׁם יִתְבָּרַךְ עַל כָּל הַטּוֹבָה שֶׁגָּמַל אִתָּהּ. יִשְׁמְרֶהָ הַקָּדוֹשׁ בָּרוּךְ הוּא וִיחַיֶּהָ, וִיכוֹנֵן אֶת לִבָּהּ לִהְיוֹת שָׁלֵם עִם יהוה וְלָלֶכֶת בִּדְרָכָיו וְלִשְׁמֹר מִצְוֹתָיו כָּל הַיָּמִים, וְנֹאמַר אָמֵן.

קריאת התורה, מפטיר והפטרה ליום טוב של סוכות ושמיני עצרת ולשבת חול המועד

יום	קריאת התורה	מפטיר	הפטרה
יום טוב ראשון של סוכות	245	252	254
יום טוב שני בחו״ל	245	252	481
שבת חול המועד סוכות	248	252–253	256
שמיני עצרת בחו״ל	470	475	482

קריאה ליום טוב ראשון (ושני בחו״ל) של סוכות

ויקרא כב,כו – כג,מד
וַיְדַבֵּר יְהוָה אֶל־מֹשֶׁה לֵּאמֹר: שׁוֹר אוֹ־כֶשֶׂב אוֹ־עֵז כִּי יִוָּלֵד וְהָיָה שִׁבְעַת יָמִים תַּחַת אִמּוֹ וּמִיּוֹם הַשְּׁמִינִי וָהָלְאָה יֵרָצֶה לְקָרְבַּן אִשֶּׁה לַיהוָה: וְשׁוֹר אוֹ־שֶׂה אֹתוֹ וְאֶת־בְּנוֹ לֹא תִשְׁחֲטוּ בְּיוֹם אֶחָד: וְכִי־תִזְבְּחוּ זֶבַח־תּוֹדָה לַיהוָה לִרְצֹנְכֶם תִּזְבָּחוּ: בַּיּוֹם הַהוּא יֵאָכֵל לֹא־תוֹתִירוּ מִמֶּנּוּ עַד־בֹּקֶר אֲנִי יְהוָה: וּשְׁמַרְתֶּם מִצְוֹתַי וַעֲשִׂיתֶם אֹתָם אֲנִי יְהוָה: וְלֹא תְחַלְּלוּ אֶת־שֵׁם קָדְשִׁי וְנִקְדַּשְׁתִּי בְּתוֹךְ בְּנֵי יִשְׂרָאֵל אֲנִי יְהוָה מְקַדִּשְׁכֶם: הַמּוֹצִיא אֶתְכֶם מֵאֶרֶץ מִצְרַיִם לִהְיוֹת לָכֶם לֵאלֹהִים אֲנִי יְהוָה:

(בשבת לוי)
וַיְדַבֵּר יְהוָה אֶל־מֹשֶׁה לֵּאמֹר: דַּבֵּר אֶל־בְּנֵי יִשְׂרָאֵל וְאָמַרְתָּ אֲלֵהֶם מוֹעֲדֵי יְהוָה אֲשֶׁר־תִּקְרְאוּ אֹתָם מִקְרָאֵי קֹדֶשׁ אֵלֶּה הֵם מוֹעֲדָי: שֵׁשֶׁת יָמִים תֵּעָשֶׂה מְלָאכָה וּבַיּוֹם הַשְּׁבִיעִי שַׁבַּת שַׁבָּתוֹן מִקְרָא־קֹדֶשׁ כָּל־מְלָאכָה לֹא תַעֲשׂוּ שַׁבָּת הִוא לַיהוָה בְּכֹל מוֹשְׁבֹתֵיכֶם:

לוי (בשבת שלישי)
אֵלֶּה מוֹעֲדֵי יְהוָה מִקְרָאֵי קֹדֶשׁ אֲשֶׁר־תִּקְרְאוּ אֹתָם בְּמוֹעֲדָם: בַּחֹדֶשׁ הָרִאשׁוֹן בְּאַרְבָּעָה עָשָׂר לַחֹדֶשׁ בֵּין הָעַרְבָּיִם פֶּסַח לַיהוָה: וּבַחֲמִשָּׁה עָשָׂר יוֹם לַחֹדֶשׁ הַזֶּה חַג הַמַּצּוֹת לַיהוָה שִׁבְעַת יָמִים מַצּוֹת תֹּאכֵלוּ: בַּיּוֹם הָרִאשׁוֹן מִקְרָא־קֹדֶשׁ יִהְיֶה

לכם כל-מלאכת עבדה לא תעשו: והקרבתם אשה ליהוה
שבעת ימים ביום השביעי מקרא-קדש כל-מלאכת עבדה
לא תעשו:

(בשבת רביעי) וידבר יהוה אל-משה לאמר: דבר אל-בני ישראל ואמרת
אלהם כי-תבאו אל-הארץ אשר אני נתן לכם וקצרתם את-
קצירה והבאתם את-עמר ראשית קצירכם אל-הכהן: והניף
את-העמר לפני יהוה לרצנכם ממחרת השבת יניפנו הכהן:
ועשיתם ביום הניפכם את-העמר כבש תמים בן-שנתו לעלה
ליהוה: ומנחתו שני עשרנים סלת בלולה בשמן אשה ליהוה
ריח ניחח ונסכה יין רביעת ההין: ולחם וקלי וכרמל לא
תאכלו עד-עצם היום הזה עד הביאכם את-קרבן אלהיכם
חקת עולם לדרתיכם בכל משבתיכם:

שלישי (בשבת חמישי) וספרתם
לכם ממחרת השבת מיום הביאכם את-עמר התנופה שבע
שבתות תמימת תהיינה: עד ממחרת השבת השביעת תספרו
חמשים יום והקרבתם מנחה חדשה ליהוה: ממושבתיכם
תביאו | לחם תנופה שתים שני עשרנים סלת תהיינה חמץ
תאפינה בכורים ליהוה: והקרבתם על-הלחם שבעת כבשים
תמימם בני שנה ופר בן-בקר אחד ואילם שנים יהיו עלה
ליהוה ומנחתם ונסכיהם אשה ריח-ניחח ליהוה: ועשיתם
שעיר-עזים אחד לחטאת ושני כבשים בני שנה לזבח שלמים:
והניף הכהן | אתם על לחם הבכרים תנופה לפני יהוה על-שני
כבשים קדש יהיו ליהוה לכהן: וקראתם בעצם | היום הזה
מקרא-קדש יהיה לכם כל-מלאכת עבדה לא תעשו חקת

עוֹלָם בְּכָל־מוֹשְׁבֹתֵיכֶם לְדֹרֹתֵיכֶם: וּבְקֻצְרְכֶם אֶת־קְצִיר אַרְצְכֶם
לֹא־תְכַלֶּה פְּאַת שָׂדְךָ בְּקֻצְרֶךָ וְלֶקֶט קְצִירְךָ לֹא תְלַקֵּט לֶעָנִי
וְלַגֵּר תַּעֲזֹב אֹתָם אֲנִי יְהוָה אֱלֹהֵיכֶם:

רביעי (בשבת שישי)
וַיְדַבֵּר יְהוָה אֶל־מֹשֶׁה לֵּאמֹר: דַּבֵּר אֶל־בְּנֵי יִשְׂרָאֵל לֵאמֹר
בַּחֹדֶשׁ הַשְּׁבִיעִי בְּאֶחָד לַחֹדֶשׁ יִהְיֶה לָכֶם שַׁבָּתוֹן זִכְרוֹן תְּרוּעָה
מִקְרָא־קֹדֶשׁ: כָּל־מְלֶאכֶת עֲבֹדָה לֹא תַעֲשׂוּ וְהִקְרַבְתֶּם אִשֶּׁה
לַיהוָה: וַיְדַבֵּר יְהוָה אֶל־מֹשֶׁה לֵּאמֹר: אַךְ בֶּעָשׂוֹר
לַחֹדֶשׁ הַשְּׁבִיעִי הַזֶּה יוֹם הַכִּפֻּרִים הוּא מִקְרָא־קֹדֶשׁ יִהְיֶה לָכֶם
וְעִנִּיתֶם אֶת־נַפְשֹׁתֵיכֶם וְהִקְרַבְתֶּם אִשֶּׁה לַיהוָה: וְכָל־מְלָאכָה
לֹא תַעֲשׂוּ בְּעֶצֶם הַיּוֹם הַזֶּה כִּי יוֹם כִּפֻּרִים הוּא לְכַפֵּר עֲלֵיכֶם לִפְנֵי
יְהוָה אֱלֹהֵיכֶם: כִּי כָל־הַנֶּפֶשׁ אֲשֶׁר לֹא־תְעֻנֶּה בְּעֶצֶם הַיּוֹם הַזֶּה
וְנִכְרְתָה מֵעַמֶּיהָ: וְכָל־הַנֶּפֶשׁ אֲשֶׁר תַּעֲשֶׂה כָּל־מְלָאכָה בְּעֶצֶם
הַיּוֹם הַזֶּה וְהַאֲבַדְתִּי אֶת־הַנֶּפֶשׁ הַהִוא מִקֶּרֶב עַמָּהּ: כָּל־מְלָאכָה
לֹא תַעֲשׂוּ חֻקַּת עוֹלָם לְדֹרֹתֵיכֶם בְּכֹל מֹשְׁבֹתֵיכֶם: שַׁבַּת שַׁבָּתוֹן
הוּא לָכֶם וְעִנִּיתֶם אֶת־נַפְשֹׁתֵיכֶם בְּתִשְׁעָה לַחֹדֶשׁ בָּעֶרֶב מֵעֶרֶב
עַד־עֶרֶב תִּשְׁבְּתוּ שַׁבַּתְּכֶם:

חמישי (בשבת שביעי)
וַיְדַבֵּר יְהוָה אֶל־מֹשֶׁה לֵּאמֹר: דַּבֵּר אֶל־בְּנֵי יִשְׂרָאֵל לֵאמֹר
בַּחֲמִשָּׁה עָשָׂר יוֹם לַחֹדֶשׁ הַשְּׁבִיעִי הַזֶּה חַג הַסֻּכּוֹת שִׁבְעַת
יָמִים לַיהוָה: בַּיּוֹם הָרִאשׁוֹן מִקְרָא־קֹדֶשׁ כָּל־מְלֶאכֶת עֲבֹדָה
לֹא תַעֲשׂוּ: שִׁבְעַת יָמִים תַּקְרִיבוּ אִשֶּׁה לַיהוָה בַּיּוֹם הַשְּׁמִינִי
מִקְרָא־קֹדֶשׁ יִהְיֶה לָכֶם וְהִקְרַבְתֶּם אִשֶּׁה לַיהוָה עֲצֶרֶת הִוא
כָּל־מְלֶאכֶת עֲבֹדָה לֹא תַעֲשׂוּ: אֵלֶּה מוֹעֲדֵי יְהוָה אֲשֶׁר־תִּקְרְאוּ
אֹתָם מִקְרָאֵי קֹדֶשׁ לְהַקְרִיב אִשֶּׁה לַיהוָה עֹלָה וּמִנְחָה זֶבַח

וּנְסָכִים דְּבַר־יוֹם בְּיוֹמוֹ: מִלְּבַד שַׁבְּתֹת יְהוָה וּמִלְּבַד מַתְּנוֹתֵיכֶם
וּמִלְּבַד כׇּל־נִדְרֵיכֶם וּמִלְּבַד כׇּל־נִדְבֹתֵיכֶם אֲשֶׁר תִּתְּנוּ לַיהוָה:
אַךְ בַּחֲמִשָּׁה עָשָׂר יוֹם לַחֹדֶשׁ הַשְּׁבִיעִי בְּאׇסְפְּכֶם אֶת־תְּבוּאַת
הָאָרֶץ תָּחֹגּוּ אֶת־חַג־יְהוָה שִׁבְעַת יָמִים בַּיּוֹם הָרִאשׁוֹן שַׁבָּתוֹן
וּבַיּוֹם הַשְּׁמִינִי שַׁבָּתוֹן: וּלְקַחְתֶּם לָכֶם בַּיּוֹם הָרִאשׁוֹן פְּרִי עֵץ
הָדָר כַּפֹּת תְּמָרִים וַעֲנַף עֵץ־עָבֹת וְעַרְבֵי־נָחַל וּשְׂמַחְתֶּם לִפְנֵי
יְהוָה אֱלֹהֵיכֶם שִׁבְעַת יָמִים: וְחַגֹּתֶם אֹתוֹ חַג לַיהוָה שִׁבְעַת יָמִים
בַּשָּׁנָה חֻקַּת עוֹלָם לְדֹרֹתֵיכֶם בַּחֹדֶשׁ הַשְּׁבִיעִי תָּחֹגּוּ אֹתוֹ: בַּסֻּכֹּת
תֵּשְׁבוּ שִׁבְעַת יָמִים כׇּל־הָאֶזְרָח בְּיִשְׂרָאֵל יֵשְׁבוּ בַּסֻּכֹּת: לְמַעַן
יֵדְעוּ דֹרֹתֵיכֶם כִּי בַסֻּכּוֹת הוֹשַׁבְתִּי אֶת־בְּנֵי יִשְׂרָאֵל בְּהוֹצִיאִי
אוֹתָם מֵאֶרֶץ מִצְרָיִם אֲנִי יְהוָה אֱלֹהֵיכֶם: וַיְדַבֵּר מֹשֶׁה אֶת־
מֹעֲדֵי יְהוָה אֶל־בְּנֵי יִשְׂרָאֵל:

אומרים חצי קדיש ומגביהים את ספר התורה (עמ׳ 251).

קריאה לשבת חול המועד סוכות

שמות לג,יב – לד,כו

וַיֹּאמֶר מֹשֶׁה אֶל־יְהוָה רְאֵה אַתָּה אֹמֵר אֵלַי הַעַל אֶת־הָעָם
הַזֶּה וְאַתָּה לֹא הוֹדַעְתַּנִי אֵת אֲשֶׁר־תִּשְׁלַח עִמִּי וְאַתָּה אָמַרְתָּ
יְדַעְתִּיךָ בְשֵׁם וְגַם־מָצָאתָ חֵן בְּעֵינָי: וְעַתָּה אִם־נָא מָצָאתִי חֵן
בְּעֵינֶיךָ הוֹדִעֵנִי נָא אֶת־דְּרָכֶךָ וְאֵדָעֲךָ לְמַעַן אֶמְצָא־חֵן בְּעֵינֶיךָ
וּרְאֵה כִּי עַמְּךָ הַגּוֹי הַזֶּה: וַיֹּאמַר פָּנַי יֵלֵכוּ וַהֲנִחֹתִי לָךְ: וַיֹּאמֶר
אֵלָיו אִם־אֵין פָּנֶיךָ הֹלְכִים אַל־תַּעֲלֵנוּ מִזֶּה: וּבַמֶּה ׀ יִוָּדַע אֵפוֹא
כִּי־מָצָאתִי חֵן בְּעֵינֶיךָ אֲנִי וְעַמֶּךָ הֲלוֹא בְּלֶכְתְּךָ עִמָּנוּ וְנִפְלֵינוּ
אֲנִי וְעַמְּךָ מִכׇּל־הָעָם אֲשֶׁר עַל־פְּנֵי הָאֲדָמָה:

לוי וַיֹּאמֶר יהוה אֶל־מֹשֶׁה גַּם אֶת־הַדָּבָר הַזֶּה אֲשֶׁר דִּבַּרְתָּ אֶעֱשֶׂה
כִּי־מָצָאתָ חֵן בְּעֵינַי וָאֵדָעֲךָ בְּשֵׁם: וַיֹּאמַר הַרְאֵנִי נָא אֶת־כְּבֹדֶךָ:
וַיֹּאמֶר אֲנִי אַעֲבִיר כָּל־טוּבִי עַל־פָּנֶיךָ וְקָרָאתִי בְשֵׁם יהוה לְפָנֶיךָ
שלישי וְחַנֹּתִי אֶת־אֲשֶׁר אָחֹן וְרִחַמְתִּי אֶת־אֲשֶׁר אֲרַחֵם: וַיֹּאמֶר לֹא
תוּכַל לִרְאֹת אֶת־פָּנָי כִּי לֹא־יִרְאַנִי הָאָדָם וָחָי: וַיֹּאמֶר יהוה
הִנֵּה מָקוֹם אִתִּי וְנִצַּבְתָּ עַל־הַצּוּר: וְהָיָה בַּעֲבֹר כְּבֹדִי וְשַׂמְתִּיךָ
בְּנִקְרַת הַצּוּר וְשַׂכֹּתִי כַפִּי עָלֶיךָ עַד־עָבְרִי: וַהֲסִרֹתִי אֶת־כַּפִּי
וְרָאִיתָ אֶת־אֲחֹרָי וּפָנַי לֹא יֵרָאוּ:
רביעי וַיֹּאמֶר יהוה אֶל־מֹשֶׁה פְּסָל־לְךָ שְׁנֵי־לֻחֹת אֲבָנִים כָּרִאשֹׁנִים
וְכָתַבְתִּי עַל־הַלֻּחֹת אֶת־הַדְּבָרִים אֲשֶׁר הָיוּ עַל־הַלֻּחֹת הָרִאשֹׁנִים
אֲשֶׁר שִׁבַּרְתָּ: וֶהְיֵה נָכוֹן לַבֹּקֶר וְעָלִיתָ בַבֹּקֶר אֶל־הַר סִינַי וְנִצַּבְתָּ
לִי שָׁם עַל־רֹאשׁ הָהָר: וְאִישׁ לֹא־יַעֲלֶה עִמָּךְ וְגַם־אִישׁ אַל־
יֵרָא בְּכָל־הָהָר גַּם־הַצֹּאן וְהַבָּקָר אַל־יִרְעוּ אֶל־מוּל הָהָר הַהוּא:
חמישי וַיִּפְסֹל שְׁנֵי־לֻחֹת אֲבָנִים כָּרִאשֹׁנִים וַיַּשְׁכֵּם מֹשֶׁה בַבֹּקֶר וַיַּעַל
אֶל־הַר סִינַי כַּאֲשֶׁר צִוָּה יהוה אֹתוֹ וַיִּקַּח בְּיָדוֹ שְׁנֵי לֻחֹת אֲבָנִים:
וַיֵּרֶד יהוה בֶּעָנָן וַיִּתְיַצֵּב עִמּוֹ שָׁם וַיִּקְרָא בְשֵׁם יהוה: וַיַּעֲבֹר
יהוה ׀ עַל־פָּנָיו וַיִּקְרָא יהוה ׀ יהוה אֵל רַחוּם וְחַנּוּן אֶרֶךְ אַפַּיִם
וְרַב־חֶסֶד וֶאֱמֶת: נֹצֵר חֶסֶד לָאֲלָפִים נֹשֵׂא עָוֺן וָפֶשַׁע וְחַטָּאָה
וְנַקֵּה לֹא יְנַקֶּה פֹּקֵד ׀ עֲוֺן אָבוֹת עַל־בָּנִים וְעַל־בְּנֵי בָנִים עַל־
שִׁלֵּשִׁים וְעַל־רִבֵּעִים: וַיְמַהֵר מֹשֶׁה וַיִּקֹּד אַרְצָה וַיִּשְׁתָּחוּ: וַיֹּאמֶר
אִם־נָא מָצָאתִי חֵן בְּעֵינֶיךָ אֲדֹנָי יֵלֶךְ־נָא אֲדֹנָי בְּקִרְבֵּנוּ כִּי עַם־
קְשֵׁה־עֹרֶף הוּא וְסָלַחְתָּ לַעֲוֺנֵנוּ וּלְחַטָּאתֵנוּ וּנְחַלְתָּנוּ: וַיֹּאמֶר
הִנֵּה אָנֹכִי כֹּרֵת בְּרִית נֶגֶד כָּל־עַמְּךָ אֶעֱשֶׂה נִפְלָאֹת אֲשֶׁר לֹא־

נִבְרְאוּ בְכָל־הָאָרֶץ וּבְכָל־הַגּוֹיִם וְרָאָה כָל־הָעָם אֲשֶׁר־אַתָּה
בְקִרְבּוֹ אֶת־מַעֲשֵׂה יהוה כִּי־נוֹרָא הוּא אֲשֶׁר אֲנִי עֹשֶׂה עִמָּךְ׃
שישי שְׁמָר־לְךָ אֵת אֲשֶׁר אָנֹכִי מְצַוְּךָ הַיּוֹם הִנְנִי גֹרֵשׁ מִפָּנֶיךָ אֶת־
הָאֱמֹרִי וְהַכְּנַעֲנִי וְהַחִתִּי וְהַפְּרִזִּי וְהַחִוִּי וְהַיְבוּסִי׃ הִשָּׁמֶר לְךָ
פֶּן־תִּכְרֹת בְּרִית לְיוֹשֵׁב הָאָרֶץ אֲשֶׁר אַתָּה בָּא עָלֶיהָ פֶּן־יִהְיֶה
לְמוֹקֵשׁ בְּקִרְבֶּךָ׃ כִּי אֶת־מִזְבְּחֹתָם תִּתֹּצוּן וְאֶת־מַצֵּבֹתָם תְּשַׁבֵּרוּן
וְאֶת־אֲשֵׁרָיו תִּכְרֹתוּן׃ כִּי לֹא תִשְׁתַּחֲוֶה לְאֵל אַחֵר כִּי יהוה קַנָּא
שְׁמוֹ אֵל קַנָּא הוּא׃ פֶּן־תִּכְרֹת בְּרִית לְיוֹשֵׁב הָאָרֶץ וְזָנוּ ׀ אַחֲרֵי
אֱלֹהֵיהֶם וְזָבְחוּ לֵאלֹהֵיהֶם וְקָרָא לְךָ וְאָכַלְתָּ מִזִּבְחוֹ׃ וְלָקַחְתָּ
מִבְּנֹתָיו לְבָנֶיךָ וְזָנוּ בְנֹתָיו אַחֲרֵי אֱלֹהֵיהֶן וְהִזְנוּ אֶת־בָּנֶיךָ אַחֲרֵי
שביעי אֱלֹהֵיהֶן׃ אֱלֹהֵי מַסֵּכָה לֹא תַעֲשֶׂה־לָּךְ׃ *אֶת־חַג הַמַּצּוֹת תִּשְׁמֹר
שִׁבְעַת יָמִים תֹּאכַל מַצּוֹת אֲשֶׁר צִוִּיתִךָ לְמוֹעֵד חֹדֶשׁ הָאָבִיב
כִּי בְּחֹדֶשׁ הָאָבִיב יָצָאתָ מִמִּצְרָיִם׃ כָּל־פֶּטֶר רֶחֶם לִי וְכָל־מִקְנְךָ
תִּזָּכָר פֶּטֶר שׁוֹר וָשֶׂה׃ וּפֶטֶר חֲמוֹר תִּפְדֶּה בְשֶׂה וְאִם־לֹא תִפְדֶּה
וַעֲרַפְתּוֹ כֹּל בְּכוֹר בָּנֶיךָ תִּפְדֶּה וְלֹא־יֵרָאוּ פָנַי רֵיקָם׃ שֵׁשֶׁת
יָמִים תַּעֲבֹד וּבַיּוֹם הַשְּׁבִיעִי תִּשְׁבֹּת בֶּחָרִישׁ וּבַקָּצִיר תִּשְׁבֹּת׃
וְחַג שָׁבֻעֹת תַּעֲשֶׂה לְךָ בִּכּוּרֵי קְצִיר חִטִּים וְחַג הָאָסִיף תְּקוּפַת
הַשָּׁנָה׃ שָׁלֹשׁ פְּעָמִים בַּשָּׁנָה יֵרָאֶה כָּל־זְכוּרְךָ אֶת־פְּנֵי הָאָדֹן ׀
יהוה אֱלֹהֵי יִשְׂרָאֵל׃ כִּי־אוֹרִישׁ גּוֹיִם מִפָּנֶיךָ וְהִרְחַבְתִּי אֶת־גְּבֻלֶךָ
וְלֹא־יַחְמֹד אִישׁ אֶת־אַרְצְךָ בַּעֲלֹתְךָ לֵרָאוֹת אֶת־פְּנֵי יהוה
אֱלֹהֶיךָ שָׁלֹשׁ פְּעָמִים בַּשָּׁנָה׃ לֹא־תִשְׁחַט עַל־חָמֵץ דַּם־זִבְחִי
וְלֹא־יָלִין לַבֹּקֶר זֶבַח חַג הַפָּסַח׃ רֵאשִׁית בִּכּוּרֵי אַדְמָתְךָ תָּבִיא
בֵּית יהוה אֱלֹהֶיךָ לֹא־תְבַשֵּׁל גְּדִי בַּחֲלֵב אִמּוֹ׃

חצי קדיש

לפני שקוראים למפטיר, בעל הקורא אומר חצי קדיש
(רמב״ם, תפילה פי״ב ה״כ).

קורא: **יִתְגַּדַּל וְיִתְקַדַּשׁ שְׁמֵהּ רַבָּא** (קהל: אָמֵן)
בְּעָלְמָא דִּי בְרָא כִרְעוּתֵהּ
וְיַמְלִיךְ מַלְכוּתֵהּ
בְּחַיֵּיכוֹן וּבְיוֹמֵיכוֹן וּבְחַיֵּי דְכָל בֵּית יִשְׂרָאֵל
בַּעֲגָלָא וּבִזְמַן קָרִיב
וְאִמְרוּ אָמֵן. (קהל: אָמֵן)

קהל וקורא: **יְהֵא שְׁמֵהּ רַבָּא מְבָרַךְ לְעָלַם וּלְעָלְמֵי עָלְמַיָּא.**

קורא: **יִתְבָּרַךְ וְיִשְׁתַּבַּח וְיִתְפָּאַר וְיִתְרוֹמַם וְיִתְנַשֵּׂא**
וְיִתְהַדָּר וְיִתְעַלֶּה וְיִתְהַלָּל
שְׁמֵהּ דְּקֻדְשָׁא בְּרִיךְ הוּא (קהל: בְּרִיךְ הוּא)
לְעֵלָּא מִן כָּל בִּרְכָתָא וְשִׁירָתָא, תֻּשְׁבְּחָתָא וְנֶחֱמָתָא
דַּאֲמִירָן בְּעָלְמָא
וְאִמְרוּ אָמֵן. (קהל: אָמֵן)

הגבהה וגלילה

כאשר מגביהים את ספר התורה, הקהל אומר:

וְזֹאת הַתּוֹרָה אֲשֶׁר־שָׂם מֹשֶׁה לִפְנֵי בְּנֵי יִשְׂרָאֵל: דברים ד
עַל־פִּי יהוה בְּיַד מֹשֶׁה: במדבר ט

ויש מוסיפים: **עֵץ־חַיִּים הִיא לַמַּחֲזִיקִים בָּהּ וְתֹמְכֶיהָ מְאֻשָּׁר:** משלי ג
דְּרָכֶיהָ דַרְכֵי־נֹעַם וְכָל־נְתִיבֹתֶיהָ שָׁלוֹם:
אֹרֶךְ יָמִים בִּימִינָהּ, בִּשְׂמֹאולָהּ עֹשֶׁר וְכָבוֹד:
יהוה חָפֵץ לְמַעַן צִדְקוֹ יַגְדִּיל תּוֹרָה וְיַאְדִּיר: ישעיה מב

מפטיר ליום הראשון של סוכות וליום טוב שני בחוץ לארץ

במדבר כט,יב–טז וּבַחֲמִשָּׁה עָשָׂר יוֹם לַחֹדֶשׁ הַשְּׁבִיעִי מִקְרָא־קֹדֶשׁ יִהְיֶה לָכֶם
כָּל־מְלֶאכֶת עֲבֹדָה לֹא תַעֲשׂוּ וְחַגֹּתֶם חַג לַיהוָה שִׁבְעַת
יָמִים׃ וְהִקְרַבְתֶּם עֹלָה אִשֵּׁה רֵיחַ נִיחֹחַ לַיהוָה פָּרִים בְּנֵי־בָקָר
שְׁלֹשָׁה עָשָׂר אֵילִם שְׁנָיִם כְּבָשִׂים בְּנֵי־שָׁנָה אַרְבָּעָה עָשָׂר
תְּמִימִם יִהְיוּ׃ וּמִנְחָתָם סֹלֶת בְּלוּלָה בַשָּׁמֶן שְׁלֹשָׁה עֶשְׂרֹנִים
לַפָּר הָאֶחָד לִשְׁלֹשָׁה עָשָׂר פָּרִים שְׁנֵי עֶשְׂרֹנִים לָאַיִל הָאֶחָד
לִשְׁנֵי הָאֵילִם׃ וְעִשָּׂרוֹן עִשָּׂרוֹן לַכֶּבֶשׂ הָאֶחָד לְאַרְבָּעָה עָשָׂר
כְּבָשִׂים׃ וּשְׂעִיר־עִזִּים אֶחָד חַטָּאת מִלְּבַד עֹלַת הַתָּמִיד מִנְחָתָהּ
וְנִסְכָּהּ׃

מגביהים את ספר התורה השני (בעמ׳ 254).

מפטיר לשבת חול המועד סוכות כשנופל ביום ב׳ דחול המועד

קוראים למפטיר את קרבן היום – ׳וּבַיּוֹם הַשְּׁלִישִׁי׳.

בחו״ל קוראים את קרבן היום – ׳וּבַיּוֹם הַשְּׁלִישִׁי׳ ואת קורבן היום הבא – ׳וּבַיּוֹם הָרְבִיעִי׳.

במדבר כט,כ–כב וּבַיּוֹם הַשְּׁלִישִׁי פָּרִים עַשְׁתֵּי־עָשָׂר אֵילִם שְׁנָיִם כְּבָשִׂים בְּנֵי־
שָׁנָה אַרְבָּעָה עָשָׂר תְּמִימִם׃ וּמִנְחָתָם וְנִסְכֵּיהֶם לַפָּרִים לָאֵילִם
וְלַכְּבָשִׂים בְּמִסְפָּרָם כַּמִּשְׁפָּט׃ וּשְׂעִיר חַטָּאת אֶחָד מִלְּבַד עֹלַת
הַתָּמִיד וּמִנְחָתָהּ וְנִסְכָּהּ׃

בחו״ל מוסיפים:

במדבר כט,כג–כה וּבַיּוֹם הָרְבִיעִי פָּרִים עֲשָׂרָה אֵילִם שְׁנָיִם כְּבָשִׂים בְּנֵי־שָׁנָה אַרְבָּעָה
עָשָׂר תְּמִימִם׃ מִנְחָתָם וְנִסְכֵּיהֶם לַפָּרִים לָאֵילִם וְלַכְּבָשִׂים
בְּמִסְפָּרָם כַּמִּשְׁפָּט׃ וּשְׂעִיר־עִזִּים אֶחָד חַטָּאת מִלְּבַד עֹלַת
הַתָּמִיד מִנְחָתָהּ וְנִסְכָּהּ׃

מגביהים את ספר התורה השני (בעמ׳ 254).

מפטיר לשבת חול המועד סוכות כשנופל ביום ד׳ דחול המועד

קוראים למפטיר את קרבן היום – ׳וּבַיּוֹם הַחֲמִישִׁי׳.

בחו״ל קוראים את קרבן היום – ׳וּבַיּוֹם הַחֲמִישִׁי׳ ואת קרבן היום הבא – ׳וּבַיּוֹם הַשִּׁשִּׁי׳.

במדבר כט,כו–כח וּבַיּוֹם הַחֲמִישִׁי פָּרִים תִּשְׁעָה אֵילִם שְׁנָיִם כְּבָשִׂים בְּנֵי־שָׁנָה אַרְבָּעָה עָשָׂר תְּמִימִם׃ וּמִנְחָתָם וְנִסְכֵּיהֶם לַפָּרִים לָאֵילִם וְלַכְּבָשִׂים בְּמִסְפָּרָם כַּמִּשְׁפָּט׃ וּשְׂעִיר חַטָּאת אֶחָד מִלְּבַד עֹלַת הַתָּמִיד וּמִנְחָתָהּ וְנִסְכָּהּ׃

בחו״ל מוסיפים:

במדבר כט,כט–לא וּבַיּוֹם הַשִּׁשִּׁי פָּרִים שְׁמֹנָה אֵילִם שְׁנָיִם כְּבָשִׂים בְּנֵי־שָׁנָה אַרְבָּעָה עָשָׂר תְּמִימִם׃ וּמִנְחָתָם וְנִסְכֵּיהֶם לַפָּרִים לָאֵילִם וְלַכְּבָשִׂים בְּמִסְפָּרָם כַּמִּשְׁפָּט׃ וּשְׂעִיר חַטָּאת אֶחָד מִלְּבַד עֹלַת הַתָּמִיד מִנְחָתָהּ וּנְסָכֶיהָ׃

מגביהים את ספר התורה השני (בעמוד הבא).

מפטיר לשבת חול המועד סוכות כשנופל ביום ה׳ דחול המועד

קוראים למפטיר את קרבן היום – ׳וּבַיּוֹם הַשִּׁשִּׁי׳.

בחו״ל קוראים את קרבן היום – ׳וּבַיּוֹם הַשִּׁשִּׁי׳ ואת קרבן היום הבא – ׳וּבַיּוֹם הַשְּׁבִיעִי׳.

במדבר כט,כט–לא וּבַיּוֹם הַשִּׁשִּׁי פָּרִים שְׁמֹנָה אֵילִם שְׁנָיִם כְּבָשִׂים בְּנֵי־שָׁנָה אַרְבָּעָה עָשָׂר תְּמִימִם׃ וּמִנְחָתָם וְנִסְכֵּיהֶם לַפָּרִים לָאֵילִם וְלַכְּבָשִׂים בְּמִסְפָּרָם כַּמִּשְׁפָּט׃ וּשְׂעִיר חַטָּאת אֶחָד מִלְּבַד עֹלַת הַתָּמִיד מִנְחָתָהּ וּנְסָכֶיהָ׃

בחו״ל מוסיפים:

במדבר כט,לב–לד וּבַיּוֹם הַשְּׁבִיעִי פָּרִים שִׁבְעָה אֵילִם שְׁנָיִם כְּבָשִׂים בְּנֵי־שָׁנָה אַרְבָּעָה עָשָׂר תְּמִימִם׃ וּמִנְחָתָם וְנִסְכֵּהֶם לַפָּרִים לָאֵילִם וְלַכְּבָשִׂים בְּמִסְפָּרָם כְּמִשְׁפָּטָם׃ וּשְׂעִיר חַטָּאת אֶחָד מִלְּבַד עֹלַת הַתָּמִיד מִנְחָתָהּ וְנִסְכָּהּ׃

מגביהים את ספר התורה השני (בעמוד הבא).

הגבהה וגלילה

כאשר מגביהים את ספר התורה, הקהל אומר:

דברים ד **וְזֹאת הַתּוֹרָה אֲשֶׁר־שָׂם מֹשֶׁה לִפְנֵי בְּנֵי יִשְׂרָאֵל:**

במדבר ט **עַל־פִּי יהוה בְּיַד מֹשֶׁה:**

משלי ג ויש מוסיפים: עֵץ־חַיִּים הִיא לַמַּחֲזִיקִים בָּהּ וְתֹמְכֶיהָ מְאֻשָּׁר:
דְּרָכֶיהָ דַרְכֵי־נֹעַם וְכָל־נְתִיבוֹתֶיהָ שָׁלוֹם:
אֹרֶךְ יָמִים בִּימִינָהּ, בִּשְׂמֹאולָהּ עֹשֶׁר וְכָבוֹד:

ישעיה מב יהוה חָפֵץ לְמַעַן צִדְקוֹ יַגְדִּיל תּוֹרָה וְיַאְדִּיר:

ברכות ההפטרה

לפני קריאת ההפטרה בנביא, המפטיר מברך:

בָּרוּךְ אַתָּה יהוה אֱלֹהֵינוּ מֶלֶךְ הָעוֹלָם אֲשֶׁר בָּחַר בִּנְבִיאִים טוֹבִים, וְרָצָה בְדִבְרֵיהֶם הַנֶּאֱמָרִים בֶּאֱמֶת. בָּרוּךְ אַתָּה יהוה, הַבּוֹחֵר בַּתּוֹרָה וּבְמֹשֶׁה עַבְדּוֹ וּבְיִשְׂרָאֵל עַמּוֹ וּבִנְבִיאֵי הָאֱמֶת וָצֶדֶק.

הפטרה לשבת חול המועד בעמ׳ 256.

הפטרה ליום טוב ראשון של סוכות

זכריה יד, א–כא הִנֵּה יוֹם־בָּא לַיהוה וְחֻלַּק שְׁלָלֵךְ בְּקִרְבֵּךְ: וְאָסַפְתִּי אֶת־כָּל־
הַגּוֹיִם ׀ אֶל־יְרוּשָׁלִַם לַמִּלְחָמָה וְנִלְכְּדָה הָעִיר וְנָשַׁסּוּ הַבָּתִּים
תִּשָּׁכַבְנָה וְהַנָּשִׁים תשגלנה וְיָצָא חֲצִי הָעִיר בַּגּוֹלָה וְיֶתֶר הָעָם לֹא יִכָּרֵת
מִן־הָעִיר: וְיָצָא יהוה וְנִלְחַם בַּגּוֹיִם הָהֵם כְּיוֹם הִלָּחֲמוֹ בְּיוֹם
קְרָב: וְעָמְדוּ רַגְלָיו בַּיּוֹם־הַהוּא עַל־הַר הַזֵּיתִים אֲשֶׁר עַל־
פְּנֵי יְרוּשָׁלִַם מִקֶּדֶם וְנִבְקַע הַר הַזֵּיתִים מֵחֶצְיוֹ מִזְרָחָה וָיָמָּה
גֵּיא גְּדוֹלָה מְאֹד וּמָשׁ חֲצִי הָהָר צָפוֹנָה וְחֶצְיוֹ נֶגְבָּה: וְנַסְתֶּם
גֵּיא־הָרַי כִּי־יַגִּיעַ גֵּי־הָרִים אֶל־אָצַל וְנַסְתֶּם כַּאֲשֶׁר נַסְתֶּם מִפְּנֵי
הָרַעַשׁ בִּימֵי עֻזִּיָּה מֶלֶךְ־יְהוּדָה וּבָא יהוה אֱלֹהַי כָּל־קְדֹשִׁים
וְקִפָּאוֹן עִמָּךְ: וְהָיָה בַּיּוֹם הַהוּא לֹא־יִהְיֶה אוֹר יְקָרוֹת יקפאון: וְהָיָה

יוֹם־אֶחָד הוּא יִוָּדַע לַיהוָה לֹא־יוֹם וְלֹא־לָיְלָה וְהָיָה לְעֵת־עֶרֶב
יִהְיֶה־אוֹר: וְהָיָה ׀ בַּיּוֹם הַהוּא יֵצְאוּ מַיִם־חַיִּים מִירוּשָׁלִַם חֶצְיָם
אֶל־הַיָּם הַקַּדְמוֹנִי וְחֶצְיָם אֶל־הַיָּם הָאַחֲרוֹן בַּקַּיִץ וּבָחֹרֶף יִהְיֶה:
וְהָיָה יהוָה לְמֶלֶךְ עַל־כָּל־הָאָרֶץ בַּיּוֹם הַהוּא יִהְיֶה יהוָה אֶחָד
וּשְׁמוֹ אֶחָד: יִסּוֹב כָּל־הָאָרֶץ כָּעֲרָבָה מִגֶּבַע לְרִמּוֹן נֶגֶב יְרוּשָׁלִָם
וְרָאֲמָה וְיָשְׁבָה תַחְתֶּיהָ לְמִשַּׁעַר בִּנְיָמִן עַד־מְקוֹם שַׁעַר הָרִאשׁוֹן
עַד־שַׁעַר הַפִּנִּים וּמִגְדַּל חֲנַנְאֵל עַד יִקְבֵי הַמֶּלֶךְ: וְיָשְׁבוּ בָהּ
וְחֵרֶם לֹא יִהְיֶה־עוֹד וְיָשְׁבָה יְרוּשָׁלִַם לָבֶטַח: וְזֹאת ׀
תִּהְיֶה הַמַּגֵּפָה אֲשֶׁר יִגֹּף יהוָה אֶת־כָּל־הָעַמִּים אֲשֶׁר צָבְאוּ עַל־
יְרוּשָׁלִָם הָמֵק ׀ בְּשָׂרוֹ וְהוּא עֹמֵד עַל־רַגְלָיו וְעֵינָיו תִּמַּקְנָה
בְחֹרֵיהֶן וּלְשׁוֹנוֹ תִּמַּק בְּפִיהֶם: וְהָיָה בַּיּוֹם הַהוּא תִּהְיֶה מְהוּמַת־
יהוָה רַבָּה בָּהֶם וְהֶחֱזִיקוּ אִישׁ יַד רֵעֵהוּ וְעָלְתָה יָדוֹ עַל־יַד רֵעֵהוּ:
וְגַם־יְהוּדָה תִּלָּחֵם בִּירוּשָׁלִָם וְאֻסַּף חֵיל כָּל־הַגּוֹיִם סָבִיב זָהָב
וָכֶסֶף וּבְגָדִים לָרֹב מְאֹד: וְכֵן תִּהְיֶה מַגֵּפַת הַסּוּס הַפֶּרֶד הַגָּמָל
וְהַחֲמוֹר וְכָל־הַבְּהֵמָה אֲשֶׁר יִהְיֶה בַּמַּחֲנוֹת הָהֵמָּה כַּמַּגֵּפָה
הַזֹּאת: וְהָיָה כָּל־הַנּוֹתָר מִכָּל־הַגּוֹיִם הַבָּאִים עַל־יְרוּשָׁלִָם וְעָלוּ
מִדֵּי שָׁנָה בְשָׁנָה לְהִשְׁתַּחֲוֹת לְמֶלֶךְ יהוָה צְבָאוֹת וְלָחֹג אֶת־חַג
הַסֻּכּוֹת: וְהָיָה אֲשֶׁר לֹא־יַעֲלֶה מֵאֵת מִשְׁפְּחוֹת הָאָרֶץ אֶל־
יְרוּשָׁלִַם לְהִשְׁתַּחֲוֹת לְמֶלֶךְ יהוָה צְבָאוֹת וְלֹא עֲלֵיהֶם יִהְיֶה
הַגָּשֶׁם: וְאִם־מִשְׁפַּחַת מִצְרַיִם לֹא־תַעֲלֶה וְלֹא בָאָה וְלֹא עֲלֵיהֶם
תִּהְיֶה הַמַּגֵּפָה אֲשֶׁר יִגֹּף יהוָה אֶת־הַגּוֹיִם אֲשֶׁר לֹא יַעֲלוּ לָחֹג
אֶת־חַג הַסֻּכּוֹת: זֹאת תִּהְיֶה חַטַּאת מִצְרָיִם וְחַטַּאת כָּל־הַגּוֹיִם
אֲשֶׁר לֹא יַעֲלוּ לָחֹג אֶת־חַג הַסֻּכּוֹת: בַּיּוֹם הַהוּא יִהְיֶה עַל־
מְצִלּוֹת הַסּוּס קֹדֶשׁ לַיהוָה וְהָיָה הַסִּירוֹת בְּבֵית יהוָה כַּמִּזְרָקִים

לפני המזבח: והיה כל־סיר בירושלם וביהודה קדש ליהוה
צבאות ובאו כל־הזבחים ולקחו מהם ובשלו בהם ולא־יהיה
כנעני עוד בבית־יהוה צבאות ביום ההוא:

ממשיכים בברכות שלאחר ההפטרה בעמוד הבא.

הפטרה לשבת חול המועד סוכות

יחזקאל לח, יח – לט, טז

והיה ׀ ביום ההוא ביום בוא גוג על־אדמת ישראל נאם אדני
יהוה תעלה חמתי באפי: ובקנאתי באש־עברתי דברתי אם־
לא ׀ ביום ההוא יהיה רעש גדול על אדמת ישראל: ורעשו
מפני דגי הים ועוף השמים וחית השדה וכל־הרמש הרמש על־
האדמה וכל האדם אשר על־פני האדמה ונהרסו ההרים ונפלו
המדרגות וכל־חומה לארץ תפול: וקראתי עליו לכל־הרי חרב
נאם אדני יהוה חרב איש באחיו תהיה: ונשפטתי אתו בדבר
ובדם וגשם שוטף ואבני אלגביש אש וגפרית אמטיר עליו
ועל־אגפיו ועל־עמים רבים אשר אתו: והתגדלתי והתקדשתי
ונודעתי לעיני גוים רבים וידעו כי־אני יהוה: ואתה
בן־אדם הנבא על־גוג ואמרת כה אמר אדני יהוה הנני אליך
גוג נשיא ראש משך ותבל: ושבבתיך וששאתיך והעליתיך
מירכתי צפון והבאותיך על־הרי ישראל: והכיתי קשתך מיד
שמאולך וחציך מיד ימינך אפיל: על־הרי ישראל תפול אתה
וכל־אגפיך ועמים אשר אתך לעיט צפור כל־כנף וחית השדה
נתתיך לאכלה: על־פני השדה תפול כי אני דברתי נאם אדני
יהוה: ושלחתי־אש במגוג ובישבי האיים לבטח וידעו כי־אני
יהוה: ואת־שם קדשי אודיע בתוך עמי ישראל ולא־אחל
את־שם־קדשי עוד וידעו הגוים כי־אני יהוה קדוש בישראל:

הִנֵּה בָאָה וְנִהְיָתָה נְאֻם אֲדֹנָי יֱהֹוִה הוּא הַיּוֹם אֲשֶׁר דִּבַּרְתִּי׃ וְיָצְאוּ יֹשְׁבֵי ׀ עָרֵי יִשְׂרָאֵל וּבִעֲרוּ וְהִשִּׂיקוּ בְּנֶשֶׁק וּמָגֵן וְצִנָּה בְּקֶשֶׁת וּבְחִצִּים וּבְמַקֵּל יָד וּבְרֹמַח וּבִעֲרוּ בָהֶם אֵשׁ שֶׁבַע שָׁנִים׃ וְלֹא־יִשְׂאוּ עֵצִים מִן־הַשָּׂדֶה וְלֹא יַחְטְבוּ מִן־הַיְּעָרִים כִּי בַנֶּשֶׁק יְבַעֲרוּ־אֵשׁ וְשָׁלְלוּ אֶת־שֹׁלְלֵיהֶם וּבָזְזוּ אֶת־בֹּזְזֵיהֶם נְאֻם אֲדֹנָי יֱהֹוִה׃

וְהָיָה בַיּוֹם הַהוּא אֶתֵּן לְגוֹג ׀ מְקוֹם־שָׁם קֶבֶר בְּיִשְׂרָאֵל גֵּי הָעֹבְרִים קִדְמַת הַיָּם וְחֹסֶמֶת הִיא אֶת־הָעֹבְרִים וְקָבְרוּ שָׁם אֶת־גּוֹג וְאֶת־כָּל־הֲמוֹנֹה וְקָרְאוּ גֵּיא הֲמוֹן גּוֹג׃ וּקְבָרוּם בֵּית יִשְׂרָאֵל לְמַעַן טַהֵר אֶת־הָאָרֶץ שִׁבְעָה חֳדָשִׁים׃ וְקָבְרוּ כָּל־עַם הָאָרֶץ וְהָיָה לָהֶם לְשֵׁם יוֹם הִכָּבְדִי נְאֻם אֲדֹנָי יֱהֹוִה׃ וְאַנְשֵׁי תָמִיד יַבְדִּילוּ עֹבְרִים בָּאָרֶץ מְקַבְּרִים אֶת־הָעֹבְרִים אֶת־הַנּוֹתָרִים עַל־פְּנֵי הָאָרֶץ לְטַהֲרָהּ מִקְצֵה שִׁבְעָה־חֳדָשִׁים יַחְקֹרוּ׃ וְעָבְרוּ הָעֹבְרִים בָּאָרֶץ וְרָאָה עֶצֶם אָדָם וּבָנָה אֶצְלוֹ צִיּוּן עַד קָבְרוּ אֹתוֹ הַמְקַבְּרִים אֶל־גֵּיא הֲמוֹן גּוֹג׃ וְגַם שֶׁם־עִיר הֲמוֹנָה וְטִהֲרוּ הָאָרֶץ׃

ברכות לאחר ההפטרה

אחר קריאת ההפטרה המפטיר מברך:

בָּרוּךְ אַתָּה יהוה אֱלֹהֵינוּ מֶלֶךְ הָעוֹלָם, צוּר כָּל הָעוֹלָמִים, צַדִּיק בְּכָל הַדּוֹרוֹת, הָאֵל הַנֶּאֱמָן, הָאוֹמֵר וְעוֹשֶׂה, הַמְדַבֵּר וּמְקַיֵּם, שֶׁכָּל דְּבָרָיו אֱמֶת וָצֶדֶק. נֶאֱמָן אַתָּה הוּא יהוה אֱלֹהֵינוּ וְנֶאֱמָנִים דְּבָרֶיךָ, וְדָבָר אֶחָד מִדְּבָרֶיךָ אָחוֹר לֹא יָשׁוּב רֵיקָם, כִּי אֵל מֶלֶךְ נֶאֱמָן (וְרַחֲמָן) אָתָּה. בָּרוּךְ אַתָּה יהוה, הָאֵל הַנֶּאֱמָן בְּכָל דְּבָרָיו.

רַחֵם עַל צִיּוֹן כִּי הִיא בֵּית חַיֵּינוּ, וְלַעֲלוּבַת נֶפֶשׁ תּוֹשִׁיעַ בִּמְהֵרָה בְיָמֵינוּ. בָּרוּךְ אַתָּה יהוה, מְשַׂמֵּחַ צִיּוֹן בְּבָנֶיהָ.

שַׂמְּחֵנוּ יהוה אֱלֹהֵינוּ בְּאֵלִיָּהוּ הַנָּבִיא עַבְדֶּךָ, וּבְמַלְכוּת בֵּית דָּוִד מְשִׁיחֶךָ, בִּמְהֵרָה יָבוֹא וְיָגֵל לִבֵּנוּ. עַל כִּסְאוֹ לֹא יֵשֶׁב זָר, וְלֹא יִנְחֲלוּ עוֹד אֲחֵרִים אֶת כְּבוֹדוֹ, כִּי בְשֵׁם קָדְשְׁךָ נִשְׁבַּעְתָּ לּוֹ שֶׁלֹּא יִכְבֶּה נֵרוֹ לְעוֹלָם וָעֶד. בָּרוּךְ אַתָּה יהוה, מָגֵן דָּוִד.

עַל הַתּוֹרָה וְעַל הָעֲבוֹדָה וְעַל הַנְּבִיאִים (בשבת: וְעַל יוֹם הַשַּׁבָּת הַזֶּה), וְעַל יוֹם

בסוכות: חַג הַסֻּכּוֹת הַזֶּה

בשמיני עצרת: הַשְּׁמִינִי חַג הָעֲצֶרֶת הַזֶּה

שֶׁנָּתַתָּ לָּנוּ, יהוה אֱלֹהֵינוּ (בשבת: לִקְדֻשָּׁה וְלִמְנוּחָה) לְשָׂשׂוֹן וּלְשִׂמְחָה, לְכָבוֹד וּלְתִפְאָרֶת. עַל הַכֹּל יהוה אֱלֹהֵינוּ אֲנַחְנוּ מוֹדִים לָךְ וּמְבָרְכִים אוֹתָךְ. יִתְבָּרַךְ שִׁמְךָ בְּפִי כָּל חַי תָּמִיד לְעוֹלָם וָעֶד. בָּרוּךְ אַתָּה יהוה, מְקַדֵּשׁ (בשבת: הַשַּׁבָּת וְ)יִשְׂרָאֵל וְהַזְּמַנִּים.

בשבת ממשיכים ׳יְקוּם פֻּרְקָן׳,
וביום חול, תפילה לשלום המדינה (עמ׳ 260).

במקום שיש בו מניין השכינה שורה, ולכן אומרים ברכה לקהל. ואין אומרים אותה ביחידות (׳אור זרוע׳ ח״ב, נ), ויש שנוהגים לומר את הפיסקה הראשונה גם ביחידות (שערי אפרים).

יְקוּם פֻּרְקָן מִן שְׁמַיָּא, חִנָּא וְחִסְדָּא וְרַחֲמֵי וְחַיֵּי אֲרִיכֵי וּמְזוֹנֵי רְוִיחֵי, וְסִיַּעְתָּא דִשְׁמַיָּא, וּבַרְיוּת גּוּפָא וּנְהוֹרָא מְעַלְיָא, זַרְעָא חַיָּא וְקַיָּמָא, זַרְעָא דִּי לָא יִפְסֻק וְדִי לָא יִבְטֻל מִפִּתְגָּמֵי אוֹרַיְתָא, לְמָרָנָן וְרַבָּנָן חֲבוּרָתָא קַדִּישָׁתָא דִּי בְאַרְעָא דְיִשְׂרָאֵל וְדִי בְבָבֶל, לְרֵישֵׁי כַלָּה, וּלְרֵישֵׁי גַלְוָתָא, וּלְרֵישֵׁי מְתִיבָתָא, וּלְדַיָּנֵי דְבָבָא, לְכָל תַּלְמִידֵיהוֹן, וּלְכָל תַּלְמִידֵי תַלְמִידֵיהוֹן, וּלְכָל מָאן דְּעָסְקִין בְּאוֹרַיְתָא. מַלְכָּא

תרגום

יקום פורקן מן השמים, חן וחסד ורחמים וחיים ארוכים ומזונות רווחים וסיוע מן השמים, ובריאות הגוף ואור מעולה, זרע חי וקיים, זרע שלא יפסוק ושלא יבטל מדברי תורה, למורינו ורבותינו החבורות הקדושות אשר בארץ ישראל ואשר בבבל, לראשי כלה ולראשי גלויות ולראשי הישיבות ולדייני השער, לכל תלמידיהם, ולכל תלמידי תלמידיהם, ולכל מי שעוסקים

דְעָלְמָא יְבָרֵךְ יָתְהוֹן, יַפֵּשׁ חַיֵּיהוֹן וְיַסְגֵּא יוֹמֵיהוֹן, וְיִתֵּן אַרְכָא לִשְׁנֵיהוֹן, וְיִתְפָּרְקוּן וְיִשְׁתֵּיזְבוּן מִן כָּל עָקָא וּמִן כָּל מַרְעִין בִּישִׁין. מָרַן דִּי בִשְׁמַיָּא יְהֵא בְסַעְדְּהוֹן כָּל זְמַן וְעִדָּן, וְנֹאמַר אָמֵן.

יְקוּם פֻּרְקָן מִן שְׁמַיָּא, חִנָּא וְחִסְדָּא וְרַחֲמֵי וְחַיֵּי אֲרִיכֵי וּמְזוֹנֵי רְוִיחֵי, וְסִיַּעְתָּא דִשְׁמַיָּא, וּבַרְיוּת גּוּפָא וּנְהוֹרָא מְעַלְיָא, זַרְעָא חַיָּא וְקַיָּמָא, זַרְעָא דִּי לָא יִפְסֻק וְדִי לָא יִבְטֻל מִפִּתְגָּמֵי אוֹרַיְתָא, לְכָל קְהָלָא קַדִּישָׁא הָדֵין, רַבְרְבַיָּא עִם זְעֵרַיָּא, טַפְלָא וּנְשַׁיָּא. מַלְכָּא דְעָלְמָא יְבָרֵךְ יָתְכוֹן, יַפֵּשׁ חַיֵּיכוֹן וְיַסְגֵּא יוֹמֵיכוֹן, וְיִתֵּן אַרְכָא לִשְׁנֵיכוֹן, וְתִתְפָּרְקוּן וְתִשְׁתֵּיזְבוּן מִן כָּל עָקָא וּמִן כָּל מַרְעִין בִּישִׁין. מָרַן דִּי בִשְׁמַיָּא יְהֵא בְסַעְדְּכוֹן כָּל זְמַן וְעִדָּן, וְנֹאמַר אָמֵן.

מִי שֶׁבֵּרַךְ אֲבוֹתֵינוּ אַבְרָהָם יִצְחָק וְיַעֲקֹב, הוּא יְבָרֵךְ אֶת כָּל הַקָּהָל הַקָּדוֹשׁ הַזֶּה עִם כָּל קְהִלּוֹת הַקֹּדֶשׁ, הֵם וּנְשֵׁיהֶם וּבְנֵיהֶם וּבְנוֹתֵיהֶם וְכָל אֲשֶׁר לָהֶם, וּמִי שֶׁמְּיַחֲדִים בָּתֵּי כְנֵסִיּוֹת לִתְפִלָּה, וּמִי שֶׁבָּאִים בְּתוֹכָם לְהִתְפַּלֵּל, וּמִי שֶׁנּוֹתְנִים נֵר לַמָּאוֹר וְיַיִן לְקִדּוּשׁ וּלְהַבְדָּלָה וּפַת לָאוֹרְחִים וּצְדָקָה לָעֲנִיִּים, וְכָל מִי שֶׁעוֹסְקִים בְּצָרְכֵי צִבּוּר בֶּאֱמוּנָה. הַקָּדוֹשׁ בָּרוּךְ הוּא יְשַׁלֵּם שְׂכָרָם, וְיָסִיר מֵהֶם כָּל מַחֲלָה, וְיִרְפָּא לְכָל גּוּפָם, וְיִסְלַח לְכָל עֲוֹנָם, וְיִשְׁלַח בְּרָכָה וְהַצְלָחָה בְּכָל מַעֲשֵׂי יְדֵיהֶם עִם כָּל יִשְׂרָאֵל אֲחֵיהֶם, וְנֹאמַר אָמֵן.

בתורה. מלך העולם יברך אותם, ירבה חייהם ויגדיל ימיהם ויתן אריכות לשנותיהם. ויִוָּשעו ויינצלו מכל צרה ומכל חוליים רעים. אדוננו שבשמים יהיה בעזרתם בכל זמן ועת, ונאמר אמן.

יקום פורקן מן השמים, חן וחסד ורחמים וחיים ארוכים ומזונות רווחים וסיוע מן השמים, ובריאות הגוף ואור מעולה, זרע חי וקיים, זרע שלא יפסוק ושלא יבטל מדברי תורה, לכל הקהל הקדוש הזה, הגדולים עם הקטנים, הטף והנשים. מלך העולם יברך אתכם, ירבה חייכם ויגדיל ימיכם ויתן אריכות לשנותיכם. ותִוָּשעו ותינצלו מכל צרה ומכל חוליים רעים. אדוננו שבשמים יהיה בעזרתכם בכל זמן ועת, ונאמר אמן.

תפילה לשלום מדינת ישראל

אָבִינוּ שֶׁבַּשָּׁמַיִם, צוּר יִשְׂרָאֵל וְגוֹאֲלוֹ, בָּרֵךְ אֶת מְדִינַת יִשְׂרָאֵל, רֵאשִׁית צְמִיחַת גְּאֻלָּתֵנוּ. הָגֵן עָלֶיהָ בְּאֶבְרַת חַסְדֶּךָ וּפְרֹשׂ עָלֶיהָ סֻכַּת שְׁלוֹמֶךָ, וּשְׁלַח אוֹרְךָ וַאֲמִתְּךָ לְרָאשֶׁיהָ, שָׂרֶיהָ וְיוֹעֲצֶיהָ, וְתַקְּנֵם בְּעֵצָה טוֹבָה מִלְּפָנֶיךָ.

חַזֵּק אֶת יְדֵי מְגִנֵּי אֶרֶץ קָדְשֵׁנוּ, וְהַנְחִילֵם אֱלֹהֵינוּ יְשׁוּעָה וַעֲטֶרֶת נִצָּחוֹן תְּעַטְּרֵם, וְנָתַתָּ שָׁלוֹם בָּאָרֶץ וְשִׂמְחַת עוֹלָם לְיוֹשְׁבֶיהָ.

וְאֶת אַחֵינוּ כָּל בֵּית יִשְׂרָאֵל, פְּקָד נָא בְּכָל אַרְצוֹת פְּזוּרֵיהֶם, וְתוֹלִיכֵם מְהֵרָה קוֹמְמִיּוּת לְצִיּוֹן עִירֶךָ וְלִירוּשָׁלַיִם מִשְׁכַּן
שְׁמֶךָ, כַּכָּתוּב בְּתוֹרַת מֹשֶׁה עַבְדֶּךָ: אִם־יִהְיֶה נִדַּחֲךָ בִּקְצֵה דברים ל
הַשָּׁמָיִם, מִשָּׁם יְקַבֶּצְךָ יהוה אֱלֹהֶיךָ וּמִשָּׁם יִקָּחֶךָ: וֶהֱבִיאֲךָ יהוה אֱלֹהֶיךָ אֶל־הָאָרֶץ אֲשֶׁר־יָרְשׁוּ אֲבֹתֶיךָ וִירִשְׁתָּהּ, וְהֵיטִבְךָ וְהִרְבְּךָ מֵאֲבֹתֶיךָ: וּמָל יהוה אֱלֹהֶיךָ אֶת־לְבָבְךָ וְאֶת־לְבַב זַרְעֶךָ, לְאַהֲבָה אֶת־יהוה אֱלֹהֶיךָ בְּכָל־לְבָבְךָ וּבְכָל־נַפְשְׁךָ, לְמַעַן חַיֶּיךָ:

וְיַחֵד לְבָבֵנוּ לְאַהֲבָה וּלְיִרְאָה אֶת שְׁמֶךָ, וְלִשְׁמֹר אֶת כָּל דִּבְרֵי תוֹרָתֶךָ, וּשְׁלַח לָנוּ מְהֵרָה בֶּן דָּוִד מְשִׁיחַ צִדְקֶךָ, לִפְדּוֹת מְחַכֵּי קֵץ יְשׁוּעָתֶךָ.

וְהוֹפַע בַּהֲדַר גְּאוֹן עֻזֶּךָ עַל כָּל יוֹשְׁבֵי תֵבֵל אַרְצֶךָ וְיֹאמַר כֹּל אֲשֶׁר נְשָׁמָה בְאַפּוֹ, יהוה אֱלֹהֵי יִשְׂרָאֵל מֶלֶךְ וּמַלְכוּתוֹ בַּכֹּל מָשָׁלָה, אָמֵן סֶלָה.

מי שבירך לחיילי צה״ל

מִי שֶׁבֵּרַךְ אֲבוֹתֵינוּ אַבְרָהָם יִצְחָק וְיַעֲקֹב הוּא יְבָרֵךְ אֶת חַיָּלֵי צְבָא הַהֲגָנָה לְיִשְׂרָאֵל וְאַנְשֵׁי כֹּחוֹת הַבִּטָּחוֹן, הָעוֹמְדִים עַל מִשְׁמַר אַרְצֵנוּ וְעָרֵי אֱלֹהֵינוּ, מִגְּבוּל הַלְּבָנוֹן וְעַד מִדְבַּר מִצְרַיִם וּמִן הַיָּם הַגָּדוֹל עַד לְבוֹא הָעֲרָבָה וּבְכָל מָקוֹם שֶׁהֵם, בַּיַּבָּשָׁה, בָּאֲוִיר וּבַיָּם. יִתֵּן יהוה אֶת אוֹיְבֵינוּ הַקָּמִים עָלֵינוּ נִגָּפִים לִפְנֵיהֶם. הַקָּדוֹשׁ בָּרוּךְ הוּא יִשְׁמֹר וְיַצִּיל אֶת חַיָּלֵינוּ מִכָּל צָרָה וְצוּקָה וּמִכָּל נֶגַע וּמַחֲלָה, וְיִשְׁלַח בְּרָכָה וְהַצְלָחָה בְּכָל מַעֲשֵׂי יְדֵיהֶם. יַדְבֵּר שׂוֹנְאֵינוּ תַּחְתֵּיהֶם וִיעַטְּרֵם בְּכֶתֶר יְשׁוּעָה וּבַעֲטֶרֶת נִצָּחוֹן. וִיקֻיַּם בָּהֶם הַכָּתוּב: כִּי יהוה אֱלֹהֵיכֶם הַהֹלֵךְ עִמָּכֶם לְהִלָּחֵם לָכֶם עִם־אֹיְבֵיכֶם לְהוֹשִׁיעַ אֶתְכֶם: וְנֹאמַר אָמֵן. דברים כ

מי שבירך לשבויים

מִי שֶׁבֵּרַךְ אֲבוֹתֵינוּ אַבְרָהָם יִצְחָק וְיַעֲקֹב, יוֹסֵף מֹשֶׁה וְאַהֲרֹן, דָּוִד וּשְׁלֹמֹה, הוּא יְבָרֵךְ וְיִשְׁמֹר וְיִנְצֹר אֶת נֶעְדְּרֵי צְבָא הַהֲגָנָה לְיִשְׂרָאֵל וּשְׁבוּיָו, וְאֶת כָּל אַחֵינוּ הַנְּתוּנִים בַּצָּרָה וּבַשִּׁבְיָה, בַּעֲבוּר שֶׁכָּל הַקָּהָל הַקָּדוֹשׁ הַזֶּה מִתְפַּלֵּל בַּעֲבוּרָם. הַקָּדוֹשׁ בָּרוּךְ הוּא יִמָּלֵא רַחֲמִים עֲלֵיהֶם, וְיוֹצִיאֵם מֵחֹשֶׁךְ וְצַלְמָוֶת, וּמוֹסְרוֹתֵיהֶם יְנַתֵּק, וּמִמְּצוּקוֹתֵיהֶם יוֹשִׁיעֵם, וִישִׁיבֵם מְהֵרָה לְחֵיק מִשְׁפְּחוֹתֵיהֶם. יוֹדוּ לַיהוה חַסְדּוֹ וְנִפְלְאוֹתָיו לִבְנֵי אָדָם: וִיקֻיַּם בָּהֶם מִקְרָא שֶׁכָּתוּב: וּפְדוּיֵי יהוה יְשֻׁבוּן, וּבָאוּ צִיּוֹן בְּרִנָּה, וְשִׂמְחַת עוֹלָם עַל־רֹאשָׁם, שָׂשׂוֹן וְשִׂמְחָה יַשִּׂיגוּ, וְנָסוּ יָגוֹן וַאֲנָחָה: וְנֹאמַר אָמֵן. תהלים קז ישעיה לה

בשבת ממשיכים ׳אַשְׁרֵי׳ בעמ׳ 296. ביום טוב שאינו חל בשבת, יש האומרים ׳יָהּ אֵלִי׳ בעמ׳ 296. בשמיני עצרת בחו״ל אומרים יזכור (עמ׳ 292).

בַּיּוֹם֙ הַשְּׁמִינִ֔י

עֲצֶ֖רֶת

תִּהְיֶ֣ה לָכֶ֑ם

כָּל־מְלֶ֥אכֶת עֲבֹדָ֖ה לֹ֥א תַעֲשֽׂוּ

במדבר כט, לה

סדר הקפות

נוהגים לומר סדר זה לפני ההקפות (רמ״א, תרסט, א).
שליח הציבור אומר פסוק פסוק והקהל אחריו:

אַתָּה הָרְאֵתָ לָדַעַת, כִּי יהוה הוּא הָאֱלֹהִים, אֵין עוֹד מִלְּבַדּוֹ: דברים ד
לְעֹשֵׂה נִפְלָאוֹת גְּדֹלוֹת לְבַדּוֹ, כִּי לְעוֹלָם חַסְדּוֹ: תהלים קלו
אֵין־כָּמְוֹךָ בָאֱלֹהִים, אֲדֹנָי, וְאֵין כְּמַעֲשֶׂיךָ: תהלים פו
יְהִי כְבוֹד יהוה לְעוֹלָם, יִשְׂמַח יהוה בְּמַעֲשָׂיו: תהלים קד
יְהִי שֵׁם יהוה מְבֹרָךְ, מֵעַתָּה וְעַד־עוֹלָם: תהלים קיג
יְהִי יהוה אֱלֹהֵינוּ עִמָּנוּ, כַּאֲשֶׁר הָיָה עִם־אֲבֹתֵינוּ מלכים א׳ ח
אַל־יַעַזְבֵנוּ וְאַל־יִטְּשֵׁנוּ:
וְאִמְרוּ, הוֹשִׁיעֵנוּ אֱלֹהֵי יִשְׁעֵנוּ, וְקַבְּצֵנוּ וְהַצִּילֵנוּ מִן־הַגּוֹיִם דברי הימים א׳ טז
לְהֹדוֹת לְשֵׁם קָדְשֶׁךָ, לְהִשְׁתַּבֵּחַ בִּתְהִלָּתֶךָ:
יהוה מֶלֶךְ, יהוה מָלָךְ, יהוה יִמְלֹךְ לְעֹלָם וָעֶד.
יהוה עֹז לְעַמּוֹ יִתֵּן, יהוה יְבָרֵךְ אֶת־עַמּוֹ בַשָּׁלוֹם: תהלים כט
וְיִהְיוּ נָא אֲמָרֵינוּ לְרָצוֹן, לִפְנֵי אֲדוֹן כֹּל.

פותחים את ארון הקודש.

וַיְהִי בִּנְסֹעַ הָאָרֹן וַיֹּאמֶר מֹשֶׁה במדבר י
קוּמָה יהוה וְיָפֻצוּ אֹיְבֶיךָ, וְיָנֻסוּ מְשַׂנְאֶיךָ מִפָּנֶיךָ:
קוּמָה יהוה לִמְנוּחָתֶךָ, אַתָּה וַאֲרוֹן עֻזֶּךָ: תהלים קלב
כֹּהֲנֶיךָ יִלְבְּשׁוּ־צֶדֶק, וַחֲסִידֶיךָ יְרַנֵּנוּ:
בַּעֲבוּר דָּוִד עַבְדֶּךָ, אַל־תָּשֵׁב פְּנֵי מְשִׁיחֶךָ:

וְאָמַר בַּיּוֹם הַהוּא, הִנֵּה אֱלֹהֵינוּ זֶה קִוִּינוּ לוֹ, וְיוֹשִׁיעֵנוּ ישעיה כה
זֶה יהוה קִוִּינוּ לוֹ, נָגִילָה וְנִשְׂמְחָה בִּישׁוּעָתוֹ:
מַלְכוּתְךָ מַלְכוּת כָּל־עֹלָמִים, וּמֶמְשַׁלְתְּךָ בְּכָל־דּוֹר וָדֹר: תהלים קמה
כִּי מִצִּיּוֹן תֵּצֵא תוֹרָה, וּדְבַר־יהוה מִירוּשָׁלָםִ: ישעיה ב

תהלים נא אַב הָרַחֲמִים, הֵיטִיבָה בִרְצוֹנְךָ אֶת־צִיּוֹן, תִּבְנֶה חוֹמוֹת יְרוּשָׁלָםִ:
כִּי בְךָ לְבַד בָּטָחְנוּ, מֶלֶךְ אֵל רָם וְנִשָּׂא, אֲדוֹן עוֹלָמִים.

מוציאים את כל ספרי התורה ומקיפים את הבימה שבע פעמים.

הקפה ראשונה:

תהלים קיח אָנָּא יהוה הוֹשִׁיעָה נָּא, אָנָּא יהוה הַצְלִיחָה נָא:
אָנָּא יהוה עֲנֵנוּ בְיוֹם קָרְאֵנוּ.
אֱלֹהֵי הָרוּחוֹת הוֹשִׁיעָה נָּא, בּוֹחֵן לְבָבוֹת הַצְלִיחָה נָא
גּוֹאֵל חָזָק עֲנֵנוּ בְיוֹם קָרְאֵנוּ.

תהלים יט יש מוסיפים: תּוֹרַת יהוה תְּמִימָה, מְשִׁיבַת נָפֶשׁ:

תהלים כט מִזְמוֹר לְדָוִד
הָבוּ לַיהוה בְּנֵי אֵלִים, הָבוּ לַיהוה כָּבוֹד וָעֹז:
הָבוּ לַיהוה כְּבוֹד שְׁמוֹ, הִשְׁתַּחֲווּ לַיהוה בְּהַדְרַת־קֹדֶשׁ:
קוֹל יהוה עַל־הַמָּיִם, אֵל־הַכָּבוֹד הִרְעִים
יהוה עַל־מַיִם רַבִּים:

תהלים סז לַמְנַצֵּחַ בִּנְגִינֹת, מִזְמוֹר שִׁיר:
אֱלֹהִים יְחָנֵּנוּ וִיבָרְכֵנוּ, יָאֵר פָּנָיו אִתָּנוּ סֶלָה:
אָנָּא, בְּכֹחַ גְּדֻלַּת יְמִינְךָ, תַּתִּיר צְרוּרָה.

תהלים פט כִּי־אָמַרְתִּי עוֹלָם חֶסֶד יִבָּנֶה:

הקפה שנייה:

דּוֹבֵר צְדָקוֹת הוֹשִׁיעָה נָּא, הָדוּר בִּלְבוּשׁוֹ הַצְלִיחָה נָא
וָתִיק וְחָסִיד עֲנֵנוּ בְיוֹם קָרְאֵנוּ.

יש מוסיפים:

תהלים יט עֵדוּת יהוה נֶאֱמָנָה, מַחְכִּימַת פֶּתִי:

תהלים כט קוֹל־יהוה בַּכֹּחַ

תהלים סז לָדַעַת בָּאָרֶץ דַּרְכֶּךָ, בְּכָל־גּוֹיִם יְשׁוּעָתֶךָ:
קַבֵּל רִנַּת עַמְּךָ, שַׂגְּבֵנוּ, טַהֲרֵנוּ, נוֹרָא.

תהלים פט לְךָ זְרוֹעַ עִם־גְּבוּרָה, תָּעֹז יָדְךָ תָּרוּם יְמִינֶךָ:

הקפה שלישית:

זַךְ וְיָשָׁר הוֹשִׁיעָה נָּא, חַנּוּן וְרַחוּם הַצְלִיחָה נָא
טוֹב וּמֵטִיב עֲנֵנוּ בְיוֹם קָרְאֵנוּ.

יש מוסיפים:

פִּקּוּדֵי יהוה יְשָׁרִים, מְשַׂמְּחֵי־לֵב: תהלים יט
קוֹל יהוה בֶּהָדָר: תהלים כט
יוֹדְוּךָ עַמִּים אֱלֹהִים, יוֹדְוּךָ עַמִּים כֻּלָּם: תהלים סז
נָא גִּבּוֹר, דּוֹרְשֵׁי יִחוּדְךָ כְּבָבַת שָׁמְרֵם.
תִּתֵּן אֱמֶת לְיַעֲקֹב, חֶסֶד לְאַבְרָהָם: מיכה ז

הקפה רביעית:

יוֹדֵעַ מַחֲשָׁבוֹת הוֹשִׁיעָה נָּא, כַּבִּיר כֹּחַ הַצְלִיחָה נָא
לוֹבֵשׁ צְדָקוֹת עֲנֵנוּ בְיוֹם קָרְאֵנוּ.

יש מוסיפים:

מִצְוַת יהוה בָּרָה, מְאִירַת עֵינָיִם: תהלים יט
קוֹל יהוה שֹׁבֵר אֲרָזִים, וַיְשַׁבֵּר יהוה אֶת־אַרְזֵי הַלְּבָנוֹן: תהלים כט
וַיַּרְקִידֵם כְּמוֹ־עֵגֶל, לְבָנוֹן וְשִׂרְיוֹן כְּמוֹ בֶן־רְאֵמִים:
יִשְׂמְחוּ וִירַנְּנוּ לְאֻמִּים, כִּי־תִשְׁפֹּט עַמִּים מִישֹׁר תהלים סז
וּלְאֻמִּים בָּאָרֶץ תַּנְחֵם סֶלָה:
בָּרְכֵם, טַהֲרֵם, רַחֲמֵי צִדְקָתְךָ תָּמִיד גָּמְלֵם.
נְעִמוֹת בִּימִינְךָ נֶצַח: תהלים טז

אֵין אַדִּיר כַּיהוה וְאֵין בָּרוּךְ כְּבֶן עַמְרָם
אֵין גְּדוֹלָה כַּתּוֹרָה וְאֵין דּוֹרְשָׁהּ כְּיִשְׂרָאֵל
מִפִּי אֵל מִפִּי אֵל, יִתְבָּרַךְ יִשְׂרָאֵל

אֵין הָדוּר כַּיהוה וְאֵין וָתִיק כְּבֶן עַמְרָם
אֵין זַכָּאָה כַּתּוֹרָה וְאֵין חוֹמְדָהּ כְּיִשְׂרָאֵל
מִפִּי אֵל מִפִּי אֵל, יִתְבָּרַךְ יִשְׂרָאֵל

אֵין טָהוֹר כַּיהוה וְאֵין יָשָׁר כְּבֶן עַמְרָם
אֵין כְּבוּדָה כַּתּוֹרָה וְאֵין לוֹמְדָהּ כְּיִשְׂרָאֵל
מִפִּי אֵל מִפִּי אֵל, יִתְבָּרַךְ יִשְׂרָאֵל

אֵין מֶלֶךְ כַּיהוה וְאֵין נָבִיא כְּבֶן עַמְרָם
אֵין סְמוּכָה כַּתּוֹרָה וְאֵין עוֹזְרָהּ כְּיִשְׂרָאֵל
מִפִּי אֵל מִפִּי אֵל, יִתְבָּרַךְ יִשְׂרָאֵל

אֵין פּוֹדֶה כַּיהוה וְאֵין צַדִּיק כְּבֶן עַמְרָם
אֵין קְדוֹשָׁה כַּתּוֹרָה וְאֵין רוֹחֲשָׁהּ כְּיִשְׂרָאֵל
מִפִּי אֵל מִפִּי אֵל, יִתְבָּרַךְ יִשְׂרָאֵל

אֵין שׁוֹמֵר כַּיהוה וְאֵין שָׁלֵם כְּבֶן עַמְרָם
אֵין תְּמִימָה כַּתּוֹרָה וְאֵין תּוֹמְכָהּ כְּיִשְׂרָאֵל
מִפִּי אֵל מִפִּי אֵל, יִתְבָּרַךְ יִשְׂרָאֵל

הקפה חמישית:

מֶלֶךְ עוֹלָמִים הוֹשִׁיעָה נָּא, נָאוֹר וְאַדִּיר הַצְלִיחָה נָא
סוֹמֵךְ וְסוֹעֵד עֲנֵנוּ בְּיוֹם קָרְאֵנוּ.

יש מוסיפים:

יִרְאַת יהוה טְהוֹרָה, עוֹמֶדֶת לָעַד: תהלים יט
קוֹל־יהוה חֹצֵב לַהֲבוֹת אֵשׁ: תהלים כט
יוֹדוּךָ עַמִּים אֱלֹהִים, יוֹדוּךָ עַמִּים כֻּלָּם: תהלים סז
חֲסִין קָדוֹשׁ, בְּרֹב טוּבְךָ נַהֵל עֲדָתֶךָ.
יהוה אֲדֹנֵינוּ מָה־אַדִּיר שִׁמְךָ בְּכָל־הָאָרֶץ תהלים ח
אֲשֶׁר־תְּנָה הוֹדְךָ עַל־הַשָּׁמָיִם:

הקפה שישית:

עוֹזֵר דַּלִּים הוֹשִׁיעָה נָּא, פּוֹדֶה וּמַצִּיל הַצְלִיחָה נָא
צוּר עוֹלָמִים עֲנֵנוּ בְּיוֹם קָרְאֵנוּ.

יש מוסיפים:

מִשְׁפְּטֵי־יהוה אֱמֶת, צָדְקוּ יַחְדָּו: תהלים יט

קוֹל יהוה יָחִיל מִדְבָּר, יָחִיל יהוה מִדְבַּר קָדֵשׁ: תהלים כט

אֶרֶץ נָתְנָה יְבוּלָהּ, יְבָרְכֵנוּ אֱלֹהִים אֱלֹהֵינוּ: תהלים סז

יָחִיד גֵּאֶה, לְעַמְּךָ פְּנֵה, זוֹכְרֵי קְדֻשָּׁתֶךָ.

צַדִּיק יהוה בְּכָל־דְּרָכָיו, וְחָסִיד בְּכָל־מַעֲשָׂיו: תהלים קמה

הקפה שביעית:

קָדוֹשׁ וְנוֹרָא הוֹשִׁיעָה נָּא, רַחוּם וְחַנּוּן הַצְלִיחָה נָא

שׁוֹכֵן שְׁחָקִים עֲנֵנוּ בְיוֹם קָרְאֵנוּ.

תּוֹמֵךְ תְּמִימִים הוֹשִׁיעָה נָּא, תַּקִּיף לָעַד הַצְלִיחָה נָא

תָּמִים בְּמַעֲשָׂיו עֲנֵנוּ בְיוֹם קָרְאֵנוּ.

יש מוסיפים:

הַנֶּחֱמָדִים מִזָּהָב וּמִפַּז רָב תהלים יט

וּמְתוּקִים מִדְּבַשׁ וְנֹפֶת צוּפִים:

קוֹל יהוה יְחוֹלֵל אַיָּלוֹת וַיֶּחֱשֹׂף יְעָרוֹת תהלים כט

וּבְהֵיכָלוֹ, כֻּלּוֹ אֹמֵר כָּבוֹד:

יהוה לַמַּבּוּל יָשָׁב, וַיֵּשֶׁב יהוה מֶלֶךְ לְעוֹלָם:

יהוה עֹז לְעַמּוֹ יִתֵּן, יהוה יְבָרֵךְ אֶת־עַמּוֹ בַשָּׁלוֹם:

יְבָרְכֵנוּ אֱלֹהִים, וְיִירְאוּ אוֹתוֹ כָּל־אַפְסֵי־אָרֶץ: תהלים סז

שַׁוְעָתֵנוּ קַבֵּל וּשְׁמַע צַעֲקָתֵנוּ, יוֹדֵעַ תַּעֲלוּמוֹת.

לְךָ יהוה הַגְּדֻלָּה וְהַגְּבוּרָה וְהַתִּפְאֶרֶת וְהַנֵּצַח וְהַהוֹד דברי הימים א׳ כט

כִּי־כֹל בַּשָּׁמַיִם וּבָאָרֶץ

לְךָ יהוה הַמַּמְלָכָה וְהַמִּתְנַשֵּׂא לְכֹל לְרֹאשׁ:

וְהָיָה יהוה לְמֶלֶךְ עַל־כָּל־הָאָרֶץ זכריה יד

בַּיּוֹם הַהוּא יִהְיֶה יהוה אֶחָד וּשְׁמוֹ אֶחָד:

וּבְתוֹרָתְךָ כָּתוּב לֵאמֹר

שְׁמַע יִשְׂרָאֵל, יהוה אֱלֹהֵינוּ יהוה אֶחָד: דברים ו

בָּרוּךְ שֵׁם כְּבוֹד מַלְכוּתוֹ לְעוֹלָם וָעֶד.

יָבוֹא אַדִּיר בִּמְהֵרָה יָבוֹא בָּחוּר בְּיָמֵינוּ
יָבוֹא אֵלִיָּהוּ לְבַשְּׂרֵנוּ יָבוֹא מְשִׁיחַ צִדְקֵנוּ, בֶּן דָּוִד גּוֹאֲלֵנוּ
יוֹם גִּילָה, יוֹם רִנָּה, יוֹם דִּיצָה, יוֹם חֶדְוָה, יָבוֹא אֵלֵינוּ.

יָבוֹא גָּדוֹל בִּמְהֵרָה יָבוֹא דָּגוּל בְּיָמֵינוּ
יָבוֹא אֵלִיָּהוּ לְבַשְּׂרֵנוּ יָבוֹא מְשִׁיחַ צִדְקֵנוּ, בֶּן דָּוִד גּוֹאֲלֵנוּ
יוֹם גִּילָה, יוֹם רִנָּה, יוֹם דִּיצָה, יוֹם חֶדְוָה, יָבוֹא אֵלֵינוּ.

יָבוֹא הָדוּר בִּמְהֵרָה יָבוֹא וָתִיק בְּיָמֵינוּ
יָבוֹא אֵלִיָּהוּ לְבַשְּׂרֵנוּ יָבוֹא מְשִׁיחַ צִדְקֵנוּ, בֶּן דָּוִד גּוֹאֲלֵנוּ
יוֹם גִּילָה, יוֹם רִנָּה, יוֹם דִּיצָה, יוֹם חֶדְוָה, יָבוֹא אֵלֵינוּ.

יָבוֹא זַכַּאי בִּמְהֵרָה יָבוֹא חָסִיד בְּיָמֵינוּ
יָבוֹא אֵלִיָּהוּ לְבַשְּׂרֵנוּ יָבוֹא מְשִׁיחַ צִדְקֵנוּ, בֶּן דָּוִד גּוֹאֲלֵנוּ
יוֹם גִּילָה, יוֹם רִנָּה, יוֹם דִּיצָה, יוֹם חֶדְוָה, יָבוֹא אֵלֵינוּ.

יָבוֹא טָהוֹר בִּמְהֵרָה יָבוֹא יָשָׁר בְּיָמֵינוּ
יָבוֹא אֵלִיָּהוּ לְבַשְּׂרֵנוּ יָבוֹא מְשִׁיחַ צִדְקֵנוּ, בֶּן דָּוִד גּוֹאֲלֵנוּ
יוֹם גִּילָה, יוֹם רִנָּה, יוֹם דִּיצָה, יוֹם חֶדְוָה, יָבוֹא אֵלֵינוּ.

יָבוֹא כַּבִּיר בִּמְהֵרָה יָבוֹא לָמוּד בְּיָמֵינוּ
יָבוֹא אֵלִיָּהוּ לְבַשְּׂרֵנוּ יָבוֹא מְשִׁיחַ צִדְקֵנוּ, בֶּן דָּוִד גּוֹאֲלֵנוּ
יוֹם גִּילָה, יוֹם רִנָּה, יוֹם דִּיצָה, יוֹם חֶדְוָה, יָבוֹא אֵלֵינוּ.

יָבוֹא מוֹשִׁיעַ בִּמְהֵרָה יָבוֹא נוֹרָא בְּיָמֵינוּ
יָבוֹא אֵלִיָּהוּ לְבַשְּׂרֵנוּ יָבוֹא מְשִׁיחַ צִדְקֵנוּ, בֶּן דָּוִד גּוֹאֲלֵנוּ
יוֹם גִּילָה, יוֹם רִנָּה, יוֹם דִּיצָה, יוֹם חֶדְוָה, יָבוֹא אֵלֵינוּ.

יָבוֹא סַגִּיב בִּמְהֵרָה יָבוֹא עִזּוּז בְּיָמֵינוּ
יָבוֹא אֵלִיָּהוּ לְבַשְּׂרֵנוּ יָבוֹא מְשִׁיחַ צִדְקֵנוּ, בֶּן דָּוִד גּוֹאֲלֵנוּ
יוֹם גִּילָה, יוֹם רִנָּה, יוֹם דִּיצָה, יוֹם חֶדְוָה, יָבוֹא אֵלֵינוּ.

יָבוֹא פּוֹדֶה בִּמְהֵרָה יָבוֹא צַדִּיק בְּיָמֵינוּ
יָבוֹא אֵלִיָּהוּ לְבַשְּׂרֵנוּ יָבוֹא מְשִׁיחַ צִדְקֵנוּ, בֶּן דָּוִד גּוֹאֲלֵנוּ
יוֹם גִּילָה, יוֹם רִנָּה, יוֹם דִּיצָה, יוֹם חֶדְוָה, יָבוֹא אֵלֵינוּ.

יָבוֹא קָדוֹשׁ בִּמְהֵרָה יָבוֹא רַחוּם בְּיָמֵינוּ
יָבוֹא אֵלִיָּהוּ לְבַשְּׂרֵנוּ יָבוֹא מְשִׁיחַ צִדְקֵנוּ, בֶּן דָּוִד גּוֹאֲלֵנוּ
יוֹם גִּילָה, יוֹם רִנָּה, יוֹם דִּיצָה, יוֹם חֶדְוָה, יָבוֹא אֵלֵינוּ.

יָבוֹא שַׁדַּי בִּמְהֵרָה יָבוֹא תַּקִּיף בְּיָמֵינוּ
יָבוֹא אֵלִיָּהוּ לְבַשְּׂרֵנוּ יָבוֹא מְשִׁיחַ צִדְקֵנוּ, בֶּן דָּוִד גּוֹאֲלֵנוּ
יוֹם גִּילָה, יוֹם רִנָּה, יוֹם דִּיצָה, יוֹם חֶדְוָה, יָבוֹא אֵלֵינוּ.

בסיום ההקפות מחזירים את כל ספרי התורה לארון הקודש
פרט לשלושה שעתידים לקרוא בהם.

בשבת ממשיך 'בְּרִיךְ שְׁמֵהּ' בעמוד הבא.

ביום טוב נוהגים לומר שלוש עשרה מידות (פרי עץ חיים), אחריהן תפילות אלו
(שערי ציון) ואחר כך 'בְּרִיךְ שְׁמֵהּ'. ואין אומרים אותן בשבת (שערי אפרים).

אומרים שלוש פעמים:

יהוה, יהוה, אֵל רַחוּם וְחַנּוּן, אֶרֶךְ אַפַּיִם וְרַב־חֶסֶד וֶאֱמֶת: שמות לד
נֹצֵר חֶסֶד לָאֲלָפִים, נֹשֵׂא עָוֹן וָפֶשַׁע וְחַטָּאָה, וְנַקֵּה:

רִבּוֹנוֹ שֶׁל עוֹלָם, מַלֵּא מִשְׁאֲלוֹת לִבִּי לְטוֹבָה, וְהָפֵק רְצוֹנִי וְתֵן שְׁאֵלָתִי, וְזַכֵּה לִי (פלוני(ת) בֶּן/בַּת פלוני) (וְאִשְׁתִּי/בַּעְלִי וּבָנַי וּבְנוֹתַי) וְכָל בְּנֵי בֵיתִי, לַעֲשׂוֹת רְצוֹנְךָ בְּלֵבָב שָׁלֵם, וּמַלְּטֵנוּ מִיֵּצֶר הָרָע, וְתֵן חֶלְקֵנוּ בְּתוֹרָתֶךָ, וְזַכֵּנוּ שֶׁתַּשְׁרֶה שְׁכִינָתְךָ עָלֵינוּ, וְהוֹפַע עָלֵינוּ רוּחַ חָכְמָה וּבִינָה. וְיִתְקַיֵּם בָּנוּ מִקְרָא שֶׁכָּתוּב: וְנָחָה עָלָיו ישעיה יא
רוּחַ יהוה, רוּחַ חָכְמָה וּבִינָה, רוּחַ עֵצָה וּגְבוּרָה, רוּחַ דַּעַת וְיִרְאַת יהוה: וּבְכֵן יְהִי רָצוֹן מִלְּפָנֶיךָ יהוה אֱלֹהֵינוּ וֵאלֹהֵי אֲבוֹתֵינוּ, שֶׁתְּזַכֵּנוּ לַעֲשׂוֹת מַעֲשִׂים טוֹבִים בְּעֵינֶיךָ וְלָלֶכֶת בְּדַרְכֵי יְשָׁרִים לְפָנֶיךָ, וְקַדְּשֵׁנוּ בִּקְדֻשָּׁתֶךָ כְּדֵי שֶׁנִּזְכֶּה לְחַיִּים טוֹבִים וַאֲרוּכִים וּלְחַיֵּי הָעוֹלָם הַבָּא, וְתִשְׁמְרֵנוּ מִמַּעֲשִׂים רָעִים וּמִשָּׁעוֹת רָעוֹת
הַמִּתְרַגְּשׁוֹת לָבוֹא לָעוֹלָם, וְהַבּוֹטֵחַ בַּיהוה חֶסֶד יְסוֹבְבֶנּוּ: אָמֵן. תהלים לב

יִהְיוּ לְרָצוֹן אִמְרֵי־פִי וְהֶגְיוֹן לִבִּי לְפָנֶיךָ, יהוה צוּרִי וְגוֹאֲלִי: תהלים יט

אומרים שלוש פעמים:

וַאֲנִי תְפִלָּתִי־לְךָ יהוה, עֵת רָצוֹן, אֱלֹהִים בְּרָב־חַסְדֶּךָ תהלים סט
עֲנֵנִי בֶּאֱמֶת יִשְׁעֶךָ:

זוהר ויקהל

בְּרִיךְ שְׁמֵהּ דְּמָרֵא עָלְמָא, בְּרִיךְ כִּתְרָךְ וְאַתְרָךְ. יְהֵא רְעוּתָךְ עִם עַמָּךְ יִשְׂרָאֵל לְעָלַם, וּפֻרְקַן יְמִינָךְ אַחֲזֵי לְעַמָּךְ בְּבֵית מַקְדְּשָׁךְ, וּלְאַמְטוּיֵי לַנָא מִטּוּב נְהוֹרָךְ, וּלְקַבֵּל צְלוֹתַנָא בְּרַחֲמִין. יְהֵא רַעֲוָא קֳדָמָךְ דְּתוֹרִיךְ לַן חַיִּין בְּטִיבוּ, וְלֶהֱוֵי אֲנָא פְקִידָא בְּגוֹ צַדִּיקַיָּא, לְמִרְחַם עֲלַי וּלְמִנְטַר יָתִי וְיַת כָּל דִּי לִי וְדִי לְעַמָּךְ יִשְׂרָאֵל. אַנְתְּ הוּא זָן לְכֹלָּא וּמְפַרְנֵס לְכֹלָּא, אַנְתְּ הוּא שַׁלִּיט עַל כֹּלָּא, אַנְתְּ הוּא דְּשַׁלִּיט עַל מַלְכַיָּא, וּמַלְכוּתָא דִּילָךְ הִיא. אֲנָא עַבְדָּא דְקֻדְשָׁא בְּרִיךְ הוּא, דְּסָגֵדְנָא קַמֵּהּ וּמִקַּמֵּי דִּיקַר אוֹרַיְתֵהּ בְּכָל עִדָּן וְעִדָּן. לָא עַל אֱנָשׁ רָחִיצְנָא וְלָא עַל בַּר אֱלָהִין סָמִיכְנָא, אֶלָּא בֶּאֱלָהָא דִשְׁמַיָּא, דְּהוּא אֱלָהָא קְשׁוֹט, וְאוֹרַיְתֵהּ קְשׁוֹט, וּנְבִיאוֹהִי קְשׁוֹט, וּמַסְגֵּא לְמֶעְבַּד טַבְוָן וּקְשׁוֹט. ‹ בֵּהּ אֲנָא רָחִיץ, וְלִשְׁמֵהּ קַדִּישָׁא יַקִּירָא אֲנָא אֵמַר תֻּשְׁבְּחָן. יְהֵא רַעֲוָא קֳדָמָךְ דְּתִפְתַּח לִבַּאי בְּאוֹרַיְתָא, וְתַשְׁלִים מִשְׁאֲלִין דְּלִבַּאי וְלִבָּא דְכָל עַמָּךְ יִשְׂרָאֵל לְטָב וּלְחַיִּין וְלִשְׁלָם.

שליח הציבור מקבל את ספר התורה בימינו, פונה לקהל ואומר ׳שְׁמַע יִשְׂרָאֵל׳ (מסכת סופרים פי״ד), ואחריו הקהל.

דברים ו

שְׁמַע יִשְׂרָאֵל, יהוה אֱלֹהֵינוּ, יהוה אֶחָד:

שליח הציבור ואחריו הקהל:

אֶחָד אֱלֹהֵינוּ, גָּדוֹל אֲדוֹנֵינוּ, קָדוֹשׁ שְׁמוֹ.

שליח הציבור פונה לעבר ארון הקודש, קד, מגביה את ספר התורה ואומר (משנ״ב קלד, יג על פי מסכת סופרים):

תהלים לד

גַּדְּלוּ לַיהוה אִתִּי וּנְרוֹמְמָה שְׁמוֹ יַחְדָּו:

תרגום

ברוך שמו של אדון העולם, ברוך כתרך ומקומך. יהי רצונך עם עמך ישראל לעולם, וישועת ימינך הראה לעמך בבית מקדשך, ולהביא לנו מטוב אורך, ולקבל תפילותינו ברחמים. יהי רצון מלפניך שתאריך לנו חיים בטוב, ואהיה אני נמנה בתוך הצדיקים, לרחם עלי ולשמור אותי ואת כל אשר לי ואשר לעמך ישראל. אתה הוא זן לכול ומפרנס לכול, אתה הוא שליט על הכול, אתה הוא השליט על המלכים, והמלכות שלך היא. אני עבדו של הקדוש ברוך הוא, משתחוה לפניו ולפני כבוד תורתו בכל עת ועת. לא על אדם אני בטוח ולא על מלאך אני סמוך, אלא באלהי השמים, שהוא אלהים אמת, ותורתו אמת, ונביאיו אמת, ומרבה לעשות חסד ואמת. בו אני בטוח, ולשמו הקדוש הנכבד אני אומר תשבחות. יהי רצון מלפניך שתפתח לבי בתורה, ותמלא משאלות לבי ולב כל עמך ישראל לטובה ולחיים ולשלום.

סוגרים את ארון הקודש. שליח הציבור הולך אל הבימה, והקהל אומר:

לְךָ יהוה הַגְּדֻלָּה וְהַגְּבוּרָה וְהַתִּפְאֶרֶת וְהַנֵּצַח וְהַהוֹד, כִּי־כֹל בַּשָּׁמַיִם וּבָאָרֶץ, לְךָ יהוה הַמַּמְלָכָה וְהַמִּתְנַשֵּׂא לְכֹל לְרֹאשׁ: דברי הימים א׳ כט

רוֹמְמוּ יהוה אֱלֹהֵינוּ וְהִשְׁתַּחֲווּ לַהֲדֹם רַגְלָיו, קָדוֹשׁ הוּא: רוֹמְמוּ יהוה אֱלֹהֵינוּ וְהִשְׁתַּחֲווּ לְהַר קָדְשׁוֹ, כִּי־קָדוֹשׁ יהוה אֱלֹהֵינוּ: תהלים צט

הקהל אומר בלחש (מחזור ויטרי, קסה):

עַל הַכֹּל יִתְגַּדַּל וְיִתְקַדַּשׁ וְיִשְׁתַּבַּח וְיִתְפָּאַר וְיִתְרוֹמַם וְיִתְנַשֵּׂא שְׁמוֹ שֶׁל מֶלֶךְ מַלְכֵי הַמְּלָכִים הַקָּדוֹשׁ בָּרוּךְ הוּא בָּעוֹלָמוֹת שֶׁבָּרָא, הָעוֹלָם הַזֶּה וְהָעוֹלָם הַבָּא, כִּרְצוֹנוֹ וְכִרְצוֹן יְרֵאָיו וְכִרְצוֹן כָּל בֵּית יִשְׂרָאֵל. צוּר הָעוֹלָמִים, אֲדוֹן כָּל הַבְּרִיּוֹת, אֱלוֹהַּ כָּל הַנְּפָשׁוֹת, הַיּוֹשֵׁב בְּמֶרְחֲבֵי מָרוֹם, הַשּׁוֹכֵן בִּשְׁמֵי שְׁמֵי קֶדֶם, קְדֻשָּׁתוֹ עַל הַחַיּוֹת, וּקְדֻשָּׁתוֹ עַל כִּסֵּא הַכָּבוֹד. וּבְכֵן יִתְקַדַּשׁ שִׁמְךָ בָּנוּ יהוה אֱלֹהֵינוּ לְעֵינֵי כָּל חָי, וְנֹאמַר לְפָנָיו שִׁיר חָדָשׁ, כַּכָּתוּב:
שִׁירוּ לֵאלֹהִים זַמְּרוּ שְׁמוֹ, סֹלּוּ לָרֹכֵב בָּעֲרָבוֹת, בְּיָהּ שְׁמוֹ, וְעִלְזוּ לְפָנָיו: תהלים סח
וְנִרְאֵהוּ עַיִן בְּעַיִן בְּשׁוּבוֹ אֶל נָוֵהוּ, כַּכָּתוּב: כִּי עַיִן בְּעַיִן יִרְאוּ בְּשׁוּב יהוה ישעיה נב
צִיּוֹן: וְנֶאֱמַר: וְנִגְלָה כְּבוֹד יהוה, וְרָאוּ כָל־בָּשָׂר יַחְדָּו כִּי פִּי יהוה דִּבֵּר: ישעיה מ

אַב הָרַחֲמִים הוּא יְרַחֵם עַם עֲמוּסִים, וְיִזְכֹּר בְּרִית אֵיתָנִים, וְיַצִּיל נַפְשׁוֹתֵינוּ מִן הַשָּׁעוֹת הָרָעוֹת, וְיִגְעַר בְּיֵצֶר הָרָע מִן הַנְּשׂוּאִים, וְיָחֹן אוֹתָנוּ לִפְלֵיטַת עוֹלָמִים, וִימַלֵּא מִשְׁאֲלוֹתֵינוּ בְּמִדָּה טוֹבָה יְשׁוּעָה וְרַחֲמִים.

מניח את ספר התורה על הבימה, והגבאי מכריז (מחזור ויטרי):

וְיַעֲזֹר וְיָגֵן וְיוֹשִׁיעַ לְכָל הַחוֹסִים בּוֹ, וְנֹאמַר אָמֵן. הַכֹּל הָבוּ גֹדֶל לֵאלֹהֵינוּ וּתְנוּ כָבוֹד לַתּוֹרָה. *כֹּהֵן קְרַב, יַעֲמֹד (פלוני בֶּן פלוני) הַכֹּהֵן.

*אם אין כוהן, הגבאי קורא ללוי או לישראל ואומר:

/אֵין כָּאן כֹּהֵן, יַעֲמֹד (פלוני בֶּן פלוני) בִּמְקוֹם כֹּהֵן./

בָּרוּךְ שֶׁנָּתַן תּוֹרָה לְעַמּוֹ יִשְׂרָאֵל בִּקְדֻשָּׁתוֹ.

הקהל ואחריו הגבאי:

וְאַתֶּם הַדְּבֵקִים בַּיהוה אֱלֹהֵיכֶם חַיִּים כֻּלְּכֶם הַיּוֹם: דברים ד

קודם הברכה על העולה לראות היכן קוראים ולנשק את ספר התורה.
בשעת הברכה אוחז בעמודי הספר.

עולה: **בָּרְכוּ אֶת יהוה הַמְבֹרָךְ.**

קהל: **בָּרוּךְ יהוה הַמְבֹרָךְ לְעוֹלָם וָעֶד.**

עולה: **בָּרוּךְ יהוה הַמְבֹרָךְ לְעוֹלָם וָעֶד.**

בָּרוּךְ אַתָּה יהוה, אֱלֹהֵינוּ מֶלֶךְ הָעוֹלָם
אֲשֶׁר בָּחַר בָּנוּ מִכָּל הָעַמִּים וְנָתַן לָנוּ אֶת תּוֹרָתוֹ.
בָּרוּךְ אַתָּה יהוה, נוֹתֵן הַתּוֹרָה.

לאחר הקריאה העולה מנשק את ספר התורה ומברך:

עולה: **בָּרוּךְ אַתָּה יהוה אֱלֹהֵינוּ מֶלֶךְ הָעוֹלָם**
אֲשֶׁר נָתַן לָנוּ תּוֹרַת אֱמֶת וְחַיֵּי עוֹלָם נָטַע בְּתוֹכֵנוּ.
בָּרוּךְ אַתָּה יהוה, נוֹתֵן הַתּוֹרָה.

מי שהיה בסכנה וניצל ממנה, מברך 'הַגּוֹמֵל':

בָּרוּךְ אַתָּה יהוה אֱלֹהֵינוּ מֶלֶךְ הָעוֹלָם הַגּוֹמֵל לְחַיָּבִים טוֹבוֹת שֶׁגְּמָלַנִי כָּל טוֹב.

הקהל עונה:

אָמֵן. מִי שֶׁגְּמָלְךָ כָּל טוֹב הוּא יִגְמָלְךָ כָּל טוֹב, סֶלָה.

כאשר נער עולה לתורה בפעם הראשונה במלאות לו שלוש עשרה שנה, אביו מברך:

בָּרוּךְ שֶׁפְּטָרַנִי מֵעָנְשׁוֹ שֶׁלָּזֶה.

מי שבירך לעולה לתורה

מִי שֶׁבֵּרַךְ אֲבוֹתֵינוּ אַבְרָהָם יִצְחָק וְיַעֲקֹב, הוּא יְבָרֵךְ אֶת (פלוני בֶּן פלוני), **בַּעֲבוּר שֶׁעָלָה לִכְבוֹד הַמָּקוֹם וְלִכְבוֹד הַתּוֹרָה** (בשבת: **וְלִכְבוֹד הַשַּׁבָּת**) **וְלִכְבוֹד הָרֶגֶל. בִּשְׂכַר זֶה הַקָּדוֹשׁ בָּרוּךְ הוּא יִשְׁמְרֵהוּ וְיַצִּילֵהוּ מִכָּל צָרָה וְצוּקָה וּמִכָּל נֶגַע וּמַחֲלָה, וְיִשְׁלַח בְּרָכָה וְהַצְלָחָה בְּכָל מַעֲשֵׂה יָדָיו וְיִזְכֶּה לַעֲלוֹת לָרֶגֶל עִם כָּל יִשְׂרָאֵל אֶחָיו, וְנֹאמַר אָמֵן.**

כאן לפי הצורך אומרים 'מִי שֶׁבֵּרַךְ' (עמ' 243).

ברוב הקהילות נוהגים להעלות לתורה את כל המתפללים,
ומברכים כל עולה בברכה מקוצרת:

מִי שֶׁבֵּרַךְ אֶת הָאָבוֹת, הוּא יְבָרֵךְ אֶת הַבָּנִים, וְנֹאמַר אָמֵן.

קריאה לשמחת תורה

אם שמחת תורה חל בשבת, קוראים לשישי מהעלייה של
חתן התורה, מ׳מְעֹנָה אֱלֹהֵי קֶדֶם׳ עד עד ׳וְאַתָּה עַל־בָּמוֹתֵימוֹ תִדְרֹךְ׳ (עמ׳ 278).
בשמחת תורה המנהג הוא להעלות לתורה את כל הגברים
שמעל לגיל בר מצווה ולסיים בעליית כל הנערים.

וְזֹאת הַבְּרָכָה אֲשֶׁר בֵּרַךְ מֹשֶׁה אִישׁ הָאֱלֹהִים אֶת־בְּנֵי יִשְׂרָאֵל דברים לג, א–כו
לִפְנֵי מוֹתוֹ: וַיֹּאמַר יְהוָה מִסִּינַי בָּא וְזָרַח מִשֵּׂעִיר לָמוֹ הוֹפִיעַ
מֵהַר פָּארָן וְאָתָה מֵרִבְבֹת קֹדֶשׁ מִימִינוֹ אשדת לָמוֹ: אַף אֵשׁ דָּת
חֹבֵב עַמִּים כָּל־קְדֹשָׁיו בְּיָדֶךָ וְהֵם תֻּכּוּ לְרַגְלֶךָ יִשָּׂא מִדַּבְּרֹתֶיךָ:
תּוֹרָה צִוָּה־לָנוּ מֹשֶׁה מוֹרָשָׁה קְהִלַּת יַעֲקֹב: וַיְהִי בִישֻׁרוּן מֶלֶךְ
בְּהִתְאַסֵּף רָאשֵׁי עָם יַחַד שִׁבְטֵי יִשְׂרָאֵל: יְחִי רְאוּבֵן וְאַל־
יָמֹת וִיהִי מְתָיו מִסְפָּר: וְזֹאת לִיהוּדָה וַיֹּאמַר שְׁמַע
יְהוָה קוֹל יְהוּדָה וְאֶל־עַמּוֹ תְּבִיאֶנּוּ יָדָיו רָב לוֹ וְעֵזֶר מִצָּרָיו
תִּהְיֶה:
וּלְלֵוִי אָמַר תֻּמֶּיךָ וְאוּרֶיךָ לְאִישׁ חֲסִידֶךָ אֲשֶׁר נִסִּיתוֹ בְּמַסָּה לוי
תְּרִיבֵהוּ עַל־מֵי מְרִיבָה: הָאֹמֵר לְאָבִיו וּלְאִמּוֹ לֹא רְאִיתִיו וְאֶת־
אֶחָיו לֹא הִכִּיר וְאֶת־בָּנָו לֹא יָדָע כִּי שָׁמְרוּ אִמְרָתֶךָ וּבְרִיתְךָ
יִנְצֹרוּ: יוֹרוּ מִשְׁפָּטֶיךָ לְיַעֲקֹב וְתוֹרָתְךָ לְיִשְׂרָאֵל יָשִׂימוּ קְטוֹרָה
בְּאַפֶּךָ וְכָלִיל עַל־מִזְבְּחֶךָ: בָּרֵךְ יְהוָה חֵילוֹ וּפֹעַל יָדָיו תִּרְצֶה
מְחַץ מָתְנַיִם קָמָיו וּמְשַׂנְאָיו מִן־יְקוּמוּן: לְבִנְיָמִן
אָמַר יְדִיד יְהוָה יִשְׁכֹּן לָבֶטַח עָלָיו חֹפֵף עָלָיו כָּל־הַיּוֹם וּבֵין
כְּתֵפָיו שָׁכֵן: וּלְיוֹסֵף אָמַר מְבֹרֶכֶת יְהוָה אַרְצוֹ שלישי
מִמֶּגֶד שָׁמַיִם מִטָּל וּמִתְּהוֹם רֹבֶצֶת תָּחַת: וּמִמֶּגֶד תְּבוּאֹת

שֶׁמֶשׁ וּמִמֶּגֶד גֶּרֶשׁ יְרָחִים: וּמֵרֹאשׁ הַרְרֵי־קֶדֶם וּמִמֶּגֶד גִּבְעוֹת
עוֹלָם: וּמִמֶּגֶד אֶרֶץ וּמְלֹאָהּ וּרְצוֹן שֹׁכְנִי סְנֶה תָּבוֹאתָה לְרֹאשׁ
יוֹסֵף וּלְקָדְקֹד נְזִיר אֶחָיו: בְּכוֹר שׁוֹרוֹ הָדָר לוֹ וְקַרְנֵי רְאֵם קַרְנָיו
בָּהֶם עַמִּים יְנַגַּח יַחְדָּו אַפְסֵי־אָרֶץ וְהֵם רִבְבוֹת אֶפְרַיִם וְהֵם
אַלְפֵי מְנַשֶּׁה: וְלִזְבוּלֻן אָמַר שְׂמַח זְבוּלֻן בְּצֵאתֶךָ רביעי
וְיִשָּׂשכָר בְּאֹהָלֶיךָ: עַמִּים הַר־יִקְרָאוּ שָׁם יִזְבְּחוּ זִבְחֵי־צֶדֶק
כִּי שֶׁפַע יַמִּים יִינָקוּ וּשְׂפֻנֵי טְמוּנֵי חוֹל: וּלְגָד אָמַר
בָּרוּךְ מַרְחִיב גָּד כְּלָבִיא שָׁכֵן וְטָרַף זְרוֹעַ אַף־קָדְקֹד: וַיַּרְא
רֵאשִׁית לוֹ כִּי־שָׁם חֶלְקַת מְחֹקֵק סָפוּן וַיֵּתֵא רָאשֵׁי עָם צִדְקַת
יהוה עָשָׂה וּמִשְׁפָּטָיו עִם־יִשְׂרָאֵל: וּלְדָן אָמַר דָּן *חמישי
גּוּר אַרְיֵה יְזַנֵּק מִן־הַבָּשָׁן: וּלְנַפְתָּלִי אָמַר נַפְתָּלִי שְׂבַע רָצוֹן
וּמָלֵא בִּרְכַּת יהוה יָם וְדָרוֹם יְרָשָׁה: וּלְאָשֵׁר אָמַר
בָּרוּךְ מִבָּנִים אָשֵׁר יְהִי רְצוּי אֶחָיו וְטֹבֵל בַּשֶּׁמֶן רַגְלוֹ: בַּרְזֶל
וּנְחֹשֶׁת מִנְעָלֶךָ וּכְיָמֶיךָ דָּבְאֶךָ: אֵין כָּאֵל יְשֻׁרוּן רֹכֵב שָׁמַיִם
בְּעֶזְרֶךָ וּבְגַאֲוָתוֹ שְׁחָקִים:

*עליית כל הנערים

בעלייה האחרונה אוספים את כל הילדים לבימה,
פורסים עליהם טלית, והם אומרים את ברכות התורה עם העולה.
לאחר הברכה שאחרי הקריאה, נוהגים לשיר פסוקים אלה:

הַמַּלְאָךְ הַגֹּאֵל אֹתִי מִכָּל־רָע יְבָרֵךְ אֶת־הַנְּעָרִים, וְיִקָּרֵא בָהֶם שְׁמִי וְשֵׁם בראשית מח
אֲבֹתַי אַבְרָהָם וְיִצְחָק, וְיִדְגּוּ לָרֹב בְּקֶרֶב הָאָרֶץ:

יש המוסיפים:

יְבָרֶכְךָ יהוה וְיִשְׁמְרֶךָ: במדבר ו
יָאֵר יהוה פָּנָיו אֵלֶיךָ וִיחֻנֶּךָּ:
יִשָּׂא יהוה פָּנָיו אֵלֶיךָ וְיָשֵׂם לְךָ שָׁלוֹם:

רשות לחתן תורה

מֵרְשׁוּת הָאֵל הַגָּדוֹל הַגִּבּוֹר וְהַנּוֹרָא
וּמֵרְשׁוּת מִפָּז וּמִפְּנִינִים יְקָרָה
וּמֵרְשׁוּת סַנְהֶדְרִין הַקְּדוֹשָׁה וְהַבְּחוּרָה
וּמֵרְשׁוּת רָאשֵׁי יְשִׁיבוֹת וְאַלּוּפֵי תוֹרָה
וּמֵרְשׁוּת זְקֵנִים וּנְעָרִים יוֹשְׁבֵי שׁוּרָה
אֶפְתַּח פִּי בְּשִׁיר וּבְזִמְרָה
לְהוֹדוֹת לְהַלֵּל לְדָר בִּנְהוֹרָא
שֶׁהֶחֱיָנוּ וְקִיְּמָנוּ בְּיִרְאָתוֹ הַטְּהוֹרָה
וְהִגִּיעָנוּ לִשְׂמֹחַ בְּשִׂמְחַת הַתּוֹרָה
הַמְשַׂמַּחַת לֵב וְעֵינַיִם מְאִירָה
הַנּוֹתֶנֶת חַיִּים וְעֹשֶׁר וְכָבוֹד וְתִפְאָרָה
הַמְאַשֶּׁרֶת הוֹלְכִים בְּדֶרֶךְ הַטּוֹבָה וְהַיְשָׁרָה
הַמַּאֲרֶכֶת יָמִים וּמוֹסֶפֶת גְּבוּרָה
לְאוֹהֲבֶיהָ וּלְשׁוֹמְרֶיהָ בְּצִוּוּי וְאַזְהָרָה
לְעוֹסְקֶיהָ וּלְנוֹצְרֶיהָ בְּאַהַב וּבְמוֹרָא.
וּבְכֵן יְהִי רָצוֹן מִלִּפְנֵי הַגְּבוּרָה
לָתֵת חֵן וָחֶסֶד וְחַיִּים וָנֵזֶר וַעֲטָרָה
לְרַבִּי (פלוני בֶּן רַבִּי פלוני) הַנִּבְחָר לְהַשְׁלִים הַתּוֹרָה
לְאַמְּצוֹ לְבָרְכוֹ לְגַדְּלוֹ בְּתַלְמוּד תּוֹרָה
לְדָרְשׁוֹ לְהַדְּרוֹ לְוַעֲדוֹ בַּחֲבוּרָה
לְזַכּוֹתוֹ לְחַיּוֹתוֹ לְטַכְּסוֹ בְּטֶכֶס אוֹרָה
לְיַשְּׁרוֹ לְכַלְּלוֹ לְלַמְּדוֹ לֶקַח וּסְבָרָה
לְמַלְּטוֹ לְנַשְּׂאוֹ לְסַעֲדוֹ בְּסַעַד בְּרוּרָה
לְעַדְּנוֹ לְפַרְנְסוֹ לְצַדְּקוֹ בְּעַם נִבְרָא
לְקָרְבוֹ לְרַחֲמוֹ לְשָׁמְרוֹ מִכָּל צוּקָה וְצָרָה

לְתַקְּפוֹ לְתָמְכוֹ לְתוֹמְמוֹ בְּרוּחַ נִשְׁבָּרָה.
עֲמֹד עֲמֹד רַבִּי (פלוני בֶּן רַבִּי פלוני) חֲתַן הַתּוֹרָה
וְתֵן כָּבוֹד לָאֵל גָּדוֹל וְנוֹרָא
וּבִשְׂכַר זֶה תִּזְכֶּה מֵאֵל נוֹרָא
לִרְאוֹת בָּנִים וּבְנֵי בָנִים עוֹסְקִים בַּתּוֹרָה
וּמְקַיְּמֵי מִצְוֹת בְּתוֹךְ עַם יָפָה וּבָרָה
וְתִזְכֶּה לִשְׂמֹחַ בְּשִׂמְחַת בֵּית הַבְּחִירָה
וּפָנֶיךָ לְהָאִיר בִּצְדָקָה כְּאַסְפַּקְלַרְיָא הַמְּאִירָה
כִּנְבָא יְשַׁעְיָהוּ מָלֵא רוּחַ עֵצָה וּגְבוּרָה
שִׂמְחוּ אֶת יְרוּשָׁלַיִם וְגִילוּ בָהּ מְהֵרָה
שִׂישׂוּ אִתָּהּ מָשׂוֹשׂ כָּל הַמִּתְאַבְּלִים בָּאֲבֵלָה וְצָרָה
עֲמֹד עֲמֹד רַבִּי (פלוני בֶּן רַבִּי פלוני) חֲתַן הַתּוֹרָה
מֵרְשׁוּת כָּל הַקָּהָל הַקָּדוֹשׁ הַזֶּה וְהַשְׁלֵם הַתּוֹרָה.

יַעֲמֹד רַבִּי (פלוני בֶּן רַבִּי פלוני) **חֲתַן הַתּוֹרָה.**

דברים לג,כו – לד,יב
בשבת שישי

מְעֹנָה֙ אֱלֹ֣הֵי קֶ֔דֶם וּמִתַּ֖חַת זְרֹעֹ֣ת עוֹלָ֑ם וַיְגָ֧רֶשׁ מִפָּנֶ֛יךָ אוֹיֵ֖ב
וַיֹּ֥אמֶר הַשְׁמֵֽד׃ וַיִּשְׁכֹּן֩ יִשְׂרָאֵ֨ל בֶּ֜טַח בָּדָד֙ עֵ֣ין יַעֲקֹ֔ב אֶל־אֶ֖רֶץ
דָּגָ֣ן וְתִיר֑וֹשׁ אַף־שָׁמָ֖יו יַ֥עַרְפוּ טָֽל׃ אַשְׁרֶ֨יךָ יִשְׂרָאֵ֜ל מִ֣י כָמ֗וֹךָ
עַ֚ם נוֹשַׁ֣ע בַּֽיהוָ֔ה מָגֵ֣ן עֶזְרֶ֔ךָ וַאֲשֶׁר־חֶ֖רֶב גַּאֲוָתֶ֑ךָ וְיִכָּֽחֲשׁ֤וּ אֹיְבֶ֙יךָ֙
לָ֔ךְ וְאַתָּ֖ה עַל־בָּמוֹתֵ֥ימוֹ תִדְרֹֽךְ׃* וַיַּ֨עַל מֹשֶׁ֜ה מֵעַרְבֹ֤ת (בשבת עד כאן שישי)
מוֹאָב֙ אֶל־הַ֣ר נְב֔וֹ רֹ֚אשׁ הַפִּסְגָּ֔ה אֲשֶׁ֖ר עַל־פְּנֵ֣י יְרֵח֑וֹ וַיַּרְאֵ֨הוּ
יְהוָ֧ה אֶת־כָּל־הָאָ֛רֶץ אֶת־הַגִּלְעָ֖ד עַד־דָּֽן׃ וְאֵת֙ כָּל־נַפְתָּלִ֔י וְאֶת־
אֶ֥רֶץ אֶפְרַ֖יִם וּמְנַשֶּׁ֑ה וְאֵת֙ כָּל־אֶ֣רֶץ יְהוּדָ֔ה עַ֖ד הַיָּ֥ם הָאַחֲרֽוֹן׃
וְאֶת־הַנֶּ֗גֶב וְאֶת־הַכִּכָּ֛ר בִּקְעַ֥ת יְרֵח֛וֹ עִ֥יר הַתְּמָרִ֖ים עַד־צֹֽעַר׃

וַיֹּאמֶר יְהוָה אֵלָיו זֹאת הָאָרֶץ אֲשֶׁר נִשְׁבַּעְתִּי לְאַבְרָהָם לְיִצְחָק וּלְיַעֲקֹב לֵאמֹר לְזַרְעֲךָ אֶתְּנֶנָּה הֶרְאִיתִיךָ בְעֵינֶיךָ וְשָׁמָּה לֹא תַעֲבֹר: וַיָּמָת שָׁם מֹשֶׁה עֶבֶד־יְהוָה בְּאֶרֶץ מוֹאָב עַל־פִּי יְהוָה: וַיִּקְבֹּר אֹתוֹ בַגַּי בְּאֶרֶץ מוֹאָב מוּל בֵּית פְּעוֹר וְלֹא־יָדַע אִישׁ אֶת־קְבֻרָתוֹ עַד הַיּוֹם הַזֶּה: וּמֹשֶׁה בֶּן־מֵאָה וְעֶשְׂרִים שָׁנָה בְּמֹתוֹ לֹא־כָהֲתָה עֵינוֹ וְלֹא־נָס לֵחֹה: וַיִּבְכּוּ בְנֵי יִשְׂרָאֵל אֶת־מֹשֶׁה בְּעַרְבֹת מוֹאָב שְׁלֹשִׁים יוֹם וַיִּתְּמוּ יְמֵי בְכִי אֵבֶל מֹשֶׁה: וִיהוֹשֻׁעַ בִּן־נוּן מָלֵא רוּחַ חָכְמָה כִּי־סָמַךְ מֹשֶׁה אֶת־יָדָיו עָלָיו וַיִּשְׁמְעוּ אֵלָיו בְּנֵי־יִשְׂרָאֵל וַיַּעֲשׂוּ כַּאֲשֶׁר צִוָּה יְהוָה אֶת־מֹשֶׁה: וְלֹא־קָם נָבִיא עוֹד בְּיִשְׂרָאֵל כְּמֹשֶׁה אֲשֶׁר יְדָעוֹ יְהוָה פָּנִים אֶל־פָּנִים: לְכָל־הָאֹתֹת וְהַמּוֹפְתִים אֲשֶׁר שְׁלָחוֹ יְהוָה לַעֲשׂוֹת בְּאֶרֶץ מִצְרָיִם לְפַרְעֹה וּלְכָל־עֲבָדָיו וּלְכָל־אַרְצוֹ: וּלְכֹל הַיָּד הַחֲזָקָה וּלְכֹל הַמּוֹרָא הַגָּדוֹל אֲשֶׁר עָשָׂה מֹשֶׁה לְעֵינֵי כָּל־יִשְׂרָאֵל:

חֲזַק חֲזַק וְנִתְחַזֵּק.

הגבהה וגלילה

כאשר מגביהים את ספר התורה הראשון, הקהל אומר:

וְזֹאת הַתּוֹרָה אֲשֶׁר־שָׂם מֹשֶׁה לִפְנֵי בְּנֵי יִשְׂרָאֵל: דברים ד

עַל־פִּי יְהוָה בְּיַד מֹשֶׁה: במדבר ט

ויש מוסיפים: עֵץ־חַיִּים הִיא לַמַּחֲזִיקִים בָּהּ וְתֹמְכֶיהָ מְאֻשָּׁר: משלי ג

דְּרָכֶיהָ דַרְכֵי־נֹעַם וְכָל־נְתִיבוֹתֶיהָ שָׁלוֹם:

אֹרֶךְ יָמִים בִּימִינָהּ, בִּשְׂמֹאולָהּ עֹשֶׁר וְכָבוֹד:

יְהוָה חָפֵץ לְמַעַן צִדְקוֹ יַגְדִּיל תּוֹרָה וְיַאְדִּיר: ישעיה מב

רשות לחתן בראשית

מֵרְשׁוּת מְרוֹמָם עַל כָּל בְּרָכָה וְשִׁירָה
נוֹרָא עַל כָּל תְּהִלָּה וְזִמְרָה
חֲכַם לֵבָב וְאַמִּיץ כֹּחַ וּגְבוּרָה
מוֹשֵׁל עוֹלָם אֲדוֹן כָּל יְצִירָה
וּמֵרְשׁוּת כְּבוּדָה בַּת מֶלֶךְ פְּנִימָה וַעֲצוּרָה
רֵאשִׁית קִנְיָנָהּ אַלְפַּיִם אֲצוּרָה
בָּרָה תְּמִימָה מְשִׁיבַת נֶפֶשׁ וּמַחֲזִירָה
יְשֻׁרוּן נִתְּנָה מוֹרָשָׁה לְעָבְדָהּ וּלְשָׁמְרָהּ
מְלַמְּדֶיהָ גְּאוֹנֵי יַעֲקֹב לְפָתְחָהּ וּלְסָגְרָהּ
כְּלִיל הוֹד נָשִׂיא מַרְבֶּה הַמִּשְׂרָה
יוֹשְׁבֵי מִדִּין מְשִׁיבֵי מִלְחָמָה שַׁעְרָה
רָאשֵׁי יְשִׁיבוֹת רָאשֵׁי גוֹלָה פְּזוּרָה
וּמֵרְשׁוּת חֲבוּרַת צֶדֶק עֵדָה זוֹ הַמְאֻשָּׁרָה
זְקֵנִים וּנְעָרִים יַחַד בְּכָל שׁוּרָה
קְבוּצִים פֹּה הַיּוֹם לְשִׂמְחַת תּוֹרָה
וְנֶעֱצָרִים לְסַיֵּם וּלְהָחֵל בְּגִיל וּבְמוֹרָא
אוֹתָהּ מְחַבְּבִים כְּיוֹם נְתִינָתָהּ בַּהֲדָרָהּ
מְסַלְסְלִים בָּהּ כַּחֲדָשָׁה וְלֹא כִּישָׁנָה שֶׁעָבְרָה
צְמֵאִים לָמֹץ וּלְהִתְעַנֵּג מִזִּיו יְקָרָהּ
בְּיַעַן מְשַׂמַּחַת לֵב וְעֶצֶב מְסִירָה
תַּנְחוּמֶיהָ יְשַׁעַשְׁעוּ נַפְשָׁם בָּהּ לְהִתְפָּאֲרָה
וְהוֹגִים בְּמִקְרָא וְהַגָּדָה בְּמִשְׁנָה וּגְמָרָא
רָצִים וּמְבִיאִים טַפָּם לְבֵית הָעֲתִירָה
הוֹלְכִים וְעוֹשִׂים לְהַזְהִירָה
לָכֵן גָּדוֹל שְׂכָרָם מֵאֵת הַגְּבוּרָה
עַל רֹאשָׁם שִׂמְחַת עוֹלָם קְשׁוּרָה

דָּאִים לִרְאוֹת בְּבֵית הַבְּחִירָה
וּבְכֵן נִסְמַכְתִּי דַּעַת כֻּלָּם לְבָרְרָה
בָּחוּר הֲרִימוֹתִי מֵעָם תּוֹךְ הַחֲבוּרָה
מְצָאתִיו לֵב נָבוֹן לְהַסְבִּירָה
צֶדֶק וָחֶסֶד רוֹדֵף בְּאֹרַח יְשָׁרָה
וּנְשָׂאוֹ לִבּוֹ וְנָדְבָה רוּחוֹ לְהִתְעוֹרְרָה
תְּחִלָּה וְרִאשׁוֹן הֱיוֹת לְהַתְחִיל הַתּוֹרָה.
וְעַתָּה קוּם רַבִּי (פלוני בֶּן רַבִּי פלוני) עֲמֹד לְהִתְאַזְּרָה
בֹּא וְהִתְיַצֵּב וַעֲמֹד לִימִינִי וּקְרָא
מַעֲשֵׂה בְּרֵאשִׁית לִכְבוֹדוֹ צוּר בָּרָא
עַל זֹאת מַתְכִּיפִין הַתְחָלָה לְהַשְׁלָמָה בִּתְדִירָה
שָׂטָן שֶׁלֹּא יְרַגֵּל בְּעַם זוּ לְשַׁקְּרָה
יַעַן נַעֲשֵׂית רִאשׁוֹן לְמִצְוָה גְּמוּרָה
מָה רַב טוּבְךָ וּמַשְׂכֻּרְתְּךָ יְתֵרָה
טוֹב עַיִן תְּבֹרַךְ בְּנִדְבָתְךָ מִלַּעֲצָרָה
וּמִבִּרְכַּת בּוֹרַאֲךָ תִּדּוֹר יָדְךָ מִלְּקַצְּרָה
בַּעֲבוּר שֶׁכָּל הַמְכַבֵּד תּוֹרָה בִּצְפִירָה
יְהֵא גּוּפוֹ מְכֻבָּד לְהִתְאַשְּׁרָה.
מַהֵר עֲמֹד עֲמֹד רַבִּי (פלוני בֶּן רַבִּי פלוני) חֲתַן בְּרֵאשִׁית בָּרָא
מֵרְשׁוּת הַקָּהָל הַקָּדוֹשׁ הַזֶּה וּבָרֵךְ אֵל גָּדוֹל וְנוֹרָא
אָמֵן יַעֲנוּ אַחֲרֶיךָ הַכֹּל מְהֵרָה.

יַעֲמֹד רַבִּי (פלוני בֶּן רַבִּי פלוני) חֲתַן בְּרֵאשִׁית.

נוהגים שהקהל קורא בקול רם את חלקי הפסוקים המציינים את יום הבריאה,
ושליח הציבור חוזר אחריו. פסוקים אלה מסומנים ב• לפניהם וב• בסופם.

בְּרֵאשִׁית בָּרָא אֱלֹהִים אֵת הַשָּׁמַיִם וְאֵת הָאָרֶץ׃ וְהָאָרֶץ הָיְתָה בראשית
תֹהוּ וָבֹהוּ וְחֹשֶׁךְ עַל־פְּנֵי תְהוֹם וְרוּחַ אֱלֹהִים מְרַחֶפֶת עַל־פְּנֵי א,א–ב,ג

הַמָּֽיִם׃ וַיֹּ֥אמֶר אֱלֹהִ֖ים יְהִ֣י א֑וֹר וַֽיְהִי־אֽוֹר׃ וַיַּ֧רְא אֱלֹהִ֛ים אֶת־
הָא֖וֹר כִּי־ט֑וֹב וַיַּבְדֵּ֣ל אֱלֹהִ֔ים בֵּ֥ין הָא֖וֹר וּבֵ֥ין הַחֹֽשֶׁךְ׃ וַיִּקְרָ֨א
אֱלֹהִ֤ים ׀ לָאוֹר֙ י֔וֹם וְלַחֹ֖שֶׁךְ קָ֣רָא לָ֑יְלָה · וַֽיְהִי־עֶ֥רֶב וַֽיְהִי־בֹ֖קֶר
י֥וֹם אֶחָֽד׃ ·

וַיֹּ֣אמֶר אֱלֹהִ֔ים יְהִ֥י רָקִ֖יעַ בְּת֣וֹךְ הַמָּ֑יִם וִיהִ֣י מַבְדִּ֔יל בֵּ֥ין מַ֖יִם
לָמָֽיִם׃ וַיַּ֣עַשׂ אֱלֹהִים֮ אֶת־הָרָקִיעַ֒ וַיַּבְדֵּ֗ל בֵּ֤ין הַמַּ֙יִם֙ אֲשֶׁר֙ מִתַּ֣חַת
לָרָקִ֔יעַ וּבֵ֣ין הַמַּ֔יִם אֲשֶׁ֖ר מֵעַ֣ל לָרָקִ֑יעַ וַֽיְהִי־כֵֽן׃ וַיִּקְרָ֧א אֱלֹהִ֛ים
לָֽרָקִ֖יעַ שָׁמָ֑יִם · וַֽיְהִי־עֶ֥רֶב וַֽיְהִי־בֹ֖קֶר י֥וֹם שֵׁנִֽי׃ ·

וַיֹּ֣אמֶר אֱלֹהִ֗ים יִקָּו֨וּ הַמַּ֜יִם מִתַּ֤חַת הַשָּׁמַ֙יִם֙ אֶל־מָק֣וֹם אֶחָ֔ד
וְתֵרָאֶ֖ה הַיַּבָּשָׁ֑ה וַֽיְהִי־כֵֽן׃ וַיִּקְרָ֨א אֱלֹהִ֤ים ׀ לַיַּבָּשָׁה֙ אֶ֔רֶץ וּלְמִקְוֵ֥ה
הַמַּ֖יִם קָרָ֣א יַמִּ֑ים וַיַּ֥רְא אֱלֹהִ֖ים כִּי־טֽוֹב׃ וַיֹּ֣אמֶר אֱלֹהִ֗ים תַּֽדְשֵׁ֤א
הָאָ֙רֶץ֙ דֶּ֔שֶׁא עֵ֚שֶׂב מַזְרִ֣יעַ זֶ֔רַע עֵ֣ץ פְּרִ֞י עֹ֤שֶׂה פְּרִי֙ לְמִינ֔וֹ אֲשֶׁ֥ר
זַרְעוֹ־ב֖וֹ עַל־הָאָ֑רֶץ וַֽיְהִי־כֵֽן׃ וַתּוֹצֵ֨א הָאָ֜רֶץ דֶּ֠שֶׁא עֵ֣שֶׂב מַזְרִ֤יעַ
זֶ֙רַע֙ לְמִינֵ֔הוּ וְעֵ֧ץ עֹֽשֶׂה־פְּרִ֛י אֲשֶׁ֥ר זַרְעוֹ־ב֖וֹ לְמִינֵ֑הוּ וַיַּ֥רְא אֱלֹהִ֖ים
כִּי־טֽוֹב׃ · וַֽיְהִי־עֶ֥רֶב וַֽיְהִי־בֹ֖קֶר י֥וֹם שְׁלִישִֽׁי׃ ·

וַיֹּ֣אמֶר אֱלֹהִ֗ים יְהִ֤י מְאֹרֹת֙ בִּרְקִ֣יעַ הַשָּׁמַ֔יִם לְהַבְדִּ֕יל בֵּ֥ין הַיּ֖וֹם
וּבֵ֣ין הַלָּ֑יְלָה וְהָי֤וּ לְאֹתֹת֙ וּלְמ֣וֹעֲדִ֔ים וּלְיָמִ֖ים וְשָׁנִֽים׃ וְהָי֤וּ לִמְאוֹרֹת֙
בִּרְקִ֣יעַ הַשָּׁמַ֔יִם לְהָאִ֖יר עַל־הָאָ֑רֶץ וַֽיְהִי־כֵֽן׃ וַיַּ֣עַשׂ אֱלֹהִ֔ים
אֶת־שְׁנֵ֥י הַמְּאֹרֹ֖ת הַגְּדֹלִ֑ים אֶת־הַמָּא֤וֹר הַגָּדֹל֙ לְמֶמְשֶׁ֣לֶת הַיּ֔וֹם
וְאֶת־הַמָּא֤וֹר הַקָּטֹן֙ לְמֶמְשֶׁ֣לֶת הַלַּ֔יְלָה וְאֵ֖ת הַכּוֹכָבִֽים׃ וַיִּתֵּ֥ן
אֹתָ֛ם אֱלֹהִ֖ים בִּרְקִ֣יעַ הַשָּׁמָ֑יִם לְהָאִ֖יר עַל־הָאָֽרֶץ׃ וְלִמְשֹׁל֙ בַּיּ֣וֹם
וּבַלַּ֔יְלָה וּֽלֲהַבְדִּ֔יל בֵּ֥ין הָא֖וֹר וּבֵ֣ין הַחֹ֑שֶׁךְ וַיַּ֥רְא אֱלֹהִ֖ים כִּי־טֽוֹב׃
· וַֽיְהִי־עֶ֥רֶב וַֽיְהִי־בֹ֖קֶר י֥וֹם רְבִיעִֽי׃ ·

וַיֹּ֣אמֶר אֱלֹהִ֔ים יִשְׁרְצ֣וּ הַמַּ֔יִם שֶׁ֖רֶץ נֶ֣פֶשׁ חַיָּ֑ה וְעוֹף֙ יְעוֹפֵ֣ף עַל־

הָאָ֔רֶץ עַל־פְּנֵ֖י רְקִ֥יעַ הַשָּׁמָֽיִם׃ וַיִּבְרָ֣א אֱלֹהִ֔ים אֶת־הַתַּנִּינִ֖ם
הַגְּדֹלִ֑ים וְאֵ֣ת כָּל־נֶ֣פֶשׁ הַֽחַיָּ֣ה ׀ הָֽרֹמֶ֡שֶׂת אֲשֶׁר֩ שָׁרְצ֨וּ הַמַּ֜יִם
לְמִֽינֵהֶ֗ם וְאֵ֨ת כָּל־ע֤וֹף כָּנָף֙ לְמִינֵ֔הוּ וַיַּ֥רְא אֱלֹהִ֖ים כִּי־טֽוֹב׃ וַיְבָ֧רֶךְ
אֹתָ֛ם אֱלֹהִ֖ים לֵאמֹ֑ר פְּר֣וּ וּרְב֗וּ וּמִלְא֤וּ אֶת־הַמַּ֙יִם֙ בַּיַּמִּ֔ים וְהָע֖וֹף
יִ֥רֶב בָּאָֽרֶץ׃ ◂ וַֽיְהִי־עֶ֥רֶב וַֽיְהִי־בֹ֖קֶר י֥וֹם חֲמִישִֽׁי׃ ◂

וַיֹּ֣אמֶר אֱלֹהִ֗ים תּוֹצֵ֨א הָאָ֜רֶץ נֶ֤פֶשׁ חַיָּה֙ לְמִינָ֔הּ בְּהֵמָ֥ה וָרֶ֛מֶשׂ
וְחַֽיְתוֹ־אֶ֖רֶץ לְמִינָ֑הּ וַֽיְהִי־כֵֽן׃ וַיַּ֣עַשׂ אֱלֹהִים֩ אֶת־חַיַּ֨ת הָאָ֜רֶץ
לְמִינָ֗הּ וְאֶת־הַבְּהֵמָה֙ לְמִינָ֔הּ וְאֵ֛ת כָּל־רֶ֥מֶשׂ הָֽאֲדָמָ֖ה לְמִינֵ֑הוּ
וַיַּ֥רְא אֱלֹהִ֖ים כִּי־טֽוֹב׃ וַיֹּ֣אמֶר אֱלֹהִ֔ים נַֽעֲשֶׂ֥ה אָדָ֛ם בְּצַלְמֵ֖נוּ
כִּדְמוּתֵ֑נוּ וְיִרְדּוּ֩ בִדְגַ֨ת הַיָּ֜ם וּבְע֣וֹף הַשָּׁמַ֗יִם וּבַבְּהֵמָה֙ וּבְכָל־הָאָ֔רֶץ
וּבְכָל־הָרֶ֖מֶשׂ הָֽרֹמֵ֥שׂ עַל־הָאָֽרֶץ׃ וַיִּבְרָ֨א אֱלֹהִ֤ים ׀ אֶת־הָֽאָדָם֙
בְּצַלְמ֔וֹ בְּצֶ֥לֶם אֱלֹהִ֖ים בָּרָ֣א אֹת֑וֹ זָכָ֥ר וּנְקֵבָ֖ה בָּרָ֥א אֹתָֽם׃ וַיְבָ֣רֶךְ
אֹתָם֮ אֱלֹהִים֒ וַיֹּ֨אמֶר לָהֶ֜ם אֱלֹהִ֗ים פְּר֥וּ וּרְב֛וּ וּמִלְא֥וּ אֶת־הָאָ֖רֶץ
וְכִבְשֻׁ֑הָ וּרְד֞וּ בִּדְגַ֤ת הַיָּם֙ וּבְע֣וֹף הַשָּׁמַ֔יִם וּבְכָל־חַיָּ֖ה הָֽרֹמֶ֥שֶׂת עַל־
הָאָֽרֶץ׃ וַיֹּ֣אמֶר אֱלֹהִ֗ים הִנֵּה֩ נָתַ֨תִּי לָכֶ֜ם אֶת־כָּל־עֵ֣שֶׂב ׀ זֹרֵ֣עַ זֶ֗רַע
אֲשֶׁר֙ עַל־פְּנֵ֣י כָל־הָאָ֔רֶץ וְאֶת־כָּל־הָעֵ֛ץ אֲשֶׁר־בּ֥וֹ פְרִי־עֵ֖ץ זֹרֵ֣עַ
זָ֑רַע לָכֶ֥ם יִֽהְיֶ֖ה לְאָכְלָֽה׃ וּֽלְכָל־חַיַּ֣ת הָ֠אָרֶץ וּלְכָל־ע֨וֹף הַשָּׁמַ֜יִם
וּלְכֹ֣ל ׀ רוֹמֵ֣שׂ עַל־הָאָ֗רֶץ אֲשֶׁר־בּוֹ֙ נֶ֣פֶשׁ חַיָּ֔ה אֶת־כָּל־יֶ֥רֶק עֵ֖שֶׂב
לְאָכְלָ֑ה וַֽיְהִי־כֵֽן׃ וַיַּ֤רְא אֱלֹהִים֙ אֶת־כָּל־אֲשֶׁ֣ר עָשָׂ֔ה וְהִנֵּה־ט֖וֹב
מְאֹ֑ד ◂ וַֽיְהִי־עֶ֥רֶב וַֽיְהִי־בֹ֖קֶר י֥וֹם הַשִּׁשִּֽׁי׃ ◂

◂ וַיְכֻלּ֛וּ הַשָּׁמַ֥יִם וְהָאָ֖רֶץ וְכָל־צְבָאָֽם׃ וַיְכַ֤ל אֱלֹהִים֙ בַּיּ֣וֹם הַשְּׁבִיעִ֔י
מְלַאכְתּ֖וֹ אֲשֶׁ֣ר עָשָׂ֑ה וַיִּשְׁבֹּת֙ בַּיּ֣וֹם הַשְּׁבִיעִ֔י מִכָּל־מְלַאכְתּ֖וֹ אֲשֶׁ֥ר
עָשָֽׂה׃ וַיְבָ֤רֶךְ אֱלֹהִים֙ אֶת־י֣וֹם הַשְּׁבִיעִ֔י וַיְקַדֵּ֖שׁ אֹת֑וֹ כִּ֣י ב֤וֹ שָׁבַת֙
מִכָּל־מְלַאכְתּ֔וֹ אֲשֶׁר־בָּרָ֥א אֱלֹהִ֖ים לַעֲשֽׂוֹת׃ ◂

מניחים את ספר התורה השלישי על יד השני.

חצי קדיש

לפני שקוראים למפטיר, בעל הקורא אומר חצי קדיש (רמב״ם, תפילה פי״ב ה״כ).

קורא: **יִתְגַּדַּל וְיִתְקַדַּשׁ שְׁמֵהּ רַבָּא** (קהל: אָמֵן)
בְּעָלְמָא דִּי בְרָא כִרְעוּתֵהּ
וְיַמְלִיךְ מַלְכוּתֵהּ
בְּחַיֵּיכוֹן וּבְיוֹמֵיכוֹן וּבְחַיֵּי דְכָל בֵּית יִשְׂרָאֵל
בַּעֲגָלָא וּבִזְמַן קָרִיב
וְאִמְרוּ אָמֵן. (קהל: אָמֵן)

קהל וקורא: **יְהֵא שְׁמֵהּ רַבָּא מְבָרַךְ לְעָלַם וּלְעָלְמֵי עָלְמַיָּא.**

קורא: **יִתְבָּרַךְ וְיִשְׁתַּבַּח וְיִתְפָּאַר וְיִתְרוֹמַם וְיִתְנַשֵּׂא**
וְיִתְהַדָּר וְיִתְעַלֶּה וְיִתְהַלָּל
שְׁמֵהּ דְּקֻדְשָׁא בְּרִיךְ הוּא (קהל: בְּרִיךְ הוּא)
לְעֵלָּא מִן כָּל בִּרְכָתָא וְשִׁירָתָא, תֻּשְׁבְּחָתָא וְנֶחֱמָתָא
דַּאֲמִירָן בְּעָלְמָא
וְאִמְרוּ אָמֵן. (קהל: אָמֵן)

הגבהה וגלילה

כאשר מגביהים את ספר התורה השני, הקהל אומר:

דברים ד **וְזֹאת הַתּוֹרָה אֲשֶׁר־שָׂם מֹשֶׁה לִפְנֵי בְּנֵי יִשְׂרָאֵל:**
במדבר ט **עַל־פִּי יהוה בְּיַד מֹשֶׁה:**

משלי ג ויש מוסיפים: **עֵץ־חַיִּים הִיא לַמַּחֲזִיקִים בָּהּ וְתֹמְכֶיהָ מְאֻשָּׁר:**
דְּרָכֶיהָ דַרְכֵי־נֹעַם וְכָל־נְתִיבוֹתֶיהָ שָׁלוֹם:
אֹרֶךְ יָמִים בִּימִינָהּ, בִּשְׂמֹאולָהּ עֹשֶׁר וְכָבוֹד:
ישעיה מב **יהוה חָפֵץ לְמַעַן צִדְקוֹ יַגְדִּיל תּוֹרָה וְיַאְדִּיר:**

מפטיר

בַּיּוֹם הַשְּׁמִינִי עֲצֶרֶת תִּהְיֶה לָכֶם כָּל־מְלֶאכֶת עֲבֹדָה לֹא תַעֲשׂוּ: במדבר כט,לה – ל,א
וְהִקְרַבְתֶּם עֹלָה אִשֵּׁה רֵיחַ נִיחֹחַ לַיהוָה פַּר אֶחָד אַיִל אֶחָד
כְּבָשִׂים בְּנֵי־שָׁנָה שִׁבְעָה תְּמִימִם: מִנְחָתָם וְנִסְכֵּיהֶם לַפָּר
לָאַיִל וְלַכְּבָשִׂים בְּמִסְפָּרָם כַּמִּשְׁפָּט: וּשְׂעִיר חַטָּאת אֶחָד מִלְּבַד
עֹלַת הַתָּמִיד וּמִנְחָתָהּ וְנִסְכָּהּ: אֵלֶּה תַּעֲשׂוּ לַיהוָה בְּמוֹעֲדֵיכֶם
לְבַד מִנִּדְרֵיכֶם וְנִדְבֹתֵיכֶם לְעֹלֹתֵיכֶם וּלְמִנְחֹתֵיכֶם וּלְנִסְכֵּיכֶם
וּלְשַׁלְמֵיכֶם: וַיֹּאמֶר מֹשֶׁה אֶל־בְּנֵי יִשְׂרָאֵל כְּכֹל אֲשֶׁר־צִוָּה
יְהוָה אֶת־מֹשֶׁה:

הגבהה וגלילה

כאשר מגביהים את ספר התורה השלישי, הקהל אומר:

וְזֹאת הַתּוֹרָה אֲשֶׁר־שָׂם מֹשֶׁה לִפְנֵי בְּנֵי יִשְׂרָאֵל: דברים ד
עַל־פִּי יְהוָה בְּיַד מֹשֶׁה: במדבר ט

ויש מוסיפים: עֵץ־חַיִּים הִיא לַמַּחֲזִיקִים בָּהּ וְתֹמְכֶיהָ מְאֻשָּׁר: משלי ג
דְּרָכֶיהָ דַרְכֵי־נֹעַם וְכָל־נְתִיבוֹתֶיהָ שָׁלוֹם:
אֹרֶךְ יָמִים בִּימִינָהּ, בִּשְׂמֹאולָהּ עֹשֶׁר וְכָבוֹד:
יְהוָה חָפֵץ לְמַעַן צִדְקוֹ יַגְדִּיל תּוֹרָה וְיַאְדִּיר: ישעיה מב

ברכות ההפטרה

לפני קריאת ההפטרה בנביא, המפטיר מברך:

בָּרוּךְ אַתָּה יְהוָה אֱלֹהֵינוּ מֶלֶךְ הָעוֹלָם אֲשֶׁר בָּחַר בִּנְבִיאִים טוֹבִים, וְרָצָה בְדִבְרֵיהֶם הַנֶּאֱמָרִים בֶּאֱמֶת. בָּרוּךְ אַתָּה יְהוָה, הַבּוֹחֵר בַּתּוֹרָה וּבְמֹשֶׁה עַבְדּוֹ וּבְיִשְׂרָאֵל עַמּוֹ וּבִנְבִיאֵי הָאֱמֶת וָצֶדֶק.

הפטרה לשמחת תורה

יהושע א,א-יח

וַיְהִ֗י אַחֲרֵ֛י מ֥וֹת מֹשֶׁ֖ה עֶ֣בֶד יְהוָ֑ה וַיֹּ֤אמֶר יְהוָה֙ אֶל־יְהוֹשֻׁ֣עַ בִּן־נ֔וּן מְשָׁרֵ֥ת מֹשֶׁ֖ה לֵאמֹֽר׃ מֹשֶׁ֥ה עַבְדִּ֖י מֵ֑ת וְעַתָּה֩ ק֨וּם עֲבֹ֜ר אֶת־הַיַּרְדֵּ֣ן הַזֶּ֗ה אַתָּה֙ וְכָל־הָעָ֣ם הַזֶּ֔ה אֶל־הָאָ֕רֶץ אֲשֶׁ֧ר אָנֹכִ֛י נֹתֵ֥ן לָהֶ֖ם לִבְנֵ֥י יִשְׂרָאֵֽל׃ כָּל־מָק֗וֹם אֲשֶׁ֨ר תִּדְרֹ֧ךְ כַּף־רַגְלְכֶ֛ם בּ֖וֹ לָכֶ֣ם נְתַתִּ֑יו כַּאֲשֶׁ֥ר דִּבַּ֖רְתִּי אֶל־מֹשֶֽׁה׃ מֵהַמִּדְבָּ֨ר וְהַלְּבָנ֜וֹן הַזֶּ֗ה וְעַד־הַנָּהָ֨ר הַגָּד֤וֹל נְהַר־פְּרָת֙ כֹּ֚ל אֶ֣רֶץ הַֽחִתִּ֔ים וְעַד־הַיָּ֥ם הַגָּד֖וֹל מְב֣וֹא הַשָּׁ֑מֶשׁ יִהְיֶ֖ה גְּבוּלְכֶֽם׃ לֹא־יִתְיַצֵּ֥ב אִישׁ֙ לְפָנֶ֔יךָ כֹּ֖ל יְמֵ֣י חַיֶּ֑יךָ כַּאֲשֶׁ֨ר הָיִ֤יתִי עִם־מֹשֶׁה֙ אֶהְיֶ֣ה עִמָּ֔ךְ לֹ֥א אַרְפְּךָ֖ וְלֹ֥א אֶעֶזְבֶֽךָּ׃ חֲזַ֖ק וֶאֱמָ֑ץ כִּ֣י אַתָּ֗ה תַּנְחִיל֙ אֶת־הָעָ֣ם הַזֶּ֔ה אֶת־הָאָ֕רֶץ אֲשֶׁר־נִשְׁבַּ֥עְתִּי לַאֲבוֹתָ֖ם לָתֵ֥ת לָהֶֽם׃ רַק֩ חֲזַ֨ק וֶֽאֱמַ֜ץ מְאֹ֗ד לִשְׁמֹ֤ר לַעֲשׂוֹת֙ כְּכָל־הַתּוֹרָ֔ה אֲשֶׁ֤ר צִוְּךָ֙ מֹשֶׁ֣ה עַבְדִּ֔י אַל־תָּס֥וּר מִמֶּ֖נּוּ יָמִ֣ין וּשְׂמֹ֑אול לְמַ֣עַן תַּשְׂכִּ֔יל בְּכֹ֖ל אֲשֶׁ֥ר תֵּלֵֽךְ׃ לֹֽא־יָמ֡וּשׁ סֵפֶר֩ הַתּוֹרָ֨ה הַזֶּ֜ה מִפִּ֗יךָ וְהָגִ֤יתָ בּוֹ֙ יוֹמָ֣ם וָלַ֔יְלָה לְמַ֙עַן֙ תִּשְׁמֹ֣ר לַעֲשׂ֔וֹת כְּכָל־הַכָּת֖וּב בּ֑וֹ כִּי־אָ֛ז תַּצְלִ֥יחַ אֶת־דְּרָכֶ֖ךָ וְאָ֥ז תַּשְׂכִּֽיל׃ הֲל֤וֹא צִוִּיתִ֙יךָ֙ חֲזַ֣ק וֶאֱמָ֔ץ אַל־תַּעֲרֹ֖ץ וְאַל־תֵּחָ֑ת כִּ֤י עִמְּךָ֙ יְהוָ֣ה אֱלֹהֶ֔יךָ בְּכֹ֖ל אֲשֶׁ֥ר תֵּלֵֽךְ׃

וַיְצַ֣ו יְהוֹשֻׁ֔עַ אֶת־שֹׁטְרֵ֥י הָעָ֖ם לֵאמֹֽר׃ עִבְר֣וּ ׀ בְּקֶ֣רֶב הַֽמַּחֲנֶ֗ה וְצַוּ֤וּ אֶת־הָעָם֙ לֵאמֹ֔ר הָכִ֥ינוּ לָכֶ֖ם צֵידָ֑ה כִּ֞י בְּע֣וֹד ׀ שְׁלֹ֣שֶׁת יָמִ֗ים אַתֶּם֙ עֹבְרִים֙ אֶת־הַיַּרְדֵּ֣ן הַזֶּ֔ה לָבוֹא֙ לָרֶ֣שֶׁת אֶת־הָאָ֔רֶץ אֲשֶׁר֙ יְהוָ֣ה אֱלֹהֵיכֶ֔ם נֹתֵ֥ן לָכֶ֖ם לְרִשְׁתָּֽהּ׃

וְלָראוּבֵנִי֙ וְלַגָּדִ֔י וְלַחֲצִ֖י שֵׁ֣בֶט הַֽמְנַשֶּׁ֑ה אָמַ֥ר יְהוֹשֻׁ֖עַ לֵאמֹֽר׃ זָכוֹר֙ אֶת־הַדָּבָ֔ר אֲשֶׁ֨ר צִוָּ֥ה אֶתְכֶ֛ם מֹשֶׁ֥ה עֶֽבֶד־יְהוָ֖ה לֵאמֹ֑ר יְהוָ֤ה אֱלֹֽהֵיכֶם֙ מֵנִ֣יחַ לָכֶ֔ם וְנָתַ֥ן לָכֶ֖ם אֶת־הָאָ֥רֶץ הַזֹּֽאת׃ נְשֵׁיכֶ֣ם טַפְּכֶם֮ וּמִקְנֵיכֶם֒ יֵשְׁב֕וּ בָּאָ֕רֶץ אֲשֶׁ֨ר נָתַ֥ן

לָכֶם מֹשֶׁה בְּעֵבֶר הַיַּרְדֵּן וְאַתֶּם תַּעַבְרוּ חֲמֻשִׁים לִפְנֵי אֲחֵיכֶם כֹּל גִּבּוֹרֵי הַחַיִל וַעֲזַרְתֶּם אוֹתָם׃ עַד אֲשֶׁר־יָנִיחַ יהוה ׀ לַאֲחֵיכֶם כָּכֶם וְיָרְשׁוּ גַם־הֵמָּה אֶת־הָאָרֶץ אֲשֶׁר־יהוה אֱלֹהֵיכֶם נֹתֵן לָהֶם וְשַׁבְתֶּם לְאֶרֶץ יְרֻשַּׁתְכֶם וִירִשְׁתֶּם אוֹתָהּ אֲשֶׁר ׀ נָתַן לָכֶם מֹשֶׁה עֶבֶד יהוה בְּעֵבֶר הַיַּרְדֵּן מִזְרַח הַשָּׁמֶשׁ׃ וַיַּעֲנוּ אֶת־יְהוֹשֻׁעַ לֵאמֹר כֹּל אֲשֶׁר־צִוִּיתָנוּ נַעֲשֶׂה וְאֶל־כָּל־אֲשֶׁר תִּשְׁלָחֵנוּ נֵלֵךְ׃ כְּכֹל אֲשֶׁר־שָׁמַעְנוּ אֶל־מֹשֶׁה כֵּן נִשְׁמַע אֵלֶיךָ רַק יִהְיֶה יהוה אֱלֹהֶיךָ עִמָּךְ כַּאֲשֶׁר הָיָה עִם־מֹשֶׁה׃ כָּל־אִישׁ אֲשֶׁר־יַמְרֶה אֶת־פִּיךָ וְלֹא־יִשְׁמַע אֶת־דְּבָרֶיךָ לְכֹל אֲשֶׁר־תְּצַוֶּנּוּ יוּמָת רַק חֲזַק וֶאֱמָץ׃

ברכות לאחר ההפטרה

אחר קריאת ההפטרה המפטיר מברך:

בָּרוּךְ אַתָּה יהוה אֱלֹהֵינוּ מֶלֶךְ הָעוֹלָם, צוּר כָּל הָעוֹלָמִים, צַדִּיק בְּכָל הַדּוֹרוֹת, הָאֵל הַנֶּאֱמָן, הָאוֹמֵר וְעוֹשֶׂה, הַמְדַבֵּר וּמְקַיֵּם, שֶׁכָּל דְּבָרָיו אֱמֶת וָצֶדֶק. נֶאֱמָן אַתָּה הוּא יהוה אֱלֹהֵינוּ וְנֶאֱמָנִים דְּבָרֶיךָ, וְדָבָר אֶחָד מִדְּבָרֶיךָ אָחוֹר לֹא יָשׁוּב רֵיקָם, כִּי אֵל מֶלֶךְ נֶאֱמָן (וְרַחֲמָן) אָתָּה. בָּרוּךְ אַתָּה יהוה, הָאֵל הַנֶּאֱמָן בְּכָל דְּבָרָיו.

רַחֵם עַל צִיּוֹן כִּי הִיא בֵּית חַיֵּינוּ, וְלַעֲלוּבַת נֶפֶשׁ תּוֹשִׁיעַ בִּמְהֵרָה בְיָמֵינוּ. בָּרוּךְ אַתָּה יהוה, מְשַׂמֵּחַ צִיּוֹן בְּבָנֶיהָ.

שַׂמְּחֵנוּ יהוה אֱלֹהֵינוּ בְּאֵלִיָּהוּ הַנָּבִיא עַבְדֶּךָ, וּבְמַלְכוּת בֵּית דָּוִד מְשִׁיחֶךָ, בִּמְהֵרָה יָבוֹא וְיָגֵל לִבֵּנוּ. עַל כִּסְאוֹ לֹא יֵשֶׁב זָר, וְלֹא יִנְחֲלוּ עוֹד אֲחֵרִים אֶת כְּבוֹדוֹ, כִּי בְשֵׁם קָדְשְׁךָ נִשְׁבַּעְתָּ לוֹ שֶׁלֹּא יִכְבֶּה נֵרוֹ לְעוֹלָם וָעֶד. בָּרוּךְ אַתָּה יהוה, מָגֵן דָּוִד.

בשבת מוסיפים את המילים שבסוגריים.

עַל הַתּוֹרָה וְעַל הָעֲבוֹדָה וְעַל הַנְּבִיאִים (בשבת: וְעַל יוֹם הַשַּׁבָּת הַזֶּה), וְעַל יוֹם הַשְּׁמִינִי חַג הָעֲצֶרֶת הַזֶּה, שֶׁנָּתַתָּ לָּנוּ, יהוה אֱלֹהֵינוּ (בשבת: לִקְדֻשָּׁה וְלִמְנוּחָה) לְשָׂשׂוֹן וּלְשִׂמְחָה, לְכָבוֹד וּלְתִפְאָרֶת. עַל הַכֹּל יהוה אֱלֹהֵינוּ אֲנַחְנוּ מוֹדִים לָךְ וּמְבָרְכִים אוֹתָךְ. יִתְבָּרַךְ שִׁמְךָ בְּפִי כָּל חַי תָּמִיד לְעוֹלָם וָעֶד. בָּרוּךְ אַתָּה יהוה, מְקַדֵּשׁ (בשבת: הַשַּׁבָּת וְ)יִשְׂרָאֵל וְהַזְּמַנִּים.

בשבת ממשיכים ׳יְקוּם פֻּרְקָן׳,
וביום חול, תפילה לשלום המדינה (עמ׳ 290).

במקום שיש בו מניין השכינה שורה, ולכן אומרים ברכה לקהל. ואין אומרים אותה ביחידות (׳אור זרוע׳ ח״ב, נ), ויש שנוהגים לומר את הפיסקה הראשונה גם ביחידות (שערי אפרים).

יְקוּם פֻּרְקָן מִן שְׁמַיָּא, חִנָּא וְחִסְדָּא וְרַחֲמֵי וְחַיֵּי אֲרִיכֵי וּמְזוֹנֵי רְוִיחֵי, וְסִיַּעְתָּא דִשְׁמַיָּא, וּבַרְיוּת גּוּפָא וּנְהוֹרָא מְעַלְּיָא, זַרְעָא חַיָּא וְקַיָּמָא, זַרְעָא דִּי לָא יִפְסֻק וְדִי לָא יִבְטֻל מִפִּתְגָּמֵי אוֹרַיְתָא, לְמָרָנָן וְרַבָּנָן חֲבוּרָתָא קַדִּישָׁתָא דִּי בְאַרְעָא דְיִשְׂרָאֵל וְדִי בְבָבֶל, לְרֵישֵׁי כַלָּה, וּלְרֵישֵׁי גַלְוָתָא, וּלְרֵישֵׁי מְתִיבָתָא, וּלְדַיָּנֵי דְבָבָא, לְכָל תַּלְמִידֵיהוֹן, וּלְכָל תַּלְמִידֵי תַלְמִידֵיהוֹן, וּלְכָל מָאן דְּעָסְקִין בְּאוֹרַיְתָא. מַלְכָּא דְעָלְמָא יְבָרֵךְ יָתְהוֹן, יַפֵּשׁ חַיֵּיהוֹן וְיַסְגֵּא יוֹמֵיהוֹן, וְיִתֵּן אַרְכָא לִשְׁנֵיהוֹן, וְיִתְפָּרְקוּן וְיִשְׁתֵּיזְבוּן מִן כָּל עָקָא

תרגום

יקום פורקן מן השמים, חן וחסד ורחמים וחיים ארוכים ומזונות רווחים וסיוע מן השמים, ובריאות הגוף ואור מעולה, זרע חי וקיים, זרע שלא יפסוק ושלא יבטל מדברי תורה, למורינו ורבותינו החבורות הקדושות אשר בארץ ישראל ואשר בבבל, לראשי כלה ולראשי גלויות ולראשי הישיבות ולדייני השער, לכל תלמידיהם, ולכל תלמידי תלמידיהם, ולכל מי שעוסקים בתורה. מלך העולם יברך אותם, ירבה חייהם ויגדיל ימיהם ויתן אריכות לשנותיהם. ויִוָּשעו ויינצלו מכל צרה ומכל חוליים רעים. אדוננו שבשמים יהיה בעזרתם בכל זמן ועת, ונאמר אמן.

וּמִן כָּל מַרְעִין בִּישִׁין. מָרָן דִּי בִשְׁמַיָּא יְהֵא בְסַעְדְּהוֹן כָּל זְמַן וְעִדָּן, וְנֹאמַר אָמֵן.

יְקוּם פֻּרְקָן מִן שְׁמַיָּא, חִנָּא וְחִסְדָּא וְרַחֲמֵי וְחַיֵּי אֲרִיכֵי וּמְזוֹנֵי רְוִיחֵי, וְסִיַּעְתָּא דִשְׁמַיָּא, וּבַרְיוּת גּוּפָא וּנְהוֹרָא מְעַלְּיָא, זַרְעָא חַיָּא וְקַיָּמָא, זַרְעָא דִּי לָא יִפְסֻק וְדִי לָא יִבְטֻל מִפִּתְגָּמֵי אוֹרַיְתָא, לְכָל קְהָלָא קַדִּישָׁא הָדֵין, רַבְרְבַיָּא עִם זְעֵרַיָּא, טַפְלָא וּנְשַׁיָּא. מַלְכָּא דְעָלְמָא יְבָרֵךְ יָתְכוֹן, יַפִּישׁ חַיֵּיכוֹן וְיַסְגֵּא יוֹמֵיכוֹן, וְיִתֵּן אַרְכָא לִשְׁנֵיכוֹן, וְתִתְפָּרְקוּן וְתִשְׁתֵּיזְבוּן מִן כָּל עָקָא וּמִן כָּל מַרְעִין בִּישִׁין. מָרָן דִּי בִשְׁמַיָּא יְהֵא בְסַעְדְּכוֹן כָּל זְמַן וְעִדָּן, וְנֹאמַר אָמֵן.

מִי שֶׁבֵּרַךְ אֲבוֹתֵינוּ אַבְרָהָם יִצְחָק וְיַעֲקֹב, הוּא יְבָרֵךְ אֶת כָּל הַקָּהָל הַקָּדוֹשׁ הַזֶּה עִם כָּל קְהִלּוֹת הַקֹּדֶשׁ, הֵם וּנְשֵׁיהֶם וּבְנֵיהֶם וּבְנוֹתֵיהֶם וְכָל אֲשֶׁר לָהֶם, וּמִי שֶׁמְּיַחֲדִים בָּתֵּי כְנֵסִיּוֹת לִתְפִלָּה, וּמִי שֶׁבָּאִים בְּתוֹכָם לְהִתְפַּלֵּל, וּמִי שֶׁנּוֹתְנִים נֵר לַמָּאוֹר וְיַיִן לְקִדּוּשׁ וּלְהַבְדָּלָה וּפַת לָאוֹרְחִים וּצְדָקָה לָעֲנִיִּים, וְכָל מִי שֶׁעוֹסְקִים בְּצָרְכֵי צִבּוּר בֶּאֱמוּנָה. הַקָּדוֹשׁ בָּרוּךְ הוּא יְשַׁלֵּם שְׂכָרָם, וְיָסִיר מֵהֶם כָּל מַחֲלָה, וְיִרְפָּא לְכָל גּוּפָם, וְיִסְלַח לְכָל עֲוֹנָם, וְיִשְׁלַח בְּרָכָה וְהַצְלָחָה בְּכָל מַעֲשֵׂי יְדֵיהֶם עִם כָּל יִשְׂרָאֵל אֲחֵיהֶם, וְנֹאמַר אָמֵן.

יקום פורקן מן השמים, חן וחסד ורחמים וחיים ארוכים ומזונות רווחים וסיוע מן השמים, ובריאות הגוף ואור מעולה, זרע חי וקיים, זרע שלא יפסוק ושלא יבטל מדברי תורה, לכל הקהל הקדוש הזה, הגדולים עם הקטנים, הטף והנשים. מלך העולם יברך אתכם, ירבה חייכם ויגדיל ימיכם ויתן אריכות לשנותיכם. ותִוָשעו ותינצלו מכל צרה ומכל חוליים רעים. אדוננו שבשמים יהיה בעזרתכם בכל זמן ועת, ונאמר אמן.

תפילה לשלום מדינת ישראל

אָבִינוּ שֶׁבַּשָּׁמַיִם, צוּר יִשְׂרָאֵל וְגוֹאֲלוֹ, בָּרֵךְ אֶת מְדִינַת יִשְׂרָאֵל, רֵאשִׁית צְמִיחַת גְּאֻלָּתֵנוּ. הָגֵן עָלֶיהָ בְּאֶבְרַת חַסְדֶּךָ וּפְרֹשׂ עָלֶיהָ סֻכַּת שְׁלוֹמֶךָ, וּשְׁלַח אוֹרְךָ וַאֲמִתְּךָ לְרָאשֶׁיהָ, שָׂרֶיהָ וְיוֹעֲצֶיהָ, וְתַקְּנֵם בְּעֵצָה טוֹבָה מִלְּפָנֶיךָ.

חַזֵּק אֶת יְדֵי מְגִנֵּי אֶרֶץ קָדְשֵׁנוּ, וְהַנְחִילֵם אֱלֹהֵינוּ יְשׁוּעָה וַעֲטֶרֶת נִצָּחוֹן תְּעַטְּרֵם, וְנָתַתָּ שָׁלוֹם בָּאָרֶץ וְשִׂמְחַת עוֹלָם לְיוֹשְׁבֶיהָ.

וְאֶת אַחֵינוּ כָּל בֵּית יִשְׂרָאֵל, פְּקָד נָא בְּכָל אַרְצוֹת פְּזוּרֵיהֶם, וְתוֹלִיכֵם מְהֵרָה קוֹמְמִיּוּת לְצִיּוֹן עִירֶךָ וְלִירוּשָׁלַיִם מִשְׁכַּן שְׁמֶךָ, כַּכָּתוּב בְּתוֹרַת מֹשֶׁה עַבְדֶּךָ: אִם־יִהְיֶה נִדַּחֲךָ בִּקְצֵה (דברים ל) הַשָּׁמָיִם, מִשָּׁם יְקַבֶּצְךָ יהוה אֱלֹהֶיךָ וּמִשָּׁם יִקָּחֶךָ: וֶהֱבִיאֲךָ יהוה אֱלֹהֶיךָ אֶל־הָאָרֶץ אֲשֶׁר־יָרְשׁוּ אֲבֹתֶיךָ וִירִשְׁתָּהּ, וְהֵיטִבְךָ וְהִרְבְּךָ מֵאֲבֹתֶיךָ: וּמָל יהוה אֱלֹהֶיךָ אֶת־לְבָבְךָ וְאֶת־לְבַב זַרְעֶךָ, לְאַהֲבָה אֶת־יהוה אֱלֹהֶיךָ בְּכָל־לְבָבְךָ וּבְכָל־נַפְשְׁךָ, לְמַעַן חַיֶּיךָ:

וְיַחֵד לְבָבֵנוּ לְאַהֲבָה וּלְיִרְאָה אֶת שְׁמֶךָ, וְלִשְׁמֹר אֶת כָּל דִּבְרֵי תוֹרָתֶךָ, וּשְׁלַח לָנוּ מְהֵרָה בֶּן דָּוִד מְשִׁיחַ צִדְקֶךָ, לִפְדּוֹת מְחַכֵּי קֵץ יְשׁוּעָתֶךָ.

וְהוֹפַע בַּהֲדַר גְּאוֹן עֻזֶּךָ עַל כָּל יוֹשְׁבֵי תֵּבֵל אַרְצֶךָ וְיֹאמַר כֹּל אֲשֶׁר נְשָׁמָה בְאַפּוֹ, יהוה אֱלֹהֵי יִשְׂרָאֵל מֶלֶךְ וּמַלְכוּתוֹ בַּכֹּל מָשָׁלָה, אָמֵן סֶלָה.

מי שבירך לחיילי צה״ל

מִי שֶׁבֵּרַךְ אֲבוֹתֵינוּ אַבְרָהָם יִצְחָק וְיַעֲקֹב הוּא יְבָרֵךְ אֶת חַיָּלֵי צְבָא הַהֲגָנָה לְיִשְׂרָאֵל וְאַנְשֵׁי כֹּחוֹת הַבִּטָּחוֹן, הָעוֹמְדִים עַל מִשְׁמַר אַרְצֵנוּ וְעָרֵי אֱלֹהֵינוּ, מִגְּבוּל הַלְּבָנוֹן וְעַד מִדְבַּר מִצְרַיִם וּמִן הַיָּם הַגָּדוֹל עַד לְבוֹא הָעֲרָבָה וּבְכָל מָקוֹם שֶׁהֵם, בַּיַּבָּשָׁה, בָּאֲוִיר וּבַיָּם. יִתֵּן יהוה אֶת אוֹיְבֵינוּ הַקָּמִים עָלֵינוּ נִגָּפִים לִפְנֵיהֶם. הַקָּדוֹשׁ בָּרוּךְ הוּא יִשְׁמֹר וְיַצִּיל אֶת חַיָּלֵינוּ מִכָּל צָרָה וְצוּקָה וּמִכָּל נֶגַע וּמַחֲלָה, וְיִשְׁלַח בְּרָכָה וְהַצְלָחָה בְּכָל מַעֲשֵׂי יְדֵיהֶם. יַדְבֵּר שׂוֹנְאֵינוּ תַּחְתֵּיהֶם וִיעַטְּרֵם בְּכֶתֶר יְשׁוּעָה וּבַעֲטֶרֶת נִצָּחוֹן.
וִיקֻיַּם בָּהֶם הַכָּתוּב: כִּי יהוה אֱלֹהֵיכֶם הַהֹלֵךְ עִמָּכֶם לְהִלָּחֵם לָכֶם דברים כ
עִם־אֹיְבֵיכֶם לְהוֹשִׁיעַ אֶתְכֶם: וְנֹאמַר אָמֵן.

מי שבירך לשבויים

מִי שֶׁבֵּרַךְ אֲבוֹתֵינוּ אַבְרָהָם יִצְחָק וְיַעֲקֹב, יוֹסֵף מֹשֶׁה וְאַהֲרֹן, דָּוִד וּשְׁלֹמֹה, הוּא יְבָרֵךְ וְיִשְׁמֹר וְיִנְצֹר אֶת נֶעְדְּרֵי צְבָא הַהֲגָנָה לְיִשְׂרָאֵל וּשְׁבוּיָו, וְאֶת כָּל אַחֵינוּ הַנְּתוּנִים בְּצָרָה וּבְשִׁבְיָה, בַּעֲבוּר שֶׁכָּל הַקָּהָל הַקָּדוֹשׁ הַזֶּה מִתְפַּלֵּל בַּעֲבוּרָם. הַקָּדוֹשׁ בָּרוּךְ הוּא יִמָּלֵא רַחֲמִים עֲלֵיהֶם, וְיוֹצִיאֵם מֵחֹשֶׁךְ וְצַלְמָוֶת, וּמוֹסְרוֹתֵיהֶם יְנַתֵּק, וּמִמְּצוּקוֹתֵיהֶם יוֹשִׁיעֵם, וִישִׁיבֵם מְהֵרָה לְחֵיק מִשְׁפְּחוֹתֵיהֶם.
יוֹדוּ לַיהוה חַסְדּוֹ וְנִפְלְאוֹתָיו לִבְנֵי אָדָם: וִיקֻיַּם בָּהֶם מִקְרָא תהלים קז
שֶׁכָּתוּב: וּפְדוּיֵי יהוה יְשֻׁבוּן, וּבָאוּ צִיּוֹן בְּרִנָּה, וְשִׂמְחַת עוֹלָם ישעיה לה
עַל־רֹאשָׁם, שָׂשׂוֹן וְשִׂמְחָה יַשִּׂיגוּ, וְנָסוּ יָגוֹן וַאֲנָחָה: וְנֹאמַר אָמֵן.

בשמחת תורה ממשיכים יזכור בעמוד הבא.
בשמחת תורה בחו״ל אין אומרים יזכור וממשיכים ׳יָהּ אֵלִי׳ בעמ׳ 296.

סדר הזכרת נשמות

נהגו באשכנז להזכיר את נשמות המתים ביום טוב אחרון (מחזור ויטרי, שיב). בארץ ישראל קיבלו מנהג זה, ומזכירים נשמות בשביעי של פסח, בשבועות, ביום הכיפורים ובשמיני עצרת אחרי קריאת התורה. בחו״ל מזכירים נשמות באחרון של פסח, ביום טוב שני של שבועות, ביום הכיפורים ובשמיני עצרת.

במקומות רבים נוהגים שמי שהוריו בחיים יוצא מבית הכנסת בשעת הזכרת נשמות (שערי אפרים).

תהלים קמד
יהוה מָה־אָדָם וַתֵּדָעֵהוּ, בֶּן־אֱנוֹשׁ וַתְּחַשְּׁבֵהוּ:
אָדָם לַהֶבֶל דָּמָה, יָמָיו כְּצֵל עוֹבֵר:

תהלים צ
בַּבֹּקֶר יָצִיץ וְחָלָף, לָעֶרֶב יְמוֹלֵל וְיָבֵשׁ:
לִמְנוֹת יָמֵינוּ כֵּן הוֹדַע, וְנָבִא לְבַב חָכְמָה:

תהלים לז
שְׁמָר־תָּם וּרְאֵה יָשָׁר, כִּי־אַחֲרִית לְאִישׁ שָׁלוֹם:

תהלים מט
אַךְ־אֱלֹהִים יִפְדֶּה נַפְשִׁי מִיַּד שְׁאוֹל, כִּי יִקָּחֵנִי סֶלָה:

תהלים עג
כָּלָה שְׁאֵרִי וּלְבָבִי, צוּר־לְבָבִי וְחֶלְקִי אֱלֹהִים לְעוֹלָם:

קהלת יב
וְיָשֹׁב הֶעָפָר עַל־הָאָרֶץ כְּשֶׁהָיָה
וְהָרוּחַ תָּשׁוּב אֶל־הָאֱלֹהִים אֲשֶׁר נְתָנָהּ:

תהלים צא
יֹשֵׁב בְּסֵתֶר עֶלְיוֹן, בְּצֵל שַׁדַּי יִתְלוֹנָן: אֹמַר לַיהוה מַחְסִי וּמְצוּדָתִי, אֱלֹהַי אֶבְטַח־בּוֹ: כִּי הוּא יַצִּילְךָ מִפַּח יָקוּשׁ, מִדֶּבֶר הַוּוֹת: בְּאֶבְרָתוֹ יָסֶךְ לָךְ, וְתַחַת־כְּנָפָיו תֶּחְסֶה, צִנָּה וְסֹחֵרָה אֲמִתּוֹ: לֹא־תִירָא מִפַּחַד לָיְלָה, מֵחֵץ יָעוּף יוֹמָם: מִדֶּבֶר בָּאֹפֶל יַהֲלֹךְ, מִקֶּטֶב יָשׁוּד צָהֳרָיִם: יִפֹּל מִצִּדְּךָ אֶלֶף, וּרְבָבָה מִימִינֶךָ, אֵלֶיךָ לֹא יִגָּשׁ: רַק בְּעֵינֶיךָ תַבִּיט, וְשִׁלֻּמַת רְשָׁעִים תִּרְאֶה: כִּי־אַתָּה יהוה מַחְסִי, עֶלְיוֹן שַׂמְתָּ מְעוֹנֶךָ: לֹא־תְאֻנֶּה אֵלֶיךָ רָעָה, וְנֶגַע לֹא־יִקְרַב בְּאָהֳלֶךָ: כִּי מַלְאָכָיו יְצַוֶּה־לָּךְ, לִשְׁמָרְךָ בְּכָל־דְּרָכֶיךָ: עַל־כַּפַּיִם יִשָּׂאוּנְךָ, פֶּן־תִּגֹּף בָּאֶבֶן רַגְלֶךָ: עַל־שַׁחַל וָפֶתֶן תִּדְרֹךְ, תִּרְמֹס כְּפִיר וְתַנִּין: כִּי בִי חָשַׁק וַאֲפַלְּטֵהוּ, אֲשַׂגְּבֵהוּ כִּי־יָדַע שְׁמִי: יִקְרָאֵנִי וְאֶעֱנֵהוּ, עִמּוֹ־אָנֹכִי בְצָרָה, אֲחַלְּצֵהוּ וַאֲכַבְּדֵהוּ: אֹרֶךְ יָמִים אַשְׂבִּיעֵהוּ, וְאַרְאֵהוּ בִּישׁוּעָתִי:
אֹרֶךְ יָמִים אַשְׂבִּיעֵהוּ, וְאַרְאֵהוּ בִּישׁוּעָתִי:

לזכרון אב:

יִזְכֹּר אֱלֹהִים נִשְׁמַת אָבִי מוֹרִי (פלוני בֶּן פלוני) שֶׁהָלַךְ לְעוֹלָמוֹ, בַּעֲבוּר שֶׁבְּלִי נֶדֶר אֶתֵּן צְדָקָה בַּעֲדוֹ. בִּשְׂכַר זֶה תְּהֵא נַפְשׁוֹ צְרוּרָה בִּצְרוֹר הַחַיִּים עִם נִשְׁמוֹת אַבְרָהָם יִצְחָק וְיַעֲקֹב, שָׂרָה רִבְקָה רָחֵל וְלֵאָה, וְעִם שְׁאָר צַדִּיקִים וְצִדְקָנִיּוֹת שֶׁבְּגַן עֵדֶן, וְנֹאמַר אָמֵן.

לזכרון אם:

יִזְכֹּר אֱלֹהִים נִשְׁמַת אִמִּי מוֹרָתִי (פלונית בַּת פלוני) שֶׁהָלְכָה לְעוֹלָמָהּ, בַּעֲבוּר שֶׁבְּלִי נֶדֶר אֶתֵּן צְדָקָה בַּעֲדָהּ. בִּשְׂכַר זֶה תְּהֵא נַפְשָׁהּ צְרוּרָה בִּצְרוֹר הַחַיִּים עִם נִשְׁמוֹת אַבְרָהָם יִצְחָק וְיַעֲקֹב, שָׂרָה רִבְקָה רָחֵל וְלֵאָה, וְעִם שְׁאָר צַדִּיקִים וְצִדְקָנִיּוֹת שֶׁבְּגַן עֵדֶן, וְנֹאמַר אָמֵן.

לזכרון קדושים:

יִזְכֹּר אֱלֹהִים נִשְׁמַת (לזכר: פלוני בֶּן פלוני / לנקבה: פלונית בַּת פלוני) וְנִשְׁמוֹת כָּל קְרוֹבַי וּקְרוֹבוֹתַי, הֵן מִצַּד אָבִי הֵן מִצַּד אִמִּי, שֶׁהוּמְתוּ וְשֶׁנֶּהֶרְגוּ וְשֶׁנִּשְׁחֲטוּ וְשֶׁנִּשְׂרְפוּ וְשֶׁנִּטְבְּעוּ וְשֶׁנֶּחְנְקוּ עַל קִדּוּשׁ הַשֵּׁם, בַּעֲבוּר שֶׁבְּלִי נֶדֶר אֶתֵּן צְדָקָה בְּעַד הַזְכָּרַת נִשְׁמוֹתֵיהֶם. בִּשְׂכַר זֶה תִּהְיֶינָה נַפְשׁוֹתֵיהֶם צְרוּרוֹת בִּצְרוֹר הַחַיִּים עִם נִשְׁמוֹת אַבְרָהָם יִצְחָק וְיַעֲקֹב, שָׂרָה רִבְקָה רָחֵל וְלֵאָה, וְעִם שְׁאָר צַדִּיקִים וְצִדְקָנִיּוֹת שֶׁבְּגַן עֵדֶן, וְנֹאמַר אָמֵן.

לזכרון קרוב:

אֵל מָלֵא רַחֲמִים, שׁוֹכֵן בַּמְּרוֹמִים, הַמְצֵא מְנוּחָה נְכוֹנָה עַל כַּנְפֵי הַשְּׁכִינָה, בְּמַעֲלוֹת קְדוֹשִׁים וּטְהוֹרִים, כְּזֹהַר הָרָקִיעַ מַזְהִירִים, לְנִשְׁמַת (פלוני בֶּן פלוני) שֶׁהָלַךְ לְעוֹלָמוֹ, בַּעֲבוּר שֶׁבְּלִי נֶדֶר אֶתֵּן צְדָקָה בְּעַד הַזְכָּרַת נִשְׁמָתוֹ, בְּגַן עֵדֶן תְּהֵא מְנוּחָתוֹ. לָכֵן, בַּעַל הָרַחֲמִים

יַסְתִּירֵהוּ בְּסֵתֶר כְּנָפָיו לְעוֹלָמִים, וְיִצְרֹר בִּצְרוֹר הַחַיִּים אֶת נִשְׁמָתוֹ, יהוה הוּא נַחֲלָתוֹ, וְיָנוּחַ בְּשָׁלוֹם עַל מִשְׁכָּבוֹ, וְנֹאמַר אָמֵן.

לזכרון קרובה:

אֵל מָלֵא רַחֲמִים, שׁוֹכֵן בַּמְּרוֹמִים, הַמְצֵא מְנוּחָה נְכוֹנָה עַל כַּנְפֵי הַשְּׁכִינָה, בְּמַעֲלוֹת קְדוֹשִׁים וּטְהוֹרִים, כְּזֹהַר הָרָקִיעַ מַזְהִירִים, לְנִשְׁמַת (פלונית בַּת פלוני) שֶׁהָלְכָה לְעוֹלָמָהּ, בַּעֲבוּר שֶׁבְּלִי נֶדֶר אֶתֵּן צְדָקָה בְּעַד הַזְכָּרַת נִשְׁמָתָהּ, בְּגַן עֵדֶן תְּהֵא מְנוּחָתָהּ. לָכֵן, בַּעַל הָרַחֲמִים יַסְתִּירֶהָ בְּסֵתֶר כְּנָפָיו לְעוֹלָמִים, וְיִצְרֹר בִּצְרוֹר הַחַיִּים אֶת נִשְׁמָתָהּ, יהוה הוּא נַחֲלָתָהּ, וְתָנוּחַ בְּשָׁלוֹם עַל מִשְׁכָּבָהּ, וְנֹאמַר אָמֵן.

אזכרה לחיילי צה״ל:

אֵל מָלֵא רַחֲמִים, שׁוֹכֵן בַּמְּרוֹמִים, הַמְצֵא מְנוּחָה נְכוֹנָה עַל כַּנְפֵי הַשְּׁכִינָה, בְּמַעֲלוֹת קְדוֹשִׁים טְהוֹרִים וְגִבּוֹרִים, כְּזֹהַר הָרָקִיעַ מַזְהִירִים, לְנִשְׁמוֹת הַקְּדוֹשִׁים שֶׁנִּלְחֲמוּ בְּכָל מַעַרְכוֹת יִשְׂרָאֵל, בַּמַּחְתֶּרֶת וּבִצְבָא הַהֲגָנָה לְיִשְׂרָאֵל, וְשֶׁנָּפְלוּ בְּמִלְחַמְתָּם וּמָסְרוּ נַפְשָׁם עַל קְדֻשַּׁת הַשֵּׁם, הָעָם וְהָאָרֶץ, בַּעֲבוּר שֶׁאָנוּ מִתְפַּלְּלִים לְעִלּוּי נִשְׁמוֹתֵיהֶם. לָכֵן, בַּעַל הָרַחֲמִים יַסְתִּירֵם בְּסֵתֶר כְּנָפָיו לְעוֹלָמִים, וְיִצְרֹר בִּצְרוֹר הַחַיִּים אֶת נִשְׁמוֹתֵיהֶם, יהוה הוּא נַחֲלָתָם, בְּגַן עֵדֶן תְּהֵא מְנוּחָתָם, וְיָנוּחוּ בְּשָׁלוֹם עַל מִשְׁכְּבוֹתֵיהֶם וְתַעֲמֹד לְכָל יִשְׂרָאֵל זְכוּתָם, וְיַעַמְדוּ לְגוֹרָלָם לְקֵץ הַיָּמִין, וְנֹאמַר אָמֵן.

אזכרה לקדושי השואה:

אֵל מָלֵא רַחֲמִים, דַּיַּן אַלְמָנוֹת וַאֲבִי יְתוֹמִים, אַל נָא תֶחֱשֶׁה וְתִתְאַפַּק לְדַם יִשְׂרָאֵל שֶׁנִּשְׁפַּךְ כַּמָּיִם. הַמְצֵא מְנוּחָה נְכוֹנָה עַל

כַּנְפֵי הַשְּׁכִינָה, בְּמַעֲלוֹת קְדוֹשִׁים וּטְהוֹרִים, כְּזֹהַר הָרָקִיעַ מְאִירִים וּמַזְהִירִים, לְנִשְׁמוֹתֵיהֶם שֶׁל רִבְבוֹת אַלְפֵי יִשְׂרָאֵל, אֲנָשִׁים וְנָשִׁים, יְלָדִים וִילָדוֹת, שֶׁנֶּהֶרְגוּ וְנִשְׁחֲטוּ וְנִשְׂרְפוּ וְנֶחְנְקוּ וְנִקְבְּרוּ חַיִּים, בְּאֲרָצוֹת אֲשֶׁר נָגְעָה בָּהֶן יַד הַצּוֹרֵר הַגֶּרְמָנִי וּגְרוּרָיו. כֻּלָּם קְדוֹשִׁים וּטְהוֹרִים, וּבָהֶם גְּאוֹנִים וְצַדִּיקִים, אַרְזֵי הַלְּבָנוֹן אַדִּירֵי הַתּוֹרָה. בְּגַן עֵדֶן תְּהֵא מְנוּחָתָם. לָכֵן, בַּעַל הָרַחֲמִים יַסְתִּירֵם בְּסֵתֶר כְּנָפָיו לְעוֹלָמִים, וְיִצְרֹר בִּצְרוֹר הַחַיִּים אֶת נִשְׁמָתָם, יהוה הוּא נַחֲלָתָם, וְיָנְוּחוּ בְשָׁלוֹם עַל מִשְׁכְּבָם, וְנֹאמַר אָמֵן.

והקהל אומר:

אַב הָרַחֲמִים שׁוֹכֵן מְרוֹמִים, בְּרַחֲמָיו הָעֲצוּמִים הוּא יִפְקֹד בְּרַחֲמִים הַחֲסִידִים וְהַיְשָׁרִים וְהַתְּמִימִים, קְהִלּוֹת הַקֹּדֶשׁ שֶׁמָּסְרוּ נַפְשָׁם עַל קְדֻשַּׁת הַשֵּׁם, הַנֶּאֱהָבִים וְהַנְּעִימִים בְּחַיֵּיהֶם, וּבְמוֹתָם לֹא נִפְרָדוּ, מִנְּשָׁרִים קַלּוּ וּמֵאֲרָיוֹת גָּבֵרוּ לַעֲשׂוֹת רְצוֹן קוֹנָם וְחֵפֶץ צוּרָם. יִזְכְּרֵם אֱלֹהֵינוּ לְטוֹבָה עִם שְׁאָר צַדִּיקֵי עוֹלָם, וְיִנְקֹם לְעֵינֵינוּ נִקְמַת
דַּם עֲבָדָיו הַשָּׁפוּךְ, כַּכָּתוּב בְּתוֹרַת מֹשֶׁה אִישׁ הָאֱלֹהִים, הַרְנִינוּ דברים לב
גוֹיִם עַמּוֹ, כִּי דַם־עֲבָדָיו יִקּוֹם, וְנָקָם יָשִׁיב לְצָרָיו, וְכִפֶּר אַדְמָתוֹ
עַמּוֹ: וְעַל יְדֵי עֲבָדֶיךָ הַנְּבִיאִים כָּתוּב לֵאמֹר, וְנִקֵּיתִי, דָּמָם לֹא־ יואל ד
נִקֵּיתִי, וַיהוה שֹׁכֵן בְּצִיּוֹן: וּבְכִתְבֵי הַקֹּדֶשׁ נֶאֱמַר, לָמָּה יֹאמְרוּ הַגּוֹיִם תהלים עט
אַיֵּה אֱלֹהֵיהֶם, יִוָּדַע בַּגּוֹיִם לְעֵינֵינוּ נִקְמַת דַּם־עֲבָדֶיךָ הַשָּׁפוּךְ:
וְאוֹמֵר, כִּי־דֹרֵשׁ דָּמִים אוֹתָם זָכָר, לֹא־שָׁכַח צַעֲקַת עֲנָוִים: וְאוֹמֵר, תהלים ט
יָדִין בַּגּוֹיִם מָלֵא גְוִיּוֹת, מָחַץ רֹאשׁ עַל־אֶרֶץ רַבָּה: מִנַּחַל בַּדֶּרֶךְ תהלים קי
יִשְׁתֶּה, עַל־כֵּן יָרִים רֹאשׁ:

ממשיכים 'אַשְׁרֵי' (בעמוד הבא) ומחזירים את ספרי התורה לארון הקודש.

פתיחה לתפילת מוסף לשלוש רגלים שהביא השל״ה

ברוב הקהילות אין אומרים פיוט זה בימים שמזכירים בהם נשמות,
ויש שאינם אומרים אותו בשבת.

יָהּ אֵלִי וְגוֹאֲלִי, אֶתְיַצְּבָה לִקְרָאתֶךָ
הָיָה וְיִהְיֶה, הָיָה וְהֹוֶה, כָּל גּוֹי אַדְמָתֶךָ.

וְתוֹדָה וְלָעוֹלָה וְלַמִּנְחָה וְלַחַטָּאת וְלָאָשָׁם
וְלַשְּׁלָמִים וְלַמִּלּוּאִים כָּל קָרְבָּנֶךָ.
זְכֹר נִלְאָה אֲשֶׁר נָשְׂאָה וְהָשִׁיבָה לְאַדְמָתֶךָ
סֶלָה אֲהַלֶּלְךָ בְּאַשְׁרֵי יוֹשְׁבֵי בֵיתֶךָ.

דַּק עַל דַּק, עַד אֵין נִבְדַּק, וְלִתְבוּנָתוֹ אֵין חֵקֶר
הָאֵל נוֹרָא, בְּאַחַת סְקִירָה, בֵּין טוֹב לְרַע יְבַקֵּר.

וְתוֹדָה וְלָעוֹלָה וְלַמִּנְחָה וְלַחַטָּאת וְלָאָשָׁם
וְלַשְּׁלָמִים וְלַמִּלּוּאִים כָּל קָרְבָּנֶךָ.
זְכֹר נִלְאָה אֲשֶׁר נָשְׂאָה וְהָשִׁיבָה לְאַדְמָתֶךָ
סֶלָה אֲהַלֶּלְךָ בְּאַשְׁרֵי יוֹשְׁבֵי בֵיתֶךָ.

אֲדוֹן צְבָאוֹת, בְּרֹב פְּלָאוֹת, חִבֵּר כָּל אָהֳלוֹ
בִּנְתִיבוֹת לֵב לְבַלֵּב, הַצּוּר תָּמִים פָּעֳלוֹ.

וְתוֹדָה וְלָעוֹלָה וְלַמִּנְחָה וְלַחַטָּאת וְלָאָשָׁם
וְלַשְּׁלָמִים וְלַמִּלּוּאִים כָּל קָרְבָּנֶךָ.
זְכֹר נִלְאָה אֲשֶׁר נָשְׂאָה וְהָשִׁיבָה לְאַדְמָתֶךָ
סֶלָה אֲהַלֶּלְךָ בְּאַשְׁרֵי יוֹשְׁבֵי בֵיתֶךָ.

בשמחת תורה יש אומרים כאן את הפיוטים בעמ׳ 485–488.

״אמר רבי אלעזר אמר רבי אבינא: כל האומר ׳תהלה לדוד׳ בכל יום שלש פעמים –
מובטח לו שהוא בן העולם הבא״ (ברכות ד ע״ב).

תהלים פד **אַשְׁרֵי יוֹשְׁבֵי בֵיתֶךָ, עוֹד יְהַלְלְוּךָ סֶּלָה:**

תהלים קמד **אַשְׁרֵי הָעָם שֶׁכָּכָה לּוֹ, אַשְׁרֵי הָעָם שֶׁיהוה אֱלֹהָיו:**

תהלים קמה

תְּהִלָּה לְדָוִד

אֲרוֹמִמְךָ אֱלוֹהַי הַמֶּלֶךְ, וַאֲבָרְכָה שִׁמְךָ לְעוֹלָם וָעֶד:

בְּכָל־יוֹם אֲבָרְכֶךָּ, וַאֲהַלְלָה שִׁמְךָ לְעוֹלָם וָעֶד:

גָּדוֹל יהוה וּמְהֻלָּל מְאֹד, וְלִגְדֻלָּתוֹ אֵין חֵקֶר:

דּוֹר לְדוֹר יְשַׁבַּח מַעֲשֶׂיךָ, וּגְבוּרֹתֶיךָ יַגִּידוּ:

הֲדַר כְּבוֹד הוֹדֶךָ, וְדִבְרֵי נִפְלְאֹתֶיךָ אָשִׂיחָה:

וֶעֱזוּז נוֹרְאֹתֶיךָ יֹאמֵרוּ, וּגְדוּלָּתְךָ אֲסַפְּרֶנָּה:

זֵכֶר רַב־טוּבְךָ יַבִּיעוּ, וְצִדְקָתְךָ יְרַנֵּנוּ:

חַנּוּן וְרַחוּם יהוה, אֶרֶךְ אַפַּיִם וּגְדָל־חָסֶד:

טוֹב־יהוה לַכֹּל, וְרַחֲמָיו עַל־כָּל־מַעֲשָׂיו:

יוֹדוּךָ יהוה כָּל־מַעֲשֶׂיךָ, וַחֲסִידֶיךָ יְבָרְכוּכָה:

כְּבוֹד מַלְכוּתְךָ יֹאמֵרוּ, וּגְבוּרָתְךָ יְדַבֵּרוּ:

לְהוֹדִיעַ לִבְנֵי הָאָדָם גְּבוּרֹתָיו, וּכְבוֹד הֲדַר מַלְכוּתוֹ:

מַלְכוּתְךָ מַלְכוּת כָּל־עֹלָמִים, וּמֶמְשַׁלְתְּךָ בְּכָל־דּוֹר וָדֹר:

סוֹמֵךְ יהוה לְכָל־הַנֹּפְלִים, וְזוֹקֵף לְכָל־הַכְּפוּפִים:

עֵינֵי־כֹל אֵלֶיךָ יְשַׂבֵּרוּ, וְאַתָּה נוֹתֵן־לָהֶם אֶת־אָכְלָם בְּעִתּוֹ:

פּוֹתֵחַ אֶת־יָדֶךָ, וּמַשְׂבִּיעַ לְכָל־חַי רָצוֹן:

צַדִּיק יהוה בְּכָל־דְּרָכָיו, וְחָסִיד בְּכָל־מַעֲשָׂיו:

קָרוֹב יהוה לְכָל־קֹרְאָיו, לְכֹל אֲשֶׁר יִקְרָאֻהוּ בֶאֱמֶת:

רְצוֹן־יְרֵאָיו יַעֲשֶׂה, וְאֶת־שַׁוְעָתָם יִשְׁמַע, וְיוֹשִׁיעֵם:

שׁוֹמֵר יהוה אֶת־כָּל־אֹהֲבָיו, וְאֵת כָּל־הָרְשָׁעִים יַשְׁמִיד:

◂ תְּהִלַּת יהוה יְדַבֶּר פִּי, וִיבָרֵךְ כָּל־בָּשָׂר שֵׁם קָדְשׁוֹ לְעוֹלָם וָעֶד:

תהלים קטו

וַאֲנַחְנוּ נְבָרֵךְ יָהּ מֵעַתָּה וְעַד־עוֹלָם, הַלְלוּיָהּ:

הכנסת ספר תורה

פותחים את ארון הקודש, והקהל עומד על רגליו.
שליח הציבור נוטל את ספר התורה ואומר:

תהלים קמח
יְהַלְלוּ אֶת־שֵׁם יהוה, כִּי־נִשְׂגָּב שְׁמוֹ, לְבַדּוֹ

הקהל אומר:

הוֹדוֹ עַל־אֶרֶץ וְשָׁמָיִם:
וַיָּרֶם קֶרֶן לְעַמּוֹ
תְּהִלָּה לְכָל־חֲסִידָיו
לִבְנֵי יִשְׂרָאֵל עַם קְרֹבוֹ
הַלְלוּיָהּ:

ביום טוב שחל בשבת, אומרים:

תהלים כט
מִזְמוֹר לְדָוִד, הָבוּ לַיהוה בְּנֵי אֵלִים, הָבוּ לַיהוה כָּבוֹד וָעֹז: הָבוּ
לַיהוה כְּבוֹד שְׁמוֹ, הִשְׁתַּחֲווּ לַיהוה בְּהַדְרַת־קֹדֶשׁ: קוֹל יהוה
עַל־הַמָּיִם, אֵל־הַכָּבוֹד הִרְעִים, יהוה עַל־מַיִם רַבִּים: קוֹל־יהוה
בַּכֹּחַ, קוֹל יהוה בֶּהָדָר: קוֹל יהוה שֹׁבֵר אֲרָזִים, וַיְשַׁבֵּר יהוה אֶת־
אַרְזֵי הַלְּבָנוֹן: וַיַּרְקִידֵם כְּמוֹ־עֵגֶל, לְבָנוֹן וְשִׂרְיוֹן כְּמוֹ בֶן־רְאֵמִים:
קוֹל־יהוה חֹצֵב לַהֲבוֹת אֵשׁ: קוֹל יהוה יָחִיל מִדְבָּר, יָחִיל יהוה
מִדְבַּר קָדֵשׁ: קוֹל יהוה יְחוֹלֵל אַיָּלוֹת וַיֶּחֱשֹׂף יְעָרוֹת, וּבְהֵיכָלוֹ,
כֻּלּוֹ אֹמֵר כָּבוֹד: יהוה לַמַּבּוּל יָשָׁב, וַיֵּשֶׁב יהוה מֶלֶךְ לְעוֹלָם:
יהוה עֹז לְעַמּוֹ יִתֵּן, יהוה יְבָרֵךְ אֶת־עַמּוֹ בַשָּׁלוֹם:

ביום טוב שאינו חל בשבת, אומרים (סידור השל"ה):

תהלים כד
לְדָוִד מִזְמוֹר, לַיהוה הָאָרֶץ וּמְלוֹאָהּ, תֵּבֵל וְיֹשְׁבֵי בָהּ: כִּי־הוּא
עַל־יַמִּים יְסָדָהּ, וְעַל־נְהָרוֹת יְכוֹנְנֶהָ: מִי־יַעֲלֶה בְהַר־יהוה,

וּמִי־יָקוּם בִּמְקוֹם קׇדְשׁוֹ: נְקִי כַפַּיִם וּבַר־לֵבָב, אֲשֶׁר לֹא־נָשָׂא לַשָּׁוְא נַפְשִׁי וְלֹא נִשְׁבַּע לְמִרְמָה: יִשָּׂא בְרָכָה מֵאֵת יהוה, וּצְדָקָה מֵאֱלֹהֵי יִשְׁעוֹ: זֶה דּוֹר דֹּרְשָׁו, מְבַקְשֵׁי פָנֶיךָ, יַעֲקֹב, סֶלָה: שְׂאוּ שְׁעָרִים רָאשֵׁיכֶם, וְהִנָּשְׂאוּ פִּתְחֵי עוֹלָם, וְיָבוֹא מֶלֶךְ הַכָּבוֹד: מִי זֶה מֶלֶךְ הַכָּבוֹד, יהוה עִזּוּז וְגִבּוֹר, יהוה גִּבּוֹר מִלְחָמָה: שְׂאוּ שְׁעָרִים רָאשֵׁיכֶם, וּשְׂאוּ פִּתְחֵי עוֹלָם, וְיָבֹא מֶלֶךְ הַכָּבוֹד: מִי הוּא זֶה מֶלֶךְ הַכָּבוֹד, יהוה צְבָאוֹת הוּא מֶלֶךְ הַכָּבוֹד, סֶלָה:

מכניסים את ספר התורה לארון הקודש ואומרים
(ספר המחכים, סידור ׳מלאה הארץ דעה׳):

וּבְנֻחֹה יֹאמַר, שׁוּבָה יהוה רִבְבוֹת אַלְפֵי יִשְׂרָאֵל: במדבר י

קוּמָה יהוה לִמְנוּחָתֶךָ, אַתָּה וַאֲרוֹן עֻזֶּךָ: תהלים קלב

כֹּהֲנֶיךָ יִלְבְּשׁוּ־צֶדֶק, וַחֲסִידֶיךָ יְרַנֵּנוּ:

בַּעֲבוּר דָּוִד עַבְדֶּךָ אַל־תָּשֵׁב פְּנֵי מְשִׁיחֶךָ:

כִּי לֶקַח טוֹב נָתַתִּי לָכֶם, תּוֹרָתִי אַל־תַּעֲזֹבוּ: משלי ד

◂ עֵץ־חַיִּים הִיא לַמַּחֲזִיקִים בָּהּ, וְתֹמְכֶיהָ מְאֻשָּׁר: משלי ג

דְּרָכֶיהָ דַרְכֵי־נֹעַם וְכׇל־נְתִיבֹתֶיהָ שָׁלוֹם:

הֲשִׁיבֵנוּ יהוה אֵלֶיךָ וְנָשׁוּבָה, חַדֵּשׁ יָמֵינוּ כְּקֶדֶם: איכה ה

ביום טוב ראשון של פסח, בקהילות שבהן אומרים
תפילת טל לפני מוסף, אין סוגרים את ארון הקודש
ומתחילים ׳אֱלֹהֵינוּ וֵאלֹהֵי אֲבוֹתֵינוּ׳ בעמ׳ 301.

בשמחת תורה בקהילות שבהן אומרים
תפילת גשם לפני מוסף, אין סוגרים את ארון הקודש
ומתחילים תפילת ׳אֱלֹהֵינוּ וֵאלֹהֵי אֲבוֹתֵינוּ׳ בעמ׳ 303.

בראשון של פסח ובשמיני עצרת בקהילות שבהן אומרים
תפילת טל וגשם בחזרת הש״ץ, וכן בשאר הימים, סוגרים את
ארון הקודש, ושליח הציבור אומר חצי קדיש בעמ׳ 307.

תפילת טל

יש האומרים תפילת טל בחזרת הש״ץ.
רבים נוהגים לומר תפילת טל לפני תפילת מוסף, ורק את הפיוט שבעמוד הבא.

פותחים את ארון הקודש.

דברים לב כִּי שֵׁם יהוה אֶקְרָא, הָבוּ גֹדֶל לֵאלֹהֵינוּ:
תהלים נא אֲדֹנָי, שְׂפָתַי תִּפְתָּח, וּפִי יַגִּיד תְּהִלָּתֶךָ:

אבות

בָּרוּךְ אַתָּה יהוה, אֱלֹהֵינוּ וֵאלֹהֵי אֲבוֹתֵינוּ, אֱלֹהֵי אַבְרָהָם, אֱלֹהֵי יִצְחָק, וֵאלֹהֵי יַעֲקֹב, הָאֵל הַגָּדוֹל הַגִּבּוֹר וְהַנּוֹרָא, אֵל עֶלְיוֹן, גּוֹמֵל חֲסָדִים טוֹבִים, וְקוֹנֵה הַכֹּל, וְזוֹכֵר חַסְדֵי אָבוֹת, וּמֵבִיא גוֹאֵל לִבְנֵי בְנֵיהֶם לְמַעַן שְׁמוֹ בְּאַהֲבָה. מֶלֶךְ עוֹזֵר וּמוֹשִׁיעַ וּמָגֵן.

בְּדַעְתּוֹ אַבִּיעָה חִידוֹת
בְּעַם זוּ בְּזוּ בְּטַל לְהַחֲדוֹת.
טַל גֵּיא וּדְשָׁאֶיהָ לַחֲדוֹת
דָּצִים בְּצִלּוֹ לְהֵחָדוֹת.
אוֹת יַלְדוּת טַל, לְהָגֵן לְתוֹלָדוֹת.

בָּרוּךְ אַתָּה יהוה, מָגֵן אַבְרָהָם.

גבורות

אַתָּה גִּבּוֹר לְעוֹלָם אֲדֹנָי
מְחַיֵּה מֵתִים אַתָּה, רַב לְהוֹשִׁיעַ

תְּהוֹמוֹת הֲדוֹם לִרְסִיסוֹ כְסוּפִים
וְכָל נְאוֹת דֶּשֶׁא לוֹ נִכְסָפִים.
טַל זִכְרוֹ גְּבוּרוֹת מוֹסִיפִים
חָקוּק בְּגִישַׁת מוּסָפִים
טַל, לְהַחֲיוֹת בּוֹ נְקוּקֵי סְעִיפִים.

בקהילות רבות אומרים כאן ביום טוב ראשון של פסח תפילת טל.

אֱלֹהֵינוּ וֵאלֹהֵי אֲבוֹתֵינוּ

טַל תֵּן לִרְצוֹת אַרְצָךְ   שִׁיתֵנוּ בְרָכָה בְּדִיצָךְ
רֹב דָּגָן וְתִירוֹשׁ בְּהַפְרִיצָךְ   קוֹמֵם עִיר בָּהּ חֶפְצָךְ   בְּטָל.

טַל צַוֵּה שָׁנָה טוֹבָה וּמְעֻטֶּרֶת   פְּרִי הָאָרֶץ לְגָאוֹן וּלְתִפְאֶרֶת
עִיר כַּסֻּכָּה נוֹתֶרֶת   שִׂימָהּ בְּיָדְךָ עֲטֶרֶת   בְּטָל.

טַל נוֹפֵף עֲלֵי אֶרֶץ בְּרוּכָה   מִמֶּגֶד שָׁמַיִם שַׂבְּעֵנוּ בְרָכָה
לְהָאִיר מִתּוֹךְ חֲשֵׁכָה   כַּנָּה אַחֲרֶיךָ מְשׁוּכָה   בְּטָל.

טַל יַעֲסִיס צוּף הָרִים   טְעֵם בִּמְאוֹדֶיךָ מֻבְחָרִים
חֲנוּנֶיךָ חַלֵּץ מִמַּסְגֵּרִים   זִמְרָה נַנְעִים וְקוֹל נָרִים   בְּטָל.

טַל וְשֹׂבַע מַלֵּא אֲסָמֵינוּ   הֲכָעֵת תְּחַדֵּשׁ יָמֵינוּ
דּוֹד, כְּעֶרְכְּךָ הַעֲמֵד שְׁמֵנוּ   גַּן רָוֶה שִׂימֵנוּ   בְּטָל.

טַל בּוֹ תְּבָרֵךְ מָזוֹן   בְּמַשְׁמַנֵּינוּ אַל יְהִי רָזוֹן
אֲיֻמָּה אֲשֶׁר הִסַּעְתָּ כַּצֹּאן   אָנָּא תָּפֵק לָהּ רָצוֹן   בְּטָל.

שליח הציבור:

שָׁאַתָּה הוּא יהוה אֱלֹהֵינוּ
מַשִּׁיב הָרְוּחַ וּמוֹרִיד הַטָּל

קהל ואחריו שליח הציבור:

לִבְרָכָה וְלֹא לִקְלָלָה   קהל: **אָמֵן**
לְחַיִּים וְלֹא לְמָוֶת   קהל: **אָמֵן**
לְשֹׂבַע וְלֹא לְרָזוֹן   קהל: **אָמֵן**

סוגרים את ארון הקודש, ואומרים חצי קדיש בעמ׳ 307.
אם אמרו תפילת טל בחזרת הש״ץ, שליח הציבור ממשיך ׳מְכַלְכֵּל חַיִּים בְּחֶסֶד׳ בעמ׳ 308.

תפילת גשם

יש האומרים תפילת טל בחזרת הש״ץ.
רבים נוהגים לומר תפילת טל לפני תפילת מוסף, ורק את הפיוט שבעמוד הבא.

פותחים את ארון הקודש.

דברים לב כִּי שֵׁם יהוה אֶקְרָא, הָבוּ גֹדֶל לֵאלֹהֵינוּ:
תהלים נא אֲדֹנָי, שְׂפָתַי תִּפְתָּח, וּפִי יַגִּיד תְּהִלָּתֶךָ:

אבות

בָּרוּךְ אַתָּה יהוה, אֱלֹהֵינוּ וֵאלֹהֵי אֲבוֹתֵינוּ, אֱלֹהֵי אַבְרָהָם, אֱלֹהֵי יִצְחָק, וֵאלֹהֵי יַעֲקֹב, הָאֵל הַגָּדוֹל הַגִּבּוֹר וְהַנּוֹרָא, אֵל עֶלְיוֹן, גּוֹמֵל חֲסָדִים טוֹבִים, וְקוֹנֵה הַכֹּל, וְזוֹכֵר חַסְדֵי אָבוֹת, וּמֵבִיא גוֹאֵל לִבְנֵי בְנֵיהֶם לְמַעַן שְׁמוֹ בְּאַהֲבָה. מֶלֶךְ עוֹזֵר וּמוֹשִׁיעַ וּמָגֵן.

אַף־בְּרִי אֻתַּת שֵׁם שַׂר מָטָר
לְהַעֲבִיב וּלְהַעֲנִין לְהָרִיק וּלְהַמְטַר
מַיִם אִבִּים בָּם גֵּיא לַעֲטַר
לְבַל יֵעָצְרוּ בְּנִשְׁיוֹן שְׁטָר
אֱמוּנִים גְּנוֹן בָּם, שׁוֹאֲלֵי מָטָר.

בָּרוּךְ אַתָּה יהוה, מָגֵן אַבְרָהָם.

גבורות

אַתָּה גִּבּוֹר לְעוֹלָם אֲדֹנָי
מְחַיֵּה מֵתִים אַתָּה, רַב לְהוֹשִׁיעַ

יַטְרִיחַ לְפַלֵּג מִפֶּלֶג גֶּשֶׁם
לְמוֹגֵג פְּנֵי נֶשִׁי בְּצַחוּת לֶשֶׁם
מַיִם לְאַדְּרָךְ כִּנִּיתָ בְּרֶשֶׁם
לְהַרְגִּיעַ בְּרַעֲפָם לִנְפוּחֵי נֶשֶׁם
לְהַחֲיוֹת מַזְכִּירִים גְּבוּרוֹת הַגֶּשֶׁם.

ברוב הקהילות שאומרים בהן תפילת גשם לפני מוסף, מתחילים כאן:

אֱלֹהֵינוּ וֵאלֹהֵי אֲבוֹתֵינוּ

זְכֹר אָב נִמְשַׁךְ אַחֲרֶיךָ כַּמַּיִם
בֵּרַכְתּוֹ כְּעֵץ שָׁתוּל עַל פַּלְגֵי מַיִם
גְּנַנְתּוֹ, הִצַּלְתּוֹ מֵאֵשׁ וּמִמַּיִם
דְּרַשְׁתּוֹ בְּזָרְעוֹ עַל כָּל מָיִם.
קהל: בַּעֲבוּרוֹ אַל תִּמְנַע מָיִם.

זְכֹר הַנּוֹלָד בִּבְשׂוֹרַת יֻקַּח־נָא מְעַט־מַיִם בראשית יח
וְשַׁחְתָּ לְהוֹרוֹ לְשָׁחֲטוֹ לִשְׁפֹּךְ דָּמוֹ כַּמַּיִם
זְהֵר גַּם הוּא לִשְׁפֹּךְ לֵב כַּמַּיִם
חָפַר וּמָצָא בְּאֵרוֹת מָיִם.
קהל: בְּצִדְקוֹ חֹן חַשְׁרַת מָיִם.

זְכֹר טָעַן מַקְלוֹ וְעָבַר יַרְדֵּן מַיִם
יִחַד לֵב וְגָל אֶבֶן מִפִּי בְאֵר מַיִם
כְּנֶאֱבַק לוֹ שַׂר בָּלוּל מֵאֵשׁ וּמִמַּיִם
לָכֵן הִבְטַחְתּוֹ הֱיוֹת עִמּוֹ בָּאֵשׁ וּבַמָּיִם.
קהל: בַּעֲבוּרוֹ אַל תִּמְנַע מָיִם.

זְכֹר מָשׁוּי בְּתֵבַת גֹּמֶא מִן הַמַּיִם
נָמוּ דָּלֹה דָלָה וְהִשְׁקָה צֹאן מַיִם
סְגוּלֶיךָ עֵת צָמְאוּ לַמַּיִם
עַל הַסֶּלַע הָךְ, וַיֵּצְאוּ מָיִם.
קהל: בְּצִדְקוֹ חֹן חַשְׁרַת מָיִם.

זְכֹר פְּקִיד שָׁתוֹת, טוֹבֵל חָמֵשׁ טְבִילוֹת בַּמַּיִם
צוֹעֶה וּמַרְחִיץ כַּפָּיו בְּקִדּוּשׁ מַיִם
קוֹרֵא וּמַזֶּה טָהֳרַת מַיִם
רֻחַק מֵעַם פַּחַז כַּמַּיִם.
קהל: בַּעֲבוּרוֹ אַל תִּמְנַע מַיִם.

זְכֹר שְׁנֵים עָשָׂר שְׁבָטִים, שֶׁהֶעֱבַרְתָּ בְּגִזְרַת מַיִם
שֶׁהִמְתַּקְתָּ לָמוֹ מְרִירוּת מַיִם
תּוֹלְדוֹתָם נִשְׁפַּךְ דָּמָם עָלֶיךָ כַּמַּיִם
תֵּפֶן, כִּי נַפְשֵׁנוּ אָפְפוּ מַיִם.
קהל: בְּצִדְקָם חֹן חַשְׁרַת מַיִם.

שליח הציבור:

שָׁאַתָּה הוּא יהוה אֱלֹהֵינוּ
מַשִּׁיב הָרוּחַ וּמוֹרִיד הַגֶּשֶׁם

קהל ואחריו שליח הציבור:

לִבְרָכָה וְלֹא לִקְלָלָה — קהל: אָמֵן
לְחַיִּים וְלֹא לְמָוֶת — קהל: אָמֵן
לְשֹׂבַע וְלֹא לְרָזוֹן — קהל: אָמֵן

סוגרים את ארון הקודש, ושליח הציבור אומר חצי קדיש (עמ׳ 307) ואחריו מתפללים מוסף.

אם אמרו תפילת גשם בחזרת הש״ץ, שליח הציבור ממשיך ׳מְכַלְכֵּל חַיִּים בְּחֶסֶד׳ בעמ׳ 308.

מוסף

חצי קדיש

ש״ץ: יִתְגַּדַּל וְיִתְקַדַּשׁ שְׁמֵהּ רַבָּא (קהל: אָמֵן)
בְּעָלְמָא דִּי בְרָא כִרְעוּתֵהּ
וְיַמְלִיךְ מַלְכוּתֵהּ
בְּחַיֵּיכוֹן וּבְיוֹמֵיכוֹן וּבְחַיֵּי דְכָל בֵּית יִשְׂרָאֵל
בַּעֲגָלָא וּבִזְמַן קָרִיב, וְאִמְרוּ אָמֵן. (קהל: אָמֵן)

קהל וש״ץ: יְהֵא שְׁמֵהּ רַבָּא מְבָרַךְ לְעָלַם וּלְעָלְמֵי עָלְמַיָּא.

ש״ץ: יִתְבָּרַךְ וְיִשְׁתַּבַּח וְיִתְפָּאַר וְיִתְרוֹמַם וְיִתְנַשֵּׂא
וְיִתְהַדָּר וְיִתְעַלֶּה וְיִתְהַלָּל
שְׁמֵהּ דְּקֻדְשָׁא בְּרִיךְ הוּא (קהל: בְּרִיךְ הוּא)
לְעֵלָּא מִן כָּל בִּרְכָתָא וְשִׁירָתָא, תֻּשְׁבְּחָתָא וְנֶחֱמָתָא
דַּאֲמִירָן בְּעָלְמָא, וְאִמְרוּ אָמֵן. (קהל: אָמֵן)

מוסף לשלוש רגלים

ליום טוב, לחול המועד ולשבת חול המועד

״המתפלל צריך שיכוין בלבו פירוש המלות שמוציא בשפתיו; ויחשוב כאלו שכינה כנגדו ויסיר כל המחשבות הטורדות אותו עד שתשאר מחשבתו וכוונתו זכה בתפלתו״ (שו״ע צח, א).

פוסע שלוש פסיעות לפנים כמי שנכנס לפני המלך.
עומד ומתפלל בלחש מכאן ועד ׳וּכְשָׁנִים קַדְמֹנִיּוֹת׳ בעמ׳ 319.

כורע במקומות המסומנים ב׳, קד לפנים מילה הבאה וזוקף בשם.

כִּי שֵׁם יהוה אֶקְרָא, הָבוּ גֹדֶל לֵאלֹהֵינוּ: דברים לב
אֲדֹנָי, שְׂפָתַי תִּפְתָּח, וּפִי יַגִּיד תְּהִלָּתֶךָ: תהלים נא

אבות

׳בָּרוּךְ אַתָּה יהוה, אֱלֹהֵינוּ וֵאלֹהֵי אֲבוֹתֵינוּ
אֱלֹהֵי אַבְרָהָם, אֱלֹהֵי יִצְחָק, וֵאלֹהֵי יַעֲקֹב
הָאֵל הַגָּדוֹל הַגִּבּוֹר וְהַנּוֹרָא, אֵל עֶלְיוֹן

גּוֹמֵל חֲסָדִים טוֹבִים, וְקֹנֵה הַכֹּל
וְזוֹכֵר חַסְדֵי אָבוֹת
וּמֵבִיא גוֹאֵל לִבְנֵי בְנֵיהֶם לְמַעַן שְׁמוֹ בְּאַהֲבָה.
מֶלֶךְ עוֹזֵר וּמוֹשִׁיעַ וּמָגֵן.
ˇבָּרוּךְ אַתָּה יהוה, מָגֵן אַבְרָהָם.

גבורות

אַתָּה גִּבּוֹר לְעוֹלָם, אֲדֹנָי, מְחַיֵּה מֵתִים אַתָּה, רַב לְהוֹשִׁיעַ

בשמיני עצרת: מַשִּׁיב הָרְוּחַ וּמוֹרִיד הַגֶּשֶׁם

בשאר המועדים: מוֹרִיד הַטָּל

מְכַלְכֵּל חַיִּים בְּחֶסֶד, מְחַיֵּה מֵתִים בְּרַחֲמִים רַבִּים
סוֹמֵךְ נוֹפְלִים, וְרוֹפֵא חוֹלִים, וּמַתִּיר אֲסוּרִים
וּמְקַיֵּם אֱמוּנָתוֹ לִישֵׁנֵי עָפָר.
מִי כָמְוֹךָ, בַּעַל גְּבוּרוֹת, וּמִי דּוֹמֶה לָּךְ
מֶלֶךְ, מֵמִית וּמְחַיֶּה וּמַצְמִיחַ יְשׁוּעָה.
וְנֶאֱמָן אַתָּה לְהַחֲיוֹת מֵתִים.
בָּרוּךְ אַתָּה יהוה, מְחַיֵּה הַמֵּתִים.

בתפילת לחש ממשיך ׳אַתָּה קָדוֹשׁ׳ בעמ׳ 310.

קדושה לימים טובים, לשבת חול המועד ולהושענא רבה
(קדושה לחול המועד בעמ׳ 310).

בבתי כנסת המתפללים בנוסח ספרד, אומרים כאן:

כֶּתֶר יִתְּנוּ לְךָ, יהוה אֱלֹהֵינוּ, מַלְאָכִים הֲמוֹנֵי מַעְלָה, עִם עַמְּךָ יִשְׂרָאֵל
קְבוּצֵי מַטָּה, יַחַד כֻּלָּם קְדֻשָּׁה לְךָ יְשַׁלֵּשׁוּ כַּדָּבָר הָאָמוּר עַל יַד נְבִיאֶךָ,
ישעיה ו וְקָרָא זֶה אֶל־זֶה וְאָמַר ממשיכים ׳קָדוֹשׁ, קָדוֹשׁ, קָדוֹשׁ׳ בעמוד הבא.

במקומות המסומנים ב־°, המתפלל מתרומם על קצות אצבעותיו.

קהל ואחריו שליח הציבור:

נַעֲרִיצְךָ וְנַקְדִּישְׁךָ כְּסוֹד שִׂיחַ שַׂרְפֵי קֹדֶשׁ, הַמַּקְדִּישִׁים שִׁמְךָ בַּקֹּדֶשׁ, כַּכָּתוּב עַל יַד נְבִיאֶךָ: וְקָרָא זֶה אֶל־זֶה וְאָמַר ישעיה ו

קהל ואחריו שליח הציבור:

°קָדוֹשׁ, °קָדוֹשׁ, °קָדוֹשׁ, יהוה צְבָאוֹת, מְלֹא כָל הָאָרֶץ כְּבוֹדוֹ: כְּבוֹדוֹ מָלֵא עוֹלָם, מְשָׁרְתָיו שׁוֹאֲלִים זֶה לָזֶה, אַיֵּה מְקוֹם כְּבוֹדוֹ, לְעֻמָּתָם בָּרוּךְ יֹאמֵרוּ

קהל ואחריו שליח הציבור:

°בָּרוּךְ כְּבוֹד־יהוה מִמְּקוֹמוֹ: מִמְּקוֹמוֹ הוּא יִפֶן בְּרַחֲמִים, וְיָחֹן עַם הַמְיַחֲדִים שְׁמוֹ, עֶרֶב וָבֹקֶר בְּכָל יוֹם תָּמִיד, פַּעֲמַיִם בְּאַהֲבָה שְׁמַע אוֹמְרִים יחזקאל ג

קהל ואחריו שליח הציבור:

שְׁמַע יִשְׂרָאֵל, יהוה אֱלֹהֵינוּ, יהוה אֶחָד: הוּא אֱלֹהֵינוּ, הוּא אָבִינוּ, הוּא דברים ו
מַלְכֵּנוּ, הוּא מוֹשִׁיעֵנוּ, וְהוּא יַשְׁמִיעֵנוּ בְּרַחֲמָיו שֵׁנִית לְעֵינֵי כָּל חָי, לִהְיוֹת במדבר טו
לָכֶם לֵאלֹהִים, אֲנִי יהוה אֱלֹהֵיכֶם:

בשבת חול המועד אין אומרים ׳אַדִּיר אַדִּירֵנוּ׳.

קהל ואחריו הש״ץ: **אַדִּיר אַדִּירֵנוּ, יהוה אֲדֹנֵינוּ, מָה־אַדִּיר שִׁמְךָ בְּכָל־הָאָרֶץ: וְהָיָה יהוה לְמֶלֶךְ עַל־כָּל־הָאָרֶץ, בַּיּוֹם הַהוּא יִהְיֶה יהוה אֶחָד וּשְׁמוֹ אֶחָד:** תהלים ח זכריה יד

שליח הציבור:

וּבְדִבְרֵי קָדְשְׁךָ כָּתוּב לֵאמֹר

קהל ואחריו שליח הציבור:

°יִמְלֹךְ יהוה לְעוֹלָם, אֱלֹהַיִךְ צִיּוֹן לְדֹר וָדֹר, הַלְלוּיָהּ: תהלים קמו

בבתי כנסת המתפללים בנוסח ספרד, ממשיכים ׳אַתָּה קָדוֹשׁ׳ בעמוד הבא.

שליח הציבור:

לְדוֹר וָדוֹר נַגִּיד גָּדְלֶךָ, וּלְנֵצַח נְצָחִים קְדֻשָּׁתְךָ נַקְדִּישׁ, וְשִׁבְחֲךָ אֱלֹהֵינוּ מִפִּינוּ לֹא יָמוּשׁ לְעוֹלָם וָעֶד, כִּי אֵל מֶלֶךְ גָּדוֹל וְקָדוֹשׁ אָתָּה. בָּרוּךְ אַתָּה יהוה, הָאֵל הַקָּדוֹשׁ.

שליח הציבור ממשיך ׳אַתָּה בְחַרְתָּנוּ׳ בעמוד הבא.

קדושה לחול המועד

במקומות המסומנים ב׳, המתפלל מתרומם על קצות אצבעותיו.

קהל ואחריו שליח הציבור:

נְקַדֵּשׁ אֶת שִׁמְךָ בָּעוֹלָם, כְּשֵׁם שֶׁמַּקְדִּישִׁים אוֹתוֹ בִּשְׁמֵי מָרוֹם
כַּכָּתוּב עַל יַד נְבִיאֶךָ: וְקָרָא זֶה אֶל־זֶה וְאָמַר ישעיה ו

קהל ואחריו שליח הציבור:

׳קָדוֹשׁ, ׳קָדוֹשׁ, ׳קָדוֹשׁ, יהוה צְבָאוֹת, מְלֹא כָל־הָאָרֶץ כְּבוֹדוֹ:
לְעֻמָּתָם בָּרוּךְ יֹאמֵרוּ

קהל ואחריו שליח הציבור:

׳בָּרוּךְ כְּבוֹד־יהוה מִמְּקוֹמוֹ: יחזקאל ג
וּבְדִבְרֵי קָדְשְׁךָ כָּתוּב לֵאמֹר

קהל ואחריו שליח הציבור:

׳יִמְלֹךְ יהוה לְעוֹלָם, אֱלֹהַיִךְ צִיּוֹן לְדֹר וָדֹר, הַלְלוּיָהּ: תהלים קמו

שליח הציבור:

לְדוֹר וָדוֹר נַגִּיד גָּדְלֶךָ, וּלְנֵצַח נְצָחִים קְדֻשָּׁתְךָ נַקְדִּישׁ, וְשִׁבְחֲךָ אֱלֹהֵינוּ מִפִּינוּ לֹא יָמוּשׁ לְעוֹלָם וָעֶד, כִּי אֵל מֶלֶךְ גָּדוֹל וְקָדוֹשׁ אָתָּה. בָּרוּךְ אַתָּה יהוה, הָאֵל הַקָּדוֹשׁ.

שליח הציבור ממשיך ׳אַתָּה בְחַרְתָּנוּ׳ (למטה).

קדושת השם

אַתָּה קָדוֹשׁ וְשִׁמְךָ קָדוֹשׁ
וּקְדוֹשִׁים בְּכָל יוֹם יְהַלְלוּךָ סֶּלָה.
בָּרוּךְ אַתָּה יהוה, הָאֵל הַקָּדוֹשׁ.

קדושת היום

הירושלמי (ברכות פ״ד ה״ו) קובע שצריך אדם לחדש דבר בתפילת מוסף ביחס לשאר התפילות, וכתב ר״ת (הובא באבודרהם) שיש לומר את פסוקי הקרבן של אותו היום, כיוון שתפילת מוסף היא במקום הקרבת קרבן מוסף.

אַתָּה בְחַרְתָּנוּ מִכָּל הָעַמִּים
אָהַבְתָּ אוֹתָנוּ וְרָצִיתָ בָּנוּ

וְרוֹמַמְתָּנוּ מִכָּל הַלְּשׁוֹנוֹת
וְקִדַּשְׁתָּנוּ בְּמִצְוֹתֶיךָ
וְקֵרַבְתָּנוּ מַלְכֵּנוּ לַעֲבוֹדָתֶךָ
וְשִׁמְךָ הַגָּדוֹל וְהַקָּדוֹשׁ עָלֵינוּ קָרָאתָ.

בשבת מוסיפים את המילים שבסוגריים.

וַתִּתֶּן לָנוּ יהוה אֱלֹהֵינוּ בְּאַהֲבָה
(שַׁבָּתוֹת לִמְנוּחָה וּ) מוֹעֲדִים לְשִׂמְחָה, חַגִּים וּזְמַנִּים לְשָׂשׂוֹן
אֶת יוֹם (הַשַּׁבָּת הַזֶּה וְאֶת יוֹם)

בפסח: חַג הַמַּצּוֹת הַזֶּה, זְמַן חֵרוּתֵנוּ
בשבועות: חַג הַשָּׁבוּעוֹת הַזֶּה, זְמַן מַתַּן תּוֹרָתֵנוּ
בסוכות: חַג הַסֻּכּוֹת הַזֶּה, זְמַן שִׂמְחָתֵנוּ
בשמיני עצרת: הַשְּׁמִינִי חַג הָעֲצֶרֶת הַזֶּה, זְמַן שִׂמְחָתֵנוּ

(בְּאַהֲבָה) מִקְרָא קֹדֶשׁ, זֵכֶר לִיצִיאַת מִצְרָיִם.

וּמִפְּנֵי חֲטָאֵינוּ גָּלִינוּ מֵאַרְצֵנוּ, וְנִתְרַחַקְנוּ מֵעַל אַדְמָתֵנוּ
וְאֵין אֲנַחְנוּ יְכוֹלִים לַעֲלוֹת וְלֵרָאוֹת וּלְהִשְׁתַּחֲווֹת לְפָנֶיךָ
וְלַעֲשׂוֹת חוֹבוֹתֵינוּ בְּבֵית בְּחִירָתֶךָ
בַּבַּיִת הַגָּדוֹל וְהַקָּדוֹשׁ שֶׁנִּקְרָא שִׁמְךָ עָלָיו
מִפְּנֵי הַיָּד שֶׁנִּשְׁתַּלְּחָה בְּמִקְדָּשֶׁךָ.
יְהִי רָצוֹן מִלְּפָנֶיךָ יהוה אֱלֹהֵינוּ וֵאלֹהֵי אֲבוֹתֵינוּ, מֶלֶךְ רַחֲמָן
שֶׁתָּשׁוּב וּתְרַחֵם עָלֵינוּ וְעַל מִקְדָּשְׁךָ בְּרַחֲמֶיךָ הָרַבִּים
וְתִבְנֵהוּ מְהֵרָה וּתְגַדֵּל כְּבוֹדוֹ.
אָבִינוּ מַלְכֵּנוּ, גַּלֵּה כְּבוֹד מַלְכוּתְךָ עָלֵינוּ מְהֵרָה
וְהוֹפַע וְהִנָּשֵׂא עָלֵינוּ לְעֵינֵי כָּל חָי
וְקָרֵב פְּזוּרֵינוּ מִבֵּין הַגּוֹיִם, וּנְפוּצוֹתֵינוּ כַּנֵּס מִיַּרְכְּתֵי אָרֶץ.

וַהֲבִיאֵנוּ לְצִיּוֹן עִירְךָ בְּרִנָּה
וְלִירוּשָׁלַיִם בֵּית מִקְדָּשְׁךָ בְּשִׂמְחַת עוֹלָם
וְשָׁם נַעֲשֶׂה לְפָנֶיךָ אֶת קָרְבְּנוֹת חוֹבוֹתֵינוּ
תְּמִידִים כְּסִדְרָם וּמוּסָפִים כְּהִלְכָתָם
וְאֶת מוּסַף יוֹם / שבת: וְאֶת מוּסְפֵי יוֹם הַשַּׁבָּת הַזֶּה וְיוֹם/

בפסח: חַג הַמַּצּוֹת הַזֶּה
בשבועות: חַג הַשָּׁבוּעוֹת הַזֶּה
בסוכות: חַג הַסֻּכּוֹת הַזֶּה
בשמיני עצרת: הַשְּׁמִינִי חַג הָעֲצֶרֶת הַזֶּה

נַעֲשֶׂה וְנַקְרִיב לְפָנֶיךָ בְּאַהֲבָה כְּמִצְוַת רְצוֹנֶךָ
כְּמוֹ שֶׁכָּתַבְתָּ עָלֵינוּ בְּתוֹרָתֶךָ
עַל יְדֵי מֹשֶׁה עַבְדֶּךָ מִפִּי כְבוֹדֶךָ
כָּאָמוּר

בשבת:

במדבר כח וּבְיוֹם הַשַּׁבָּת, שְׁנֵי־כְבָשִׂים בְּנֵי־שָׁנָה תְּמִימִם, וּשְׁנֵי עֶשְׂרֹנִים סֹלֶת מִנְחָה בְּלוּלָה בַשֶּׁמֶן וְנִסְכּוֹ: עֹלַת שַׁבַּת בְּשַׁבַּתּוֹ, עַל־עֹלַת הַתָּמִיד וְנִסְכָּהּ:

ביום טוב ראשון של פסח:

במדבר כח וּבַחֹדֶשׁ הָרִאשׁוֹן בְּאַרְבָּעָה עָשָׂר יוֹם לַחֹדֶשׁ, פֶּסַח לַיהוה: וּבַחֲמִשָּׁה עָשָׂר יוֹם לַחֹדֶשׁ הַזֶּה חָג, שִׁבְעַת יָמִים מַצּוֹת יֵאָכֵל: בַּיּוֹם הָרִאשׁוֹן מִקְרָא־קֹדֶשׁ, כָּל־מְלֶאכֶת עֲבֹדָה לֹא תַעֲשׂוּ: וְהִקְרַבְתֶּם אִשֶּׁה עֹלָה לַיהוה, פָּרִים בְּנֵי־בָקָר שְׁנַיִם וְאַיִל אֶחָד, וְשִׁבְעָה כְבָשִׂים בְּנֵי שָׁנָה תְּמִימִם יִהְיוּ לָכֶם: וּמִנְחָתָם וְנִסְכֵּיהֶם כִּמְדֻבָּר, שְׁלֹשָׁה עֶשְׂרֹנִים לַפָּר וּשְׁנֵי עֶשְׂרֹנִים לָאָיִל, וְעִשָּׂרוֹן לַכֶּבֶשׂ, וְיַיִן כְּנִסְכּוֹ, וְשָׂעִיר לְכַפֵּר, וּשְׁנֵי תְמִידִים כְּהִלְכָתָם.

בשבת ממשיכים ׳יִשְׂמְחוּ בְמַלְכוּתְךָ׳ בעמ׳ 315,
וביום חול ממשיכים ׳אֱלֹהֵינוּ וֵאלֹהֵי אֲבוֹתֵינוּ׳ בעמ׳ 315.

בשאר ימי הפסח:

וְהִקְרַבְתֶּם אִשֶּׁה עֹלָה לַיהוה, פָּרִים בְּנֵי־בָקָר שְׁנַיִם וְאַיִל אֶחָד, וְשִׁבְעָה כְבָשִׂים בְּנֵי שָׁנָה, תְּמִימִם יִהְיוּ לָכֶם: וּמִנְחָתָם וְנִסְכֵּיהֶם כִּמְדֻבָּר, שְׁלֹשָׁה עֶשְׂרֹנִים לַפָּר וּשְׁנֵי עֶשְׂרֹנִים לָאָיִל, וְעִשָּׂרוֹן לַכֶּבֶשׂ, וְיַיִן כְּנִסְכּוֹ, וְשָׂעִיר לְכַפֵּר, וּשְׁנֵי תְמִידִים כְּהִלְכָתָם. במדבר כח

בשבת ממשיכים ׳יִשְׂמְחוּ בְמַלְכוּתְךָ׳ בעמ׳ 315,
וביום חול ממשיכים ׳אֱלֹהֵינוּ וֵאלֹהֵי אֲבוֹתֵינוּ׳ בעמ׳ 315.

בשבועות:

וּבְיוֹם הַבִּכּוּרִים, בְּהַקְרִיבְכֶם מִנְחָה חֲדָשָׁה לַיהוה בְּשָׁבֻעֹתֵיכֶם, מִקְרָא־קֹדֶשׁ יִהְיֶה לָכֶם, כָּל־מְלֶאכֶת עֲבֹדָה לֹא תַעֲשׂוּ: וְהִקְרַבְתֶּם עוֹלָה לְרֵיחַ נִיחֹחַ לַיהוה, פָּרִים בְּנֵי־בָקָר שְׁנַיִם, אַיִל אֶחָד, שִׁבְעָה כְבָשִׂים בְּנֵי שָׁנָה: וּמִנְחָתָם וְנִסְכֵּיהֶם כִּמְדֻבָּר, שְׁלֹשָׁה עֶשְׂרֹנִים לַפָּר וּשְׁנֵי עֶשְׂרֹנִים לָאָיִל, וְעִשָּׂרוֹן לַכֶּבֶשׂ, וְיַיִן כְּנִסְכּוֹ, וְשָׂעִיר לְכַפֵּר, וּשְׁנֵי תְמִידִים כְּהִלְכָתָם. במדבר כח

ממשיכים ׳אֱלֹהֵינוּ וֵאלֹהֵי אֲבוֹתֵינוּ׳ בעמ׳ 315.

ביום טוב ראשון של סוכות:

וּבַחֲמִשָּׁה עָשָׂר יוֹם לַחֹדֶשׁ הַשְּׁבִיעִי, מִקְרָא־קֹדֶשׁ יִהְיֶה לָכֶם, כָּל־מְלֶאכֶת עֲבֹדָה לֹא תַעֲשׂוּ, וְחַגֹּתֶם חַג לַיהוה שִׁבְעַת יָמִים: וְהִקְרַבְתֶּם עֹלָה אִשֵּׁה רֵיחַ נִיחֹחַ לַיהוה, פָּרִים בְּנֵי־בָקָר שְׁלֹשָׁה עָשָׂר, אֵילִם שְׁנָיִם, כְּבָשִׂים בְּנֵי־שָׁנָה אַרְבָּעָה עָשָׂר, תְּמִימִם יִהְיוּ: וּמִנְחָתָם וְנִסְכֵּיהֶם כִּמְדֻבָּר, שְׁלֹשָׁה עֶשְׂרֹנִים לַפָּר וּשְׁנֵי עֶשְׂרֹנִים לָאָיִל, וְעִשָּׂרוֹן לַכֶּבֶשׂ, וְיַיִן כְּנִסְכּוֹ, וְשָׂעִיר לְכַפֵּר, וּשְׁנֵי תְמִידִים כְּהִלְכָתָם. במדבר כט

בשבת ממשיכים ׳יִשְׂמְחוּ בְמַלְכוּתְךָ׳ בעמ׳ 315,
וביום חול ממשיכים ׳אֱלֹהֵינוּ וֵאלֹהֵי אֲבוֹתֵינוּ׳ בעמ׳ 315.

ביום הראשון של חול המועד סוכות:

וּבַיּוֹם הַשֵּׁנִי, פָּרִים בְּנֵי־בָקָר שְׁנֵים עָשָׂר, אֵילִם שְׁנָיִם, כְּבָשִׂים בְּנֵי־שָׁנָה אַרְבָּעָה עָשָׂר, תְּמִימִם: וּמִנְחָתָם וְנִסְכֵּיהֶם כִּמְדֻבָּר, שְׁלֹשָׁה עֶשְׂרֹנִים לַפָּר, וּשְׁנֵי עֶשְׂרֹנִים לָאָיִל, וְעִשָּׂרוֹן לַכֶּבֶשׂ, וְיַיִן כְּנִסְכּוֹ, וְשָׂעִיר לְכַפֵּר, וּשְׁנֵי תְמִידִים כְּהִלְכָתָם. במדבר כט

ממשיכים ׳אֱלֹהֵינוּ וֵאלֹהֵי אֲבוֹתֵינוּ׳ בעמ׳ 315.

ביום השני של חול המועד סוכות:

במדבר כט **וּבַיּוֹם הַשְּׁלִישִׁי, פָּרִים עַשְׁתֵּי־עָשָׂר, אֵילִם שְׁנָיִם, כְּבָשִׂים בְּנֵי־שָׁנָה אַרְבָּעָה עָשָׂר, תְּמִימִם: וּמִנְחָתָם וְנִסְכֵּיהֶם כִּמְדֻבָּר, שְׁלֹשָׁה עֶשְׂרֹנִים לַפָּר, וּשְׁנֵי עֶשְׂרֹנִים לָאָיִל, וְעִשָּׂרוֹן לַכֶּבֶשׂ, וְיַיִן כְּנִסְכּוֹ, וְשָׂעִיר לְכַפֵּר, וּשְׁנֵי תְמִידִים כְּהִלְכָתָם.**

בשבת ממשיכים ׳יִשְׂמְחוּ בְמַלְכוּתְךָ׳ בעמוד הבא,
וביום חול ממשיכים ׳אֱלֹהֵינוּ וֵאלֹהֵי אֲבוֹתֵינוּ׳ בעמוד הבא.

ביום השלישי של חול המועד סוכות:

במדבר כט **וּבַיּוֹם הָרְבִיעִי, פָּרִים עֲשָׂרָה, אֵילִם שְׁנָיִם, כְּבָשִׂים בְּנֵי־שָׁנָה אַרְבָּעָה עָשָׂר, תְּמִימִם: וּמִנְחָתָם וְנִסְכֵּיהֶם כִּמְדֻבָּר, שְׁלֹשָׁה עֶשְׂרֹנִים לַפָּר, וּשְׁנֵי עֶשְׂרֹנִים לָאָיִל, וְעִשָּׂרוֹן לַכֶּבֶשׂ, וְיַיִן כְּנִסְכּוֹ, וְשָׂעִיר לְכַפֵּר, וּשְׁנֵי תְמִידִים כְּהִלְכָתָם.**

ממשיכים ׳אֱלֹהֵינוּ וֵאלֹהֵי אֲבוֹתֵינוּ׳ בעמוד הבא.

ביום הרביעי של חול המועד סוכות:

במדבר כט **וּבַיּוֹם הַחֲמִישִׁי, פָּרִים תִּשְׁעָה, אֵילִם שְׁנָיִם, כְּבָשִׂים בְּנֵי־שָׁנָה אַרְבָּעָה עָשָׂר, תְּמִימִם: וּמִנְחָתָם וְנִסְכֵּיהֶם כִּמְדֻבָּר, שְׁלֹשָׁה עֶשְׂרֹנִים לַפָּר, וּשְׁנֵי עֶשְׂרֹנִים לָאָיִל, וְעִשָּׂרוֹן לַכֶּבֶשׂ, וְיַיִן כְּנִסְכּוֹ, וְשָׂעִיר לְכַפֵּר, וּשְׁנֵי תְמִידִים כְּהִלְכָתָם.**

בשבת ממשיכים ׳יִשְׂמְחוּ בְמַלְכוּתְךָ׳ בעמוד הבא,
וביום חול ממשיכים ׳אֱלֹהֵינוּ וֵאלֹהֵי אֲבוֹתֵינוּ׳ בעמוד הבא.

ביום החמישי של חול המועד סוכות:

במדבר כט **וּבַיּוֹם הַשִּׁשִּׁי, פָּרִים שְׁמֹנָה, אֵילִם שְׁנָיִם, כְּבָשִׂים בְּנֵי־שָׁנָה אַרְבָּעָה עָשָׂר, תְּמִימִם: וּמִנְחָתָם וְנִסְכֵּיהֶם כִּמְדֻבָּר, שְׁלֹשָׁה עֶשְׂרֹנִים לַפָּר, וּשְׁנֵי עֶשְׂרֹנִים לָאָיִל, וְעִשָּׂרוֹן לַכֶּבֶשׂ, וְיַיִן כְּנִסְכּוֹ, וְשָׂעִיר לְכַפֵּר, וּשְׁנֵי תְמִידִים כְּהִלְכָתָם.**

בשבת ממשיכים ׳יִשְׂמְחוּ בְמַלְכוּתְךָ׳ בעמוד הבא,
וביום חול ממשיכים ׳אֱלֹהֵינוּ וֵאלֹהֵי אֲבוֹתֵינוּ׳ בעמוד הבא.

בהושענא רבה:

במדבר כט **וּבַיּוֹם הַשְּׁבִיעִי, פָּרִים שִׁבְעָה, אֵילִם שְׁנָיִם, כְּבָשִׂים בְּנֵי־שָׁנָה אַרְבָּעָה עָשָׂר, תְּמִימִם: וּמִנְחָתָם וְנִסְכֵּיהֶם כִּמְדֻבָּר, שְׁלֹשָׁה עֶשְׂרֹנִים לַפָּר, וּשְׁנֵי עֶשְׂרֹנִים לָאָיִל, וְעִשָּׂרוֹן לַכֶּבֶשׂ, וְיַיִן כְּנִסְכּוֹ, וְשָׂעִיר לְכַפֵּר, וּשְׁנֵי תְמִידִים כְּהִלְכָתָם.**

ממשיכים ׳אֱלֹהֵינוּ וֵאלֹהֵי אֲבוֹתֵינוּ׳ בעמוד הבא.

בשמיני עצרת:

במדבר כט בַּיּוֹם הַשְּׁמִינִי, עֲצֶרֶת תִּהְיֶה לָכֶם, כָּל־מְלֶאכֶת עֲבֹדָה לֹא תַעֲשׂוּ: וְהִקְרַבְתֶּם עֹלָה אִשֵּׁה רֵיחַ נִיחֹחַ לַיהוה, פַּר אֶחָד, אַיִל אֶחָד, כְּבָשִׂים בְּנֵי־שָׁנָה שִׁבְעָה, תְּמִימִם: וּמִנְחָתָם וְנִסְכֵּיהֶם כִּמְדֻבָּר, שְׁלֹשָׁה עֶשְׂרֹנִים לַפָּר וּשְׁנֵי עֶשְׂרֹנִים לָאָיִל, וְעִשָּׂרוֹן לַכֶּבֶשׂ, וְיַיִן כְּנִסְכּוֹ, וְשָׂעִיר לְכַפֵּר, וּשְׁנֵי תְמִידִים כְּהִלְכָתָם.

בשבת ממשיכים ׳יִשְׂמְחוּ בְמַלְכוּתְךָ׳ כאן מתחת לקו,
וביום חול ממשיכים ׳אֱלֹהֵינוּ וֵאלֹהֵי אֲבוֹתֵינוּ׳ למטה.

בשבת מוסיפים:

יִשְׂמְחוּ בְמַלְכוּתְךָ שׁוֹמְרֵי שַׁבָּת וְקוֹרְאֵי עֹנֶג. עַם מְקַדְּשֵׁי שְׁבִיעִי כֻּלָּם יִשְׂבְּעוּ וְיִתְעַנְּגוּ מִטּוּבֶךָ, וּבַשְּׁבִיעִי רָצִיתָ בּוֹ וְקִדַּשְׁתּוֹ, חֶמְדַּת יָמִים אוֹתוֹ קָרָאתָ, זֵכֶר לְמַעֲשֵׂה בְרֵאשִׁית.

אֱלֹהֵינוּ וֵאלֹהֵי אֲבוֹתֵינוּ
מֶלֶךְ רַחֲמָן רַחֵם עָלֵינוּ, טוֹב וּמֵטִיב הִדָּרֶשׁ לָנוּ
שׁוּבָה אֵלֵינוּ בַּהֲמוֹן רַחֲמֶיךָ, בִּגְלַל אָבוֹת שֶׁעָשׂוּ רְצוֹנֶךָ.
בְּנֵה בֵיתְךָ כְּבַתְּחִלָּה, וְכוֹנֵן מִקְדָּשְׁךָ עַל מְכוֹנוֹ
וְהַרְאֵנוּ בְּבִנְיָנוֹ, וְשַׂמְּחֵנוּ בְּתִקּוּנוֹ
וְהָשֵׁב כֹּהֲנִים לַעֲבוֹדָתָם, וּלְוִיִּם לְשִׁירָם וּלְזִמְרָם
וְהָשֵׁב יִשְׂרָאֵל לִנְוֵיהֶם.

וְשָׁם נַעֲלֶה וְנֵרָאֶה וְנִשְׁתַּחֲוֶה לְפָנֶיךָ בְּשָׁלֹשׁ פַּעֲמֵי רְגָלֵינוּ
כַּכָּתוּב בְּתוֹרָתֶךָ

דברים טז שָׁלוֹשׁ פְּעָמִים בַּשָּׁנָה יֵרָאֶה כָל־זְכוּרְךָ אֶת־פְּנֵי יהוה אֱלֹהֶיךָ
בַּמָּקוֹם אֲשֶׁר יִבְחָר
בְּחַג הַמַּצּוֹת, וּבְחַג הַשָּׁבֻעוֹת, וּבְחַג הַסֻּכּוֹת
וְלֹא יֵרָאֶה אֶת־פְּנֵי יהוה רֵיקָם:
אִישׁ כְּמַתְּנַת יָדוֹ, כְּבִרְכַּת יהוה אֱלֹהֶיךָ אֲשֶׁר נָתַן־לָךְ:

בשבת מוסיפים את המילים שבסוגריים.

וְהַשִּׂיאֵנוּ יהוה אֱלֹהֵינוּ אֶת בִּרְכַּת מוֹעֲדֶיךָ
לְחַיִּים וּלְשָׁלוֹם, לְשִׂמְחָה וּלְשָׂשׂוֹן
כַּאֲשֶׁר רָצִיתָ וְאָמַרְתָּ לְבָרְכֵנוּ.
(אֱלֹהֵינוּ וֵאלֹהֵי אֲבוֹתֵינוּ, רְצֵה בִמְנוּחָתֵנוּ)
קַדְּשֵׁנוּ בְּמִצְוֹתֶיךָ, וְתֵן חֶלְקֵנוּ בְּתוֹרָתֶךָ
שַׂבְּעֵנוּ מִטּוּבֶךָ, וְשַׂמְּחֵנוּ בִּישׁוּעָתֶךָ
וְטַהֵר לִבֵּנוּ לְעָבְדְּךָ בֶּאֱמֶת
וְהַנְחִילֵנוּ יהוה אֱלֹהֵינוּ (בְּאַהֲבָה וּבְרָצוֹן)
בְּשִׂמְחָה וּבְשָׂשׂוֹן (שַׁבָּת וּ) מוֹעֲדֵי קָדְשֶׁךָ
וְיִשְׂמְחוּ בְךָ יִשְׂרָאֵל מְקַדְּשֵׁי שְׁמֶךָ.
בָּרוּךְ אַתָּה יהוה, מְקַדֵּשׁ (הַשַּׁבָּת וְ) יִשְׂרָאֵל וְהַזְּמַנִּים.

עבודה

רְצֵה יהוה אֱלֹהֵינוּ בְּעַמְּךָ יִשְׂרָאֵל וּבִתְפִלָּתָם
וְהָשֵׁב אֶת הָעֲבוֹדָה לִדְבִיר בֵּיתֶךָ
וְאִשֵּׁי יִשְׂרָאֵל וּתְפִלָּתָם בְּאַהֲבָה תְקַבֵּל בְּרָצוֹן
וּתְהִי לְרָצוֹן תָּמִיד עֲבוֹדַת יִשְׂרָאֵל עַמֶּךָ.

אם כוהנים עולים לברך, אומרים כאן בחזרת הש״ץ ׳וְתֶעֱרַב׳,
ואין אומרים ׳וְתֶעֱרַב׳ בחול המועד ובשבת חול המועד.

מנהג חו״ל הוא לומר ׳וְתֶחֱזֶינָה׳ (בעמוד הבא) לפני ׳וְשָׁם נַעֲבָדְךָ׳,
ולחתום בברכה ׳שֶׁאוֹתְךָ לְבַדְּךָ בְּיִרְאָה נַעֲבוֹד׳, וכן נוסח ספרד.

קהל וש״ץ: וְתֶעֱרַב עָלֶיךָ עֲתִירָתֵנוּ כְּעוֹלָה וּכְקָרְבָּן. אָנָּא רַחוּם, בְּרַחֲמֶיךָ הָרַבִּים הָשֵׁב שְׁכִינָתְךָ לְצִיּוֹן עִירְךָ, וְסֵדֶר הָעֲבוֹדָה לִירוּשָׁלָיִם. וְשָׁם נַעֲבָדְךָ בְּיִרְאָה כִּימֵי עוֹלָם וּכְשָׁנִים קַדְמוֹנִיּוֹת.

וממשיך ׳וְתֶחֱזֶינָה׳ בעמוד הבא.

וְתֶחֱזֶינָה עֵינֵינוּ בְּשׁוּבְךָ לְצִיּוֹן בְּרַחֲמִים.
בָּרוּךְ אַתָּה יהוה, הַמַּחֲזִיר שְׁכִינָתוֹ לְצִיּוֹן.

הודאה

כורע ב'מודים' ואינו זוקף עד אמירת השם.

ˈמוֹדִים אֲנַחְנוּ לָךְ
שָׁאַתָּה הוּא יהוה אֱלֹהֵינוּ
וֵאלֹהֵי אֲבוֹתֵינוּ לְעוֹלָם וָעֶד.
צוּר חַיֵּינוּ, מָגֵן יִשְׁעֵנוּ
אַתָּה הוּא לְדוֹר וָדוֹר.
נוֹדֶה לְּךָ וּנְסַפֵּר תְּהִלָּתֶךָ
עַל חַיֵּינוּ הַמְּסוּרִים בְּיָדֶךָ
וְעַל נִשְׁמוֹתֵינוּ הַפְּקוּדוֹת לָךְ
וְעַל נִסֶּיךָ שֶׁבְּכָל יוֹם עִמָּנוּ
וְעַל נִפְלְאוֹתֶיךָ וְטוֹבוֹתֶיךָ
שֶׁבְּכָל עֵת
עֶרֶב וָבֹקֶר וְצָהֳרָיִם.
הַטּוֹב, כִּי לֹא כָלוּ רַחֲמֶיךָ
וְהַמְרַחֵם, כִּי לֹא תַמּוּ חֲסָדֶיךָ
מֵעוֹלָם קִוִּינוּ לָךְ.

כששליח הציבור אומר 'מודים', הקהל אומר בלחש:

ˈמוֹדִים אֲנַחְנוּ לָךְ
שָׁאַתָּה הוּא יהוה אֱלֹהֵינוּ
וֵאלֹהֵי אֲבוֹתֵינוּ
אֱלֹהֵי כָל בָּשָׂר
יוֹצְרֵנוּ, יוֹצֵר בְּרֵאשִׁית.
בְּרָכוֹת וְהוֹדָאוֹת
לְשִׁמְךָ הַגָּדוֹל וְהַקָּדוֹשׁ
עַל שֶׁהֶחֱיִיתָנוּ וְקִיַּמְתָּנוּ.
כֵּן תְּחַיֵּנוּ וּתְקַיְּמֵנוּ
וְתֶאֱסֹף גָּלֻיּוֹתֵינוּ
לְחַצְרוֹת קָדְשֶׁךָ
לִשְׁמֹר חֻקֶּיךָ
וְלַעֲשׂוֹת רְצוֹנֶךָ וּלְעָבְדְּךָ
בְּלֵבָב שָׁלֵם
עַל שֶׁאֲנַחְנוּ מוֹדִים לָךְ.
בָּרוּךְ אֵל הַהוֹדָאוֹת.

וְעַל כֻּלָּם יִתְבָּרַךְ וְיִתְרוֹמַם שִׁמְךָ מַלְכֵּנוּ תָּמִיד לְעוֹלָם וָעֶד.
וְכֹל הַחַיִּים יוֹדוּךָ סֶּלָה, וִיהַלְלוּ אֶת שִׁמְךָ בֶּאֱמֶת
הָאֵל יְשׁוּעָתֵנוּ וְעֶזְרָתֵנוּ סֶלָה.
ˈבָּרוּךְ אַתָּה יהוה, הַטּוֹב שִׁמְךָ וּלְךָ נָאֶה לְהוֹדוֹת.

אם יותר מכוהן אחד עולה לדוכן, הגבאי קורא:

כֹּהֲנִים

הכוהנים מברכים: בָּרוּךְ אַתָּה יהוה אֱלֹהֵינוּ מֶלֶךְ הָעוֹלָם, אֲשֶׁר קִדְּשָׁנוּ בִּקְדֻשָּׁתוֹ שֶׁל אַהֲרֹן, וְצִוָּנוּ לְבָרֵךְ אֶת עַמּוֹ יִשְׂרָאֵל בְּאַהֲבָה.

במדבר ו — הש״ץ מקריא מילה במילה, והכוהנים אחריו:

יְבָרֶכְךָ יהוה וְיִשְׁמְרֶךָ: קהל: אָמֵן

יָאֵר יהוה פָּנָיו אֵלֶיךָ וִיחֻנֶּךָּ: קהל: אָמֵן

יִשָּׂא יהוה פָּנָיו אֵלֶיךָ וְיָשֵׂם לְךָ שָׁלוֹם: קהל: אָמֵן

שליח הציבור ממשיך ׳שִׂים שָׁלוֹם׳ למטה.

הכוהנים אומרים:

רִבּוֹנוֹ שֶׁל עוֹלָם, עָשִׂינוּ מַה שֶּׁגָּזַרְתָּ עָלֵינוּ, אַף אַתָּה עֲשֵׂה עִמָּנוּ כְּמוֹ שֶׁהִבְטַחְתָּנוּ. הַשְׁקִיפָה מִמְּעוֹן קָדְשְׁךָ מִן־הַשָּׁמַיִם, וּבָרֵךְ אֶת־עַמְּךָ אֶת־יִשְׂרָאֵל, וְאֵת הָאֲדָמָה אֲשֶׁר נָתַתָּה לָנוּ, כַּאֲשֶׁר נִשְׁבַּעְתָּ לַאֲבֹתֵינוּ, אֶרֶץ זָבַת חָלָב וּדְבָשׁ: (דברים כו)

הקהל אומר:

אַדִּיר בַּמָּרוֹם שׁוֹכֵן בִּגְבוּרָה, אַתָּה שָׁלוֹם וְשִׁמְךָ שָׁלוֹם. יְהִי רָצוֹן שֶׁתָּשִׂים עָלֵינוּ וְעַל כָּל עַמְּךָ בֵּית יִשְׂרָאֵל חַיִּים וּבְרָכָה לְמִשְׁמֶרֶת שָׁלוֹם.

אם אין כוהנים העולים לדוכן, שליח הציבור אומר:

אֱלֹהֵינוּ וֵאלֹהֵי אֲבוֹתֵינוּ, בָּרְכֵנוּ בַּבְּרָכָה הַמְשֻׁלֶּשֶׁת בַּתּוֹרָה, הַכְּתוּבָה עַל יְדֵי מֹשֶׁה עַבְדֶּךָ, הָאֲמוּרָה מִפִּי אַהֲרֹן וּבָנָיו כֹּהֲנִים עַם קְדוֹשֶׁיךָ, כָּאָמוּר

במדבר ו

יְבָרֶכְךָ יהוה וְיִשְׁמְרֶךָ: קהל: כֵּן יְהִי רָצוֹן

יָאֵר יהוה פָּנָיו אֵלֶיךָ וִיחֻנֶּךָּ: קהל: כֵּן יְהִי רָצוֹן

יִשָּׂא יהוה פָּנָיו אֵלֶיךָ וְיָשֵׂם לְךָ שָׁלוֹם: קהל: כֵּן יְהִי רָצוֹן

שלום

שִׂים שָׁלוֹם טוֹבָה וּבְרָכָה, חֵן וָחֶסֶד וְרַחֲמִים
עָלֵינוּ וְעַל כָּל יִשְׂרָאֵל עַמֶּךָ.
בָּרְכֵנוּ אָבִינוּ כֻּלָּנוּ כְּאֶחָד בְּאוֹר פָּנֶיךָ
כִּי בְאוֹר פָּנֶיךָ נָתַתָּ לָּנוּ יהוה אֱלֹהֵינוּ
תּוֹרַת חַיִּים וְאַהֲבַת חֶסֶד
וּצְדָקָה וּבְרָכָה וְרַחֲמִים וְחַיִּים וְשָׁלוֹם.

וְטוֹב בְּעֵינֶיךָ לְבָרֵךְ אֶת עַמְּךָ יִשְׂרָאֵל
בְּכָל עֵת וּבְכָל שָׁעָה בִּשְׁלוֹמֶךָ.
בָּרוּךְ אַתָּה יהוה, הַמְבָרֵךְ אֶת עַמּוֹ יִשְׂרָאֵל בַּשָּׁלוֹם.

שליח הציבור מסיים באמירת הפסוק הבא בלחש,
ויש הנוהגים לאומרו גם בסוף תפילת לחש של יחיד.

יִהְיוּ לְרָצוֹן אִמְרֵי־פִי וְהֶגְיוֹן לִבִּי לְפָנֶיךָ, יהוה צוּרִי וְגוֹאֲלִי: תהלים יט

אֱלֹהַי ברכות יז.
נְצֹר לְשׁוֹנִי מֵרָע וּשְׂפָתַי מִדַּבֵּר מִרְמָה
וְלִמְקַלְלַי נַפְשִׁי תִדֹּם, וְנַפְשִׁי כֶּעָפָר לַכֹּל תִּהְיֶה.
פְּתַח לִבִּי בְּתוֹרָתֶךָ, וּבְמִצְוֹתֶיךָ תִּרְדֹּף נַפְשִׁי.
וְכָל הַחוֹשְׁבִים עָלַי רָעָה, מְהֵרָה הָפֵר עֲצָתָם וְקַלְקֵל מַחֲשַׁבְתָּם.
עֲשֵׂה לְמַעַן שְׁמֶךָ, עֲשֵׂה לְמַעַן יְמִינֶךָ
עֲשֵׂה לְמַעַן קְדֻשָּׁתֶךָ, עֲשֵׂה לְמַעַן תּוֹרָתֶךָ.
לְמַעַן יֵחָלְצוּן יְדִידֶיךָ, הוֹשִׁיעָה יְמִינְךָ וַעֲנֵנִי: תהלים ס
יִהְיוּ לְרָצוֹן אִמְרֵי־פִי וְהֶגְיוֹן לִבִּי לְפָנֶיךָ, יהוה צוּרִי וְגוֹאֲלִי: תהלים יט

כורע ופוסע שלוש פסיעות לאחור. קד לשמאל, לימין ולפנים באמירת:

עֹשֶׂה שָׁלוֹם בִּמְרוֹמָיו
הוּא יַעֲשֶׂה שָׁלוֹם עָלֵינוּ וְעַל כָּל יִשְׂרָאֵל, וְאִמְרוּ אָמֵן.

יְהִי רָצוֹן מִלְּפָנֶיךָ יהוה אֱלֹהֵינוּ וֵאלֹהֵי אֲבוֹתֵינוּ
שֶׁיִּבָּנֶה בֵּית הַמִּקְדָּשׁ בִּמְהֵרָה בְיָמֵינוּ, וְתֵן חֶלְקֵנוּ בְּתוֹרָתֶךָ
וְשָׁם נַעֲבָדְךָ בְּיִרְאָה כִּימֵי עוֹלָם וּכְשָׁנִים קַדְמוֹנִיּוֹת.
וְעָרְבָה לַיהוה מִנְחַת יְהוּדָה וִירוּשָׁלָםִ כִּימֵי עוֹלָם וּכְשָׁנִים קַדְמֹנִיּוֹת: מלאכי ג

שליח הציבור חוזר על העמידה בקול רם.
בתחילת חזרת הש״ץ יש אומרים תפילת טל ביום טוב ראשון של פסח (עמ׳ 300),
ותפילת גשם בשמיני עצרת (עמ׳ 302). בשאר הימים מתחילים בעמ׳ 307.

בסוכות (גם בחול המועד) אומרים כאן הושענות (עמ׳ 333).
בשאר הימים ממשיכים בקדיש שלם בעמוד הבא.

קדיש שלם

ש״ץ: יִתְגַּדַּל וְיִתְקַדַּשׁ שְׁמֵהּ רַבָּא (קהל: אָמֵן)
בְּעָלְמָא דִּי בְרָא כִרְעוּתֵהּ
וְיַמְלִיךְ מַלְכוּתֵהּ
בְּחַיֵּיכוֹן וּבְיוֹמֵיכוֹן וּבְחַיֵּי דְכָל בֵּית יִשְׂרָאֵל
בַּעֲגָלָא וּבִזְמַן קָרִיב, וְאִמְרוּ אָמֵן. (קהל: אָמֵן)

קהל וש״ץ: יְהֵא שְׁמֵהּ רַבָּא מְבָרַךְ לְעָלַם וּלְעָלְמֵי עָלְמַיָּא.

ש״ץ: יִתְבָּרַךְ וְיִשְׁתַּבַּח וְיִתְפָּאַר
וְיִתְרוֹמַם וְיִתְנַשֵּׂא וְיִתְהַדָּר וְיִתְעַלֶּה וְיִתְהַלָּל
שְׁמֵהּ דְּקֻדְשָׁא בְּרִיךְ הוּא (קהל: בְּרִיךְ הוּא)
לְעֵלָּא מִן כָּל בִּרְכָתָא וְשִׁירָתָא
תֻּשְׁבְּחָתָא וְנֶחֱמָתָא
דַּאֲמִירָן בְּעָלְמָא, וְאִמְרוּ אָמֵן. (קהל: אָמֵן)

תִּתְקַבַּל צְלוֹתְהוֹן וּבָעוּתְהוֹן דְּכָל יִשְׂרָאֵל
קֳדָם אֲבוּהוֹן דִּי בִשְׁמַיָּא, וְאִמְרוּ אָמֵן. (קהל: אָמֵן)

יְהֵא שְׁלָמָא רַבָּא מִן שְׁמַיָּא
וְחַיִּים, עָלֵינוּ וְעַל כָּל יִשְׂרָאֵל, וְאִמְרוּ אָמֵן. (קהל: אָמֵן)

כורע ופוסע שלוש פסיעות לאחור. קד לשמאל, לימין ולפנים באמירת:

עֹשֶׂה שָׁלוֹם בִּמְרוֹמָיו
הוּא יַעֲשֶׂה שָׁלוֹם
עָלֵינוּ וְעַל כָּל יִשְׂרָאֵל, וְאִמְרוּ אָמֵן. (קהל: אָמֵן)

בחול המועד ממשיכים ׳עָלֵינוּ׳ (עמ׳ 323) ושיר של יום,
ואחריו ׳אֵין כֵּאלֹהֵינוּ׳ ופיטום הקטורת,
בהשמטת הפיסקה המתחילה ׳הַשִּׁיר שֶׁהַלְוִיִּם הָיוּ אוֹמְרִים׳ (בעמוד הבא).

בבתי כנסת המתפללים בנוסח ספרד,
ממשיכים ׳אֵין כֵּאלֹהֵינוּ׳ כביום טוב.

יש האומרים פסוקים אלה, כבנוסח ספרד.

קַוֵּה אֶל־יהוה, חֲזַק וְיַאֲמֵץ לִבֶּךָ, וְקַוֵּה אֶל־יהוה: אֵין־קָדוֹשׁ כַּיהוה, כִּי־אֵין בִּלְתֶּךָ, תהלים כז / שמואל א׳ ב
וְאֵין צוּר כֵּאלֹהֵינוּ: כִּי מִי אֱלוֹהַּ מִבַּלְעֲדֵי יהוה, וּמִי צוּר זוּלָתִי אֱלֹהֵינוּ: תהלים יח

פתיחה לסדר הקטורת מסדר רב עמרם גאון

אֵין כֵּאלֹהֵינוּ, אֵין כַּאדוֹנֵינוּ, אֵין כְּמַלְכֵּנוּ, אֵין כְּמוֹשִׁיעֵנוּ.
מִי כֵאלֹהֵינוּ, מִי כַאדוֹנֵינוּ, מִי כְמַלְכֵּנוּ, מִי כְמוֹשִׁיעֵנוּ.
נוֹדֶה לֵאלֹהֵינוּ, נוֹדֶה לַאדוֹנֵינוּ, נוֹדֶה לְמַלְכֵּנוּ, נוֹדֶה לְמוֹשִׁיעֵנוּ.
בָּרוּךְ אֱלֹהֵינוּ, בָּרוּךְ אֲדוֹנֵינוּ, בָּרוּךְ מַלְכֵּנוּ, בָּרוּךְ מוֹשִׁיעֵנוּ.
אַתָּה הוּא אֱלֹהֵינוּ, אַתָּה הוּא אֲדוֹנֵינוּ
אַתָּה הוּא מַלְכֵּנוּ, אַתָּה הוּא מוֹשִׁיעֵנוּ.
אַתָּה הוּא שֶׁהִקְטִירוּ אֲבוֹתֵינוּ לְפָנֶיךָ אֶת קְטֹרֶת הַסַּמִּים.

פִּטּוּם הַקְּטֹרֶת. הַצֳּרִי, וְהַצִּפֹּרֶן, וְהַחֶלְבְּנָה, וְהַלְּבוֹנָה מִשְׁקַל שִׁבְעִים שִׁבְעִים מָנֶה, מֹר, וּקְצִיעָה, שִׁבֹּלֶת נֵרְדְּ, וְכַרְכֹּם מִשְׁקַל שִׁשָּׁה עָשָׂר שִׁשָּׁה עָשָׂר מָנֶה, הַקֹּשְׁטְ שְׁנֵים עָשָׂר, קִלּוּפָה שְׁלֹשָׁה, וְקִנָּמוֹן תִּשְׁעָה, בֹּרִית כַּרְשִׁינָה תִּשְׁעָה קַבִּין, יֵין קַפְרִיסִין סְאִין תְּלָת וְקַבִּין תְּלָתָא וְאִם אֵין לוֹ יֵין קַפְרִיסִין, מֵבִיא חֲמַר חִוַּרְיָן עַתִּיק. מֶלַח סְדוֹמִית רֹבַע, מַעֲלֶה עָשָׁן כָּל שֶׁהוּא. רַבִּי נָתָן הַבַּבְלִי אוֹמֵר: אַף כִּפַּת הַיַּרְדֵּן כָּל שֶׁהוּא, וְאִם נָתַן בָּהּ דְּבַשׁ פְּסָלָהּ, וְאִם חִסַּר אֶחָד מִכָּל סַמָּנֶיהָ, חַיָּב מִיתָה. כריתות ו.

רַבָּן שִׁמְעוֹן בֶּן גַּמְלִיאֵל אוֹמֵר: הַצֳּרִי אֵינוֹ אֶלָּא שְׂרָף הַנּוֹטֵף מֵעֲצֵי הַקְּטָף. בֹּרִית כַּרְשִׁינָה שֶׁשָּׁפִין בָּהּ אֶת הַצִּפֹּרֶן כְּדֵי שֶׁתְּהֵא נָאָה, יֵין קַפְרִיסִין שֶׁשּׁוֹרִין בּוֹ אֶת הַצִּפֹּרֶן כְּדֵי שֶׁתְּהֵא עַזָּה, וַהֲלֹא מֵי רַגְלַיִם יָפִין לָהּ, אֶלָּא שֶׁאֵין מַכְנִיסִין מֵי רַגְלַיִם בַּמִּקְדָּשׁ מִפְּנֵי הַכָּבוֹד.

הַשִּׁיר שֶׁהַלְוִיִּם הָיוּ אוֹמְרִים בְּבֵית הַמִּקְדָּשׁ: משנה תמיד ז
בַּיּוֹם הָרִאשׁוֹן הָיוּ אוֹמְרִים, לַיהוה הָאָרֶץ וּמְלוֹאָהּ, תֵּבֵל וְיֹשְׁבֵי בָהּ: תהלים כד
בַּשֵּׁנִי הָיוּ אוֹמְרִים, גָּדוֹל יהוה וּמְהֻלָּל מְאֹד, בְּעִיר אֱלֹהֵינוּ הַר־קָדְשׁוֹ: תהלים מח
בַּשְּׁלִישִׁי הָיוּ אוֹמְרִים, אֱלֹהִים נִצָּב בַּעֲדַת־אֵל, בְּקֶרֶב אֱלֹהִים יִשְׁפֹּט: תהלים פב
בָּרְבִיעִי הָיוּ אוֹמְרִים, אֵל־נְקָמוֹת יהוה, אֵל נְקָמוֹת הוֹפִיעַ: תהלים צד

תהלים פא בַּחֲמִישִׁי הָיוּ אוֹמְרִים, הַרְנִינוּ לֵאלֹהִים עוּזֵּנוּ, הָרִיעוּ לֵאלֹהֵי יַעֲקֹב:
תהלים צג בַּשִּׁשִּׁי הָיוּ אוֹמְרִים, יהוה מָלָךְ גֵּאוּת לָבֵשׁ, לָבֵשׁ יהוה עֹז הִתְאַזָּר אַף־תִּכּוֹן תֵּבֵל בַּל־תִּמּוֹט:
תהלים צב בַּשַּׁבָּת הָיוּ אוֹמְרִים, מִזְמוֹר שִׁיר לְיוֹם הַשַּׁבָּת: מִזְמוֹר שִׁיר לֶעָתִיד לָבוֹא לְיוֹם שֶׁכֻּלּוֹ שַׁבָּת וּמְנוּחָה לְחַיֵּי הָעוֹלָמִים.

מגילה כח: תָּנָא דְבֵי אֵלִיָּהוּ: כָּל הַשּׁוֹנֶה הֲלָכוֹת בְּכָל יוֹם, מֻבְטָח לוֹ שֶׁהוּא בֶּן עוֹלָם
חבקוק ג הַבָּא, שֶׁנֶּאֱמַר, הֲלִיכוֹת עוֹלָם לוֹ: אַל תִּקְרֵי הֲלִיכוֹת אֶלָּא הֲלָכוֹת.

ברכות סד. אָמַר רַבִּי אֶלְעָזָר, אָמַר רַבִּי חֲנִינָא: תַּלְמִידֵי חֲכָמִים מַרְבִּים שָׁלוֹם בָּעוֹלָם,
ישעיה נד שֶׁנֶּאֱמַר, וְכָל־בָּנַיִךְ לִמּוּדֵי יהוה, וְרַב שְׁלוֹם בָּנָיִךְ: אַל תִּקְרֵי בָּנָיִךְ, אֶלָּא
תהלים קיט בּוֹנָיִךְ. שָׁלוֹם רָב לְאֹהֲבֵי תוֹרָתֶךָ, וְאֵין־לָמוֹ מִכְשׁוֹל: יְהִי־שָׁלוֹם בְּחֵילֵךְ,
תהלים קכב שַׁלְוָה בְּאַרְמְנוֹתָיִךְ: לְמַעַן אַחַי וְרֵעָי אֲדַבְּרָה־נָּא שָׁלוֹם בָּךְ: לְמַעַן בֵּית־יהוה
תהלים כט אֱלֹהֵינוּ אֲבַקְשָׁה טוֹב לָךְ: ◂ יהוה עֹז לְעַמּוֹ יִתֵּן, יהוה יְבָרֵךְ אֶת־עַמּוֹ בַשָּׁלוֹם:

קדיש דרבנן

אבל: יִתְגַּדַּל וְיִתְקַדַּשׁ שְׁמֵהּ רַבָּא (קהל: אָמֵן)
בְּעָלְמָא דִּי בְרָא כִרְעוּתֵהּ
וְיַמְלִיךְ מַלְכוּתֵהּ
בְּחַיֵּיכוֹן וּבְיוֹמֵיכוֹן וּבְחַיֵּי דְכָל בֵּית יִשְׂרָאֵל
בַּעֲגָלָא וּבִזְמַן קָרִיב
וְאִמְרוּ אָמֵן. (קהל: אָמֵן)

קהל ואבל: יְהֵא שְׁמֵהּ רַבָּא מְבָרַךְ לְעָלַם וּלְעָלְמֵי עָלְמַיָּא.

אבל: יִתְבָּרַךְ וְיִשְׁתַּבַּח וְיִתְפָּאַר וְיִתְרוֹמַם וְיִתְנַשֵּׂא
וְיִתְהַדָּר וְיִתְעַלֶּה וְיִתְהַלָּל
שְׁמֵהּ דְּקֻדְשָׁא בְּרִיךְ הוּא (קהל: בְּרִיךְ הוּא)
לְעֵלָּא מִן כָּל בִּרְכָתָא וְשִׁירָתָא, תֻּשְׁבְּחָתָא וְנֶחֱמָתָא
דַּאֲמִירָן בְּעָלְמָא
וְאִמְרוּ אָמֵן. (קהל: אָמֵן)

עַל יִשְׂרָאֵל וְעַל רַבָּנָן
וְעַל תַּלְמִידֵיהוֹן וְעַל כָּל תַּלְמִידֵי תַלְמִידֵיהוֹן
וְעַל כָּל מָאן דְּעָסְקִין בְּאוֹרַיְתָא
דִּי בְּאַתְרָא קַדִּישָׁא הָדֵין, וְדִי בְּכָל אֲתַר וַאֲתַר
יְהֵא לְהוֹן וּלְכוֹן שְׁלָמָא רַבָּא
חִנָּא וְחִסְדָּא, וְרַחֲמֵי, וְחַיֵּי אֲרִיכֵי, וּמְזוֹנֵי רְוִיחֵי
וּפֻרְקָנָא מִן קֳדָם אֲבוּהוֹן דִּי בִשְׁמַיָּא
וְאִמְרוּ אָמֵן. (קהל: אָמֵן)

יְהֵא שְׁלָמָא רַבָּא מִן שְׁמַיָּא
וְחַיִּים (טוֹבִים) עָלֵינוּ וְעַל כָּל יִשְׂרָאֵל
וְאִמְרוּ אָמֵן. (קהל: אָמֵן)

כורע ופוסע שלוש פסיעות לאחור. קד לשמאל, לימין ולפנים באמירת:

עֹשֶׂה שָׁלוֹם בִּמְרוֹמָיו
הוּא יַעֲשֶׂה בְרַחֲמָיו שָׁלוֹם, עָלֵינוּ וְעַל כָּל יִשְׂרָאֵל
וְאִמְרוּ אָמֵן. (קהל: אָמֵן)

אומרים 'עָלֵינוּ' בעמידה ומשתחווים במקום המסומן ב*.

עָלֵינוּ לְשַׁבֵּחַ לַאֲדוֹן הַכֹּל, לָתֵת גְּדֻלָּה לְיוֹצֵר בְּרֵאשִׁית
שֶׁלֹּא עָשָׂנוּ כְּגוֹיֵי הָאֲרָצוֹת, וְלֹא שָׂמָנוּ כְּמִשְׁפְּחוֹת הָאֲדָמָה
שֶׁלֹּא שָׂם חֶלְקֵנוּ כָּהֶם וְגוֹרָלֵנוּ כְּכָל הֲמוֹנָם.
שֶׁהֵם מִשְׁתַּחֲוִים לְהֶבֶל וָרִיק וּמִתְפַּלְלִים אֶל אֵל לֹא יוֹשִׁיעַ.
*וַאֲנַחְנוּ כּוֹרְעִים וּמִשְׁתַּחֲוִים וּמוֹדִים
לִפְנֵי מֶלֶךְ מַלְכֵי הַמְּלָכִים, הַקָּדוֹשׁ בָּרוּךְ הוּא
שֶׁהוּא נוֹטֶה שָׁמַיִם וְיוֹסֵד אָרֶץ
וּמוֹשַׁב יְקָרוֹ בַּשָּׁמַיִם מִמַּעַל
וּשְׁכִינַת עֻזּוֹ בְּגָבְהֵי מְרוֹמִים.

הוּא אֱלֹהֵינוּ, אֵין עוֹד.
אֱמֶת מַלְכֵּנוּ, אֶפֶס זוּלָתוֹ, כַּכָּתוּב בְּתוֹרָתוֹ
דברים ד וְיָדַעְתָּ הַיּוֹם וַהֲשֵׁבֹתָ אֶל־לְבָבֶךָ
כִּי יהוה הוּא הָאֱלֹהִים בַּשָּׁמַיִם מִמַּעַל וְעַל־הָאָרֶץ מִתָּחַת
אֵין עוֹד:

עַל כֵּן נְקַוֶּה לְּךָ יהוה אֱלֹהֵינוּ לִרְאוֹת מְהֵרָה בְּתִפְאֶרֶת עֻזֶּךָ
לְהַעֲבִיר גִּלּוּלִים מִן הָאָרֶץ, וְהָאֱלִילִים כָּרוֹת יִכָּרֵתוּן
לְתַקֵּן עוֹלָם בְּמַלְכוּת שַׁדַּי.
וְכָל בְּנֵי בָשָׂר יִקְרְאוּ בִשְׁמֶךָ לְהַפְנוֹת אֵלֶיךָ כָּל רִשְׁעֵי אָרֶץ.
יַכִּירוּ וְיֵדְעוּ כָּל יוֹשְׁבֵי תֵבֵל
כִּי לְךָ תִּכְרַע כָּל בֶּרֶךְ, תִּשָּׁבַע כָּל לָשׁוֹן.
לְפָנֶיךָ יהוה אֱלֹהֵינוּ יִכְרְעוּ וְיִפֹּלוּ
וְלִכְבוֹד שִׁמְךָ יְקָר יִתֵּנוּ
וִיקַבְּלוּ כֻלָּם אֶת עֹל מַלְכוּתֶךָ
וְתִמְלֹךְ עֲלֵיהֶם מְהֵרָה לְעוֹלָם וָעֶד.
כִּי הַמַּלְכוּת שֶׁלְּךָ הִיא וּלְעוֹלְמֵי עַד תִּמְלֹךְ בְּכָבוֹד
שמות טו כַּכָּתוּב בְּתוֹרָתֶךָ, יהוה יִמְלֹךְ לְעֹלָם וָעֶד:
זכריה יד ◄ וְנֶאֱמַר, וְהָיָה יהוה לְמֶלֶךְ עַל־כָּל־הָאָרֶץ
בַּיּוֹם הַהוּא יִהְיֶה יהוה אֶחָד וּשְׁמוֹ אֶחָד:

יש מוסיפים:

משלי ג אַל־תִּירָא מִפַּחַד פִּתְאֹם וּמִשֹּׁאַת רְשָׁעִים כִּי תָבֹא:
ישעיה ח עֻצוּ עֵצָה וְתֻפָר, דַּבְּרוּ דָבָר וְלֹא יָקוּם, כִּי עִמָּנוּ אֵל:
ישעיה מו וְעַד־זִקְנָה אֲנִי הוּא, וְעַד־שֵׂיבָה אֲנִי אֶסְבֹּל
אֲנִי עָשִׂיתִי וַאֲנִי אֶשָּׂא וַאֲנִי אֶסְבֹּל וַאֲמַלֵּט:

קדיש יתום

אבל: יִתְגַּדַּל וְיִתְקַדַּשׁ שְׁמֵהּ רַבָּא (קהל: אָמֵן)

בְּעָלְמָא דִּי בְרָא כִרְעוּתֵהּ

וְיַמְלִיךְ מַלְכוּתֵהּ

בְּחַיֵּיכוֹן וּבְיוֹמֵיכוֹן וּבְחַיֵּי דְכָל בֵּית יִשְׂרָאֵל

בַּעֲגָלָא וּבִזְמַן קָרִיב

וְאִמְרוּ אָמֵן. (קהל: אָמֵן)

קהל ואבל: יְהֵא שְׁמֵהּ רַבָּא מְבָרַךְ לְעָלַם וּלְעָלְמֵי עָלְמַיָּא.

אבל: יִתְבָּרַךְ וְיִשְׁתַּבַּח וְיִתְפָּאַר וְיִתְרוֹמַם וְיִתְנַשֵּׂא

וְיִתְהַדָּר וְיִתְעַלֶּה וְיִתְהַלָּל

שְׁמֵהּ דְּקֻדְשָׁא בְּרִיךְ הוּא (קהל: בְּרִיךְ הוּא)

לְעֵלָּא מִן כָּל בִּרְכָתָא וְשִׁירָתָא, תֻּשְׁבְּחָתָא וְנֶחָמָתָא

דַּאֲמִירָן בְּעָלְמָא

וְאִמְרוּ אָמֵן. (קהל: אָמֵן)

יְהֵא שְׁלָמָא רַבָּא מִן שְׁמַיָּא

וְחַיִּים, עָלֵינוּ וְעַל כָּל יִשְׂרָאֵל

וְאִמְרוּ אָמֵן. (קהל: אָמֵן)

כורע ופוסע שלוש פסיעות לאחור. קד לשמאל, לימין ולפנים באמירת:

עֹשֶׂה שָׁלוֹם בִּמְרוֹמָיו

הוּא יַעֲשֶׂה שָׁלוֹם עָלֵינוּ וְעַל כָּל יִשְׂרָאֵל

וְאִמְרוּ אָמֵן. (קהל: אָמֵן)

בנוסח ספרד בחול המועד התפילה מסתיימת כאן.

שיר של יום

יש אומרים שיר של יום לפי סדר ימות השבוע, ויש אומרים מזמור מיוחד לחג (עמ' 489–502).
אך בשבת תמיד אומרים 'מִזְמוֹר שִׁיר לְיוֹם הַשַּׁבָּת' בעמ' 329.

ליום א' הַיּוֹם יוֹם רִאשׁוֹן בְּשַׁבָּת, שֶׁבּוֹ הָיוּ הַלְוִיִּם אוֹמְרִים בְּבֵית הַמִּקְדָּשׁ:

תהלים כד
לְדָוִד מִזְמוֹר, לַיהוה הָאָרֶץ וּמְלוֹאָהּ, תֵּבֵל וְיֹשְׁבֵי בָהּ: כִּי־הוּא עַל־
יַמִּים יְסָדָהּ, וְעַל־נְהָרוֹת יְכוֹנְנֶהָ: מִי־יַעֲלֶה בְהַר־יהוה, וּמִי־יָקוּם
בִּמְקוֹם קָדְשׁוֹ: נְקִי כַפַּיִם וּבַר־לֵבָב, אֲשֶׁר לֹא־נָשָׂא לַשָּׁוְא נַפְשִׁי,
וְלֹא נִשְׁבַּע לְמִרְמָה: יִשָּׂא בְרָכָה מֵאֵת יהוה, וּצְדָקָה מֵאֱלֹהֵי יִשְׁעוֹ:
זֶה דּוֹר דֹּרְשָׁו, מְבַקְשֵׁי פָנֶיךָ יַעֲקֹב סֶלָה: שְׂאוּ שְׁעָרִים רָאשֵׁיכֶם,
וְהִנָּשְׂאוּ פִּתְחֵי עוֹלָם, וְיָבוֹא מֶלֶךְ הַכָּבוֹד: מִי זֶה מֶלֶךְ הַכָּבוֹד, יהוה
עִזּוּז וְגִבּוֹר, יהוה גִּבּוֹר מִלְחָמָה: שְׂאוּ שְׁעָרִים רָאשֵׁיכֶם, וּשְׂאוּ פִּתְחֵי
עוֹלָם, וְיָבֹא מֶלֶךְ הַכָּבוֹד: ‹ מִי הוּא זֶה מֶלֶךְ הַכָּבוֹד, יהוה צְבָאוֹת
הוּא מֶלֶךְ הַכָּבוֹד סֶלָה:

קדיש יתום (בעמ' 329)

ליום ב' הַיּוֹם יוֹם שֵׁנִי בְּשַׁבָּת, שֶׁבּוֹ הָיוּ הַלְוִיִּם אוֹמְרִים בְּבֵית הַמִּקְדָּשׁ:

תהלים מח
שִׁיר מִזְמוֹר לִבְנֵי־קֹרַח: גָּדוֹל יהוה וּמְהֻלָּל מְאֹד, בְּעִיר אֱלֹהֵינוּ, הַר־
קָדְשׁוֹ: יְפֵה נוֹף מְשׂוֹשׂ כָּל־הָאָרֶץ, הַר־צִיּוֹן יַרְכְּתֵי צָפוֹן, קִרְיַת מֶלֶךְ
רָב: אֱלֹהִים בְּאַרְמְנוֹתֶיהָ נוֹדַע לְמִשְׂגָּב: כִּי־הִנֵּה הַמְּלָכִים נוֹעֲדוּ,
עָבְרוּ יַחְדָּו: הֵמָּה רָאוּ כֵּן תָּמָהוּ, נִבְהֲלוּ נֶחְפָּזוּ: רְעָדָה אֲחָזָתַם שָׁם,
חִיל כַּיּוֹלֵדָה: בְּרוּחַ קָדִים תְּשַׁבֵּר אֳנִיּוֹת תַּרְשִׁישׁ: כַּאֲשֶׁר שָׁמַעְנוּ כֵּן
רָאִינוּ, בְּעִיר־יהוה צְבָאוֹת, בְּעִיר אֱלֹהֵינוּ, אֱלֹהִים יְכוֹנְנֶהָ עַד־עוֹלָם
סֶלָה: דִּמִּינוּ אֱלֹהִים חַסְדֶּךָ, בְּקֶרֶב הֵיכָלֶךָ: כְּשִׁמְךָ אֱלֹהִים כֵּן תְּהִלָּתְךָ
עַל־קַצְוֵי־אֶרֶץ, צֶדֶק מָלְאָה יְמִינֶךָ: יִשְׂמַח הַר־צִיּוֹן, תָּגֵלְנָה בְּנוֹת
יְהוּדָה, לְמַעַן מִשְׁפָּטֶיךָ: סֹבּוּ צִיּוֹן וְהַקִּיפוּהָ, סִפְרוּ מִגְדָּלֶיהָ: שִׁיתוּ
לִבְּכֶם לְחֵילָה, פַּסְּגוּ אַרְמְנוֹתֶיהָ, לְמַעַן תְּסַפְּרוּ לְדוֹר אַחֲרוֹן: ‹ כִּי זֶה
אֱלֹהִים אֱלֹהֵינוּ עוֹלָם וָעֶד, הוּא יְנַהֲגֵנוּ עַל־מוּת:

קדיש יתום (בעמ' 329)

ליום ג׳ הַיּוֹם יוֹם שְׁלִישִׁי בְּשַׁבָּת, שֶׁבּוֹ הָיוּ הַלְוִיִּם אוֹמְרִים בְּבֵית הַמִּקְדָּשׁ:

תהלים פב

מִזְמוֹר לְאָסָף, אֱלֹהִים נִצָּב בַּעֲדַת־אֵל, בְּקֶרֶב אֱלֹהִים יִשְׁפֹּט: עַד־מָתַי תִּשְׁפְּטוּ־עָוֶל, וּפְנֵי רְשָׁעִים תִּשְׂאוּ־סֶלָה: שִׁפְטוּ־דַל וְיָתוֹם, עָנִי וָרָשׁ הַצְדִּיקוּ: פַּלְּטוּ־דַל וְאֶבְיוֹן, מִיַּד רְשָׁעִים הַצִּילוּ: לֹא יָדְעוּ וְלֹא יָבִינוּ, בַּחֲשֵׁכָה יִתְהַלָּכוּ, יִמּוֹטוּ כָּל־מוֹסְדֵי אָרֶץ: אֲנִי־אָמַרְתִּי אֱלֹהִים אַתֶּם, וּבְנֵי עֶלְיוֹן כֻּלְּכֶם: אָכֵן כְּאָדָם תְּמוּתוּן, וּכְאַחַד הַשָּׂרִים תִּפֹּלוּ:
▸ קוּמָה אֱלֹהִים שָׁפְטָה הָאָרֶץ, כִּי־אַתָּה תִנְחַל בְּכָל־הַגּוֹיִם:

קדיש יתום (בעמ׳ 329)

ליום ד׳ הַיּוֹם יוֹם רְבִיעִי בְּשַׁבָּת, שֶׁבּוֹ הָיוּ הַלְוִיִּם אוֹמְרִים בְּבֵית הַמִּקְדָּשׁ:

תהלים צד

אֵל־נְקָמוֹת יהוה, אֵל נְקָמוֹת הוֹפִיעַ: הִנָּשֵׂא שֹׁפֵט הָאָרֶץ, הָשֵׁב גְּמוּל עַל־גֵּאִים: עַד־מָתַי רְשָׁעִים, יהוה, עַד־מָתַי רְשָׁעִים יַעֲלֹזוּ: יַבִּיעוּ יְדַבְּרוּ עָתָק, יִתְאַמְּרוּ כָּל־פֹּעֲלֵי אָוֶן: עַמְּךָ יהוה יְדַכְּאוּ, וְנַחֲלָתְךָ יְעַנּוּ: אַלְמָנָה וְגֵר יַהֲרֹגוּ, וִיתוֹמִים יְרַצֵּחוּ: וַיֹּאמְרוּ לֹא יִרְאֶה־יָּהּ, וְלֹא־יָבִין אֱלֹהֵי יַעֲקֹב: בִּינוּ בֹּעֲרִים בָּעָם, וּכְסִילִים מָתַי תַּשְׂכִּילוּ: הֲנֹטַע אֹזֶן הֲלֹא יִשְׁמָע, אִם־יֹצֵר עַיִן הֲלֹא יַבִּיט: הֲיֹסֵר גּוֹיִם הֲלֹא יוֹכִיחַ, הַמְלַמֵּד אָדָם דָּעַת: יהוה יֹדֵעַ מַחְשְׁבוֹת אָדָם, כִּי־הֵמָּה הָבֶל: אַשְׁרֵי הַגֶּבֶר אֲשֶׁר־תְּיַסְּרֶנּוּ יָּהּ, וּמִתּוֹרָתְךָ תְלַמְּדֶנּוּ: לְהַשְׁקִיט לוֹ מִימֵי רָע, עַד יִכָּרֶה לָרָשָׁע שָׁחַת: כִּי לֹא־יִטֹּשׁ יהוה עַמּוֹ, וְנַחֲלָתוֹ לֹא יַעֲזֹב: כִּי־עַד־צֶדֶק יָשׁוּב מִשְׁפָּט, וְאַחֲרָיו כָּל־יִשְׁרֵי־לֵב: מִי־יָקוּם לִי עִם־מְרֵעִים, מִי־יִתְיַצֵּב לִי עִם־פֹּעֲלֵי אָוֶן: לוּלֵי יהוה עֶזְרָתָה לִּי, כִּמְעַט שָׁכְנָה דוּמָה נַפְשִׁי: אִם־אָמַרְתִּי מָטָה רַגְלִי, חַסְדְּךָ יהוה יִסְעָדֵנִי: בְּרֹב שַׂרְעַפַּי בְּקִרְבִּי, תַּנְחוּמֶיךָ יְשַׁעַשְׁעוּ נַפְשִׁי: הַיְחָבְרְךָ כִּסֵּא הַוּוֹת, יֹצֵר עָמָל עֲלֵי־חֹק: יָגוֹדּוּ עַל־נֶפֶשׁ צַדִּיק, וְדָם נָקִי יַרְשִׁיעוּ: וַיְהִי יהוה לִי לְמִשְׂגָּב, וֵאלֹהַי לְצוּר מַחְסִי: וַיָּשֶׁב עֲלֵיהֶם אֶת־אוֹנָם, וּבְרָעָתָם יַצְמִיתֵם, יַצְמִיתֵם יהוה אֱלֹהֵינוּ:

תהלים צה ‹ לְכוּ נְרַנְּנָה לַיהוה, נָרִיעָה לְצוּר יִשְׁעֵנוּ: נְקַדְּמָה פָנָיו בְּתוֹדָה,
בִּזְמִרוֹת נָרִיעַ לוֹ: כִּי אֵל גָּדוֹל יהוה, וּמֶלֶךְ גָּדוֹל עַל־כָּל־אֱלֹהִים:

קדיש יתום (בעמוד הבא)

ליום ה׳ הַיּוֹם יוֹם חֲמִישִׁי בְּשַׁבָּת, שֶׁבּוֹ הָיוּ הַלְוִיִּם אוֹמְרִים בְּבֵית הַמִּקְדָּשׁ:

תהלים פא לַמְנַצֵּחַ עַל־הַגִּתִּית לְאָסָף: הַרְנִינוּ לֵאלֹהִים עוּזֵּנוּ, הָרִיעוּ לֵאלֹהֵי
יַעֲקֹב: שְׂאוּ־זִמְרָה וּתְנוּ־תֹף, כִּנּוֹר נָעִים עִם־נָבֶל: תִּקְעוּ בַחֹדֶשׁ
שׁוֹפָר, בַּכֶּסֶה לְיוֹם חַגֵּנוּ: כִּי חֹק לְיִשְׂרָאֵל הוּא, מִשְׁפָּט לֵאלֹהֵי יַעֲקֹב:
עֵדוּת בִּיהוֹסֵף שָׂמוֹ, בְּצֵאתוֹ עַל־אֶרֶץ מִצְרָיִם, שְׂפַת לֹא־יָדַעְתִּי
אֶשְׁמָע: הֲסִירוֹתִי מִסֵּבֶל שִׁכְמוֹ, כַּפָּיו מִדּוּד תַּעֲבֹרְנָה: בַּצָּרָה קָרָאתָ
וָאֲחַלְּצֶךָּ, אֶעֶנְךָ בְּסֵתֶר רַעַם, אֶבְחָנְךָ עַל־מֵי מְרִיבָה סֶלָה: שְׁמַע
עַמִּי וְאָעִידָה בָּךְ, יִשְׂרָאֵל אִם־תִּשְׁמַע־לִי: לֹא־יִהְיֶה בְךָ אֵל זָר, וְלֹא
תִשְׁתַּחֲוֶה לְאֵל נֵכָר: אָנֹכִי יהוה אֱלֹהֶיךָ, הַמַּעַלְךָ מֵאֶרֶץ מִצְרָיִם,
הַרְחֶב־פִּיךָ וַאֲמַלְאֵהוּ: וְלֹא־שָׁמַע עַמִּי לְקוֹלִי, וְיִשְׂרָאֵל לֹא־אָבָה
לִי: וָאֲשַׁלְּחֵהוּ בִּשְׁרִירוּת לִבָּם, יֵלְכוּ בְּמוֹעֲצוֹתֵיהֶם: לוּ עַמִּי שֹׁמֵעַ
לִי, יִשְׂרָאֵל בִּדְרָכַי יְהַלֵּכוּ: כִּמְעַט אוֹיְבֵיהֶם אַכְנִיעַ, וְעַל־צָרֵיהֶם
אָשִׁיב יָדִי: מְשַׂנְאֵי יהוה יְכַחֲשׁוּ־לוֹ, וִיהִי עִתָּם לְעוֹלָם: ‹ וַיַּאֲכִילֵהוּ
מֵחֵלֶב חִטָּה, וּמִצּוּר, דְּבַשׁ אַשְׂבִּיעֶךָ:

קדיש יתום (בעמוד הבא)

ליום ו׳ הַיּוֹם יוֹם שִׁשִּׁי בְּשַׁבָּת, שֶׁבּוֹ הָיוּ הַלְוִיִּם אוֹמְרִים בְּבֵית הַמִּקְדָּשׁ:

תהלים צג יהוה מָלָךְ, גֵּאוּת לָבֵשׁ, לָבֵשׁ יהוה עֹז הִתְאַזָּר, אַף־תִּכּוֹן תֵּבֵל בַּל־
תִּמּוֹט: נָכוֹן כִּסְאֲךָ מֵאָז, מֵעוֹלָם אָתָּה: נָשְׂאוּ נְהָרוֹת יהוה, נָשְׂאוּ
נְהָרוֹת קוֹלָם, יִשְׂאוּ נְהָרוֹת דָּכְיָם: מִקֹּלוֹת מַיִם רַבִּים, אַדִּירִים
מִשְׁבְּרֵי־יָם, אַדִּיר בַּמָּרוֹם יהוה: ‹ עֵדֹתֶיךָ נֶאֶמְנוּ מְאֹד, לְבֵיתְךָ
נַאֲוָה־קֹּדֶשׁ, יהוה לְאֹרֶךְ יָמִים:

קדיש יתום (בעמוד הבא)

לשבת הַיּוֹם יוֹם שַׁבַּת קֹדֶשׁ, שֶׁבּוֹ הָיוּ הַלְוִיִּם אוֹמְרִים בְּבֵית הַמִּקְדָּשׁ:

מִזְמוֹר שִׁיר לְיוֹם הַשַּׁבָּת: טוֹב לְהֹדוֹת לַיהוה, וּלְזַמֵּר לְשִׁמְךָ עֶלְיוֹן: תהלים צב
לְהַגִּיד בַּבֹּקֶר חַסְדֶּךָ, וֶאֱמוּנָתְךָ בַּלֵּילוֹת: עֲלֵי־עָשׂוֹר וַעֲלֵי־נָבֶל, עֲלֵי
הִגָּיוֹן בְּכִנּוֹר: כִּי שִׂמַּחְתַּנִי יהוה בְּפָעֳלֶךָ, בְּמַעֲשֵׂי יָדֶיךָ אֲרַנֵּן: מַה־
גָּדְלוּ מַעֲשֶׂיךָ יהוה, מְאֹד עָמְקוּ מַחְשְׁבֹתֶיךָ: אִישׁ־בַּעַר לֹא יֵדָע,
וּכְסִיל לֹא־יָבִין אֶת־זֹאת: בִּפְרֹחַ רְשָׁעִים כְּמוֹ־עֵשֶׂב, וַיָּצִיצוּ כָּל־פֹּעֲלֵי
אָוֶן, לְהִשָּׁמְדָם עֲדֵי־עַד: וְאַתָּה מָרוֹם לְעֹלָם יהוה: כִּי הִנֵּה אֹיְבֶיךָ
יהוה, כִּי־הִנֵּה אֹיְבֶיךָ יֹאבֵדוּ, יִתְפָּרְדוּ כָּל־פֹּעֲלֵי אָוֶן: וַתָּרֶם כִּרְאֵים
קַרְנִי, בַּלֹּתִי בְּשֶׁמֶן רַעֲנָן: וַתַּבֵּט עֵינִי בְּשׁוּרָי, בַּקָּמִים עָלַי מְרֵעִים
תִּשְׁמַעְנָה אָזְנָי: צַדִּיק כַּתָּמָר יִפְרָח, כְּאֶרֶז בַּלְּבָנוֹן יִשְׂגֶּה: שְׁתוּלִים
בְּבֵית יהוה, בְּחַצְרוֹת אֱלֹהֵינוּ יַפְרִיחוּ: › עוֹד יְנוּבוּן בְּשֵׂיבָה, דְּשֵׁנִים
וְרַעֲנַנִּים יִהְיוּ: לְהַגִּיד כִּי־יָשָׁר יהוה, צוּרִי, וְלֹא־עַוְלָתָה בּוֹ:

קדיש יתום

אבל: יִתְגַּדַּל וְיִתְקַדַּשׁ שְׁמֵהּ רַבָּא (קהל: אָמֵן)
בְּעָלְמָא דִּי בְרָא כִרְעוּתֵהּ
וְיַמְלִיךְ מַלְכוּתֵהּ
בְּחַיֵּיכוֹן וּבְיוֹמֵיכוֹן וּבְחַיֵּי דְכָל בֵּית יִשְׂרָאֵל
בַּעֲגָלָא וּבִזְמַן קָרִיב
וְאִמְרוּ אָמֵן. (קהל: אָמֵן)

קהל ואבל: יְהֵא שְׁמֵהּ רַבָּא מְבָרַךְ לְעָלַם וּלְעָלְמֵי עָלְמַיָּא.

אבל: יִתְבָּרַךְ וְיִשְׁתַּבַּח וְיִתְפָּאַר וְיִתְרוֹמַם וְיִתְנַשֵּׂא
וְיִתְהַדָּר וְיִתְעַלֶּה וְיִתְהַלָּל
שְׁמֵהּ דְּקֻדְשָׁא בְּרִיךְ הוּא (קהל: בְּרִיךְ הוּא)

לְעֵלָּא מִן כָּל בִּרְכָתָא וְשִׁירָתָא, תֻּשְׁבְּחָתָא וְנֶחֱמָתָא
דַּאֲמִירָן בְּעָלְמָא, וְאִמְרוּ אָמֵן. (קהל: אָמֵן)

יְהֵא שְׁלָמָא רַבָּא מִן שְׁמַיָּא
וְחַיִּים, עָלֵינוּ וְעַל כָּל יִשְׂרָאֵל, וְאִמְרוּ אָמֵן. (קהל: אָמֵן)

כורע ופוסע שלוש פסיעות לאחור. קד לשמאל, לימין ולפנים באמירת:

עֹשֶׂה שָׁלוֹם בִּמְרוֹמָיו
הוּא יַעֲשֶׂה שָׁלוֹם
עָלֵינוּ וְעַל כָּל יִשְׂרָאֵל, וְאִמְרוּ אָמֵן. (קהל: אָמֵן)

ברוב הקהילות נוהגים להוסיף את המזמור ׳לְדָוִד ה׳ אוֹרִי וְיִשְׁעִי׳ מר״ח אלול ועד הושענא רבה.

תהלים כז
לְדָוִד, יהוה אוֹרִי וְיִשְׁעִי, מִמִּי אִירָא, יהוה מָעוֹז־חַיַּי, מִמִּי אֶפְחָד: בִּקְרֹב עָלַי מְרֵעִים לֶאֱכֹל אֶת־בְּשָׂרִי, צָרַי וְאֹיְבַי לִי, הֵמָּה כָשְׁלוּ וְנָפָלוּ: אִם־תַּחֲנֶה עָלַי מַחֲנֶה, לֹא־יִירָא לִבִּי, אִם־תָּקוּם עָלַי מִלְחָמָה, בְּזֹאת אֲנִי בוֹטֵחַ: אַחַת שָׁאַלְתִּי מֵאֵת־יהוה, אוֹתָהּ אֲבַקֵּשׁ, שִׁבְתִּי בְּבֵית־יהוה כָּל־יְמֵי חַיַּי, לַחֲזוֹת בְּנֹעַם־יהוה, וּלְבַקֵּר בְּהֵיכָלוֹ: כִּי יִצְפְּנֵנִי בְּסֻכֹּה בְּיוֹם רָעָה, יַסְתִּרֵנִי בְּסֵתֶר אָהֳלוֹ, בְּצוּר יְרוֹמְמֵנִי: וְעַתָּה יָרוּם רֹאשִׁי עַל אֹיְבַי סְבִיבוֹתַי, וְאֶזְבְּחָה בְאָהֳלוֹ זִבְחֵי תְרוּעָה, אָשִׁירָה וַאֲזַמְּרָה לַיהוה: שְׁמַע־יהוה קוֹלִי אֶקְרָא, וְחָנֵּנִי וַעֲנֵנִי: לְךָ אָמַר לִבִּי בַּקְּשׁוּ פָנָי, אֶת־פָּנֶיךָ יהוה אֲבַקֵּשׁ: אַל־תַּסְתֵּר פָּנֶיךָ מִמֶּנִּי, אַל תַּט־בְּאַף עַבְדֶּךָ, עֶזְרָתִי הָיִיתָ, אַל־תִּטְּשֵׁנִי וְאַל־תַּעַזְבֵנִי, אֱלֹהֵי יִשְׁעִי: כִּי־אָבִי וְאִמִּי עֲזָבוּנִי, וַיהוה יַאַסְפֵנִי: הוֹרֵנִי יהוה דַּרְכֶּךָ, וּנְחֵנִי בְּאֹרַח מִישׁוֹר, לְמַעַן שׁוֹרְרָי: אַל־תִּתְּנֵנִי בְּנֶפֶשׁ צָרָי, כִּי קָמוּ־בִי עֵדֵי־שֶׁקֶר, וִיפֵחַ חָמָס: ◂ לוּלֵא הֶאֱמַנְתִּי לִרְאוֹת בְּטוּב־יהוה בְּאֶרֶץ חַיִּים: קַוֵּה אֶל־יהוה, חֲזַק וְיַאֲמֵץ לִבֶּךָ, וְקַוֵּה אֶל־יהוה:

קדיש יתום (בעמוד הקודם)

בחול המועד מסיימים ׳אֵין כֵּאלֹהֵינוּ׳ בעמ׳ 321 וקדיש דרבנן.

שיר הכבוד

פותחים את ארון הקודש, והקהל עומד.

ש״ץ: אַנְעִים זְמִירוֹת וְשִׁירִים אֶאֱרֹג, כִּי אֵלֶיךָ נַפְשִׁי תַעֲרֹג.
קהל: נַפְשִׁי חָמְדָה בְּצֵל יָדֶךָ, לָדַעַת כָּל רָז סוֹדֶךָ.

ש״ץ: מִדֵּי דַבְּרִי בִּכְבוֹדֶךָ, הוֹמֶה לִבִּי אֶל דּוֹדֶיךָ.
קהל: עַל כֵּן אֲדַבֵּר בְּךָ נִכְבָּדוֹת, וְשִׁמְךָ אֲכַבֵּד בְּשִׁירֵי יְדִידוֹת.

ש״ץ: אֲסַפְּרָה כְבוֹדְךָ וְלֹא רְאִיתִיךָ, אֲדַמְּךָ אֲכַנְּךָ וְלֹא יְדַעְתִּיךָ.
קהל: בְּיַד נְבִיאֶיךָ בְּסוֹד עֲבָדֶיךָ, דִּמִּיתָ הֲדַר כְּבוֹד הוֹדֶךָ.

ש״ץ: גְּדֻלָּתְךָ וּגְבוּרָתֶךָ, כִּנּוּ לְתֹקֶף פְּעֻלָּתֶךָ.
קהל: דִּמּוּ אוֹתְךָ וְלֹא כְּפִי יֶשְׁךָ, וַיְשַׁוּוּךָ לְפִי מַעֲשֶׂיךָ.

ש״ץ: הִמְשִׁילוּךָ בְּרֹב חֶזְיוֹנוֹת, הִנְּךָ אֶחָד בְּכָל דִּמְיוֹנוֹת.
קהל: וַיֶּחֱזוּ בְךָ זִקְנָה וּבַחֲרוּת, וּשְׂעַר רֹאשְׁךָ בְּשֵׂיבָה וְשַׁחֲרוּת.

ש״ץ: זִקְנָה בְּיוֹם דִּין וּבַחֲרוּת בְּיוֹם קְרָב, כְּאִישׁ מִלְחָמוֹת יָדָיו לוֹ רָב.
קהל: חָבַשׁ כּוֹבַע יְשׁוּעָה בְּרֹאשׁוֹ, הוֹשִׁיעָה לּוֹ יְמִינוֹ וּזְרוֹעַ קָדְשׁוֹ.

ש״ץ: טַלְלֵי אוֹרוֹת רֹאשׁוֹ נִמְלָא, קְוֻצּוֹתָיו רְסִיסֵי לָיְלָה.
קהל: יִתְפָּאֵר בִּי כִּי חָפֵץ בִּי, וְהוּא יִהְיֶה לִּי לַעֲטֶרֶת צְבִי.

ש״ץ: כֶּתֶם טָהוֹר פָּז דְּמוּת רֹאשׁוֹ, וְחַק עַל מֵצַח כְּבוֹד שֵׁם קָדְשׁוֹ.
קהל: לְחֵן וּלְכָבוֹד צְבִי תִפְאָרָה, אֻמָּתוֹ לוֹ עִטְּרָה עֲטָרָה.

ש״ץ: מַחְלְפוֹת רֹאשׁוֹ כְּבִימֵי בְחוּרוֹת, קְוֻצּוֹתָיו תַּלְתַּלִּים שְׁחוֹרוֹת.
קהל: נְוֵה הַצֶּדֶק צְבִי תִפְאַרְתּוֹ, יַעֲלֶה נָּא עַל רֹאשׁ שִׂמְחָתוֹ.

ש״ץ: סְגֻלָּתוֹ תְּהִי בְיָדוֹ עֲטֶרֶת, וּצְנִיף מְלוּכָה צְבִי תִפְאֶרֶת.
קהל: עֲמוּסִים נְשָׂאָם, עֲטֶרֶת עִנְּדָם, מֵאֲשֶׁר יָקְרוּ בְעֵינָיו כִּבְּדָם.

ש״ץ: פְּאֵרוֹ עָלַי וּפְאֵרִי עָלָיו, וְקָרוֹב אֵלַי בְּקָרְאִי אֵלָיו.
קהל: צַח וְאָדֹם לִלְבוּשׁוֹ אָדֹם, פּוּרָה בְּדָרְכוֹ בְּבוֹאוֹ מֵאֱדוֹם.

ש״ץ: קֶשֶׁר תְּפִלִּין הֶרְאָה לֶעָנָו, תְּמוּנַת יהוה לְנֶגֶד עֵינָיו.
קהל: רוֹצֶה בְעַמּוֹ עֲנָוִים יְפָאֵר, יוֹשֵׁב תְּהִלּוֹת בָּם לְהִתְפָּאֵר.

ש״ץ: רֹאשׁ דְּבָרְךָ אֱמֶת קוֹרֵא מֵרֹאשׁ דּוֹר וָדוֹר, עַם דּוֹרֶשְׁךָ דְּרֹשׁ.
קהל: שִׁית הֲמוֹן שִׁירַי נָא עָלֶיךָ, וְרִנָּתִי תִּקְרַב אֵלֶיךָ.

ש״ץ: תְּהִלָּתִי תְּהִי לְרֹאשְׁךָ עֲטֶרֶת, וּתְפִלָּתִי תִּכּוֹן קְטֹרֶת.
קהל: תִּיקַר שִׁירַת רָשׁ בְּעֵינֶיךָ, כַּשִּׁיר יוּשַׁר עַל קָרְבָּנֶיךָ.

ש״ץ: בִּרְכָתִי תַעֲלֶה לְרֹאשׁ מַשְׁבִּיר, מְחוֹלֵל וּמוֹלִיד, צַדִּיק כַּבִּיר.
קהל: וּבְבִרְכָתִי תְנַעֲנַע לִי רֹאשׁ, וְאוֹתָהּ קַח לְךָ כִּבְשָׂמִים רֹאשׁ.

ש״ץ: יֶעֱרַב נָא שִׂיחִי עָלֶיךָ, כִּי נַפְשִׁי תַעֲרֹג אֵלֶיךָ.

סוגרים את ארון הקודש.

דברי הימים א׳ כט

לְךָ יהוה הַגְּדֻלָּה וְהַגְּבוּרָה וְהַתִּפְאֶרֶת וְהַנֵּצַח וְהַהוֹד
כִּי־כֹל בַּשָּׁמַיִם וּבָאָרֶץ
לְךָ יהוה הַמַּמְלָכָה וְהַמִּתְנַשֵּׂא לְכֹל לְרֹאשׁ:
◂ מִי יְמַלֵּל גְּבוּרוֹת יהוה, יַשְׁמִיעַ כָּל־תְּהִלָּתוֹ:

קדיש יתום (בעמ׳ 329)

הושענות

בשבעת ימי סוכות אומרים הושענות לאחר תפילת מוסף (טור, תרס).
יש קהילות שאימצו את מנהג ספרד, ובהן אומרים הושענות לאחר קריאת ההלל.

בימות החול (פרט להושענא רבה) מוציאים ספר תורה אל הבימה,
והקהל מקיף את הבימה עם ארבעת המינים (ספר הרוקח, רכא).

מי שאין לו ארבעת המינים אינו מקיף את הבימה (רמ"א תרס,
ב בשם רש"י), וכן מי שהוא אבל (שם בשם ה'כלבו').

הושענות לשבת חול המועד בעמ' 339.
הושענות להושענא רבה בעמ' 342.

כשחל	אומרים הושענות בסדר זה:					
א' דסוכות	א' דסוכות	א' דחוה"מ	ב' דחוה"מ	ג' דחוה"מ	ד' דחוה"מ	ה' דחוה"מ
ביום ב'	למען אמתך	אבן שתיה	אערוך שועי	אום אני חומה	אל למושעות	אום נצורה
ביום ג'	למען אמתך	אבן שתיה	אערוך שועי	אל למושעות	אום נצורה	אדון המושיע
ביום ה'	למען אמתך	אבן שתיה	אום נצורה	אערוך שועי	אל למושעות	אדון המושיע
בשבת	אום נצורה	למען אמתך	אערוך שועי	אבן שתיה	אל למושעות	אדון המושיע

שליח הציבור ואחריו הקהל:

הוֹשַׁע נָא לְמַעַנְךָ אֱלֹהֵינוּ הוֹשַׁע נָא.

שליח הציבור ואחריו הקהל:

הוֹשַׁע נָא לְמַעַנְךָ בּוֹרְאֵנוּ הוֹשַׁע נָא.

שליח הציבור ואחריו הקהל:

הוֹשַׁע נָא לְמַעַנְךָ גּוֹאֲלֵנוּ הוֹשַׁע נָא.

שליח הציבור ואחריו הקהל:

הוֹשַׁע נָא לְמַעַנְךָ דּוֹרְשֵׁנוּ הוֹשַׁע נָא.

הוֹשַׁע נָא

לְמַעַן אֲמִתָּךְ. לְמַעַן בְּרִיתָךְ.
לְמַעַן גָּדְלָךְ וְתִפְאַרְתָּךְ. לְמַעַן דָּתָךְ.
לְמַעַן הוֹדָךְ. לְמַעַן וִעוּדָךְ.
לְמַעַן זִכְרָךְ. לְמַעַן חַסְדָּךְ.
לְמַעַן טוּבָךְ. לְמַעַן יִחוּדָךְ.
לְמַעַן כְּבוֹדָךְ. לְמַעַן לִמּוּדָךְ.
לְמַעַן מַלְכוּתָךְ. לְמַעַן נִצְחָךְ.
לְמַעַן סוֹדָךְ. לְמַעַן עֻזָּךְ.
לְמַעַן פְּאֵרָךְ. לְמַעַן צִדְקָתָךְ.
לְמַעַן קְדֻשָּׁתָךְ. לְמַעַן רַחֲמֶיךָ הָרַבִּים.
לְמַעַן שְׁכִינָתָךְ. לְמַעַן תְּהִלָּתָךְ. הוֹשַׁע נָא.

וממשיך ׳אֲנִי וָהוֹ הוֹשִׁיעָה נָּא׳ בעמ׳ 337.

הוֹשַׁע נָא

אֶבֶן שְׁתִיָּה. בֵּית הַבְּחִירָה.
גֹּרֶן אָרְנָן. דְּבִיר הַמֻּצְנָע.
הַר הַמּוֹרִיָּה. וְהַר יֵרָאֶה.
זְבוּל תִּפְאַרְתֶּךָ. חָנָה דָוִד.
טוֹב הַלְּבָנוֹן. יְפֵה נוֹף מְשׂוֹשׂ כָּל הָאָרֶץ.
כְּלִילַת יֹפִי. לִינַת הַצֶּדֶק.
מָכוֹן לְשִׁבְתֶּךָ. נָוֶה שַׁאֲנָן.
סֻכַּת שָׁלֵם. עֲלִיַּת שְׁבָטִים.
פִּנַּת יִקְרַת. צִיּוֹן הַמְצֻיֶּנֶת.
קֹדֶשׁ הַקֳּדָשִׁים. רָצוּף אַהֲבָה.
שְׁכִינַת כְּבוֹדֶךָ. תֵּל תַּלְפִּיּוֹת. הוֹשַׁע נָא.

וממשיך ׳אֲנִי וָהוֹ הוֹשִׁיעָה נָּא׳ בעמ׳ 337.

הוֹשַׁע נָא

אֶעֶרְךְ שׁוּעִי. בְּבֵית שַׁוְעִי.
גָּלִיתִי בַצּוֹם פִּשְׁעִי. דְּרַשְׁתִּיךָ בּוֹ לְהוֹשִׁיעִי.
הַקְשִׁיבָה לְקוֹל שַׁוְעִי. וְקוּמָה וְהוֹשִׁיעִי.
זְכֹר וְרַחֵם מוֹשִׁיעִי. חַי כֵּן תְּשַׁעְשְׁעִי.
טוֹב בְּאֶנֶק שְׁעִי. יוֹחַשׁ מוֹשִׁיעִי.
כַּלֵּה מַרְשִׁיעִי. לְבַל עוֹד יַרְשִׁיעִי.
מַהֵר אֱלֹהֵי יִשְׁעִי. נֶצַח לְהוֹשִׁיעִי.
שָׂא נָא עֲוֹן רִשְׁעִי. עֲבֹר עַל פִּשְׁעִי.
פְּנֵה נָא לְהוֹשִׁיעִי. צוּר צַדִּיק מוֹשִׁיעִי.
קַבֵּל נָא שַׁוְעִי. רוֹמֵם קֶרֶן יִשְׁעִי.
שַׁדַּי מוֹשִׁיעִי. תּוֹפִיעַ וְתוֹשִׁיעִי. הוֹשַׁע נָא.

וממשיך 'אֲנִי וָהוֹ הוֹשִׁיעָה נָּא' בעמ' 337.

הוֹשַׁע נָא

אוֹם אֲנִי חוֹמָה. בָּרָה כַּחַמָּה.
גּוֹלָה וְסוּרָה. דָּמְתָה לְתָמָר.
הַהֲרוּגָה עָלֶיךָ. וְנֶחְשֶׁבֶת כְּצֹאן טִבְחָה.
זְרוּיָה בֵּין מַכְעִיסֶיהָ. חֲבוּקָה וּדְבוּקָה בָּךְ.
טוֹעֶנֶת עֻלָּךְ. יְחִידָה לְיַחֲדָךְ.
כְּבוּשָׁה בַגּוֹלָה. לוֹמֶדֶת יִרְאָתָךְ.
מְרוּטַת לֶחִי. נְתוּנָה לְמַכִּים.
סוֹבֶלֶת סִבְלָךְ. עֲנִיָּה סוֹעֲרָה.
פְּדוּיַת טוֹבִיָּה. צֹאן קָדָשִׁים.
קְהִלּוֹת יַעֲקֹב. רְשׁוּמִים בִּשְׁמֶךָ.
שׁוֹאֲגִים הוֹשַׁע נָא. תְּמוּכִים עָלֶיךָ. הוֹשַׁע נָא.

וממשיך 'אֲנִי וָהוֹ הוֹשִׁיעָה נָּא' בעמ' 337.

הוֹשַׁע נָא

אֵל לְמוֹשָׁעוֹת. בְּאַרְבַּע שְׁבוּעוֹת.
גָּשִׁים בְּשַׁוְעוֹת. דּוֹפְקֵי עֶרֶךְ שׁוּעוֹת.
הוֹגֵי שַׁעֲשׁוּעוֹת. וְחִידוֹת מִשְׁתַּעַשְׁעוֹת.
זוֹעֲקִים לְהַשְׁעוֹת. חוֹכֵי יְשׁוּעוֹת.
טְפוּלִים בְּךָ שְׁעוֹת. יוֹדְעֵי בִּין שָׁעוֹת.
כּוֹרְעֶיךָ בְּשַׁוְעוֹת. לְהָבִין שְׁמוּעוֹת.
מִפִּיךָ נִשְׁמָעוֹת. נוֹתֵן תְּשׁוּעוֹת.
סְפּוּרוֹת מַשְׁמָעוֹת. עֵדוֹת מַשְׁמִיעוֹת.
פּוֹעֵל יְשׁוּעוֹת. צַדִּיק נוֹשָׁעוֹת.
קִרְיַת תְּשׁוּעוֹת. רֶגֶשׁ תְּשׁוּאוֹת.
שָׁלשׁ שָׁעוֹת. תָּחִישׁ לִתְשׁוּעוֹת. הוֹשַׁע נָא.

וממשיך 'אֲנִי וָהוֹ הוֹשִׁיעָה נָּא' בעמוד הבא.

הוֹשַׁע נָא

אָדוֹן הַמּוֹשִׁיעַ. בִּלְתְּךָ אֵין לְהוֹשִׁיעַ.
גִּבּוֹר וְרַב לְהוֹשִׁיעַ. דַּלּוֹתִי וְלִי יְהוֹשִׁיעַ.
הָאֵל הַמּוֹשִׁיעַ. וּמַצִּיל וּמוֹשִׁיעַ.
זוֹעֲקֶיךָ תּוֹשִׁיעַ. חוֹכֶיךָ הוֹשִׁיעַ.
טְלָאֶיךָ תַּשְׂבִּיעַ. יְבוּל לְהַשְׁפִּיעַ.
כָּל שִׂיחַ תַּדְשֵׁא וְתוֹשִׁיעַ. לְגֵיא בַּל תַּרְשִׁיעַ.
מְגָדִים תַּמְתִּיק וְתוֹשִׁיעַ. נְשִׂיאִים לְהַסִּיעַ.
שְׂעִירִים לְהָנִיעַ. עֲנָנִים מִלְּהַמְנִיעַ.
פּוֹתֵחַ יָד וּמַשְׂבִּיעַ. צְמֵאֶיךָ תַּשְׂבִּיעַ.
קוֹרְאֶיךָ תּוֹשִׁיעַ. רְחוּמֶיךָ תּוֹשִׁיעַ.
שׁוֹחֲרֶיךָ הוֹשִׁיעַ. תְּמִימֶיךָ תּוֹשִׁיעַ. הוֹשַׁע נָא.

אֲנִי וָהוּ הוֹשִׁיעָה נָּא.

כְּהוֹשַׁעְתָּ אֵלִים בְּלוּד עִמָּךְ.
בְּצֵאתְךָ לְיֵשַׁע עַמָּךְ. כֵּן הוֹשַׁע נָא.

כְּהוֹשַׁעְתָּ גּוֹי וֵאלֹהִים.
דְּרוּשִׁים לְיֵשַׁע אֱלֹהִים. כֵּן הוֹשַׁע נָא.

כְּהוֹשַׁעְתָּ הֲמוֹן צְבָאוֹת.
וְעִמָּם מַלְאֲכֵי צְבָאוֹת. כֵּן הוֹשַׁע נָא.

כְּהוֹשַׁעְתָּ זַכִּים מִבֵּית עֲבָדִים.
חַנּוּן בְּיָדָם מַעֲבִידִים. כֵּן הוֹשַׁע נָא.

כְּהוֹשַׁעְתָּ טְבוּעִים בְּצוּל גְּזָרִים.
יְקָרְךָ עִמָּם מַעֲבִירִים. כֵּן הוֹשַׁע נָא.

כְּהוֹשַׁעְתָּ כַּנָּה מְשׁוֹרֶרֶת וַיּוֹשַׁע.
לְגוֹחָהּ מְצַיֶּנֶת וַיִּוָּשַׁע. כֵּן הוֹשַׁע נָא.

כְּהוֹשַׁעְתָּ מַאֲמַר וְהוֹצֵאתִי אֶתְכֶם.
נָקוּב וְהוּצֵאתִי אִתְּכֶם. כֵּן הוֹשַׁע נָא.

כְּהוֹשַׁעְתָּ סוֹבְבֵי מִזְבֵּחַ.
עוֹמְסֵי עֲרָבָה לְהַקִּיף מִזְבֵּחַ. כֵּן הוֹשַׁע נָא.

כְּהוֹשַׁעְתָּ פִּלְאֵי אָרוֹן כְּהֻפְשַׁע.
צִעֵר פְּלֶשֶׁת בַּחֲרוֹן אַף, וְנוֹשַׁע. כֵּן הוֹשַׁע נָא.

כְּהוֹשַׁעְתָּ קְהִלּוֹת בָּבֶלָה שִׁלַּחְתָּ.
רַחוּם לְמַעֲנָם שֻׁלַּחְתָּ. כֵּן הוֹשַׁע נָא.

כְּהוֹשַׁעְתָּ שְׁבוּת שִׁבְטֵי יַעֲקֹב.
תָּשׁוּב וְתָשִׁיב שְׁבוּת אָהֳלֵי יַעֲקֹב. וְהוֹשִׁיעָה נָּא.

כְּהוֹשַׁעְתָּ שׁוֹמְרֵי מִצְוֹת וְחוֹכֵי יְשׁוּעוֹת.
אֵל לְמוֹשָׁעוֹת. וְהוֹשִׁיעָה נָּא.

אֲנִי וָהוּ הוֹשִׁיעָה נָּא.

מחזירים את ספר התורה לארון הקודש ואומרים
(על פי מנהג קדום המופיע במחזור וורמייזא):

הוֹשִׁיעָה אֶת־עַמֶּךָ, וּבָרֵךְ אֶת־נַחֲלָתֶךָ תהלים כח
וּרְעֵם וְנַשְּׂאֵם עַד־הָעוֹלָם:
וְיִהְיוּ דְבָרַי אֵלֶּה, אֲשֶׁר הִתְחַנַּנְתִּי לִפְנֵי יהוה מלכים א׳ ח
קְרֹבִים אֶל־יהוה אֱלֹהֵינוּ יוֹמָם וָלָיְלָה
לַעֲשׂוֹת מִשְׁפַּט עַבְדּוֹ וּמִשְׁפַּט עַמּוֹ יִשְׂרָאֵל, דְּבַר־יוֹם בְּיוֹמוֹ:
לְמַעַן דַּעַת כָּל־עַמֵּי הָאָרֶץ כִּי יהוה הוּא הָאֱלֹהִים, אֵין עוֹד:

סוגרים את ארון הקודש.

ביום טוב שליח הציבור אומר קדיש שלם בעמ׳ 320 וממשיך בתפילת מוסף
(אם אמרו הושענות אחרי הלל, ממשיכים בהוצאת ספר תורה בעמ׳ 239).

בחול המועד ממשיכים בסיום התפילה בעמ׳ 320
(או בהוצאת ספר תורה בעמ׳ 404).

הושענות לשבת

בשבת אומרים הושענות, אך אין מוציאים את ספר התורה
ואין מקיפים את הבימה (הכרעת הטור בסימן תרס).

פותחים את ארון הקודש.

שליח הציבור ואחריו הקהל:

הוֹשַׁע נָא לְמַעַנְךָ אֱלֹהֵינוּ הוֹשַׁע נָא.

שליח הציבור ואחריו הקהל:

הוֹשַׁע נָא לְמַעַנְךָ בּוֹרְאֵנוּ הוֹשַׁע נָא.

שליח הציבור ואחריו הקהל:

הוֹשַׁע נָא לְמַעַנְךָ גּוֹאֲלֵנוּ הוֹשַׁע נָא.

שליח הציבור ואחריו הקהל:

הוֹשַׁע נָא לְמַעַנְךָ דּוֹרְשֵׁנוּ הוֹשַׁע נָא.

הוֹשַׁע נָא

אֹם נְצוּרָה כְּבָבַת. בּוֹנֶנֶת בְּדָת נֶפֶשׁ מְשִׁיבַת.
גּוֹמֶרֶת הִלְכוֹת שַׁבָּת. דּוֹרֶשֶׁת מַשְׂאַת שַׁבָּת.
הַקּוֹבַעַת אַלְפַּיִם תְּחוּם שַׁבָּת. וּמְשִׁיבַת רֶגֶל מִשַּׁבָּת.
זָכוֹר וְשָׁמוֹר מְקַיֶּמֶת בַּשַּׁבָּת. חָשָׁה לְמַהֵר בִּיאַת שַׁבָּת.
טוֹרַחַת כֹּל מִשִּׁשָּׁה לַשַּׁבָּת. יוֹשֶׁבֶת וּמַמְתֶּנֶת עַד כְּלוֹת שַׁבָּת.
כָּבוֹד וָעֹנֶג קוֹרְאָה לַשַּׁבָּת. לְבוּשׁ וּכְסוּת מַחֲלֶפֶת בַּשַּׁבָּת.
מַאֲכָל וּמִשְׁתֶּה מְכִינָה לַשַּׁבָּת. נֹעַם מְגָדִים מַנְעֶמֶת לַשַּׁבָּת.
סְעוּדוֹת שָׁלֹשׁ מְקַיֶּמֶת בַּשַּׁבָּת. עַל שְׁתֵּי כִכָּרוֹת בּוֹצַעַת בַּשַּׁבָּת.
פּוֹרֶטֶת אַרְבַּע רְשֻׁיּוֹת שַׁבָּת. צִוּוּי הַדְלָקַת נֵר מַדְלֶקֶת בַּשַּׁבָּת.
קִדּוּשׁ הַיּוֹם מְקַדֶּשֶׁת בַּשַּׁבָּת. רֶנֶן שֶׁבַע מְפַלֶּלֶת בַּשַּׁבָּת.
שִׁבְעָה בַּדָּת קוֹרְאָה בַּשַּׁבָּת. תַּנְחִילֶנָּה לְיוֹם שֶׁכֻּלּוֹ שַׁבָּת.

הוֹשַׁע נָא.

אֲנִי וָהוּ הוֹשִׁיעָה נָּא.

כְּהוֹשַׁעְתָּ אָדָם יְצִיר כַּפֶּיךָ לְגוֹנְנָה.
בְּשַׁבַּת קֹדֶשׁ הִמְצֵאתוֹ כֹּפֶר וַחֲנִינָה. כֵּן הוֹשַׁע נָא.

כְּהוֹשַׁעְתָּ גּוֹי מְצֻיָּן מְקַוִּים חֹפֶשׁ.
דֵּעָה כִּוְּנוּ לָבוּר שְׁבִיעִי לְנֹפֶשׁ. כֵּן הוֹשַׁע נָא.

כְּהוֹשַׁעְתָּ הָעָם נִהַגְתָּ כַּצֹּאן לְהַנְחוֹת.
וְחֹק שַׂמְתָּ בְּמָרָה עַל מֵי מְנוּחוֹת. כֵּן הוֹשַׁע נָא.

כְּהוֹשַׁעְתָּ זְבוּדֶיךָ בְּמִדְבַּר סִין בַּמַּחֲנֶה.
חָכְמוּ וְלָקְטוּ בַּשִּׁשִּׁי לֶחֶם מִשְׁנֶה. כֵּן הוֹשַׁע נָא.

כְּהוֹשַׁעְתָּ טְפוּלֶיךָ הוֹרוּ הֲכָנָה בְּמַדָּעָם.
יֹשֶׁר כֹּחָם, וְהוֹדָה לָמוֹ רוֹעָם. כֵּן הוֹשַׁע נָא.

כְּהוֹשַׁעְתָּ כְּלְכְּלוּ בְּעֹנֶג מָן הַמְּשֻׁמָּר.
לֹא הָפַךְ עֵינוֹ וְרֵיחוֹ לֹא נָמָר. כֵּן הוֹשַׁע נָא.

כְּהוֹשַׁעְתָּ מִשְׁפְּטֵי מַשְׂאוֹת שַׁבָּת גָּמָרוּ.
נָחוּ וְשָׁבְתוּ, רְשֻׁיּוֹת וּתְחוּמִים שָׁמָרוּ. כֵּן הוֹשַׁע נָא.

כְּהוֹשַׁעְתָּ סִינַי הָשְׁמְעוּ בְּדִבּוּר רְבִיעִי.
עִנְיַן זָכוֹר וְשָׁמוֹר לְקַדֵּשׁ שְׁבִיעִי. כֵּן הוֹשַׁע נָא.

כְּהוֹשַׁעְתָּ פְּקְדוּ יְרִיחוֹ שֶׁבַע לְהַקֵּף.
צָרוּ עַד רִדְתָּהּ בַּשַּׁבָּת לְתַקֵּף. כֵּן הוֹשַׁע נָא.

כְּהוֹשַׁעְתָּ קֹהֶלֶת וְעַמּוֹ בְּבֵית עוֹלָמִים.
רִצּוּךָ בְּחָגְגָם שִׁבְעָה וְשִׁבְעָה יָמִים. כֵּן הוֹשַׁע נָא.

כְּהוֹשַׁעְתָּ שָׁבִים עוֹלֵי גוֹלָה לְפִדְיוֹם.
תּוֹרָתְךָ בְּקָרְאָם בֶּחָג יוֹם יוֹם. כֵּן הוֹשַׁע נָא.

כְּהוֹשַׁעְתָּ מְשַׂמְּחֶיךָ בְּבִנְיַן שֵׁנִי הַמְחֻדָּשׁ.
נוֹטְלִין לוּלָב כָּל שִׁבְעָה בַּמִּקְדָּשׁ. כֵּן הוֹשַׁע נָא.

כְּהוֹשַׁעְתָּ חִבּוּט עֲרָבָה שַׁבָּת מַדְחִים.
מְרַבִּיּוֹת מוֹצָא לִיסוֹד מִזְבֵּחַ מְנִיחִים. כֵּן הוֹשַׁע נָא.

כְּהוֹשַׁעְתָּ בְּרֵכוֹת וַאֲרֻכּוֹת וּגְבוֹהוֹת מְעַלְּסִים.
בִּפְטִירָתָן יֹפִי לְךָ מִזְבֵּחַ מְקַלְּסִים. כֵּן הוֹשַׁע נָא.

כְּהוֹשַׁעְתָּ מוֹדִים וּמְיַחֲלִים וְלֹא מְשַׁנִּים.
כֻּלָּנוּ אָנוּ לְיָהּ וְעֵינֵינוּ לְיָהּ שׁוֹנִים. כֵּן הוֹשַׁע נָא.

כְּהוֹשַׁעְתָּ יֶקֶב מֵחֲצֵבֶיךָ סוֹבְבִים בִּרְנָנָה.
רוֹנְנִים אֲנִי וָהוֹ הוֹשִׁיעָה נָּא. כֵּן הוֹשַׁע נָא.

כְּהוֹשַׁעְתָּ חֵיל זְרִיזִים מְשָׁרְתִים בִּמְנוּחָה.
קָרְבַּן שַׁבָּת כָּפוּל, עוֹלָה וּמִנְחָה. כֵּן הוֹשַׁע נָא.

כְּהוֹשַׁעְתָּ לְוִיֶּיךָ עַל דּוּכָנָם לְהַרְבַּת.
אוֹמְרִים מִזְמוֹר שִׁיר לְיוֹם הַשַּׁבָּת. כֵּן הוֹשַׁע נָא.

כְּהוֹשַׁעְתָּ נְחוּמֶיךָ בְּמִצְוֹתֶיךָ תָּמִיד יִשְׁתַּעַשְׁעוּן.
וּרְצֵם וְהַחֲלִיצֵם בְּשׁוּבָה וָנַחַת יִוָּשֵׁעוּן. כֵּן הוֹשַׁע נָא.

כְּהוֹשַׁעְתָּ שְׁבוּת שִׁבְטֵי יַעֲקֹב.
תָּשׁוּב וְתָשִׁיב שְׁבוּת אָהֳלֵי יַעֲקֹב. וְהוֹשִׁיעָה נָּא.

כְּהוֹשַׁעְתָּ שׁוֹמְרֵי מִצְוֹת וְחוֹכֵי יְשׁוּעוֹת.
אֵל לְמוֹשָׁעוֹת. וְהוֹשִׁיעָה נָּא.

אֲנִי וָהוֹ הוֹשִׁיעָה נָּא.

הוֹשִׁיעָה אֶת־עַמֶּךָ, וּבָרֵךְ אֶת־נַחֲלָתֶךָ, וּרְעֵם וְנַשְּׂאֵם עַד־הָעוֹלָם: וְיִהְיוּ תהלים כח
דְבָרַי אֵלֶּה, אֲשֶׁר הִתְחַנַּנְתִּי לִפְנֵי יהוה, קְרֹבִים אֶל־יהוה אֱלֹהֵינוּ יוֹמָם מלכים א׳ ח
וָלָיְלָה, לַעֲשׂוֹת מִשְׁפַּט עַבְדּוֹ וּמִשְׁפַּט עַמּוֹ יִשְׂרָאֵל, דְּבַר־יוֹם בְּיוֹמוֹ:
לְמַעַן דַּעַת כָּל־עַמֵּי הָאָרֶץ כִּי יהוה הוּא הָאֱלֹהִים, אֵין עוֹד:

סוגרים את ארון הקודש.

שליח הציבור אומר קדיש שלם בעמ׳ 320 וממשיך בתפילת מוסף
(אם אמרו הושענות אחרי הלל, ממשיכים בקריאת מגילת קהלת בעמ׳ 225).

הושענות להושענא רבה

פותחים את ארון הקודש ומוציאים את כל ספרי התורה אל הבימה (רמ״א תרס, א בשם מהר״י טירנא).

מקיפים את הבימה שבע פעמים, ואחרי כל הקפה מסיימים בפסוק המתייחס לאחת משבע הספירות (סידור השל״ה).

שליח הציבור ואחריו הקהל:

הוֹשַׁע נָא לְמַעַנְךָ אֱלֹהֵינוּ הוֹשַׁע נָא.

שליח הציבור ואחריו הקהל:

הוֹשַׁע נָא לְמַעַנְךָ בּוֹרְאֵנוּ הוֹשַׁע נָא.

שליח הציבור ואחריו הקהל:

הוֹשַׁע נָא לְמַעַנְךָ גּוֹאֲלֵנוּ הוֹשַׁע נָא.

שליח הציבור ואחריו הקהל:

הוֹשַׁע נָא לְמַעַנְךָ דּוֹרְשֵׁנוּ הוֹשַׁע נָא.

הוֹשַׁע נָא

הקפה ראשונה:

לְמַעַן אֲמִתָּךְ. לְמַעַן בְּרִיתָךְ.
לְמַעַן גָּדְלָךְ וְתִפְאַרְתָּךְ. לְמַעַן דָּתָךְ.
לְמַעַן הוֹדָךְ. לְמַעַן וְעוּדָךְ.
לְמַעַן זִכְרָךְ. לְמַעַן חַסְדָּךְ.
לְמַעַן טוּבָךְ. לְמַעַן יִחוּדָךְ.
לְמַעַן כְּבוֹדָךְ. לְמַעַן לִמּוּדָךְ.
לְמַעַן מַלְכוּתָךְ. לְמַעַן נִצְחָךְ.
לְמַעַן סוֹדָךְ. לְמַעַן עֻזָּךְ.
לְמַעַן פְּאֵרָךְ. לְמַעַן צִדְקָתָךְ.
לְמַעַן קְדֻשָּׁתָךְ. לְמַעַן רַחֲמֶיךָ הָרַבִּים.
לְמַעַן שְׁכִינָתָךְ. לְמַעַן תְּהִלָּתָךְ. הוֹשַׁע נָא.

תהלים פט

כִּי־אָמַרְתִּי עוֹלָם חֶסֶד יִבָּנֶה:

הוֹשַׁע נָא

הקפה שנייה:

אֶבֶן שְׁתִיָּה. בֵּית הַבְּחִירָה.
גֹּרֶן אָרְנָן. דְּבִיר הַמֻּצְנָע.
הַר הַמּוֹרִיָּה. וְהַר יֵרָאֶה.
זְבוּל תִּפְאַרְתֶּךָ. חָנָה דָוִד.
טוֹב הַלְּבָנוֹן. יְפֵה נוֹף מְשׂוֹשׂ כָּל הָאָרֶץ.
כְּלִילַת יֹפִי. לִינַת הַצֶּדֶק.
מָכוֹן לְשִׁבְתֶּךָ. נָוֶה שַׁאֲנָן.
סֻכַּת שָׁלֵם. עֲלִיַּת שְׁבָטִים.
פִּנַּת יִקְרַת. צִיּוֹן הַמְצֻיֶּנֶת.
קֹדֶשׁ הַקֳּדָשִׁים. רָצוּף אַהֲבָה.
שְׁכִינַת כְּבוֹדֶךָ. תֵּל תַּלְפִּיּוֹת. הוֹשַׁע נָא.

לְךָ זְרוֹעַ עִם־גְּבוּרָה, תָּעֹז יָדְךָ תָּרוּם יְמִינֶךָ: תהלים פט

הוֹשַׁע נָא

הקפה שלישית:

אוֹם אֲנִי חוֹמָה. בָּרָה כַּחַמָּה.
גּוֹלָה וְסוּרָה. דָּמְתָה לְתָמָר.
הַהֲרוּגָה עָלֶיךָ. וְנֶחְשֶׁבֶת כְּצֹאן טִבְחָה.
זְרוּיָה בֵּין מַכְעִיסֶיהָ. חֲבוּקָה וּדְבוּקָה בָּךְ.
טוֹעֶנֶת עֻלָּךְ. יְחִידָה לְיַחֲדָךְ.
כְּבוּשָׁה בַּגּוֹלָה. לוֹמֶדֶת יִרְאָתָךְ.
מְרוּטַת לֶחִי. נְתוּנָה לְמַכִּים.
סוֹבֶלֶת סִבְלָךְ. עֲנִיָּה סוֹעֲרָה.
פְּדוּיַת טוֹבִיָּה. צֹאן קָדָשִׁים.
קְהִלּוֹת יַעֲקֹב. רְשׁוּמִים בִּשְׁמֶךָ.
שׁוֹאֲגִים הוֹשַׁע נָא. תְּמוּכִים עָלֶיךָ. הוֹשַׁע נָא.

תִּתֵּן אֱמֶת לְיַעֲקֹב, חֶסֶד לְאַבְרָהָם: מיכה ז

הוֹשַׁע נָא

הקפה רביעית:

אָדוֹן הַמּוֹשִׁיעַ. בִּלְתְּךָ אֵין לְהוֹשִׁיעַ.
גִּבּוֹר וְרַב לְהוֹשִׁיעַ. דַּלּוֹתִי וְלִי יְהוֹשִׁיעַ.
הָאֵל הַמּוֹשִׁיעַ. וּמַצִּיל וּמוֹשִׁיעַ.
זוֹעֲקֶיךָ תּוֹשִׁיעַ. חוֹכֶיךָ הוֹשִׁיעַ.
טְלָאֶיךָ תַּשְׂבִּיעַ. יְבוּל לְהַשְׁפִּיעַ.
כָּל שִׂיחַ תַּדְשֵׁא וְתוֹשִׁיעַ. לְגֵיא בַּל תַּרְשִׁיעַ.
מְגָדִים תַּמְתִּיק וְתוֹשִׁיעַ. נְשִׂיאִים לְהַסִּיעַ.
שְׂעִירִים לְהָנִיעַ. עֲנָנִים מִלְּהַמְנִיעַ.
פּוֹתֵחַ יָד וּמַשְׂבִּיעַ. צְמֵאֶיךָ תַּשְׂבִּיעַ.
קוֹרְאֶיךָ תּוֹשִׁיעַ. רְחוּמֶיךָ תּוֹשִׁיעַ.
שׁוֹחֲרֶיךָ הוֹשִׁיעַ. תְּמִימֶיךָ תּוֹשִׁיעַ. הוֹשַׁע נָא.

נְעִמוֹת בִּימִינְךָ נֶצַח: תהלים טז

הוֹשַׁע נָא

הקפה חמישית:

אָדָם וּבְהֵמָה. בָּשָׂר וְרוּחַ וּנְשָׁמָה.
גִּיד וְעֶצֶם וְקָרְמָה. דְּמוּת וְצֶלֶם וְרִקְמָה.
הוֹד לַהֶבֶל דָּמָה. וְנִמְשַׁל כַּבְּהֵמוֹת נִדְמָה.
זִיו וְתֹאַר וְקוֹמָה. חִדּוּשׁ פְּנֵי אֲדָמָה.
טִיעַת עֲצֵי נְשַׁמָּה. יְקָבִים וְקָמָה.
כְּרָמִים וְשִׁקְמָה. לְתֵבֵל הַמְּסֻיָּמָה.
מִטְרוֹת עֹז לְסַמְּמָה. נְשִׁיָּה לְקַיְּמָה.
שִׂיחִים לְקוֹמְמָה. עֲדָנִים לְעָצְמָה.
פְּרָחִים לְהַעֲצִימָה. צְמָחִים לְגָשְׁמָה.

קָרִים לְזִרְמָה. רְבִיבִים לְשַׁלְּמָה.
שְׁתִיָּה לְרוֹמְמָה. תְּלוּיָה עַל בְּלִימָה. הוֹשַׁע נָא.

יהוה אֲדֹנֵינוּ מָה־אַדִּיר שִׁמְךָ בְּכָל־הָאָרֶץ תהלים ח
אֲשֶׁר־תְּנָה הוֹדְךָ עַל־הַשָּׁמָיִם:

הוֹשַׁע נָא

הקפה שישית:

אֲדָמָה מֵאֶרֶר. בְּהֵמָה מִמְּשַׁכֶּלֶת.
גֹּרֶן מִגָּזָם. דָּגָן מִדַּלֶּקֶת.
הוֹן מִמְּאֵרָה. וְאֹכֶל מִמְּהוּמָה.
זַיִת מִנֶּשֶׁל. חִטָּה מֵחָגָב.
טֶרֶף מִגּוֹבַי. יֶקֶב מִיֶּלֶק.
כֶּרֶם מִתּוֹלַעַת. לֶקֶשׁ מֵאַרְבֶּה.
מֶגֶד מִצְּלָצַל. נֶפֶשׁ מִבֶּהָלָה.
שֹׂבַע מִסָּלְעָם. עֲדָרִים מִדַּלּוּת.
פֵּרוֹת מִשִּׁדָּפוֹן. צֹאן מִצְּמִיתוּת.
קָצִיר מִקְּלָלָה. רֹב מִרָזוֹן.
שִׁבֹּלֶת מִצִּנָּמוֹן. תְּבוּאָה מֵחָסִיל. הוֹשַׁע נָא.

צַדִּיק יהוה בְּכָל־דְּרָכָיו, וְחָסִיד בְּכָל־מַעֲשָׂיו: תהלים קמה

הוֹשַׁע נָא

הקפה שביעית:

לְמַעַן אֵיתָן הַנִּזְרָק בְּלַהַב אֵשׁ.
לְמַעַן בֵּן הַנֶּעֱקַד עַל עֵצִים וָאֵשׁ.
לְמַעַן גִּבּוֹר הַנֶּאֱבַק עִם שַׂר אֵשׁ.
לְמַעַן דְּגָלִים נָחִיתָ בְּאוֹר וַעֲנַן אֵשׁ.

לְמַעַן הָעֲלָה לַמָּרוֹם, וְנִתְעַלָּה כְּמַלְאֲכֵי אֵשׁ.
לְמַעַן וְהוּא לְךָ כְּסֶגֶן בְּאֶרְאֶלֵּי אֵשׁ.
לְמַעַן זֶבֶד דִּבְּרוֹת הַנְּתוּנוֹת מֵאֵשׁ.
לְמַעַן חִפּוּי יְרִיעוֹת וַעֲנַן אֵשׁ.
לְמַעַן טֶכֶס הַר יָרַדְתָּ עָלָיו בָּאֵשׁ.
לְמַעַן יְדִידוּת בַּיִת אֲשֶׁר אָהַבְתָּ מִשְּׁמֵי אֵשׁ.
לְמַעַן כָּמַהּ עַד שָׁקְעָה הָאֵשׁ.
לְמַעַן לָקַח מַחְתַּת אֵשׁ וְהֵסִיר חֲרוֹן אֵשׁ.
לְמַעַן מְקַנֵּא קִנְאָה גְדוֹלָה בָּאֵשׁ.
לְמַעַן נָף יָדוֹ וַיֵּרְדוּ אַבְנֵי אֵשׁ.
לְמַעַן שָׂם טְלֵה חָלָב כְּלִיל אֵשׁ.
לְמַעַן עָמַד בַּגֹּרֶן וְנִתְרַצָּה בָּאֵשׁ.
לְמַעַן פִּלֵּל בָּעֲזָרָה וְיָרְדָה הָאֵשׁ.
לְמַעַן צִיר עָלָה וְנִתְעַלָּה בְּרֶכֶב וְסוּסֵי אֵשׁ.
לְמַעַן קְדוֹשִׁים מֻשְׁלָכִים בָּאֵשׁ.
לְמַעַן רִבּוֹ רִבְבָן חָז וְנַהֲרֵי אֵשׁ.
לְמַעַן שְׁמְמוֹת עִירְךָ הַשְּׂרוּפָה בָּאֵשׁ.
לְמַעַן תּוֹלְדוֹת אַלּוּפֵי יְהוּדָה, תָּשִׂים כְּכִיּוֹר אֵשׁ. הוֹשַׁע נָא.

לְךָ יהוה הַגְּדֻלָּה וְהַגְּבוּרָה וְהַתִּפְאֶרֶת וְהַנֵּצַח וְהַהוֹד דברי הימים א׳ כט
כִּי־כֹל בַּשָּׁמַיִם וּבָאָרֶץ
לְךָ יהוה הַמַּמְלָכָה וְהַמִּתְנַשֵּׂא לְכֹל לְרֹאשׁ:
וְהָיָה יהוה לְמֶלֶךְ עַל־כָּל־הָאָרֶץ זכריה יד
בַּיּוֹם הַהוּא יִהְיֶה יהוה אֶחָד וּשְׁמוֹ אֶחָד:
וּבְתוֹרָתְךָ כָּתוּב לֵאמֹר: דברים ו
שְׁמַע יִשְׂרָאֵל, יהוה אֱלֹהֵינוּ, יהוה אֶחָד:
בָּרוּךְ שֵׁם כְּבוֹד מַלְכוּתוֹ לְעוֹלָם וָעֶד.

הקהל חוזר למקומו, וממשיכים:

אֲנִי וָהוּ הוֹשִׁיעָה נָּא.

כְּהוֹשַׁעְתָּ אֵלִים בְּלוּד עִמָּךְ.
בְּצֵאתְךָ לְיֵשַׁע עַמָּךְ. כֵּן הוֹשַׁע נָא.
כְּהוֹשַׁעְתָּ גּוֹי וֵאלֹהִים.
דְּרוּשִׁים לְיֵשַׁע אֱלֹהִים. כֵּן הוֹשַׁע נָא.
כְּהוֹשַׁעְתָּ הֲמוֹן צְבָאוֹת.
וְעִמָּם מַלְאֲכֵי צְבָאוֹת. כֵּן הוֹשַׁע נָא.
כְּהוֹשַׁעְתָּ זַכִּים מִבֵּית עֲבָדִים.
חַנּוּן בְּיָדָם מַעֲבִידִים. כֵּן הוֹשַׁע נָא.
כְּהוֹשַׁעְתָּ טְבוּעִים בְּצוּל גְּזָרִים.
יְקָרְךָ עִמָּם מַעֲבִירִים. כֵּן הוֹשַׁע נָא.
כְּהוֹשַׁעְתָּ כַּנָּה מְשׁוֹרֶרֶת וַיּוֹשַׁע.
לְגוֹחָהּ מְצֻיֶּנֶת וַיִּוָּשַׁע. כֵּן הוֹשַׁע נָא.
כְּהוֹשַׁעְתָּ מַאֲמַר וְהוֹצֵאתִי אֶתְכֶם.
נָקוּב וְהוּצֵאתִי אִתְּכֶם. כֵּן הוֹשַׁע נָא.
כְּהוֹשַׁעְתָּ סוֹבְבֵי מִזְבֵּחַ.
עוֹמְסֵי עֲרָבָה לְהַקִּיף מִזְבֵּחַ. כֵּן הוֹשַׁע נָא.
כְּהוֹשַׁעְתָּ פִּלְאֵי אָרוֹן כְּהֻפְשַׁע.
צִעֵר פְּלֶשֶׁת בַּחֲרוֹן אַף, וְנוֹשַׁע. כֵּן הוֹשַׁע נָא.
כְּהוֹשַׁעְתָּ קְהִלּוֹת בָּבֶלָה שִׁלַּחְתָּ.
רַחוּם לְמַעֲנָם שֻׁלַּחְתָּ. כֵּן הוֹשַׁע נָא.
כְּהוֹשַׁעְתָּ שְׁבוּת שִׁבְטֵי יַעֲקֹב.
תָּשׁוּב וְתָשִׁיב שְׁבוּת אָהֳלֵי יַעֲקֹב. וְהוֹשִׁיעָה נָּא.
כְּהוֹשַׁעְתָּ שׁוֹמְרֵי מִצְוֹת וְחוֹכֵי יְשׁוּעוֹת.
אֵל לְמוֹשָׁעוֹת. וְהוֹשִׁיעָה נָּא.

אֲנִי וָהוּ הוֹשִׁיעָה נָּא.

תִּתְּנֵנוּ לְשֵׁם וְלִתְהִלָּה. תְּחָנֵּנוּ בְּרַחֲמִים וּבְחֶמְלָה.
תְּשִׁיבֵנוּ אֶל הַחֶבֶל וְאֶל הַנַּחֲלָה. תַּזְכִּירֵנוּ בְּמִי זֹאת עוֹלָה.
תְּרוֹמְמֵנוּ לְמַעְלָה לְמָעְלָה. תּוֹשִׁיעֵנוּ לְקֵץ הַגְּאֻלָּה.
תְּקַבְּצֵנוּ לְבֵית הַתְּפִלָּה. תְּהַדְּרֵנוּ בְּזִיו הֲמֻלָּה.
תַּצִּיבֵנוּ כְּעֵץ עַל פַּלְגֵי מַיִם שְׁתוּלָה. תַּדְבִּיקֵנוּ כְּאֵזוֹר חֲתוּלָה.
תִּפְדֵּנוּ מִכָּל נֶגַע וּמַחֲלָה. תְּגַדְּלֵנוּ בְּיָד הַגְּדוֹלָה.
תְּעַטְּרֵנוּ בְּאַהֲבָה כְלוּלָה. תְּבִיאֵנוּ לְבֵיתְךָ בְּרִנָּה וְצָהֳלָה.
תְּשַׂמְּחֵנוּ בְּבֵית הַתְּפִלָּה. תְּאַדְּרֵנוּ בְּיֶשַׁע וְגִילָה.
תְּנַהֲלֵנוּ עַל מֵי מְנוּחוֹת סֶלָה. תְּאַמְּצֵנוּ בְּרֶוַח וְהַצָּלָה.
תְּמַלְּאֵנוּ חָכְמָה וְשִׂכְלָה. תְּלַבְּבֵנוּ בְּבִנְיַן עִירְךָ כְּבַתְּחִלָּה.
תַּלְבִּישֵׁנוּ עֹז וּגְדֻלָּה. תְּעוֹרְרֵנוּ לְצִיּוֹן בְּשִׁכְלוּלָה.
תַּכְתִּירֵנוּ בְּכֶתֶר כְּלוּלָה. תְּזַכֵּנוּ בְּנִבְנְתָה הָעִיר עַל תִּלָּהּ.
תְּיַשְּׁרֵנוּ בְּאֹרַח סְלוּלָה. תַּרְבִּיצֵנוּ בְּשָׂשׂוֹן וְגִילָה.
תִּטָּעֵנוּ בְּיֹשֶׁר מְסִלָּה. תְּחַזְּקֵנוּ אֱלֹהֵי יַעֲקֹב סֶלָה.

הוֹשַׁע נָא.

אָנָּא, הוֹשִׁיעָה נָּא.

אָנָּא אֱזוֹן חִין תְּאֵבֵי יִשְׁעָךְ.
בְּעַרְבֵי נַחַל לְשַׁעְשְׁעָךְ. וְהוֹשִׁיעָה נָּא.

אָנָּא גְּאַל כַּנַּת נִטְעָךְ.
דּוּמָה בְּטַאטְאָךְ. וְהוֹשִׁיעָה נָּא.

אָנָּא הַבֵּט לַבְּרִית טִבְעָךְ.
וּמַחֲשַׁכֵּי אֶרֶץ בְּהַטְבִּיעָךְ. וְהוֹשִׁיעָה נָּא.

אָנָּא זְכָר לָנוּ אָב יְדָעָךְ.
חַסְדְּךָ לָמוֹ בְּהוֹדִיעָךְ. וְהוֹשִׁיעָה נָּא.

אָנָּא טְהוֹרֵי לֵב בְּהַפְלִיאָךְ.
יוֹדֵעַ כִּי הוּא פִלְאָךְ. וְהוֹשִׁיעָה נָּא.

אָנָּא כַּבִּיר כֹּחַ תֵּן לָנוּ יִשְׁעָךְ.
לַאֲבוֹתֵינוּ כְּהִשָּׁבְעָךְ. וְהוֹשִׁיעָה נָּא.

אָנָּא מַלֵּא מִשְׁאֲלוֹת עַם מְשַׁוְּעָךְ.
נֶעֱקַד בְּהַר מוֹר כְּמוֹ שׁוֹעָךְ. וְהוֹשִׁיעָה נָּא.

אָנָּא סַגֵּב אֶשְׁלֵי נִטְעָךְ.
עָרִיצִים בְּהַנִיעָךְ. וְהוֹשִׁיעָה נָּא.

אָנָּא פְּתַח לָנוּ אוֹצְרוֹת רִבְעָךְ.
צִיָּה מֵהֶם בְּהַרְבִּיעָךְ. וְהוֹשִׁיעָה נָּא.

אָנָּא קוֹרְאֶיךָ אֶרֶץ בְּרוֹעֲעָךְ.
רְעֵם בְּטוּב מִרְעָךְ. וְהוֹשִׁיעָה נָּא.

אָנָּא שְׁעָרֶיךָ תַּעַל מִמַּשּׁוֹאָךְ.
תֵּל תַּלְפִּיּוֹת בְּהַשִּׂיאָךְ. וְהוֹשִׁיעָה נָּא.

אָנָּא, אֵל נָא, הוֹשַׁע נָא וְהוֹשִׁיעָה נָּא.

אֵל נָא תָּעִינוּ כְּשֶׂה אוֹבֵד
שְׁמֵנוּ מִסִּפְרְךָ אַל תְּאַבֵּד הוֹשַׁע נָא וְהוֹשִׁיעָה נָּא.

אֵל נָא רְעֵה אֶת צֹאן הַהֲרֵגָה
קְצוּפָה, וְעָלֶיךָ הֲרוּגָה הוֹשַׁע נָא וְהוֹשִׁיעָה נָּא.

אֵל נָא צֹאנְךָ וְצֹאן מַרְעִיתֶךָ
פְּעֻלָּתְךָ וְרַעְיָתֶךָ הוֹשַׁע נָא וְהוֹשִׁיעָה נָּא.

אֵל נָא עֲנִיֵּי הַצֹּאן
שִׂיחָם עֲנֵה בְּעֵת רָצוֹן הוֹשַׁע נָא וְהוֹשִׁיעָה נָּא.

אֵל נָא נוֹשְׂאֵי לְךָ עַיִן
מִתְקוֹמְמֶיךָ יִהְיוּ כְאַיִן הוֹשַׁע נָא וְהוֹשִׁיעָה נָּא.

אֵל נָא לִמְנַסְּכֵי לְךָ מַיִם
כְּמִמַּעַיְנֵי הַיְשׁוּעָה
יִשְׁאֲבוּן מַיִם הוֹשַׁע נָא וְהוֹשִׁיעָה נָּא.

אֵל נָא יַעֲלוּ לְצִיּוֹן מוֹשִׁיעִים
טְפוּלִים בְּךָ וּבְשִׁמְךָ נוֹשָׁעִים הוֹשַׁע נָא וְהוֹשִׁיעָה נָּא.

אֵל נָא חֲמוּץ בְּגָדִים
זְעֹם לְנַעֵר כָּל בּוֹגְדִים הוֹשַׁע נָא וְהוֹשִׁיעָה נָּא.

אֵל נָא וְזָכוֹר תִּזְכֹּר
הַנְּכוּרִים בְּלֶתֶךָ וָכֹר הוֹשַׁע נָא וְהוֹשִׁיעָה נָּא.

אֵל נָא דּוֹרְשֶׁיךָ בְּעַנְפֵי עֲרָבוֹת
גַּעְיָם שְׁעֵה מֵעֲרָבוֹת הוֹשַׁע נָא וְהוֹשִׁיעָה נָּא.

אֵל נָא בָּרֵךְ בְּעִטּוּר שָׁנָה
אֲמָרַי רְצֵה בְּפִלּוּלִי
בְּיוֹם הוֹשַׁעְנָא הוֹשַׁע נָא וְהוֹשִׁיעָה נָּא.

אָנָּא, אֵל נָא, הוֹשַׁע נָא וְהוֹשִׁיעָה נָּא, אָבִינוּ אָתָּה.

לְמַעַן תָּמִים בְּדוֹרוֹתָיו, הַנִּמְלָט בְּרֹב צִדְקוֹתָיו
מֻצָּל מִשֶּׁטֶף בְּבוֹא מַבּוּל מַיִם.
לְאֹם אֲנִי חוֹמָה הוֹשַׁע נָא וְהוֹשִׁיעָה נָּא, אָבִינוּ אָתָּה.

לְמַעַן שָׁלֵם בְּכָל מַעֲשִׂים, הַמְנֻסֶּה בַּעֲשָׂרָה נִסִּים
כְּשַׂר מַלְאָכִים, נָם יֻקַּח נָא מְעַט מַיִם.
לְבָרָה כַּחַמָּה הוֹשַׁע נָא וְהוֹשִׁיעָה נָּא, אָבִינוּ אָתָּה.

לְמַעַן רַךְ וְיָחִיד נֶחֱנַט פְּרִי לְמֵאָה, זָעַק אַיֵּה הַשֶּׂה לְעֹלָה
בִּשְּׂרוּהוּ עֲבָדָיו מָצָאנוּ מַיִם.
לְגוֹלָה וְסוּרָה הוֹשַׁע נָא וְהוֹשִׁיעָה נָּא, אָבִינוּ אָתָּה.

לְמַעַן קַדַּם שְׂאֵת בְּרָכָה, הַנִּשְׂטָם וּלְשִׁמְךָ חִכָּה
מְיַחֵם בְּמַקְלוֹת בְּשִׁקְתוֹת הַמַּיִם.
לְדָמְתָה לְתָמָר הוֹשַׁע נָא וְהוֹשִׁיעָה נָּא, אָבִינוּ אָתָּה.

לְמַעַן צָדַק הֱיוֹת לְךָ לְכֹהֵן, כְּחָתָן פְּאֵר יְכַהֵן
מְנֻסֶּה בְּמַסָּה בְּמֵי מְרִיבַת מַיִם.
לְהָהָר הַטּוֹב הוֹשַׁע נָא וְהוֹשִׁיעָה נָּא, אָבִינוּ אָתָּה.

לְמַעַן פְּאֵר הֱיוֹת גְּבִיר לְאֶחָיו, יְהוּדָה אֲשֶׁר גָּבַר בְּאֶחָיו
מִסְפַּר רֹבַע מִדָּלְיָו יִזַּל מַיִם.
לֹא לָנוּ כִּי אִם לְמַעַנְךָ הוֹשַׁע נָא וְהוֹשִׁיעָה נָּא, אָבִינוּ אָתָּה.

לְמַעַן עָנָו מִכֹּל וְנֶאֱמָן, אֲשֶׁר בְּצִדְקוֹ כִּלְכֵּל הַמָּן
מָשׁוּךְ לְגוֹאֵל וּמָשׁוּי מִמַּיִם.
לְזֹאת הַנִּשְׁקָפָה הוֹשַׁע נָא וְהוֹשִׁיעָה נָּא, אָבִינוּ אָתָּה.

לְמַעַן שַׂמְתּוֹ כְּמַלְאֲכֵי מְרוֹמִים, הַלּוֹבֵשׁ אוּרִים וְתֻמִּים
מְצֻוֶּה לָבוֹא בַמִּקְדָּשׁ בְּקִדּוּשׁ יָדַיִם וְרַגְלַיִם וּרְחִיצַת מַיִם.
לְחוֹלַת אַהֲבָה הוֹשַׁע נָא וְהוֹשִׁיעָה נָּא, אָבִינוּ אָתָּה.

לְמַעַן נְבִיאָה מְחוֹלַת מַחֲנַיִם, לִכְמֵהֵי לֵב הוּשְׂמָה עֵינַיִם
לְרַגְלָהּ רָצָה עֲלוֹת וָרֶדֶת בְּאֵר מַיִם.
לְטוֹבוּ אֹהָלָיו הוֹשַׁע נָא וְהוֹשִׁיעָה נָּא, אָבִינוּ אָתָּה.

לְמַעַן מְשָׁרֵת לֹא מָשׁ מֵאֹהֶל, וְרוּחַ הַקֹּדֶשׁ עָלָיו אֹהֵל
בְּעָבְרוֹ בַּיַּרְדֵּן נִכְרְתוּ הַמַּיִם.
לְיָפָה וּבָרָה הוֹשַׁע נָא וְהוֹשִׁיעָה נָּא, אָבִינוּ אָתָּה.

לְמַעַן לָמַד רְאוֹת לְטוֹבָה אוֹת, זָעַק אַיֵּה נִפְלָאוֹת
מִצָּה טַל מִגִּזָּה מְלֹא הַסֵּפֶל מַיִם.
לְכַלַּת לְבָנוֹן הוֹשַׁע נָא וְהוֹשִׁיעָה נָּא, אָבִינוּ אָתָּה.

לְמַעַן כְּלוּלֵי עֲשׂוֹת מִלְחַמְתֶּךָ, אֲשֶׁר בְּיָדָם תַּתָּה יְשׁוּעָתֶךָ
צְרוּפֵי מִגּוֹי בְּלָקְקָם בְּיָדָם מַיִם.
לְלֹא בָגְדוּ בָךְ הוֹשַׁע נָא וְהוֹשִׁיעָה נָּא, אָבִינוּ אָתָּה.

לְמַעַן יָחִיד צוֹרְרִים דָּשׁ, אֲשֶׁר מֵרֶחֶם לִנְזִיר הֻקְדָּשׁ
מִמַּכְתֵּשׁ לֶחִי הִבְקַעְתָּ לוֹ מַיִם.
לְמַעַן שֵׁם קָדְשֶׁךָ הוֹשַׁע נָא וְהוֹשִׁיעָה נָּא, אָבִינוּ אָתָּה.

לְמַעַן טוֹב הוֹלֵךְ וְגָדֵל, אֲשֶׁר מֵעֹשֶׁק עֵדָה חִדֵּל
בְּשׁוּב עִם מֵחֵטְא צִוָּה שְׁאֹב מַיִם.
לְנָאוָה כִּירוּשָׁלָיִם הוֹשַׁע נָא וְהוֹשִׁיעָה נָּא, אָבִינוּ אָתָּה.

לְמַעַן חַיָּךְ מְכַרְכֵּר בְּשִׁיר, הַמְלַמֵּד תּוֹרָה בְּכָל כְּלֵי שִׁיר
מְנַסֵּךְ לְפָנֶיךָ כְּתָאַב שְׁתוֹת מַיִם.
לְשָׂמוּ בְךָ סִבְרָם הוֹשַׁע נָא וְהוֹשִׁיעָה נָּא, אָבִינוּ אָתָּה.

לְמַעַן זָךְ עָלָה בַסְּעָרָה, הַמְקַנֵּא וּמֵשִׁיב עֶבְרָה
לְפִלּוּלוֹ יָרְדָה אֵשׁ וְלִחֲכָה עָפָר וּמַיִם.
לְעֵינֶיהָ בְּרֵכוֹת הוֹשַׁע נָא וְהוֹשִׁיעָה נָּא, אָבִינוּ אָתָּה.

לְמַעַן וְשֵׁרֵת בֶּאֱמֶת לְרַבּוֹ, פִּי שְׁנַיִם בְּרוּחוֹ נֶאֱצַל בּוֹ
בְּקַחְתּוֹ מְנַגֵּן נִתְמַלְאוּ גֵּבִים מַיִם.
לְפָצוּ מִי כָמֹכָה הוֹשַׁע נָא וְהוֹשִׁיעָה נָּא, אָבִינוּ אָתָּה.

לְמַעַן הִרְהֵר עֲשׂוֹת רְצוֹנֶךָ, הַמַּכְרִיז תְּשׁוּבָה לְצֹאנֶךָ
אָז בְּבוֹא מְחָרֵף סָתַם עֵינוֹת מָיִם.
לְצִיּוֹן מִכְלַל יֹפִי הוֹשַׁע נָא וְהוֹשִׁיעָה נָּא, אָבִינוּ אָתָּה.

לְמַעַן דָּרְשׁוּךָ בְּתוֹךְ הַגּוֹלָה, וְסוֹדְךָ לָמוֹ נִגְלָה
בְּלִי לְהִתְגָּאֵל דָּרְשׁוּ זֵרְעוֹנִים וּמָיִם.
לְקוֹרְאֶיךָ בַּצָּר הוֹשַׁע נָא וְהוֹשִׁיעָה נָּא, אָבִינוּ אָתָּה.

לְמַעַן גְּמַר חָכְמָה וּבִינָה, סוֹפֵר מָהִיר מְפַלֵּשׁ אֲמָנָה
מְחַכְּמֵנוּ אֲמָרִים הַמְּשׁוּלִים בְּרַחֲבֵי מָיִם.
לְרַבָּתִי עָם הוֹשַׁע נָא וְהוֹשִׁיעָה נָּא, אָבִינוּ אָתָּה.

לְמַעַן בָּאֵי לְךָ הַיּוֹם בְּכָל לֵב, שׁוֹפְכִים לְךָ שִׂיחַ בְּלֹא לֵב וָלֵב
שׁוֹאֲלִים מִמְּךָ עֹז מִטְרוֹת מָיִם.
לְשׁוֹרְרוּ בַיָּם הוֹשַׁע נָא וְהוֹשִׁיעָה נָּא, אָבִינוּ אָתָּה.

לְמַעַן אוֹמְרֵי יִגְדַּל שְׁמֶךָ, וְהֵם נַחֲלָתְךָ וְעַמֶּךָ
צְמֵאִים לְיֶשְׁעֲךָ כְּאֶרֶץ עֲיֵפָה לַמָּיִם.
לְתֵת לָמוֹ מְנוּחָה הוֹשַׁע נָא וְהוֹשִׁיעָה נָּא, אָבִינוּ אָתָּה.

שליח הציבור ואחריו הקהל:

הוֹשַׁע נָא, אֵל נָא
אָנָּא הוֹשִׁיעָה נָּא.
הוֹשַׁע נָא, סְלַח נָא
וְהַצְלִיחָה נָא
וְהוֹשִׁיעֵנוּ אֵל מָעֻזֵּנוּ.

מניחים את הלולב ואת האתרוג ונוטלים את הערבות (רמ״א תרסד, ז).

תַּעֲנֶה אֱמוּנִים שׁוֹפְכִים לְךָ לֵב כַּמַּיִם וְהוֹשִׁיעָה נָּא.
לְמַעַן בָּא בָאֵשׁ וּבַמַּיִם וְהַצְלִיחָה נָא.
גָּזַר וְנָם יֻקַּח נָא מְעַט מַיִם וְהוֹשִׁיעֵנוּ אֵל מָעֻזֵּנוּ.

תַּעֲנֶה דְגָלִים גָּזוּ גִּזְרֵי מַיִם וְהוֹשִׁיעָה נָּא.
לְמַעַן הַנֶּעֱקַד בְּשַׁעַר הַשָּׁמַיִם וְהַצְלִיחָה נָא.
וְשָׁב וְחָפַר בְּאֵרוֹת מַיִם וְהוֹשִׁיעֵנוּ אֵל מָעֻזֵּנוּ.

תַּעֲנֶה זַכִּים חוֹנִים עֲלֵי מַיִם וְהוֹשִׁיעָה נָּא.
לְמַעַן חָלָק מְפַצֵּל מַקְלוֹת בְּשִׁקְתוֹת הַמַּיִם וְהַצְלִיחָה נָא.
טָעַן וְגָל אֶבֶן מִבְּאֵר מַיִם וְהוֹשִׁיעֵנוּ אֵל מָעֻזֵּנוּ.

תַּעֲנֶה יְדִידִים נוֹחֲלֵי דָת מְשׁוּלַת מַיִם וְהוֹשִׁיעָה נָּא.
לְמַעַן כָּרוּ בְּמִשְׁעֲנוֹתָם מַיִם וְהַצְלִיחָה נָא.
לְהָכִין לָמוֹ וּלְצֶאֱצָאֵימוֹ מַיִם וְהוֹשִׁיעֵנוּ אֵל מָעֻזֵּנוּ.

תַּעֲנֶה מִתְחַנְּנִים כְּבִישִׁימוֹן עֲלֵי מַיִם וְהוֹשִׁיעָה נָּא.
לְמַעַן נֶאֱמַן בַּיִת מַסְפִּיק לָעָם מַיִם וְהַצְלִיחָה נָא.
סֶלַע הָךְ וַיָּזוּבוּ מַיִם וְהוֹשִׁיעֵנוּ אֵל מָעֻזֵּנוּ.

תַּעֲנֶה עוֹנִים עֲלֵי בְאֵר מַיִם וְהוֹשִׁיעָה נָּא.
לְמַעַן פֻּקַּד בְּמֵי מְרִיבַת מַיִם וְהַצְלִיחָה נָא.
צְמֵאִים לְהַשְׁקוֹת מַיִם וְהוֹשִׁיעֵנוּ אֵל מָעֻזֵּנוּ.

תַּעֲנֶה קְדוֹשִׁים מְנַסְּכִים לְךָ מַיִם וְהוֹשִׁיעָה נָּא.
לְמַעַן רֹאשׁ מְשׁוֹרְרִים כְּתָאַב שְׁתוֹת מַיִם וְהַצְלִיחָה נָא.
שָׁב וְנָסַךְ לְךָ מַיִם וְהוֹשִׁיעֵנוּ אֵל מָעֻזֵּנוּ.

תַּעֲנֶה שׁוֹאֲלִים בְּרִבּוּעַ אֶשְׁלֵי מַיִם וְהוֹשִׁיעָה נָּא.
לְמַעַן תֵּל תַּלְפִּיּוֹת מוֹצָא מַיִם וְהַצְלִיחָה נָא.
תִּפְתַּח אֶרֶץ וְתַרְעִיף שָׁמַיִם וְהוֹשִׁיעֵנוּ אֵל מָעֻזֵּנוּ.

רַחֵם נָא קְהַל עֲדַת יְשׁוּרוּן, סְלַח וּמְחַל עֲוֹנָם וְהוֹשִׁיעֵנוּ אֱלֹהֵי יִשְׁעֵנוּ.

אָז כְּעֵינֵי עֲבָדִים אֶל יַד אֲדוֹנִים
בָּאנוּ לְפָנֶיךָ נִדּוֹנִים. וְהוֹשִׁיעֵנוּ אֱלֹהֵי יִשְׁעֵנוּ.

גֵּאָה אֲדוֹנֵי הָאֲדוֹנִים, נִתְגָּרוּ בָנוּ מְדָנִים
דְּשׁוּנוּ וּבְעָלוּנוּ זוּלָתְךָ אֲדוֹנִים. וְהוֹשִׁיעֵנוּ אֱלֹהֵי יִשְׁעֵנוּ.

הֵן גַּשְׁנוּ הַיּוֹם בְּתַחֲנוּן, עָדֶיךָ רַחוּם וְחַנּוּן
וְסִפַּרְנוּ נִפְלְאוֹתֶיךָ בְּשִׁנּוּן. וְהוֹשִׁיעֵנוּ אֱלֹהֵי יִשְׁעֵנוּ.

זָבַת חָלָב וּדְבָשׁ, נָא אַל תִּיבָשׁ
חַשְׁרַת מַיִם כְּאֵבָה תֶּחְבָּשׁ. וְהוֹשִׁיעֵנוּ אֱלֹהֵי יִשְׁעֵנוּ.

טְעֵנוּ בַשְּׁמֵנָה, בְּיַד שִׁבְעָה וּשְׁמוֹנָה
יָשָׁר צַדִּיק אֵל אֱמוּנָה. וְהוֹשִׁיעֵנוּ אֱלֹהֵי יִשְׁעֵנוּ.

כָּרַתָּ בְרִית לָאָרֶץ, עוֹד כָּל יְמֵי הָאָרֶץ
לְבִלְתִּי פְּרָץ בָּהּ פָּרֶץ. וְהוֹשִׁיעֵנוּ אֱלֹהֵי יִשְׁעֵנוּ.

מִתְחַנְּנִים עֲלֵי מַיִם, כַּעֲרָבִים עַל יִבְלֵי מַיִם
נָא זְכָר לָמוֹ נִסּוּךְ הַמַּיִם. וְהוֹשִׁיעֵנוּ אֱלֹהֵי יִשְׁעֵנוּ.

שִׂיחִים בְּדֶרֶךְ מַטָּעָתָם, עוֹמְסִים בְּשַׁוְעָתָם
עֲנֵם בְּקוֹל פְּגִיעָתָם. וְהוֹשִׁיעֵנוּ אֱלֹהֵי יִשְׁעֵנוּ.

פּוֹעֵל יְשׁוּעוֹת, פְּנֵה לְפִלּוּלָם שְׁעוֹת
צַדְּקֵם אֵל לְמוֹשָׁעוֹת. וְהוֹשִׁיעֵנוּ אֱלֹהֵי יִשְׁעֵנוּ.

קוֹל רִגְשָׁם תַּשַׁע, תִּפְתַּח אֶרֶץ וְיִפְרוּ יֶשַׁע
רַב לְהוֹשִׁיעַ וְלֹא חָפֵץ רֶשַׁע. וְהוֹשִׁיעֵנוּ אֱלֹהֵי יִשְׁעֵנוּ.

שליח הציבור ואחריו הקהל:

שַׁעֲרֵי שָׁמַיִם פְּתַח, וְאוֹצָרְךָ הַטּוֹב לָנוּ תִפְתַּח. תּוֹשִׁיעֵנוּ וְרִיב אַל תִּמְתַּח. וְהוֹשִׁיעֵנוּ אֱלֹהֵי יִשְׁעֵנוּ.

שליח הציבור ואחריו הקהל:

קוֹל מְבַשֵּׂר מְבַשֵּׂר וְאוֹמֵר.

אֹמֶן יֶשְׁעֲךָ בָּא, קוֹל דּוֹדִי הִנֵּה זֶה בָּא. מְבַשֵּׂר וְאוֹמֵר.
בָּא בְּרִבְבוֹת כִּתִּים, לַעֲמֹד עַל הַר הַזֵּיתִים. מְבַשֵּׂר וְאוֹמֵר.
גִּשְׁתּוֹ בַּשּׁוֹפָר לִתְקַע, תַּחְתָּיו הַר יִבָּקַע. מְבַשֵּׂר וְאוֹמֵר.
דָּפַק וְהֵצִיץ וְזָרַח, וּמָשׁ חֲצִי הָהָר מִמִּזְרָח. מְבַשֵּׂר וְאוֹמֵר.
הֵקִים מִלּוּל נְאֻמוֹ, וּבָא הוּא וְכָל קְדוֹשָׁיו עִמּוֹ. מְבַשֵּׂר וְאוֹמֵר.
וּלְכָל בָּאֵי הָעוֹלָם, בַּת קוֹל יִשָּׁמַע בָּעוֹלָם. מְבַשֵּׂר וְאוֹמֵר.
זֶרַע עֲמוּסֵי רַחְמוֹ, נוֹלְדוּ כְּיֶלֶד מִמְּעֵי אִמּוֹ. מְבַשֵּׂר וְאוֹמֵר.
חָלָה וְיָלְדָה מִי זֹאת, מִי־שָׁמַע כָּזֹאת. מְבַשֵּׂר וְאוֹמֵר. ישעיה סו
טָהוֹר פָּעַל כָּל אֵלֶּה, מִי רָאָה כָּאֵלֶּה. מְבַשֵּׂר וְאוֹמֵר. ישעיה סו
יֶשַׁע וּזְמַן הוּחַד, הֲיוּחַל אֶרֶץ בְּיוֹם אֶחָד. מְבַשֵּׂר וְאוֹמֵר. ישעיה סו
כַּבִּיר רוֹם וָתַחַת, אִם־יִוָּלֵד גּוֹי פַּעַם אֶחָת. מְבַשֵּׂר וְאוֹמֵר. ישעיה סו
לְעֵת יִגְאַל עַמּוֹ נָאוֹר, וְהָיָה לְעֵת־עֶרֶב יִהְיֶה־אוֹר. מְבַשֵּׂר וְאוֹמֵר. זכריה יד
מוֹשִׁיעִים יַעֲלוּ לְהַר צִיּוֹן, כִּי־חָלָה גַּם־יָלְדָה צִיּוֹן. מְבַשֵּׂר וְאוֹמֵר. ישעיה סו
נִשְׁמַע בְּכָל גְּבוּלֵךְ, הַרְחִיבִי מְקוֹם אָהֳלֵךְ. מְבַשֵּׂר וְאוֹמֵר. ישעיה נד
שִׂימִי עַד דַּמֶּשֶׂק מִשְׁכְּנוֹתַיִךְ, קַבְּלִי בָנַיִךְ וּבְנוֹתַיִךְ. מְבַשֵּׂר וְאוֹמֵר.
עִלְזִי חֲבַצֶּלֶת הַשָּׁרוֹן, כִּי קָמוּ יְשֵׁנֵי חֶבְרוֹן. מְבַשֵּׂר וְאוֹמֵר.
פְּנוּ אֵלַי וְהִוָּשְׁעוּ, הַיּוֹם אִם בְּקוֹלִי תִשְׁמָעוּ. מְבַשֵּׂר וְאוֹמֵר.
צֶמַח אִישׁ צֶמַח שְׁמוֹ, הוּא דָוִד בְּעַצְמוֹ. מְבַשֵּׂר וְאוֹמֵר.
קוּמוּ כְּפוּשֵׁי עָפָר, הָקִיצוּ וְרַנְּנוּ שֹׁכְנֵי עָפָר. מְבַשֵּׂר וְאוֹמֵר. ישעיה כו
רַבָּתִי עָם בְּהַמְלִיכוֹ, מִגְדּוֹל יְשׁוּעוֹת מַלְכּוֹ. מְבַשֵּׂר וְאוֹמֵר. שמואל ב׳ כב
שֵׂם רְשָׁעִים לְהַאֲבִיד, עֹשֶׂה־חֶסֶד לִמְשִׁיחוֹ לְדָוִד. מְבַשֵּׂר וְאוֹמֵר. שמואל ב׳ כב
תְּנָה יְשׁוּעוֹת לְעַם עוֹלָם, לְדָוִד וּלְזַרְעוֹ עַד־עוֹלָם. מְבַשֵּׂר וְאוֹמֵר. שמואל ב׳ כב

שליח הציבור אומר שלוש פעמים ואחריו הקהל:

קוֹל מְבַשֵּׂר מְבַשֵּׂר וְאוֹמֵר.

חובטים את הערבות חמש פעמים ואומרים:

הוֹשִׁיעָה אֶת־עַמֶּךָ, וּבָרֵךְ אֶת־נַחֲלָתֶךָ תהלים כח
וּרְעֵם וְנַשְּׂאֵם עַד־הָעוֹלָם:
וְיִהְיוּ דְבָרַי אֵלֶּה, אֲשֶׁר הִתְחַנַּנְתִּי לִפְנֵי יהוה מלכים א׳ ח
קְרֹבִים אֶל־יהוה אֱלֹהֵינוּ יוֹמָם וָלָיְלָה
לַעֲשׂוֹת מִשְׁפַּט עַבְדּוֹ וּמִשְׁפַּט עַמּוֹ יִשְׂרָאֵל
דְּבַר־יוֹם בְּיוֹמוֹ:
לְמַעַן דַּעַת כָּל־עַמֵּי הָאָרֶץ כִּי יהוה הוּא הָאֱלֹהִים
אֵין עוֹד:

מחזירים את ספרי התורה לארון הקודש ואומרים תחינה זו. יש האומרים אותה אחר הקדיש.

יְהִי רָצוֹן מִלְּפָנֶיךָ יהוה אֱלֹהֵינוּ וֵאלֹהֵי אֲבוֹתֵינוּ, הַבּוֹחֵר בִּנְבִיאִים טוֹבִים וּבְמִנְהֲגֵיהֶם הַטּוֹבִים, שֶׁתְּקַבֵּל בְּרַחֲמִים וּבְרָצוֹן אֶת תְּפִלָּתֵנוּ וְהַקָּפוֹתֵינוּ. וּזְכָר לָנוּ זְכוּת שִׁבְעַת תְּמִימֶיךָ, וְתָסִיר מְחִצַּת הַבַּרְזֶל הַמַּפְסֶקֶת בֵּינֵינוּ וּבֵינֶיךָ, וְתַאֲזִין שַׁוְעָתֵנוּ, וְתֵיטִיב לָנוּ הַחֲתִימָה, תּוֹלֶה אֶרֶץ עַל בְּלִימָה, וְחָתְמֵנוּ בְּסֵפֶר חַיִּים טוֹבִים.

וְהַיּוֹם הַזֶּה תִּתֵּן בִּשְׁכִינַת עֻזְּךָ חָמֵשׁ גְּבוּרוֹת מְמֻתָּקוֹת, עַל יְדֵי חֲבִיטַת עֲרָבָה מִנְהַג נְבִיאֶיךָ הַקְּדוֹשִׁים, וְתִתְעוֹרֵר הָאַהֲבָה בֵּינֵיהֶם. וּתְנַשְּׁקֵנוּ מִנְּשִׁיקוֹת פִּיךָ, מְמֻתֶּקֶת כָּל הַגְּבוּרוֹת וְכָל הַדִּינִין. וְתָאִיר לִשְׁכִינַת עֻזְּךָ בְּשֵׁם יוּ״ד הֵ״א וָא״ו שֶׁהוּא טַל אוֹרוֹת טַלֶּךָ, וּמִשָּׁם תַּשְׁפִּיעַ שֶׁפַע לְעַבְדְּךָ הַמִּתְפַּלֵּל לְפָנֶיךָ, שֶׁתַּאֲרִיךְ יָמָיו וְתִמְחַל לוֹ חֲטָאָיו וַעֲוֹנוֹתָיו וּפְשָׁעָיו. וְתִפְשֹׁט יְמִינְךָ וְיָדְךָ לְקַבְּלוֹ בִּתְשׁוּבָה שְׁלֵמָה לְפָנֶיךָ. וְאוֹצָרְךָ הַטּוֹב תִּפְתַּח לְהַשְׂבִּיעַ מַיִם נֶפֶשׁ שׁוֹקֵקָה, כְּמוֹ שֶׁכָּתוּב: יִפְתַּח יהוה דברים כח
לְךָ אֶת־אוֹצָרוֹ הַטּוֹב אֶת־הַשָּׁמַיִם לָתֵת מְטַר־אַרְצְךָ בְּעִתּוֹ, וּלְבָרֵךְ אֵת כָּל־מַעֲשֵׂה יָדֶךָ: אָמֵן.

שליח הציבור אומר קדיש שלם בעמ׳ 320 וממשיך בתפילת מוסף
(ואם אמרו הושענות אחר הלל, ממשיך בהוצאת ספר התורה בעמ׳ 404).

קידושא רבה לשלוש רגלים

ביום טוב החל בשבת מתחילים כאן (ויש המתחילים מ׳עַל־כֵּן בֵּרַךְ׳).
בשבת חול המועד אומרים את הקידוש לשבת (בעמוד הבא).

שמות לא וְשָׁמְרוּ בְנֵי־יִשְׂרָאֵל אֶת־הַשַּׁבָּת, לַעֲשׂוֹת אֶת־הַשַּׁבָּת לְדֹרֹתָם בְּרִית עוֹלָם: בֵּינִי וּבֵין בְּנֵי יִשְׂרָאֵל אוֹת הִוא לְעֹלָם, כִּי־שֵׁשֶׁת יָמִים עָשָׂה יהוה אֶת־הַשָּׁמַיִם וְאֶת־הָאָרֶץ וּבַיּוֹם הַשְּׁבִיעִי שָׁבַת וַיִּנָּפַשׁ:

שמות כ זָכוֹר אֶת־יוֹם הַשַּׁבָּת לְקַדְּשׁוֹ: שֵׁשֶׁת יָמִים תַּעֲבֹד, וְעָשִׂיתָ כָּל־מְלַאכְתֶּךָ: וְיוֹם הַשְּׁבִיעִי שַׁבָּת לַיהוה אֱלֹהֶיךָ, לֹא־תַעֲשֶׂה כָל־מְלָאכָה אַתָּה וּבִנְךָ וּבִתֶּךָ, עַבְדְּךָ וַאֲמָתְךָ וּבְהֶמְתֶּךָ, וְגֵרְךָ אֲשֶׁר בִּשְׁעָרֶיךָ: כִּי שֵׁשֶׁת־יָמִים עָשָׂה יהוה אֶת־הַשָּׁמַיִם וְאֶת־הָאָרֶץ אֶת־הַיָּם וְאֶת־כָּל־אֲשֶׁר־בָּם, וַיָּנַח בַּיּוֹם הַשְּׁבִיעִי

ביום טוב החל בשבת, יש המתחילים כאן:

עַל־כֵּן בֵּרַךְ יהוה אֶת־יוֹם הַשַּׁבָּת וַיְקַדְּשֵׁהוּ:

ביום טוב החל בחול, מתחילים כאן:

ויקרא כג אֵלֶּה מוֹעֲדֵי יהוה מִקְרָאֵי קֹדֶשׁ אֲשֶׁר־תִּקְרְאוּ אֹתָם בְּמוֹעֲדָם:
וַיְדַבֵּר מֹשֶׁה אֶת־מֹעֲדֵי יהוה אֶל־בְּנֵי יִשְׂרָאֵל:

המקדש לאחרים, מוסיף:

סַבְרִי מָרָנָן

בָּרוּךְ אַתָּה יהוה אֱלֹהֵינוּ מֶלֶךְ הָעוֹלָם
בּוֹרֵא פְּרִי הַגָּפֶן.

בסוכות מוסיף:

בָּרוּךְ אַתָּה יהוה אֱלֹהֵינוּ מֶלֶךְ הָעוֹלָם
אֲשֶׁר קִדְּשָׁנוּ בְּמִצְוֹתָיו וְצִוָּנוּ לֵישֵׁב בַּסֻּכָּה.

קידושא רבה לשבת

יש מתחילים כאן:

ישעיה נח אִם־תָּשִׁיב מִשַּׁבָּת רַגְלֶךָ עֲשׂוֹת חֲפָצֶךָ בְּיוֹם קָדְשִׁי, וְקָרָאתָ לַשַּׁבָּת
עֹנֶג לִקְדוֹשׁ יהוה מְכֻבָּד, וְכִבַּדְתּוֹ מֵעֲשׂוֹת דְּרָכֶיךָ מִמְּצוֹא חֶפְצְךָ
וְדַבֵּר דָּבָר: אָז תִּתְעַנַּג עַל־יהוה, וְהִרְכַּבְתִּיךָ עַל־בָּמֳתֵי אָרֶץ,
וְהַאֲכַלְתִּיךָ נַחֲלַת יַעֲקֹב אָבִיךָ, כִּי פִּי יהוה דִּבֵּר:

אם יום טוב חל בשבת, אומרים את הקידוש ליום טוב 'קידושא רבה לשלוש רגלים' (בעמוד הקודם).

שמות לא וְשָׁמְרוּ בְנֵי־יִשְׂרָאֵל אֶת־הַשַּׁבָּת, לַעֲשׂוֹת אֶת־הַשַּׁבָּת לְדֹרֹתָם
בְּרִית עוֹלָם: בֵּינִי וּבֵין בְּנֵי יִשְׂרָאֵל אוֹת הִוא לְעֹלָם, כִּי־שֵׁשֶׁת
יָמִים עָשָׂה יהוה אֶת־הַשָּׁמַיִם וְאֶת־הָאָרֶץ וּבַיּוֹם הַשְּׁבִיעִי שָׁבַת
וַיִּנָּפַשׁ:

שמות כ זָכוֹר אֶת־יוֹם הַשַּׁבָּת לְקַדְּשׁוֹ: שֵׁשֶׁת יָמִים תַּעֲבֹד, וְעָשִׂיתָ כָּל־
מְלַאכְתֶּךָ: וְיוֹם הַשְּׁבִיעִי שַׁבָּת לַיהוה אֱלֹהֶיךָ, לֹא־תַעֲשֶׂה כָל־
מְלָאכָה אַתָּה וּבִנְךָ וּבִתֶּךָ, עַבְדְּךָ וַאֲמָתְךָ וּבְהֶמְתֶּךָ, וְגֵרְךָ אֲשֶׁר
בִּשְׁעָרֶיךָ: כִּי שֵׁשֶׁת־יָמִים עָשָׂה יהוה אֶת־הַשָּׁמַיִם וְאֶת־הָאָרֶץ
אֶת־הַיָּם וְאֶת־כָּל־אֲשֶׁר־בָּם, וַיָּנַח בַּיּוֹם הַשְּׁבִיעִי, עַל־כֵּן בֵּרַךְ
יהוה אֶת־יוֹם הַשַּׁבָּת וַיְקַדְּשֵׁהוּ:

המקדש לאחרים, מוסיף:

סַבְרִי מָרָנָן

בָּרוּךְ אַתָּה יהוה אֱלֹהֵינוּ מֶלֶךְ הָעוֹלָם
בּוֹרֵא פְּרִי הַגָּפֶן.

בסוכות מוסיף:

בָּרוּךְ אַתָּה יהוה אֱלֹהֵינוּ מֶלֶךְ הָעוֹלָם
אֲשֶׁר קִדְּשָׁנוּ בְּמִצְוֹתָיו, וְצִוָּנוּ לֵישֵׁב בַּסֻּכָּה.

מנחה ליום טוב ולשבת חול המועד

מנחה לשבת וליום טוב

"וְעָרְבָה לַה׳ מִנְחַת יְהוּדָה וִירוּשָׁלָם כִּימֵי עוֹלָם וּכְשָׁנִים קַדְמֹנִיּוֹת" (מלאכי ג, ד).

ראוי לומר גם לפני תפילת מנחה את פרשת קרבן התמיד. רבים נוהגים לומר את סדר הקרבנות שלפני תפילת שחרית (עמ׳ 93–96) פרט לפרשת תרומת הדשן ולסדר המערכה.

אַשְׁרֵי יוֹשְׁבֵי בֵיתֶךָ, עוֹד יְהַלְלוּךָ סֶּלָה: תהלים פד

אַשְׁרֵי הָעָם שֶׁכָּכָה לּוֹ, אַשְׁרֵי הָעָם שֶׁיהוה אֱלֹהָיו: תהלים קמד

תְּהִלָּה לְדָוִד תהלים קמה

אֲרוֹמִמְךָ אֱלוֹהַי הַמֶּלֶךְ, וַאֲבָרְכָה שִׁמְךָ לְעוֹלָם וָעֶד:

בְּכָל־יוֹם אֲבָרְכֶךָּ, וַאֲהַלְלָה שִׁמְךָ לְעוֹלָם וָעֶד:

גָּדוֹל יהוה וּמְהֻלָּל מְאֹד, וְלִגְדֻלָּתוֹ אֵין חֵקֶר:

דּוֹר לְדוֹר יְשַׁבַּח מַעֲשֶׂיךָ, וּגְבוּרֹתֶיךָ יַגִּידוּ:

הֲדַר כְּבוֹד הוֹדֶךָ, וְדִבְרֵי נִפְלְאֹתֶיךָ אָשִׂיחָה:

וֶעֱזוּז נוֹרְאֹתֶיךָ יֹאמֵרוּ, וּגְדוּלָּתְךָ אֲסַפְּרֶנָּה:

זֵכֶר רַב־טוּבְךָ יַבִּיעוּ, וְצִדְקָתְךָ יְרַנֵּנוּ:

חַנּוּן וְרַחוּם יהוה, אֶרֶךְ אַפַּיִם וּגְדָל־חָסֶד:

טוֹב־יהוה לַכֹּל, וְרַחֲמָיו עַל־כָּל־מַעֲשָׂיו:

יוֹדוּךָ יהוה כָּל־מַעֲשֶׂיךָ, וַחֲסִידֶיךָ יְבָרְכוּכָה:

כְּבוֹד מַלְכוּתְךָ יֹאמֵרוּ, וּגְבוּרָתְךָ יְדַבֵּרוּ:

לְהוֹדִיעַ לִבְנֵי הָאָדָם גְּבוּרֹתָיו, וּכְבוֹד הֲדַר מַלְכוּתוֹ:

מַלְכוּתְךָ מַלְכוּת כָּל־עֹלָמִים, וּמֶמְשַׁלְתְּךָ בְּכָל־דּוֹר וָדֹר:

סוֹמֵךְ יהוה לְכָל־הַנֹּפְלִים, וְזוֹקֵף לְכָל־הַכְּפוּפִים:

עֵינֵי־כֹל אֵלֶיךָ יְשַׂבֵּרוּ, וְאַתָּה נוֹתֵן־לָהֶם אֶת־אָכְלָם בְּעִתּוֹ:

פּוֹתֵחַ אֶת־יָדֶךָ, וּמַשְׂבִּיעַ לְכָל־חַי רָצוֹן:

צַדִּיק יהוה בְּכָל־דְּרָכָיו, וְחָסִיד בְּכָל־מַעֲשָׂיו:

קָרוֹב יהוה לְכָל־קֹרְאָיו, לְכֹל אֲשֶׁר יִקְרָאֻהוּ בֶאֱמֶת:

רְצוֹן־יְרֵאָיו יַעֲשֶׂה, וְאֶת־שַׁוְעָתָם יִשְׁמַע, וְיוֹשִׁיעֵם:

שׁוֹמֵר יהוה אֶת־כָּל־אֹהֲבָיו, וְאֵת כָּל־הָרְשָׁעִים יַשְׁמִיד:

◂ תְּהִלַּת יהוה יְדַבֶּר פִּי, וִיבָרֵךְ כָּל־בָּשָׂר שֵׁם קָדְשׁוֹ לְעוֹלָם וָעֶד:

וַאֲנַחְנוּ נְבָרֵךְ יָהּ מֵעַתָּה וְעַד־עוֹלָם, הַלְלוּיָהּ: תהלים קטו

בשבת וביום טוב אומרים את קדושת 'וּבָא לְצִיּוֹן' במנחה.

יש הסבורים שקדושה זו נאמרת כדי להזכיר דברי נביאים בכל יום, ובשבתות וימים טובים, שבהם מפטירים בנביא, היא נדחית למנחה ('שיבולי הלקט' מד בשם רש"י).
לעומתם יש הסבורים שקדושה זו נתקנה להיאמר בשחרית, אך בשבתות וימים טובים היא נדחית למנחה, כדי שלא להאריך בתפילת שחרית ולהטריח את הציבור (סידור הרוקח).

ישעיה נט
וּבָא לְצִיּוֹן גּוֹאֵל, וּלְשָׁבֵי פֶשַׁע בְּיַעֲקֹב, נְאֻם יהוה: וַאֲנִי זֹאת בְּרִיתִי אוֹתָם, אָמַר יהוה, רוּחִי אֲשֶׁר עָלֶיךָ וּדְבָרַי אֲשֶׁר־שַׂמְתִּי בְּפִיךָ, לֹא־יָמוּשׁוּ מִפִּיךָ וּמִפִּי זַרְעֲךָ וּמִפִּי זֶרַע זַרְעֲךָ, אָמַר יהוה, מֵעַתָּה וְעַד־עוֹלָם:

תהלים כב, ישעיה ו
◄ וְאַתָּה קָדוֹשׁ יוֹשֵׁב תְּהִלּוֹת יִשְׂרָאֵל: וְקָרָא זֶה אֶל־זֶה וְאָמַר ◄ קָדוֹשׁ, קָדוֹשׁ, קָדוֹשׁ, יהוה צְבָאוֹת, מְלֹא כָל־הָאָרֶץ כְּבוֹדוֹ:

תרגום יונתן ישעיה ו
וּמְקַבְּלִין דֵּין מִן דֵּין וְאָמְרִין, קַדִּישׁ בִּשְׁמֵי מְרוֹמָא עִלָּאָה בֵּית שְׁכִינְתֵהּ קַדִּישׁ עַל אַרְעָא עוֹבַד גְּבוּרְתֵהּ, קַדִּישׁ לְעָלַם וּלְעָלְמֵי עָלְמַיָּא יהוה צְבָאוֹת, מַלְיָא כָל אַרְעָא זִיו יְקָרֵהּ.

יחזקאל ג
◄ וַתִּשָּׂאֵנִי רוּחַ, וָאֶשְׁמַע אַחֲרַי קוֹל רַעַשׁ גָּדוֹל ◄ בָּרוּךְ כְּבוֹד־יהוה מִמְּקוֹמוֹ:

תרגום יונתן יחזקאל ג
וּנְטָלַתְנִי רוּחָא, וּשְׁמָעִית בַּתְרַי קָל זִיעַ סַגִּיא, דִּמְשַׁבְּחִין וְאָמְרִין בְּרִיךְ יְקָרָא דַיהוה מֵאֲתַר בֵּית שְׁכִינְתֵהּ.

שמות טו
יהוה יִמְלֹךְ לְעֹלָם וָעֶד:

תרגום אונקלוס שמות טו
יהוה מַלְכוּתֵהּ קָאֵם לְעָלַם וּלְעָלְמֵי עָלְמַיָּא.

דברי הימים א׳ כט
יהוה אֱלֹהֵי אַבְרָהָם יִצְחָק וְיִשְׂרָאֵל אֲבֹתֵינוּ, שָׁמְרָה־זֹּאת לְעוֹלָם
תהלים עח
לְיֵצֶר מַחְשְׁבוֹת לְבַב עַמֶּךָ, וְהָכֵן לְבָבָם אֵלֶיךָ: וְהוּא רַחוּם יְכַפֵּר עָוֹן
תהלים פו
וְלֹא־יַשְׁחִית, וְהִרְבָּה לְהָשִׁיב אַפּוֹ, וְלֹא־יָעִיר כָּל־חֲמָתוֹ: כִּי־אַתָּה
תהלים קיט
אֲדֹנָי טוֹב וְסַלָּח, וְרַב־חֶסֶד לְכָל־קֹרְאֶיךָ: צִדְקָתְךָ צֶדֶק לְעוֹלָם
מיכה ז
וְתוֹרָתְךָ אֱמֶת: תִּתֵּן אֱמֶת לְיַעֲקֹב, חֶסֶד לְאַבְרָהָם, אֲשֶׁר־נִשְׁבַּעְתָּ
תהלים סח
לַאֲבֹתֵינוּ מִימֵי קֶדֶם: בָּרוּךְ אֲדֹנָי יוֹם יוֹם יַעֲמָס־לָנוּ, הָאֵל יְשׁוּעָתֵנוּ

סֶלָה: יהוה צְבָאוֹת עִמָּנוּ, מִשְׂגָּב לָנוּ אֱלֹהֵי יַעֲקֹב סֶלָה: יהוה צְבָאוֹת, תהלים מו תהלים פד
אַשְׁרֵי אָדָם בֹּטֵחַ בָּךְ: יהוה הוֹשִׁיעָה, הַמֶּלֶךְ יַעֲנֵנוּ בְיוֹם־קָרְאֵנוּ: תהלים כ

בָּרוּךְ הוּא אֱלֹהֵינוּ שֶׁבְּרָאָנוּ לִכְבוֹדוֹ, וְהִבְדִּילָנוּ מִן הַתּוֹעִים, וְנָתַן לָנוּ תּוֹרַת אֱמֶת, וְחַיֵּי עוֹלָם נָטַע בְּתוֹכֵנוּ. הוּא יִפְתַּח לִבֵּנוּ בְּתוֹרָתוֹ, וְיָשֵׂם בְּלִבֵּנוּ אַהֲבָתוֹ וְיִרְאָתוֹ וְלַעֲשׂוֹת רְצוֹנוֹ וּלְעָבְדוֹ בְּלֵבָב שָׁלֵם, לְמַעַן לֹא נִיגַע לָרִיק וְלֹא נֵלֵד לַבֶּהָלָה.

יְהִי רָצוֹן מִלְּפָנֶיךָ יהוה אֱלֹהֵינוּ וֵאלֹהֵי אֲבוֹתֵינוּ, שֶׁנִּשְׁמֹר חֻקֶּיךָ
בָּעוֹלָם הַזֶּה, וְנִזְכֶּה וְנִחְיֶה וְנִרְאֶה וְנִירַשׁ טוֹבָה וּבְרָכָה, לִשְׁנֵי יְמוֹת
הַמָּשִׁיחַ וּלְחַיֵּי הָעוֹלָם הַבָּא. לְמַעַן יְזַמֶּרְךָ כָבוֹד וְלֹא יִדֹּם, יהוה אֱלֹהַי, תהלים ל
לְעוֹלָם אוֹדֶךָּ: בָּרוּךְ הַגֶּבֶר אֲשֶׁר יִבְטַח בַּיהוה, וְהָיָה יהוה מִבְטַחוֹ: ירמיה יז
בִּטְחוּ בַיהוה עֲדֵי־עַד, כִּי בְּיָהּ יהוה צוּר עוֹלָמִים: ◂ וְיִבְטְחוּ בְךָ יוֹדְעֵי ישעיה כו תהלים ט
שְׁמֶךָ, כִּי לֹא־עָזַבְתָּ דֹרְשֶׁיךָ, יהוה: יהוה חָפֵץ לְמַעַן צִדְקוֹ, יַגְדִּיל ישעיה מב
תּוֹרָה וְיַאְדִּיר:

חצי קדיש

ש״ץ: יִתְגַּדַּל וְיִתְקַדַּשׁ שְׁמֵהּ רַבָּא (קהל: אָמֵן)
בְּעָלְמָא דִּי בְרָא כִרְעוּתֵהּ, וְיַמְלִיךְ מַלְכוּתֵהּ
בְּחַיֵּיכוֹן וּבְיוֹמֵיכוֹן וּבְחַיֵּי דְכָל בֵּית יִשְׂרָאֵל
בַּעֲגָלָא וּבִזְמַן קָרִיב, וְאִמְרוּ אָמֵן. (קהל: אָמֵן)

קהל וש״ץ: יְהֵא שְׁמֵהּ רַבָּא מְבָרַךְ לְעָלַם וּלְעָלְמֵי עָלְמַיָּא.

ש״ץ: יִתְבָּרַךְ וְיִשְׁתַּבַּח וְיִתְפָּאַר וְיִתְרוֹמַם וְיִתְנַשֵּׂא
וְיִתְהַדָּר וְיִתְעַלֶּה וְיִתְהַלָּל
שְׁמֵהּ דְּקֻדְשָׁא בְּרִיךְ הוּא (קהל: בְּרִיךְ הוּא)
לְעֵלָּא מִן כָּל בִּרְכָתָא וְשִׁירָתָא, תֻּשְׁבְּחָתָא וְנֶחֱמָתָא
דַּאֲמִירָן בְּעָלְמָא, וְאִמְרוּ אָמֵן. (קהל: אָמֵן)

ביום טוב שאינו שבת, ממשיכים בתפילת עמידה (עמ׳ 376).

אומרים פסוק זה לפני קריאת התורה. וכתוב בפסוק שלפניו ״יָשִׂיחוּ בִי יֹשְׁבֵי שָׁעַר וּנְגִינוֹת שׁוֹתֵי שֵׁכָר״ – ״אמר דוד לפני הקב״ה: ריבונו של עולם, אין אומה זו כשאר אומות העולם, אומות העולם כששותין ומשתכרין הולכין ופוחזין; ואנו לא כן, אלא אף על פי ששתינו ׳ואני תפילתי־לך ה׳״ (טור, רצב בשם המדרש).

תהלים סט **וַאֲנִי תְפִלָּתִי־לְךָ יהוה, עֵת רָצוֹן, אֱלֹהִים בְּרָב־חַסְדֶּךָ עֲנֵנִי בֶּאֱמֶת יִשְׁעֶךָ:**

עזרא תיקן שיקראו בתורה במנחה של שבת משום יושבי קרנות (בבא קמא פב ע״א), ופירש רש״י שאינם יכולים לשמוע את קריאת התורה בימי שני וחמישי.

פותחים את ארון הקודש. הקהל עומד על רגליו.

במדבר י **וַיְהִי בִּנְסֹעַ הָאָרֹן וַיֹּאמֶר מֹשֶׁה, קוּמָה יהוה וְיָפֻצוּ אֹיְבֶיךָ וְיָנֻסוּ מְשַׂנְאֶיךָ מִפָּנֶיךָ:**
ישעיה ב **כִּי מִצִּיּוֹן תֵּצֵא תוֹרָה וּדְבַר־יהוה מִירוּשָׁלָםִ:**
בָּרוּךְ שֶׁנָּתַן תּוֹרָה לְעַמּוֹ יִשְׂרָאֵל בִּקְדֻשָּׁתוֹ.

זוהר ויקהל **בְּרִיךְ שְׁמֵהּ דְּמָרֵא עָלְמָא, בְּרִיךְ כִּתְרָךְ וְאַתְרָךְ. יְהֵא רְעוּתָךְ עִם עַמָּךְ יִשְׂרָאֵל לְעָלַם, וּפֻרְקַן יְמִינָךְ אַחֲזִי לְעַמָּךְ בְּבֵית מַקְדְּשָׁךְ, וּלְאַמְטוּיֵי לָנָא מִטּוּב נְהוֹרָךְ, וּלְקַבֵּל צְלוֹתָנָא בְּרַחֲמִין. יְהֵא רַעֲוָא קֳדָמָךְ דְּתוֹרִיךְ לַן חַיִּין בְּטִיבוּ, וְלֶהֱוֵי אֲנָא פְקִידָא בְּגוֹ צַדִּיקַיָּא, לְמִרְחַם עֲלַי וּלְמִנְטַר יָתִי וְיַת כָּל דִּי לִי וְדִי לְעַמָּךְ יִשְׂרָאֵל. אַנְתְּ הוּא זָן לְכֹלָּא וּמְפַרְנֵס לְכֹלָּא, אַנְתְּ הוּא שַׁלִּיט עַל כֹּלָּא, אַנְתְּ הוּא דְּשַׁלִּיט עַל מַלְכַיָּא, וּמַלְכוּתָא דִּילָךְ הִיא. אֲנָא עַבְדָּא דְקֻדְשָׁא בְּרִיךְ הוּא, דְּסָגֵדְנָא קַמֵּהּ וּמִקַּמֵּי דִּיקַר אוֹרַיְתֵהּ בְּכָל עִדָּן וְעִדָּן. לָא עַל אֱנָשׁ רָחִיצְנָא וְלָא עַל בַּר אֱלָהִין סָמִיכְנָא, אֶלָּא בֶּאֱלָהָא דִשְׁמַיָּא, דְּהוּא אֱלָהָא קְשׁוֹט, וְאוֹרַיְתֵהּ קְשׁוֹט, וּנְבִיאוֹהִי קְשׁוֹט, וּמַסְגֵּא לְמֶעְבַּד טַבְוָן וּקְשׁוֹט. ‹ בֵּהּ אֲנָא רָחִיץ, וְלִשְׁמֵהּ קַדִּישָׁא יַקִּירָא אֲנָא אֵמַר תֻּשְׁבְּחָן. יְהֵא רַעֲוָא קֳדָמָךְ דְּתִפְתַּח לִבַּאי בְּאוֹרַיְתָא, וְתַשְׁלִים מִשְׁאֲלִין דְּלִבַּאי וְלִבָּא דְכָל עַמָּךְ יִשְׂרָאֵל לְטָב וּלְחַיִּין וְלִשְׁלָם.**

שליח הציבור מקבל את ספר התורה בימינו, קד לעבר ארון הקודש, ואומר:

תהלים לד **גַּדְּלוּ לַיהוה אִתִּי וּנְרוֹמְמָה שְׁמוֹ יַחְדָּו:**

סוגרים את ארון הקודש. שליח הציבור הולך אל הבימה, והקהל אומר:

דברי הימים א׳ כט **לְךָ יהוה הַגְּדֻלָּה וְהַגְּבוּרָה וְהַתִּפְאֶרֶת וְהַנֵּצַח וְהַהוֹד, כִּי־כֹל בַּשָּׁמַיִם וּבָאָרֶץ: לְךָ יהוה הַמַּמְלָכָה וְהַמִּתְנַשֵּׂא לְכֹל לְרֹאשׁ:**

רוֹמְמוּ יהוה אֱלֹהֵינוּ וְהִשְׁתַּחֲווּ לַהֲדֹם רַגְלָיו, קָדוֹשׁ הוּא: רוֹמְמוּ יהוה אֱלֹהֵינוּ וְהִשְׁתַּחֲווּ לְהַר קָדְשׁוֹ, כִּי־קָדוֹשׁ יהוה אֱלֹהֵינוּ: תהלים צט

אַב הָרַחֲמִים הוּא יְרַחֵם עַם עֲמוּסִים, וְיִזְכֹּר בְּרִית אֵיתָנִים, וְיַצִּיל נַפְשׁוֹתֵינוּ מִן הַשָּׁעוֹת הָרָעוֹת, וְיִגְעַר בְּיֵצֶר הָרָע מִן הַנְּשׂוּאִים, וְיָחֹן אוֹתָנוּ לִפְלֵיטַת עוֹלָמִים, וִימַלֵּא מִשְׁאֲלוֹתֵינוּ בְּמִדָּה טוֹבָה יְשׁוּעָה וְרַחֲמִים.

מניח את ספר התורה על הבימה, והגבאי מכריז:

וְתִגָּלֶה וְתֵרָאֶה מַלְכוּתוֹ עָלֵינוּ בִּזְמַן קָרוֹב, וְיָחֹן פְּלֵיטָתֵנוּ וּפְלֵיטַת עַמּוֹ בֵּית יִשְׂרָאֵל לְחֵן וּלְחֶסֶד וּלְרַחֲמִים וּלְרָצוֹן וְנֹאמַר אָמֵן. הַכֹּל הָבוּ גֹדֶל לֵאלֹהֵינוּ וּתְנוּ כָבוֹד לַתּוֹרָה.
*כֹּהֵן קְרַב, יַעֲמֹד (פלוני בֶּן פלוני) הַכֹּהֵן.

*אם אין כוהן, הגבאי קורא ללוי או לישראל ואומר:

/אֵין כָּאן כֹּהֵן, יַעֲמֹד (פלוני בֶּן פלוני) בִּמְקוֹם כֹּהֵן./

בָּרוּךְ שֶׁנָּתַן תּוֹרָה לְעַמּוֹ יִשְׂרָאֵל בִּקְדֻשָּׁתוֹ.

הקהל ואחריו הגבאי:

וְאַתֶּם הַדְּבֵקִים בַּיהוה אֱלֹהֵיכֶם חַיִּים כֻּלְּכֶם הַיּוֹם: דברים ד

קריאת התורה בעמ׳ 368–373.

קודם הברכה על העולה לראות היכן קוראים ולנשק את ספר התורה.
בשעת הברכה אוחז בעמודי הספר.

עולה: בָּרְכוּ אֶת יהוה הַמְבֹרָךְ.

קהל: בָּרוּךְ יהוה הַמְבֹרָךְ לְעוֹלָם וָעֶד.

עולה: בָּרוּךְ יהוה הַמְבֹרָךְ לְעוֹלָם וָעֶד.
בָּרוּךְ אַתָּה יהוה, אֱלֹהֵינוּ מֶלֶךְ הָעוֹלָם
אֲשֶׁר בָּחַר בָּנוּ מִכָּל הָעַמִּים וְנָתַן לָנוּ אֶת תּוֹרָתוֹ.
בָּרוּךְ אַתָּה יהוה, נוֹתֵן הַתּוֹרָה.

לאחר הקריאה העולה מנשק את ספר התורה ומברך:

עולה: בָּרוּךְ אַתָּה יהוה אֱלֹהֵינוּ מֶלֶךְ הָעוֹלָם
אֲשֶׁר נָתַן לָנוּ תּוֹרַת אֱמֶת וְחַיֵּי עוֹלָם נָטַע בְּתוֹכֵנוּ.
בָּרוּךְ אַתָּה יהוה, נוֹתֵן הַתּוֹרָה.

בפסח, כשיום טוב ראשון חל בשבת, בשבת חול המועד ובשביעי של
פסח שחל להיות בשבת, קוראים את פרשת השבוע הבאה.

שמיני

ויהי ביום השמיני קרא משה לאהרן ולבניו ולזקני ישראל: ויאמר אל־ ויקרא ט, א–טז
אהרן קח־לך עגל בן־בקר לחטאת ואיל לעלה תמימם והקרב לפני
יהוה: ואל־בני ישראל תדבר לאמר קחו שעיר־עזים לחטאת ועגל
וכבש בני־שנה תמימם לעלה: ושור ואיל לשלמים לזבח לפני יהוה
ומנחה בלולה בשמן כי היום יהוה נראה אליכם: ויקחו את אשר צוה
משה אל־פני אהל מועד ויקרבו כל־העדה ויעמדו לפני יהוה: ויאמר
משה זה הדבר אשר־צוה יהוה תעשו וירא אליכם כבוד יהוה: ויאמר לוי
משה אל־אהרן קרב אל־המזבח ועשה את־חטאתך ואת־עלתך וכפר
בעדך ובעד העם ועשה את־קרבן העם וכפר בעדם כאשר צוה יהוה:
ויקרב אהרן אל־המזבח וישחט את־עגל החטאת אשר־לו: ויקרבו
בני אהרן את־הדם אליו ויטבל אצבעו בדם ויתן על־קרנות המזבח
ואת־הדם יצק אל־יסוד המזבח: ואת־החלב ואת־הכלית ואת־היתרת
מן־הכבד מן־החטאת הקטיר המזבחה כאשר צוה יהוה את־משה:
*ואת־הבשר ואת־העור שרף באש מחוץ למחנה: וישחט את־העלה ישראל
וימצאו בני אהרן אליו את־הדם ויזרקהו על־המזבח סביב: ואת־
העלה המציאו אליו לנתחיה ואת־הראש ויקטר על־המזבח: וירחץ
את־הקרב ואת־הכרעים ויקטר על־העלה המזבחה: ויקרב את קרבן
העם ויקח את־שעיר החטאת אשר לעם וישחטהו ויחטאהו כראשון:
ויקרב את־העלה ויעשה כמשפט:

ממשיכים בהגבהת ספר התורה בעמ' 373.

אחרי מות

וידבר יהוה אל־משה אחרי מות שני בני אהרן בקרבתם לפני־יהוה ויקרא טז, א–יז
וימתו: ויאמר יהוה אל־משה דבר אל־אהרן אחיך ואל־יבא בכל־
עת אל־הקדש מבית לפרכת אל־פני הכפרת אשר על־הארן ולא
ימות כי בענן אראה על־הכפרת: בזאת יבא אהרן אל־הקדש בפר

בֶּן־בָּקָר לְחַטָּאת וְאַיִל לְעֹלָה: כְּתֹנֶת־בַּד קֹדֶשׁ יִלְבָּשׁ וּמִכְנְסֵי־בַד יִהְיוּ
עַל־בְּשָׂרוֹ וּבְאַבְנֵט בַּד יַחְגֹּר וּבְמִצְנֶפֶת בַּד יִצְנֹף בִּגְדֵי־קֹדֶשׁ הֵם וְרָחַץ
בַּמַּיִם אֶת־בְּשָׂרוֹ וּלְבֵשָׁם: וּמֵאֵת עֲדַת בְּנֵי יִשְׂרָאֵל יִקַּח שְׁנֵי־שְׂעִירֵי עִזִּים
לְחַטָּאת וְאַיִל אֶחָד לְעֹלָה: וְהִקְרִיב אַהֲרֹן אֶת־פַּר הַחַטָּאת אֲשֶׁר־לוֹ
וְכִפֶּר בַּעֲדוֹ וּבְעַד בֵּיתוֹ: וְלָקַח אֶת־שְׁנֵי הַשְּׂעִירִם וְהֶעֱמִיד אֹתָם לִפְנֵי לוי
יהוה פֶּתַח אֹהֶל מוֹעֵד: וְנָתַן אַהֲרֹן עַל־שְׁנֵי הַשְּׂעִירִם גֹּרָלוֹת גּוֹרָל אֶחָד
לַיהוה וְגוֹרָל אֶחָד לַעֲזָאזֵל: וְהִקְרִיב אַהֲרֹן אֶת־הַשָּׂעִיר אֲשֶׁר עָלָה עָלָיו
הַגּוֹרָל לַיהוה וְעָשָׂהוּ חַטָּאת: וְהַשָּׂעִיר אֲשֶׁר עָלָה עָלָיו הַגּוֹרָל לַעֲזָאזֵל
יָעֳמַד־חַי לִפְנֵי יהוה לְכַפֵּר עָלָיו לְשַׁלַּח אֹתוֹ לַעֲזָאזֵל הַמִּדְבָּרָה: וְהִקְרִיב
אַהֲרֹן אֶת־פַּר הַחַטָּאת אֲשֶׁר־לוֹ וְכִפֶּר בַּעֲדוֹ וּבְעַד בֵּיתוֹ וְשָׁחַט אֶת־פַּר
הַחַטָּאת אֲשֶׁר־לוֹ: וְלָקַח מְלֹא־הַמַּחְתָּה גַּחֲלֵי־אֵשׁ מֵעַל הַמִּזְבֵּחַ מִלִּפְנֵי ישראל
יהוה וּמְלֹא חָפְנָיו קְטֹרֶת סַמִּים דַּקָּה וְהֵבִיא מִבֵּית לַפָּרֹכֶת: וְנָתַן אֶת־
הַקְּטֹרֶת עַל־הָאֵשׁ לִפְנֵי יהוה וְכִסָּה ׀ עֲנַן הַקְּטֹרֶת אֶת־הַכַּפֹּרֶת אֲשֶׁר
עַל־הָעֵדוּת וְלֹא יָמוּת: וְלָקַח מִדַּם הַפָּר וְהִזָּה בְאֶצְבָּעוֹ עַל־פְּנֵי הַכַּפֹּרֶת
קֵדְמָה וְלִפְנֵי הַכַּפֹּרֶת יַזֶּה שֶׁבַע־פְּעָמִים מִן־הַדָּם בְּאֶצְבָּעוֹ: וְשָׁחַט אֶת־
שְׂעִיר הַחַטָּאת אֲשֶׁר לָעָם וְהֵבִיא אֶת־דָּמוֹ אֶל־מִבֵּית לַפָּרֹכֶת וְעָשָׂה
אֶת־דָּמוֹ כַּאֲשֶׁר עָשָׂה לְדַם הַפָּר וְהִזָּה אֹתוֹ עַל־הַכַּפֹּרֶת וְלִפְנֵי הַכַּפֹּרֶת:
וְכִפֶּר עַל־הַקֹּדֶשׁ מִטֻּמְאֹת בְּנֵי יִשְׂרָאֵל וּמִפִּשְׁעֵיהֶם לְכָל־חַטֹּאתָם וְכֵן
יַעֲשֶׂה לְאֹהֶל מוֹעֵד הַשֹּׁכֵן אִתָּם בְּתוֹךְ טֻמְאֹתָם: וְכָל־אָדָם לֹא־יִהְיֶה ׀
בְּאֹהֶל מוֹעֵד בְּבֹאוֹ לְכַפֵּר בַּקֹּדֶשׁ עַד־צֵאתוֹ וְכִפֶּר בַּעֲדוֹ וּבְעַד בֵּיתוֹ וּבְעַד
כָּל־קְהַל יִשְׂרָאֵל:

ממשיכים בהגבהת ספר התורה בעמ' 373.

קדושים

וַיְדַבֵּר יהוה אֶל־מֹשֶׁה לֵּאמֹר: דַּבֵּר אֶל־כָּל־עֲדַת בְּנֵי־יִשְׂרָאֵל וְאָמַרְתָּ ויקרא יט, א–יד
אֲלֵהֶם קְדֹשִׁים תִּהְיוּ כִּי קָדוֹשׁ אֲנִי יהוה אֱלֹהֵיכֶם: אִישׁ אִמּוֹ וְאָבִיו תִּירָאוּ
וְאֶת־שַׁבְּתֹתַי תִּשְׁמֹרוּ אֲנִי יהוה אֱלֹהֵיכֶם: אַל־תִּפְנוּ אֶל־הָאֱלִילִם וֵאלֹהֵי
מַסֵּכָה לֹא תַעֲשׂוּ לָכֶם אֲנִי יהוה אֱלֹהֵיכֶם: וְכִי תִזְבְּחוּ זֶבַח שְׁלָמִים לַיהוה לוי

לרצנכם תזבחהו: ביום זבחכם יאכל וממחרת והנותר עד־יום השלישי
באש ישרף: ואם האכל יאכל ביום השלישי פגול הוא לא ירצה:
ואכליו עונו ישא כי־את־קדש יהוה חלל ונכרתה הנפש ההוא מעמיה:
ובקצרכם את־קציר ארצכם לא תכלה פאת שדך לקצר ולקט קצירך
לא תלקט: וכרמך לא תעולל ופרט כרמך לא תלקט לעני ולגר תעזב
ישראל אתם אני יהוה אלהיכם: לא תגנבו ולא־תכחשו ולא־תשקרו איש
בעמיתו: ולא־תשבעו בשמי לשקר וחללת את־שם אלהיך אני יהוה:
לא־תעשק את־רעך ולא תגזל לא־תלין פעלת שכיר אתך עד־בקר:
לא־תקלל חרש ולפני עור לא תתן מכשל ויראת מאלהיך אני יהוה:

ממשיכים בהגבהת ספר התורה בעמ' 373.

בשבועות, כשיום טוב שני חל בשבת, קוראים את פרשת השבוע הבאה.

נשא

במדבר ד, כא–לז וידבר יהוה אל־משה לאמר: נשא את־ראש בני גרשון גם־הם לבית
אבתם למשפחתם: מבן שלשים שנה ומעלה עד בן־חמשים שנה
תפקד אותם כל־הבא לצבא צבא לעבד עבדה באהל מועד: זאת
לוי עבדת משפחת הגרשני לעבד ולמשא: ונשאו את־יריעת המשכן
ואת־אהל מועד מכסהו ומכסה התחש אשר־עליו מלמעלה ואת־
מסך פתח אהל מועד: ואת קלעי החצר ואת־מסך | פתח | שער
החצר אשר על־המשכן ועל־המזבח סביב ואת מיתריהם ואת־כל־
כלי עבדתם ואת כל־אשר יעשה להם ועבדו: על־פי אהרן ובניו תהיה
כל־עבדת בני הגרשני לכל־משאם ולכל עבדתם ופקדתם עלהם
במשמרת את כל־משאם: זאת עבדת משפחת בני הגרשני באהל
ישראל מועד ומשמרתם ביד איתמר בן־אהרן הכהן: בני מררי
למשפחתם לבית־אבתם תפקד אתם: מבן שלשים שנה ומעלה ועד
בן־חמשים שנה תפקדם כל־הבא לצבא לעבד את־עבדת אהל מועד:
וזאת משמרת משאם לכל־עבדתם באהל מועד קרשי המשכן ובריחיו
ועמודיו ואדניו: ועמודי החצר סביב ואדניהם ויתדתם ומיתריהם
לכל־כליהם ולכל עבדתם ובשמת תפקדו את־כלי משמרת משאם:

זאת עבדת משפחת בני מררי לכל־עבדתם באהל מועד ביד איתמר בן־אהרן הכהן:

יש המאריכים את הקריאה לשלישי, כדי לסיים בסוף פרשייה (סידור יעב״ץ).

ויפקד משה ואהרן ונשיאי העדה את־בני הקהתי למשפחתם ולבית אבתם: מבן שלשים שנה ומעלה ועד בן־חמשים שנה כל־הבא לצבא לעבדה באהל מועד: ויהיו פקדיהם למשפחתם אלפים שבע מאות וחמשים: אלה פקודי משפחת הקהתי כל־העבד באהל מועד אשר פקד משה ואהרן על־פי יהוה ביד־משה:

ממשיכים בהגבהת ספר התורה בעמ׳ 373.

בהעלותך

וידבר יהוה אל־משה לאמר: דבר אל־אהרן ואמרת אליו בהעלתך במדבר ח, א–יד
את־הנרת אל־מול פני המנורה יאירו שבעת הנרות: ויעש כן אהרן
אל־מול פני המנורה העלה נרתיה כאשר צוה יהוה את־משה: וזה
מעשה המנרה מקשה זהב עד־ירכה עד־פרחה מקשה הוא כמראה
אשר הראה יהוה את־משה כן עשה את־המנרה:
וידבר יהוה אל־משה לאמר: קח את־הלוים מתוך בני ישראל וטהרת לוי
אתם: וכה־תעשה להם לטהרם הזה עליהם מי חטאת והעבירו תער
על־כל־בשרם וכבסו בגדיהם והטהרו: ולקחו פר בן־בקר ומנחתו סלת
בלולה בשמן ופר־שני בן־בקר תקח לחטאת: והקרבת את־הלוים לפני
אהל מועד והקהלת את־כל־עדת בני ישראל: והקרבת את־הלוים ישראל
לפני יהוה וסמכו בני־ישראל את־ידיהם על־הלוים: והניף אהרן את־
הלוים תנופה לפני יהוה מאת בני ישראל והיו לעבד את־עבדת יהוה:
והלוים יסמכו את־ידיהם על ראש הפרים ועשה את־האחד חטאת
ואת־האחד עלה ליהוה לכפר על־הלוים: והעמדת את־הלוים לפני
אהרן ולפני בניו והנפת אתם תנופה ליהוה: והבדלת את־הלוים מתוך
בני ישראל והיו לי הלוים:

ממשיכים בהגבהת ספר התורה בעמ׳ 373.

בסוכות, כשיום טוב ראשון חל בשבת, בשבת חול המועד
(ובחו״ל כששמיני עצרת חל בשבת) קוראים:

וזאת הברכה

דברים לג, א–יז וְזֹאת הַבְּרָכָה אֲשֶׁר בֵּרַךְ מֹשֶׁה אִישׁ הָאֱלֹהִים אֶת־בְּנֵי יִשְׂרָאֵל לִפְנֵי מוֹתוֹ:
וַיֹּאמַר יהוה מִסִּינַי בָּא וְזָרַח מִשֵּׂעִיר לָמוֹ הוֹפִיעַ מֵהַר פָּארָן וְאָתָה מֵרִבְבֹת
אֵשׁ דָּת קֹדֶשׁ מִימִינוֹ אשדת לָמוֹ: אַף חֹבֵב עַמִּים כָּל־קְדֹשָׁיו בְּיָדֶךָ וְהֵם תֻּכּוּ
לְרַגְלֶךָ יִשָּׂא מִדַּבְּרֹתֶיךָ: תּוֹרָה צִוָּה־לָנוּ מֹשֶׁה מוֹרָשָׁה קְהִלַּת יַעֲקֹב: וַיְהִי
בִישֻׁרוּן מֶלֶךְ בְּהִתְאַסֵּף רָאשֵׁי עָם יַחַד שִׁבְטֵי יִשְׂרָאֵל: יְחִי רְאוּבֵן וְאַל־
יָמֹת וִיהִי מְתָיו מִסְפָּר: וְזֹאת לִיהוּדָה וַיֹּאמַר שְׁמַע יהוה קוֹל
יְהוּדָה וְאֶל־עַמּוֹ תְּבִיאֶנּוּ יָדָיו רָב לוֹ וְעֵזֶר מִצָּרָיו תִּהְיֶה:
לוי וּלְלֵוִי אָמַר תֻּמֶּיךָ וְאוּרֶיךָ לְאִישׁ חֲסִידֶךָ אֲשֶׁר נִסִּיתוֹ בְּמַסָּה תְּרִיבֵהוּ עַל־
מֵי מְרִיבָה: הָאֹמֵר לְאָבִיו וּלְאִמּוֹ לֹא רְאִיתִיו וְאֶת־אֶחָיו לֹא הִכִּיר וְאֶת־בָּנָו
לֹא יָדָע כִּי שָׁמְרוּ אִמְרָתֶךָ וּבְרִיתְךָ יִנְצֹרוּ: יוֹרוּ מִשְׁפָּטֶיךָ לְיַעֲקֹב וְתוֹרָתְךָ
לְיִשְׂרָאֵל יָשִׂימוּ קְטוֹרָה בְּאַפֶּךָ וְכָלִיל עַל־מִזְבְּחֶךָ: בָּרֵךְ יהוה חֵילוֹ וּפֹעַל
יָדָיו תִּרְצֶה מְחַץ מָתְנַיִם קָמָיו וּמְשַׂנְאָיו מִן־יְקוּמוּן: לְבִנְיָמִן
אָמַר יְדִיד יהוה יִשְׁכֹּן לָבֶטַח עָלָיו חֹפֵף עָלָיו כָּל־הַיּוֹם וּבֵין כְּתֵפָיו
ישראל שָׁכֵן: וּלְיוֹסֵף אָמַר מְבֹרֶכֶת יהוה אַרְצוֹ מִמֶּגֶד שָׁמַיִם מִטָּל
וּמִתְּהוֹם רֹבֶצֶת תָּחַת: וּמִמֶּגֶד תְּבוּאֹת שָׁמֶשׁ וּמִמֶּגֶד גֶּרֶשׁ יְרָחִים: וּמֵרֹאשׁ
הַרְרֵי־קֶדֶם וּמִמֶּגֶד גִּבְעוֹת עוֹלָם: וּמִמֶּגֶד אֶרֶץ וּמְלֹאָהּ וּרְצוֹן שֹׁכְנִי סְנֶה
תָּבוֹאתָה לְרֹאשׁ יוֹסֵף וּלְקָדְקֹד נְזִיר אֶחָיו: בְּכוֹר שׁוֹרוֹ הָדָר לוֹ וְקַרְנֵי
רְאֵם קַרְנָיו בָּהֶם עַמִּים יְנַגַּח יַחְדָּו אַפְסֵי־אָרֶץ וְהֵם רִבְבוֹת אֶפְרַיִם וְהֵם
אַלְפֵי מְנַשֶּׁה:

ממשיכים בהגבהת ספר התורה בעמוד הבא.

בארץ ישראל בשמיני עצרת (שמחת תורה) כשחל בשבת קוראים:

בראשית

בראשית א, א–כג בְּרֵאשִׁית בָּרָא אֱלֹהִים אֵת הַשָּׁמַיִם וְאֵת הָאָרֶץ: וְהָאָרֶץ הָיְתָה תֹהוּ
וָבֹהוּ וְחֹשֶׁךְ עַל־פְּנֵי תְהוֹם וְרוּחַ אֱלֹהִים מְרַחֶפֶת עַל־פְּנֵי הַמָּיִם: וַיֹּאמֶר
אֱלֹהִים יְהִי־אוֹר וַיְהִי־אוֹר: וַיַּרְא אֱלֹהִים אֶת־הָאוֹר כִּי־טוֹב וַיַּבְדֵּל אֱלֹהִים
בֵּין הָאוֹר וּבֵין הַחֹשֶׁךְ: וַיִּקְרָא אֱלֹהִים ׀ לָאוֹר יוֹם וְלַחֹשֶׁךְ קָרָא לָיְלָה
וַיְהִי־עֶרֶב וַיְהִי־בֹקֶר יוֹם אֶחָד:

וַיֹּאמֶר אֱלֹהִים יְהִי רָקִיעַ בְּתוֹךְ הַמָּיִם וִיהִי מַבְדִּיל בֵּין מַיִם לָמָיִם: וַיַּעַשׂ לוי
אֱלֹהִים אֶת־הָרָקִיעַ וַיַּבְדֵּל בֵּין הַמַּיִם אֲשֶׁר מִתַּחַת לָרָקִיעַ וּבֵין הַמַּיִם
אֲשֶׁר מֵעַל לָרָקִיעַ וַיְהִי־כֵן: וַיִּקְרָא אֱלֹהִים לָרָקִיעַ שָׁמָיִם וַיְהִי־עֶרֶב
וַיְהִי־בֹקֶר יוֹם שֵׁנִי:

וַיֹּאמֶר אֱלֹהִים יִקָּווּ הַמַּיִם מִתַּחַת הַשָּׁמַיִם אֶל־מָקוֹם אֶחָד וְתֵרָאֶה ישראל
הַיַּבָּשָׁה וַיְהִי־כֵן: וַיִּקְרָא אֱלֹהִים ׀ לַיַּבָּשָׁה אֶרֶץ וּלְמִקְוֵה הַמַּיִם קָרָא יַמִּים
וַיַּרְא אֱלֹהִים כִּי־טוֹב: וַיֹּאמֶר אֱלֹהִים תַּדְשֵׁא הָאָרֶץ דֶּשֶׁא עֵשֶׂב מַזְרִיעַ
זֶרַע עֵץ פְּרִי עֹשֶׂה פְּרִי לְמִינוֹ אֲשֶׁר זַרְעוֹ־בוֹ עַל־הָאָרֶץ וַיְהִי־כֵן: וַתּוֹצֵא
הָאָרֶץ דֶּשֶׁא עֵשֶׂב מַזְרִיעַ זֶרַע לְמִינֵהוּ וְעֵץ עֹשֶׂה־פְּרִי אֲשֶׁר זַרְעוֹ־בוֹ
לְמִינֵהוּ וַיַּרְא אֱלֹהִים כִּי־טוֹב: וַיְהִי־עֶרֶב וַיְהִי־בֹקֶר יוֹם שְׁלִישִׁי:

במנחה של שבת אין הפסק בין קריאת התורה לקדיש שלפני התפילה,
ולכן אין אומרים קדיש אחרי הקריאה (סידור הרוקח).

הגבהה וגלילה

כאשר מגביהים את ספר התורה, הקהל אומר:

וְזֹאת הַתּוֹרָה אֲשֶׁר־שָׂם מֹשֶׁה לִפְנֵי בְּנֵי יִשְׂרָאֵל: דברים ד
עַל־פִּי יהוה בְּיַד מֹשֶׁה: במדבר ט

יש מוסיפים: עֵץ־חַיִּים הִיא לַמַּחֲזִיקִים בָּהּ וְתֹמְכֶיהָ מְאֻשָּׁר: משלי ג
דְּרָכֶיהָ דַרְכֵי־נֹעַם וְכָל־נְתִיבוֹתֶיהָ שָׁלוֹם:
אֹרֶךְ יָמִים בִּימִינָהּ, בִּשְׂמֹאולָהּ עֹשֶׁר וְכָבוֹד:
יהוה חָפֵץ לְמַעַן צִדְקוֹ יַגְדִּיל תּוֹרָה וְיַאְדִּיר: ישעיה מב

כאן לפי הצורך אומרים 'מִי שֶׁבֵּרַךְ' (עמ' 243–244).
יש נוהגים לומר את מזמור צב (עמ' 329) בזמן גלילת התורה.

בבתי כנסת המתפללים בנוסח ספרד, נוהגים לומר את מזמורים קיא וקיב.

הַלְלוּיָהּ, אוֹדֶה יהוה בְּכָל־לֵבָב, בְּסוֹד יְשָׁרִים וְעֵדָה: גְּדֹלִים מַעֲשֵׂי יהוה, תהלים קיא
דְּרוּשִׁים לְכָל־חֶפְצֵיהֶם: הוֹד־וְהָדָר פָּעֳלוֹ, וְצִדְקָתוֹ עֹמֶדֶת לָעַד: זֵכֶר עָשָׂה
לְנִפְלְאוֹתָיו, חַנּוּן וְרַחוּם יהוה: טֶרֶף נָתַן לִירֵאָיו, יִזְכֹּר לְעוֹלָם בְּרִיתוֹ: כֹּחַ
מַעֲשָׂיו הִגִּיד לְעַמּוֹ, לָתֵת לָהֶם נַחֲלַת גּוֹיִם: מַעֲשֵׂי יָדָיו אֱמֶת וּמִשְׁפָּט, נֶאֱמָנִים
כָּל־פִּקּוּדָיו: סְמוּכִים לָעַד לְעוֹלָם, עֲשׂוּיִם בֶּאֱמֶת וְיָשָׁר: פְּדוּת שָׁלַח לְעַמּוֹ,

צִוָּה־לְעוֹלָם בְּרִיתוֹ, קָדוֹשׁ וְנוֹרָא שְׁמוֹ: רֵאשִׁית חָכְמָה יִרְאַת יהוה, שֵׂכֶל טוֹב לְכָל־עֹשֵׂיהֶם, תְּהִלָּתוֹ עֹמֶדֶת לָעַד:

תהלים קיב הַלְלוּיָהּ, אַשְׁרֵי־אִישׁ יָרֵא אֶת־יהוה, בְּמִצְוֹתָיו חָפֵץ מְאֹד: גִּבּוֹר בָּאָרֶץ יִהְיֶה זַרְעוֹ, דּוֹר יְשָׁרִים יְבֹרָךְ: הוֹן־וָעֹשֶׁר בְּבֵיתוֹ, וְצִדְקָתוֹ עֹמֶדֶת לָעַד: זָרַח בַּחֹשֶׁךְ אוֹר לַיְשָׁרִים, חַנּוּן וְרַחוּם וְצַדִּיק: טוֹב־אִישׁ חוֹנֵן וּמַלְוֶה, יְכַלְכֵּל דְּבָרָיו בְּמִשְׁפָּט: כִּי־לְעוֹלָם לֹא־יִמּוֹט, לְזֵכֶר עוֹלָם יִהְיֶה צַדִּיק: מִשְּׁמוּעָה רָעָה לֹא יִירָא, נָכוֹן לִבּוֹ בָּטֻחַ בַּיהוה: סָמוּךְ לִבּוֹ לֹא יִירָא, עַד אֲשֶׁר־יִרְאֶה בְצָרָיו: פִּזַּר, נָתַן לָאֶבְיוֹנִים, צִדְקָתוֹ עֹמֶדֶת לָעַד, קַרְנוֹ תָּרוּם בְּכָבוֹד: רָשָׁע יִרְאֶה וְכָעָס, שִׁנָּיו יַחֲרֹק וְנָמָס, תַּאֲוַת רְשָׁעִים תֹּאבֵד:

הכנסת ספר תורה

פותחים את ארון הקודש.
שליח הציבור לוקח את ספר התורה בימינו ואומר:

תהלים קמח **יְהַלְלוּ אֶת־שֵׁם יהוה, כִּי־נִשְׂגָּב שְׁמוֹ, לְבַדּוֹ**

הקהל אומר:

הוֹדוֹ עַל־אֶרֶץ וְשָׁמָיִם:
וַיָּרֶם קֶרֶן לְעַמּוֹ
תְּהִלָּה לְכָל־חֲסִידָיו
לִבְנֵי יִשְׂרָאֵל עַם קְרֹבוֹ
הַלְלוּיָהּ:

כאשר מלווים את ספר התורה לארון הקודש, אומרים:

תהלים כד לְדָוִד מִזְמוֹר, לַיהוה הָאָרֶץ וּמְלוֹאָהּ, תֵּבֵל וְיֹשְׁבֵי בָהּ: כִּי־הוּא עַל־יַמִּים יְסָדָהּ, וְעַל־נְהָרוֹת יְכוֹנְנֶהָ: מִי־יַעֲלֶה בְהַר־יהוה, וּמִי־יָקוּם בִּמְקוֹם קָדְשׁוֹ: נְקִי כַפַּיִם וּבַר־לֵבָב, אֲשֶׁר לֹא־נָשָׂא לַשָּׁוְא נַפְשִׁי וְלֹא נִשְׁבַּע לְמִרְמָה: יִשָּׂא בְרָכָה מֵאֵת יהוה, וּצְדָקָה מֵאֱלֹהֵי יִשְׁעוֹ: זֶה דּוֹר דֹּרְשָׁו, מְבַקְשֵׁי פָנֶיךָ, יַעֲקֹב, סֶלָה: שְׂאוּ שְׁעָרִים רָאשֵׁיכֶם, וְהִנָּשְׂאוּ פִּתְחֵי עוֹלָם, וְיָבוֹא מֶלֶךְ הַכָּבוֹד: מִי זֶה מֶלֶךְ הַכָּבוֹד, יהוה

עִזּוּז וְגִבּוֹר, יהוה גִּבּוֹר מִלְחָמָה: שְׂאוּ שְׁעָרִים רָאשֵׁיכֶם, וּשְׂאוּ פִּתְחֵי עוֹלָם, וְיָבֹא מֶלֶךְ הַכָּבוֹד: מִי הוּא זֶה מֶלֶךְ הַכָּבוֹד, יהוה צְבָאוֹת הוּא מֶלֶךְ הַכָּבוֹד, סֶלָה:

מכניסים את ספר התורה לארון הקודש ואומרים:

וּבְנֻחֹה יֹאמַר, שׁוּבָה יהוה רִבְבוֹת אַלְפֵי יִשְׂרָאֵל: במדבר י

קוּמָה יהוה לִמְנוּחָתֶךָ, אַתָּה וַאֲרוֹן עֻזֶּךָ: תהלים קלב

כֹּהֲנֶיךָ יִלְבְּשׁוּ־צֶדֶק, וַחֲסִידֶיךָ יְרַנֵּנוּ:

בַּעֲבוּר דָּוִד עַבְדֶּךָ אַל־תָּשֵׁב פְּנֵי מְשִׁיחֶךָ:

כִּי לֶקַח טוֹב נָתַתִּי לָכֶם, תּוֹרָתִי אַל־תַּעֲזֹבוּ: משלי ד

עֵץ־חַיִּים הִיא לַמַּחֲזִיקִים בָּהּ, וְתֹמְכֶיהָ מְאֻשָּׁר: משלי ג

דְּרָכֶיהָ דַרְכֵי־נֹעַם וְכָל־נְתִיבוֹתֶיהָ שָׁלוֹם:

◄ הֲשִׁיבֵנוּ יהוה אֵלֶיךָ וְנָשׁוּבָה, חַדֵּשׁ יָמֵינוּ כְּקֶדֶם: איכה ה

סוגרים את ארון הקודש.

חצי קדיש

ש״ץ: יִתְגַּדַּל וְיִתְקַדַּשׁ שְׁמֵהּ רַבָּא (קהל: אָמֵן)

בְּעָלְמָא דִּי בְרָא כִרְעוּתֵהּ

וְיַמְלִיךְ מַלְכוּתֵהּ

בְּחַיֵּיכוֹן וּבְיוֹמֵיכוֹן, וּבְחַיֵּי דְכָל בֵּית יִשְׂרָאֵל

בַּעֲגָלָא וּבִזְמַן קָרִיב, וְאִמְרוּ אָמֵן. (קהל: אָמֵן)

קהל וש״ץ: יְהֵא שְׁמֵהּ רַבָּא מְבָרַךְ לְעָלַם וּלְעָלְמֵי עָלְמַיָּא.

ש״ץ: יִתְבָּרַךְ וְיִשְׁתַּבַּח וְיִתְפָּאַר וְיִתְרוֹמַם וְיִתְנַשֵּׂא

וְיִתְהַדָּר וְיִתְעַלֶּה וְיִתְהַלָּל

שְׁמֵהּ דְּקֻדְשָׁא בְּרִיךְ הוּא (קהל: בְּרִיךְ הוּא)

לְעֵלָּא מִן כָּל בִּרְכָתָא וְשִׁירָתָא, תֻּשְׁבְּחָתָא וְנֶחֱמָתָא

דַּאֲמִירָן בְּעָלְמָא, וְאִמְרוּ אָמֵן. (קהל: אָמֵן)

עמידה

"המתפלל צריך שיכוין בלבו פירוש המלות שמוציא בשפתיו; ויחשוב כאלו שכינה כנגדו ויסיר כל המחשבות הטורדות אותו עד שתשאר מחשבתו וכוונתו זכה בתפלתו" (שו"ע צח, א).

פוסע שלוש פסיעות לפנים כמי שנכנס לפני המלך.
עומד ומתפלל בלחש מכאן ועד 'וּכְשָׁנִים קַדְמֹנִיּוֹת' בעמ' 384.
כורע במקומות המסומנים ב', קד לפנים במילה הבאה וזוקף בשם.

דברים לב כִּי שֵׁם יהוה אֶקְרָא, הָבוּ גֹדֶל לֵאלֹהֵינוּ:
תהלים נא אֲדֹנָי, שְׂפָתַי תִּפְתָּח, וּפִי יַגִּיד תְּהִלָּתֶךָ:

אבות

'בָּרוּךְ אַתָּה יהוה, אֱלֹהֵינוּ וֵאלֹהֵי אֲבוֹתֵינוּ
אֱלֹהֵי אַבְרָהָם, אֱלֹהֵי יִצְחָק, וֵאלֹהֵי יַעֲקֹב
הָאֵל הַגָּדוֹל הַגִּבּוֹר וְהַנּוֹרָא, אֵל עֶלְיוֹן
גּוֹמֵל חֲסָדִים טוֹבִים, וְקוֹנֵה הַכֹּל
וְזוֹכֵר חַסְדֵי אָבוֹת
וּמֵבִיא גוֹאֵל לִבְנֵי בְנֵיהֶם לְמַעַן שְׁמוֹ בְּאַהֲבָה.
מֶלֶךְ עוֹזֵר וּמוֹשִׁיעַ וּמָגֵן.
'בָּרוּךְ אַתָּה יהוה, מָגֵן אַבְרָהָם.

גבורות

אַתָּה גִּבּוֹר לְעוֹלָם, אֲדֹנָי
מְחַיֵּה מֵתִים אַתָּה, רַב לְהוֹשִׁיעַ

במנחה של שמיני עצרת:

מַשִּׁיב הָרוּחַ וּמוֹרִיד הַגֶּשֶׁם

בשאר המועדים:

מוֹרִיד הַטָּל

מְכַלְכֵּל חַיִּים בְּחֶסֶד, מְחַיֵּה מֵתִים בְּרַחֲמִים רַבִּים
סוֹמֵךְ נוֹפְלִים, וְרוֹפֵא חוֹלִים, וּמַתִּיר אֲסוּרִים
וּמְקַיֵּם אֱמוּנָתוֹ לִישֵׁנֵי עָפָר.

מִי כָמְוֹךָ, בַּֽעַל גְּבוּרוֹת
וּמִי דּֽוֹמֶה לָּךְ
מֶֽלֶךְ, מֵמִית וּמְחַיֶּה וּמַצְמִֽיחַ יְשׁוּעָה.
וְנֶאֱמָן אַתָּה לְהַחֲיוֹת מֵתִים.
בָּרוּךְ אַתָּה יהוה, מְחַיֵּה הַמֵּתִים.

בתפילת לחש ממשיך ׳אַתָּה קָדוֹשׁ׳ בעמוד הבא.

קדושה

בחזרת הש״ץ הקהל עומד ואומר קדושה.
במקומות המסומנים ב־˙, המתפלל מתרומם על קצות אצבעותיו.

קהל ואחריו שליח הציבור:

נְקַדֵּשׁ אֶת שִׁמְךָ בָּעוֹלָם, כְּשֵׁם שֶׁמַּקְדִּישִׁים אוֹתוֹ בִּשְׁמֵי מָרוֹם
כַּכָּתוּב עַל יַד נְבִיאֶךָ: וְקָרָא זֶה אֶל־זֶה וְאָמַר ישעיה ו

קהל ואחריו שליח הציבור:

˙קָדוֹשׁ, ˙קָדוֹשׁ, ˙קָדוֹשׁ, יהוה צְבָאוֹת, מְלֹא כָל־הָאָֽרֶץ כְּבוֹדוֹ:
לְעֻמָּתָם בָּרוּךְ יֹאמֵרוּ

קהל ואחריו שליח הציבור:

˙בָּרוּךְ כְּבוֹד־יהוה מִמְּקוֹמוֹ: יחזקאל ג
וּבְדִבְרֵי קָדְשְׁךָ כָּתוּב לֵאמֹר

קהל ואחריו שליח הציבור:

˙יִמְלֹךְ יהוה לְעוֹלָם, אֱלֹהַֽיִךְ צִיּוֹן לְדֹר וָדֹר, הַלְלוּיָהּ: תהלים קמו

(בבתי כנסת המתפללים בנוסח ספרד, ממשיכים ׳אַתָּה קָדוֹשׁ׳ בעמוד הבא).
שליח הציבור ממשיך:

לְדוֹר וָדוֹר נַגִּיד גָּדְלֶךָ, וּלְנֵצַח נְצָחִים קְדֻשָּׁתְךָ נַקְדִּישׁ
וְשִׁבְחֲךָ אֱלֹהֵינוּ מִפִּֽינוּ לֹא יָמוּשׁ לְעוֹלָם וָעֶד
כִּי אֵל מֶֽלֶךְ גָּדוֹל וְקָדוֹשׁ אָֽתָּה.
בָּרוּךְ אַתָּה יהוה הָאֵל הַקָּדוֹשׁ.

שליח הציבור ממשיך ׳אַתָּה בְחַרְתָּֽנוּ׳ ביום טוב גם אם חל בשבת (בעמוד הבא)
ובשבת חול המועד ממשיך ׳אַתָּה אֶחָד׳ (מתחת לקו בעמוד הבא).

קדושת השם

אַתָּה קָדוֹשׁ וְשִׁמְךָ קָדוֹשׁ, וּקְדוֹשִׁים בְּכָל יוֹם יְהַלְלוּךָ סֶּלָה.
בָּרוּךְ אַתָּה יהוה, הָאֵל הַקָּדוֹשׁ.

בשבת חול המועד ממשיכים ׳אַתָּה אֶחָד׳ מתחת לקו.
ביום טוב ממשיכים כאן.

קדושת היום – יום טוב

אַתָּה בְחַרְתָּנוּ מִכָּל הָעַמִּים
אָהַבְתָּ אוֹתָנוּ וְרָצִיתָ בָּנוּ
וְרוֹמַמְתָּנוּ מִכָּל הַלְּשׁוֹנוֹת
וְקִדַּשְׁתָּנוּ בְּמִצְוֹתֶיךָ
וְקֵרַבְתָּנוּ מַלְכֵּנוּ לַעֲבוֹדָתֶךָ
וְשִׁמְךָ הַגָּדוֹל וְהַקָּדוֹשׁ עָלֵינוּ קָרָאתָ.

ממשיכים ׳וַתִּתֶּן לָנוּ׳ בעמוד הבא.

קדושת היום – שבת חול המועד

תיקנו לומר במנחה של שבת ׳אַתָּה אֶחָד׳ כנגד השבת שלעתיד לבוא (טור, רצב).

אַתָּה אֶחָד וְשִׁמְךָ אֶחָד
וּמִי כְּעַמְּךָ יִשְׂרָאֵל גּוֹי אֶחָד בָּאָרֶץ.
תִּפְאֶרֶת גְּדֻלָּה וַעֲטֶרֶת יְשׁוּעָה
יוֹם מְנוּחָה וּקְדֻשָּׁה לְעַמְּךָ נָתָתָּ.
אַבְרָהָם יָגֵל, יִצְחָק יְרַנֵּן, יַעֲקֹב וּבָנָיו יָנְוּחוּ בוֹ
מְנוּחַת אַהֲבָה וּנְדָבָה, מְנוּחַת אֱמֶת וֶאֱמוּנָה
מְנוּחַת שָׁלוֹם וְשַׁלְוָה וְהַשְׁקֵט וָבֶטַח
מְנוּחָה שְׁלֵמָה שֶׁאַתָּה רוֹצֶה בָּהּ.
יַכִּירוּ בָנֶיךָ וְיֵדְעוּ, כִּי מֵאִתְּךָ הִיא מְנוּחָתָם
וְעַל מְנוּחָתָם יַקְדִּישׁוּ אֶת שְׁמֶךָ.

ממשיכים ׳אֱלֹהֵינוּ וֵאלֹהֵי אֲבוֹתֵינוּ, רְצֵה בִמְנוּחָתֵנוּ׳ מתחת לקו בעמוד הבא.

בשבת מוסיפים את המילים שבסוגריים.

וַתִּתֶּן לָנוּ יהוה אֱלֹהֵינוּ בְּאַהֲבָה
(שַׁבָּתוֹת לִמְנוּחָה וּ) מוֹעֲדִים לְשִׂמְחָה, חַגִּים וּזְמַנִּים לְשָׂשׂוֹן
אֶת יוֹם (הַשַּׁבָּת הַזֶּה וְאֶת יוֹם)

בפסח: חַג הַמַּצּוֹת הַזֶּה, זְמַן חֵרוּתֵנוּ

בשבועות: חַג הַשָּׁבוּעוֹת הַזֶּה, זְמַן מַתַּן תּוֹרָתֵנוּ

בסוכות: חַג הַסֻּכּוֹת הַזֶּה, זְמַן שִׂמְחָתֵנוּ

בשמיני עצרת: הַשְּׁמִינִי חַג הָעֲצֶרֶת הַזֶּה, זְמַן שִׂמְחָתֵנוּ

(בְּאַהֲבָה) מִקְרָא קֹדֶשׁ, זֵכֶר לִיצִיאַת מִצְרָיִם.

אֱלֹהֵינוּ וֵאלֹהֵי אֲבוֹתֵינוּ
יַעֲלֶה וְיָבוֹא וְיַגִּיעַ, וְיֵרָאֶה וְיֵרָצֶה וְיִשָּׁמַע
וְיִפָּקֵד וְיִזָּכֵר זִכְרוֹנֵנוּ וּפִקְדוֹנֵנוּ וְזִכְרוֹן אֲבוֹתֵינוּ
וְזִכְרוֹן מָשִׁיחַ בֶּן דָּוִד עַבְדֶּךָ, וְזִכְרוֹן יְרוּשָׁלַיִם עִיר קָדְשֶׁךָ
וְזִכְרוֹן כָּל עַמְּךָ בֵּית יִשְׂרָאֵל, לְפָנֶיךָ
לִפְלֵיטָה לְטוֹבָה, לְחֵן וּלְחֶסֶד וּלְרַחֲמִים לְחַיִּים וּלְשָׁלוֹם

ממשיכים 'בְּיוֹם' בעמוד הבא.

אֱלֹהֵינוּ וֵאלֹהֵי אֲבוֹתֵינוּ, רְצֵה בִמְנוּחָתֵנוּ
קַדְּשֵׁנוּ בְּמִצְוֹתֶיךָ וְתֵן חֶלְקֵנוּ בְּתוֹרָתֶךָ
שַׂבְּעֵנוּ מִטּוּבֶךָ וְשַׂמְּחֵנוּ בִּישׁוּעָתֶךָ
וְטַהֵר לִבֵּנוּ לְעָבְדְּךָ בֶּאֱמֶת.
וְהַנְחִילֵנוּ יהוה אֱלֹהֵינוּ בְּאַהֲבָה וּבְרָצוֹן שַׁבְּתוֹת קָדְשֶׁךָ
וְיָנוּחוּ בָם יִשְׂרָאֵל מְקַדְּשֵׁי שְׁמֶךָ.
בָּרוּךְ אַתָּה יהוה, מְקַדֵּשׁ הַשַּׁבָּת.

ממשיכים 'רְצֵה' מתחת לקו בעמוד הבא.

בְּיוֹם

בפסח: חַג הַמַּצּוֹת הַזֶּה.

בשבועות: חַג הַשָּׁבוּעוֹת הַזֶּה.

בסוכות: חַג הַסֻּכּוֹת הַזֶּה.

בשמיני עצרת: הַשְּׁמִינִי חַג הָעֲצֶרֶת הַזֶּה.

זָכְרֵנוּ יהוה אֱלֹהֵינוּ בּוֹ לְטוֹבָה, וּפָקְדֵנוּ בוֹ לִבְרָכָה
וְהוֹשִׁיעֵנוּ בוֹ לְחַיִּים.
וּבִדְבַר יְשׁוּעָה וְרַחֲמִים, חוּס וְחָנֵּנוּ, וְרַחֵם עָלֵינוּ וְהוֹשִׁיעֵנוּ
כִּי אֵלֶיךָ עֵינֵינוּ, כִּי אֵל מֶלֶךְ חַנּוּן וְרַחוּם אָתָּה.

בשבת מוסיפים את המילים שבסוגריים.

וְהַשִּׂיאֵנוּ יהוה אֱלֹהֵינוּ אֶת בִּרְכַּת מוֹעֲדֶיךָ
לְחַיִּים וּלְשָׁלוֹם, לְשִׂמְחָה וּלְשָׂשׂוֹן
כַּאֲשֶׁר רָצִיתָ וְאָמַרְתָּ לְבָרְכֵנוּ.

ממשיכים ׳(אֱלֹהֵינוּ וֵאלֹהֵי אֲבוֹתֵינוּ, רְצֵה בִמְנוּחָתֵנוּ)׳ בעמוד הבא.

עבודה

רְצֵה יהוה אֱלֹהֵינוּ בְּעַמְּךָ יִשְׂרָאֵל וּבִתְפִלָּתָם
וְהָשֵׁב אֶת הָעֲבוֹדָה לִדְבִיר בֵּיתֶךָ
וְאִשֵּׁי יִשְׂרָאֵל וּתְפִלָּתָם בְּאַהֲבָה תְקַבֵּל בְּרָצוֹן
וּתְהִי לְרָצוֹן תָּמִיד עֲבוֹדַת יִשְׂרָאֵל עַמֶּךָ.

אֱלֹהֵינוּ וֵאלֹהֵי אֲבוֹתֵינוּ
יַעֲלֶה וְיָבוֹא וְיַגִּיעַ, וְיֵרָאֶה וְיֵרָצֶה וְיִשָּׁמַע
וְיִפָּקֵד וְיִזָּכֵר זִכְרוֹנֵנוּ וּפִקְדוֹנֵנוּ וְזִכְרוֹן אֲבוֹתֵינוּ
וְזִכְרוֹן מָשִׁיחַ בֶּן דָּוִד עַבְדֶּךָ

ממשיכים ׳וְזִכְרוֹן יְרוּשָׁלַיִם׳ מתחת לקו בעמוד הבא.

(אֱלֹהֵינוּ וֵאלֹהֵי אֲבוֹתֵינוּ, רְצֵה בִמְנוּחָתֵנוּ)
קַדְּשֵׁנוּ בְּמִצְוֹתֶיךָ וְתֵן חֶלְקֵנוּ בְּתוֹרָתֶךָ
שַׂבְּעֵנוּ מִטּוּבֶךָ, וְשַׂמְּחֵנוּ בִּישׁוּעָתֶךָ
וְטַהֵר לִבֵּנוּ לְעָבְדְּךָ בֶּאֱמֶת.
וְהַנְחִילֵנוּ יהוה אֱלֹהֵינוּ (בְּאַהֲבָה וּבְרָצוֹן)
בְּשִׂמְחָה וּבְשָׂשׂוֹן (שַׁבָּת וּ) מוֹעֲדֵי קָדְשֶׁךָ
וְיִשְׂמְחוּ בְךָ יִשְׂרָאֵל מְקַדְּשֵׁי שְׁמֶךָ.
בָּרוּךְ אַתָּה יהוה, מְקַדֵּשׁ (הַשַּׁבָּת וְ) יִשְׂרָאֵל וְהַזְּמַנִּים.

עבודה
רְצֵה יהוה אֱלֹהֵינוּ בְּעַמְּךָ יִשְׂרָאֵל וּבִתְפִלָּתָם
וְהָשֵׁב אֶת הָעֲבוֹדָה לִדְבִיר בֵּיתֶךָ
וְאִשֵּׁי יִשְׂרָאֵל וּתְפִלָּתָם בְּאַהֲבָה תְקַבֵּל בְּרָצוֹן
וּתְהִי לְרָצוֹן תָּמִיד עֲבוֹדַת יִשְׂרָאֵל עַמֶּךָ.

ממשיכים ׳וְתֶחֱזֶינָה׳ בעמוד הבא.

וְזִכְרוֹן יְרוּשָׁלַיִם עִיר קָדְשֶׁךָ
וְזִכְרוֹן כָּל עַמְּךָ בֵּית יִשְׂרָאֵל, לְפָנֶיךָ
לִפְלֵיטָה לְטוֹבָה, לְחֵן וּלְחֶסֶד וּלְרַחֲמִים לְחַיִּים וּלְשָׁלוֹם
בְּיוֹם
בפסח: חַג הַמַּצּוֹת הַזֶּה. / בסוכות: חַג הַסֻּכּוֹת הַזֶּה.
זָכְרֵנוּ יהוה אֱלֹהֵינוּ בּוֹ לְטוֹבָה, וּפָקְדֵנוּ בוֹ לִבְרָכָה
וְהוֹשִׁיעֵנוּ בוֹ לְחַיִּים.
וּבִדְבַר יְשׁוּעָה וְרַחֲמִים, חוּס וְחָנֵּנוּ וְרַחֵם עָלֵינוּ וְהוֹשִׁיעֵנוּ
כִּי אֵלֶיךָ עֵינֵינוּ, כִּי אֵל מֶלֶךְ חַנּוּן וְרַחוּם אָתָּה.

ממשיכים ׳וְתֶחֱזֶינָה׳ בעמוד הבא.

וְתֶחֱזֶינָה עֵינֵינוּ בְּשׁוּבְךָ לְצִיּוֹן בְּרַחֲמִים.
בָּרוּךְ אַתָּה יהוה, הַמַּחֲזִיר שְׁכִינָתוֹ לְצִיּוֹן.

הודאה

כורע ב׳מוֹדִים׳ ואינו זוקף עד אמירת השם.

ימוֹדִים אֲנַחְנוּ לָךְ
שָׁאַתָּה הוּא יהוה אֱלֹהֵינוּ
וֵאלֹהֵי אֲבוֹתֵינוּ לְעוֹלָם וָעֶד.
צוּר חַיֵּינוּ, מָגֵן יִשְׁעֵנוּ
אַתָּה הוּא לְדוֹר וָדוֹר.
נוֹדֶה לְּךָ וּנְסַפֵּר תְּהִלָּתֶךָ
עַל חַיֵּינוּ הַמְּסוּרִים בְּיָדֶךָ
וְעַל נִשְׁמוֹתֵינוּ הַפְּקוּדוֹת לָךְ
וְעַל נִסֶּיךָ שֶׁבְּכָל יוֹם עִמָּנוּ
וְעַל נִפְלְאוֹתֶיךָ וְטוֹבוֹתֶיךָ
שֶׁבְּכָל עֵת
עֶרֶב וָבֹקֶר וְצָהֳרָיִם.
הַטּוֹב, כִּי לֹא כָלוּ רַחֲמֶיךָ
וְהַמְרַחֵם, כִּי לֹא תַמּוּ חֲסָדֶיךָ
מֵעוֹלָם קִוִּינוּ לָךְ.

כששליח הציבור אומר ׳מוֹדִים׳, הקהל אומר בלחש:

ימוֹדִים אֲנַחְנוּ לָךְ
שָׁאַתָּה הוּא יהוה אֱלֹהֵינוּ
וֵאלֹהֵי אֲבוֹתֵינוּ
אֱלֹהֵי כָל בָּשָׂר
יוֹצְרֵנוּ, יוֹצֵר בְּרֵאשִׁית.
בְּרָכוֹת וְהוֹדָאוֹת
לְשִׁמְךָ הַגָּדוֹל וְהַקָּדוֹשׁ
עַל שֶׁהֶחֱיִיתָנוּ וְקִיַּמְתָּנוּ.
כֵּן תְּחַיֵּנוּ וּתְקַיְּמֵנוּ
וְתֶאֱסֹף גָּלֻיּוֹתֵינוּ
לְחַצְרוֹת קָדְשֶׁךָ
לִשְׁמֹר חֻקֶּיךָ
וְלַעֲשׂוֹת רְצוֹנֶךָ וּלְעָבְדְּךָ
בְּלֵבָב שָׁלֵם
עַל שֶׁאֲנַחְנוּ מוֹדִים לָךְ.
בָּרוּךְ אֵל הַהוֹדָאוֹת.

וְעַל כֻּלָּם יִתְבָּרַךְ וְיִתְרוֹמַם שִׁמְךָ מַלְכֵּנוּ תָּמִיד לְעוֹלָם וָעֶד.
וְכֹל הַחַיִּים יוֹדְוּךָ סֶּלָה
וִיהַלְלוּ אֶת שִׁמְךָ בֶּאֱמֶת
הָאֵל יְשׁוּעָתֵנוּ וְעֶזְרָתֵנוּ סֶלָה.
יבָּרוּךְ אַתָּה יהוה, הַטּוֹב שִׁמְךָ וּלְךָ נָאֶה לְהוֹדוֹת.

שלום

במנחה של יום טוב החל בחול:

שָׁלוֹם רָב
עַל יִשְׂרָאֵל עַמְּךָ
תָּשִׂים לְעוֹלָם
כִּי אַתָּה הוּא
מֶלֶךְ אָדוֹן
לְכָל הַשָּׁלוֹם.
וְטוֹב בְּעֵינֶיךָ
לְבָרֵךְ
אֶת עַמְּךָ יִשְׂרָאֵל
בְּכָל עֵת וּבְכָל שָׁעָה
בִּשְׁלוֹמֶךָ.

במנחה בשבת בארץ ישראל (למנהג רוב הקהילות):

שִׂים שָׁלוֹם טוֹבָה וּבְרָכָה
חֵן וָחֶסֶד וְרַחֲמִים
עָלֵינוּ וְעַל כָּל יִשְׂרָאֵל עַמֶּךָ.
בָּרְכֵנוּ אָבִינוּ כֻּלָּנוּ כְּאֶחָד בְּאוֹר פָּנֶיךָ
כִּי בְאוֹר פָּנֶיךָ
נָתַתָּ לָּנוּ יהוה אֱלֹהֵינוּ
תּוֹרַת חַיִּים וְאַהֲבַת חֶסֶד
וּצְדָקָה וּבְרָכָה וְרַחֲמִים וְחַיִּים וְשָׁלוֹם.
וְטוֹב בְּעֵינֶיךָ לְבָרֵךְ אֶת עַמְּךָ יִשְׂרָאֵל
בְּכָל עֵת וּבְכָל שָׁעָה
בִּשְׁלוֹמֶךָ.

בָּרוּךְ אַתָּה יהוה, הַמְבָרֵךְ אֶת עַמּוֹ יִשְׂרָאֵל בַּשָּׁלוֹם.

שליח הציבור מסיים באמירת הפסוק הבא בלחש,
ויש הנוהגים לאומרו גם בסוף תפילת לחש של יחיד.

יִהְיוּ לְרָצוֹן אִמְרֵי־פִי וְהֶגְיוֹן לִבִּי לְפָנֶיךָ, יהוה צוּרִי וְגֹאֲלִי: תהלים יט

אֱלֹהַי ברכות יז.
נְצֹר לְשׁוֹנִי מֵרָע וּשְׂפָתַי מִדַּבֵּר מִרְמָה
וְלִמְקַלְלַי נַפְשִׁי תִדֹּם, וְנַפְשִׁי כֶּעָפָר לַכֹּל תִּהְיֶה.
פְּתַח לִבִּי בְּתוֹרָתֶךָ, וּבְמִצְוֹתֶיךָ תִּרְדֹּף נַפְשִׁי.
וְכָל הַחוֹשְׁבִים עָלַי רָעָה, מְהֵרָה הָפֵר עֲצָתָם וְקַלְקֵל מַחֲשַׁבְתָּם.
עֲשֵׂה לְמַעַן שְׁמֶךָ, עֲשֵׂה לְמַעַן יְמִינֶךָ
עֲשֵׂה לְמַעַן קְדֻשָּׁתֶךָ, עֲשֵׂה לְמַעַן תּוֹרָתֶךָ.
לְמַעַן יֵחָלְצוּן יְדִידֶיךָ, הוֹשִׁיעָה יְמִינְךָ וַעֲנֵנִי: תהלים ס
יִהְיוּ לְרָצוֹן אִמְרֵי־פִי וְהֶגְיוֹן לִבִּי לְפָנֶיךָ, יהוה צוּרִי וְגֹאֲלִי: תהלים יט

כורע ופוסע שלוש פסיעות לאחור. קד לשמאל, לימין ולפנים באמירת:

עֹשֶׂה שָׁלוֹם בִּמְרוֹמָיו
הוּא יַעֲשֶׂה שָׁלוֹם עָלֵינוּ וְעַל כָּל יִשְׂרָאֵל, וְאִמְרוּ אָמֵן.

יְהִי רָצוֹן מִלְּפָנֶיךָ יהוה אֱלֹהֵינוּ וֵאלֹהֵי אֲבוֹתֵינוּ, שֶׁיִּבָּנֶה בֵּית הַמִּקְדָּשׁ בִּמְהֵרָה בְיָמֵינוּ, וְתֵן חֶלְקֵנוּ בְּתוֹרָתֶךָ, וְשָׁם נַעֲבָדְךָ בְּיִרְאָה כִּימֵי עוֹלָם וּכְשָׁנִים
מלאכי ג קַדְמֹנִיּוֹת. וְעָרְבָה לַיהוה מִנְחַת יְהוּדָה וִירוּשָׁלָםִ כִּימֵי עוֹלָם וּכְשָׁנִים קַדְמֹנִיּוֹת:

שליח הציבור חוזר על העמידה בקול רם (עמ׳ 376).

קדיש שלם

ש״ץ: יִתְגַּדַּל וְיִתְקַדַּשׁ שְׁמֵהּ רַבָּא (קהל: אָמֵן)
בְּעָלְמָא דִּי בְרָא כִרְעוּתֵהּ
וְיַמְלִיךְ מַלְכוּתֵהּ
בְּחַיֵּיכוֹן וּבְיוֹמֵיכוֹן וּבְחַיֵּי דְכָל בֵּית יִשְׂרָאֵל
בַּעֲגָלָא וּבִזְמַן קָרִיב, וְאִמְרוּ אָמֵן. (קהל: אָמֵן)

קהל וש״ץ: יְהֵא שְׁמֵהּ רַבָּא מְבָרַךְ לְעָלַם וּלְעָלְמֵי עָלְמַיָּא.

ש״ץ: יִתְבָּרַךְ וְיִשְׁתַּבַּח וְיִתְפָּאַר וְיִתְרוֹמַם וְיִתְנַשֵּׂא
וְיִתְהַדָּר וְיִתְעַלֶּה וְיִתְהַלָּל
שְׁמֵהּ דְּקֻדְשָׁא בְּרִיךְ הוּא (קהל: בְּרִיךְ הוּא)
לְעֵלָּא מִן כָּל בִּרְכָתָא וְשִׁירָתָא, תֻּשְׁבְּחָתָא וְנֶחֱמָתָא
דַּאֲמִירָן בְּעָלְמָא, וְאִמְרוּ אָמֵן. (קהל: אָמֵן)

תִּתְקַבַּל צְלוֹתְהוֹן וּבָעוּתְהוֹן דְּכָל יִשְׂרָאֵל
קֳדָם אֲבוּהוֹן דִּי בִשְׁמַיָּא, וְאִמְרוּ אָמֵן. (קהל: אָמֵן)

יְהֵא שְׁלָמָא רַבָּא מִן שְׁמַיָּא
וְחַיִּים, עָלֵינוּ וְעַל כָּל יִשְׂרָאֵל, וְאִמְרוּ אָמֵן. (קהל: אָמֵן)

כורע ופוסע שלוש פסיעות לאחור. קד לשמאל, לימין ולפנים באמירת:

עֹשֶׂה שָׁלוֹם בִּמְרוֹמָיו
הוּא יַעֲשֶׂה שָׁלוֹם עָלֵינוּ וְעַל כָּל יִשְׂרָאֵל, וְאִמְרוּ אָמֵן. (קהל: אָמֵן)

אומרים 'עָלֵינוּ' בעמידה ומשתחווים במקום המסומן ב*.

עָלֵינוּ לְשַׁבֵּחַ לַאֲדוֹן הַכֹּל, לָתֵת גְּדֻלָּה לְיוֹצֵר בְּרֵאשִׁית
שֶׁלֹּא עָשָׂנוּ כְּגוֹיֵי הָאֲרָצוֹת, וְלֹא שָׂמָנוּ כְּמִשְׁפְּחוֹת הָאֲדָמָה
שֶׁלֹּא שָׂם חֶלְקֵנוּ כָּהֶם וְגוֹרָלֵנוּ כְּכָל הֲמוֹנָם.
שֶׁהֵם מִשְׁתַּחֲוִים לְהֶבֶל וָרִיק וּמִתְפַּלְּלִים אֶל אֵל לֹא יוֹשִׁיעַ.
*וַאֲנַחְנוּ כּוֹרְעִים וּמִשְׁתַּחֲוִים וּמוֹדִים
לִפְנֵי מֶלֶךְ מַלְכֵי הַמְּלָכִים, הַקָּדוֹשׁ בָּרוּךְ הוּא
שֶׁהוּא נוֹטֶה שָׁמַיִם וְיוֹסֵד אָרֶץ
וּמוֹשַׁב יְקָרוֹ בַּשָּׁמַיִם מִמַּעַל
וּשְׁכִינַת עֻזּוֹ בְּגָבְהֵי מְרוֹמִים.
הוּא אֱלֹהֵינוּ, אֵין עוֹד.
אֱמֶת מַלְכֵּנוּ, אֶפֶס זוּלָתוֹ
כַּכָּתוּב בְּתוֹרָתוֹ, וְיָדַעְתָּ הַיּוֹם וַהֲשֵׁבֹתָ אֶל־לְבָבֶךָ דברים ד
כִּי יהוה הוּא הָאֱלֹהִים בַּשָּׁמַיִם מִמַּעַל וְעַל־הָאָרֶץ מִתָּחַת
אֵין עוֹד:

עַל כֵּן נְקַוֶּה לְּךָ יהוה אֱלֹהֵינוּ לִרְאוֹת מְהֵרָה בְּתִפְאֶרֶת עֻזֶּךָ
לְהַעֲבִיר גִּלּוּלִים מִן הָאָרֶץ, וְהָאֱלִילִים כָּרוֹת יִכָּרֵתוּן
לְתַקֵּן עוֹלָם בְּמַלְכוּת שַׁדַּי.
וְכָל בְּנֵי בָשָׂר יִקְרְאוּ בִשְׁמֶךָ לְהַפְנוֹת אֵלֶיךָ כָּל רִשְׁעֵי אָרֶץ.
יַכִּירוּ וְיֵדְעוּ כָּל יוֹשְׁבֵי תֵבֵל
כִּי לְךָ תִּכְרַע כָּל בֶּרֶךְ, תִּשָּׁבַע כָּל לָשׁוֹן.
לְפָנֶיךָ יהוה אֱלֹהֵינוּ יִכְרְעוּ וְיִפֹּלוּ, וְלִכְבוֹד שִׁמְךָ יְקָר יִתֵּנוּ
וִיקַבְּלוּ כֻלָּם אֶת עֹל מַלְכוּתֶךָ
וְתִמְלֹךְ עֲלֵיהֶם מְהֵרָה לְעוֹלָם וָעֶד.
כִּי הַמַּלְכוּת שֶׁלְּךָ הִיא וּלְעוֹלְמֵי עַד תִּמְלֹךְ בְּכָבוֹד
כַּכָּתוּב בְּתוֹרָתֶךָ, יהוה יִמְלֹךְ לְעֹלָם וָעֶד: שמות טו

זכריה יד ◄ וְנֶאֱמַר, וְהָיָה יהוה לְמֶלֶךְ עַל־כָּל־הָאָרֶץ
בַּיּוֹם הַהוּא יִהְיֶה יהוה אֶחָד וּשְׁמוֹ אֶחָד:

יש מוסיפים:

משלי ג אַל־תִּירָא מִפַּחַד פִּתְאֹם וּמִשֹּׁאַת רְשָׁעִים כִּי תָבֹא:

ישעיה ח עֻצוּ עֵצָה וְתֻפָר, דַּבְּרוּ דָבָר וְלֹא יָקוּם, כִּי עִמָּנוּ אֵל:

ישעיה מו וְעַד־זִקְנָה אֲנִי הוּא, וְעַד־שֵׂיבָה אֲנִי אֶסְבֹּל אֲנִי עָשִׂיתִי וַאֲנִי אֶשָּׂא וַאֲנִי אֶסְבֹּל וַאֲמַלֵּט:

קדיש יתום

אבל: יִתְגַּדַּל וְיִתְקַדַּשׁ שְׁמֵהּ רַבָּא (קהל: אָמֵן)
בְּעָלְמָא דִּי בְרָא כִרְעוּתֵהּ
וְיַמְלִיךְ מַלְכוּתֵהּ
בְּחַיֵּיכוֹן וּבְיוֹמֵיכוֹן, וּבְחַיֵּי דְכָל בֵּית יִשְׂרָאֵל
בַּעֲגָלָא וּבִזְמַן קָרִיב, וְאִמְרוּ אָמֵן. (קהל: אָמֵן)

קהל ואבל: יְהֵא שְׁמֵהּ רַבָּא מְבָרַךְ לְעָלַם וּלְעָלְמֵי עָלְמַיָּא.

אבל: יִתְבָּרַךְ וְיִשְׁתַּבַּח וְיִתְפָּאַר
וְיִתְרוֹמַם וְיִתְנַשֵּׂא וְיִתְהַדָּר וְיִתְעַלֶּה וְיִתְהַלָּל
שְׁמֵהּ דְּקֻדְשָׁא בְּרִיךְ הוּא (קהל: בְּרִיךְ הוּא)
לְעֵלָּא מִן כָּל בִּרְכָתָא וְשִׁירָתָא, תֻּשְׁבְּחָתָא וְנֶחֱמָתָא
דַּאֲמִירָן בְּעָלְמָא, וְאִמְרוּ אָמֵן. (קהל: אָמֵן)

יְהֵא שְׁלָמָא רַבָּא מִן שְׁמַיָּא
וְחַיִּים, עָלֵינוּ וְעַל כָּל יִשְׂרָאֵל, וְאִמְרוּ אָמֵן. (קהל: אָמֵן)

כורע ופוסע שלוש פסיעות לאחור. קד לשמאל, לימין ולפנים באמירת:

עֹשֶׂה שָׁלוֹם בִּמְרוֹמָיו
הוּא יַעֲשֶׂה שָׁלוֹם
עָלֵינוּ וְעַל כָּל יִשְׂרָאֵל, וְאִמְרוּ אָמֵן. (קהל: אָמֵן)

בבתי כנסת המתפללים בנוסח ספרד, מוסיפים את המזמור ׳לְדָוִד ה׳ אוֹרִי וְיִשְׁעִי׳ (עמ׳ 330) מר״ח אלול ועד הושענא רבה, ואחריו אומרים קדיש יתום.

חול המועד

עמידה

"המתפלל צריך שיכוין בלבו פירוש המלות שמוציא בשפתיו; ויחשוב כאלו שכינה כנגדו ויסיר כל המחשבות הטורדות אותו עד שתשאר מחשבתו וכוונתו זכה בתפלתו" (שו"ע צח, א)

פוסע שלוש פסיעות לפנים כמי שנכנס לפני המלך (רמ"א צה, א בשם הרוקח).

עומד ומתפלל בלחש מכאן ועד 'וּכְשָׁנִים קַדְמֹנִיּוֹת' בעמ' 397.

כורע במקומות המסומנים ב', קד לפנים ב'אַתָּה' וזוקף בשם (סידור השל"ה).

אֲדֹנָי, שְׂפָתַי תִּפְתָּח, וּפִי יַגִּיד תְּהִלָּתֶךָ: תהלים נא

אבות

'בָּרוּךְ אַתָּה יהוה, אֱלֹהֵינוּ וֵאלֹהֵי אֲבוֹתֵינוּ
אֱלֹהֵי אַבְרָהָם, אֱלֹהֵי יִצְחָק, וֵאלֹהֵי יַעֲקֹב
הָאֵל הַגָּדוֹל הַגִּבּוֹר וְהַנּוֹרָא, אֵל עֶלְיוֹן
גּוֹמֵל חֲסָדִים טוֹבִים, וְקוֹנֵה הַכֹּל
וְזוֹכֵר חַסְדֵי אָבוֹת
וּמֵבִיא גוֹאֵל לִבְנֵי בְנֵיהֶם לְמַעַן שְׁמוֹ בְּאַהֲבָה.
מֶלֶךְ עוֹזֵר וּמוֹשִׁיעַ וּמָגֵן.
'בָּרוּךְ אַתָּה יהוה, מָגֵן אַבְרָהָם.

גבורות

אַתָּה גִּבּוֹר לְעוֹלָם, אֲדֹנָי
מְחַיֵּה מֵתִים אַתָּה, רַב לְהוֹשִׁיעַ
בארץ ישראל: מוֹרִיד הַטָּל
מְכַלְכֵּל חַיִּים בְּחֶסֶד, מְחַיֵּה מֵתִים בְּרַחֲמִים רַבִּים
סוֹמֵךְ נוֹפְלִים, וְרוֹפֵא חוֹלִים, וּמַתִּיר אֲסוּרִים
וּמְקַיֵּם אֱמוּנָתוֹ לִישֵׁנֵי עָפָר.
מִי כָמוֹךָ, בַּעַל גְּבוּרוֹת
וּמִי דּוֹמֶה לָּךְ
מֶלֶךְ, מֵמִית וּמְחַיֶּה וּמַצְמִיחַ יְשׁוּעָה.

וְנֶאֱמָן אַתָּה לְהַחֲיוֹת מֵתִים.
בָּרוּךְ אַתָּה יהוה, מְחַיֵּה הַמֵּתִים.

בתפילת לחש ממשיך ׳אַתָּה קָדוֹשׁ׳ למטה.

קדושה

בחזרת הש״ץ הקהל עומד ואומר קדושה.

במקומות המסומנים ב־˙, המתפלל מתרומם על קצות אצבעותיו (מג״א קכה, א בשם השל״ה).

קהל ואחריו שליח הציבור:

נְקַדֵּשׁ אֶת שִׁמְךָ בָּעוֹלָם, כְּשֵׁם שֶׁמַּקְדִּישִׁים אוֹתוֹ בִּשְׁמֵי מָרוֹם
ישעיה ו **כַּכָּתוּב עַל יַד נְבִיאֶךָ, וְקָרָא זֶה אֶל־זֶה וְאָמַר**

קהל ואחריו שליח הציבור:

˙קָדוֹשׁ, ˙קָדוֹשׁ, ˙קָדוֹשׁ, יהוה צְבָאוֹת, מְלֹא כָל־הָאָרֶץ כְּבוֹדוֹ:
לְעֻמָּתָם בָּרוּךְ יֹאמֵרוּ

קהל ואחריו שליח הציבור:

יחזקאל ג **˙בָּרוּךְ כְּבוֹד־יהוה מִמְּקוֹמוֹ:**
וּבְדִבְרֵי קָדְשְׁךָ כָּתוּב לֵאמֹר

קהל ואחריו שליח הציבור:

תהלים קמו **˙יִמְלֹךְ יהוה לְעוֹלָם, אֱלֹהַיִךְ צִיּוֹן לְדֹר וָדֹר, הַלְלוּיָהּ:**

(בבתי כנסת המתפללים בנוסח ספרד, ממשיכים ׳אַתָּה קָדוֹשׁ׳ למטה).

שליח הציבור ממשיך:

לְדוֹר וָדוֹר נַגִּיד גָּדְלֶךָ, וּלְנֵצַח נְצָחִים קְדֻשָּׁתְךָ נַקְדִּישׁ
וְשִׁבְחֲךָ אֱלֹהֵינוּ מִפִּינוּ לֹא יָמוּשׁ לְעוֹלָם וָעֶד
כִּי אֵל מֶלֶךְ גָּדוֹל וְקָדוֹשׁ אָתָּה.
בָּרוּךְ אַתָּה יהוה, הָאֵל הַקָּדוֹשׁ.

שליח הציבור ממשיך ׳אַתָּה חוֹנֵן׳ בעמוד הבא.

קדושת השם

אַתָּה קָדוֹשׁ וְשִׁמְךָ קָדוֹשׁ
וּקְדוֹשִׁים בְּכָל יוֹם יְהַלְלוּךָ סֶּלָה.
בָּרוּךְ אַתָּה יהוה, הָאֵל הַקָּדוֹשׁ.

דעת

אַתָּה חוֹנֵן לְאָדָם דַּעַת, וּמְלַמֵּד לֶאֱנוֹשׁ בִּינָה.
חָנֵּנוּ מֵאִתְּךָ דֵּעָה בִּינָה וְהַשְׂכֵּל.
בָּרוּךְ אַתָּה יהוה, חוֹנֵן הַדָּעַת.

תשובה

הֲשִׁיבֵנוּ אָבִינוּ לְתוֹרָתֶךָ
וְקָרְבֵנוּ מַלְכֵּנוּ לַעֲבוֹדָתֶךָ
וְהַחֲזִירֵנוּ בִּתְשׁוּבָה שְׁלֵמָה לְפָנֶיךָ.
בָּרוּךְ אַתָּה יהוה, הָרוֹצֶה בִּתְשׁוּבָה.

סליחה

נוהגים להכות כנגד הלב במקומות המסומנים ב° (סידור יעב״ץ בשם של״ה).

סְלַח לָנוּ אָבִינוּ כִּי °חָטָאנוּ
מְחַל לָנוּ מַלְכֵּנוּ כִּי °פָשָׁעְנוּ
כִּי מוֹחֵל וְסוֹלֵחַ אָתָּה.
בָּרוּךְ אַתָּה יהוה, חַנּוּן הַמַּרְבֶּה לִסְלֹחַ.

גאולה

רְאֵה בְעָנְיֵנוּ, וְרִיבָה רִיבֵנוּ
וּגְאָלֵנוּ מְהֵרָה לְמַעַן שְׁמֶךָ
כִּי גּוֹאֵל חָזָק אָתָּה.
בָּרוּךְ אַתָּה יהוה, גּוֹאֵל יִשְׂרָאֵל.

רפואה

רְפָאֵנוּ יהוה וְנֵרָפֵא, הוֹשִׁיעֵנוּ וְנִוָּשֵׁעָה
כִּי תְהִלָּתֵנוּ אָתָּה
וְהַעֲלֵה רְפוּאָה שְׁלֵמָה לְכָל מַכּוֹתֵינוּ

המתפלל על חולה מוסיף:

יְהִי רָצוֹן מִלְּפָנֶיךָ יהוה אֱלֹהַי וֵאלֹהֵי אֲבוֹתַי, שֶׁתִּשְׁלַח מְהֵרָה רְפוּאָה שְׁלֵמָה מִן הַשָּׁמַיִם, רְפוּאַת הַנֶּפֶשׁ וּרְפוּאַת הַגּוּף, לַחוֹלֶה פלוני בֶּן פלונית/ לַחוֹלָה פלונית בַּת פלונית בְּתוֹךְ שְׁאָר חוֹלֵי יִשְׂרָאֵל

כִּי אֵל מֶלֶךְ רוֹפֵא נֶאֱמָן וְרַחֲמָן אָתָּה.
בָּרוּךְ אַתָּה יהוה, רוֹפֵא חוֹלֵי עַמּוֹ יִשְׂרָאֵל.

ברכת השנים

בָּרֵךְ עָלֵינוּ יהוה אֱלֹהֵינוּ אֶת הַשָּׁנָה הַזֹּאת
וְאֶת כָּל מִינֵי תְבוּאָתָהּ, לְטוֹבָה
וְתֵן בְּרָכָה עַל פְּנֵי הָאֲדָמָה, וְשַׂבְּעֵנוּ מִטּוּבָהּ
וּבָרֵךְ שְׁנָתֵנוּ כַּשָּׁנִים הַטּוֹבוֹת.
בָּרוּךְ אַתָּה יהוה, מְבָרֵךְ הַשָּׁנִים.

קיבוץ גלויות

תְּקַע בְּשׁוֹפָר גָּדוֹל לְחֵרוּתֵנוּ
וְשָׂא נֵס לְקַבֵּץ גָּלֻיּוֹתֵינוּ
וְקַבְּצֵנוּ יַחַד מֵאַרְבַּע כַּנְפוֹת הָאָרֶץ.
בָּרוּךְ אַתָּה יהוה, מְקַבֵּץ נִדְחֵי עַמּוֹ יִשְׂרָאֵל.

השבת המשפט

הָשִׁיבָה שׁוֹפְטֵינוּ כְּבָרִאשׁוֹנָה
וְיוֹעֲצֵינוּ כְּבַתְּחִלָּה
וְהָסֵר מִמֶּנּוּ יָגוֹן וַאֲנָחָה
וּמְלֹךְ עָלֵינוּ אַתָּה יהוה לְבַדְּךָ בְּחֶסֶד וּבְרַחֲמִים
וְצַדְּקֵנוּ בַּמִּשְׁפָּט.
בָּרוּךְ אַתָּה יהוה, מֶלֶךְ אוֹהֵב צְדָקָה וּמִשְׁפָּט.

ברכת המינים

וְלַמַּלְשִׁינִים אַל תְּהִי תִקְוָה, וְכָל הָרִשְׁעָה כְּרֶגַע תֹּאבֵד

וְכָל אוֹיְבֵי עַמְּךָ מְהֵרָה יִכָּרֵתוּ

וְהַזֵּדִים מְהֵרָה תְעַקֵּר וּתְשַׁבֵּר וּתְמַגֵּר וְתַכְנִיעַ בִּמְהֵרָה בְיָמֵינוּ.

בָּרוּךְ אַתָּה יהוה, שׁוֹבֵר אוֹיְבִים וּמַכְנִיעַ זֵדִים.

על הצדיקים

עַל הַצַּדִּיקִים וְעַל הַחֲסִידִים

וְעַל זִקְנֵי עַמְּךָ בֵּית יִשְׂרָאֵל

וְעַל פְּלֵיטַת סוֹפְרֵיהֶם

וְעַל גֵּרֵי הַצֶּדֶק, וְעָלֵינוּ

יֶהֱמוּ רַחֲמֶיךָ יהוה אֱלֹהֵינוּ

וְתֵן שָׂכָר טוֹב לְכָל הַבּוֹטְחִים בְּשִׁמְךָ בֶּאֱמֶת

וְשִׂים חֶלְקֵנוּ עִמָּהֶם, וּלְעוֹלָם לֹא נֵבוֹשׁ כִּי בְךָ בָטָחְנוּ.

בָּרוּךְ אַתָּה יהוה, מִשְׁעָן וּמִבְטָח לַצַּדִּיקִים.

בניין ירושלים

וְלִירוּשָׁלַיִם עִירְךָ בְּרַחֲמִים תָּשׁוּב

וְתִשְׁכֹּן בְּתוֹכָהּ כַּאֲשֶׁר דִּבַּרְתָּ

וּבְנֵה אוֹתָהּ בְּקָרוֹב בְּיָמֵינוּ בִּנְיַן עוֹלָם

וְכִסֵּא דָוִד מְהֵרָה לְתוֹכָהּ תָּכִין.

בָּרוּךְ אַתָּה יהוה, בּוֹנֵה יְרוּשָׁלָיִם.

מלכות בית דוד

אֶת צֶמַח דָּוִד עַבְדְּךָ מְהֵרָה תַצְמִיחַ, וְקַרְנוֹ תָּרוּם בִּישׁוּעָתֶךָ

כִּי לִישׁוּעָתְךָ קִוִּינוּ כָּל הַיּוֹם.

בָּרוּךְ אַתָּה יהוה, מַצְמִיחַ קֶרֶן יְשׁוּעָה.

שומע תפילה

שְׁמַע קוֹלֵנוּ יהוה אֱלֹהֵינוּ
חוּס וְרַחֵם עָלֵינוּ, וְקַבֵּל בְּרַחֲמִים וּבְרָצוֹן אֶת תְּפִלָּתֵנוּ
כִּי אֵל שׁוֹמֵעַ תְּפִלּוֹת וְתַחֲנוּנִים אָתָּה
וּמִלְּפָנֶיךָ מַלְכֵּנוּ רֵיקָם אַל תְּשִׁיבֵנוּ
כִּי אַתָּה שׁוֹמֵעַ תְּפִלַּת עַמְּךָ יִשְׂרָאֵל בְּרַחֲמִים.
בָּרוּךְ אַתָּה יהוה, שׁוֹמֵעַ תְּפִלָּה.

עבודה

רְצֵה יהוה אֱלֹהֵינוּ בְּעַמְּךָ יִשְׂרָאֵל וּבִתְפִלָּתָם
וְהָשֵׁב אֶת הָעֲבוֹדָה לִדְבִיר בֵּיתֶךָ
וְאִשֵּׁי יִשְׂרָאֵל וּתְפִלָּתָם בְּאַהֲבָה תְקַבֵּל בְּרָצוֹן
וּתְהִי לְרָצוֹן תָּמִיד עֲבוֹדַת יִשְׂרָאֵל עַמֶּךָ.

אֱלֹהֵינוּ וֵאלֹהֵי אֲבוֹתֵינוּ
יַעֲלֶה וְיָבוֹא וְיַגִּיעַ, וְיֵרָאֶה וְיֵרָצֶה וְיִשָּׁמַע
וְיִפָּקֵד וְיִזָּכֵר זִכְרוֹנֵנוּ וּפִקְדוֹנֵנוּ וְזִכְרוֹן אֲבוֹתֵינוּ
וְזִכְרוֹן מָשִׁיחַ בֶּן דָּוִד עַבְדֶּךָ, וְזִכְרוֹן יְרוּשָׁלַיִם עִיר קָדְשֶׁךָ
וְזִכְרוֹן כָּל עַמְּךָ בֵּית יִשְׂרָאֵל, לְפָנֶיךָ
לִפְלֵיטָה לְטוֹבָה, לְחֵן וּלְחֶסֶד וּלְרַחֲמִים, לְחַיִּים וּלְשָׁלוֹם
בְּיוֹם

בפסח: חַג הַמַּצּוֹת הַזֶּה. / בסוכות: חַג הַסֻּכּוֹת הַזֶּה.

זָכְרֵנוּ יהוה אֱלֹהֵינוּ בּוֹ לְטוֹבָה
וּפָקְדֵנוּ בוֹ לִבְרָכָה וְהוֹשִׁיעֵנוּ בוֹ לְחַיִּים.
וּבִדְבַר יְשׁוּעָה וְרַחֲמִים, חוּס וְחָנֵּנוּ וְרַחֵם עָלֵינוּ וְהוֹשִׁיעֵנוּ
כִּי אֵלֶיךָ עֵינֵינוּ, כִּי אֵל מֶלֶךְ חַנּוּן וְרַחוּם אָתָּה.

וְתֶחֱזֶינָה עֵינֵינוּ בְּשׁוּבְךָ לְצִיּוֹן בְּרַחֲמִים.
בָּרוּךְ אַתָּה יהוה, הַמַּחֲזִיר שְׁכִינָתוֹ לְצִיּוֹן.

הודאה

כורע ב'מודים' ואינו זוקף עד אמירת השם (סידור השל"ה).

'מוֹדִים אֲנַחְנוּ לָךְ
שָׁאַתָּה הוּא יהוה אֱלֹהֵינוּ
וֵאלֹהֵי אֲבוֹתֵינוּ לְעוֹלָם וָעֶד.
צוּר חַיֵּינוּ, מָגֵן יִשְׁעֵנוּ
אַתָּה הוּא לְדוֹר וָדוֹר.
נוֹדֶה לְּךָ וּנְסַפֵּר תְּהִלָּתֶךָ
עַל חַיֵּינוּ הַמְּסוּרִים בְּיָדֶךָ
וְעַל נִשְׁמוֹתֵינוּ הַפְּקוּדוֹת לָךְ
וְעַל נִסֶּיךָ שֶׁבְּכָל יוֹם עִמָּנוּ
וְעַל נִפְלְאוֹתֶיךָ וְטוֹבוֹתֶיךָ
שֶׁבְּכָל עֵת
עֶרֶב וָבֹקֶר וְצָהֳרָיִם.
הַטּוֹב, כִּי לֹא כָלוּ רַחֲמֶיךָ
וְהַמְרַחֵם, כִּי לֹא תַמּוּ חֲסָדֶיךָ
מֵעוֹלָם קִוִּינוּ לָךְ.

כשהש"ץ אומר 'מודים', הקהל אומר בלחש (סוטה מ ע"א):

'מוֹדִים אֲנַחְנוּ לָךְ
שָׁאַתָּה הוּא יהוה אֱלֹהֵינוּ
וֵאלֹהֵי אֲבוֹתֵינוּ
אֱלֹהֵי כָל בָּשָׂר
יוֹצְרֵנוּ, יוֹצֵר בְּרֵאשִׁית.
בְּרָכוֹת וְהוֹדָאוֹת
לְשִׁמְךָ הַגָּדוֹל וְהַקָּדוֹשׁ
עַל שֶׁהֶחֱיִיתָנוּ וְקִיַּמְתָּנוּ.
כֵּן תְּחַיֵּנוּ וּתְקַיְּמֵנוּ
וְתֶאֱסֹף גָּלֻיּוֹתֵינוּ
לְחַצְרוֹת קָדְשֶׁךָ
לִשְׁמֹר חֻקֶּיךָ
וְלַעֲשׂוֹת רְצוֹנֶךָ וּלְעָבְדְּךָ
בְּלֵבָב שָׁלֵם
עַל שֶׁאֲנַחְנוּ מוֹדִים לָךְ.
בָּרוּךְ אֵל הַהוֹדָאוֹת.

וְעַל כֻּלָּם יִתְבָּרַךְ וְיִתְרוֹמַם שִׁמְךָ מַלְכֵּנוּ תָּמִיד לְעוֹלָם וָעֶד.
וְכֹל הַחַיִּים יוֹדוּךָ סֶּלָה, וִיהַלְלוּ אֶת שִׁמְךָ בֶּאֱמֶת
הָאֵל יְשׁוּעָתֵנוּ וְעֶזְרָתֵנוּ סֶלָה.
'בָּרוּךְ אַתָּה יהוה, הַטּוֹב שִׁמְךָ וּלְךָ נָאֶה לְהוֹדוֹת.

אם יותר מכוהן אחד עולה לדוכן, הגבאי קורא:

כֹּהֲנִים

הכוהנים מברכים: בָּרוּךְ אַתָּה יהוה אֱלֹהֵינוּ מֶלֶךְ הָעוֹלָם, אֲשֶׁר קִדְּשָׁנוּ בִּקְדֻשָּׁתוֹ שֶׁל אַהֲרֹן, וְצִוָּנוּ לְבָרֵךְ אֶת עַמּוֹ יִשְׂרָאֵל בְּאַהֲבָה.

במדבר ו

הש״ץ מקריא מילה במילה, והכוהנים אחריו:

יְבָרֶכְךָ יהוה וְיִשְׁמְרֶךָ: קהל: אָמֵן

יָאֵר יהוה פָּנָיו אֵלֶיךָ וִיחֻנֶּךָּ: קהל: אָמֵן

יִשָּׂא יהוה פָּנָיו אֵלֶיךָ וְיָשֵׂם לְךָ שָׁלוֹם: קהל: אָמֵן

שליח הציבור ממשיך ׳שִׂים שָׁלוֹם׳.

הכוהנים אומרים:

דברים כו

רִבּוֹנוֹ שֶׁל עוֹלָם, עָשִׂינוּ מַה שֶּׁגָּזַרְתָּ עָלֵינוּ, אַף אַתָּה עֲשֵׂה עִמָּנוּ כְּמוֹ שֶׁהִבְטַחְתָּנוּ. הַשְׁקִיפָה מִמְּעוֹן קָדְשְׁךָ מִן־הַשָּׁמַיִם, וּבָרֵךְ אֶת־עַמְּךָ אֶת־יִשְׂרָאֵל, וְאֵת הָאֲדָמָה אֲשֶׁר נָתַתָּה לָנוּ, כַּאֲשֶׁר נִשְׁבַּעְתָּ לַאֲבֹתֵינוּ, אֶרֶץ זָבַת חָלָב וּדְבָשׁ:

הקהל אומר:

אַדִּיר בַּמָּרוֹם שׁוֹכֵן בִּגְבוּרָה, אַתָּה שָׁלוֹם וְשִׁמְךָ שָׁלוֹם. יְהִי רָצוֹן שֶׁתָּשִׂים עָלֵינוּ וְעַל כָּל עַמְּךָ בֵּית יִשְׂרָאֵל חַיִּים וּבְרָכָה לְמִשְׁמֶרֶת שָׁלוֹם.

אם אין כוהנים העולים לדוכן, שליח הציבור אומר:

אֱלֹהֵינוּ וֵאלֹהֵי אֲבוֹתֵינוּ, בָּרְכֵנוּ בַּבְּרָכָה הַמְשֻׁלֶּשֶׁת בַּתּוֹרָה, הַכְּתוּבָה עַל יְדֵי מֹשֶׁה עַבְדֶּךָ, הָאֲמוּרָה מִפִּי אַהֲרֹן וּבָנָיו כֹּהֲנִים עַם קְדוֹשֶׁיךָ, כָּאָמוּר

במדבר ו

יְבָרֶכְךָ יהוה וְיִשְׁמְרֶךָ: קהל: כֵּן יְהִי רָצוֹן

יָאֵר יהוה פָּנָיו אֵלֶיךָ וִיחֻנֶּךָּ: קהל: כֵּן יְהִי רָצוֹן

יִשָּׂא יהוה פָּנָיו אֵלֶיךָ וְיָשֵׂם לְךָ שָׁלוֹם: קהל: כֵּן יְהִי רָצוֹן

שלום

שִׂים שָׁלוֹם טוֹבָה וּבְרָכָה
חֵן וָחֶסֶד וְרַחֲמִים עָלֵינוּ וְעַל כָּל יִשְׂרָאֵל עַמֶּךָ.
בָּרְכֵנוּ אָבִינוּ כֻּלָּנוּ כְּאֶחָד בְּאוֹר פָּנֶיךָ
כִּי בְאוֹר פָּנֶיךָ נָתַתָּ לָּנוּ יהוה אֱלֹהֵינוּ
תּוֹרַת חַיִּים וְאַהֲבַת חֶסֶד
וּצְדָקָה וּבְרָכָה וְרַחֲמִים וְחַיִּים וְשָׁלוֹם.

וְטוֹב בְּעֵינֶיךָ לְבָרֵךְ אֶת עַמְּךָ יִשְׂרָאֵל
בְּכָל עֵת וּבְכָל שָׁעָה בִּשְׁלוֹמֶךָ.
בָּרוּךְ אַתָּה יהוה, הַמְבָרֵךְ אֶת עַמּוֹ יִשְׂרָאֵל בַּשָּׁלוֹם.

שליח הציבור מסיים באמירת הפסוק הבא בלחש (מג״א קכג, יד).
יש הנוהגים לאומרו גם בסוף תפילת לחש של יחיד.

יִהְיוּ לְרָצוֹן אִמְרֵי־פִי וְהֶגְיוֹן לִבִּי לְפָנֶיךָ, יהוה צוּרִי וְגֹאֲלִי: תהלים יט

אֱלֹהַי ברכות יז.
נְצֹר לְשׁוֹנִי מֵרָע וּשְׂפָתַי מִדַּבֵּר מִרְמָה
וְלִמְקַלְלַי נַפְשִׁי תִדֹּם, וְנַפְשִׁי כֶּעָפָר לַכֹּל תִּהְיֶה.
פְּתַח לִבִּי בְּתוֹרָתֶךָ, וּבְמִצְוֹתֶיךָ תִּרְדֹּף נַפְשִׁי.
וְכָל הַחוֹשְׁבִים עָלַי רָעָה
מְהֵרָה הָפֵר עֲצָתָם וְקַלְקֵל מַחֲשַׁבְתָּם.
עֲשֵׂה לְמַעַן שְׁמֶךָ, עֲשֵׂה לְמַעַן יְמִינֶךָ
עֲשֵׂה לְמַעַן קְדֻשָּׁתֶךָ, עֲשֵׂה לְמַעַן תּוֹרָתֶךָ.
לְמַעַן יֵחָלְצוּן יְדִידֶיךָ, הוֹשִׁיעָה יְמִינְךָ וַעֲנֵנִי: תהלים ס
יִהְיוּ לְרָצוֹן אִמְרֵי־פִי וְהֶגְיוֹן לִבִּי לְפָנֶיךָ, יהוה צוּרִי וְגֹאֲלִי: תהלים יט
כורע ופוסע שלוש פסיעות לאחור. קד לשמאל, לימין ולפנים באמירת:
עֹשֶׂה שָׁלוֹם בִּמְרוֹמָיו
הוּא יַעֲשֶׂה שָׁלוֹם עָלֵינוּ וְעַל כָּל יִשְׂרָאֵל, וְאִמְרוּ אָמֵן.

יְהִי רָצוֹן מִלְּפָנֶיךָ יהוה אֱלֹהֵינוּ וֵאלֹהֵי אֲבוֹתֵינוּ
שֶׁיִּבָּנֶה בֵּית הַמִּקְדָּשׁ בִּמְהֵרָה בְיָמֵינוּ, וְתֵן חֶלְקֵנוּ בְּתוֹרָתֶךָ
וְשָׁם נַעֲבָדְךָ בְּיִרְאָה כִּימֵי עוֹלָם וּכְשָׁנִים קַדְמוֹנִיּוֹת.
וְעָרְבָה לַיהוה מִנְחַת יְהוּדָה וִירוּשָׁלָיִם כִּימֵי עוֹלָם וּכְשָׁנִים קַדְמֹנִיּוֹת: מלאכי ג

שליח הציבור חוזר על העמידה בקול רם (עמ׳ 389).

בפסח ממשיכים באמירת הלל בעמ׳ 399. בסוכות ממשיכים בעמוד הבא.

בקהילות שבהן מניחים תפילין בחול המועד, נוהגים שהקהל חולץ תפילין כאן (אך לא שליח הציבור), פרט ליום השלישי של פסח (א׳ של חול המועד בחו״ל).

סדר נטילת לולב

בכל ימי הסוכות (פרט לשבת) נוטלים את הלולב.
נוהגים ליטול את ארבעת המינים קודם ההלל,
ולאחוז אותם עד הקדיש שאחרי ההלל.

יש אומרים תחינה זו (מספר 'שערי ציון'):

יְהִי רָצוֹן מִלְּפָנֶיךָ יהוה אֱלֹהַי וֵאלֹהֵי אֲבוֹתַי, בִּפְרִי עֵץ הָדָר וְכַפֹּת תְּמָרִים וַעֲנַף עֵץ עָבוֹת וְעַרְבֵי נַחַל, אוֹתִיּוֹת שִׁמְךָ הַמְיֻחָד תְּקָרֵב אֶחָד אֶל אֶחָד וְהָיוּ לַאֲחָדִים בְּיָדִי, וְלֵידַע אֵיךְ שִׁמְךָ נִקְרָא עָלַי וְיִירְאוּ מִגֶּשֶׁת אֵלָי. וּבְנַעֲנוּעִי אוֹתָם תַּשְׁפִּיעַ שֶׁפַע בְּרָכוֹת מִדַּעַת עֶלְיוֹן לִנְוֵה אַפִּרְיוֹן לִמְכוֹן בֵּית אֱלֹהֵינוּ. וּתְהֵא חֲשׁוּבָה לְפָנֶיךָ מִצְוַת אַרְבָּעָה מִינִים אֵלּוּ כְּאִלּוּ קִיַּמְתִּיהָ בְּכָל פְּרָטוֹתֶיהָ וְשָׁרָשֶׁיהָ וְתַרְיַ"ג מִצְוֹת הַתְּלוּיוֹת בָּהּ, כִּי כַוָּנָתִי לְיַחֲדָא שְׁמָא דְקֻדְשָׁא בְּרִיךְ הוּא וּשְׁכִינְתֵּהּ בִּדְחִילוּ וּרְחִימוּ, לְיַחֵד שֵׁם י"ה בו"ה בְּיִחוּדָא שְׁלִים בְּשֵׁם כָּל יִשְׂרָאֵל, אָמֵן. בָּרוּךְ יהוה לְעוֹלָם, אָמֵן וְאָמֵן: תהלים פט

נוטל שלושה מינים ביד ימינו – הלולב באמצע, ההדסים מימינו והערבות משמאלו.
נוטל את האתרוג בשמאלו כשפיטמתו כלפי מטה, ומברך:

בָּרוּךְ אַתָּה יהוה אֱלֹהֵינוּ מֶלֶךְ הָעוֹלָם
אֲשֶׁר קִדְּשָׁנוּ בְּמִצְוֹתָיו וְצִוָּנוּ עַל נְטִילַת לוּלָב.

בפעם הראשונה בשנה שבה נוטל לולב, מברך:

בָּרוּךְ אַתָּה יהוה אֱלֹהֵינוּ מֶלֶךְ הָעוֹלָם
שֶׁהֶחֱיָנוּ וְקִיְּמָנוּ וְהִגִּיעָנוּ לַזְּמַן הַזֶּה.

הופך את האתרוג כך שפיטמתו למעלה,
ומנענע את ארבעת המינים לארבע רוחות השמים (סוכה לז ע"ב).
מנענע שלוש פעמים לכל כיוון (ר"ח שם): לכיוון מזרח ולימינו,
לאחריו ולשמאלו, למעלה ולמטה (שו"ע תרנא, י).

סדר הלל

"שמונה עשר יום בשנה יחיד גומר בהם את ההלל..." (תענית כח ע"ב).

בחול המועד סוכות גומרים את ההלל, ובחול המועד פסח אומרים הלל בדילוג.
אין להפסיק בדיבור באמצע הלל פרט לדברים שבקדושה.

בָּרוּךְ אַתָּה יהוה אֱלֹהֵינוּ מֶלֶךְ הָעוֹלָם
אֲשֶׁר קִדְּשָׁנוּ בְּמִצְוֹתָיו וְצִוָּנוּ לִקְרֹא אֶת הַהַלֵּל.

הַלְלוּיָהּ, הַלְלוּ עַבְדֵי יהוה, הַלְלוּ אֶת־שֵׁם יהוה: יְהִי שֵׁם יהוה מְבֹרָךְ, מֵעַתָּה וְעַד־עוֹלָם: מִמִּזְרַח־שֶׁמֶשׁ עַד־מְבוֹאוֹ, מְהֻלָּל שֵׁם יהוה: רָם עַל־כָּל־גּוֹיִם יהוה, עַל הַשָּׁמַיִם כְּבוֹדוֹ: מִי כַּיהוה אֱלֹהֵינוּ, הַמַּגְבִּיהִי לָשָׁבֶת: הַמַּשְׁפִּילִי לִרְאוֹת, בַּשָּׁמַיִם וּבָאָרֶץ: ◂ מְקִימִי מֵעָפָר דָּל, מֵאַשְׁפֹּת יָרִים אֶבְיוֹן: לְהוֹשִׁיבִי עִם־נְדִיבִים, עִם נְדִיבֵי עַמּוֹ: מוֹשִׁיבִי עֲקֶרֶת הַבַּיִת, אֵם־הַבָּנִים שְׂמֵחָה, הַלְלוּיָהּ: תהלים קיג

בְּצֵאת יִשְׂרָאֵל מִמִּצְרָיִם, בֵּית יַעֲקֹב מֵעַם לֹעֵז: הָיְתָה יְהוּדָה לְקָדְשׁוֹ, יִשְׂרָאֵל מַמְשְׁלוֹתָיו: הַיָּם רָאָה וַיָּנֹס, הַיַּרְדֵּן יִסֹּב לְאָחוֹר: הֶהָרִים רָקְדוּ כְאֵילִים, גְּבָעוֹת כִּבְנֵי־צֹאן: ◂ מַה־לְּךָ הַיָּם כִּי תָנוּס, הַיַּרְדֵּן תִּסֹּב לְאָחוֹר: הֶהָרִים תִּרְקְדוּ כְאֵילִים, גְּבָעוֹת כִּבְנֵי־צֹאן: מִלִּפְנֵי אָדוֹן חוּלִי אָרֶץ, מִלִּפְנֵי אֱלוֹהַּ יַעֲקֹב: הַהֹפְכִי הַצּוּר אֲגַם־מָיִם, חַלָּמִישׁ לְמַעְיְנוֹ־מָיִם: תהלים קיד

בחול המועד פסח ממשיכים 'ה' זְכָרָנוּ יְבָרֵךְ' בעמוד הבא.

לֹא לָנוּ יהוה לֹא לָנוּ, כִּי־לְשִׁמְךָ תֵּן כָּבוֹד, עַל־חַסְדְּךָ עַל־אֲמִתֶּךָ: לָמָּה יֹאמְרוּ הַגּוֹיִם אַיֵּה־נָא אֱלֹהֵיהֶם: וֵאלֹהֵינוּ בַשָּׁמָיִם, כֹּל אֲשֶׁר־חָפֵץ עָשָׂה: עֲצַבֵּיהֶם כֶּסֶף וְזָהָב, מַעֲשֵׂה יְדֵי אָדָם: פֶּה־לָהֶם וְלֹא יְדַבֵּרוּ, עֵינַיִם לָהֶם וְלֹא יִרְאוּ: אָזְנַיִם לָהֶם וְלֹא יִשְׁמָעוּ, אַף לָהֶם וְלֹא יְרִיחוּן: יְדֵיהֶם וְלֹא יְמִישׁוּן, רַגְלֵיהֶם וְלֹא יְהַלֵּכוּ, לֹא־יֶהְגּוּ בִּגְרוֹנָם: תהלים קטו

כְּמוֹהֶם יִהְיוּ עֹשֵׂיהֶם, כֹּל אֲשֶׁר־בֹּטֵחַ בָּהֶם: ‹ יִשְׂרָאֵל בְּטַח בַּיהוה, עֶזְרָם וּמָגִנָּם הוּא: בֵּית אַהֲרֹן בִּטְחוּ בַיהוה, עֶזְרָם וּמָגִנָּם הוּא: יִרְאֵי יהוה בִּטְחוּ בַיהוה, עֶזְרָם וּמָגִנָּם הוּא:

יהוה זְכָרָנוּ יְבָרֵךְ, יְבָרֵךְ אֶת־בֵּית יִשְׂרָאֵל, יְבָרֵךְ אֶת־בֵּית אַהֲרֹן: יְבָרֵךְ יִרְאֵי יהוה, הַקְּטַנִּים עִם־הַגְּדֹלִים: יֹסֵף יהוה עֲלֵיכֶם, עֲלֵיכֶם וְעַל־בְּנֵיכֶם: בְּרוּכִים אַתֶּם לַיהוה, עֹשֵׂה שָׁמַיִם וָאָרֶץ: ‹ הַשָּׁמַיִם שָׁמַיִם לַיהוה, וְהָאָרֶץ נָתַן לִבְנֵי־אָדָם: לֹא הַמֵּתִים יְהַלְלוּ־יָהּ, וְלֹא כָּל־יֹרְדֵי דוּמָה: וַאֲנַחְנוּ נְבָרֵךְ יָהּ, מֵעַתָּה וְעַד־עוֹלָם, הַלְלוּיָהּ:

בחול המועד פסח ממשיכים ׳מָה־אָשִׁיב לַה׳׳.

אָהַבְתִּי, כִּי־יִשְׁמַע יהוה, אֶת־קוֹלִי תַּחֲנוּנָי: כִּי־הִטָּה אָזְנוֹ לִי, וּבְיָמַי אֶקְרָא: אֲפָפוּנִי חֶבְלֵי־מָוֶת, וּמְצָרֵי שְׁאוֹל מְצָאוּנִי, צָרָה וְיָגוֹן אֶמְצָא: וּבְשֵׁם־יהוה אֶקְרָא, אָנָּה יהוה מַלְּטָה נַפְשִׁי: חַנּוּן יהוה וְצַדִּיק, וֵאלֹהֵינוּ מְרַחֵם: שֹׁמֵר פְּתָאיִם יהוה, דַּלּוֹתִי וְלִי יְהוֹשִׁיעַ: שׁוּבִי נַפְשִׁי לִמְנוּחָיְכִי, כִּי־יהוה גָּמַל עָלָיְכִי: כִּי חִלַּצְתָּ נַפְשִׁי מִמָּוֶת, אֶת־עֵינִי מִן־דִּמְעָה, אֶת־רַגְלִי מִדֶּחִי: ‹ אֶתְהַלֵּךְ לִפְנֵי יהוה, בְּאַרְצוֹת הַחַיִּים: הֶאֱמַנְתִּי כִּי אֲדַבֵּר, אֲנִי עָנִיתִי מְאֹד: אֲנִי אָמַרְתִּי בְחָפְזִי, כָּל־הָאָדָם כֹּזֵב: תהלים קטז

מָה־אָשִׁיב לַיהוה, כָּל־תַּגְמוּלוֹהִי עָלָי: כּוֹס־יְשׁוּעוֹת אֶשָּׂא, וּבְשֵׁם יהוה אֶקְרָא: נְדָרַי לַיהוה אֲשַׁלֵּם, נֶגְדָה־נָּא לְכָל־עַמּוֹ: יָקָר בְּעֵינֵי יהוה, הַמָּוְתָה לַחֲסִידָיו: אָנָּה יהוה כִּי־אֲנִי עַבְדֶּךָ, אֲנִי־עַבְדְּךָ בֶּן־אֲמָתֶךָ, פִּתַּחְתָּ לְמוֹסֵרָי: ‹ לְךָ־אֶזְבַּח זֶבַח תּוֹדָה, וּבְשֵׁם יהוה אֶקְרָא: נְדָרַי לַיהוה אֲשַׁלֵּם, נֶגְדָה־נָּא לְכָל־עַמּוֹ: בְּחַצְרוֹת בֵּית יהוה, בְּתוֹכֵכִי יְרוּשָׁלָםִ, הַלְלוּיָהּ:

הַלְלוּ אֶת־יהוה כָּל־גּוֹיִם, שַׁבְּחוּהוּ כָּל־הָאֻמִּים: תהלים קיז
כִּי גָבַר עָלֵינוּ חַסְדּוֹ, וֶאֱמֶת־יהוה לְעוֹלָם
הַלְלוּיָהּ:

שליח הציבור אומר את ארבעת הפסוקים הבאים בקול, והקהל עונה אחריו ׳הודו לַה׳ כִּי־טוֹב כִּי לְעוֹלָם חַסְדּוֹ׳ (טור, תכב).

בסוכות נוהגים לנענע כאן את ארבעת המינים כסדר שנענעו בשעת הברכה (עמ׳ 398) – שליח הציבור בשני הפסוקים הראשונים, והקהל בכל פעם שאומר ׳הודו׳ (תוספות, סוכה לז ע״ב).

תהלים קיח

הוֹדוּ לַיהוה כִּי־טוֹב כִּי לְעוֹלָם חַסְדּוֹ:
יֹאמַר־נָא יִשְׂרָאֵל כִּי לְעוֹלָם חַסְדּוֹ:
יֹאמְרוּ־נָא בֵית־אַהֲרֹן כִּי לְעוֹלָם חַסְדּוֹ:
יֹאמְרוּ־נָא יִרְאֵי יהוה כִּי לְעוֹלָם חַסְדּוֹ:

מִן־הַמֵּצַר קָרָאתִי יָּהּ, עָנָנִי בַמֶּרְחָב יָהּ: יהוה לִי לֹא אִירָא, מַה־יַּעֲשֶׂה לִי אָדָם: יהוה לִי בְּעֹזְרָי, וַאֲנִי אֶרְאֶה בְשֹׂנְאָי: טוֹב לַחֲסוֹת בַּיהוה, מִבְּטֹחַ בָּאָדָם: טוֹב לַחֲסוֹת בַּיהוה, מִבְּטֹחַ בִּנְדִיבִים: כָּל־גּוֹיִם סְבָבוּנִי, בְּשֵׁם יהוה כִּי אֲמִילַם: סַבּוּנִי גַם־סְבָבוּנִי, בְּשֵׁם יהוה כִּי אֲמִילַם: סַבּוּנִי כִדְבֹרִים, דֹּעֲכוּ כְּאֵשׁ קוֹצִים, בְּשֵׁם יהוה כִּי אֲמִילַם: דָּחֹה דְחִיתַנִי לִנְפֹּל, וַיהוה עֲזָרָנִי: עָזִּי וְזִמְרָת יָהּ, וַיְהִי־לִי לִישׁוּעָה: קוֹל רִנָּה וִישׁוּעָה בְּאָהֳלֵי צַדִּיקִים, יְמִין יהוה עֹשָׂה חָיִל: יְמִין יהוה רוֹמֵמָה, יְמִין יהוה עֹשָׂה חָיִל: לֹא־אָמוּת כִּי־אֶחְיֶה, וַאֲסַפֵּר מַעֲשֵׂי יָהּ: יַסֹּר יִסְּרַנִּי יָּהּ, וְלַמָּוֶת לֹא נְתָנָנִי: › פִּתְחוּ־לִי שַׁעֲרֵי־צֶדֶק, אָבֹא־בָם אוֹדֶה יָהּ: זֶה־הַשַּׁעַר לַיהוה, צַדִּיקִים יָבֹאוּ בוֹ:

בפסחים קיט ע״א מובא שהפסוקים מ׳אוֹדְךָ׳ ועד סוף הפרק נאמרו כנבואה על מלכות דוד, ומשום כך נוהגים לכפול אותם (אבודרהם בשם רי״ץ גיאת).

אוֹדְךָ כִּי עֲנִיתָנִי, וַתְּהִי־לִי לִישׁוּעָה:
אוֹדְךָ כִּי עֲנִיתָנִי, וַתְּהִי־לִי לִישׁוּעָה:

אֶבֶן מָאֲסוּ הַבּוֹנִים, הָיְתָה לְרֹאשׁ פִּנָּה:
אֶבֶן מָאֲסוּ הַבּוֹנִים, הָיְתָה לְרֹאשׁ פִּנָּה:

מֵאֵת יהוה הָיְתָה זֹּאת, הִיא נִפְלָאת בְּעֵינֵינוּ:
מֵאֵת יהוה הָיְתָה זֹּאת, הִיא נִפְלָאת בְּעֵינֵינוּ:

זֶה־הַיּוֹם עָשָׂה יהוה, נָגִילָה וְנִשְׂמְחָה בוֹ:
זֶה־הַיּוֹם עָשָׂה יהוה, נָגִילָה וְנִשְׂמְחָה בוֹ:

הפסוק ׳אָנָּא ה׳ הוֹשִׁיעָה נָּא, אָנָּא ה׳ הַצְלִיחָה נָּא׳ מחולק לשניים כמו בגמרא בפסחים (אבודרהם).
ונוהגים ששליח הציבור אומרו ואחריו הקהל.

בסוכות מנענעים בלולב כסדר שנענעו בשעת הברכה,
רק בתיבות ׳אָנָּא ה׳ הוֹשִׁיעָה נָּא׳ (משנה, סוכה לז ע״ב).

אָנָּא יהוה הוֹשִׁיעָה נָּא:

אָנָּא יהוה הוֹשִׁיעָה נָּא:

אָנָּא יהוה הַצְלִיחָה נָּא:

אָנָּא יהוה הַצְלִיחָה נָּא:

בסוכות נוהגים לנענע בלולב כסדר שנענעו בשעת הברכה,
בתיבות ׳הוֹדוּ לַה׳ כִּי־טוֹב, כִּי לְעוֹלָם חַסְדּוֹ׳.

בָּרוּךְ הַבָּא בְּשֵׁם יהוה, בֵּרַכְנוּכֶם מִבֵּית יהוה:
בָּרוּךְ הַבָּא בְּשֵׁם יהוה, בֵּרַכְנוּכֶם מִבֵּית יהוה:

אֵל יהוה וַיָּאֶר לָנוּ, אִסְרוּ־חַג בַּעֲבֹתִים עַד־קַרְנוֹת הַמִּזְבֵּחַ:
אֵל יהוה וַיָּאֶר לָנוּ, אִסְרוּ־חַג בַּעֲבֹתִים עַד־קַרְנוֹת הַמִּזְבֵּחַ:

אֵלִי אַתָּה וְאוֹדֶךָּ, אֱלֹהַי אֲרוֹמְמֶךָּ:
אֵלִי אַתָּה וְאוֹדֶךָּ, אֱלֹהַי אֲרוֹמְמֶךָּ:

הוֹדוּ לַיהוה כִּי־טוֹב, כִּי לְעוֹלָם חַסְדּוֹ:
הוֹדוּ לַיהוה כִּי־טוֹב, כִּי לְעוֹלָם חַסְדּוֹ:

יְהַלְלְוּךָ יהוה אֱלֹהֵינוּ כָּל מַעֲשֶׂיךָ, וַחֲסִידֶיךָ צַדִּיקִים עוֹשֵׂי רְצוֹנֶךָ, וְכָל עַמְּךָ בֵּית יִשְׂרָאֵל בְּרִנָּה יוֹדוּ וִיבָרְכוּ וִישַׁבְּחוּ וִיפָאֲרוּ וִירוֹמְמוּ וְיַעֲרִיצוּ וְיַקְדִּישׁוּ וְיַמְלִיכוּ אֶת שִׁמְךָ מַלְכֵּנוּ. ◂ כִּי לְךָ טוֹב לְהוֹדוֹת וּלְשִׁמְךָ נָאֶה לְזַמֵּר, כִּי מֵעוֹלָם וְעַד עוֹלָם אַתָּה אֵל. בָּרוּךְ אַתָּה יהוה, מֶלֶךְ מְהֻלָּל בַּתִּשְׁבָּחוֹת.

בבתי כנסת המתפללים בנוסח ספרד, אומרים בסוכות הושענות
(עמ׳ 333) לפני הקדיש, ויש גם מקהילות אשכנז שאימצו מנהג זה.

בקהילות שבהן מניחים תפילין בחול המועד, נוהגים ששליח הציבור חולץ
את תפיליו כאן, פרט ליום השלישי של פסח (א׳ של חול המועד בחו״ל).

קדיש שלם

ש״ץ: יִתְגַּדַּל וְיִתְקַדַּשׁ שְׁמֵהּ רַבָּא (קהל: אָמֵן)
בְּעָלְמָא דִּי בְרָא כִרְעוּתֵהּ
וְיַמְלִיךְ מַלְכוּתֵהּ
בְּחַיֵּיכוֹן וּבְיוֹמֵיכוֹן וּבְחַיֵּי דְכָל בֵּית יִשְׂרָאֵל
בַּעֲגָלָא וּבִזְמַן קָרִיב
וְאִמְרוּ אָמֵן. (קהל: אָמֵן)

קהל וש״ץ: יְהֵא שְׁמֵהּ רַבָּא מְבָרַךְ לְעָלַם וּלְעָלְמֵי עָלְמַיָּא.

ש״ץ: יִתְבָּרַךְ וְיִשְׁתַּבַּח וְיִתְפָּאַר וְיִתְרוֹמַם וְיִתְנַשֵּׂא
וְיִתְהַדָּר וְיִתְעַלֶּה וְיִתְהַלָּל
שְׁמֵהּ דְּקֻדְשָׁא בְּרִיךְ הוּא (קהל: בְּרִיךְ הוּא)
לְעֵלָּא מִן כָּל בִּרְכָתָא
וְשִׁירָתָא, תֻּשְׁבְּחָתָא וְנֶחֱמָתָא
דַּאֲמִירָן בְּעָלְמָא
וְאִמְרוּ אָמֵן. (קהל: אָמֵן)

תִּתְקַבַּל צְלוֹתְהוֹן וּבָעוּתְהוֹן דְּכָל יִשְׂרָאֵל
קֳדָם אֲבוּהוֹן דִּי בִשְׁמַיָּא
וְאִמְרוּ אָמֵן. (קהל: אָמֵן)

יְהֵא שְׁלָמָא רַבָּא מִן שְׁמַיָּא
וְחַיִּים, עָלֵינוּ וְעַל כָּל יִשְׂרָאֵל
וְאִמְרוּ אָמֵן. (קהל: אָמֵן)

כורע ופוסע שלוש פסיעות לאחור. קד לשמאל, לימין ולפנים באמירת:
עֹשֶׂה שָׁלוֹם בִּמְרוֹמָיו
הוּא יַעֲשֶׂה שָׁלוֹם עָלֵינוּ וְעַל כָּל יִשְׂרָאֵל
וְאִמְרוּ אָמֵן. (קהל: אָמֵן)

הוצאת ספר תורה

בהושענא רבה אומרים את סדר הוצאת ספר תורה לימים נוראים (בעמוד הבא).

פותחים את ארון הקודש. הקהל עומד על רגליו.

במדבר י

וַיְהִי בִּנְסֹעַ הָאָרֹן וַיֹּאמֶר מֹשֶׁה

קוּמָה יהוה וְיָפֻצוּ אֹיְבֶיךָ וְיָנֻסוּ מְשַׂנְאֶיךָ מִפָּנֶיךָ:

ישעיה ב

כִּי מִצִּיּוֹן תֵּצֵא תוֹרָה וּדְבַר־יהוה מִירוּשָׁלָםִ:

בָּרוּךְ שֶׁנָּתַן תּוֹרָה לְעַמּוֹ יִשְׂרָאֵל בִּקְדֻשָּׁתוֹ.

זוהר ויקהל

בְּרִיךְ שְׁמֵהּ דְּמָרֵא עָלְמָא, בְּרִיךְ כִּתְרָךְ וְאַתְרָךְ. יְהֵא רְעוּתָךְ עִם עַמָּךְ יִשְׂרָאֵל לְעָלַם, וּפֻרְקַן יְמִינָךְ אַחֲזִי לְעַמָּךְ בְּבֵית מַקְדְּשָׁךְ, וּלְאַמְטוּיֵי לַנָא מִטּוּב נְהוֹרָךְ, וּלְקַבֵּל צְלוֹתַנָא בְּרַחֲמִין. יְהֵא רַעֲוָא קֳדָמָךְ דְּתוֹרִיךְ לַן חַיִּין בְּטִיבוּ, וְלֶהֱוֵי אֲנָא פְקִידָא בְּגוֹ צַדִּיקַיָּא, לְמִרְחַם עָלַי וּלְמִנְטַר יָתִי וְיַת כָּל דִּי לִי וְדִי לְעַמָּךְ יִשְׂרָאֵל. אַנְתְּ הוּא זָן לְכֹלָּא וּמְפַרְנֵס לְכֹלָּא, אַנְתְּ הוּא שַׁלִּיט עַל כֹּלָּא, אַנְתְּ הוּא דְשַׁלִּיט עַל מַלְכַיָּא, וּמַלְכוּתָא דִּילָךְ הִיא. אֲנָא עַבְדָּא דְקֻדְשָׁא בְּרִיךְ הוּא, דְּסָגִדְנָא קַמֵּהּ וּמִקַּמֵּי דִּיקַר אוֹרָיְתֵהּ בְּכָל עִדָּן וְעִדָּן. לָא עַל אֱנָשׁ רָחִיצְנָא וְלָא עַל בַּר אֱלָהִין סָמִיכְנָא, אֶלָּא בֶּאֱלָהָא דִשְׁמַיָּא, דְּהוּא אֱלָהָא קְשׁוֹט, וְאוֹרָיְתֵהּ קְשׁוֹט, וּנְבִיאוֹהִי קְשׁוֹט, וּמַסְגֵּא לְמֶעְבַּד טַבְוָן וּקְשׁוֹט. • בֵּהּ אֲנָא רָחִיץ, וְלִשְׁמֵהּ קַדִּישָׁא יַקִּירָא אֲנָא אֵמַר תֻּשְׁבְּחָן. יְהֵא רַעֲוָא קֳדָמָךְ דְּתִפְתַּח לִבַּאי בְּאוֹרָיְתָא, וְתַשְׁלִים מִשְׁאֲלִין דְּלִבַּאי וְלִבָּא דְכָל עַמָּךְ יִשְׂרָאֵל לְטָב וּלְחַיִּין וְלִשְׁלָם.

שליח הציבור מקבל את ספר התורה בימינו (רמ״א קלד, ב בשם מהרי״ל), ואומר:

תהלים לד

גַּדְּלוּ לַיהוה אִתִּי וּנְרוֹמְמָה שְׁמוֹ יַחְדָּו:

ממשיכים ׳לְךָ יהוה הַגְּדֻלָּה׳ בעמ׳ 407.

תרגום

ברוך שמו של אדון העולם, ברוך כתרך ומקומך. יהי רצונך עם עמך ישראל לעולם, וישועת ימינך הראה לעמך בבית מקדשך, ולהביא לנו מטוב אורך, ולקבל תפילותינו ברחמים. יהי רצון מלפניך שתאריך לנו חיים בטוב, ואהיה אני נמנה בתוך הצדיקים, לרחם עלי ולשמור אותי ואת כל אשר לי ואשר לעמך ישראל. אתה הוא זן לכול ומפרנס לכול, אתה הוא שליט על הכול, אתה הוא השליט על המלכים, והמלכות שלך היא. אני עבדו של הקדוש ברוך הוא, משתחוה לפניו ולפני כבוד תורתו בכל עת ועת. לא על אדם אני בטוח ולא על מלאך אני סמוך, אלא באלהי השמים, שהוא אלהים אמת, ותורתו אמת, ונביאיו אמת, ומרבה לעשות חסד ואמת. בו אני בטוח, ולשמו הקדוש הנכבד אני אומר תשבחות. יהי רצון מלפניך שתפתח לבי בתורה, ותמלא משאלות לבי ולב כל עמך ישראל לטובה ולחיים ולשלום.

בהושענא רבה מתחילים כאן:

אֵין־כָּמְוֹךָ בָאֱלֹהִים, אֲדֹנָי, וְאֵין כְּמַעֲשֶׂיךָ: תהלים פו
מַלְכוּתְךָ מַלְכוּת כָּל־עֹלָמִים, וּמֶמְשַׁלְתְּךָ בְּכָל־דּוֹר וָדֹר: תהלים קמה

יהוה מֶלֶךְ, יהוה מָלָךְ, יהוה יִמְלֹךְ לְעֹלָם וָעֶד.
יהוה עֹז לְעַמּוֹ יִתֵּן, יהוה יְבָרֵךְ אֶת־עַמּוֹ בַשָּׁלוֹם: תהלים כט

אַב הָרַחֲמִים, הֵיטִיבָה בִרְצוֹנְךָ אֶת־צִיּוֹן תִּבְנֶה חוֹמוֹת יְרוּשָׁלָםִ: תהלים נא
כִּי בְךָ לְבַד בָּטָחְנוּ, מֶלֶךְ אֵל רָם וְנִשָּׂא, אֲדוֹן עוֹלָמִים.

פותחים את ארון הקודש. הקהל עומד על רגליו.

וַיְהִי בִּנְסֹעַ הָאָרֹן וַיֹּאמֶר מֹשֶׁה במדבר י
קוּמָה יהוה וְיָפֻצוּ אֹיְבֶיךָ וְיָנֻסוּ מְשַׂנְאֶיךָ מִפָּנֶיךָ:
כִּי מִצִּיּוֹן תֵּצֵא תוֹרָה וּדְבַר־יהוה מִירוּשָׁלָםִ: ישעיה ב
בָּרוּךְ שֶׁנָּתַן תּוֹרָה לְעַמּוֹ יִשְׂרָאֵל בִּקְדֻשָּׁתוֹ.

אומרים שלוש פעמים:

יהוה, יהוה, אֵל רַחוּם וְחַנּוּן, אֶרֶךְ אַפַּיִם וְרַב־חֶסֶד וֶאֱמֶת: שמות לד
נֹצֵר חֶסֶד לָאֲלָפִים, נֹשֵׂא עָוֹן וָפֶשַׁע וְחַטָּאָה, וְנַקֵּה:

רִבּוֹנוֹ שֶׁל עוֹלָם, מַלֵּא מִשְׁאֲלוֹתַי לְטוֹבָה, וְהָפֵק רְצוֹנִי וְתֵן שְׁאֵלָתִי, וּמְחֹל לִי עַל כָּל עֲוֹנוֹתַי וְעַל כָּל עֲוֹנוֹת אַנְשֵׁי בֵיתִי, מְחִילָה בְּחֶסֶד מְחִילָה בְּרַחֲמִים, וְטַהֲרֵנוּ מֵחֲטָאֵינוּ וּמֵעֲוֹנוֹתֵינוּ וּמִפְּשָׁעֵינוּ, וְזָכְרֵנוּ בְּזִכָּרוֹן טוֹב לְפָנֶיךָ, וּפָקְדֵנוּ בִּפְקֻדַּת יְשׁוּעָה וְרַחֲמִים. וְזָכְרֵנוּ לְחַיִּים טוֹבִים וּלְשָׁלוֹם, וּפַרְנָסָה וְכַלְכָּלָה, וְלֶחֶם לֶאֱכֹל וּבֶגֶד לִלְבֹּשׁ, וְעֹשֶׁר וְכָבוֹד, וְאֹרֶךְ יָמִים לַהֲגוֹת בְּתוֹרָתֶךָ וּלְקַיֵּם מִצְוֹתֶיהָ, וְשֵׂכֶל וּבִינָה לְהָבִין וּלְהַשְׂכִּיל עִמְקֵי סוֹדוֹתֶיהָ. וְהָפֵק רְפוּאָה לְכָל מַכְאוֹבֵינוּ, וּבָרֵךְ כָּל מַעֲשֵׂה יָדֵינוּ, וּגְזֹר עָלֵינוּ גְּזֵרוֹת טוֹבוֹת יְשׁוּעוֹת וְנֶחָמוֹת, וּבַטֵּל מֵעָלֵינוּ כָּל גְּזֵרוֹת קָשׁוֹת וְרָעוֹת וְתֵן בְּלֵב שָׂרֵינוּ וְיוֹעֲצֵיהֶם עָלֵינוּ לְטוֹבָה. אָמֵן וְכֵן יְהִי רָצוֹן.

ממשיכים ׳יִהְיוּ לְרָצוֹן׳ בעמוד הבא.

תהלים יט
יִהְיוּ לְרָצוֹן אִמְרֵי־פִי וְהֶגְיוֹן לִבִּי לְפָנֶיךָ, יהוה צוּרִי וְגֹאֲלִי:

אומרים שלוש פעמים:

תהלים סט
וַאֲנִי תְפִלָּתִי־לְךָ יהוה, עֵת רָצוֹן, אֱלֹהִים בְּרָב־חַסְדֶּךָ
עֲנֵנִי בֶּאֱמֶת יִשְׁעֶךָ:

זוהר ויקהל
בְּרִיךְ שְׁמֵהּ דְּמָרֵא עָלְמָא, בְּרִיךְ כִּתְרָךְ וְאַתְרָךְ. יְהֵא רְעוּתָךְ עִם עַמָּךְ יִשְׂרָאֵל לְעָלַם, וּפֻרְקַן יְמִינָךְ אַחֲזִי לְעַמָּךְ בְּבֵית מַקְדְּשָׁךְ, וּלְאַמְטוּיֵי לַנָא מִטּוּב נְהוֹרָךְ, וּלְקַבֵּל צְלוֹתַנָא בְּרַחֲמִין. יְהֵא רַעֲוָא קֳדָמָךְ דְּתוֹרִיךְ לַן חַיִּין בְּטִיבוּ, וְלֶהֱוֵי אֲנָא פְקִידָא בְּגוֹ צַדִּיקַיָּא, לְמִרְחַם עֲלַי וּלְמִנְטַר יָתִי וְיַת כָּל דִּי לִי וְדִי לְעַמָּךְ יִשְׂרָאֵל. אַנְתְּ הוּא זָן לְכֹלָּא וּמְפַרְנֵס לְכֹלָּא, אַנְתְּ הוּא שַׁלִּיט עַל כֹּלָּא, אַנְתְּ הוּא דְּשַׁלִּיט עַל מַלְכַיָּא, וּמַלְכוּתָא דִּילָךְ הִיא. אֲנָא עַבְדָּא דְקֻדְשָׁא בְּרִיךְ הוּא, דְּסָגֵדְנָא קַמֵּהּ וּמִקַּמֵּי דִּיקַר אוֹרַיְתֵהּ בְּכָל עִדָּן וְעִדָּן. לָא עַל אֱנָשׁ רָחֵיצְנָא וְלָא עַל בַּר אֱלָהִין סָמִיכְנָא, אֶלָּא בֶּאֱלָהָא דִשְׁמַיָּא, דְּהוּא אֱלָהָא קְשׁוֹט, וְאוֹרַיְתֵהּ קְשׁוֹט, וּנְבִיאוֹהִי קְשׁוֹט, וּמַסְגֵּא לְמֶעְבַּד טַבְוָן וּקְשׁוֹט. ‹ בֵּהּ אֲנָא רָחִיץ, וְלִשְׁמֵהּ קַדִּישָׁא יַקִּירָא אֲנָא אֵמַר תֻּשְׁבְּחָן. יְהֵא רַעֲוָא קֳדָמָךְ דְּתִפְתַּח לִבָּאִי בְּאוֹרַיְתָא, וְתַשְׁלִים מִשְׁאֲלִין דְּלִבָּאִי וְלִבָּא דְכָל עַמָּךְ יִשְׂרָאֵל לְטָב וּלְחַיִּין וְלִשְׁלָם. (תרגום בעמ׳ 404)

שליח הציבור מקבל את ספר התורה בימינו, פונה לקהל ואומר ׳שְׁמַע יִשְׂרָאֵל׳ (מסכת סופרים פי״ד), ואחריו הקהל.

דברים ו
שְׁמַע יִשְׂרָאֵל, יהוה אֱלֹהֵינוּ, יהוה אֶחָד:

שליח הציבור ואחריו הקהל:

אֶחָד אֱלֹהֵינוּ, גָּדוֹל אֲדוֹנֵינוּ, קָדוֹשׁ וְנוֹרָא שְׁמוֹ.

שליח הציבור פונה לעבר ארון הקודש, קד, מגביה את ספר התורה ואומר (משנ״ב קלד, יג על פי מסכת סופרים):

תהלים לד
גַּדְּלוּ לַיהוה אִתִּי וּנְרוֹמְמָה שְׁמוֹ יַחְדָּו:

ממשיכים ׳לְךָ יהוה הַגְּדֻלָּה׳ בעמוד הבא.

סוגרים את ארון הקודש. כאשר שליח הציבור הולך אל הבימה, והקהל אומר
(סדר הפסוקים לקוח מסדר רב עמרם גאון, ו׳אַב הָרַחֲמִים׳ ממחזור ויטרי):

לְךָ יהוה הַגְּדֻלָּה וְהַגְּבוּרָה וְהַתִּפְאֶרֶת וְהַנֵּצַח וְהַהוֹד, כִּי־כֹל בַּשָּׁמַיִם וּבָאָרֶץ, לְךָ יהוה הַמַּמְלָכָה וְהַמִּתְנַשֵּׂא לְכֹל לְרֹאשׁ: דברי הימים א׳ כט

רוֹמְמוּ יהוה אֱלֹהֵינוּ וְהִשְׁתַּחֲווּ לַהֲדֹם רַגְלָיו, קָדוֹשׁ הוּא: רוֹמְמוּ יהוה אֱלֹהֵינוּ וְהִשְׁתַּחֲווּ לְהַר קָדְשׁוֹ, כִּי־קָדוֹשׁ יהוה אֱלֹהֵינוּ: תהלים צט

אַב הָרַחֲמִים הוּא יְרַחֵם עַם עֲמוּסִים, וְיִזְכֹּר בְּרִית אֵיתָנִים, וְיַצִּיל נַפְשׁוֹתֵינוּ מִן הַשָּׁעוֹת הָרָעוֹת, וְיִגְעַר בְּיֵצֶר הָרָע מִן הַנְּשׂוּאִים, וְיָחֹן אוֹתָנוּ לִפְלֵיטַת עוֹלָמִים, וִימַלֵּא מִשְׁאֲלוֹתֵינוּ בְּמִדָּה טוֹבָה יְשׁוּעָה וְרַחֲמִים.

מניח את ספר התורה על הבימה, והגבאי מכריז (מחזור ויטרי):

וְתִגָּלֶה וְתֵרָאֶה מַלְכוּתוֹ עָלֵינוּ בִּזְמַן קָרוֹב, וְיָחֹן פְּלֵיטָתֵנוּ וּפְלֵיטַת עַמּוֹ בֵּית יִשְׂרָאֵל לְחֵן וּלְחֶסֶד וּלְרַחֲמִים וּלְרָצוֹן וְנֹאמַר אָמֵן. הַכֹּל הָבוּ גֹדֶל לֵאלֹהֵינוּ וּתְנוּ כָבוֹד לַתּוֹרָה. *כֹּהֵן קְרַב, יַעֲמֹד (פלוני בֶּן פלוני) הַכֹּהֵן.

*אם אין כוהן, הגבאי קורא ללוי או לישראל ואומר:

/אֵין כָּאן כֹּהֵן, יַעֲמֹד (פלוני בֶּן פלוני) בִּמְקוֹם כֹּהֵן./

בָּרוּךְ שֶׁנָּתַן תּוֹרָה לְעַמּוֹ יִשְׂרָאֵל בִּקְדֻשָּׁתוֹ.

הקהל ואחריו הגבאי (סידור השל״ה, סידור יעב״ץ):

וְאַתֶּם הַדְּבֵקִים בַּיהוה אֱלֹהֵיכֶם חַיִּים כֻּלְּכֶם הַיּוֹם: דברים ד

קודם הברכה על העולה לראות היכן קוראים (מגילה לב ע״א)
ולנשק את ספר התורה (׳ערוך השולחן׳ קלט, טו). בשעת הברכה
אוחז בעמודי הספר (שו״ע קלט, יא על פי הראבי״ה והמנהיג).

עולה: בָּרְכוּ אֶת יהוה הַמְבֹרָךְ.

קהל: בָּרוּךְ יהוה הַמְבֹרָךְ לְעוֹלָם וָעֶד.

עולה: בָּרוּךְ יהוה הַמְבֹרָךְ לְעוֹלָם וָעֶד.
בָּרוּךְ אַתָּה יהוה, אֱלֹהֵינוּ מֶלֶךְ הָעוֹלָם
אֲשֶׁר בָּחַר בָּנוּ מִכָּל הָעַמִּים וְנָתַן לָנוּ אֶת תּוֹרָתוֹ.
בָּרוּךְ אַתָּה יהוה, נוֹתֵן הַתּוֹרָה.

לאחר הקריאה העולה מנשק את ספר התורה (מג״א קלט, יא בשם ספר חסידים) ומברך:

עולה: **בָּרוּךְ אַתָּה יהוה אֱלֹהֵינוּ מֶלֶךְ הָעוֹלָם**
אֲשֶׁר נָתַן לָנוּ תּוֹרַת אֱמֶת וְחַיֵּי עוֹלָם נָטַע בְּתוֹכֵנוּ.
בָּרוּךְ אַתָּה יהוה, נוֹתֵן הַתּוֹרָה.

מי שהיה בסכנה וניצל, מברך ׳הַגּוֹמֵל׳:

בָּרוּךְ אַתָּה יהוה אֱלֹהֵינוּ מֶלֶךְ הָעוֹלָם הַגּוֹמֵל לְחַיָּבִים טוֹבוֹת שֶׁגְּמָלַנִי כָּל טוֹב.

והקהל עונה:

אָמֵן. מִי שֶׁגְּמָלְךָ כָּל טוֹב הוּא יִגְמָלְךָ כָּל טוֹב, סֶלָה.

כאן לפי הצורך אומרים ׳מִי שֶׁבֵּרַךְ׳ (עמ׳ 243–244) ומזכירים נשמות (עמ׳ 293–295).

כאשר נער עולה לתורה בפעם הראשונה במלאות לו שלוש עשרה שנה,
אביו מברך (רמ״א רכה, ב על פי בראשית רבה סג, י):

בָּרוּךְ שֶׁפְּטָרַנִי מֵעָנְשׁוֹ שֶׁלָּזֶה.

קריאת התורה לחול המועד פסח וסוכות

יום	עמוד
יום א׳ דחול המועד פסח	408
יום ב׳ דחול המועד פסח	412
יום ג׳ דחול המועד פסח	413

יום	עמוד
יום ד׳ דחול המועד פסח	415
יום ה׳ דחול המועד פסח	416
קריאה לחול המועד סוכות	418

קריאה לא׳ דחול המועד פסח בארץ ישראל (וליום טוב שני בחו״ל)

בחו״ל קוראים את אותה פרשה שקוראים בארץ, אך מחלקים אותה לחמישה עולים: עליית הלוי מתחילה חמישה פסוקים לפני עליית הלוי שבארץ, והעלייה השלישית מתחלקת בין שלושה קרואים. המפטיר הוא כביום הראשון (עמ׳ 182), ומפטירים ׳וַיִּשְׁלַח הַמֶּלֶךְ׳ בעמ׳ 476.

ויקרא כב, כו – כג, מד

וַיְדַבֵּר יְהוָה אֶל־מֹשֶׁה לֵּאמֹר: שׁוֹר אוֹ־כֶשֶׂב אוֹ־עֵז כִּי יִוָּלֵד וְהָיָה
שִׁבְעַת יָמִים תַּחַת אִמּוֹ וּמִיּוֹם הַשְּׁמִינִי וָהָלְאָה יֵרָצֶה לְקָרְבַּן

אִשֶּׁה לַיהוָה: וְשׁוֹר אוֹ־שֶׂה אֹתוֹ וְאֶת־בְּנוֹ לֹא תִשְׁחֲטוּ בְּיוֹם
אֶחָד: וְכִי־תִזְבְּחוּ זֶבַח־תּוֹדָה לַיהוָה לִרְצֹנְכֶם תִּזְבָּחוּ: בַּיּוֹם
הַהוּא יֵאָכֵל לֹא־תוֹתִירוּ מִמֶּנּוּ עַד־בֹּקֶר אֲנִי יְהוָה: וּשְׁמַרְתֶּם
מִצְוֹתַי וַעֲשִׂיתֶם אֹתָם אֲנִי יְהוָה: וְלֹא תְחַלְּלוּ אֶת־שֵׁם קָדְשִׁי
וְנִקְדַּשְׁתִּי בְּתוֹךְ בְּנֵי יִשְׂרָאֵל אֲנִי יְהוָה מְקַדִּשְׁכֶם: הַמּוֹצִיא אֶתְכֶם
מֵאֶרֶץ מִצְרַיִם לִהְיוֹת לָכֶם לֵאלֹהִים אֲנִי יְהוָה:

וַיְדַבֵּר יְהוָה אֶל־מֹשֶׁה לֵּאמֹר: דַּבֵּר אֶל־בְּנֵי יִשְׂרָאֵל וְאָמַרְתָּ
אֲלֵהֶם מוֹעֲדֵי יְהוָה אֲשֶׁר־תִּקְרְאוּ אֹתָם מִקְרָאֵי קֹדֶשׁ אֵלֶּה
הֵם מוֹעֲדָי: שֵׁשֶׁת יָמִים תֵּעָשֶׂה מְלָאכָה וּבַיּוֹם הַשְּׁבִיעִי שַׁבַּת
שַׁבָּתוֹן מִקְרָא־קֹדֶשׁ כָּל־מְלָאכָה לֹא תַעֲשׂוּ שַׁבָּת הִוא לַיהוָה
בְּכֹל מוֹשְׁבֹתֵיכֶם:

אֵלֶּה מוֹעֲדֵי יְהוָה מִקְרָאֵי קֹדֶשׁ אֲשֶׁר־תִּקְרְאוּ אֹתָם בְּמוֹעֲדָם: (לוי בחו״ל)
בַּחֹדֶשׁ הָרִאשׁוֹן בְּאַרְבָּעָה עָשָׂר לַחֹדֶשׁ בֵּין הָעַרְבָּיִם פֶּסַח
לַיהוָה: וּבַחֲמִשָּׁה עָשָׂר יוֹם לַחֹדֶשׁ הַזֶּה חַג הַמַּצּוֹת לַיהוָה
שִׁבְעַת יָמִים מַצּוֹת תֹּאכֵלוּ: בַּיּוֹם הָרִאשׁוֹן מִקְרָא־קֹדֶשׁ יִהְיֶה
לָכֶם כָּל־מְלֶאכֶת עֲבֹדָה לֹא תַעֲשׂוּ: וְהִקְרַבְתֶּם אִשֶּׁה לַיהוָה
שִׁבְעַת יָמִים בַּיּוֹם הַשְּׁבִיעִי מִקְרָא־קֹדֶשׁ כָּל־מְלֶאכֶת עֲבֹדָה
לֹא תַעֲשׂוּ:

וַיְדַבֵּר יְהוָה אֶל־מֹשֶׁה לֵּאמֹר: דַּבֵּר אֶל־בְּנֵי יִשְׂרָאֵל וְאָמַרְתָּ לוי (בארץ)
אֲלֵהֶם כִּי־תָבֹאוּ אֶל־הָאָרֶץ אֲשֶׁר אֲנִי נֹתֵן לָכֶם וּקְצַרְתֶּם אֶת־
קְצִירָהּ וַהֲבֵאתֶם אֶת־עֹמֶר רֵאשִׁית קְצִירְכֶם אֶל־הַכֹּהֵן: וְהֵנִיף
אֶת־הָעֹמֶר לִפְנֵי יְהוָה לִרְצֹנְכֶם מִמָּחֳרַת הַשַּׁבָּת יְנִיפֶנּוּ הַכֹּהֵן:
וַעֲשִׂיתֶם בְּיוֹם הֲנִיפְכֶם אֶת־הָעֹמֶר כֶּבֶשׂ תָּמִים בֶּן־שְׁנָתוֹ לְעֹלָה
לַיהוָה: וּמִנְחָתוֹ שְׁנֵי עֶשְׂרֹנִים סֹלֶת בְּלוּלָה בַשֶּׁמֶן אִשֶּׁה לַיהוָה

רֵיחַ נִיחֹחַ וְנִסְכֹּה יַיִן רְבִיעִת הַהִין: וְלֶחֶם וְקָלִי וְכַרְמֶל לֹא
תֹאכְלוּ עַד־עֶצֶם הַיּוֹם הַזֶּה עַד הֲבִיאֲכֶם אֶת־קָרְבַּן אֱלֹהֵיכֶם
חֻקַּת עוֹלָם לְדֹרֹתֵיכֶם בְּכֹל מֹשְׁבֹתֵיכֶם: וּסְפַרְתֶּם שלישי
לָכֶם מִמָּחֳרַת הַשַּׁבָּת מִיּוֹם הֲבִיאֲכֶם אֶת־עֹמֶר הַתְּנוּפָה שֶׁבַע
שַׁבָּתוֹת תְּמִימֹת תִּהְיֶינָה: עַד מִמָּחֳרַת הַשַּׁבָּת הַשְּׁבִיעִת תִּסְפְּרוּ
חֲמִשִּׁים יוֹם וְהִקְרַבְתֶּם מִנְחָה חֲדָשָׁה לַיהוָה: מִמּוֹשְׁבֹתֵיכֶם
תָּבִיאוּ ׀ לֶחֶם תְּנוּפָה שְׁתַּיִם שְׁנֵי עֶשְׂרֹנִים סֹלֶת תִּהְיֶינָה חָמֵץ
תֵּאָפֶינָה בִּכּוּרִים לַיהוָה: וְהִקְרַבְתֶּם עַל־הַלֶּחֶם שִׁבְעַת כְּבָשִׂים
תְּמִימִם בְּנֵי שָׁנָה וּפַר בֶּן־בָּקָר אֶחָד וְאֵילִם שְׁנָיִם יִהְיוּ עֹלָה
לַיהוָה וּמִנְחָתָם וְנִסְכֵּיהֶם אִשֵּׁה רֵיחַ־נִיחֹחַ לַיהוָה: וַעֲשִׂיתֶם
שְׂעִיר־עִזִּים אֶחָד לְחַטָּאת וּשְׁנֵי כְבָשִׂים בְּנֵי שָׁנָה לְזֶבַח שְׁלָמִים:
וְהֵנִיף הַכֹּהֵן ׀ אֹתָם עַל לֶחֶם הַבִּכֻּרִים תְּנוּפָה לִפְנֵי יְהוָה עַל־שְׁנֵי
כְּבָשִׂים קֹדֶשׁ יִהְיוּ לַיהוָה לַכֹּהֵן: וּקְרָאתֶם בְּעֶצֶם ׀ הַיּוֹם הַזֶּה
מִקְרָא־קֹדֶשׁ יִהְיֶה לָכֶם כָּל־מְלֶאכֶת עֲבֹדָה לֹא תַעֲשׂוּ חֻקַּת
עוֹלָם בְּכָל־מוֹשְׁבֹתֵיכֶם לְדֹרֹתֵיכֶם: וּבְקֻצְרְכֶם אֶת־קְצִיר אַרְצְכֶם
לֹא־תְכַלֶּה פְּאַת שָׂדְךָ בְּקֻצְרֶךָ וְלֶקֶט קְצִירְךָ לֹא תְלַקֵּט לֶעָנִי
וְלַגֵּר תַּעֲזֹב אֹתָם אֲנִי יְהוָה אֱלֹהֵיכֶם:
וַיְדַבֵּר יְהוָה אֶל־מֹשֶׁה לֵּאמֹר: דַּבֵּר אֶל־בְּנֵי יִשְׂרָאֵל לֵאמֹר (רביעי בחו״ל)
בַּחֹדֶשׁ הַשְּׁבִיעִי בְּאֶחָד לַחֹדֶשׁ יִהְיֶה לָכֶם שַׁבָּתוֹן זִכְרוֹן תְּרוּעָה
מִקְרָא־קֹדֶשׁ: כָּל־מְלֶאכֶת עֲבֹדָה לֹא תַעֲשׂוּ וְהִקְרַבְתֶּם אִשֶּׁה
לַיהוָה: וַיְדַבֵּר יְהוָה אֶל־מֹשֶׁה לֵּאמֹר: אַךְ בֶּעָשׂוֹר
לַחֹדֶשׁ הַשְּׁבִיעִי הַזֶּה יוֹם הַכִּפֻּרִים הוּא מִקְרָא־קֹדֶשׁ יִהְיֶה לָכֶם
וְעִנִּיתֶם אֶת־נַפְשֹׁתֵיכֶם וְהִקְרַבְתֶּם אִשֶּׁה לַיהוָה: וְכָל־מְלָאכָה

לֹא תַעֲשׂוּ בְּעֶצֶם הַיּוֹם הַזֶּה כִּי יוֹם כִּפֻּרִים הוּא לְכַפֵּר עֲלֵיכֶם לִפְנֵי יְהוָה אֱלֹהֵיכֶם: כִּי כָל־הַנֶּפֶשׁ אֲשֶׁר לֹא־תְעֻנֶּה בְּעֶצֶם הַיּוֹם הַזֶּה וְנִכְרְתָה מֵעַמֶּיהָ: וְכָל־הַנֶּפֶשׁ אֲשֶׁר תַּעֲשֶׂה כָּל־מְלָאכָה בְּעֶצֶם הַיּוֹם הַזֶּה וְהַאֲבַדְתִּי אֶת־הַנֶּפֶשׁ הַהִוא מִקֶּרֶב עַמָּהּ: כָּל־מְלָאכָה לֹא תַעֲשׂוּ חֻקַּת עוֹלָם לְדֹרֹתֵיכֶם בְּכֹל מֹשְׁבֹתֵיכֶם: שַׁבַּת שַׁבָּתוֹן הוּא לָכֶם וְעִנִּיתֶם אֶת־נַפְשֹׁתֵיכֶם בְּתִשְׁעָה לַחֹדֶשׁ בָּעֶרֶב מֵעֶרֶב עַד־עֶרֶב תִּשְׁבְּתוּ שַׁבַּתְּכֶם:

(חמישי בחוה״ל) וַיְדַבֵּר יְהוָה אֶל־מֹשֶׁה לֵּאמֹר: דַּבֵּר אֶל־בְּנֵי יִשְׂרָאֵל לֵאמֹר בַּחֲמִשָּׁה עָשָׂר יוֹם לַחֹדֶשׁ הַשְּׁבִיעִי הַזֶּה חַג הַסֻּכּוֹת שִׁבְעַת יָמִים לַיהוָה: בַּיּוֹם הָרִאשׁוֹן מִקְרָא־קֹדֶשׁ כָּל־מְלֶאכֶת עֲבֹדָה לֹא תַעֲשׂוּ: שִׁבְעַת יָמִים תַּקְרִיבוּ אִשֶּׁה לַיהוָה בַּיּוֹם הַשְּׁמִינִי מִקְרָא־קֹדֶשׁ יִהְיֶה לָכֶם וְהִקְרַבְתֶּם אִשֶּׁה לַיהוָה עֲצֶרֶת הִוא כָּל־מְלֶאכֶת עֲבֹדָה לֹא תַעֲשׂוּ: אֵלֶּה מוֹעֲדֵי יְהוָה אֲשֶׁר־תִּקְרְאוּ אֹתָם מִקְרָאֵי קֹדֶשׁ לְהַקְרִיב אִשֶּׁה לַיהוָה עֹלָה וּמִנְחָה זֶבַח וּנְסָכִים דְּבַר־יוֹם בְּיוֹמוֹ: מִלְּבַד שַׁבְּתֹת יְהוָה וּמִלְּבַד מַתְּנוֹתֵיכֶם וּמִלְּבַד כָּל־נִדְרֵיכֶם וּמִלְּבַד כָּל־נִדְבֹתֵיכֶם אֲשֶׁר תִּתְּנוּ לַיהוָה: אַךְ בַּחֲמִשָּׁה עָשָׂר יוֹם לַחֹדֶשׁ הַשְּׁבִיעִי בְּאָסְפְּכֶם אֶת־תְּבוּאַת הָאָרֶץ תָּחֹגּוּ אֶת־חַג־יְהוָה שִׁבְעַת יָמִים בַּיּוֹם הָרִאשׁוֹן שַׁבָּתוֹן וּבַיּוֹם הַשְּׁמִינִי שַׁבָּתוֹן: וּלְקַחְתֶּם לָכֶם בַּיּוֹם הָרִאשׁוֹן פְּרִי עֵץ הָדָר כַּפֹּת תְּמָרִים וַעֲנַף עֵץ־עָבֹת וְעַרְבֵי־נָחַל וּשְׂמַחְתֶּם לִפְנֵי יְהוָה אֱלֹהֵיכֶם שִׁבְעַת יָמִים: וְחַגֹּתֶם אֹתוֹ חַג לַיהוָה שִׁבְעַת יָמִים בַּשָּׁנָה חֻקַּת עוֹלָם לְדֹרֹתֵיכֶם בַּחֹדֶשׁ הַשְּׁבִיעִי תָּחֹגּוּ אֹתוֹ: בַּסֻּכֹּת תֵּשְׁבוּ שִׁבְעַת יָמִים כָּל־הָאֶזְרָח בְּיִשְׂרָאֵל יֵשְׁבוּ בַּסֻּכֹּת: לְמַעַן

יֵדְעוּ דֹרֹתֵיכֶם כִּי בַסֻּכּוֹת הוֹשַׁבְתִּי אֶת־בְּנֵי יִשְׂרָאֵל בְּהוֹצִיאִי
אוֹתָם מֵאֶרֶץ מִצְרָיִם אֲנִי יְהֹוָה אֱלֹהֵיכֶם: וַיְדַבֵּר מֹשֶׁה אֶת־מֹעֲדֵי
יְהֹוָה אֶל־בְּנֵי יִשְׂרָאֵל:

מגביהים את ספר התורה (עמ׳ 417), וקוראים לרביעי בספר השני ׳וְהִקְרַבְתֶּם׳.

בחו״ל אומרים חצי קדיש לפני ההגבהה,
וקוראים למפטיר ׳וּבַחֹדֶשׁ הָרִאשׁוֹן׳ (עמ׳ 182) כמו ביום הראשון.

קריאה לב׳ דחול המועד פסח (א׳ דחול המועד בחו״ל)

אם יום ב׳ דחול המועד פסח חל בשבת, קוראים את הקריאה של שבת חול המועד (עמ׳ 174).

שמות יג, א–טז וַיְדַבֵּר יְהֹוָה אֶל־מֹשֶׁה לֵּאמֹר: קַדֶּשׁ־לִי כָל־בְּכוֹר פֶּטֶר כָּל־רֶחֶם
בִּבְנֵי יִשְׂרָאֵל בָּאָדָם וּבַבְּהֵמָה לִי הוּא: וַיֹּאמֶר מֹשֶׁה אֶל־הָעָם
זָכוֹר אֶת־הַיּוֹם הַזֶּה אֲשֶׁר יְצָאתֶם מִמִּצְרַיִם מִבֵּית עֲבָדִים כִּי
בְּחֹזֶק יָד הוֹצִיא יְהֹוָה אֶתְכֶם מִזֶּה וְלֹא יֵאָכֵל חָמֵץ: הַיּוֹם אַתֶּם
לוי יֹצְאִים בְּחֹדֶשׁ הָאָבִיב: וְהָיָה כִי־יְבִיאֲךָ יְהֹוָה אֶל־אֶרֶץ הַכְּנַעֲנִי
וְהַחִתִּי וְהָאֱמֹרִי וְהַחִוִּי וְהַיְבוּסִי אֲשֶׁר נִשְׁבַּע לַאֲבֹתֶיךָ לָתֶת לָךְ
אֶרֶץ זָבַת חָלָב וּדְבָשׁ וְעָבַדְתָּ אֶת־הָעֲבֹדָה הַזֹּאת בַּחֹדֶשׁ הַזֶּה:
שִׁבְעַת יָמִים תֹּאכַל מַצֹּת וּבַיּוֹם הַשְּׁבִיעִי חַג לַיהֹוָה: מַצּוֹת
יֵאָכֵל אֵת שִׁבְעַת הַיָּמִים וְלֹא־יֵרָאֶה לְךָ חָמֵץ וְלֹא־יֵרָאֶה לְךָ
שְׂאֹר בְּכָל־גְּבֻלֶךָ: וְהִגַּדְתָּ לְבִנְךָ בַּיּוֹם הַהוּא לֵאמֹר בַּעֲבוּר
זֶה עָשָׂה יְהֹוָה לִי בְּצֵאתִי מִמִּצְרָיִם: וְהָיָה לְךָ לְאוֹת עַל־יָדְךָ
וּלְזִכָּרוֹן בֵּין עֵינֶיךָ לְמַעַן תִּהְיֶה תּוֹרַת יְהֹוָה בְּפִיךָ כִּי בְּיָד חֲזָקָה
הוֹצִאֲךָ יְהֹוָה מִמִּצְרָיִם: וְשָׁמַרְתָּ אֶת־הַחֻקָּה הַזֹּאת לְמוֹעֲדָהּ
מִיָּמִים יָמִימָה:

שלישי וְהָיָה כִּי־יְבִאֲךָ יְהֹוָה אֶל־אֶרֶץ הַכְּנַעֲנִי כַּאֲשֶׁר נִשְׁבַּע לְךָ וְלַאֲבֹתֶיךָ

וּנְתָנָהּ לָךְ׃ וְהַעֲבַרְתָּ כָל־פֶּטֶר־רֶחֶם לַיהוָה וְכָל־פֶּטֶר ׀ שֶׁגֶר
בְּהֵמָה אֲשֶׁר יִהְיֶה לְךָ הַזְּכָרִים לַיהוָה׃ וְכָל־פֶּטֶר חֲמֹר תִּפְדֶּה
בְשֶׂה וְאִם־לֹא תִפְדֶּה וַעֲרַפְתּוֹ וְכֹל בְּכוֹר אָדָם בְּבָנֶיךָ תִּפְדֶּה׃
וְהָיָה כִּי־יִשְׁאָלְךָ בִנְךָ מָחָר לֵאמֹר מַה־זֹּאת וְאָמַרְתָּ אֵלָיו בְּחֹזֶק
יָד הוֹצִיאָנוּ יְהוָה מִמִּצְרַיִם מִבֵּית עֲבָדִים׃ וַיְהִי כִּי־הִקְשָׁה פַרְעֹה
לְשַׁלְּחֵנוּ וַיַּהֲרֹג יְהוָה כָּל־בְּכוֹר בְּאֶרֶץ מִצְרַיִם מִבְּכֹר אָדָם וְעַד־
בְּכוֹר בְּהֵמָה עַל־כֵּן אֲנִי זֹבֵחַ לַיהוָה כָּל־פֶּטֶר רֶחֶם הַזְּכָרִים וְכָל־
בְּכוֹר בָּנַי אֶפְדֶּה׃ וְהָיָה לְאוֹת עַל־יָדְכָה וּלְטוֹטָפֹת בֵּין עֵינֶיךָ כִּי
בְּחֹזֶק יָד הוֹצִיאָנוּ יְהוָה מִמִּצְרָיִם׃

מגביהים את ספר התורה (עמ׳ 417), וקוראים לרביעי בספר השני ׳וְהִקְרַבְתֶּם׳.

בקהילות שבהן נוהגים להניח תפילין בחול המועד, חולצים אותן כאן.

קריאה לג׳ דחול המועד פסח (ב׳ דחול המועד בחו״ל)

אם ג׳ דחול המועד חל ביום ראשון, קוראים ׳וַיְדַבֵּר ה׳׳ בעמוד הקודם.

שמות כב,כד – כג,יט
אִם־כֶּסֶף ׀ תַּלְוֶה אֶת־עַמִּי אֶת־הֶעָנִי עִמָּךְ לֹא־תִהְיֶה לוֹ כְּנֹשֶׁה
לֹא־תְשִׂימוּן עָלָיו נֶשֶׁךְ׃ אִם־חָבֹל תַּחְבֹּל שַׂלְמַת רֵעֶךָ עַד־
בֹּא הַשֶּׁמֶשׁ תְּשִׁיבֶנּוּ לוֹ׃ כִּי הִוא כְסוּתֹה לְבַדָּהּ הִוא שִׂמְלָתוֹ
לְעֹרוֹ בַּמֶּה יִשְׁכָּב וְהָיָה כִּי־יִצְעַק אֵלַי וְשָׁמַעְתִּי כִּי־חַנּוּן
לוי אָנִי׃ אֱלֹהִים לֹא תְקַלֵּל וְנָשִׂיא בְעַמְּךָ לֹא תָאֹר׃
מְלֵאָתְךָ וְדִמְעֲךָ לֹא תְאַחֵר בְּכוֹר בָּנֶיךָ תִּתֶּן־לִי׃ כֵּן־תַּעֲשֶׂה
לְשֹׁרְךָ לְצֹאנֶךָ שִׁבְעַת יָמִים יִהְיֶה עִם־אִמּוֹ בַּיּוֹם הַשְּׁמִינִי תִּתְּנוֹ־
לִי׃ וְאַנְשֵׁי־קֹדֶשׁ תִּהְיוּן לִי וּבָשָׂר בַּשָּׂדֶה טְרֵפָה לֹא תֹאכֵלוּ
לַכֶּלֶב תַּשְׁלִכוּן אֹתוֹ׃ לֹא תִשָּׂא שֵׁמַע שָׁוְא אַל־תָּשֶׁת

יָדְךָ עִם־רָשָׁע לִהְיֹת עֵד חָמָס׃ לֹא־תִהְיֶה אַחֲרֵי־רַבִּים לְרָעֹת
וְלֹא־תַעֲנֶה עַל־רִב לִנְטֹת אַחֲרֵי רַבִּים לְהַטֹּת׃ וְדָל לֹא תֶהְדַּר
בְּרִיבוֹ׃ כִּי תִפְגַּע שׁוֹר אֹיִבְךָ אוֹ חֲמֹרוֹ תֹּעֶה הָשֵׁב
תְּשִׁיבֶנּוּ לוֹ׃ כִּי־תִרְאֶה חֲמוֹר שֹׂנַאֲךָ רֹבֵץ תַּחַת
שלישי מַשָּׂאוֹ וְחָדַלְתָּ מֵעֲזֹב לוֹ עָזֹב תַּעֲזֹב עִמּוֹ׃ לֹא תַטֶּה
מִשְׁפַּט אֶבְיֹנְךָ בְּרִיבוֹ׃ מִדְּבַר־שֶׁקֶר תִּרְחָק וְנָקִי וְצַדִּיק אַל־
תַּהֲרֹג כִּי לֹא־אַצְדִּיק רָשָׁע׃ וְשֹׁחַד לֹא תִקָּח כִּי הַשֹּׁחַד יְעַוֵּר
פִּקְחִים וִיסַלֵּף דִּבְרֵי צַדִּיקִים׃ וְגֵר לֹא תִלְחָץ וְאַתֶּם יְדַעְתֶּם אֶת־
נֶפֶשׁ הַגֵּר כִּי־גֵרִים הֱיִיתֶם בְּאֶרֶץ מִצְרָיִם׃ וְשֵׁשׁ שָׁנִים תִּזְרַע אֶת־
אַרְצֶךָ וְאָסַפְתָּ אֶת־תְּבוּאָתָהּ׃ וְהַשְּׁבִיעִת תִּשְׁמְטֶנָּה וּנְטַשְׁתָּהּ
וְאָכְלוּ אֶבְיֹנֵי עַמֶּךָ וְיִתְרָם תֹּאכַל חַיַּת הַשָּׂדֶה כֵּן־תַּעֲשֶׂה לְכַרְמְךָ
לְזֵיתֶךָ׃ שֵׁשֶׁת יָמִים תַּעֲשֶׂה מַעֲשֶׂיךָ וּבַיּוֹם הַשְּׁבִיעִי תִּשְׁבֹּת לְמַעַן
יָנוּחַ שׁוֹרְךָ וַחֲמֹרֶךָ וְיִנָּפֵשׁ בֶּן־אֲמָתְךָ וְהַגֵּר׃ וּבְכֹל אֲשֶׁר־אָמַרְתִּי
אֲלֵיכֶם תִּשָּׁמֵרוּ וְשֵׁם אֱלֹהִים אֲחֵרִים לֹא תַזְכִּירוּ לֹא יִשָּׁמַע
עַל־פִּיךָ׃ שָׁלֹשׁ רְגָלִים תָּחֹג לִי בַּשָּׁנָה׃ אֶת־חַג הַמַּצּוֹת תִּשְׁמֹר
שִׁבְעַת יָמִים תֹּאכַל מַצּוֹת כַּאֲשֶׁר צִוִּיתִךָ לְמוֹעֵד חֹדֶשׁ הָאָבִיב
כִּי־בוֹ יָצָאתָ מִמִּצְרָיִם וְלֹא־יֵרָאוּ פָנַי רֵיקָם׃ וְחַג הַקָּצִיר בִּכּוּרֵי
מַעֲשֶׂיךָ אֲשֶׁר תִּזְרַע בַּשָּׂדֶה וְחַג הָאָסִף בְּצֵאת הַשָּׁנָה בְּאָסְפְּךָ
אֶת־מַעֲשֶׂיךָ מִן־הַשָּׂדֶה׃ שָׁלֹשׁ פְּעָמִים בַּשָּׁנָה יֵרָאֶה כָּל־זְכוּרְךָ
אֶל־פְּנֵי הָאָדֹן ׀ יְהוָה׃ לֹא־תִזְבַּח עַל־חָמֵץ דַּם־זִבְחִי וְלֹא־יָלִין
חֵלֶב־חַגִּי עַד־בֹּקֶר׃ רֵאשִׁית בִּכּוּרֵי אַדְמָתְךָ תָּבִיא בֵּית יְהוָה
אֱלֹהֶיךָ לֹא־תְבַשֵּׁל גְּדִי בַּחֲלֵב אִמּוֹ׃

מגביהים את ספר התורה (עמ׳ 417), וקוראים לרביעי בספר השני ׳וְהִקְרַבְתֶּם׳.

קריאה לד׳ דחול המועד פסח (ג׳ דחול המועד בחו״ל)

אם ד׳ דחול המועד חל בשבת קוראים את הקריאה לשבת חול המועד (עמ׳ 174).
ואם חל ביום שני קוראים ׳אִם־כֶּסֶף׳ בעמ׳ 413.

וַיֹּאמֶר יהוה אֶל־מֹשֶׁה פְּסׇל־לְךָ שְׁנֵי־לֻחֹת אֲבָנִים כָּרִאשֹׁנִים שמות לד,א-כו
וְכָתַבְתִּי עַל־הַלֻּחֹת אֶת־הַדְּבָרִים אֲשֶׁר הָיוּ עַל־הַלֻּחֹת
הָרִאשֹׁנִים אֲשֶׁר שִׁבַּרְתָּ: וֶהְיֵה נָכוֹן לַבֹּקֶר וְעָלִיתָ בַבֹּקֶר אֶל־הַר
סִינַי וְנִצַּבְתָּ לִי שָׁם עַל־רֹאשׁ הָהָר: וְאִישׁ לֹא־יַעֲלֶה עִמָּךְ וְגַם־
אִישׁ אַל־יֵרָא בְּכׇל־הָהָר גַּם־הַצֹּאן וְהַבָּקָר אַל־יִרְעוּ אֶל־מוּל
הָהָר הַהוּא: וַיִּפְסֹל שְׁנֵי־לֻחֹת אֲבָנִים כָּרִאשֹׁנִים וַיַּשְׁכֵּם מֹשֶׁה לוי
בַבֹּקֶר וַיַּעַל אֶל־הַר סִינַי כַּאֲשֶׁר צִוָּה יהוה אֹתוֹ וַיִּקַּח בְּיָדוֹ שְׁנֵי
לֻחֹת אֲבָנִים: וַיֵּרֶד יהוה בֶּעָנָן וַיִּתְיַצֵּב עִמּוֹ שָׁם וַיִּקְרָא בְשֵׁם
יהוה: וַיַּעֲבֹר יהוה ׀ עַל־פָּנָיו וַיִּקְרָא יהוה ׀ יהוה אֵל רַחוּם וְחַנּוּן
אֶרֶךְ אַפַּיִם וְרַב־חֶסֶד וֶאֱמֶת: נֹצֵר חֶסֶד לָאֲלָפִים נֹשֵׂא עָוֺן וָפֶשַׁע
וְחַטָּאָה וְנַקֵּה לֹא יְנַקֶּה פֹּקֵד ׀ עֲוֺן אָבוֹת עַל־בָּנִים וְעַל־בְּנֵי בָנִים
עַל־שִׁלֵּשִׁים וְעַל־רִבֵּעִים: וַיְמַהֵר מֹשֶׁה וַיִּקֹּד אַרְצָה וַיִּשְׁתָּחוּ:
וַיֹּאמֶר אִם־נָא מָצָאתִי חֵן בְּעֵינֶיךָ אֲדֹנָי יֵלֶךְ־נָא אֲדֹנָי בְּקִרְבֵּנוּ
כִּי עַם־קְשֵׁה־עֹרֶף הוּא וְסָלַחְתָּ לַעֲוֺנֵנוּ וּלְחַטָּאתֵנוּ וּנְחַלְתָּנוּ:
וַיֹּאמֶר הִנֵּה אָנֹכִי כֹּרֵת בְּרִית נֶגֶד כׇּל־עַמְּךָ אֶעֱשֶׂה נִפְלָאֹת אֲשֶׁר
לֹא־נִבְרְאוּ בְכׇל־הָאָרֶץ וּבְכׇל־הַגּוֹיִם וְרָאָה כׇל־הָעָם אֲשֶׁר־
אַתָּה בְקִרְבּוֹ אֶת־מַעֲשֵׂה יהוה כִּי־נוֹרָא הוּא אֲשֶׁר אֲנִי עֹשֶׂה
עִמָּךְ: שְׁמׇר־לְךָ אֵת אֲשֶׁר אָנֹכִי מְצַוְּךָ הַיּוֹם הִנְנִי גֹרֵשׁ מִפָּנֶיךָ שלישי
אֶת־הָאֱמֹרִי וְהַכְּנַעֲנִי וְהַחִתִּי וְהַפְּרִזִּי וְהַחִוִּי וְהַיְבוּסִי: הִשָּׁמֶר לְךָ
פֶּן־תִּכְרֹת בְּרִית לְיוֹשֵׁב הָאָרֶץ אֲשֶׁר אַתָּה בָּא עָלֶיהָ פֶּן־יִהְיֶה
לְמוֹקֵשׁ בְּקִרְבֶּךָ: כִּי אֶת־מִזְבְּחֹתָם תִּתֹּצוּן וְאֶת־מַצֵּבֹתָם תְּשַׁבֵּרוּן

וְאֶת־אֲשֵׁרָיו תִּכְרֹתוּן׃ כִּי לֹא תִשְׁתַּחֲוֶה לְאֵל אַחֵר כִּי יְהוָה קַנָּא שְׁמוֹ אֵל קַנָּא הוּא׃ פֶּן־תִּכְרֹת בְּרִית לְיוֹשֵׁב הָאָרֶץ וְזָנוּ ׀ אַחֲרֵי אֱלֹהֵיהֶם וְזָבְחוּ לֵאלֹהֵיהֶם וְקָרָא לְךָ וְאָכַלְתָּ מִזִּבְחוֹ׃ וְלָקַחְתָּ מִבְּנֹתָיו לְבָנֶיךָ וְזָנוּ בְנֹתָיו אַחֲרֵי אֱלֹהֵיהֶן וְהִזְנוּ אֶת־בָּנֶיךָ אַחֲרֵי אֱלֹהֵיהֶן׃ אֱלֹהֵי מַסֵּכָה לֹא תַעֲשֶׂה־לָּךְ׃ אֶת־חַג הַמַּצּוֹת תִּשְׁמֹר שִׁבְעַת יָמִים תֹּאכַל מַצּוֹת אֲשֶׁר צִוִּיתִךָ לְמוֹעֵד חֹדֶשׁ הָאָבִיב כִּי בְּחֹדֶשׁ הָאָבִיב יָצָאתָ מִמִּצְרָיִם׃ כָּל־פֶּטֶר רֶחֶם לִי וְכָל־מִקְנְךָ תִּזָּכָר פֶּטֶר שׁוֹר וָשֶׂה׃ וּפֶטֶר חֲמוֹר תִּפְדֶּה בְשֶׂה וְאִם־לֹא תִפְדֶּה וַעֲרַפְתּוֹ כֹּל בְּכוֹר בָּנֶיךָ תִּפְדֶּה וְלֹא־יֵרָאוּ פָנַי רֵיקָם׃ שֵׁשֶׁת יָמִים תַּעֲבֹד וּבַיּוֹם הַשְּׁבִיעִי תִּשְׁבֹּת בֶּחָרִישׁ וּבַקָּצִיר תִּשְׁבֹּת׃ וְחַג שָׁבֻעֹת תַּעֲשֶׂה לְךָ בִּכּוּרֵי קְצִיר חִטִּים וְחַג הָאָסִיף תְּקוּפַת הַשָּׁנָה׃ שָׁלֹשׁ פְּעָמִים בַּשָּׁנָה יֵרָאֶה כָּל־זְכוּרְךָ אֶת־פְּנֵי הָאָדֹן ׀ יְהוָה אֱלֹהֵי יִשְׂרָאֵל׃ כִּי־אוֹרִישׁ גּוֹיִם מִפָּנֶיךָ וְהִרְחַבְתִּי אֶת־גְּבֻלֶךָ וְלֹא־יַחְמֹד אִישׁ אֶת־אַרְצְךָ בַּעֲלֹתְךָ לֵרָאוֹת אֶת־פְּנֵי יְהוָה אֱלֹהֶיךָ שָׁלֹשׁ פְּעָמִים בַּשָּׁנָה׃ לֹא־תִשְׁחַט עַל־חָמֵץ דַּם־זִבְחִי וְלֹא־יָלִין לַבֹּקֶר זֶבַח חַג הַפָּסַח׃ רֵאשִׁית בִּכּוּרֵי אַדְמָתְךָ תָּבִיא בֵּית יְהוָה אֱלֹהֶיךָ לֹא־תְבַשֵּׁל גְּדִי בַּחֲלֵב אִמּוֹ׃

מגביהים את ספר התורה (עמוד הבא), וקוראים לרביעי בספר השני ׳וְהִקְרַבְתֶּם׳.

קריאה לה׳ דחול המועד פסח (ד׳ דחול המועד בחו״ל)

במדבר ט, א–יד

וַיְדַבֵּר יְהוָה אֶל־מֹשֶׁה בְמִדְבַּר־סִינַי בַּשָּׁנָה הַשֵּׁנִית לְצֵאתָם מֵאֶרֶץ מִצְרַיִם בַּחֹדֶשׁ הָרִאשׁוֹן לֵאמֹר׃ וְיַעֲשׂוּ בְנֵי־יִשְׂרָאֵל אֶת־הַפָּסַח בְּמוֹעֲדוֹ׃ בְּאַרְבָּעָה עָשָׂר־יוֹם בַּחֹדֶשׁ הַזֶּה בֵּין הָעַרְבַּיִם תַּעֲשׂוּ אֹתוֹ בְּמֹעֲדוֹ כְּכָל־חֻקֹּתָיו וּכְכָל־מִשְׁפָּטָיו תַּעֲשׂוּ אֹתוֹ׃ וַיְדַבֵּר מֹשֶׁה אֶל־בְּנֵי יִשְׂרָאֵל לַעֲשֹׂת הַפָּסַח׃ וַיַּעֲשׂוּ אֶת־הַפֶּסַח

בָּרִאשׁוֹן בְּאַרְבָּעָה עָשָׂר יוֹם לַחֹדֶשׁ בֵּין הָעַרְבַּיִם בְּמִדְבַּר סִינָי
לוי כְּכֹל אֲשֶׁר צִוָּה יהוה אֶת־מֹשֶׁה כֵּן עָשׂוּ בְּנֵי יִשְׂרָאֵל: וַיְהִי
אֲנָשִׁים אֲשֶׁר הָיוּ טְמֵאִים לְנֶפֶשׁ אָדָם וְלֹא־יָכְלוּ לַעֲשֹׂת־הַפֶּסַח
בַּיּוֹם הַהוּא וַיִּקְרְבוּ לִפְנֵי מֹשֶׁה וְלִפְנֵי אַהֲרֹן בַּיּוֹם הַהוּא:
וַיֹּאמְרוּ הָאֲנָשִׁים הָהֵמָּה אֵלָיו אֲנַחְנוּ טְמֵאִים לְנֶפֶשׁ אָדָם
לָמָּה נִגָּרַע לְבִלְתִּי הַקְרִיב אֶת־קָרְבַּן יהוה בְּמֹעֲדוֹ בְּתוֹךְ בְּנֵי
יִשְׂרָאֵל: וַיֹּאמֶר אֲלֵהֶם מֹשֶׁה עִמְדוּ וְאֶשְׁמְעָה מַה־יְצַוֶּה יהוה
לָכֶם:

שלישי וַיְדַבֵּר יהוה אֶל־מֹשֶׁה לֵּאמֹר: דַּבֵּר אֶל־בְּנֵי יִשְׂרָאֵל לֵאמֹר
אִישׁ אִישׁ כִּי־יִהְיֶה טָמֵא ׀ לָנֶפֶשׁ אוֹ בְדֶרֶךְ רְחֹקָה לָכֶם אוֹ
לְדֹרֹתֵיכֶם וְעָשָׂה פֶסַח לַיהוה: בַּחֹדֶשׁ הַשֵּׁנִי בְּאַרְבָּעָה עָשָׂר
יוֹם בֵּין הָעַרְבַּיִם יַעֲשׂוּ אֹתוֹ עַל־מַצּוֹת וּמְרֹרִים יֹאכְלֻהוּ: לֹא־
יַשְׁאִירוּ מִמֶּנּוּ עַד־בֹּקֶר וְעֶצֶם לֹא יִשְׁבְּרוּ־בוֹ כְּכָל־חֻקַּת הַפֶּסַח
יַעֲשׂוּ אֹתוֹ: וְהָאִישׁ אֲשֶׁר־הוּא טָהוֹר וּבְדֶרֶךְ לֹא־הָיָה וְחָדַל
לַעֲשׂוֹת הַפֶּסַח וְנִכְרְתָה הַנֶּפֶשׁ הַהִוא מֵעַמֶּיהָ כִּי ׀ קָרְבַּן יהוה
לֹא הִקְרִיב בְּמֹעֲדוֹ חֶטְאוֹ יִשָּׂא הָאִישׁ הַהוּא: וְכִי־יָגוּר אִתְּכֶם
גֵּר וְעָשָׂה פֶסַח לַיהוה כְּחֻקַּת הַפֶּסַח וּכְמִשְׁפָּטוֹ כֵּן יַעֲשֶׂה חֻקָּה
אַחַת יִהְיֶה לָכֶם וְלַגֵּר וּלְאֶזְרַח הָאָרֶץ:

הגבהה וגלילה

כאשר מגביהים את ספר התורה הראשון, הקהל אומר:

וְזֹאת הַתּוֹרָה אֲשֶׁר־שָׂם מֹשֶׁה לִפְנֵי בְּנֵי יִשְׂרָאֵל: דברים ד

עַל־פִּי יהוה בְּיַד מֹשֶׁה: במדבר ט

ויש מוסיפים: עֵץ־חַיִּים הִיא לַמַּחֲזִיקִים בָּהּ וְתֹמְכֶיהָ מְאֻשָּׁר: דְּרָכֶיהָ דַרְכֵי־נֹעַם משלי ג
וְכָל־נְתִיבוֹתֶיהָ שָׁלוֹם: אֹרֶךְ יָמִים בִּימִינָהּ, בִּשְׂמֹאולָהּ עֹשֶׁר וְכָבוֹד:
יהוה חָפֵץ לְמַעַן צִדְקוֹ יַגְדִּיל תּוֹרָה וְיַאְדִּיר: ישעיה מב

לרביעי קוראים מספר התורה השני.

במדבר כח, יט–כה
וְהִקְרַבְתֶּ֨ם אִשֶּׁ֤ה עֹלָה֙ לַיהוָ֔ה פָּרִ֧ים בְּנֵי־בָקָ֛ר שְׁנַ֖יִם וְאַ֣יִל אֶחָ֑ד
וְשִׁבְעָ֤ה כְבָשִׂים֙ בְּנֵ֣י שָׁנָ֔ה תְּמִימִ֖ם יִהְי֥וּ לָכֶֽם׃ וּמִ֨נְחָתָ֔ם סֹ֖לֶת בְּלוּלָ֣ה
בַשָּׁ֑מֶן שְׁלֹשָׁ֨ה עֶשְׂרֹנִ֜ים לַפָּ֗ר וּשְׁנֵ֧י עֶשְׂרֹנִ֛ים לָאַ֖יִל תַּעֲשֽׂוּ׃ עִשָּׂר֣וֹן
עִשָּׂרוֹן֙ תַּעֲשֶׂ֔ה לַכֶּ֖בֶשׂ הָאֶחָ֑ד לְשִׁבְעַ֖ת הַכְּבָשִֽׂים׃ וּשְׂעִ֥יר חַטָּ֖את
אֶחָ֑ד לְכַפֵּ֖ר עֲלֵיכֶֽם׃ מִלְּבַד֙ עֹלַ֣ת הַבֹּ֔קֶר אֲשֶׁ֖ר לְעֹלַ֣ת הַתָּמִ֑יד תַּעֲשׂ֖וּ
אֶת־אֵֽלֶּה׃ כָּאֵ֜לֶּה תַּעֲשׂ֣וּ לַיּוֹם֩ שִׁבְעַ֨ת יָמִ֜ים לֶ֣חֶם אִשֵּׁ֥ה רֵֽיחַ־נִיחֹ֖חַ
לַֽיהוָ֑ה עַל־עוֹלַ֧ת הַתָּמִ֛יד יֵעָשֶׂ֖ה וְנִסְכּֽוֹ׃ וּבַיּוֹם֙ הַשְּׁבִיעִ֔י מִקְרָא־
קֹ֖דֶשׁ יִהְיֶ֣ה לָכֶ֑ם כָּל־מְלֶ֥אכֶת עֲבֹדָ֖ה לֹ֥א תַעֲשֽׂוּ׃

אומרים חצי קדיש, ומגביהים את ספר התורה (עמ' 420).

סדר הקריאה לחול המועד סוכות בחו״ל

ביום א' דחול המועד: כהן – 'וּבַיּוֹם הַשֵּׁנִי', לוי – 'וּבַיּוֹם הַשְּׁלִישִׁי', ישראל – 'וּבַיּוֹם הָרְבִיעִי', רביעי – 'וּבַיּוֹם הַשֵּׁנִי' 'וּבַיּוֹם הַשְּׁלִישִׁי'.

ביום ב' דחול המועד: כהן – 'וּבַיּוֹם הַשְּׁלִישִׁי', לוי – 'וּבַיּוֹם הָרְבִיעִי', ישראל – 'וּבַיּוֹם הַחֲמִישִׁי', רביעי – 'וּבַיּוֹם הַשְּׁלִישִׁי' 'וּבַיּוֹם הָרְבִיעִי'.

ביום ג' דחול המועד: כהן – 'וּבַיּוֹם הָרְבִיעִי', לוי – 'וּבַיּוֹם הַחֲמִישִׁי', ישראל – 'וּבַיּוֹם הַשִּׁשִּׁי', רביעי – 'וּבַיּוֹם הָרְבִיעִי' 'וּבַיּוֹם הַחֲמִישִׁי'.

ביום ד' דחול המועד: כהן – 'וּבַיּוֹם הַחֲמִישִׁי', לוי – 'וּבַיּוֹם הַשִּׁשִּׁי', ישראל – 'וּבַיּוֹם הַשְּׁבִיעִי', רביעי – 'וּבַיּוֹם הַחֲמִישִׁי' 'וּבַיּוֹם הַשִּׁשִּׁי'.

ביום ה' דחול המועד (הושענא רבה): כהן – 'וּבַיּוֹם הַחֲמִישִׁי', לוי – 'וּבַיּוֹם הַשִּׁשִּׁי', ישראל – 'וּבַיּוֹם הַשְּׁבִיעִי', רביעי – 'וּבַיּוֹם הַשִּׁשִּׁי' 'וּבַיּוֹם הַשְּׁבִיעִי'.

קריאה לחול המועד סוכות

בחול המועד סוכות מעלים לתורה ארבעה קרואים, וקוראים לכל אחד מהם את המוסף לאותו היום.

ביום ראשון דחוה״מ קוראים:

במדבר כט, יז–יט
וּבַיּ֣וֹם הַשֵּׁנִ֗י פָּרִ֧ים בְּנֵי־בָקָ֛ר שְׁנֵ֥ים עָשָׂ֖ר אֵילִ֣ם שְׁנָ֑יִם כְּבָשִׂ֧ים בְּנֵֽי־
שָׁנָ֛ה אַרְבָּעָ֥ה עָשָׂ֖ר תְּמִימִֽם׃ וּמִנְחָתָ֣ם וְנִסְכֵּיהֶ֡ם לַ֠פָּרִים לָֽאֵילִ֧ם
וְלַכְּבָשִׂ֛ים בְּמִסְפָּרָ֖ם כַּמִּשְׁפָּֽט׃ וּשְׂעִיר־עִזִּ֥ים אֶחָ֖ד חַטָּ֑את מִלְּבַד֙
עֹלַ֣ת הַתָּמִ֔יד וּמִנְחָתָ֖הּ וְנִסְכֵּיהֶֽם׃

חצי קדיש (עמ' 420)

ביום שני דחוה״מ קוראים:

וּבַיּוֹם הַשְּׁלִישִׁי פָּרִים עַשְׁתֵּי־עָשָׂר אֵילִם שְׁנָיִם כְּבָשִׂים בְּנֵי־שָׁנָה במדבר כט, כ–כב
אַרְבָּעָה עָשָׂר תְּמִימִם: וּמִנְחָתָם וְנִסְכֵּיהֶם לַפָּרִים לָאֵילִם וְלַכְּבָשִׂים
בְּמִסְפָּרָם כַּמִּשְׁפָּט: וּשְׂעִיר חַטָּאת אֶחָד מִלְּבַד עֹלַת הַתָּמִיד
וּמִנְחָתָהּ וְנִסְכָּהּ:

חצי קדיש (בעמוד הבא)

ביום שלישי דחוה״מ קוראים:

וּבַיּוֹם הָרְבִיעִי פָּרִים עֲשָׂרָה אֵילִם שְׁנָיִם כְּבָשִׂים בְּנֵי־שָׁנָה אַרְבָּעָה במדבר כט, כג–כה
עָשָׂר תְּמִימִם: מִנְחָתָם וְנִסְכֵּיהֶם לַפָּרִים לָאֵילִם וְלַכְּבָשִׂים בְּמִסְפָּרָם
כַּמִּשְׁפָּט: וּשְׂעִיר־עִזִּים אֶחָד חַטָּאת מִלְּבַד עֹלַת הַתָּמִיד מִנְחָתָהּ
וְנִסְכָּהּ:

חצי קדיש (בעמוד הבא)

ביום רביעי דחוה״מ קוראים:

וּבַיּוֹם הַחֲמִישִׁי פָּרִים תִּשְׁעָה אֵילִם שְׁנָיִם כְּבָשִׂים בְּנֵי־שָׁנָה במדבר כט, כו–כח
אַרְבָּעָה עָשָׂר תְּמִימִם: וּמִנְחָתָם וְנִסְכֵּיהֶם לַפָּרִים לָאֵילִם וְלַכְּבָשִׂים
בְּמִסְפָּרָם כַּמִּשְׁפָּט: וּשְׂעִיר חַטָּאת אֶחָד מִלְּבַד עֹלַת הַתָּמִיד
וּמִנְחָתָהּ וְנִסְכָּהּ:

חצי קדיש (בעמוד הבא)

ביום חמישי דחוה״מ קוראים:

וּבַיּוֹם הַשִּׁשִּׁי פָּרִים שְׁמֹנָה אֵילִם שְׁנָיִם כְּבָשִׂים בְּנֵי־שָׁנָה אַרְבָּעָה במדבר כט, כט–לא
עָשָׂר תְּמִימִם: וּמִנְחָתָם וְנִסְכֵּיהֶם לַפָּרִים לָאֵילִם וְלַכְּבָשִׂים
בְּמִסְפָּרָם כַּמִּשְׁפָּט: וּשְׂעִיר חַטָּאת אֶחָד מִלְּבַד עֹלַת הַתָּמִיד
מִנְחָתָהּ וּנְסָכֶיהָ:

חצי קדיש (בעמוד הבא)

בהושענא רבה קוראים:

וּבַיּוֹם הַשְּׁבִיעִי פָּרִים שִׁבְעָה אֵילִם שְׁנָיִם כְּבָשִׂים בְּנֵי־שָׁנָה אַרְבָּעָה במדבר כט, לב–לד
עָשָׂר תְּמִימִם: וּמִנְחָתָם וְנִסְכֵּהֶם לַפָּרִים לָאֵילִם וְלַכְּבָשִׂים בְּמִסְפָּרָם
כְּמִשְׁפָּטָם: וּשְׂעִיר חַטָּאת אֶחָד מִלְּבַד עֹלַת הַתָּמִיד מִנְחָתָהּ
וְנִסְכָּהּ:

חצי קדיש

לפני שקוראים למפטיר, בעל הקורא אומר חצי קדיש (רמב״ם, תפילה פי״ב ה״כ).

קורא: יִתְגַּדַּל וְיִתְקַדַּשׁ שְׁמֵהּ רַבָּא (קהל: אָמֵן)
בְּעָלְמָא דִּי בְרָא כִרְעוּתֵהּ
וְיַמְלִיךְ מַלְכוּתֵהּ
בְּחַיֵּיכוֹן וּבְיוֹמֵיכוֹן וּבְחַיֵּי דְכָל בֵּית יִשְׂרָאֵל
בַּעֲגָלָא וּבִזְמַן קָרִיב
וְאִמְרוּ אָמֵן. (קהל: אָמֵן)

קהל וקורא: יְהֵא שְׁמֵהּ רַבָּא מְבָרַךְ לְעָלַם וּלְעָלְמֵי עָלְמַיָּא.

קורא: יִתְבָּרַךְ וְיִשְׁתַּבַּח וְיִתְפָּאַר וְיִתְרוֹמַם וְיִתְנַשֵּׂא
וְיִתְהַדָּר וְיִתְעַלֶּה וְיִתְהַלָּל
שְׁמֵהּ דְּקֻדְשָׁא בְּרִיךְ הוּא (קהל: בְּרִיךְ הוּא)
לְעֵלָּא מִן כָּל בִּרְכָתָא וְשִׁירָתָא
תֻּשְׁבְּחָתָא וְנֶחֱמָתָא
דַּאֲמִירָן בְּעָלְמָא
וְאִמְרוּ אָמֵן. (קהל: אָמֵן)

הגבהה וגלילה

כאשר מגביהים את ספר התורה, הקהל אומר:

דברים ד: וְזֹאת הַתּוֹרָה אֲשֶׁר־שָׂם מֹשֶׁה לִפְנֵי בְּנֵי יִשְׂרָאֵל:
במדבר ט: עַל־פִּי יהוה בְּיַד מֹשֶׁה:

משלי ג: ויש מוסיפים: עֵץ־חַיִּים הִיא לַמַּחֲזִיקִים בָּהּ וְתֹמְכֶיהָ מְאֻשָּׁר:
דְּרָכֶיהָ דַרְכֵי־נֹעַם וְכָל־נְתִיבוֹתֶיהָ שָׁלוֹם:
אֹרֶךְ יָמִים בִּימִינָהּ, בִּשְׂמֹאולָהּ עֹשֶׁר וְכָבוֹד:
ישעיה מב: יהוה חָפֵץ לְמַעַן צִדְקוֹ יַגְדִּיל תּוֹרָה וְיַאְדִּיר:

הכנסת ספר תורה

בבתי כנסת המתפללים בנוסח ספרד, ממשיכים כאן 'אַשְׁרֵי' (בעמוד הבא).

פותחים את ארון הקודש. שליח הציבור לוקח את ספר התורה בימינו ואומר (סידור הרוקח):

יְהַלְלוּ אֶת־שֵׁם יהוה, כִּי־נִשְׂגָּב שְׁמוֹ, לְבַדּוֹ תהלים קמח

הקהל עונה:

הוֹדוֹ עַל־אֶרֶץ וְשָׁמָיִם:
וַיָּרֶם קֶרֶן לְעַמּוֹ
תְּהִלָּה לְכָל־חֲסִידָיו
לִבְנֵי יִשְׂרָאֵל עַם קְרֹבוֹ, הַלְלוּיָהּ:

מלווים את ספר התורה לארון הקודש באמירת (סידור השל"ה):

לְדָוִד מִזְמוֹר, לַיהוה הָאָרֶץ וּמְלוֹאָהּ, תֵּבֵל וְיֹשְׁבֵי בָהּ: כִּי־הוּא עַל־יַמִּים תהלים כד
יְסָדָהּ, וְעַל־נְהָרוֹת יְכוֹנְנֶהָ: מִי־יַעֲלֶה בְהַר־יהוה, וּמִי־יָקוּם בִּמְקוֹם
קָדְשׁוֹ: נְקִי כַפַּיִם וּבַר־לֵבָב, אֲשֶׁר לֹא־נָשָׂא לַשָּׁוְא נַפְשִׁי וְלֹא נִשְׁבַּע
לְמִרְמָה: יִשָּׂא בְרָכָה מֵאֵת יהוה, וּצְדָקָה מֵאֱלֹהֵי יִשְׁעוֹ: זֶה דּוֹר דֹּרְשָׁו,
מְבַקְשֵׁי פָנֶיךָ, יַעֲקֹב, סֶלָה: שְׂאוּ שְׁעָרִים רָאשֵׁיכֶם, וְהִנָּשְׂאוּ פִּתְחֵי
עוֹלָם, וְיָבוֹא מֶלֶךְ הַכָּבוֹד: מִי זֶה מֶלֶךְ הַכָּבוֹד, יהוה עִזּוּז וְגִבּוֹר, יהוה
גִּבּוֹר מִלְחָמָה: שְׂאוּ שְׁעָרִים רָאשֵׁיכֶם, וּשְׂאוּ פִּתְחֵי עוֹלָם, וְיָבֹא מֶלֶךְ
הַכָּבוֹד: מִי הוּא זֶה מֶלֶךְ הַכָּבוֹד, יהוה צְבָאוֹת הוּא מֶלֶךְ הַכָּבוֹד, סֶלָה:

מכניסים את ספר התורה לארון הקודש ואומרים (ספר המחכים, סידור 'מלאה הארץ דעה'):

וּבְנֻחֹה יֹאמַר, שׁוּבָה יהוה רִבְבוֹת אַלְפֵי יִשְׂרָאֵל: קוּמָה יהוה במדבר י תהלים קלב
לִמְנוּחָתֶךָ, אַתָּה וַאֲרוֹן עֻזֶּךָ: כֹּהֲנֶיךָ יִלְבְּשׁוּ־צֶדֶק, וַחֲסִידֶיךָ יְרַנֵּנוּ: משלי ד
בַּעֲבוּר דָּוִד עַבְדֶּךָ אַל־תָּשֵׁב פְּנֵי מְשִׁיחֶךָ: כִּי לֶקַח טוֹב נָתַתִּי לָכֶם,
תּוֹרָתִי אַל־תַּעֲזֹבוּ: עֵץ־חַיִּים הִיא לַמַּחֲזִיקִים בָּהּ, וְתֹמְכֶיהָ מְאֻשָּׁר: משלי ג
דְּרָכֶיהָ דַרְכֵי־נֹעַם וְכָל־נְתִיבוֹתֶיהָ שָׁלוֹם: › הֲשִׁיבֵנוּ יהוה אֵלֶיךָ וְנָשׁוּבָה, איכה ה
חַדֵּשׁ יָמֵינוּ כְּקֶדֶם:

סוגרים את ארון הקודש.

סיום התפילה

״אמר רבי אלעזר אמר רבי אבינא: כל האומר ׳תהלה לדוד׳ בכל יום שלש פעמים –
מובטח לו שהוא בן העולם הבא״ (ברכות ד ע״ב).

תהלים פד **אַשְׁרֵי יוֹשְׁבֵי בֵיתֶךָ, עוֹד יְהַלְלוּךָ סֶּלָה:**

תהלים קמד **אַשְׁרֵי הָעָם שֶׁכָּכָה לּוֹ, אַשְׁרֵי הָעָם שֶׁיהוה אֱלֹהָיו:**

תהלים קמה **תְּהִלָּה לְדָוִד**

אֲרוֹמִמְךָ אֱלוֹהַי הַמֶּלֶךְ, וַאֲבָרְכָה שִׁמְךָ לְעוֹלָם וָעֶד:
בְּכָל־יוֹם אֲבָרְכֶךָּ, וַאֲהַלְלָה שִׁמְךָ לְעוֹלָם וָעֶד:
גָּדוֹל יהוה וּמְהֻלָּל מְאֹד, וְלִגְדֻלָּתוֹ אֵין חֵקֶר:
דּוֹר לְדוֹר יְשַׁבַּח מַעֲשֶׂיךָ, וּגְבוּרֹתֶיךָ יַגִּידוּ:
הֲדַר כְּבוֹד הוֹדֶךָ, וְדִבְרֵי נִפְלְאֹתֶיךָ אָשִׂיחָה:
וֶעֱזוּז נוֹרְאֹתֶיךָ יֹאמֵרוּ, וּגְדוּלָּתְךָ אֲסַפְּרֶנָּה:
זֵכֶר רַב־טוּבְךָ יַבִּיעוּ, וְצִדְקָתְךָ יְרַנֵּנוּ:
חַנּוּן וְרַחוּם יהוה, אֶרֶךְ אַפַּיִם וּגְדָל־חָסֶד:
טוֹב־יהוה לַכֹּל, וְרַחֲמָיו עַל־כָּל־מַעֲשָׂיו:
יוֹדוּךָ יהוה כָּל־מַעֲשֶׂיךָ, וַחֲסִידֶיךָ יְבָרְכוּכָה:
כְּבוֹד מַלְכוּתְךָ יֹאמֵרוּ, וּגְבוּרָתְךָ יְדַבֵּרוּ:
לְהוֹדִיעַ לִבְנֵי הָאָדָם גְּבוּרֹתָיו, וּכְבוֹד הֲדַר מַלְכוּתוֹ:
מַלְכוּתְךָ מַלְכוּת כָּל־עֹלָמִים, וּמֶמְשַׁלְתְּךָ בְּכָל־דּוֹר וָדֹר:
סוֹמֵךְ יהוה לְכָל־הַנֹּפְלִים, וְזוֹקֵף לְכָל־הַכְּפוּפִים:
עֵינֵי־כֹל אֵלֶיךָ יְשַׂבֵּרוּ, וְאַתָּה נוֹתֵן־לָהֶם אֶת־אָכְלָם בְּעִתּוֹ:
פּוֹתֵחַ אֶת־יָדֶךָ, וּמַשְׂבִּיעַ לְכָל־חַי רָצוֹן:
צַדִּיק יהוה בְּכָל־דְּרָכָיו, וְחָסִיד בְּכָל־מַעֲשָׂיו:
קָרוֹב יהוה לְכָל־קֹרְאָיו, לְכֹל אֲשֶׁר יִקְרָאֻהוּ בֶאֱמֶת:
רְצוֹן־יְרֵאָיו יַעֲשֶׂה, וְאֶת־שַׁוְעָתָם יִשְׁמַע, וְיוֹשִׁיעֵם:
שׁוֹמֵר יהוה אֶת־כָּל־אֹהֲבָיו, וְאֵת כָּל־הָרְשָׁעִים יַשְׁמִיד:
◂ תְּהִלַּת יהוה יְדַבֶּר פִּי, וִיבָרֵךְ כָּל־בָּשָׂר שֵׁם קָדְשׁוֹ לְעוֹלָם וָעֶד:

תהלים קטו **וַאֲנַחְנוּ נְבָרֵךְ יָהּ מֵעַתָּה וְעַד־עוֹלָם, הַלְלוּיָהּ:**

״רשב״ג אומר, העיד ר׳ יהושע: מיום שחרב בית המקדש – אין יום שאין בו קללה״ (משנה, סוטה מח ע״א). ״...ואלא עלמא אמאי קא מקיים? אקדושה דסידרא ואיהא שמיה רבא דאגדתא״ (גמרא שם, מט ע״א). ומתרגמים את הקדושה כדי שיבינו אותה הכול (רש״י שם).

ישעיה נט וּבָא לְצִיּוֹן גּוֹאֵל, וּלְשָׁבֵי פֶשַׁע בְּיַעֲקֹב, נְאֻם יהוה: וַאֲנִי זֹאת בְּרִיתִי אוֹתָם, אָמַר יהוה, רוּחִי אֲשֶׁר עָלֶיךָ וּדְבָרַי אֲשֶׁר־שַׂמְתִּי בְּפִיךָ, לֹא־יָמוּשׁוּ מִפִּיךָ וּמִפִּי זַרְעֲךָ וּמִפִּי זֶרַע זַרְעֲךָ, אָמַר יהוה, מֵעַתָּה וְעַד־עוֹלָם:

תהלים כב / ישעיה ו ◂ וְאַתָּה קָדוֹשׁ יוֹשֵׁב תְּהִלּוֹת יִשְׂרָאֵל: וְקָרָא זֶה אֶל־זֶה וְאָמַר ◂ קָדוֹשׁ, קָדוֹשׁ, קָדוֹשׁ, יהוה צְבָאוֹת, מְלֹא כָל־הָאָרֶץ כְּבוֹדוֹ:

תרגום יונתן ישעיה ו וּמְקַבְּלִין דֵּין מִן דֵּין וְאָמְרִין, קַדִּישׁ בִּשְׁמֵי מְרוֹמָא עִלָּאָה בֵּית שְׁכִינְתֵהּ, קַדִּישׁ עַל אַרְעָא עוֹבַד גְּבוּרְתֵהּ, קַדִּישׁ לְעָלַם וּלְעָלְמֵי עָלְמַיָּא, יהוה צְבָאוֹת, מַלְיָא כָל אַרְעָא זִיו יְקָרֵהּ.

יחזקאל ג ◂ וַתִּשָּׂאֵנִי רוּחַ, וָאֶשְׁמַע אַחֲרַי קוֹל רַעַשׁ גָּדוֹל ◂ בָּרוּךְ כְּבוֹד־יהוה מִמְּקוֹמוֹ:

תרגום יונתן יחזקאל ג וּנְטָלַתְנִי רוּחָא, וּשְׁמָעִית בַּתְרַי קָל זִיעַ סַגִּיא, דִּמְשַׁבְּחִין וְאָמְרִין, בְּרִיךְ יְקָרָא דַיהוה מֵאֲתַר בֵּית שְׁכִינְתֵהּ.

שמות טו יהוה יִמְלֹךְ לְעֹלָם וָעֶד:

תרגום אונקלוס שמות טו יהוה מַלְכוּתֵהּ קָאֵם לְעָלַם וּלְעָלְמֵי עָלְמַיָּא.

דברי הימים א׳ כט יהוה אֱלֹהֵי אַבְרָהָם יִצְחָק וְיִשְׂרָאֵל אֲבֹתֵינוּ, שָׁמְרָה־זֹּאת לְעוֹלָם
תהלים עח לְיֵצֶר מַחְשְׁבוֹת לְבַב עַמֶּךָ, וְהָכֵן לְבָבָם אֵלֶיךָ: וְהוּא רַחוּם יְכַפֵּר
תהלים פו עָוֹן וְלֹא־יַשְׁחִית, וְהִרְבָּה לְהָשִׁיב אַפּוֹ, וְלֹא־יָעִיר כָּל־חֲמָתוֹ: כִּי־
תהלים קיט אַתָּה אֲדֹנָי טוֹב וְסַלָּח, וְרַב־חֶסֶד לְכָל־קֹרְאֶיךָ: צִדְקָתְךָ צֶדֶק
מיכה ז לְעוֹלָם וְתוֹרָתְךָ אֱמֶת: תִּתֵּן אֱמֶת לְיַעֲקֹב, חֶסֶד לְאַבְרָהָם, אֲשֶׁר־
תהלים סח נִשְׁבַּעְתָּ לַאֲבֹתֵינוּ מִימֵי קֶדֶם: בָּרוּךְ אֲדֹנָי יוֹם יוֹם יַעֲמָס־לָנוּ, הָאֵל
תהלים מו יְשׁוּעָתֵנוּ סֶלָה: יהוה צְבָאוֹת עִמָּנוּ, מִשְׂגָּב לָנוּ אֱלֹהֵי יַעֲקֹב סֶלָה:
תהלים פד / תהלים כ יהוה צְבָאוֹת, אַשְׁרֵי אָדָם בֹּטֵחַ בָּךְ: יהוה הוֹשִׁיעָה, הַמֶּלֶךְ יַעֲנֵנוּ בְיוֹם־קָרְאֵנוּ:

בָּרוּךְ הוּא אֱלֹהֵינוּ שֶׁבְּרָאָנוּ לִכְבוֹדוֹ, וְהִבְדִּילָנוּ מִן הַתּוֹעִים, וְנָתַן לָנוּ תּוֹרַת אֱמֶת, וְחַיֵּי עוֹלָם נָטַע בְּתוֹכֵנוּ. הוּא יִפְתַּח לִבֵּנוּ בְּתוֹרָתוֹ, וְיָשֵׂם בְּלִבֵּנוּ אַהֲבָתוֹ וְיִרְאָתוֹ וְלַעֲשׂוֹת רְצוֹנוֹ וּלְעָבְדוֹ בְּלֵבָב שָׁלֵם, לְמַעַן לֹא נִיגַע לָרִיק וְלֹא נֵלֵד לַבֶּהָלָה.

יְהִי רָצוֹן מִלְּפָנֶיךָ יהוה אֱלֹהֵינוּ וֵאלֹהֵי אֲבוֹתֵינוּ, שֶׁנִּשְׁמֹר חֻקֶּיךָ
בָּעוֹלָם הַזֶּה, וְנִזְכֶּה וְנִחְיֶה וְנִרְאֶה וְנִירַשׁ טוֹבָה וּבְרָכָה, לִשְׁנֵי יְמוֹת
הַמָּשִׁיחַ וּלְחַיֵּי הָעוֹלָם הַבָּא. לְמַעַן יְזַמֶּרְךָ כָבוֹד וְלֹא יִדֹּם, יהוה תהלים ל
אֱלֹהַי, לְעוֹלָם אוֹדֶךָּ: בָּרוּךְ הַגֶּבֶר אֲשֶׁר יִבְטַח בַּיהוה, וְהָיָה יהוה ירמיה יז
מִבְטַחוֹ: בִּטְחוּ בַיהוה עֲדֵי־עַד, כִּי בְּיָהּ יהוה צוּר עוֹלָמִים: ◂ וְיִבְטְחוּ ישעיה כו תהלים ט
בְךָ יוֹדְעֵי שְׁמֶךָ, כִּי לֹא־עָזַבְתָּ דֹרְשֶׁיךָ, יהוה: יהוה חָפֵץ לְמַעַן ישעיה מב
צִדְקוֹ, יַגְדִּיל תּוֹרָה וְיַאְדִּיר:

חצי קדיש

ש״ץ: יִתְגַּדַּל וְיִתְקַדַּשׁ שְׁמֵהּ רַבָּא (קהל: אָמֵן)
בְּעָלְמָא דִּי בְרָא כִרְעוּתֵהּ
וְיַמְלִיךְ מַלְכוּתֵהּ
בְּחַיֵּיכוֹן וּבְיוֹמֵיכוֹן וּבְחַיֵּי דְכָל בֵּית יִשְׂרָאֵל
בַּעֲגָלָא וּבִזְמַן קָרִיב, וְאִמְרוּ אָמֵן. (קהל: אָמֵן)

קהל וש״ץ: יְהֵא שְׁמֵהּ רַבָּא מְבָרַךְ לְעָלַם וּלְעָלְמֵי עָלְמַיָּא.

ש״ץ: יִתְבָּרַךְ וְיִשְׁתַּבַּח וְיִתְפָּאַר וְיִתְרוֹמַם וְיִתְנַשֵּׂא
וְיִתְהַדָּר וְיִתְעַלֶּה וְיִתְהַלָּל
שְׁמֵהּ דְּקֻדְשָׁא בְּרִיךְ הוּא (קהל: בְּרִיךְ הוּא)
לְעֵלָּא מִן כָּל בִּרְכָתָא וְשִׁירָתָא, תֻּשְׁבְּחָתָא וְנֶחֱמָתָא
דַּאֲמִירָן בְּעָלְמָא, וְאִמְרוּ אָמֵן. (קהל: אָמֵן)

ממשיכים במוסף לשלוש רגלים בעמ׳ 307. בבתי כנסת המתפללים בנוסח ספרד, מחזירים את ספר התורה לארון הקודש (עמ׳ 421) לפני חצי קדיש.

ערבית לימות החול

ערבית לימות החול

מוצאי שבת

יש נוהגים לומר מזמורים אלה לפני ערבית במוצאי שבת.
בשאר הימים התפילה מתחילה בעמוד הבא.

תהלים קמד

לְדָוִד, בָּרוּךְ יהוה צוּרִי, הַמְלַמֵּד יָדַי לַקְרָב, אֶצְבְּעוֹתַי לַמִּלְחָמָה: חַסְדִּי וּמְצוּדָתִי מִשְׂגַּבִּי וּמְפַלְטִי לִי, מָגִנִּי וּבוֹ חָסִיתִי, הָרוֹדֵד עַמִּי תַחְתָּי: יהוה מָה־אָדָם וַתֵּדָעֵהוּ, בֶּן־אֱנוֹשׁ וַתְּחַשְּׁבֵהוּ: אָדָם לַהֶבֶל דָּמָה, יָמָיו כְּצֵל עוֹבֵר: יהוה הַט־שָׁמֶיךָ וְתֵרֵד, גַּע בֶּהָרִים וְיֶעֱשָׁנוּ: בְּרוֹק בָּרָק וּתְפִיצֵם, שְׁלַח חִצֶּיךָ וּתְהֻמֵּם: שְׁלַח יָדֶיךָ מִמָּרוֹם, פְּצֵנִי וְהַצִּילֵנִי מִמַּיִם רַבִּים, מִיַּד בְּנֵי נֵכָר: אֲשֶׁר פִּיהֶם דִּבֶּר־שָׁוְא, וִימִינָם יְמִין שָׁקֶר: אֱלֹהִים שִׁיר חָדָשׁ אָשִׁירָה לָּךְ, בְּנֵבֶל עָשׂוֹר אֲזַמְּרָה־לָּךְ: הַנּוֹתֵן תְּשׁוּעָה לַמְּלָכִים, הַפּוֹצֶה אֶת־דָּוִד עַבְדּוֹ מֵחֶרֶב רָעָה: פְּצֵנִי וְהַצִּילֵנִי מִיַּד בְּנֵי נֵכָר, אֲשֶׁר פִּיהֶם דִּבֶּר־שָׁוְא, וִימִינָם יְמִין שָׁקֶר: אֲשֶׁר בָּנֵינוּ כִּנְטִעִים, מְגֻדָּלִים בִּנְעוּרֵיהֶם, בְּנוֹתֵינוּ כְזָוִיֹּת, מְחֻטָּבוֹת תַּבְנִית הֵיכָל: מְזָוֵינוּ מְלֵאִים, מְפִיקִים מִזַּן אֶל־זַן, צֹאונֵנוּ מַאֲלִיפוֹת מְרֻבָּבוֹת בְּחוּצוֹתֵינוּ: אַלּוּפֵינוּ מְסֻבָּלִים, אֵין פֶּרֶץ וְאֵין יוֹצֵאת, וְאֵין צְוָחָה בִּרְחֹבֹתֵינוּ: אַשְׁרֵי הָעָם שֶׁכָּכָה לּוֹ, אַשְׁרֵי הָעָם שֶׁיהוה אֱלֹהָיו:

תהלים סז

לַמְנַצֵּחַ בִּנְגִינֹת, מִזְמוֹר שִׁיר: אֱלֹהִים יְחָנֵּנוּ וִיבָרְכֵנוּ, יָאֵר פָּנָיו אִתָּנוּ סֶלָה: לָדַעַת בָּאָרֶץ דַּרְכֶּךָ, בְּכָל־גּוֹיִם יְשׁוּעָתֶךָ: יוֹדוּךָ עַמִּים אֱלֹהִים, יוֹדוּךָ עַמִּים כֻּלָּם: יִשְׂמְחוּ וִירַנְּנוּ לְאֻמִּים, כִּי־תִשְׁפֹּט עַמִּים מִישֹׁר, וּלְאֻמִּים בָּאָרֶץ תַּנְחֵם סֶלָה: יוֹדוּךָ עַמִּים אֱלֹהִים, יוֹדוּךָ עַמִּים כֻּלָּם: אֶרֶץ נָתְנָה יְבוּלָהּ, יְבָרְכֵנוּ אֱלֹהִים אֱלֹהֵינוּ: יְבָרְכֵנוּ אֱלֹהִים, וְיִירְאוּ אוֹתוֹ כָּל־אַפְסֵי־אָרֶץ:

בחול המועד ובמוצאי יום טוב התפילה מתחילה כאן:

תהלים עח וְהוּא רַחוּם, יְכַפֵּר עָוֹן וְלֹא־יַשְׁחִית
וְהִרְבָּה לְהָשִׁיב אַפּוֹ, וְלֹא־יָעִיר כָּל־חֲמָתוֹ:
תהלים כ יהוה הוֹשִׁיעָה, הַמֶּלֶךְ יַעֲנֵנוּ בְיוֹם־קָרְאֵנוּ:

קריאת שמע וברכותיה

שליח הציבור כורע בתיבת ׳בָּרְכוּ׳ וזוקף בשם. הקהל כורע בתיבת ׳בָּרוּךְ׳ וזוקף בשם, ושליח הציבור כורע שוב כאשר הוא חוזר אחריהם.

ש״ץ: **בָּרְכוּ**
אֶת יהוה הַמְבֹרָךְ.
קהל: בָּרוּךְ יהוה הַמְבֹרָךְ לְעוֹלָם וָעֶד.
ש״ץ: בָּרוּךְ יהוה הַמְבֹרָךְ לְעוֹלָם וָעֶד.

מזכירים את היום בלילה ואת הלילה ביום (ברכות יא ע״ב). האבחנה בין היום ללילה היא עדות על נאמנות הקב״ה בדבריו ועל קיום בריתו עם ישראל (סידור הרוקח על פי ירמיה לא, לד).

בָּרוּךְ אַתָּה יהוה אֱלֹהֵינוּ מֶלֶךְ הָעוֹלָם
אֲשֶׁר בִּדְבָרוֹ מַעֲרִיב עֲרָבִים
בְּחָכְמָה פּוֹתֵחַ שְׁעָרִים
וּבִתְבוּנָה מְשַׁנֶּה עִתִּים וּמַחֲלִיף אֶת הַזְּמַנִּים
וּמְסַדֵּר אֶת הַכּוֹכָבִים בְּמִשְׁמְרוֹתֵיהֶם בָּרָקִיעַ כִּרְצוֹנוֹ.
בּוֹרֵא יוֹם וָלָיְלָה, גּוֹלֵל אוֹר מִפְּנֵי חֹשֶׁךְ וְחֹשֶׁךְ מִפְּנֵי אוֹר
◂ וּמַעֲבִיר יוֹם וּמֵבִיא לָיְלָה
וּמַבְדִּיל בֵּין יוֹם וּבֵין לָיְלָה
יהוה צְבָאוֹת שְׁמוֹ.

אֵל חַי וְקַיָּם תָּמִיד, יִמְלֹךְ עָלֵינוּ לְעוֹלָם וָעֶד.
בָּרוּךְ אַתָּה יהוה, הַמַּעֲרִיב עֲרָבִים.

מנהג אשכנז לומר ׳אַהֲבָה רַבָּה׳ בשחרית ו׳אַהֲבַת עוֹלָם׳ בערבית – כיוון שבבוקר האדם מודה על החסדים שה׳ גמל עמו, ובערב מתפלל על חסדים לעתיד (צל״ח שם בברכות).

אַהֲבַת עוֹלָם בֵּית יִשְׂרָאֵל עַמְּךָ אָהָבְתָּ
תּוֹרָה וּמִצְוֹת, חֻקִּים וּמִשְׁפָּטִים, אוֹתָנוּ לִמַּדְתָּ
עַל כֵּן יהוה אֱלֹהֵינוּ בְּשָׁכְבֵנוּ וּבְקוּמֵנוּ נָשִׂיחַ בְּחֻקֶּיךָ
וְנִשְׂמַח בְּדִבְרֵי תוֹרָתֶךָ וּבְמִצְוֹתֶיךָ לְעוֹלָם וָעֶד
◄ כִּי הֵם חַיֵּינוּ וְאֹרֶךְ יָמֵינוּ, וּבָהֶם נֶהְגֶּה יוֹמָם וָלָיְלָה.
וְאַהֲבָתְךָ אַל תָּסִיר מִמֶּנּוּ לְעוֹלָמִים.
בָּרוּךְ אַתָּה יהוה, אוֹהֵב עַמּוֹ יִשְׂרָאֵל.

״יקרא קריאת שמע בכוונה – באימה, ביראה, ברתת וזיע״ (שו״ע סא, א).
המתפלל ביחידות אומר:

אֵל מֶלֶךְ נֶאֱמָן

מכסה את עיניו בידו ואומר בכוונה ובקול רם:

דברים ו שְׁמַע יִשְׂרָאֵל, יהוה אֱלֹהֵינוּ, יהוה | אֶחָד:
בלחש: בָּרוּךְ שֵׁם כְּבוֹד מַלְכוּתוֹ לְעוֹלָם וָעֶד.

דברים ו וְאָהַבְתָּ אֵת יהוה אֱלֹהֶיךָ, בְּכָל־לְבָבְךָ וּבְכָל־נַפְשְׁךָ וּבְכָל־
מְאֹדֶךָ: וְהָיוּ הַדְּבָרִים הָאֵלֶּה, אֲשֶׁר אָנֹכִי מְצַוְּךָ הַיּוֹם, עַל־לְבָבֶךָ:
וְשִׁנַּנְתָּם לְבָנֶיךָ וְדִבַּרְתָּ בָּם, בְּשִׁבְתְּךָ בְּבֵיתֶךָ וּבְלֶכְתְּךָ בַדֶּרֶךְ,
וּבְשָׁכְבְּךָ וּבְקוּמֶךָ: וּקְשַׁרְתָּם לְאוֹת עַל־יָדֶךָ וְהָיוּ לְטֹטָפֹת בֵּין
עֵינֶיךָ: וּכְתַבְתָּם עַל־מְזֻזוֹת בֵּיתֶךָ וּבִשְׁעָרֶיךָ:

דברים יא וְהָיָה אִם־שָׁמֹעַ תִּשְׁמְעוּ אֶל־מִצְוֹתַי אֲשֶׁר אָנֹכִי מְצַוֶּה אֶתְכֶם
הַיּוֹם, לְאַהֲבָה אֶת־יהוה אֱלֹהֵיכֶם וּלְעָבְדוֹ, בְּכָל־לְבַבְכֶם וּבְכָל־

נַפְשְׁכֶם: וְנָתַתִּי מְטַר־אַרְצְכֶם בְּעִתּוֹ, יוֹרֶה וּמַלְקוֹשׁ, וְאָסַפְתָּ דְגָנֶךָ וְתִירֹשְׁךָ וְיִצְהָרֶךָ: וְנָתַתִּי עֵשֶׂב בְּשָׂדְךָ לִבְהֶמְתֶּךָ, וְאָכַלְתָּ וְשָׂבָעְתָּ: הִשָּׁמְרוּ לָכֶם פֶּן־יִפְתֶּה לְבַבְכֶם, וְסַרְתֶּם וַעֲבַדְתֶּם אֱלֹהִים אֲחֵרִים וְהִשְׁתַּחֲוִיתֶם לָהֶם: וְחָרָה אַף־יהוה בָּכֶם, וְעָצַר אֶת־הַשָּׁמַיִם וְלֹא־יִהְיֶה מָטָר, וְהָאֲדָמָה לֹא תִתֵּן אֶת־יְבוּלָהּ, וַאֲבַדְתֶּם מְהֵרָה מֵעַל הָאָרֶץ הַטֹּבָה אֲשֶׁר יהוה נֹתֵן לָכֶם: וְשַׂמְתֶּם אֶת־דְּבָרַי אֵלֶּה עַל־לְבַבְכֶם וְעַל־נַפְשְׁכֶם, וּקְשַׁרְתֶּם אֹתָם לְאוֹת עַל־יֶדְכֶם, וְהָיוּ לְטוֹטָפֹת בֵּין עֵינֵיכֶם: וְלִמַּדְתֶּם אֹתָם אֶת־בְּנֵיכֶם לְדַבֵּר בָּם, בְּשִׁבְתְּךָ בְּבֵיתֶךָ וּבְלֶכְתְּךָ בַדֶּרֶךְ, וּבְשָׁכְבְּךָ וּבְקוּמֶךָ: וּכְתַבְתָּם עַל־מְזוּזוֹת בֵּיתֶךָ וּבִשְׁעָרֶיךָ: לְמַעַן יִרְבּוּ יְמֵיכֶם וִימֵי בְנֵיכֶם עַל הָאֲדָמָה אֲשֶׁר נִשְׁבַּע יהוה לַאֲבֹתֵיכֶם לָתֵת לָהֶם, כִּימֵי הַשָּׁמַיִם עַל־הָאָרֶץ:

במדבר טו וַיֹּאמֶר יהוה אֶל־מֹשֶׁה לֵּאמֹר: דַּבֵּר אֶל־בְּנֵי יִשְׂרָאֵל וְאָמַרְתָּ אֲלֵהֶם, וְעָשׂוּ לָהֶם צִיצִת עַל־כַּנְפֵי בִגְדֵיהֶם לְדֹרֹתָם, וְנָתְנוּ עַל־צִיצִת הַכָּנָף פְּתִיל תְּכֵלֶת: וְהָיָה לָכֶם לְצִיצִת, וּרְאִיתֶם אֹתוֹ וּזְכַרְתֶּם אֶת־כָּל־מִצְוֺת יהוה וַעֲשִׂיתֶם אֹתָם, וְלֹא תָתֻרוּ אַחֲרֵי לְבַבְכֶם וְאַחֲרֵי עֵינֵיכֶם, אֲשֶׁר־אַתֶּם זֹנִים אַחֲרֵיהֶם: לְמַעַן תִּזְכְּרוּ וַעֲשִׂיתֶם אֶת־כָּל־מִצְוֺתָי, וִהְיִיתֶם קְדֹשִׁים לֵאלֹהֵיכֶם: אֲנִי יהוה אֱלֹהֵיכֶם, אֲשֶׁר הוֹצֵאתִי אֶתְכֶם מֵאֶרֶץ מִצְרַיִם, לִהְיוֹת לָכֶם לֵאלֹהִים, אֲנִי יהוה אֱלֹהֵיכֶם:

אֱמֶת

שליח הציבור חוזר ואומר:

• יהוה אֱלֹהֵיכֶם אֱמֶת

בבוקר האדם מתפנה לענייניו החברתיים, והוא מתפלל על היציבות לבל ייסחף הרחק מעבודת ה'. ובערב, כשהוא נח בצל קורת ביתו, הוא מבקש אמונה כדי שיהיה לו כוח לקדש את חייו הפרטיים (עולת ראי"ה).

וֶאֱמוּנָה כָּל זֹאת וְקַיָּם עָלֵינוּ
כִּי הוּא יהוה אֱלֹהֵינוּ וְאֵין זוּלָתוֹ וַאֲנַחְנוּ יִשְׂרָאֵל עַמּוֹ.
הַפּוֹדֵנוּ מִיַּד מְלָכִים
מַלְכֵּנוּ הַגּוֹאֲלֵנוּ מִכַּף כָּל הֶעָרִיצִים.
הָאֵל הַנִּפְרָע לָנוּ מִצָּרֵינוּ
וְהַמְשַׁלֵּם גְּמוּל לְכָל אוֹיְבֵי נַפְשֵׁנוּ.
הָעוֹשֶׂה גְדוֹלוֹת עַד אֵין חֵקֶר, וְנִפְלָאוֹת עַד אֵין מִסְפָּר
הַשָּׂם נַפְשֵׁנוּ בַּחַיִּים, וְלֹא־נָתַן לַמּוֹט רַגְלֵנוּ: תהלים סו
הַמַּדְרִיכֵנוּ עַל בָּמוֹת אוֹיְבֵינוּ
וַיָּרֶם קַרְנֵנוּ עַל כָּל שׂוֹנְאֵינוּ.
הָעוֹשֶׂה לָּנוּ נִסִּים וּנְקָמָה בְּפַרְעֹה
אוֹתוֹת וּמוֹפְתִים בְּאַדְמַת בְּנֵי חָם.
הַמַּכֶּה בְעֶבְרָתוֹ כָּל בְּכוֹרֵי מִצְרָיִם
וַיּוֹצֵא אֶת עַמּוֹ יִשְׂרָאֵל מִתּוֹכָם לְחֵרוּת עוֹלָם.
הַמַּעֲבִיר בָּנָיו בֵּין גִּזְרֵי יַם סוּף
אֶת רוֹדְפֵיהֶם וְאֶת שׂוֹנְאֵיהֶם בִּתְהוֹמוֹת טִבַּע
וְרָאוּ בָנָיו גְּבוּרָתוֹ, שִׁבְּחוּ וְהוֹדוּ לִשְׁמוֹ
◂ וּמַלְכוּתוֹ בְּרָצוֹן קִבְּלוּ עֲלֵיהֶם.
מֹשֶׁה וּבְנֵי יִשְׂרָאֵל, לְךָ עָנוּ שִׁירָה בְּשִׂמְחָה רַבָּה
וְאָמְרוּ כֻלָּם
מִי־כָמֹכָה בָּאֵלִם יהוה שמות טו
מִי כָּמֹכָה נֶאְדָּר בַּקֹּדֶשׁ
נוֹרָא תְהִלֹּת עֹשֵׂה פֶלֶא:

◂ מַלְכוּתְךָ רָאוּ בָנֶיךָ, בּוֹקֵעַ יָם לִפְנֵי מֹשֶׁה
זֶה אֵלִי עָנוּ, וְאָמְרוּ
יהוה יִמְלֹךְ לְעֹלָם וָעֶד: שמות טו

◂ וְנֶאֱמַר
כִּי־פָדָה יהוה אֶת־יַעֲקֹב ירמיה לא
וּגְאָלוֹ מִיַּד חָזָק מִמֶּנּוּ:
בָּרוּךְ אַתָּה יהוה, גָּאַל יִשְׂרָאֵל.

״כיון דתקינו רבנן השכיבנו, כגאולתא אריכתא דמיא״ (ברכות ד ע״ב).
ופירש ר׳ יצחק בן מרואן הלוי שהביטחון בשמירתו של הקב״ה הוא יסוד האמונה בגאולה,
כפי שבליל יציאת מצרים בני ישראל הקריבו פסח ואכלו מצות,
כשהם מוכנים לרגע שבו ייגאלו (שיבולי הלקט).

הַשְׁכִּיבֵנוּ יהוה אֱלֹהֵינוּ לְשָׁלוֹם
וְהַעֲמִידֵנוּ מַלְכֵּנוּ לְחַיִּים
וּפְרֹשׂ עָלֵינוּ סֻכַּת שְׁלוֹמֶךָ
וְתַקְּנֵנוּ בְּעֵצָה טוֹבָה מִלְּפָנֶיךָ
וְהוֹשִׁיעֵנוּ לְמַעַן שְׁמֶךָ.
וְהָגֵן בַּעֲדֵנוּ, וְהָסֵר מֵעָלֵינוּ
אוֹיֵב, דֶּבֶר וְחֶרֶב וְרָעָב וְיָגוֹן
וְהָסֵר שָׂטָן מִלְּפָנֵינוּ וּמֵאַחֲרֵינוּ
וּבְצֵל כְּנָפֶיךָ תַּסְתִּירֵנוּ
כִּי אֵל שׁוֹמְרֵנוּ וּמַצִּילֵנוּ אָתָּה
כִּי אֵל מֶלֶךְ חַנּוּן וְרַחוּם אָתָּה.
◂ וּשְׁמֹר צֵאתֵנוּ וּבוֹאֵנוּ לְחַיִּים וּלְשָׁלוֹם מֵעַתָּה וְעַד עוֹלָם.
בָּרוּךְ אַתָּה יהוה, שׁוֹמֵר עַמּוֹ יִשְׂרָאֵל לָעַד.

בחו״ל, לאחר ברכת ׳הַשְׁכִּיבֵנוּ׳, נוהגים להוסיף את הפסוקים ׳בָּרוּךְ ה׳ לְעוֹלָם׳
ואת ברכת ׳יִרְאוּ עֵינֵינוּ׳, עמ׳ 503–504, וברוב הקהילות אין מוסיפים אותם במוצאי שבת.

חצי קדיש

ש״ץ: יִתְגַּדַּל וְיִתְקַדַּשׁ שְׁמֵהּ רַבָּא (קהל: אָמֵן)
בְּעָלְמָא דִּי בְרָא כִרְעוּתֵהּ
וְיַמְלִיךְ מַלְכוּתֵהּ
בְּחַיֵּיכוֹן וּבְיוֹמֵיכוֹן וּבְחַיֵּי דְכָל בֵּית יִשְׂרָאֵל
בַּעֲגָלָא וּבִזְמַן קָרִיב, וְאִמְרוּ אָמֵן. (קהל: אָמֵן)

קהל וש״ץ: יְהֵא שְׁמֵהּ רַבָּא מְבָרַךְ לְעָלַם וּלְעָלְמֵי עָלְמַיָּא.

ש״ץ: יִתְבָּרַךְ וְיִשְׁתַּבַּח וְיִתְפָּאַר וְיִתְרוֹמַם וְיִתְנַשֵּׂא
וְיִתְהַדָּר וְיִתְעַלֶּה וְיִתְהַלָּל
שְׁמֵהּ דְּקֻדְשָׁא בְּרִיךְ הוּא (קהל: בְּרִיךְ הוּא)
לְעֵלָּא מִן כָּל בִּרְכָתָא וְשִׁירָתָא, תֻּשְׁבְּחָתָא וְנֶחֱמָתָא
דַּאֲמִירָן בְּעָלְמָא, וְאִמְרוּ אָמֵן. (קהל: אָמֵן)

עמידה

״המתפלל צריך שיכוין בלבו פירוש המלות שמוציא בשפתיו; ויחשוב כאלו שכינה כנגדו ויסיר כל המחשבות הטורדות אותו עד שתשאר מחשבתו וכוונתו זכה בתפלתו״ (שו״ע צח, א)

פוסע שלוש פסיעות לפנים, כמי שנכנס לפני המלך. עומד ומתפלל בלחש מכאן ועד ׳וּכְשָׁנִים קַדְמֹנִיּוֹת׳ בעמ׳ 441.

כורע במקומות המסומנים ב׳, קד לפנים במילה הבאה וזוקף בשם.

אֲדֹנָי, שְׂפָתַי תִּפְתָּח, וּפִי יַגִּיד תְּהִלָּתֶךָ: תהלים נא

אבות

׳בָּרוּךְ אַתָּה יהוה, אֱלֹהֵינוּ וֵאלֹהֵי אֲבוֹתֵינוּ
אֱלֹהֵי אַבְרָהָם, אֱלֹהֵי יִצְחָק, וֵאלֹהֵי יַעֲקֹב
הָאֵל הַגָּדוֹל הַגִּבּוֹר וְהַנּוֹרָא, אֵל עֶלְיוֹן
גּוֹמֵל חֲסָדִים טוֹבִים, וְקוֹנֵה הַכֹּל, וְזוֹכֵר חַסְדֵי אָבוֹת
וּמֵבִיא גוֹאֵל לִבְנֵי בְנֵיהֶם לְמַעַן שְׁמוֹ בְּאַהֲבָה.

מֶלֶךְ עוֹזֵר וּמוֹשִׁיעַ וּמָגֵן.
ּבָּרוּךְ אַתָּה יהוה, מָגֵן אַבְרָהָם.

גבורות

אַתָּה גִּבּוֹר לְעוֹלָם, אֲדֹנָי
מְחַיֵּה מֵתִים אַתָּה, רַב לְהוֹשִׁיעַ

במוצאי שמיני עצרת ושמחת תורה:

מַשִּׁיב הָרוּחַ וּמוֹרִיד הַגֶּשֶׁם

בארץ ישראל בשאר המועדים:

מוֹרִיד הַטָּל

מְכַלְכֵּל חַיִּים בְּחֶסֶד, מְחַיֵּה מֵתִים בְּרַחֲמִים רַבִּים
סוֹמֵךְ נוֹפְלִים, וְרוֹפֵא חוֹלִים, וּמַתִּיר אֲסוּרִים
וּמְקַיֵּם אֱמוּנָתוֹ לִישֵׁנֵי עָפָר.
מִי כָמוֹךָ, בַּעַל גְּבוּרוֹת, וּמִי דּוֹמֶה לָּךְ
מֶלֶךְ, מֵמִית וּמְחַיֶּה וּמַצְמִיחַ יְשׁוּעָה.
וְנֶאֱמָן אַתָּה לְהַחֲיוֹת מֵתִים.
בָּרוּךְ אַתָּה יהוה, מְחַיֵּה הַמֵּתִים.

קדושת השם

אַתָּה קָדוֹשׁ וְשִׁמְךָ קָדוֹשׁ
וּקְדוֹשִׁים בְּכָל יוֹם יְהַלְלוּךָ סֶּלָה.
בָּרוּךְ אַתָּה יהוה, הָאֵל הַקָּדוֹשׁ.

דעת

אַתָּה חוֹנֵן לְאָדָם דַּעַת
וּמְלַמֵּד לֶאֱנוֹשׁ בִּינָה.

במוצאי שבת ובמוצאי יום טוב:

אַתָּה חוֹנַנְתָּנוּ לְמַדַּע תּוֹרָתֶךָ, וַתְּלַמְּדֵנוּ לַעֲשׂוֹת חֻקֵּי רְצוֹנֶךָ, וַתַּבְדֵּל יהוה אֱלֹהֵינוּ בֵּין קֹדֶשׁ לְחֹל, בֵּין אוֹר לְחֹשֶׁךְ, בֵּין יִשְׂרָאֵל לָעַמִּים, בֵּין יוֹם הַשְּׁבִיעִי לְשֵׁשֶׁת יְמֵי הַמַּעֲשֶׂה. אָבִינוּ מַלְכֵּנוּ, הָחֵל עָלֵינוּ הַיָּמִים הַבָּאִים לִקְרָאתֵנוּ לְשָׁלוֹם, חֲשׂוּכִים מִכָּל חֵטְא וּמְנֻקִּים מִכָּל עָוֹן וּמְדֻבָּקִים בְּיִרְאָתֶךָ. וְ

חָנֵּנוּ מֵאִתְּךָ דֵּעָה בִּינָה וְהַשְׂכֵּל.
בָּרוּךְ אַתָּה יהוה, חוֹנֵן הַדָּעַת.

תשובה

הֲשִׁיבֵנוּ אָבִינוּ לְתוֹרָתֶךָ, וְקָרְבֵנוּ מַלְכֵּנוּ לַעֲבוֹדָתֶךָ
וְהַחֲזִירֵנוּ בִּתְשׁוּבָה שְׁלֵמָה לְפָנֶיךָ.
בָּרוּךְ אַתָּה יהוה, הָרוֹצֶה בִּתְשׁוּבָה.

סליחה

נוהגים להכות כנגד הלב במקומות המסומנים ב°.

סְלַח לָנוּ אָבִינוּ כִּי °חָטָאנוּ
מְחַל לָנוּ מַלְכֵּנוּ כִּי °פָשָׁעְנוּ
כִּי מוֹחֵל וְסוֹלֵחַ אָתָּה.
בָּרוּךְ אַתָּה יהוה, חַנּוּן הַמַּרְבֶּה לִסְלֹחַ.

גאולה

רְאֵה בְעָנְיֵנוּ, וְרִיבָה רִיבֵנוּ
וּגְאָלֵנוּ מְהֵרָה לְמַעַן שְׁמֶךָ
כִּי גוֹאֵל חָזָק אָתָּה.
בָּרוּךְ אַתָּה יהוה, גּוֹאֵל יִשְׂרָאֵל.

רפואה

רְפָאֵנוּ יהוה וְנֵרָפֵא
הוֹשִׁיעֵנוּ וְנִוָּשֵׁעָה,
כִּי תְהִלָּתֵנוּ אָתָּה
וְהַעֲלֵה רְפוּאָה שְׁלֵמָה לְכָל מַכּוֹתֵינוּ

המתפלל על חולה מוסיף:

יְהִי רָצוֹן מִלְּפָנֶיךָ יהוה אֱלֹהַי וֵאלֹהֵי אֲבוֹתַי, שֶׁתִּשְׁלַח מְהֵרָה רְפוּאָה שְׁלֵמָה מִן הַשָּׁמַיִם, רְפוּאַת הַנֶּפֶשׁ וּרְפוּאַת הַגּוּף, לַחוֹלֶה פלוני בֶּן פלונית/ לַחוֹלָה פלונית בַּת פלונית בְּתוֹךְ שְׁאָר חוֹלֵי יִשְׂרָאֵל

כִּי אֵל מֶלֶךְ רוֹפֵא נֶאֱמָן וְרַחֲמָן אָתָּה.
בָּרוּךְ אַתָּה יהוה, רוֹפֵא חוֹלֵי עַמּוֹ יִשְׂרָאֵל.

ברכת השנים

בָּרֵךְ עָלֵינוּ יהוה אֱלֹהֵינוּ אֶת הַשָּׁנָה הַזֹּאת
וְאֶת כָּל מִינֵי תְבוּאָתָהּ, לְטוֹבָה
וְתֵן בְּרָכָה עַל פְּנֵי הָאֲדָמָה
וְשַׂבְּעֵנוּ מִטּוּבָהּ
וּבָרֵךְ שְׁנָתֵנוּ כַּשָּׁנִים הַטּוֹבוֹת.
בָּרוּךְ אַתָּה יהוה, מְבָרֵךְ הַשָּׁנִים.

קיבוץ גלויות

תְּקַע בְּשׁוֹפָר גָּדוֹל לְחֵרוּתֵנוּ
וְשָׂא נֵס לְקַבֵּץ גָּלֻיּוֹתֵינוּ
וְקַבְּצֵנוּ יַחַד מֵאַרְבַּע כַּנְפוֹת הָאָרֶץ.
בָּרוּךְ אַתָּה יהוה, מְקַבֵּץ נִדְחֵי עַמּוֹ יִשְׂרָאֵל.

השבת המשפט

הָשִׁיבָה שׁוֹפְטֵינוּ כְּבָרִאשׁוֹנָה
וְיוֹעֲצֵינוּ כְּבַתְּחִלָּה
וְהָסֵר מִמֶּנּוּ יָגוֹן וַאֲנָחָה
וּמְלֹךְ עָלֵינוּ אַתָּה יהוה לְבַדְּךָ בְּחֶסֶד וּבְרַחֲמִים
וְצַדְּקֵנוּ בַּמִּשְׁפָּט.
בָּרוּךְ אַתָּה יהוה
מֶלֶךְ אוֹהֵב צְדָקָה וּמִשְׁפָּט.

ברכת המינים

וְלַמַּלְשִׁינִים אַל תְּהִי תִקְוָה
וְכָל הָרִשְׁעָה כְּרֶגַע תֹּאבֵד
וְכָל אוֹיְבֵי עַמְּךָ מְהֵרָה יִכָּרֵתוּ
וְהַזֵּדִים מְהֵרָה
תְעַקֵּר וּתְשַׁבֵּר וּתְמַגֵּר וְתַכְנִיעַ
בִּמְהֵרָה בְיָמֵינוּ.
בָּרוּךְ אַתָּה יהוה
שׁוֹבֵר אוֹיְבִים וּמַכְנִיעַ זֵדִים.

על הצדיקים

עַל הַצַּדִּיקִים וְעַל הַחֲסִידִים
וְעַל זִקְנֵי עַמְּךָ בֵּית יִשְׂרָאֵל
וְעַל פְּלֵיטַת סוֹפְרֵיהֶם
וְעַל גֵּרֵי הַצֶּדֶק, וְעָלֵינוּ
יֶהֱמוּ רַחֲמֶיךָ יהוה אֱלֹהֵינוּ

וְתֵן שָׂכָר טוֹב לְכָל הַבּוֹטְחִים בְּשִׁמְךָ בֶּאֱמֶת
וְשִׂים חֶלְקֵנוּ עִמָּהֶם
וּלְעוֹלָם לֹא נֵבוֹשׁ כִּי בְךָ בָטָחְנוּ.
בָּרוּךְ אַתָּה יהוה, מִשְׁעָן וּמִבְטָח לַצַּדִּיקִים.

בניין ירושלים

וְלִירוּשָׁלַיִם עִירְךָ בְּרַחֲמִים תָּשׁוּב
וְתִשְׁכֹּן בְּתוֹכָהּ כַּאֲשֶׁר דִּבַּרְתָּ
וּבְנֵה אוֹתָהּ בְּקָרוֹב בְּיָמֵינוּ בִּנְיַן עוֹלָם
וְכִסֵּא דָוִד מְהֵרָה לְתוֹכָהּ תָּכִין.
בָּרוּךְ אַתָּה יהוה, בּוֹנֵה יְרוּשָׁלָיִם.

משיח בן דוד

אֶת צֶמַח דָּוִד עַבְדְּךָ מְהֵרָה תַצְמִיחַ
וְקַרְנוֹ תָּרוּם בִּישׁוּעָתֶךָ
כִּי לִישׁוּעָתְךָ קִוִּינוּ כָּל הַיּוֹם.
בָּרוּךְ אַתָּה יהוה, מַצְמִיחַ קֶרֶן יְשׁוּעָה.

שומע תפילה

שְׁמַע קוֹלֵנוּ יהוה אֱלֹהֵינוּ
חוּס וְרַחֵם עָלֵינוּ
וְקַבֵּל בְּרַחֲמִים וּבְרָצוֹן אֶת תְּפִלָּתֵנוּ
כִּי אֵל שׁוֹמֵעַ תְּפִלּוֹת וְתַחֲנוּנִים אָתָּה
וּמִלְּפָנֶיךָ מַלְכֵּנוּ רֵיקָם אַל תְּשִׁיבֵנוּ
כִּי אַתָּה שׁוֹמֵעַ תְּפִלַּת עַמְּךָ יִשְׂרָאֵל בְּרַחֲמִים.
בָּרוּךְ אַתָּה יהוה, שׁוֹמֵעַ תְּפִלָּה.

עבודה

רְצֵה יהוה אֱלֹהֵינוּ בְּעַמְּךָ יִשְׂרָאֵל וּבִתְפִלָּתָם
וְהָשֵׁב אֶת הָעֲבוֹדָה לִדְבִיר בֵּיתֶךָ
וְאִשֵּׁי יִשְׂרָאֵל וּתְפִלָּתָם בְּאַהֲבָה תְקַבֵּל בְּרָצוֹן
וּתְהִי לְרָצוֹן תָּמִיד עֲבוֹדַת יִשְׂרָאֵל עַמֶּךָ.

במוצאי פסח, במוצאי שבועות ובמוצאי שמחת תורה ממשיך 'וְתֶחֱזֶינָה' למטה.

בחול המועד:

אֱלֹהֵינוּ וֵאלֹהֵי אֲבוֹתֵינוּ
יַעֲלֶה וְיָבוֹא וְיַגִּיעַ, וְיֵרָאֶה וְיֵרָצֶה וְיִשָּׁמַע
וְיִפָּקֵד וְיִזָּכֵר זִכְרוֹנֵנוּ וּפִקְדוֹנֵנוּ וְזִכְרוֹן אֲבוֹתֵינוּ
וְזִכְרוֹן מָשִׁיחַ בֶּן דָּוִד עַבְדֶּךָ
וְזִכְרוֹן יְרוּשָׁלַיִם עִיר קָדְשֶׁךָ
וְזִכְרוֹן כָּל עַמְּךָ בֵּית יִשְׂרָאֵל, לְפָנֶיךָ
לִפְלֵיטָה לְטוֹבָה, לְחֵן וּלְחֶסֶד וּלְרַחֲמִים
לְחַיִּים וּלְשָׁלוֹם בְּיוֹם

בפסח: חַג הַמַּצּוֹת הַזֶּה.

בסוכות: חַג הַסֻּכּוֹת הַזֶּה.

זָכְרֵנוּ יהוה אֱלֹהֵינוּ בּוֹ לְטוֹבָה
וּפָקְדֵנוּ בוֹ לִבְרָכָה, וְהוֹשִׁיעֵנוּ בוֹ לְחַיִּים.
וּבִדְבַר יְשׁוּעָה וְרַחֲמִים
חוּס וְחָנֵּנוּ וְרַחֵם עָלֵינוּ וְהוֹשִׁיעֵנוּ
כִּי אֵלֶיךָ עֵינֵינוּ, כִּי אֵל מֶלֶךְ חַנּוּן וְרַחוּם אָתָּה.

וְתֶחֱזֶינָה עֵינֵינוּ בְּשׁוּבְךָ לְצִיּוֹן בְּרַחֲמִים.
בָּרוּךְ אַתָּה יהוה, הַמַּחֲזִיר שְׁכִינָתוֹ לְצִיּוֹן.

הודאה

כורע ב׳מוֹדִים׳ ואינו זוקף עד אמירת השם.

מוֹדִים אֲנַחְנוּ לָךְ

שָׁאַתָּה הוּא יהוה אֱלֹהֵינוּ וֵאלֹהֵי אֲבוֹתֵינוּ לְעוֹלָם וָעֶד.

צוּר חַיֵּינוּ, מָגֵן יִשְׁעֵנוּ, אַתָּה הוּא לְדוֹר וָדוֹר.

נוֹדֶה לְּךָ וּנְסַפֵּר תְּהִלָּתֶךָ

עַל חַיֵּינוּ הַמְּסוּרִים בְּיָדֶךָ

וְעַל נִשְׁמוֹתֵינוּ הַפְּקוּדוֹת לָךְ

וְעַל נִסֶּיךָ שֶׁבְּכָל יוֹם עִמָּנוּ

וְעַל נִפְלְאוֹתֶיךָ וְטוֹבוֹתֶיךָ שֶׁבְּכָל עֵת, עֶרֶב וָבֹקֶר וְצָהֳרָיִם.

הַטּוֹב, כִּי לֹא כָלוּ רַחֲמֶיךָ

וְהַמְרַחֵם, כִּי לֹא תַמּוּ חֲסָדֶיךָ

מֵעוֹלָם קִוִּינוּ לָךְ.

וְעַל כֻּלָּם יִתְבָּרַךְ וְיִתְרוֹמַם שִׁמְךָ מַלְכֵּנוּ תָּמִיד לְעוֹלָם וָעֶד.

וְכָל הַחַיִּים יוֹדְוּךָ סֶּלָה, וִיהַלְלוּ אֶת שִׁמְךָ בֶּאֱמֶת

הָאֵל יְשׁוּעָתֵנוּ וְעֶזְרָתֵנוּ סֶלָה.

בָּרוּךְ אַתָּה יהוה, הַטּוֹב שִׁמְךָ וּלְךָ נָאֶה לְהוֹדוֹת.

שלום

שָׁלוֹם רָב עַל יִשְׂרָאֵל עַמְּךָ תָּשִׂים לְעוֹלָם

כִּי אַתָּה הוּא מֶלֶךְ אָדוֹן לְכָל הַשָּׁלוֹם.

וְטוֹב בְּעֵינֶיךָ לְבָרֵךְ אֶת עַמְּךָ יִשְׂרָאֵל

בְּכָל עֵת וּבְכָל שָׁעָה בִּשְׁלוֹמֶךָ.

בָּרוּךְ אַתָּה יהוה, הַמְבָרֵךְ אֶת עַמּוֹ יִשְׂרָאֵל בַּשָּׁלוֹם.

יש מוסיפים:

יִהְיוּ לְרָצוֹן אִמְרֵי־פִי וְהֶגְיוֹן לִבִּי לְפָנֶיךָ, יהוה צוּרִי וְגֹאֲלִי: תהלים יט

אֱלֹהַי ברכות יז.

נְצֹר לְשׁוֹנִי מֵרָע וּשְׂפָתַי מִדַּבֵּר מִרְמָה

וְלִמְקַלְלַי נַפְשִׁי תִדֹּם, וְנַפְשִׁי כֶּעָפָר לַכֹּל תִּהְיֶה.

פְּתַח לִבִּי בְּתוֹרָתֶךָ, וּבְמִצְוֹתֶיךָ תִּרְדֹּף נַפְשִׁי.

וְכָל הַחוֹשְׁבִים עָלַי רָעָה, מְהֵרָה הָפֵר עֲצָתָם וְקַלְקֵל מַחֲשַׁבְתָּם.

עֲשֵׂה לְמַעַן שְׁמֶךָ, עֲשֵׂה לְמַעַן יְמִינֶךָ

עֲשֵׂה לְמַעַן קְדֻשָּׁתֶךָ, עֲשֵׂה לְמַעַן תּוֹרָתֶךָ.

לְמַעַן יֵחָלְצוּן יְדִידֶיךָ, הוֹשִׁיעָה יְמִינְךָ וַעֲנֵנִי: תהלים ס

יִהְיוּ לְרָצוֹן אִמְרֵי־פִי וְהֶגְיוֹן לִבִּי לְפָנֶיךָ, יהוה צוּרִי וְגֹאֲלִי: תהלים יט

כורע ופוסע שלוש פסיעות לאחור. קד לשמאל, לימין ולפנים באמירת:

עֹשֶׂה שָׁלוֹם בִּמְרוֹמָיו

הוּא יַעֲשֶׂה שָׁלוֹם עָלֵינוּ וְעַל כָּל יִשְׂרָאֵל, וְאִמְרוּ אָמֵן.

יְהִי רָצוֹן מִלְּפָנֶיךָ יהוה אֱלֹהֵינוּ וֵאלֹהֵי אֲבוֹתֵינוּ, שֶׁיִּבָּנֶה בֵּית הַמִּקְדָּשׁ בִּמְהֵרָה בְיָמֵינוּ, וְתֵן חֶלְקֵנוּ בְּתוֹרָתֶךָ, וְשָׁם נַעֲבָדְךָ בְּיִרְאָה כִּימֵי עוֹלָם וּכְשָׁנִים קַדְמוֹנִיּוֹת.

וְעָרְבָה לַיהוה מִנְחַת יְהוּדָה וִירוּשָׁלָםִ כִּימֵי עוֹלָם וּכְשָׁנִים קַדְמֹנִיּוֹת: מלאכי ג

במוצאי שבת אומרים חצי קדיש ואחריו ׳ויהי נעם׳ (בעמוד הבא).
בשאר הימים ממשיך בקדיש שלם בעמ׳ 443.

חצי קדיש

ש״ץ: יִתְגַּדַּל וְיִתְקַדַּשׁ שְׁמֵהּ רַבָּא (קהל: אָמֵן)

בְּעָלְמָא דִּי בְרָא כִרְעוּתֵהּ וְיַמְלִיךְ מַלְכוּתֵהּ

בְּחַיֵּיכוֹן וּבְיוֹמֵיכוֹן וּבְחַיֵּי דְכָל בֵּית יִשְׂרָאֵל

בַּעֲגָלָא וּבִזְמַן קָרִיב, וְאִמְרוּ אָמֵן. (קהל: אָמֵן)

קהל וש״ץ: יְהֵא שְׁמֵהּ רַבָּא מְבָרַךְ לְעָלַם וּלְעָלְמֵי עָלְמַיָּא.

ש״ץ: יִתְבָּרַךְ וְיִשְׁתַּבַּח וְיִתְפָּאַר וְיִתְרוֹמַם וְיִתְנַשֵּׂא

וְיִתְהַדָּר וְיִתְעַלֶּה וְיִתְהַלָּל שְׁמֵהּ דְּקֻדְשָׁא בְּרִיךְ הוּא (קהל: בְּרִיךְ הוּא)

לְעֵלָּא מִן כָּל בִּרְכָתָא וְשִׁירָתָא, תֻּשְׁבְּחָתָא וְנֶחֱמָתָא

דַּאֲמִירָן בְּעָלְמָא, וְאִמְרוּ אָמֵן. (קהל: אָמֵן)

תהלים צ וִיהִי נֹעַם אֲדֹנָי אֱלֹהֵינוּ עָלֵינוּ וּמַעֲשֵׂה יָדֵינוּ כּוֹנְנָה עָלֵינוּ וּמַעֲשֵׂה יָדֵינוּ כּוֹנְנֵהוּ:

תהלים צא יֹשֵׁב בְּסֵתֶר עֶלְיוֹן, בְּצֵל שַׁדַּי יִתְלוֹנָן: אֹמַר לַיהוה מַחְסִי וּמְצוּדָתִי, אֱלֹהַי אֶבְטַח־בּוֹ: כִּי הוּא יַצִּילְךָ מִפַּח יָקוּשׁ, מִדֶּבֶר הַוּוֹת: בְּאֶבְרָתוֹ יָסֶךְ לָךְ, וְתַחַת־כְּנָפָיו תֶּחְסֶה, צִנָּה וְסֹחֵרָה אֲמִתּוֹ: לֹא־תִירָא מִפַּחַד לָיְלָה, מֵחֵץ יָעוּף יוֹמָם: מִדֶּבֶר בָּאֹפֶל יַהֲלֹךְ, מִקֶּטֶב יָשׁוּד צָהֳרָיִם: יִפֹּל מִצִּדְּךָ אֶלֶף, וּרְבָבָה מִימִינֶךָ, אֵלֶיךָ לֹא יִגָּשׁ: רַק בְּעֵינֶיךָ תַבִּיט, וְשִׁלֻּמַת רְשָׁעִים תִּרְאֶה: כִּי־אַתָּה יהוה מַחְסִי, עֶלְיוֹן שַׂמְתָּ מְעוֹנֶךָ: לֹא־תְאֻנֶּה אֵלֶיךָ רָעָה, וְנֶגַע לֹא־יִקְרַב בְּאָהֳלֶךָ: כִּי מַלְאָכָיו יְצַוֶּה־לָּךְ, לִשְׁמָרְךָ בְּכָל־דְּרָכֶיךָ: עַל־כַּפַּיִם יִשָּׂאוּנְךָ, פֶּן־תִּגֹּף בָּאֶבֶן רַגְלֶךָ: עַל־שַׁחַל וָפֶתֶן תִּדְרֹךְ, תִּרְמֹס כְּפִיר וְתַנִּין: כִּי בִי חָשַׁק וַאֲפַלְּטֵהוּ, אֲשַׂגְּבֵהוּ כִּי־יָדַע שְׁמִי: יִקְרָאֵנִי וְאֶעֱנֵהוּ, עִמּוֹ אָנֹכִי בְצָרָה, אֲחַלְּצֵהוּ וַאֲכַבְּדֵהוּ:

◂ אֹרֶךְ יָמִים אַשְׂבִּיעֵהוּ, וְאַרְאֵהוּ בִּישׁוּעָתִי:

אֹרֶךְ יָמִים אַשְׂבִּיעֵהוּ, וְאַרְאֵהוּ בִּישׁוּעָתִי:

תהלים כב ◂ וְאַתָּה קָדוֹשׁ יוֹשֵׁב תְּהִלּוֹת יִשְׂרָאֵל: וְקָרָא זֶה אֶל־זֶה וְאָמַר

ישעיה ו קָדוֹשׁ, קָדוֹשׁ, קָדוֹשׁ, יהוה צְבָאוֹת, מְלֹא כָל־הָאָרֶץ כְּבוֹדוֹ:

תרגום יונתן ישעיה ו וּמְקַבְּלִין דֵּין מִן דֵּין וְאָמְרִין, קַדִּישׁ בִּשְׁמֵי מְרוֹמָא עִלָּאָה בֵּית שְׁכִינְתֵהּ קַדִּישׁ עַל אַרְעָא עוֹבַד גְּבוּרְתֵהּ, קַדִּישׁ לְעָלַם וּלְעָלְמֵי עָלְמַיָּא יהוה צְבָאוֹת, מַלְיָא כָל אַרְעָא זִיו יְקָרֵהּ.

יחזקאל ג ◂ וַתִּשָּׂאֵנִי רוּחַ, וָאֶשְׁמַע אַחֲרַי קוֹל רַעַשׁ גָּדוֹל

בָּרוּךְ כְּבוֹד־יהוה מִמְּקוֹמוֹ:

תרגום יונתן יחזקאל ג וּנְטָלַתְנִי רוּחָא, וּשְׁמָעִית בַּתְרַי קָל זִיעַ סַגִּיא, דִּמְשַׁבְּחִין וְאָמְרִין בְּרִיךְ יְקָרָא דַיהוה מֵאֲתַר בֵּית שְׁכִינְתֵהּ.

שמות טו יהוה יִמְלֹךְ לְעֹלָם וָעֶד:

תרגום אונקלוס שמות טו יהוה מַלְכוּתֵהּ קָאֵם לְעָלַם וּלְעָלְמֵי עָלְמַיָּא.

יהוה אֱלֹהֵי אַבְרָהָם יִצְחָק וְיִשְׂרָאֵל אֲבֹתֵינוּ, שָׁמְרָה־זֹּאת לְעוֹלָם דברי הימים א׳ כט
לְיֵצֶר מַחְשְׁבוֹת לְבַב עַמֶּךָ, וְהָכֵן לְבָבָם אֵלֶיךָ: וְהוּא רַחוּם יְכַפֵּר עָוֹן תהלים עח
וְלֹא־יַשְׁחִית, וְהִרְבָּה לְהָשִׁיב אַפּוֹ, וְלֹא־יָעִיר כָּל־חֲמָתוֹ: כִּי־אַתָּה אֲדֹנָי תהלים פו
טוֹב וְסַלָּח, וְרַב־חֶסֶד לְכָל־קֹרְאֶיךָ: צִדְקָתְךָ צֶדֶק לְעוֹלָם וְתוֹרָתְךָ תהלים קיט
אֱמֶת: תִּתֵּן אֱמֶת לְיַעֲקֹב, חֶסֶד לְאַבְרָהָם, אֲשֶׁר־נִשְׁבַּעְתָּ לַאֲבֹתֵינוּ מיכה ז
מִימֵי קֶדֶם: בָּרוּךְ אֲדֹנָי יוֹם יוֹם יַעֲמָס־לָנוּ, הָאֵל יְשׁוּעָתֵנוּ סֶלָה: יהוה תהלים סח תהלים מו
צְבָאוֹת עִמָּנוּ, מִשְׂגָּב לָנוּ אֱלֹהֵי יַעֲקֹב סֶלָה: יהוה צְבָאוֹת, אַשְׁרֵי תהלים פד
אָדָם בֹּטֵחַ בָּךְ: יהוה הוֹשִׁיעָה, הַמֶּלֶךְ יַעֲנֵנוּ בְיוֹם־קָרְאֵנוּ: תהלים כ

בָּרוּךְ הוּא אֱלֹהֵינוּ שֶׁבְּרָאָנוּ לִכְבוֹדוֹ, וְהִבְדִּילָנוּ מִן הַתּוֹעִים, וְנָתַן לָנוּ תּוֹרַת אֱמֶת, וְחַיֵּי עוֹלָם נָטַע בְּתוֹכֵנוּ. הוּא יִפְתַּח לִבֵּנוּ בְּתוֹרָתוֹ, וְיָשֵׂם בְּלִבֵּנוּ אַהֲבָתוֹ וְיִרְאָתוֹ וְלַעֲשׂוֹת רְצוֹנוֹ וּלְעָבְדוֹ בְּלֵבָב שָׁלֵם, לְמַעַן לֹא נִיגַע לָרִיק וְלֹא נֵלֵד לַבֶּהָלָה.

יְהִי רָצוֹן מִלְּפָנֶיךָ יהוה אֱלֹהֵינוּ וֵאלֹהֵי אֲבוֹתֵינוּ, שֶׁנִּשְׁמֹר חֻקֶּיךָ
בָּעוֹלָם הַזֶּה, וְנִזְכֶּה וְנִחְיֶה וְנִרְאֶה וְנִירַשׁ טוֹבָה וּבְרָכָה, לִשְׁנֵי יְמוֹת
הַמָּשִׁיחַ וּלְחַיֵּי הָעוֹלָם הַבָּא. לְמַעַן יְזַמֶּרְךָ כָבוֹד וְלֹא יִדֹּם, יהוה תהלים ל
אֱלֹהַי, לְעוֹלָם אוֹדֶךָּ: בָּרוּךְ הַגֶּבֶר אֲשֶׁר יִבְטַח בַּיהוה, וְהָיָה יהוה ירמיה יז
מִבְטַחוֹ: בִּטְחוּ בַיהוה עֲדֵי־עַד, כִּי בְּיָהּ יהוה צוּר עוֹלָמִים: ◂ וְיִבְטְחוּ ישעיה כו תהלים ט
בְךָ יוֹדְעֵי שְׁמֶךָ, כִּי לֹא־עָזַבְתָּ דֹרְשֶׁיךָ, יהוה: יהוה חָפֵץ לְמַעַן צִדְקוֹ, ישעיה מב
יַגְדִּיל תּוֹרָה וְיַאְדִּיר:

בבתי כנסת המתפללים בנוסח ספרד, אומרים אחרי הקדיש השלם
'שִׁיר לַמַּעֲלוֹת' (עמ' 507) קדיש יתום, 'בָּרְכוּ', 'עָלֵינוּ' וקדיש יתום.

קדיש שלם

ש״ץ: יִתְגַּדַּל וְיִתְקַדַּשׁ שְׁמֵהּ רַבָּא (קהל: אָמֵן)
בְּעָלְמָא דִּי בְרָא כִרְעוּתֵהּ, וְיַמְלִיךְ מַלְכוּתֵהּ
בְּחַיֵּיכוֹן וּבְיוֹמֵיכוֹן וּבְחַיֵּי דְכָל בֵּית יִשְׂרָאֵל
בַּעֲגָלָא וּבִזְמַן קָרִיב, וְאִמְרוּ אָמֵן. (קהל: אָמֵן)

קהל וש״ץ: יְהֵא שְׁמֵהּ רַבָּא מְבָרַךְ לְעָלַם וּלְעָלְמֵי עָלְמַיָּא.

ש״ץ: יִתְבָּרַךְ וְיִשְׁתַּבַּח וְיִתְפָּאַר וְיִתְרוֹמַם וְיִתְנַשֵּׂא
וְיִתְהַדָּר וְיִתְעַלֶּה וְיִתְהַלָּל
שְׁמֵהּ דְּקֻדְשָׁא בְּרִיךְ הוּא (קהל: בְּרִיךְ הוּא)
לְעֵלָּא מִן כָּל בִּרְכָתָא וְשִׁירָתָא, תֻּשְׁבְּחָתָא וְנֶחֱמָתָא
דַּאֲמִירָן בְּעָלְמָא, וְאִמְרוּ אָמֵן. (קהל: אָמֵן)

תִּתְקַבַּל צְלוֹתְהוֹן וּבָעוּתְהוֹן דְּכָל יִשְׂרָאֵל
קֳדָם אֲבוּהוֹן דִּי בִשְׁמַיָּא, וְאִמְרוּ אָמֵן. (קהל: אָמֵן)

יְהֵא שְׁלָמָא רַבָּא מִן שְׁמַיָּא
וְחַיִּים, עָלֵינוּ וְעַל כָּל יִשְׂרָאֵל, וְאִמְרוּ אָמֵן. (קהל: אָמֵן)

כורע ופוסע שלוש פסיעות לאחור. קד לשמאל, לימין ולפנים באמירת:
עֹשֶׂה שָׁלוֹם בִּמְרוֹמָיו
הוּא יַעֲשֶׂה שָׁלוֹם עָלֵינוּ וְעַל כָּל יִשְׂרָאֵל, וְאִמְרוּ אָמֵן. (קהל: אָמֵן)

במוצאי שבת ממשיכים ׳וְיִתֶּן־לְךָ׳.
בפסח ממשיכים בספירת העומר בעמ׳ 448.
בשאר הימים ממשיכים ׳עָלֵינוּ׳ בעמ׳ 450.

פסוקי ברכה

אומרים ׳וְיִתֶּן־לְךָ׳ אף אם אין אומרים ׳וִיהִי נֹעַם׳ (כלבו).

בבתי כנסת המתפללים בנוסח ספרד, אין אומרים ׳וְיִתֶּן־לְךָ׳, משום שהאר״י נהג לאומרו אחרי הבדלה (שער הכוונות). כיום פשט מנהג זה גם לחלק מהמתפללים בנוסח אשכנז.

בבתי כנסת המתפללים בנוסח ספרד, אומרים כאן ׳שִׁיר לַמַּעֲלוֹת׳ (עמ׳ 507),
קדיש יתום, ׳בָּרְכוּ׳, ׳עָלֵינוּ׳ וקדיש יתום.

בראשית כז וְיִתֶּן־לְךָ הָאֱלֹהִים מִטַּל הַשָּׁמַיִם וּמִשְׁמַנֵּי הָאָרֶץ, וְרֹב דָּגָן וְתִירֹשׁ:
יַעַבְדוּךָ עַמִּים וְיִשְׁתַּחֲוֻ לְךָ לְאֻמִּים, הֱוֵה גְבִיר לְאַחֶיךָ וְיִשְׁתַּחֲווּ לְךָ
בְּנֵי אִמֶּךָ, אֹרְרֶיךָ אָרוּר וּמְבָרְכֶיךָ בָּרוּךְ:

וְאֵל שַׁדַּי יְבָרֵךְ אֹתְךָ וְיַפְרְךָ וְיַרְבֶּךָ, וְהָיִיתָ לִקְהַל עַמִּים: וְיִתֶּן־לְךָ בראשית כח
אֶת־בִּרְכַּת אַבְרָהָם, לְךָ וּלְזַרְעֲךָ אִתָּךְ, לְרִשְׁתְּךָ אֶת־אֶרֶץ מְגֻרֶיךָ
אֲשֶׁר־נָתַן אֱלֹהִים לְאַבְרָהָם: מֵאֵל אָבִיךָ וְיַעְזְרֶךָּ וְאֵת שַׁדַּי וִיבָרְכֶךָּ, בראשית מט
בִּרְכֹת שָׁמַיִם מֵעָל בִּרְכֹת תְּהוֹם רֹבֶצֶת תָּחַת, בִּרְכֹת שָׁדַיִם וָרָחַם:
בִּרְכֹת אָבִיךָ גָּבְרוּ עַל־בִּרְכֹת הוֹרַי עַד־תַּאֲוַת גִּבְעֹת עוֹלָם, תִּהְיֶיןָ
לְרֹאשׁ יוֹסֵף וּלְקָדְקֹד נְזִיר אֶחָיו: וַאֲהֵבְךָ וּבֵרַכְךָ וְהִרְבֶּךָ, וּבֵרַךְ פְּרִי־ דברים ז
בִטְנְךָ וּפְרִי־אַדְמָתֶךָ, דְּגָנְךָ וְתִירֹשְׁךָ וְיִצְהָרֶךָ, שְׁגַר־אֲלָפֶיךָ וְעַשְׁתְּרֹת
צֹאנֶךָ, עַל הָאֲדָמָה אֲשֶׁר־נִשְׁבַּע לַאֲבֹתֶיךָ לָתֶת לָךְ: בָּרוּךְ תִּהְיֶה
מִכָּל־הָעַמִּים, לֹא־יִהְיֶה בְךָ עָקָר וַעֲקָרָה וּבִבְהֶמְתֶּךָ: וְהֵסִיר יהוה
מִמְּךָ כָּל־חֹלִי, וְכָל־מַדְוֵי מִצְרַיִם הָרָעִים אֲשֶׁר יָדַעְתָּ, לֹא יְשִׂימָם
בָּךְ, וּנְתָנָם בְּכָל־שֹׂנְאֶיךָ:

הַמַּלְאָךְ הַגֹּאֵל אֹתִי מִכָּל־רָע יְבָרֵךְ אֶת־הַנְּעָרִים, וְיִקָּרֵא בָהֶם שְׁמִי וְשֵׁם בראשית מח
אֲבֹתַי אַבְרָהָם וְיִצְחָק, וְיִדְגּוּ לָרֹב בְּקֶרֶב הָאָרֶץ: יהוה אֱלֹהֵיכֶם הִרְבָּה דברים א
אֶתְכֶם, וְהִנְּכֶם הַיּוֹם כְּכוֹכְבֵי הַשָּׁמַיִם לָרֹב: יהוה אֱלֹהֵי אֲבוֹתֵכֶם יֹסֵף
עֲלֵיכֶם כָּכֶם אֶלֶף פְּעָמִים, וִיבָרֵךְ אֶתְכֶם כַּאֲשֶׁר דִּבֶּר לָכֶם:

בָּרוּךְ אַתָּה בָּעִיר, וּבָרוּךְ אַתָּה בַּשָּׂדֶה: בָּרוּךְ אַתָּה בְּבֹאֶךָ, וּבָרוּךְ דברים כח
אַתָּה בְּצֵאתֶךָ: בָּרוּךְ טַנְאֲךָ וּמִשְׁאַרְתֶּךָ: בָּרוּךְ פְּרִי־בִטְנְךָ וּפְרִי
אַדְמָתְךָ וּפְרִי בְהֶמְתֶּךָ, שְׁגַר אֲלָפֶיךָ וְעַשְׁתְּרוֹת צֹאנֶךָ: יְצַו יהוה אִתְּךָ
אֶת־הַבְּרָכָה בַּאֲסָמֶיךָ וּבְכֹל מִשְׁלַח יָדֶךָ, וּבֵרַכְךָ בָּאָרֶץ אֲשֶׁר־יהוה
אֱלֹהֶיךָ נֹתֵן לָךְ: יִפְתַּח יהוה לְךָ אֶת־אוֹצָרוֹ הַטּוֹב אֶת־הַשָּׁמַיִם, לָתֵת
מְטַר־אַרְצְךָ בְּעִתּוֹ, וּלְבָרֵךְ אֵת כָּל־מַעֲשֵׂה יָדֶךָ, וְהִלְוִיתָ גּוֹיִם רַבִּים
וְאַתָּה לֹא תִלְוֶה: כִּי־יהוה אֱלֹהֶיךָ בֵּרַכְךָ כַּאֲשֶׁר דִּבֶּר־לָךְ, וְהַעֲבַטְתָּ דברים טו
גּוֹיִם רַבִּים וְאַתָּה לֹא תַעֲבֹט, וּמָשַׁלְתָּ בְּגוֹיִם רַבִּים וּבְךָ לֹא יִמְשֹׁלוּ:
אַשְׁרֶיךָ יִשְׂרָאֵל, מִי כָמוֹךָ, עַם נוֹשַׁע בַּיהוה, מָגֵן עֶזְרֶךָ וַאֲשֶׁר־חֶרֶב דברים לג
גַּאֲוָתֶךָ, וְיִכָּחֲשׁוּ אֹיְבֶיךָ לָךְ, וְאַתָּה עַל־בָּמוֹתֵימוֹ תִדְרֹךְ:

ישעיה מד מָחִיתִי כָעָב פְּשָׁעֶיךָ וְכֶעָנָן חַטֹּאותֶיךָ, שׁוּבָה אֵלַי כִּי גְאַלְתִּיךָ: רָנּוּ שָׁמַיִם
כִּי־עָשָׂה יהוה, הָרִיעוּ תַּחְתִּיּוֹת אָרֶץ, פִּצְחוּ הָרִים רִנָּה, יַעַר וְכָל־עֵץ בּוֹ,
ישעיה מז כִּי־גָאַל יהוה יַעֲקֹב וּבְיִשְׂרָאֵל יִתְפָּאָר: גֹּאֲלֵנוּ, יהוה צְבָאוֹת שְׁמוֹ, קְדוֹשׁ
יִשְׂרָאֵל:

ישעיה מה יִשְׂרָאֵל נוֹשַׁע בַּיהוה תְּשׁוּעַת עוֹלָמִים, לֹא־תֵבֹשׁוּ וְלֹא־תִכָּלְמוּ עַד־
יואל ב עוֹלְמֵי עַד: וַאֲכַלְתֶּם אָכוֹל וְשָׂבוֹעַ, וְהִלַּלְתֶּם אֶת־שֵׁם יהוה אֱלֹהֵיכֶם
אֲשֶׁר־עָשָׂה עִמָּכֶם לְהַפְלִיא, וְלֹא־יֵבֹשׁוּ עַמִּי לְעוֹלָם: וִידַעְתֶּם כִּי
בְקֶרֶב יִשְׂרָאֵל אָנִי, וַאֲנִי יהוה אֱלֹהֵיכֶם וְאֵין עוֹד, וְלֹא־יֵבֹשׁוּ עַמִּי
ישעיה נה לְעוֹלָם: כִּי־בְשִׂמְחָה תֵצֵאוּ וּבְשָׁלוֹם תּוּבָלוּן, הֶהָרִים וְהַגְּבָעוֹת
ישעיה יב יִפְצְחוּ לִפְנֵיכֶם רִנָּה, וְכָל־עֲצֵי הַשָּׂדֶה יִמְחֲאוּ־כָף: הִנֵּה אֵל יְשׁוּעָתִי
אֶבְטַח, וְלֹא אֶפְחָד, כִּי־עָזִּי וְזִמְרָת יָהּ יהוה, וַיְהִי־לִי לִישׁוּעָה:
וּשְׁאַבְתֶּם־מַיִם בְּשָׂשׂוֹן, מִמַּעַיְנֵי הַיְשׁוּעָה: וַאֲמַרְתֶּם בַּיּוֹם הַהוּא,
הוֹדוּ לַיהוה קִרְאוּ בִשְׁמוֹ, הוֹדִיעוּ בָעַמִּים עֲלִילֹתָיו, הַזְכִּירוּ כִּי נִשְׂגָּב
שְׁמוֹ: זַמְּרוּ יהוה כִּי גֵאוּת עָשָׂה, מוּדַעַת זֹאת בְּכָל־הָאָרֶץ: צַהֲלִי
ישעיה כה וָרֹנִּי יוֹשֶׁבֶת צִיּוֹן, כִּי־גָדוֹל בְּקִרְבֵּךְ קְדוֹשׁ יִשְׂרָאֵל: וְאָמַר בַּיּוֹם הַהוּא,
הִנֵּה אֱלֹהֵינוּ זֶה קִוִּינוּ לוֹ וְיוֹשִׁיעֵנוּ, זֶה יהוה קִוִּינוּ לוֹ, נָגִילָה וְנִשְׂמְחָה
בִּישׁוּעָתוֹ:

ישעיה ב בֵּית יַעֲקֹב לְכוּ וְנֵלְכָה בְּאוֹר יהוה: וְהָיָה אֱמוּנַת עִתֶּיךָ, חֹסֶן יְשׁוּעֹת חָכְמַת
ישעיה לג
שמואל א׳ יח וָדָעַת, יִרְאַת יהוה הִיא אוֹצָרוֹ: וַיְהִי דָוִד לְכָל־דְּרָכָו מַשְׂכִּיל, וַיהוה עִמּוֹ:

תהלים נה פָּדָה בְשָׁלוֹם נַפְשִׁי מִקְּרָב־לִי, כִּי־בְרַבִּים הָיוּ עִמָּדִי: וַיֹּאמֶר הָעָם אֶל־שָׁאוּל,
שמואל א׳ יד הֲיוֹנָתָן יָמוּת אֲשֶׁר עָשָׂה הַיְשׁוּעָה הַגְּדוֹלָה הַזֹּאת בְּיִשְׂרָאֵל, חָלִילָה, חַי־
יהוה אִם־יִפֹּל מִשַּׂעֲרַת רֹאשׁוֹ אַרְצָה, כִּי־עִם־אֱלֹהִים עָשָׂה הַיּוֹם הַזֶּה, וַיִּפְדּוּ
ישעיה לה הָעָם אֶת־יוֹנָתָן וְלֹא־מֵת: וּפְדוּיֵי יהוה יְשֻׁבוּן וּבָאוּ צִיּוֹן בְּרִנָּה, וְשִׂמְחַת
עוֹלָם עַל־רֹאשָׁם, שָׂשׂוֹן וְשִׂמְחָה יַשִּׂיגוּ, וְנָסוּ יָגוֹן וַאֲנָחָה:

תהלים ל הָפַכְתָּ מִסְפְּדִי לְמָחוֹל לִי, פִּתַּחְתָּ שַׂקִּי, וַתְּאַזְּרֵנִי שִׂמְחָה: וְלֹא־אָבָה יהוה
דברים כג אֱלֹהֶיךָ לִשְׁמֹעַ אֶל־בִּלְעָם, וַיַּהֲפֹךְ יהוה אֱלֹהֶיךָ לְּךָ אֶת־הַקְּלָלָה לִבְרָכָה,

כִּי אֲהֵבְךָ יהוה אֱלֹהֶיךָ: אָז תִּשְׂמַח בְּתוּלָה בְּמָחוֹל, וּבַחֻרִים וּזְקֵנִים יַחְדָּו, ירמיה לא
וְהָפַכְתִּי אֶבְלָם לְשָׂשׂוֹן, וְנִחַמְתִּים, וְשִׂמַּחְתִּים מִיגוֹנָם:

בּוֹרֵא נִיב שְׂפָתָיִם, שָׁלוֹם שָׁלוֹם לָרָחוֹק וְלַקָּרוֹב אָמַר יהוה, וּרְפָאתִיו: ישעיה נז
וְרוּחַ לָבְשָׁה אֶת־עֲמָשַׂי רֹאשׁ הַשָּׁלִישִׁים, לְךָ דָוִיד וְעִמְּךָ בֶן־יִשַׁי, דברי הימים א׳ יב
שָׁלוֹם שָׁלוֹם לְךָ וְשָׁלוֹם לְעֹזְרֶךָ, כִּי עֲזָרְךָ אֱלֹהֶיךָ, וַיְקַבְּלֵם דָּוִיד וַיִּתְּנֵם
בְּרָאשֵׁי הַגְּדוּד: וַאֲמַרְתֶּם כֹּה לֶחָי, וְאַתָּה שָׁלוֹם וּבֵיתְךָ שָׁלוֹם וְכֹל שמואל א׳ כה
אֲשֶׁר־לְךָ שָׁלוֹם: יהוה עֹז לְעַמּוֹ יִתֵּן, יהוה יְבָרֵךְ אֶת־עַמּוֹ בַשָּׁלוֹם: תהלים כט

אָמַר רַבִּי יוֹחָנָן: בְּכָל מָקוֹם שֶׁאַתָּה מוֹצֵא גְּדֻלָּתוֹ שֶׁל הַקָּדוֹשׁ בָּרוּךְ מגילה לא.
הוּא, שָׁם אַתָּה מוֹצֵא עַנְוְתָנוּתוֹ. דָּבָר זֶה כָּתוּב בַּתּוֹרָה, וְשָׁנוּי בַּנְּבִיאִים,
וּמְשֻׁלָּשׁ בַּכְּתוּבִים. כָּתוּב בַּתּוֹרָה: כִּי יהוה אֱלֹהֵיכֶם הוּא אֱלֹהֵי הָאֱלֹהִים דברים י
וַאֲדֹנֵי הָאֲדֹנִים, הָאֵל הַגָּדֹל הַגִּבֹּר וְהַנּוֹרָא, אֲשֶׁר לֹא־יִשָּׂא פָנִים וְלֹא יִקַּח
שֹׁחַד: וּכְתִיב בָּתְרֵהּ: עֹשֶׂה מִשְׁפַּט יָתוֹם וְאַלְמָנָה, וְאֹהֵב גֵּר לָתֶת לוֹ לֶחֶם
וְשִׂמְלָה: שָׁנוּי בַּנְּבִיאִים, דִּכְתִיב: כִּי כֹה אָמַר רָם וְנִשָּׂא שֹׁכֵן עַד וְקָדוֹשׁ ישעיה נז
שְׁמוֹ, מָרוֹם וְקָדוֹשׁ אֶשְׁכּוֹן, וְאֶת־דַּכָּא וּשְׁפַל־רוּחַ, לְהַחֲיוֹת רוּחַ שְׁפָלִים
וּלְהַחֲיוֹת לֵב נִדְכָּאִים: מְשֻׁלָּשׁ בַּכְּתוּבִים, דִּכְתִיב: שִׁירוּ לֵאלֹהִים, זַמְּרוּ תהלים סח
שְׁמוֹ, סֹלּוּ לָרֹכֵב בָּעֲרָבוֹת בְּיָהּ שְׁמוֹ, וְעִלְזוּ לְפָנָיו: וּכְתִיב בָּתְרֵהּ: אֲבִי
יְתוֹמִים וְדַיַּן אַלְמָנוֹת, אֱלֹהִים בִּמְעוֹן קָדְשׁוֹ:

יְהִי יהוה אֱלֹהֵינוּ עִמָּנוּ כַּאֲשֶׁר הָיָה עִם־אֲבֹתֵינוּ, אַל־יַעַזְבֵנוּ וְאַל־יִטְּשֵׁנוּ: מלכים א׳ ח
וְאַתֶּם הַדְּבֵקִים בַּיהוה אֱלֹהֵיכֶם, חַיִּים כֻּלְּכֶם הַיּוֹם: כִּי־נִחַם יהוה צִיּוֹן, דברים ד ישעיה נא
נִחַם כָּל־חָרְבֹתֶיהָ, וַיָּשֶׂם מִדְבָּרָהּ כְּעֵדֶן וְעַרְבָתָהּ כְּגַן־יהוה, שָׂשׂוֹן וְשִׂמְחָה
יִמָּצֵא בָהּ, תּוֹדָה וְקוֹל זִמְרָה: יהוה חָפֵץ לְמַעַן צִדְקוֹ, יַגְדִּיל תּוֹרָה וְיַאְדִּיר: ישעיה מב

שִׁיר הַמַּעֲלוֹת, אַשְׁרֵי כָּל־יְרֵא יהוה, הַהֹלֵךְ בִּדְרָכָיו: יְגִיעַ כַּפֶּיךָ כִּי תהלים קכח
תֹאכֵל, אַשְׁרֶיךָ וְטוֹב לָךְ: אֶשְׁתְּךָ כְּגֶפֶן פֹּרִיָּה בְּיַרְכְּתֵי בֵיתֶךָ, בָּנֶיךָ
כִּשְׁתִלֵי זֵיתִים, סָבִיב לְשֻׁלְחָנֶךָ: הִנֵּה כִי־כֵן יְבֹרַךְ גָּבֶר יְרֵא יהוה:
יְבָרֶכְךָ יהוה מִצִּיּוֹן, וּרְאֵה בְּטוּב יְרוּשָׁלָםִ, כֹּל יְמֵי חַיֶּיךָ: וּרְאֵה־בָנִים
לְבָנֶיךָ, שָׁלוֹם עַל־יִשְׂרָאֵל:

סדר ספירת העומר

לְשֵׁם יִחוּד קֻדְשָׁא בְּרִיךְ הוּא וּשְׁכִינְתֵּהּ בִּדְחִילוּ וּרְחִימוּ
לְיַחֵד שֵׁם י״ה בו״ה בְּיִחוּדָא שְׁלִים בְּשֵׁם כָּל יִשְׂרָאֵל.

הִנְנִי מוּכָן וּמְזֻמָּן לְקַיֵּם מִצְוַת עֲשֵׂה שֶׁל סְפִירַת הָעֹמֶר. כְּמוֹ שֶׁכָּתוּב
ויקרא כג בַּתּוֹרָה, וּסְפַרְתֶּם לָכֶם מִמָּחֳרַת הַשַּׁבָּת, מִיּוֹם הֲבִיאֲכֶם אֶת־עֹמֶר הַתְּנוּפָה,
שֶׁבַע שַׁבָּתוֹת תְּמִימֹת תִּהְיֶינָה: עַד מִמָּחֳרַת הַשַּׁבָּת הַשְּׁבִיעִת תִּסְפְּרוּ
תהלים צ חֲמִשִּׁים יוֹם, וְהִקְרַבְתֶּם מִנְחָה חֲדָשָׁה לַיהוה: וִיהִי נֹעַם אֲדֹנָי אֱלֹהֵינוּ
עָלֵינוּ, וּמַעֲשֵׂה יָדֵינוּ כּוֹנְנָה עָלֵינוּ, וּמַעֲשֵׂה יָדֵינוּ כּוֹנְנֵהוּ:

בָּרוּךְ אַתָּה יהוה אֱלֹהֵינוּ מֶלֶךְ הָעוֹלָם
אֲשֶׁר קִדְּשָׁנוּ בְּמִצְוֹתָיו, וְצִוָּנוּ עַל סְפִירַת הָעֹמֶר.

טז בניסן
הַיּוֹם יוֹם אֶחָד בָּעֹמֶר. חסד שבחסד

יז בניסן
הַיּוֹם שְׁנֵי יָמִים בָּעֹמֶר. גבורה שבחסד

יח בניסן
הַיּוֹם שְׁלֹשָׁה יָמִים בָּעֹמֶר. תפארת שבחסד

יט בניסן
הַיּוֹם אַרְבָּעָה יָמִים בָּעֹמֶר. נצח שבחסד

כ בניסן
הַיּוֹם חֲמִשָּׁה יָמִים בָּעֹמֶר. הוד שבחסד

כא בניסן
הַיּוֹם שִׁבְעָה יָמִים
שֶׁהֵם שָׁבוּעַ אֶחָד בָּעֹמֶר. מלכות שבחסד

כב בניסן
הַיּוֹם שְׁמוֹנָה יָמִים
שֶׁהֵם שָׁבוּעַ אֶחָד וְיוֹם אֶחָד בָּעֹמֶר. חסד שבגבורה

הָרַחֲמָן הוּא יַחֲזִיר לָנוּ עֲבוֹדַת בֵּית הַמִּקְדָּשׁ לִמְקוֹמָהּ בִּמְהֵרָה בְיָמֵינוּ, אָמֵן סֶלָה.

יש מוסיפים (על פי סידור בעל ה'תניא'):

לַמְנַצֵּחַ בִּנְגִינֹת, מִזְמוֹר שִׁיר: אֱלֹהִים יְחָנֵּנוּ וִיבָרְכֵנוּ, יָאֵר פָּנָיו אִתָּנוּ סֶלָה: תהלים סז
לָדַעַת בָּאָרֶץ דַּרְכֶּךָ, בְּכָל־גּוֹיִם יְשׁוּעָתֶךָ:
יוֹדוּךָ עַמִּים אֱלֹהִים, יוֹדוּךָ עַמִּים כֻּלָּם:
יִשְׂמְחוּ וִירַנְּנוּ לְאֻמִּים, כִּי־תִשְׁפֹּט עַמִּים מִישֹׁר, וּלְאֻמִּים בָּאָרֶץ תַּנְחֵם סֶלָה:
יוֹדוּךָ עַמִּים אֱלֹהִים, יוֹדוּךָ עַמִּים כֻּלָּם:
אֶרֶץ נָתְנָה יְבוּלָהּ, יְבָרְכֵנוּ אֱלֹהִים אֱלֹהֵינוּ:
יְבָרְכֵנוּ אֱלֹהִים, וְיִירְאוּ אוֹתוֹ כָּל־אַפְסֵי־אָרֶץ:

אָנָּא, בְּכֹחַ גְּדֻלַּת יְמִינְךָ, תַּתִּיר צְרוּרָה.
קַבֵּל רִנַּת עַמְּךָ, שַׂגְּבֵנוּ, טַהֲרֵנוּ, נוֹרָא.
נָא גִבּוֹר, דּוֹרְשֵׁי יִחוּדְךָ כְּבָבַת שָׁמְרֵם.
בָּרְכֵם, טַהֲרֵם, רַחֲמֵם, צִדְקָתְךָ תָּמִיד גָּמְלֵם.
חֲסִין קָדוֹשׁ, בְּרֹב טוּבְךָ נַהֵל עֲדָתֶךָ.
יָחִיד גֵּאֶה, לְעַמְּךָ פְּנֵה, זוֹכְרֵי קְדֻשָּׁתֶךָ.
שַׁוְעָתֵנוּ קַבֵּל וּשְׁמַע צַעֲקָתֵנוּ, יוֹדֵעַ תַּעֲלוּמוֹת.
בָּרוּךְ שֵׁם כְּבוֹד מַלְכוּתוֹ לְעוֹלָם וָעֶד.

רִבּוֹנוֹ שֶׁל עוֹלָם, אַתָּה צִוִּיתָנוּ עַל יְדֵי מֹשֶׁה עַבְדְּךָ לִסְפֹּר סְפִירַת הָעֹמֶר, כְּדֵי לְטַהֲרֵנוּ מִקְּלִפּוֹתֵינוּ וּמִטֻּמְאוֹתֵינוּ. כְּמוֹ שֶׁכָּתַבְתָּ בְּתוֹרָתֶךָ: וּסְפַרְתֶּם לָכֶם מִמָּחֳרַת הַשַּׁבָּת, מִיּוֹם הֲבִיאֲכֶם אֶת־עֹמֶר הַתְּנוּפָה, שֶׁבַע שַׁבָּתוֹת תְּמִימֹת תִּהְיֶינָה: עַד מִמָּחֳרַת הַשַּׁבָּת הַשְּׁבִיעִת תִּסְפְּרוּ חֲמִשִּׁים יוֹם: כְּדֵי שֶׁיִּטָּהֲרוּ נַפְשׁוֹת עַמְּךָ יִשְׂרָאֵל מִזֻּהֲמָתָם. וּבְכֵן יְהִי רָצוֹן מִלְּפָנֶיךָ יהוה אֱלֹהֵינוּ וֵאלֹהֵי אֲבוֹתֵינוּ, שֶׁבִּזְכוּת סְפִירַת הָעֹמֶר שֶׁסָּפַרְתִּי הַיּוֹם, יְתֻקַּן מַה שֶּׁפָּגַמְתִּי בִּסְפִירָה (פלונית השייכת לאותו היום) וְאֶטָּהֵר וְאֶתְקַדֵּשׁ בִּקְדֻשָּׁה שֶׁל מַעְלָה, וְעַל יְדֵי זֶה יֻשְׁפַּע שֶׁפַע רַב בְּכָל הָעוֹלָמוֹת, לְתַקֵּן אֶת נַפְשׁוֹתֵינוּ וְרוּחוֹתֵינוּ וְנִשְׁמוֹתֵינוּ מִכָּל סִיג וּפְגַם, וּלְטַהֲרֵנוּ וּלְקַדְּשֵׁנוּ בִּקְדֻשָּׁתְךָ הָעֶלְיוֹנָה, אָמֵן סֶלָה.

ויקרא כג

עומדים ואומרים ׳עָלֵינוּ׳ כדי לחזק בלבנו את האמונה בקב״ה
ובגאולה העתידה, ומשתחווים במקום המסומן ב°.

עָלֵינוּ לְשַׁבֵּחַ לַאֲדוֹן הַכֹּל, לָתֵת גְּדֻלָּה לְיוֹצֵר בְּרֵאשִׁית
שֶׁלֹּא עָשָׂנוּ כְּגוֹיֵי הָאֲרָצוֹת, וְלֹא שָׂמָנוּ כְּמִשְׁפְּחוֹת הָאֲדָמָה
שֶׁלֹּא שָׂם חֶלְקֵנוּ כָּהֶם וְגוֹרָלֵנוּ כְּכָל הֲמוֹנָם.
שֶׁהֵם מִשְׁתַּחֲוִים לְהֶבֶל וָרִיק וּמִתְפַּלְלִים אֶל אֵל לֹא יוֹשִׁיעַ.
°וַאֲנַחְנוּ כּוֹרְעִים וּמִשְׁתַּחֲוִים וּמוֹדִים
לִפְנֵי מֶלֶךְ מַלְכֵי הַמְּלָכִים, הַקָּדוֹשׁ בָּרוּךְ הוּא
שֶׁהוּא נוֹטֶה שָׁמַיִם וְיוֹסֵד אָרֶץ
וּמוֹשַׁב יְקָרוֹ בַּשָּׁמַיִם מִמַּעַל
וּשְׁכִינַת עֻזּוֹ בְּגָבְהֵי מְרוֹמִים.
הוּא אֱלֹהֵינוּ, אֵין עוֹד.
אֱמֶת מַלְכֵּנוּ, אֶפֶס זוּלָתוֹ
כַּכָּתוּב בְּתוֹרָתוֹ
דברים ד וְיָדַעְתָּ הַיּוֹם וַהֲשֵׁבֹתָ אֶל־לְבָבֶךָ
כִּי יהוה הוּא הָאֱלֹהִים בַּשָּׁמַיִם מִמַּעַל וְעַל־הָאָרֶץ מִתָּחַת
אֵין עוֹד:

עַל כֵּן נְקַוֶּה לְּךָ יהוה אֱלֹהֵינוּ לִרְאוֹת מְהֵרָה בְּתִפְאֶרֶת עֻזֶּךָ
לְהַעֲבִיר גִּלּוּלִים מִן הָאָרֶץ, וְהָאֱלִילִים כָּרוֹת יִכָּרֵתוּן
לְתַקֵּן עוֹלָם בְּמַלְכוּת שַׁדַּי.
וְכָל בְּנֵי בָשָׂר יִקְרְאוּ בִשְׁמֶךָ לְהַפְנוֹת אֵלֶיךָ כָּל רִשְׁעֵי אָרֶץ.
יַכִּירוּ וְיֵדְעוּ כָּל יוֹשְׁבֵי תֵבֵל
כִּי לְךָ תִּכְרַע כָּל בֶּרֶךְ, תִּשָּׁבַע כָּל לָשׁוֹן.
לְפָנֶיךָ יהוה אֱלֹהֵינוּ יִכְרְעוּ וְיִפֹּלוּ, וְלִכְבוֹד שִׁמְךָ יְקָר יִתֵּנוּ
וִיקַבְּלוּ כֻלָּם אֶת עֹל מַלְכוּתֶךָ
וְתִמְלֹךְ עֲלֵיהֶם מְהֵרָה לְעוֹלָם וָעֶד.

כִּי הַמַּלְכוּת שֶׁלְּךָ הִיא וּלְעוֹלְמֵי עַד תִּמְלֹךְ בְּכָבוֹד
כַּכָּתוּב בְּתוֹרָתֶךָ
שמות טו יהוה יִמְלֹךְ לְעֹלָם וָעֶד:
זכריה יד ◂ וְנֶאֱמַר, וְהָיָה יהוה לְמֶלֶךְ עַל־כָּל־הָאָרֶץ
בַּיּוֹם הַהוּא יִהְיֶה יהוה אֶחָד וּשְׁמוֹ אֶחָד:

יש מוסיפים:

משלי ג אַל־תִּירָא מִפַּחַד פִּתְאֹם וּמִשֹּׁאַת רְשָׁעִים כִּי תָבֹא:
ישעיה ח עֻצוּ עֵצָה וְתֻפָר, דַּבְּרוּ דָבָר וְלֹא יָקוּם, כִּי עִמָּנוּ אֵל:
ישעיה מו וְעַד־זִקְנָה אֲנִי הוּא, וְעַד־שֵׂיבָה אֲנִי אֶסְבֹּל
אֲנִי עָשִׂיתִי וַאֲנִי אֶשָּׂא וַאֲנִי אֶסְבֹּל וַאֲמַלֵּט:

קדיש יתום

אבל: יִתְגַּדַּל וְיִתְקַדַּשׁ שְׁמֵהּ רַבָּא (קהל: אָמֵן)
בְּעָלְמָא דִּי בְרָא כִרְעוּתֵהּ
וְיַמְלִיךְ מַלְכוּתֵהּ
בְּחַיֵּיכוֹן וּבְיוֹמֵיכוֹן וּבְחַיֵּי דְכָל בֵּית יִשְׂרָאֵל
בַּעֲגָלָא וּבִזְמַן קָרִיב
וְאִמְרוּ אָמֵן. (קהל: אָמֵן)

קהל ואבל: יְהֵא שְׁמֵהּ רַבָּא מְבָרַךְ לְעָלַם וּלְעָלְמֵי עָלְמַיָּא.

אבל: יִתְבָּרַךְ וְיִשְׁתַּבַּח וְיִתְפָּאַר וְיִתְרוֹמַם וְיִתְנַשֵּׂא
וְיִתְהַדָּר וְיִתְעַלֶּה וְיִתְהַלָּל
שְׁמֵהּ דְּקֻדְשָׁא בְּרִיךְ הוּא (קהל: בְּרִיךְ הוּא)
לְעֵלָּא מִן כָּל בִּרְכָתָא וְשִׁירָתָא, תֻּשְׁבְּחָתָא וְנֶחֱמָתָא
דַּאֲמִירָן בְּעָלְמָא
וְאִמְרוּ אָמֵן. (קהל: אָמֵן)

יְהֵא שְׁלָמָא רַבָּא מִן שְׁמַיָּא
וְחַיִּים, עָלֵינוּ וְעַל כָּל יִשְׂרָאֵל
וְאִמְרוּ אָמֵן. (קהל: אָמֵן)

כורע ופוסע שלוש פסיעות לאחור. קד לשמאל, לימין ולפנים באמירת:

עֹשֶׂה שָׁלוֹם בִּמְרוֹמָיו
הוּא יַעֲשֶׂה שָׁלוֹם עָלֵינוּ וְעַל כָּל יִשְׂרָאֵל
וְאִמְרוּ אָמֵן. (קהל: אָמֵן)

אם יש בקהל אדם שלא שמע ׳בָּרְכוּ׳ לפני התפילה, האומר קדיש מוסיף (ריב״ש):

בָּרְכוּ אֶת יהוה הַמְבֹרָךְ.

והקהל עונה:

בָּרוּךְ יהוה הַמְבֹרָךְ לְעוֹלָם וָעֶד.

ברוב הקהילות נוהגים להוסיף את המזמור ׳לְדָוִד ה׳ אוֹרִי וְיִשְׁעִי׳ מר״ח אלול ועד הושענא רבה.

תהלים כז לְדָוִד, יהוה אוֹרִי וְיִשְׁעִי, מִמִּי אִירָא, יהוה מָעוֹז־חַיַּי, מִמִּי אֶפְחָד: בִּקְרֹב עָלַי מְרֵעִים לֶאֱכֹל אֶת־בְּשָׂרִי, צָרַי וְאֹיְבַי לִי, הֵמָּה כָשְׁלוּ וְנָפָלוּ: אִם־תַּחֲנֶה עָלַי מַחֲנֶה, לֹא־יִירָא לִבִּי, אִם־תָּקוּם עָלַי מִלְחָמָה, בְּזֹאת אֲנִי בוֹטֵחַ: אַחַת שָׁאַלְתִּי מֵאֵת־יהוה, אוֹתָהּ אֲבַקֵּשׁ, שִׁבְתִּי בְּבֵית־יהוה כָּל־יְמֵי חַיַּי, לַחֲזוֹת בְּנֹעַם־יהוה, וּלְבַקֵּר בְּהֵיכָלוֹ: כִּי יִצְפְּנֵנִי בְּסֻכֹּה בְּיוֹם רָעָה, יַסְתִּרֵנִי בְּסֵתֶר אָהֳלוֹ, בְּצוּר יְרוֹמְמֵנִי: וְעַתָּה יָרוּם רֹאשִׁי עַל אֹיְבַי סְבִיבוֹתַי, וְאֶזְבְּחָה בְאָהֳלוֹ זִבְחֵי תְרוּעָה, אָשִׁירָה וַאֲזַמְּרָה לַיהוה: שְׁמַע־יהוה קוֹלִי אֶקְרָא, וְחָנֵּנִי וַעֲנֵנִי: לְךָ אָמַר לִבִּי בַּקְּשׁוּ פָנָי, אֶת־פָּנֶיךָ יהוה אֲבַקֵּשׁ: אַל־תַּסְתֵּר פָּנֶיךָ מִמֶּנִּי, אַל תַּט־בְּאַף עַבְדֶּךָ, עֶזְרָתִי הָיִיתָ, אַל־תִּטְּשֵׁנִי וְאַל־תַּעַזְבֵנִי, אֱלֹהֵי יִשְׁעִי: כִּי־אָבִי וְאִמִּי עֲזָבוּנִי, וַיהוה יַאַסְפֵנִי: הוֹרֵנִי יהוה דַּרְכֶּךָ, וּנְחֵנִי בְּאֹרַח מִישׁוֹר, לְמַעַן שׁוֹרְרָי: אַל־תִּתְּנֵנִי בְּנֶפֶשׁ צָרָי, כִּי קָמוּ־בִי עֵדֵי־שֶׁקֶר, וִיפֵחַ חָמָס: ‹ לוּלֵא הֶאֱמַנְתִּי לִרְאוֹת בְּטוּב־יהוה בְּאֶרֶץ חַיִּים: קַוֵּה אֶל־יהוה, חֲזַק וְיַאֲמֵץ לִבֶּךָ, וְקַוֵּה אֶל־יהוה:

קדיש יתום (בעמוד הקודם)

סדר הבדלה

במוצאי שבת אומרים פסוקי ברכה לפני ההבדלה.

במוצאי יום טוב שאינו מוצאי שבת, אין אומרים פסוקים אלה
ואין מברכים על הנר או על הבשמים.

המבדיל לוקח בידו כוס יין ואומר:

הִנֵּה אֵל יְשׁוּעָתִי אֶבְטַח, וְלֹא אֶפְחָד, כִּי־עָזִּי וְזִמְרָת יָהּ יהוה, ישעיה יב
וַיְהִי־לִי לִישׁוּעָה: וּשְׁאַבְתֶּם־מַיִם בְּשָׂשׂוֹן, מִמַּעַיְנֵי הַיְשׁוּעָה: לַיהוה תהלים ג
הַיְשׁוּעָה, עַל־עַמְּךָ בִרְכָתֶךָ סֶּלָה: יהוה צְבָאוֹת עִמָּנוּ, מִשְׂגָּב לָנוּ תהלים מו
אֱלֹהֵי יַעֲקֹב סֶלָה: יהוה צְבָאוֹת, אַשְׁרֵי אָדָם בֹּטֵחַ בָּךְ: יהוה תהלים פד תהלים כ
הוֹשִׁיעָה, הַמֶּלֶךְ יַעֲנֵנוּ בְיוֹם־קָרְאֵנוּ: לַיְּהוּדִים הָיְתָה אוֹרָה וְשִׂמְחָה אסתר ח
וְשָׂשֹׂן וִיקָר: כֵּן תִּהְיֶה לָּנוּ. כּוֹס־יְשׁוּעוֹת אֶשָּׂא, וּבְשֵׁם יהוה אֶקְרָא: תהלים קטז

המבדיל לאחרים, מוסיף:

סַבְרִי מָרָנָן

בָּרוּךְ אַתָּה יהוה אֱלֹהֵינוּ מֶלֶךְ הָעוֹלָם, בּוֹרֵא פְּרִי הַגָּפֶן.

לוקח בידו את הבשמים ומברך:

בָּרוּךְ אַתָּה יהוה אֱלֹהֵינוּ מֶלֶךְ הָעוֹלָם, בּוֹרֵא מִינֵי בְשָׂמִים.

לאחר שהריח את הבשמים, מברך:

בָּרוּךְ אַתָּה יהוה אֱלֹהֵינוּ מֶלֶךְ הָעוֹלָם, בּוֹרֵא מְאוֹרֵי הָאֵשׁ.

המבדיל מסתכל באצבעותיו לאור האבוקה כדי ליהנות מהאור.

אחר כך חוזר ולוקח את הכוס בידו ומברך:

בָּרוּךְ אַתָּה יהוה אֱלֹהֵינוּ מֶלֶךְ הָעוֹלָם, הַמַּבְדִּיל בֵּין קֹדֶשׁ לְחֹל, בֵּין אוֹר לְחֹשֶׁךְ, בֵּין יִשְׂרָאֵל לָעַמִּים, בֵּין יוֹם הַשְּׁבִיעִי לְשֵׁשֶׁת יְמֵי הַמַּעֲשֶׂה. בָּרוּךְ אַתָּה יהוה, הַמַּבְדִּיל בֵּין קֹדֶשׁ לְחֹל.

במוצאי שבת חול המועד סוכות מברך:

בָּרוּךְ אַתָּה יהוה אֱלֹהֵינוּ מֶלֶךְ הָעוֹלָם
אֲשֶׁר קִדְּשָׁנוּ בְּמִצְוֹתָיו, וְצִוָּנוּ לֵישֵׁב בַּסֻּכָּה.

פיוט עתיק הנאמר לאחר ההבדלה

יש הסבורים שנכתב במקורו למוצאי יום הכיפורים דווקא (׳מרדכי׳ יומא, תשכו),
אך כבר במחזור ויטרי מופיע כזמר לכל מוצאי שבת.

הַמַּבְדִּיל בֵּין קֹדֶשׁ לְחֹל, חַטֹּאתֵינוּ הוּא יִמְחֹל
זַרְעֵנוּ וְכַסְפֵּנוּ יַרְבֶּה כַּחוֹל וְכַכּוֹכָבִים בַּלָּיְלָה.

יוֹם פָּנָה כְּצֵל תֹּמֶר, אֶקְרָא לָאֵל עָלַי גּוֹמֵר
אָמַר שֹׁמֵר, אָתָא בֹקֶר וְגַם־לָיְלָה: ישעיה כא

צִדְקָתְךָ כְּהַר תָּבוֹר, עַל חֲטָאַי עָבוֹר תַּעֲבֹר
כְּיוֹם אֶתְמוֹל כִּי יַעֲבֹר, וְאַשְׁמוּרָה בַלָּיְלָה: תהלים צ

חָלְפָה עוֹנַת מִנְחָתִי, מִי יִתֵּן מְנוּחָתִי
יָגַעְתִּי בְאַנְחָתִי, אַשְׂחֶה בְכָל־לָיְלָה: תהלים ו

קוֹלִי בַּל יֻנְטַל, פְּתַח לִי שַׁעַר הַמְנֻטָּל
שֶׁרֹּאשִׁי נִמְלָא טָל, קְוֻצּוֹתַי רְסִיסֵי לָיְלָה: שיר השירים ה

הֵעָתֵר נוֹרָא וְאָיֹם, אֲשַׁוֵּעַ, תְּנָה פִדְיוֹם
בְּנֶשֶׁף־בְּעֶרֶב יוֹם, בְּאִישׁוֹן לָיְלָה: משלי ז

קְרָאתִיךָ יָהּ, הוֹשִׁיעֵנִי, אֹרַח חַיִּים תּוֹדִיעֵנִי
מִדַּלָּה תְבַצְּעֵנִי, מִיּוֹם עַד־לָיְלָה.

טַהֵר טִנּוּף מַעֲשַׂי, פֶּן יֹאמְרוּ מַכְעִיסַי
אַיֵּה אֱלוֹהַּ עֹשָׂי, נֹתֵן זְמִרוֹת בַּלָּיְלָה: איוב לה

נַחְנוּ בְיָדְךָ כַּחֹמֶר, סְלַח נָא עַל קַל וָחֹמֶר
יוֹם לְיוֹם יַבִּיעַ אֹמֶר, וְלַיְלָה לְלָיְלָה: תהלים יט

תפילות נוספות

סדר קרבן פסח

אחרי תפילת מנחה בערב פסח יש נוהגים לומר את סדר קרבן פסח, זכר למקדש. היום רבים נוהגים לומר את הנוסח שבסידור יעב״ץ: תחינה קצרה, פרשה שבה התורה מצווה על הקרבן, תיאור קצר של דיני ההקרבה ותפילה לחידוש המקדש. ולדעת הגר״א, יש אומרים את כל הפרשות בתנ״ך העוסקות בהקרבת הפסח: מתחילים ׳וַיֹּאמֶר ה׳ אֶל־מֹשֶׁה וְאֶל־אַהֲרֹן׳ למטה, וממשיכים בעמ׳ 461. ויש המשלבים את אותן הפרשות בתוך הסדר שכתב יעב״ץ.

רִבּוֹן הָעוֹלָמִים, אַתָּה צִוִּיתָנוּ לְהַקְרִיב קָרְבַּן הַפֶּסַח בְּמוֹעֲדוֹ בְּאַרְבָּעָה עָשָׂר יוֹם לַחֹדֶשׁ הָרִאשׁוֹן, וְלִהְיוֹת כֹּהֲנִים בַּעֲבוֹדָתָם וּלְוִיִּם בְּדוּכָנָם וְיִשְׂרָאֵל בְּמַעֲמָדָם קוֹרְאִים אֶת הַהַלֵּל. וְעַתָּה בַּעֲוֹנוֹתֵינוּ חָרַב בֵּית הַמִּקְדָּשׁ וּבָטֵל קָרְבַּן הַפֶּסַח, וְאֵין לָנוּ לֹא כֹהֵן בַּעֲבוֹדָתוֹ וְלֹא לֵוִי בְּדוּכָנוֹ וְלֹא יִשְׂרָאֵל בְּמַעֲמָדוֹ, וְלֹא נוּכַל לְהַקְרִיב הַיּוֹם קָרְבַּן פֶּסַח.
אֲבָל אַתָּה אָמַרְתָּ: וּנְשַׁלְּמָה פָרִים שְׂפָתֵינוּ: לָכֵן יְהִי רָצוֹן מִלְּפָנֶיךָ, הושע יד
יהוה אֱלֹהֵינוּ וֵאלֹהֵי אֲבוֹתֵינוּ, שֶׁיִּהְיֶה שִׂיחַ שִׂפְתוֹתֵינוּ חָשׁוּב לְפָנֶיךָ כְּאִלּוּ הִקְרַבְנוּ אֶת הַפֶּסַח בְּמוֹעֲדוֹ וְעָמַדְנוּ עַל מַעֲמָדוֹ, וְדִבְּרוּ הַלְוִיִּם בְּשִׁיר וְהַלֵּל לְהוֹדוֹת לַיהוה. וְאַתָּה תְּכוֹנֵן מִקְדָּשְׁךָ עַל מְכוֹנוֹ, וְנַעֲשֶׂה וְנַקְרִיב לְפָנֶיךָ אֶת הַפֶּסַח בְּמוֹעֲדוֹ, כְּמוֹ שֶׁכָּתַבְתָּ עָלֵינוּ בְּתוֹרָתְךָ עַל יְדֵי מֹשֶׁה עַבְדֶּךָ, כָּאָמוּר.

וַיֹּאמֶר יהוה אֶל־מֹשֶׁה וְאֶל־אַהֲרֹן בְּאֶרֶץ מִצְרַיִם לֵאמֹר: הַחֹדֶשׁ שמות יב, א-יא
הַזֶּה לָכֶם רֹאשׁ חֳדָשִׁים רִאשׁוֹן הוּא לָכֶם לְחָדְשֵׁי הַשָּׁנָה: דַּבְּרוּ אֶל־כָּל־עֲדַת יִשְׂרָאֵל לֵאמֹר בֶּעָשֹׂר לַחֹדֶשׁ הַזֶּה וְיִקְחוּ לָהֶם אִישׁ שֶׂה לְבֵית־אָבֹת שֶׂה לַבָּיִת: וְאִם־יִמְעַט הַבַּיִת מִהְיוֹת מִשֶּׂה וְלָקַח הוּא וּשְׁכֵנוֹ הַקָּרֹב אֶל־בֵּיתוֹ בְּמִכְסַת נְפָשֹׁת אִישׁ לְפִי אָכְלוֹ תָּכֹסּוּ עַל־הַשֶּׂה: שֶׂה תָמִים זָכָר בֶּן־שָׁנָה יִהְיֶה לָכֶם מִן־הַכְּבָשִׂים וּמִן־הָעִזִּים תִּקָּחוּ: וְהָיָה לָכֶם לְמִשְׁמֶרֶת עַד אַרְבָּעָה עָשָׂר יוֹם לַחֹדֶשׁ הַזֶּה וְשָׁחֲטוּ אֹתוֹ כֹּל קְהַל עֲדַת־יִשְׂרָאֵל בֵּין הָעַרְבָּיִם: וְלָקְחוּ מִן־הַדָּם וְנָתְנוּ עַל־שְׁתֵּי הַמְּזוּזֹת וְעַל־הַמַּשְׁקוֹף עַל הַבָּתִּים אֲשֶׁר־יֹאכְלוּ

אֹתוֹ בָּהֶם: וְאָכְלוּ אֶת־הַבָּשָׂר בַּלַּיְלָה הַזֶּה צְלִי־אֵשׁ וּמַצּוֹת עַל־מְרֹרִים יֹאכְלֻהוּ: אַל־תֹּאכְלוּ מִמֶּנּוּ נָא וּבָשֵׁל מְבֻשָּׁל בַּמָּיִם כִּי אִם־צְלִי־אֵשׁ רֹאשׁוֹ עַל־כְּרָעָיו וְעַל־קִרְבּוֹ: וְלֹא־תוֹתִירוּ מִמֶּנּוּ עַד־בֹּקֶר וְהַנֹּתָר מִמֶּנּוּ עַד־בֹּקֶר בָּאֵשׁ תִּשְׂרֹפוּ: וְכָכָה תֹּאכְלוּ אֹתוֹ מָתְנֵיכֶם חֲגֻרִים נַעֲלֵיכֶם בְּרַגְלֵיכֶם וּמַקֶּלְכֶם בְּיֶדְכֶם וַאֲכַלְתֶּם אֹתוֹ בְּחִפָּזוֹן פֶּסַח הוּא לַיהוָה:

למנהג הגר״א, ממשיכים ׳וַיִּקְרָא מֹשֶׁה לְכָל־זִקְנֵי יִשְׂרָאֵל׳ בעמ׳ 461.

כָּךְ הָיְתָה עֲבוֹדַת קָרְבַּן הַפֶּסַח בְּבֵית אֱלֹהֵינוּ בְּיוֹם אַרְבָּעָה עָשָׂר בְּנִיסָן.

אֵין שׁוֹחֲטִין אוֹתוֹ אֶלָּא אַחַר תָּמִיד שֶׁל בֵּין הָעַרְבַּיִם. עֶרֶב פֶּסַח, בֵּין בְּחֹל בֵּין בְּשַׁבָּת, הָיָה הַתָּמִיד נִשְׁחָט בְּשֶׁבַע וּמֶחֱצָה וְקָרֵב בִּשְׁמוֹנֶה וּמֶחֱצָה. וְאִם חָל עֶרֶב פֶּסַח לִהְיוֹת עֶרֶב שַׁבָּת, הָיוּ שׁוֹחֲטִין אוֹתוֹ בְּשֵׁשׁ וּמֶחֱצָה וְקָרֵב בְּשֶׁבַע וּמֶחֱצָה, וְהַפֶּסַח אַחֲרָיו.

כָּל אָדָם מִיִּשְׂרָאֵל, אֶחָד הָאִישׁ וְאֶחָד הָאִשָּׁה, כָּל שֶׁיָּכוֹל לְהַגִּיעַ לִירוּשָׁלַיִם בִּשְׁעַת שְׁחִיטַת הַפֶּסַח, חַיָּב בְּקָרְבַּן פֶּסַח.

מְבִיאוֹ מִן הַכְּבָשִׂים אוֹ מִן הָעִזִּים, זָכָר תָּמִים בֶּן שָׁנָה, וְשׁוֹחֲטוֹ בְּכָל מָקוֹם בָּעֲזָרָה, אַחַר גְּמַר עֲבוֹדַת תְּמִיד הָעֶרֶב וְאַחַר הֲטָבַת הַנֵּרוֹת. וְאֵין שׁוֹחֲטִין הַפֶּסַח, וְלֹא זוֹרְקִין הַדָּם, וְלֹא מַקְטִירִין הַחֵלֶב עַל הֶחָמֵץ.

שָׁחַט הַשּׁוֹחֵט, וְקִבֵּל דָּמוֹ הַכֹּהֵן שֶׁבְּרֹאשׁ הַשּׁוּרָה בִּכְלִי שָׁרֵת, וְנוֹתֵן לַחֲבֵרוֹ, וַחֲבֵרוֹ לַחֲבֵרוֹ. כֹּהֵן הַקָּרוֹב אֵצֶל הַמִּזְבֵּחַ זוֹרְקוֹ זְרִיקָה אַחַת כְּנֶגֶד הַיְסוֹד, וְחוֹזֵר הַכְּלִי רֵיקָן לַחֲבֵרוֹ, וַחֲבֵרוֹ לַחֲבֵרוֹ. מְקַבֵּל אֶת הַמָּלֵא וּמַחֲזִיר אֶת הָרֵיקָן. וְהָיוּ הַכֹּהֲנִים עוֹמְדִים שׁוּרוֹת וּבִידֵיהֶם

בָּזִיכִין שֶׁכֻּלָּן כֶּסֶף אוֹ כֻלָּן זָהָב, וְלֹא הָיוּ מְעֹרָבִים. וְלֹא הָיוּ לַבָּזִיכִין שׁוּלַיִם, שֶׁלֹּא יַנִּיחוּם וְיִקָּרֵשׁ הַדָּם.

אַחַר כָּךְ תּוֹלִין אֶת הַפֶּסַח בְּאֻנְקְלָיוֹת, וּמַפְשִׁיט אוֹתוֹ כֻּלּוֹ, וְקוֹרְעִין בִּטְנוֹ וּמוֹצִיאִין אֵמוּרָיו – הַחֵלֶב שֶׁעַל הַקֶּרֶב, וְיוֹתֶרֶת הַכָּבֵד, וּשְׁתֵּי הַכְּלָיוֹת וְהַחֵלֶב שֶׁעֲלֵיהֶן, וְהָאַלְיָה לְעֻמַּת הֶעָצֶה. נוֹתְנָן בִּכְלִי שָׁרֵת וּמוֹלְחָן, וּמַקְטִירָן הַכֹּהֵן עַל הַמַּעֲרָכָה, חֶלְבֵי כָּל זֶבַח וָזֶבַח לְבַדּוֹ. בְּחֹל, בַּיּוֹם וְלֹא בַלַּיְלָה, שֶׁהוּא יוֹם טוֹב. אֲבָל אִם חָל עֶרֶב פֶּסַח בַּשַּׁבָּת, מַקְטִירִין וְהוֹלְכִין כָּל הַלַּיְלָה. וּמוֹצִיא קְרָבָיו וּמְמַחֶה אוֹתָן עַד שֶׁמֵּסִיר מֵהֶן הַפֶּרֶשׁ. שְׁחִיטָתוֹ וּזְרִיקַת דָּמוֹ וּמִחוּי קְרָבָיו וְהֶקְטֵר חֲלָבָיו דּוֹחִין אֶת הַשַּׁבָּת, וּשְׁאָר עִנְיָנָיו אֵין דּוֹחִין.

בְּשָׁלֹשׁ כִּתּוֹת הַפֶּסַח נִשְׁחָט, וְאֵין כַּת פְּחוּתָה מִשְּׁלֹשִׁים אֲנָשִׁים. נִכְנְסָה כַּת אַחַת, נִתְמַלְּאָה הָעֲזָרָה, נוֹעֲלִין אוֹתָהּ. וּבְעוֹד שֶׁהֵם שׁוֹחֲטִין וּמַקְרִיבִין, הַכֹּהֲנִים תּוֹקְעִין, הֶחָלִיל מַכֶּה לִפְנֵי הַמִּזְבֵּחַ, וְהַלְוִיִּם קוֹרְאִין אֶת הַהַלֵּל. אִם גָּמְרוּ קֹדֶם שֶׁיַּקְרִיבוּ כֻּלָּם, שָׁנוּ. אִם שָׁנוּ, שִׁלֵּשׁוּ. עַל כָּל קְרִיאָה תָּקְעוּ הֵרִיעוּ וְתָקְעוּ. גָּמְרָה כַּת אַחַת לְהַקְרִיב, פּוֹתְחִין הָעֲזָרָה, יָצְאָה כַּת רִאשׁוֹנָה, נִכְנְסָה כַּת שְׁנִיָּה, נָעֲלוּ דַּלְתוֹת הָעֲזָרָה. גָּמְרָה, יָצְאָה שְׁנִיָּה וְנִכְנְסָה שְׁלִישִׁית. כְּמַעֲשֵׂה הָרִאשׁוֹנָה כָּךְ מַעֲשֵׂה הַשְּׁנִיָּה וְהַשְּׁלִישִׁית.

אַחַר שֶׁיָּצְאוּ כֻלָּן, רוֹחֲצִין הָעֲזָרָה מִלִּכְלוּכֵי הַדָּם, וַאֲפִלּוּ בַּשַּׁבָּת. אַמַּת הַמַּיִם הָיְתָה עוֹבֶרֶת בָּעֲזָרָה, שֶׁכְּשֶׁרוֹצִין לְהָדִיחַ הָרִצְפָּה סוֹתְמִין מְקוֹם יְצִיאַת הַמַּיִם וְהִיא מִתְמַלֵּאת עַל כָּל גְּדוֹתֶיהָ, עַד שֶׁהַמַּיִם עוֹלִין וְצָפִין וּמְקַבְּצִין אֲלֵיהֶם כָּל דָּם וְלִכְלוּךְ שֶׁבָּעֲזָרָה. אַחַר כָּךְ פּוֹתְחִין הַסְּתִימָה וְיוֹצְאִין הַמַּיִם עִם הַלִּכְלוּךְ, נִמְצֵאת הָרִצְפָּה מְנֻקָּה. זֶהוּ כְּבוֹד הַבַּיִת.

יָצְאוּ כָּל אֶחָד עִם פִּסְחוֹ וְצָלוּ אוֹתָם. כֵּיצַד צוֹלִין אוֹתוֹ? מְבִיאִין שַׁפּוּד שֶׁל רִמּוֹן, תּוֹחֲבוֹ מִתּוֹךְ פִּיו עַד בֵּית נְקוּבָתוֹ, וְתוֹלֵהוּ לְתוֹךְ הַתַּנּוּר וְהָאֵשׁ לְמַטָּה, וְתוֹלֶה כְּרָעָיו וּבְנֵי מֵעָיו חוּצָה לוֹ. וְאֵין מְנַקְּרִין אֶת הַפֶּסַח כִּשְׁאָר בָּשָׂר.

בְּשַׁבָּת אֵינָן מוֹלִיכִין אֶת הַפֶּסַח לְבֵיתָם, אֶלָּא כַּת הָרִאשׁוֹנָה יוֹצְאִין בְּפִסְחֵיהֶן וְיוֹשְׁבִין בְּהַר הַבַּיִת, הַשְּׁנִיָּה יוֹצְאִין עִם פִּסְחֵיהֶן וְיוֹשְׁבִין בַּחֵיל, וְהַשְּׁלִישִׁית בִּמְקוֹמָהּ עוֹמֶדֶת. חָשֵׁכָה, יָצְאוּ וְצָלוּ אֶת פִּסְחֵיהֶן.

כְּשֶׁמַּקְרִיבִין אֶת הַפֶּסַח בָּרִאשׁוֹן, מַקְרִיבִין עִמּוֹ בְּיוֹם אַרְבָּעָה עָשָׂר זֶבַח שְׁלָמִים – מִן הַבָּקָר אוֹ מִן הַצֹּאן, גְּדוֹלִים אוֹ קְטַנִּים, זְכָרִים אוֹ נְקֵבוֹת, וְהִיא נִקְרֵאת חֲגִיגַת אַרְבָּעָה עָשָׂר, עַל זֶה נֶאֱמַר בַּתּוֹרָה:
וְזָבַחְתָּ פֶּסַח לַיהוה אֱלֹהֶיךָ צֹאן וּבָקָר: וְלֹא קְבָעָהּ הַכָּתוּב חוֹבָה דברים טז
אֶלָּא רְשׁוּת בִּלְבַד, מִכָּל מָקוֹם הִיא כְחוֹבָה מִדִּבְרֵי סוֹפְרִים, כְּדֵי שֶׁיְּהֵא הַפֶּסַח נֶאֱכָל עַל הַשֹּׂבַע. אֵימָתַי מְבִיאִין עִמּוֹ חֲגִיגָה? בִּזְמַן שֶׁהוּא בָּא בְחֹל, בְּטָהֳרָה וּבְמוּעָט. וְנֶאֱכֶלֶת לִשְׁנֵי יָמִים וְלַיְלָה אֶחָד, וְדִינָהּ כְּכָל תּוֹרַת זִבְחֵי שְׁלָמִים, טְעוּנָה סְמִיכָה וּנְסָכִים, וּמַתַּן דָּמִים שְׁתַּיִם שֶׁהֵן אַרְבַּע, וּשְׁפִיכַת שִׁירַיִם לַיְסוֹד.

זֶהוּ סֵדֶר עֲבוֹדַת קָרְבַּן פֶּסַח וַחֲגִיגָה שֶׁעִמּוֹ בְּבֵית אֱלֹהֵינוּ, שֶׁיִּבָּנֶה
בִּמְהֵרָה בְיָמֵינוּ, אָמֵן. אַשְׁרֵי הָעָם שֶׁכָּכָה לּוֹ, אַשְׁרֵי הָעָם שֶׁיהוה תהלים קמד
אֱלֹהָיו:

אֱלֹהֵינוּ וֵאלֹהֵי אֲבוֹתֵינוּ, מֶלֶךְ רַחֲמָן רַחֵם עָלֵינוּ, טוֹב וּמֵיטִיב הִדָּרֶשׁ לָנוּ. שׁוּבָה אֵלֵינוּ בַּהֲמוֹן רַחֲמֶיךָ בִּגְלַל אָבוֹת שֶׁעָשׂוּ רְצוֹנֶךָ. בְּנֵה בֵיתְךָ כְּבַתְּחִלָּה וְכוֹנֵן מִקְדָּשְׁךָ עַל מְכוֹנוֹ. וְהַרְאֵנוּ בְּבִנְיָנוֹ וְשַׂמְּחֵנוּ בְּתִקּוּנוֹ. וְהָשֵׁב שְׁכִינָתְךָ לְתוֹכוֹ, וְהָשֵׁב כֹּהֲנִים לַעֲבוֹדָתָם וּלְוִיִּם

לְשִׁירָם וּלְזִמְרָם, וְהָשֵׁב יִשְׂרָאֵל לִנְוֵיהֶם. וְשָׁם נַעֲלֶה וְנֵרָאֶה וְנִשְׁתַּחֲוֶה
לְפָנֶיךָ, וְנֹאכַל שָׁם מִן הַזְּבָחִים וּמִן הַפְּסָחִים אֲשֶׁר יַגִּיעַ דָּמָם עַל
קִיר מִזְבַּחֲךָ לְרָצוֹן. יִהְיוּ לְרָצוֹן אִמְרֵי־פִי וְהֶגְיוֹן לִבִּי לְפָנֶיךָ, יהוה תהלים יט
צוּרִי וְגֹאֲלִי:

סדר הקרבת קרבן פסח כמנהג הגר"א

קוראים את הציווי בפרשת בא
(המתחיל וַיֹּאמֶר ה' אֶל־מֹשֶׁה וְאֶל־אַהֲרֹן בעמ' 457), וממשיכים:

וַיִּקְרָא מֹשֶׁה לְכָל־זִקְנֵי יִשְׂרָאֵל וַיֹּאמֶר אֲלֵהֶם מִשְׁכוּ וּקְחוּ לָכֶם צֹאן שמות יב, כא–כח
לְמִשְׁפְּחֹתֵיכֶם וְשַׁחֲטוּ הַפָּסַח: וּלְקַחְתֶּם אֲגֻדַּת אֵזוֹב וּטְבַלְתֶּם בַּדָּם אֲשֶׁר־
בַּסַּף וְהִגַּעְתֶּם אֶל־הַמַּשְׁקוֹף וְאֶל־שְׁתֵּי הַמְּזוּזֹת מִן־הַדָּם אֲשֶׁר בַּסָּף וְאַתֶּם
לֹא תֵצְאוּ אִישׁ מִפֶּתַח־בֵּיתוֹ עַד־בֹּקֶר: וְעָבַר יהוה לִנְגֹּף אֶת־מִצְרַיִם
וְרָאָה אֶת־הַדָּם עַל־הַמַּשְׁקוֹף וְעַל שְׁתֵּי הַמְּזוּזֹת וּפָסַח יהוה עַל־הַפֶּתַח
וְלֹא יִתֵּן הַמַּשְׁחִית לָבֹא אֶל־בָּתֵּיכֶם לִנְגֹּף: וּשְׁמַרְתֶּם אֶת־הַדָּבָר הַזֶּה
לְחָק־לְךָ וּלְבָנֶיךָ עַד־עוֹלָם: וְהָיָה כִּי־תָבֹאוּ אֶל־הָאָרֶץ אֲשֶׁר יִתֵּן יהוה
לָכֶם כַּאֲשֶׁר דִּבֵּר וּשְׁמַרְתֶּם אֶת־הָעֲבֹדָה הַזֹּאת: וְהָיָה כִּי־יֹאמְרוּ אֲלֵיכֶם
בְּנֵיכֶם מָה הָעֲבֹדָה הַזֹּאת לָכֶם: וַאֲמַרְתֶּם זֶבַח־פֶּסַח הוּא לַיהוה אֲשֶׁר
פָּסַח עַל־בָּתֵּי בְנֵי־יִשְׂרָאֵל בְּמִצְרַיִם בְּנָגְפּוֹ אֶת־מִצְרַיִם וְאֶת־בָּתֵּינוּ הִצִּיל
וַיִּקֹּד הָעָם וַיִּשְׁתַּחֲווּ: וַיֵּלְכוּ וַיַּעֲשׂוּ בְּנֵי יִשְׂרָאֵל כַּאֲשֶׁר צִוָּה יהוה אֶת־מֹשֶׁה
וְאַהֲרֹן כֵּן עָשׂוּ:

וַיֹּאמֶר יהוה אֶל־מֹשֶׁה וְאַהֲרֹן זֹאת חֻקַּת הַפָּסַח כָּל־בֶּן־נֵכָר לֹא־יֹאכַל שמות יב, מג–נ
בּוֹ: וְכָל־עֶבֶד אִישׁ מִקְנַת־כָּסֶף וּמַלְתָּה אֹתוֹ אָז יֹאכַל בּוֹ: תּוֹשָׁב וְשָׂכִיר
לֹא־יֹאכַל בּוֹ: בְּבַיִת אֶחָד יֵאָכֵל לֹא־תוֹצִיא מִן־הַבַּיִת מִן־הַבָּשָׂר חוּצָה
וְעֶצֶם לֹא תִשְׁבְּרוּ־בוֹ: כָּל־עֲדַת יִשְׂרָאֵל יַעֲשׂוּ אֹתוֹ: וְכִי־יָגוּר אִתְּךָ גֵּר
וְעָשָׂה פֶסַח לַיהוה הִמּוֹל לוֹ כָל־זָכָר וְאָז יִקְרַב לַעֲשֹׂתוֹ וְהָיָה כְּאֶזְרַח הָאָרֶץ
וְכָל־עָרֵל לֹא־יֹאכַל בּוֹ: תּוֹרָה אַחַת יִהְיֶה לָאֶזְרָח וְלַגֵּר הַגָּר בְּתוֹכְכֶם:
וַיַּעֲשׂוּ כָּל־בְּנֵי יִשְׂרָאֵל כַּאֲשֶׁר צִוָּה יהוה אֶת־מֹשֶׁה וְאֶת־אַהֲרֹן כֵּן עָשׂוּ:

ויקרא כג, ד–ה אלה מועדי יהוה מקראי קדש אשר־תקראו אתם במועדם: בחדש
הראשון בארבעה עשר לחדש בין הערבים פסח ליהוה:

במדבר ט, א–יד וידבר יהוה אל־משה במדבר־סיני בשנה השנית לצאתם מארץ מצרים
בחדש הראשון לאמר: ויעשו בני־ישראל את־הפסח במועדו: בארבעה
עשר־יום בחדש הזה בין הערבים תעשו אתו במעדו ככל־חקתיו וככל־
משפטיו תעשו אתו: וידבר משה אל־בני ישראל לעשת הפסח: ויעשו
את־הפסח בראשון בארבעה עשר יום לחדש בין הערבים במדבר סיני
ככל אשר צוה יהוה את־משה כן עשו בני ישראל: ויהי אנשים אשר
היו טמאים לנפש אדם ולא־יכלו לעשת־הפסח ביום ההוא ויקרבו
לפני משה ולפני אהרן ביום ההוא: ויאמרו האנשים ההמה אליו אנחנו
טמאים לנפש אדם למה נגרע לבלתי הקריב את־קרבן יהוה במעדו
בתוך בני ישראל: ויאמר אלהם משה עמדו ואשמעה מה־יצוה יהוה
לכם:

וידבר יהוה אל־משה לאמר: דבר אל־בני ישראל לאמר איש איש
כי־יהיה טמא ׀ לנפש או בדרך רחקה לכם או לדרתיכם ועשה פסח
ליהוה: בחדש השני בארבעה עשר יום בין הערבים יעשו אתו על־
מצות ומררים יאכלהו: לא־ישאירו ממנו עד־בקר ועצם לא ישברו־בו
ככל־חקת הפסח יעשו אתו: והאיש אשר־הוא טהור ובדרך לא־היה
וחדל לעשות הפסח ונכרתה הנפש ההוא מעמיה כי ׀ קרבן יהוה לא
הקריב במעדו חטאו ישא האיש ההוא: וכי־יגור אתכם גר ועשה פסח
ליהוה כחקת הפסח וכמשפטו כן יעשה חקה אחת יהיה לכם ולגר
ולאזרח הארץ:

במדבר כח, טז ובחדש הראשון בארבעה עשר יום לחדש פסח ליהוה:

דברים טז, א–ח שמור את־חדש האביב ועשית פסח ליהוה אלהיך כי בחדש האביב
הוציאך יהוה אלהיך ממצרים לילה: וזבחת פסח ליהוה אלהיך צאן
ובקר במקום אשר יבחר יהוה לשכן שמו שם: לא־תאכל עליו חמץ

שִׁבְעַת יָמִים תֹּאכַל־עָלָיו מַצּוֹת לֶחֶם עֹנִי כִּי בְחִפָּזוֹן יָצָאתָ מֵאֶרֶץ מִצְרַיִם
לְמַעַן תִּזְכֹּר אֶת־יוֹם צֵאתְךָ מֵאֶרֶץ מִצְרַיִם כֹּל יְמֵי חַיֶּיךָ: וְלֹא־יֵרָאֶה לְךָ
שְׂאֹר בְּכָל־גְּבֻלְךָ שִׁבְעַת יָמִים וְלֹא־יָלִין מִן־הַבָּשָׂר אֲשֶׁר תִּזְבַּח בָּעֶרֶב
בַּיּוֹם הָרִאשׁוֹן לַבֹּקֶר: לֹא תוּכַל לִזְבֹּחַ אֶת־הַפָּסַח בְּאַחַד שְׁעָרֶיךָ אֲשֶׁר־
יְהוָה אֱלֹהֶיךָ נֹתֵן לָךְ: כִּי אִם־אֶל־הַמָּקוֹם אֲשֶׁר־יִבְחַר יְהוָה אֱלֹהֶיךָ לְשַׁכֵּן
שְׁמוֹ שָׁם תִּזְבַּח אֶת־הַפֶּסַח בָּעָרֶב כְּבוֹא הַשֶּׁמֶשׁ מוֹעֵד צֵאתְךָ מִמִּצְרָיִם:
וּבִשַּׁלְתָּ וְאָכַלְתָּ בַּמָּקוֹם אֲשֶׁר יִבְחַר יְהוָה אֱלֹהֶיךָ בּוֹ וּפָנִיתָ בַבֹּקֶר וְהָלַכְתָּ
לְאֹהָלֶיךָ: שֵׁשֶׁת יָמִים תֹּאכַל מַצּוֹת וּבַיּוֹם הַשְּׁבִיעִי עֲצֶרֶת לַיהוָה אֱלֹהֶיךָ
לֹא תַעֲשֶׂה מְלָאכָה:

יהושע ה, י-יא
וַיַּחֲנוּ בְנֵי־יִשְׂרָאֵל בַּגִּלְגָּל וַיַּעֲשׂוּ אֶת־הַפֶּסַח בְּאַרְבָּעָה עָשָׂר יוֹם לַחֹדֶשׁ
בָּעֶרֶב בְּעַרְבוֹת יְרִיחוֹ: וַיֹּאכְלוּ מֵעֲבוּר הָאָרֶץ מִמָּחֳרַת הַפֶּסַח מַצּוֹת
וְקָלוּי בְּעֶצֶם הַיּוֹם הַזֶּה:

מלכים ב' כג, כא-כב
וַיְצַו הַמֶּלֶךְ אֶת־כָּל־הָעָם לֵאמֹר עֲשׂוּ פֶסַח לַיהוָה אֱלֹהֵיכֶם כַּכָּתוּב עַל
סֵפֶר הַבְּרִית הַזֶּה: כִּי לֹא נַעֲשָׂה כַּפֶּסַח הַזֶּה מִימֵי הַשֹּׁפְטִים אֲשֶׁר שָׁפְטוּ
אֶת־יִשְׂרָאֵל וְכֹל יְמֵי מַלְכֵי יִשְׂרָאֵל וּמַלְכֵי יְהוּדָה:

דברי הימים ב' ל, א-כ
וַיִּשְׁלַח יְחִזְקִיָּהוּ עַל־כָּל־יִשְׂרָאֵל וִיהוּדָה וְגַם־אִגְּרוֹת כָּתַב עַל־אֶפְרַיִם
וּמְנַשֶּׁה לָבוֹא לְבֵית־יְהוָה בִּירוּשָׁלִָם לַעֲשׂוֹת פֶּסַח לַיהוָה אֱלֹהֵי יִשְׂרָאֵל:
וַיִּוָּעַץ הַמֶּלֶךְ וְשָׂרָיו וְכָל־הַקָּהָל בִּירוּשָׁלִָם לַעֲשׂוֹת הַפֶּסַח בַּחֹדֶשׁ הַשֵּׁנִי: כִּי
לֹא יָכְלוּ לַעֲשֹׂתוֹ בָּעֵת הַהִיא כִּי הַכֹּהֲנִים לֹא־הִתְקַדְּשׁוּ לְמַדַּי וְהָעָם לֹא־
נֶאֶסְפוּ לִירוּשָׁלִָם: וַיִּישַׁר הַדָּבָר בְּעֵינֵי הַמֶּלֶךְ וּבְעֵינֵי כָּל־הַקָּהָל: וַיַּעֲמִידוּ
דָבָר לְהַעֲבִיר קוֹל בְּכָל־יִשְׂרָאֵל מִבְּאֵר־שֶׁבַע וְעַד־דָּן לָבוֹא לַעֲשׂוֹת
פֶּסַח לַיהוָה אֱלֹהֵי־יִשְׂרָאֵל בִּירוּשָׁלִָם כִּי לֹא לָרֹב עָשׂוּ כַּכָּתוּב: וַיֵּלְכוּ
הָרָצִים בָּאִגְּרוֹת מִיַּד הַמֶּלֶךְ וְשָׂרָיו בְּכָל־יִשְׂרָאֵל וִיהוּדָה וּכְמִצְוַת הַמֶּלֶךְ
לֵאמֹר בְּנֵי יִשְׂרָאֵל שׁוּבוּ אֶל־יְהוָה אֱלֹהֵי אַבְרָהָם יִצְחָק וְיִשְׂרָאֵל וְיָשֹׁב
אֶל־הַפְּלֵיטָה הַנִּשְׁאֶרֶת לָכֶם מִכַּף מַלְכֵי אַשּׁוּר: וְאַל־תִּהְיוּ כַּאֲבוֹתֵיכֶם
וְכַאֲחֵיכֶם אֲשֶׁר מָעֲלוּ בַּיהוָה אֱלֹהֵי אֲבוֹתֵיהֶם וַיִּתְּנֵם לְשַׁמָּה כַּאֲשֶׁר אַתֶּם

ראים: עתה אל-תקשו ערפכם כאבותיכם תנו-יד ליהוה ובאו למקדשו
אשר הקדיש לעולם ועבדו את-יהוה אלהיכם וישב מכם חרון אפו:
כי בשובכם על-יהוה אחיכם ובניכם לרחמים לפני שוביהם ולשוב
לארץ הזאת כי-חנון ורחום יהוה אלהיכם ולא-יסיר פנים מכם אם-
תשובו אליו: ויהיו הרצים עברים מעיר | לעיר בארץ-אפרים
ומנשה ועד-זבלון ויהיו משחיקים עליהם ומלעגים בם: אך אנשים
מאשר ומנשה ומזבלון נכנעו ויבאו לירושלם: גם ביהודה היתה יד
האלהים לתת להם לב אחד לעשות מצות המלך והשרים בדבר
יהוה: ויאספו ירושלם עם-רב לעשות את-חג המצות בחדש השני
קהל לרב מאד: ויקמו ויסירו את-המזבחות אשר בירושלם ואת כל-
המקטרות הסירו וישליכו לנחל קדרון: וישחטו הפסח בארבעה עשר
לחדש השני והכהנים והלוים נכלמו ויתקדשו ויביאו עלות בית יהוה:
ויעמדו על-עמדם כמשפטם כתורת משה איש-האלהים הכהנים
זרקים את-הדם מיד הלוים: כי-רבת בקהל אשר לא-התקדשו והלוים
על-שחיטת הפסחים לכל לא טהור להקדיש ליהוה: כי מרבית העם
רבת מאפרים ומנשה יששכר וזבלון לא הטהרו כי-אכלו את-הפסח
בלא ככתוב כי התפלל יחזקיהו עליהם לאמר יהוה הטוב יכפר בעד:
כל-לבבו הכין לדרוש האלהים | יהוה אלהי אבותיו ולא כטהרת
הקדש: וישמע יהוה אל-יחזקיהו וירפא את-העם:

ויעש יאשיהו בירושלם פסח ליהוה וישחטו הפסח בארבעה עשר (דברי הימים ב' לה, א-יט)
לחדש הראשון: ויעמד הכהנים על-משמרותם ויחזקם לעבודת בית
יהוה: ויאמר ללוים המבונים לכל-ישראל הקדושים ליהוה תנו את- (המבינים)
ארון-הקדש בבית אשר בנה שלמה בן-דויד מלך ישראל אין-לכם
משא בכתף עתה עבדו את-יהוה אלהיכם ואת עמו ישראל: והכונו (והכינו)
לבית-אבתיכם כמחלקותיכם בכתב דויד מלך ישראל ובמכתב שלמה
בנו: ועמדו בקדש לפלגות בית האבות לאחיכם בני העם וחלקת בית-
אב ללוים: ושחטו הפסח והתקדשו והכינו לאחיכם לעשות כדבר-

יְהוָה בְּיַד־מֹשֶׁה: וַיָּרֶם יֹאשִׁיָּהוּ לִבְנֵי הָעָם צֹאן כְּבָשִׂים וּבְנֵי־
עִזִּים הַכֹּל לַפְּסָחִים לְכָל־הַנִּמְצָא לְמִסְפַּר שְׁלֹשִׁים אֶלֶף וּבָקָר שְׁלֹשֶׁת
אֲלָפִים אֵלֶּה מֵרְכוּשׁ הַמֶּלֶךְ: וְשָׂרָיו לִנְדָבָה לָעָם לַכֹּהֲנִים וְלַלְוִיִּם
הֵרִימוּ חִלְקִיָּה וּזְכַרְיָהוּ וִיחִיאֵל נְגִידֵי בֵּית הָאֱלֹהִים לַכֹּהֲנִים נָתְנוּ לַפְּסָחִים
אַלְפַּיִם וְשֵׁשׁ מֵאוֹת וּבָקָר שְׁלֹשׁ מֵאוֹת: וכונניהו וּשְׁמַעְיָהוּ וּנְתַנְאֵל אֶחָיו וְכָנַנְיָהוּ
וַחֲשַׁבְיָהוּ וִיעִיאֵל וְיוֹזָבָד שָׂרֵי הַלְוִיִּם הֵרִימוּ לַלְוִיִּם לַפְּסָחִים חֲמֵשֶׁת אֲלָפִים
וּבָקָר חֲמֵשׁ מֵאוֹת: וַתִּכּוֹן הָעֲבוֹדָה וַיַּעַמְדוּ הַכֹּהֲנִים עַל־עָמְדָם וְהַלְוִיִּם
עַל־מַחְלְקוֹתָם כְּמִצְוַת הַמֶּלֶךְ: וַיִּשְׁחֲטוּ הַפָּסַח וַיִּזְרְקוּ הַכֹּהֲנִים מִיָּדָם
וְהַלְוִיִּם מַפְשִׁיטִים: וַיָּסִירוּ הָעֹלָה לְתִתָּם לְמִפְלַגּוֹת לְבֵית־אָבוֹת לִבְנֵי
הָעָם לְהַקְרִיב לַיהוָה כַּכָּתוּב בְּסֵפֶר מֹשֶׁה וְכֵן לַבָּקָר: וַיְבַשְּׁלוּ הַפֶּסַח
בָּאֵשׁ כַּמִּשְׁפָּט וְהַקֳּדָשִׁים בִּשְּׁלוּ בַּסִּירוֹת וּבַדְּוָדִים וּבַצֵּלָחוֹת וַיָּרִיצוּ לְכָל־
בְּנֵי הָעָם: וְאַחַר הֵכִינוּ לָהֶם וְלַכֹּהֲנִים כִּי הַכֹּהֲנִים בְּנֵי אַהֲרֹן בְּהַעֲלוֹת
הָעוֹלָה וְהַחֲלָבִים עַד־לָיְלָה וְהַלְוִיִּם הֵכִינוּ לָהֶם וְלַכֹּהֲנִים בְּנֵי אַהֲרֹן:
וְהַמְשֹׁרְרִים בְּנֵי־אָסָף עַל־מַעֲמָדָם כְּמִצְוַת דָּוִיד וְאָסָף וְהֵימָן וִידֻתוּן
חוֹזֵה הַמֶּלֶךְ וְהַשֹּׁעֲרִים לְשַׁעַר וָשָׁעַר אֵין לָהֶם לָסוּר מֵעַל עֲבֹדָתָם כִּי־
אֲחֵיהֶם הַלְוִיִּם הֵכִינוּ לָהֶם: וַתִּכּוֹן כָּל־עֲבוֹדַת יְהוָה בַּיּוֹם הַהוּא לַעֲשׂוֹת
הַפֶּסַח וְהַעֲלוֹת עֹלוֹת עַל מִזְבַּח יְהוָה כְּמִצְוַת הַמֶּלֶךְ יֹאשִׁיָּהוּ: וַיַּעֲשׂוּ
בְנֵי־יִשְׂרָאֵל הַנִּמְצְאִים אֶת־הַפֶּסַח בָּעֵת הַהִיא וְאֶת־חַג הַמַּצּוֹת שִׁבְעַת
יָמִים: וְלֹא־נַעֲשָׂה פֶסַח כָּמֹהוּ בְּיִשְׂרָאֵל מִימֵי שְׁמוּאֵל הַנָּבִיא וְכָל־מַלְכֵי
יִשְׂרָאֵל ׀ לֹא־עָשׂוּ כַּפֶּסַח אֲשֶׁר־עָשָׂה יֹאשִׁיָּהוּ וְהַכֹּהֲנִים וְהַלְוִיִּם וְכָל־
יְהוּדָה וְיִשְׂרָאֵל הַנִּמְצָא וְיוֹשְׁבֵי יְרוּשָׁלִָם: בִּשְׁמוֹנֶה עֶשְׂרֵה שָׁנָה
לְמַלְכוּת יֹאשִׁיָּהוּ נַעֲשָׂה הַפֶּסַח הַזֶּה:

יש ממשיכים 'כָּךְ הָיְתָה עֲבוֹדַת קָרְבַּן הַפֶּסַח' בעמ' 458.

פיוטי גאולה – ברח דודי

במחזורי אשכנז הישנים משולבות בתוך ברכות קריאת שמע לחגים מערכות פיוטים המכונות 'יוצרות'. בדורות האחרונים ברוב הקהילות נהגו לדלג על ה'יוצרות', אך בקהילות רבות בחו"ל עדיין נוהגים לומר בפסח את הפיוט האחרון במערכת, שהוא תפילה לגאולה.

גאולה ליום טוב ראשון של פסח

בְּרַח דּוֹדִי עַד שֶׁתְּחַפֵּץ אַהֲבַת כְּלוּלֵינוּ\
שׁוּב לְרַחֵם, כִּי כָלִינוּ\
מַלְכֵי אֱדוֹם הָרְשָׁעָה, שׁוֹבֵינוּ, תּוֹלָלֵינוּ\
הֲרֹס וְקַעְקַע בִּצְעָתָם מִתִּלֵּנוּ\
הָקֵם טוּרָךְ, נַגֵּן שְׁתִילֵינוּ הִנֵּה־זֶה עוֹמֵד אַחַר כָּתְלֵנוּ: שיר השירים ב

בְּרַח דּוֹדִי עַד שֶׁיָּפוּחַ קֵץ מַחֲזֶה\
חִישׁ וְנָסוּ הַצְּלָלִים מִזֶּה\
יָרוּם וְנִשָּׂא, וְגָבְוֹהַּ נִבְזֶה\
יַשְׂכִּיל וְיוֹכִיחַ, וְגוֹיִם רַבִּים יַזֶּה\
חֲשֹׂף זְרוֹעֲךָ, קְרָא כָזֶה קוֹל דּוֹדִי הִנֵּה־זֶה: שיר השירים ב

שיר השירים ח בְּרַח דּוֹדִי וּדְמֵה־לְךָ לִצְבִי: / יָגֵל, יָגֵשׁ, קֵץ קִצְבִּי\
דַּלּוֹתִי מִשְּׁבִי / לַעֲטֶרֶת צְבִי\
תְּעוּבִים, תְּאֵבִים הַר צְבִי / וְאֵין מֵבִיא וְנָבִיא\
וְלֹא תִשְׁבִּי / מְשַׁוִּי, מְשִׁיבִי\
רִיבָה רִיבִי / הָסֵר חוֹבִי וּכְאֵבִי\
וְיֵרָא וְיֵבוֹשׁ אוֹיְבִי / וְאָשִׁיבָה חוֹרְפִי בְּנִיבִי\
זֶה דוֹדִי, גּוֹאֲלִי, קְרוֹבִי / רֵעִי וַאֲהוּבִי / אֵל אֱלֹהֵי אָבִי.

בִּגְלַל אָבוֹת תּוֹשִׁיעַ בָּנִים, וְתָבִיא גְאֻלָּה לִבְנֵי בְנֵיהֶם\
בָּרוּךְ אַתָּה יהוה, גָּאַל יִשְׂרָאֵל.

ממשיכים בעמידה בעמ' 139.

גאולה ליום טוב שני של פסח

בְּרַח דוֹדִי אֶל מָכוֹן לְשִׁבְתָּךְ
וְאִם עָבַרְנוּ אֶת בְּרִיתָךְ
אָנָּא זְכֹר אִוּוּי חֻפָּתָךְ
הָקֵם קֹשֶׁט מִלָּתָךְ / כּוֹנֵן מְשׂוֹשׂ קִרְיָתָךְ
הַעֲלוֹתָהּ עַל רֹאשׁ שִׂמְחָתָךְ

בְּרַח דּוֹדִי אֶל שָׁלֵם סֻכָּךְ
וְאִם תָּעִינוּ מִדַּרְכָּךְ
אָנָּא הָצֵץ מֵחֲרַכָּךְ
וְתוֹשִׁיעַ עַם עָנִי וּמְתֻכָּךְ / חֲמָתְךָ מֵהֶם לְשַׁכָּךְ
וּבְאֶבְרָתְךָ סֶלָה לְהִסְתּוֹכָךְ

בְּרַח דּוֹדִי אֶל לִבָּךְ וְעֵינֶיךָ שָׁם
וְאִם זָנַחְנוּ טוֹב מִרְשָׁם
אָנָּא שְׁמַע שַׁאֲגַת קוֹל צוֹרְרֶיךָ וְרִגְשָׁם
רַוֵּה מִדָּם גּוּשָׁם / וַעֲפָרָם מֵחֵלֶב יְדֻשָּׁם
וּפִגְרֵיהֶם, יַעֲלֶה בָאְשָׁם

בְּרַח דּוֹדִי אֶל מָרוֹם מֵרִאשׁוֹן
וְאִם בָּגַדְנוּ בְּכַחֲשׁוֹן
אָנָּא סְכוֹת צָקוּן לַחֲשׁוֹן
דְּלוּתִי מִטְּבוּעַ רִפְשׁוֹן / גְּאַל נְצוּרֵי כְּאִישׁוֹן
כְּאָז בַּחֹדֶשׁ הָרִאשׁוֹן.

בִּגְלַל אָבוֹת תּוֹשִׁיעַ בָּנִים, וְתָבִיא גְּאֻלָּה לִבְנֵי בְנֵיהֶם
בָּרוּךְ אַתָּה יהוה, גָּאַל יִשְׂרָאֵל.

ממשיכים בעמידה בעמ' 139.

גאולה לשבת חול המועד פסח

בשנים שבהן יום ראשון ואחרון של פסח חלים בשבת,
אומרים פיוט זה באחרון של פסח.

בְּרַח דּוֹדִי אֶל שַׁאֲנָן נָוֶה   אִם הֶלְאֵינוּ דֶּרֶךְ הַעֲוֵה
הִנֵּה לָקִינוּ בְּכָל מַדְוֶה   וְאַתָּה יהוה מָעוֹז וּמִקְוֶה
עָלֶיךָ כָּל הַיּוֹם נְקַוֶּה   לְגָאֳלֵנוּ וּלְשִׁיתֵנוּ כְּגַן רָוֶה.

בְּרַח דּוֹדִי אֶל מְקוֹם מִקְדָּשֵׁנוּ   אִם עֲוֹנוֹת עָבְרוּ רֹאשֵׁנוּ
הִנֵּה בַּרְזֶל בָּאָה נַפְשֵׁנוּ   וְאַתָּה יהוה אוֹרֵנוּ, קְדוֹשֵׁנוּ
עָלֶיךָ נִשְׁפֹּךְ שִׂיחַ רַחֲשֵׁנוּ   לְגָאֳלֵנוּ מִמְּעוֹן קָדְשְׁךָ לְהַחְפִּישֵׁנוּ.

בְּרַח דּוֹדִי אֶל עִיר צִדְקֵנוּ   אִם לֹא שָׁמַעְנוּ לְקוֹל מַצְדִּיקֵנוּ
הִנֵּה אֲכָלוּנוּ בְּכָל פֶּה מְדִקֵּינוּ   וְאַתָּה יהוה שׁוֹפְטֵנוּ, מְחוֹקְקֵנוּ
עָלֶיךָ נַשְׁלִיךְ יְהַב חֶלְקֵנוּ   לְגָאֳלֵנוּ בְּהַשְׁקֵט וּבְבִטְחָה לְהַחֲזִיקֵנוּ.

בְּרַח דּוֹדִי אֶל וַעַד הַזְּבוּל   עִם עָלְךָ סָבַלְנוּ בְּלִי סָבוּל
הִנֵּה שִׁחֲתוּנוּ בְּכָל מִינֵי חִבּוּל   וְאַתָּה יהוה מְשַׂמֵּחַ אָבוּל
עָלֶיךָ נַסְבִּיר לְהַתִּיר כָּבוּל   לְגָאֳלֵנוּ לְהִתְגַּדֵּל מֵעַל גְּבוּל.

בְּרַח דּוֹדִי אֶל נִשָּׂא מִגְּבָעוֹת   אִם זַדְנוּ בְּפֶרַע פְּרָעוֹת
הִנֵּה הִשִּׂיגוּנוּ צָרוֹת רַבּוֹת וְרָעוֹת   וְאַתָּה יהוה אֵל לְמוֹשָׁעוֹת
עָלֶיךָ נִתְחַנֵּן שִׂיחַ שְׁוָעוֹת   לְגָאֳלֵנוּ וּלְעַטְּרֵנוּ נֹעַם יְשׁוּעוֹת.

בִּגְלַל אָבוֹת תּוֹשִׁיעַ בָּנִים
וְתָבִיא גְאֻלָּה לִבְנֵי בְנֵיהֶם
בָּרוּךְ אַתָּה יהוה, גָּאַל יִשְׂרָאֵל.

ממשיכים בעמידה בעמ' 139.

גאולה לשביעי של פסח

בשביעי של פסח אומרים את הפיוט ׳יוֹם לְיַבָּשָׁה׳ שכתב ר׳ יהודה הלוי, המתאר את קריעת ים סוף. יש האומרים אותו גם בסעודות ברית מילה בגלל הבית המתחיל ׳הַבָּאִים עִמְּךָ׳.

יוֹם לְיַבָּשָׁה נֶהֶפְכוּ מְצוּלִים
שִׁירָה חֲדָשָׁה שִׁבְּחוּ גְאוּלִים.

יוֹם בְּצַר נִכְבַּדְתָּ / וְאֵלַי נֶחְמַדְתָּ / וְלְךָ עֹז יִסַּדְתָּ
מִפִּי עוֹלָלִים.
הִטְבַּעְתָּ בְּתַרְמִית / רַגְלֵי בַּת עֲנָמִית / וּפַעֲמֵי שׁוּלַמִּית
יָפוּ בַּנְּעָלִים.
וְכָל רוֹאַי יְשׁוּרוּן / בְּעֵת הוֹדְךָ יְשׁוֹרְרוּן / אֵין כָּאֵל יְשֻׁרוּן
וְאוֹיְבֵינוּ פְּלִילִים.
דִּגְלֵי כֵּן תָּרִים / עַל הַנִּשְׁאָרִים / וּתְלַקֵּט נְפוּזָרִים
כִּמְלַקֵּט שִׁבֳּלִים.
הַבָּאִים עִמְּךָ / בִּבְרִית חוֹתָמְךָ / וּמִבֶּטֶן לִשְׁמְךָ
הֵמָּה נְמוּלִים.
הַרְאוּ אוֹתוֹתָם / לְכָל רוֹאֶה אוֹתָם / וְעַל כַּנְפֵי כְסוּתָם
עָשׂוּ גְּדִילִים.
לְמִי זֹאת נִרְשֶׁמֶת / הַכֶּר נָא דְּבַר אֱמֶת / לְמִי הַחוֹתֶמֶת
וּלְמִי הַפְּתִילִים.
וְשׁוּב שֵׁנִית לְקַדְּשָׁהּ / וְאַל תּוֹסֵף לְגָרְשָׁהּ / וְהַעֲלֵה אוֹר שִׁמְשָׁהּ
וְנָסוּ הַצְּלָלִים.
יְדִידִים רוֹמְמוּךָ / בְּשִׁירָה קִדְּמוּךָ / מִי כָמֹכָה
יהוה בָּאֵלִים.

בִּגְלַל אָבוֹת תּוֹשִׁיעַ בָּנִים
וְתָבִיא גְאֻלָּה לִבְנֵי בְנֵיהֶם
בָּרוּךְ אַתָּה יהוה גָּאַל יִשְׂרָאֵל.

ממשיכים בעמידה בעמ׳ 139.

קריאת התורה ליום טוב שני בחו״ל

ביום טוב שני של פסח קוראים ׳שׁוֹר אוֹ־כֶשֶׂב׳ בעמ׳ 408.

קריאה ליום אחרון של פסח, ליום טוב שני של שבועות ולשמיני עצרת

באחרון של פסח וביום טוב שני של שבועות החלים בשבת,
ובשמיני עצרת (אפילו ביום חול) מתחילים כאן.

אם היום האחרון של פסח או יום טוב שני של שבועות
חל ביום חול, מתחילים ׳כָּל־הַבְּכוֹר׳ בעמ׳ 472.

דברים יד,כב – טז,יז עַשֵּׂר תְּעַשֵּׂר אֵת כָּל־תְּבוּאַת זַרְעֶךָ הַיֹּצֵא הַשָּׂדֶה שָׁנָה שָׁנָה:
וְאָכַלְתָּ לִפְנֵי ׀ יְהֹוָה אֱלֹהֶיךָ בַּמָּקוֹם אֲשֶׁר־יִבְחַר לְשַׁכֵּן שְׁמוֹ
שָׁם מַעְשַׂר דְּגָנְךָ תִּירֹשְׁךָ וְיִצְהָרֶךָ וּבְכֹרֹת בְּקָרְךָ וְצֹאנֶךָ לְמַעַן
תִּלְמַד לְיִרְאָה אֶת־יְהֹוָה אֱלֹהֶיךָ כָּל־הַיָּמִים: וְכִי־יִרְבֶּה מִמְּךָ
הַדֶּרֶךְ כִּי לֹא תוּכַל שְׂאֵתוֹ כִּי־יִרְחַק מִמְּךָ הַמָּקוֹם אֲשֶׁר יִבְחַר
יְהֹוָה אֱלֹהֶיךָ לָשׂוּם שְׁמוֹ שָׁם כִּי יְבָרֶכְךָ יְהֹוָה אֱלֹהֶיךָ: וְנָתַתָּה
בַּכָּסֶף וְצַרְתָּ הַכֶּסֶף בְּיָדְךָ וְהָלַכְתָּ אֶל־הַמָּקוֹם אֲשֶׁר יִבְחַר יְהֹוָה
אֱלֹהֶיךָ בּוֹ: וְנָתַתָּה הַכֶּסֶף בְּכֹל אֲשֶׁר־תְּאַוֶּה נַפְשְׁךָ בַּבָּקָר
וּבַצֹּאן וּבַיַּיִן וּבַשֵּׁכָר וּבְכֹל אֲשֶׁר תִּשְׁאָלְךָ נַפְשֶׁךָ וְאָכַלְתָּ שָּׁם
לִפְנֵי יְהֹוָה אֱלֹהֶיךָ וְשָׂמַחְתָּ אַתָּה וּבֵיתֶךָ: וְהַלֵּוִי אֲשֶׁר־בִּשְׁעָרֶיךָ
לֹא תַעַזְבֶנּוּ כִּי אֵין לוֹ חֵלֶק וְנַחֲלָה עִמָּךְ: מִקְצֵה ׀
שָׁלֹשׁ שָׁנִים תּוֹצִיא אֶת־כָּל־מַעְשַׂר תְּבוּאָתְךָ בַּשָּׁנָה הַהִוא
וְהִנַּחְתָּ בִּשְׁעָרֶיךָ: וּבָא הַלֵּוִי כִּי אֵין־לוֹ חֵלֶק וְנַחֲלָה עִמָּךְ וְהַגֵּר
וְהַיָּתוֹם וְהָאַלְמָנָה אֲשֶׁר בִּשְׁעָרֶיךָ וְאָכְלוּ וְשָׂבֵעוּ לְמַעַן יְבָרֶכְךָ
לוי יְהֹוָה אֱלֹהֶיךָ בְּכָל־מַעֲשֵׂה יָדְךָ אֲשֶׁר תַּעֲשֶׂה: מִקֵּץ
שֶׁבַע־שָׁנִים תַּעֲשֶׂה שְׁמִטָּה: וְזֶה דְּבַר הַשְּׁמִטָּה שָׁמוֹט כָּל־בַּעַל
מַשֵּׁה יָדוֹ אֲשֶׁר יַשֶּׁה בְּרֵעֵהוּ לֹא־יִגֹּשׂ אֶת־רֵעֵהוּ וְאֶת־אָחִיו
כִּי־קָרָא שְׁמִטָּה לַיהֹוָה: אֶת־הַנָּכְרִי תִּגֹּשׂ וַאֲשֶׁר יִהְיֶה לְךָ אֶת־

אָחִ֖יךָ תַּשְׁמֵ֥ט יָדֶֽךָ׃ אֶ֕פֶס כִּ֛י לֹ֥א יִֽהְיֶה־בְּךָ֖ אֶבְי֑וֹן כִּֽי־בָרֵ֤ךְ יְבָֽרֶכְךָ֙ יהוֹ֔ה בָּאָ֕רֶץ אֲשֶׁר֙ יהוָ֣ה אֱלֹהֶ֔יךָ נֹתֵֽן־לְךָ֥ נַחֲלָ֖ה לְרִשְׁתָּֽהּ׃ רַ֚ק אִם־שָׁמ֣וֹעַ תִּשְׁמַ֔ע בְּק֖וֹל יהוָ֣ה אֱלֹהֶ֑יךָ לִשְׁמֹ֤ר לַעֲשׂוֹת֙ אֶת־כָּל־הַמִּצְוָ֣ה הַזֹּ֔את אֲשֶׁ֛ר אָנֹכִ֥י מְצַוְּךָ֖ הַיּֽוֹם׃ כִּֽי־יהוָ֤ה אֱלֹהֶ֙יךָ֙ בֵּֽרַכְךָ֔ כַּאֲשֶׁ֖ר דִּבֶּר־לָ֑ךְ וְהַעֲבַטְתָּ֞ גּוֹיִ֣ם רַבִּ֗ים וְאַתָּה֙ לֹ֣א תַעֲבֹ֔ט וּמָֽשַׁלְתָּ֙ בְּגוֹיִ֣ם רַבִּ֔ים וּבְךָ֖ לֹ֥א יִמְשֹֽׁלוּ׃

כִּֽי־יִהְיֶ֨ה בְךָ֜ אֶבְי֗וֹן מֵאַחַ֤ד אַחֶ֙יךָ֙ בְּאַחַ֣ד שְׁעָרֶ֔יךָ בְּאַ֨רְצְךָ֔ אֲשֶׁר־יהוָ֥ה אֱלֹהֶ֖יךָ נֹתֵ֣ן לָ֑ךְ לֹ֧א תְאַמֵּ֣ץ אֶת־לְבָבְךָ֗ וְלֹ֤א תִקְפֹּץ֙ אֶת־יָ֣דְךָ֔ מֵאָחִ֖יךָ הָאֶבְיֽוֹן׃ כִּֽי־פָתֹ֧חַ תִּפְתַּ֛ח אֶת־יָדְךָ֖ ל֑וֹ וְהַעֲבֵט֙ תַּעֲבִיטֶ֔נּוּ דֵּ֚י מַחְסֹר֔וֹ אֲשֶׁ֥ר יֶחְסַ֖ר לֽוֹ׃ הִשָּׁ֣מֶר לְךָ֡ פֶּן־יִהְיֶ֣ה דָבָר֩ עִם־לְבָבְךָ֨ בְלִיַּ֜עַל לֵאמֹ֗ר קָֽרְבָ֣ה שְׁנַֽת־הַשֶּׁ֘בַע֮ שְׁנַ֣ת הַשְּׁמִטָּה֒ וְרָעָ֣ה עֵֽינְךָ֗ בְּאָחִ֙יךָ֙ הָֽאֶבְי֔וֹן וְלֹ֥א תִתֵּ֖ן ל֑וֹ וְקָרָ֨א עָלֶ֜יךָ אֶל־יהוֹ֗ה וְהָיָ֥ה בְךָ֖ חֵֽטְא׃ נָת֤וֹן תִּתֵּן֙ ל֔וֹ וְלֹא־יֵרַ֥ע לְבָבְךָ֖ בְּתִתְּךָ֣ ל֑וֹ כִּ֞י בִּגְלַ֣ל ׀ הַדָּבָ֣ר הַזֶּ֗ה יְבָרֶכְךָ֙ יהוָ֣ה אֱלֹהֶ֔יךָ בְּכָֽל־מַעֲשֶׂ֔ךָ וּבְכֹ֖ל מִשְׁלַ֥ח יָדֶֽךָ׃ כִּ֛י לֹא־יֶחְדַּ֥ל אֶבְי֖וֹן מִקֶּ֣רֶב הָאָ֑רֶץ עַל־כֵּ֞ן אָנֹכִ֤י מְצַוְּךָ֙ לֵאמֹ֔ר פָּ֠תֹחַ תִּפְתַּ֨ח אֶת־יָדְךָ֜ לְאָחִ֧יךָ לַעֲנִיֶּ֛ךָ וּלְאֶבְיֹנְךָ֖ בְּאַרְצֶֽךָ׃

כִּֽי־יִמָּכֵ֨ר לְךָ֜ אָחִ֣יךָ הָֽעִבְרִ֗י א֚וֹ הָֽעִבְרִיָּ֔ה וַעֲבָֽדְךָ֖ שֵׁ֣שׁ שָׁנִ֑ים וּבַשָּׁנָה֙ הַשְּׁבִיעִ֔ת תְּשַׁלְּחֶ֥נּוּ חָפְשִׁ֖י מֵעִמָּֽךְ׃ וְכִֽי־תְשַׁלְּחֶ֥נּוּ חָפְשִׁ֖י מֵֽעִמָּ֑ךְ לֹ֥א תְשַׁלְּחֶ֖נּוּ רֵיקָֽם׃ הַעֲנֵ֤יק תַּעֲנִיק֙ ל֔וֹ מִצֹּ֣אנְךָ֔ וּמִֽגָּרְנְךָ֖ וּמִיִּקְבֶ֑ךָ אֲשֶׁ֧ר בֵּרַכְךָ֛ יהוָ֥ה אֱלֹהֶ֖יךָ תִּתֶּן־לֽוֹ׃ וְזָכַרְתָּ֗ כִּ֣י עֶ֤בֶד הָיִ֙יתָ֙ בְּאֶ֣רֶץ מִצְרַ֔יִם וַֽיִּפְדְּךָ֖ יהוָ֣ה אֱלֹהֶ֑יךָ עַל־כֵּ֞ן אָנֹכִ֧י מְצַוְּךָ֛ אֶת־הַדָּבָ֥ר הַזֶּ֖ה הַיּֽוֹם׃ וְהָיָה֙ כִּֽי־יֹאמַ֣ר אֵלֶ֔יךָ לֹ֥א אֵצֵ֖א מֵעִמָּ֑ךְ כִּ֤י אֲהֵֽבְךָ֙ וְאֶת־בֵּיתֶ֔ךָ כִּי־ט֥וֹב ל֖וֹ עִמָּֽךְ׃ וְלָקַחְתָּ֣ אֶת־הַמַּרְצֵ֗עַ וְנָתַתָּ֤ה בְאָזְנוֹ֙ וּבַדֶּ֔לֶת וְהָיָ֥ה לְךָ֖ עֶ֣בֶד עוֹלָ֑ם וְאַ֥ף

לאמתך תעשה־כן: לא־יקשה בעינך בשלחך אתו חפשי
מעמך כי משנה שכר שכיר עבדך שש שנים וברכך יהוה
אלהיך בכל אשר תעשה:

באחרון של פסח וביום טוב שני של שבועות החלים ביום חול, מתחילים כאן:

(בשבת שלישי) כל־הבכור אשר יולד בבקרך ובצאנך הזכר תקדיש ליהוה
אלהיך לא תעבד בבכר שורך ולא תגז בכור צאנך: לפני
יהוה אלהיך תאכלנו שנה בשנה במקום אשר־יבחר יהוה
אתה וביתך: וכי־יהיה בו מום פסח או עור כל מום רע לא
תזבחנו ליהוה אלהיך: בשעריך תאכלנו הטמא והטהור
יחדו כצבי וכאיל: רק את־דמו לא תאכל על־הארץ תשפכנו
כמים:

לוי (בשבת רביעי) שמור את־חדש האביב ועשית פסח ליהוה אלהיך כי בחדש
האביב הוציאך יהוה אלהיך ממצרים לילה: וזבחת פסח
ליהוה אלהיך צאן ובקר במקום אשר יבחר יהוה לשכן שמו
שם: לא־תאכל עליו חמץ שבעת ימים תאכל־עליו מצות
לחם עני כי בחפזון יצאת מארץ מצרים למען תזכר את־יום
שלישי (בשבת חמישי) צאתך מארץ מצרים כל ימי חייך: ולא־יראה לך שאר בכל־
גבלך שבעת ימים ולא־ילין מן־הבשר אשר תזבח בערב ביום
הראשון לבקר: לא תוכל לזבח את־הפסח באחד שעריך
אשר־יהוה אלהיך נתן לך: כי אם־אל־המקום אשר־יבחר
יהוה אלהיך לשכן שמו שם תזבח את־הפסח בערב כבוא
השמש מועד צאתך ממצרים: ובשלת ואכלת במקום אשר
יבחר יהוה אלהיך בו ופנית בבקר והלכת לאהליך: ששת
ימים תאכל מצות וביום השביעי עצרת ליהוה אלהיך לא

רביעי (בשבת ששי)

תַּעֲשֶׂה מְלָאכָה׃ שִׁבְעָה שָׁבֻעֹת תִּסְפָּר־לָךְ מֵהָחֵל חֶרְמֵשׁ בַּקָּמָה תָּחֵל לִסְפֹּר שִׁבְעָה שָׁבֻעוֹת׃ וְעָשִׂיתָ חַג שָׁבֻעוֹת לַיהוָה אֱלֹהֶיךָ מִסַּת נִדְבַת יָדְךָ אֲשֶׁר תִּתֵּן כַּאֲשֶׁר יְבָרֶכְךָ יְהוָה אֱלֹהֶיךָ׃ וְשָׂמַחְתָּ לִפְנֵי ׀ יְהוָה אֱלֹהֶיךָ אַתָּה וּבִנְךָ וּבִתֶּךָ וְעַבְדְּךָ וַאֲמָתֶךָ וְהַלֵּוִי אֲשֶׁר בִּשְׁעָרֶיךָ וְהַגֵּר וְהַיָּתוֹם וְהָאַלְמָנָה אֲשֶׁר בְּקִרְבֶּךָ בַּמָּקוֹם אֲשֶׁר יִבְחַר יְהוָה אֱלֹהֶיךָ לְשַׁכֵּן שְׁמוֹ שָׁם׃ וְזָכַרְתָּ כִּי־עֶבֶד הָיִיתָ בְּמִצְרָיִם וְשָׁמַרְתָּ וְעָשִׂיתָ אֶת־הַחֻקִּים הָאֵלֶּה׃

חמישי (בשבת שביעי)

חַג הַסֻּכֹּת תַּעֲשֶׂה לְךָ שִׁבְעַת יָמִים בְּאָסְפְּךָ מִגָּרְנְךָ וּמִיִּקְבֶךָ׃ וְשָׂמַחְתָּ בְּחַגֶּךָ אַתָּה וּבִנְךָ וּבִתֶּךָ וְעַבְדְּךָ וַאֲמָתֶךָ וְהַלֵּוִי וְהַגֵּר וְהַיָּתוֹם וְהָאַלְמָנָה אֲשֶׁר בִּשְׁעָרֶיךָ׃ שִׁבְעַת יָמִים תָּחֹג לַיהוָה אֱלֹהֶיךָ בַּמָּקוֹם אֲשֶׁר־יִבְחַר יְהוָה כִּי יְבָרֶכְךָ יְהוָה אֱלֹהֶיךָ בְּכֹל־תְּבוּאָתְךָ וּבְכֹל מַעֲשֵׂה יָדֶיךָ וְהָיִיתָ אַךְ שָׂמֵחַ׃ שָׁלוֹשׁ פְּעָמִים ׀ בַּשָּׁנָה יֵרָאֶה כָל־זְכוּרְךָ אֶת־פְּנֵי ׀ יְהוָה אֱלֹהֶיךָ בַּמָּקוֹם אֲשֶׁר יִבְחָר בְּחַג הַמַּצּוֹת וּבְחַג הַשָּׁבֻעוֹת וּבְחַג הַסֻּכּוֹת וְלֹא יֵרָאֶה אֶת־פְּנֵי יְהוָה רֵיקָם׃ אִישׁ כְּמַתְּנַת יָדוֹ כְּבִרְכַּת יְהוָה אֱלֹהֶיךָ אֲשֶׁר נָתַן־לָךְ׃

חצי קדיש

לפני שקוראים למפטיר, בעל הקורא אומר חצי קדיש (רמב״ם, תפילה פי״ב ה״כ).

קורא: יִתְגַּדַּל וְיִתְקַדַּשׁ שְׁמֵהּ רַבָּא (קהל: אָמֵן)

בְּעָלְמָא דִּי בְרָא כִרְעוּתֵהּ

וְיַמְלִיךְ מַלְכוּתֵהּ

בְּחַיֵּיכוֹן וּבְיוֹמֵיכוֹן וּבְחַיֵּי דְכָל בֵּית יִשְׂרָאֵל

בַּעֲגָלָא וּבִזְמַן קָרִיב, וְאִמְרוּ אָמֵן. (קהל: אָמֵן)

קהל וקורא: יְהֵא שְׁמֵהּ רַבָּא מְבָרַךְ לְעָלַם וּלְעָלְמֵי עָלְמַיָּא.

קורא: יִתְבָּרַךְ וְיִשְׁתַּבַּח וְיִתְפָּאַר וְיִתְרוֹמַם וְיִתְנַשֵּׂא
וְיִתְהַדָּר וְיִתְעַלֶּה וְיִתְהַלָּל
שְׁמֵהּ דְּקֻדְשָׁא בְּרִיךְ הוּא (קהל: בְּרִיךְ הוּא)
לְעֵלָּא מִן כָּל בִּרְכָתָא וְשִׁירָתָא, תֻּשְׁבְּחָתָא וְנֶחֱמָתָא
דַּאֲמִירָן בְּעָלְמָא
וְאִמְרוּ אָמֵן. (קהל: אָמֵן)

הגבהה וגלילה

כאשר מגביהים את ספר התורה (רמב״ן, דברים כז, כו), הקהל אומר:

דברים ד וְזֹאת הַתּוֹרָה אֲשֶׁר־שָׂם מֹשֶׁה לִפְנֵי בְּנֵי יִשְׂרָאֵל:
במדבר ט עַל־פִּי יהוה בְּיַד מֹשֶׁה:

משלי ג ויש מוסיפים: עֵץ־חַיִּים הִיא לַמַּחֲזִיקִים בָּהּ וְתֹמְכֶיהָ מְאֻשָּׁר:
דְּרָכֶיהָ דַרְכֵי־נֹעַם וְכָל־נְתִיבוֹתֶיהָ שָׁלוֹם:
אֹרֶךְ יָמִים בִּימִינָהּ, בִּשְׂמֹאולָהּ עֹשֶׁר וְכָבוֹד:
ישעיה מב יהוה חָפֵץ לְמַעַן צִדְקוֹ יַגְדִּיל תּוֹרָה וְיַאְדִּיר:

מפטיר לאחרון של פסח

וְהִקְרַבְתֶּם אִשֶּׁה עֹלָה לַיהוה פָּרִים בְּנֵי־בָקָר שְׁנַיִם וְאַיִל אֶחָד
וְשִׁבְעָה כְבָשִׂים בְּנֵי שָׁנָה תְּמִימִם יִהְיוּ לָכֶם: וּמִנְחָתָם סֹלֶת
בְּלוּלָה בַשָּׁמֶן שְׁלֹשָׁה עֶשְׂרֹנִים לַפָּר וּשְׁנֵי עֶשְׂרֹנִים לָאַיִל תַּעֲשׂוּ:
עִשָּׂרוֹן עִשָּׂרוֹן תַּעֲשֶׂה לַכֶּבֶשׂ הָאֶחָד לְשִׁבְעַת הַכְּבָשִׂים: וּשְׂעִיר
חַטָּאת אֶחָד לְכַפֵּר עֲלֵיכֶם: מִלְּבַד עֹלַת הַבֹּקֶר אֲשֶׁר לְעֹלַת
הַתָּמִיד תַּעֲשׂוּ אֶת־אֵלֶּה: כָּאֵלֶּה תַּעֲשׂוּ לַיּוֹם שִׁבְעַת יָמִים
לֶחֶם אִשֵּׁה רֵיחַ־נִיחֹחַ לַיהוה עַל־עוֹלַת הַתָּמִיד יֵעָשֶׂה וְנִסְכּוֹ:

וּבַיּוֹם הַשְּׁבִיעִי מִקְרָא־קֹדֶשׁ יִהְיֶה לָכֶם כָּל־מְלֶאכֶת עֲבֹדָה לֹא תַעֲשׂוּ׃

מגביהים את ספר התורה השני (בעמוד הקודם).

מפטיר לשבועות

במדבר כח, כו–לא

וּבְיוֹם הַבִּכּוּרִים בְּהַקְרִיבְכֶם מִנְחָה חֲדָשָׁה לַיהוָה בְּשָׁבֻעֹתֵיכֶם מִקְרָא־קֹדֶשׁ יִהְיֶה לָכֶם כָּל־מְלֶאכֶת עֲבֹדָה לֹא תַעֲשׂוּ׃ וְהִקְרַבְתֶּם עוֹלָה לְרֵיחַ נִיחֹחַ לַיהוָה פָּרִים בְּנֵי־בָקָר שְׁנַיִם אַיִל אֶחָד שִׁבְעָה כְבָשִׂים בְּנֵי שָׁנָה׃ וּמִנְחָתָם סֹלֶת בְּלוּלָה בַשָּׁמֶן שְׁלֹשָׁה עֶשְׂרֹנִים לַפָּר הָאֶחָד שְׁנֵי עֶשְׂרֹנִים לָאַיִל הָאֶחָד׃ עִשָּׂרוֹן עִשָּׂרוֹן לַכֶּבֶשׂ הָאֶחָד לְשִׁבְעַת הַכְּבָשִׂים׃ שְׂעִיר עִזִּים אֶחָד לְכַפֵּר עֲלֵיכֶם׃ מִלְּבַד עֹלַת הַתָּמִיד וּמִנְחָתוֹ תַּעֲשׂוּ תְּמִימִם יִהְיוּ־לָכֶם וְנִסְכֵּיהֶם׃

מגביהים את ספר התורה השני (בעמוד הקודם).

מפטיר לשמיני עצרת בחוץ לארץ

במדבר כט, לה – ל, א

בַּיּוֹם הַשְּׁמִינִי עֲצֶרֶת תִּהְיֶה לָכֶם כָּל־מְלֶאכֶת עֲבֹדָה לֹא תַעֲשׂוּ׃ וְהִקְרַבְתֶּם עֹלָה אִשֵּׁה רֵיחַ נִיחֹחַ לַיהוָה פַּר אֶחָד אַיִל אֶחָד כְּבָשִׂים בְּנֵי־שָׁנָה שִׁבְעָה תְּמִימִם׃ מִנְחָתָם וְנִסְכֵּיהֶם לַפָּר לָאַיִל וְלַכְּבָשִׂים בְּמִסְפָּרָם כַּמִּשְׁפָּט׃ וּשְׂעִיר חַטָּאת אֶחָד מִלְּבַד עֹלַת הַתָּמִיד וּמִנְחָתָהּ וְנִסְכָּהּ׃ אֵלֶּה תַּעֲשׂוּ לַיהוָה בְּמוֹעֲדֵיכֶם לְבַד מִנִּדְרֵיכֶם וְנִדְבֹתֵיכֶם לְעֹלֹתֵיכֶם וּלְמִנְחֹתֵיכֶם וּלְנִסְכֵּיכֶם וּלְשַׁלְמֵיכֶם׃ וַיֹּאמֶר מֹשֶׁה אֶל־בְּנֵי יִשְׂרָאֵל כְּכֹל אֲשֶׁר־צִוָּה יְהוָה אֶת־מֹשֶׁה׃

מגביהים את ספר התורה השני (בעמוד הקודם).

ברכות ההפטרה

לפני קריאת ההפטרה בנביא המפטיר מברך:

ברוך אתה יהוה אלהינו מלך העולם אשר בחר בנביאים טובים, ורצה בדבריהם הנאמרים באמת. ברוך אתה יהוה, הבוחר בתורה ובמשה עבדו ובישראל עמו ובנביאי האמת וצדק.

ההפטרה לאחרון של פסח בעמוד הבא; ליום טוב שני של שבועות בעמ׳ 479; ליום טוב שני של סוכות בעמ׳ 481; לשמיני עצרת בחו״ל בעמ׳ 482.

הפטרה ליום טוב שני של פסח

יש המתחילים ׳ויצו המלך׳ למטה (*).

מלכים ב׳ כג, א–ט

וישלח המלך ויאספו אליו כל-זקני יהודה וירושלם: ויעל המלך בית-יהוה וכל-איש יהודה וכל-ישבי ירושלם אתו והכהנים והנביאים וכל-העם למקטן ועד-גדול ויקרא באזניהם את-כל-דברי ספר הברית הנמצא בבית יהוה: ויעמד המלך על-העמוד ויכרת את-הברית לפני יהוה ללכת אחר יהוה ולשמר מצותיו ואת-עדותיו ואת-חקתיו בכל-לב ובכל-נפש להקים את-דברי הברית הזאת הכתבים על-הספר הזה ויעמד כל-העם בברית: *ויצו המלך את-חלקיהו הכהן הגדול ואת-כהני המשנה ואת-שמרי הסף להוציא מהיכל יהוה את כל-הכלים העשוים לבעל ולאשרה ולכל צבא השמים וישרפם מחוץ לירושלם בשדמות קדרון ונשא את-עפרם בית-אל: והשבית את-הכמרים אשר נתנו מלכי יהודה ויקטר בבמות בערי יהודה ומסבי ירושלם ואת-המקטרים לבעל לשמש ולירח ולמזלות ולכל צבא השמים: ויצא את-האשרה מבית יהוה מחוץ לירושלם אל-נחל קדרון וישרף אתה בנחל קדרון וידק לעפר וישלך את-עפרה על-קבר בני

העם: ויתץ את־בתי הקדשים אשר בבית יהוה אשר הנשים
ארגות שם בתים לאשרה: ויבא את־כל־הכהנים מערי יהודה
ויטמא את־הבמות אשר קטרו־שמה הכהנים מגבע עד־
באר שבע ונתץ את־במות השערים אשר־פתח שער יהושע
שר־העיר אשר־על־שמאול איש בשער העיר: אך לא יעלו
כהני הבמות אל־מזבח יהוה בירושלם כי אם־אכלו מצות
בתוך אחיהם:

מלכים ב׳ כג,כא-כה

ויצו המלך את־כל־העם לאמר עשו פסח ליהוה אלהיכם
ככתוב על ספר הברית הזה: כי לא נעשה כפסח הזה מימי
השפטים אשר שפטו את־ישראל וכל ימי מלכי ישראל ומלכי
יהודה: כי אם־בשמנה עשרה שנה למלך יאשיהו נעשה
הפסח הזה ליהוה בירושלם: וגם את־האבות ואת־הידענים
ואת־התרפים ואת־הגללים ואת כל־השקצים אשר נראו
בארץ יהודה ובירושלם בער יאשיהו למען הקים את־דברי
התורה הכתבים על־הספר אשר מצא חלקיהו הכהן בית
יהוה: וכמהו לא־היה לפניו מלך אשר־שב אל־יהוה בכל־
לבבו ובכל־נפשו ובכל־מאדו ככל תורת משה ואחריו לא־
קם כמהו:

ממשיכים בברכות שלאחר ההפטרה בעמ׳ 483.

הפטרה ליום האחרון של פסח בחוץ לארץ

ישעיהו י,לב – יב,ו

עוד היום בנב לעמד ינפף ידו הר בית־ציון גבעת בת־
ירושלם: הנה האדון יהוה צבאות מסעף
פארה במערצה ורמי הקומה גדעים והגבהים ישפלו: ונקף
סבכי היער בברזל והלבנון באדיר יפול: ויצא

חֹטֶר מִגֵּזַע יִשָׁי וְנֵצֶר מִשָּׁרָשָׁיו יִפְרֶה: וְנָחָה עָלָיו רוּחַ יְהֹוָה
רוּחַ חָכְמָה וּבִינָה רוּחַ עֵצָה וּגְבוּרָה רוּחַ דַּעַת וְיִרְאַת יְהֹוָה:
וַהֲרִיחוֹ בְּיִרְאַת יְהֹוָה וְלֹא־לְמַרְאֵה עֵינָיו יִשְׁפּוֹט וְלֹא־לְמִשְׁמַע
אָזְנָיו יוֹכִיחַ: וְשָׁפַט בְּצֶדֶק דַּלִּים וְהוֹכִיחַ בְּמִישׁוֹר לְעַנְוֵי־אָרֶץ
וְהִכָּה־אֶרֶץ בְּשֵׁבֶט פִּיו וּבְרוּחַ שְׂפָתָיו יָמִית רָשָׁע: וְהָיָה צֶדֶק
אֵזוֹר מָתְנָיו וְהָאֱמוּנָה אֵזוֹר חֲלָצָיו: וְגָר זְאֵב עִם־כֶּבֶשׂ וְנָמֵר
עִם־גְּדִי יִרְבָּץ וְעֵגֶל וּכְפִיר וּמְרִיא יַחְדָּו וְנַעַר קָטֹן נֹהֵג בָּם: וּפָרָה
וָדֹב תִּרְעֶינָה יַחְדָּו יִרְבְּצוּ יַלְדֵיהֶן וְאַרְיֵה כַּבָּקָר יֹאכַל־תֶּבֶן:
וְשִׁעֲשַׁע יוֹנֵק עַל־חֻר פָּתֶן וְעַל מְאוּרַת צִפְעוֹנִי גָּמוּל יָדוֹ הָדָה:
לֹא־יָרֵעוּ וְלֹא־יַשְׁחִיתוּ בְּכָל־הַר קָדְשִׁי כִּי־מָלְאָה הָאָרֶץ דֵּעָה
אֶת־יְהֹוָה כַּמַּיִם לַיָּם מְכַסִּים: וְהָיָה בַּיּוֹם הַהוּא
שֹׁרֶשׁ יִשַׁי אֲשֶׁר עֹמֵד לְנֵס עַמִּים אֵלָיו גּוֹיִם יִדְרֹשׁוּ וְהָיְתָה מְנֻחָתוֹ
כָּבוֹד: וְהָיָה ׀ בַּיּוֹם הַהוּא יוֹסִיף אֲדֹנָי ׀ שֵׁנִית יָדוֹ
לִקְנוֹת אֶת־שְׁאָר עַמּוֹ אֲשֶׁר יִשָּׁאֵר מֵאַשּׁוּר וּמִמִּצְרַיִם וּמִפַּתְרוֹס
וּמִכּוּשׁ וּמֵעֵילָם וּמִשִּׁנְעָר וּמֵחֲמָת וּמֵאִיֵּי הַיָּם: וְנָשָׂא נֵס לַגּוֹיִם
וְאָסַף נִדְחֵי יִשְׂרָאֵל וּנְפֻצוֹת יְהוּדָה יְקַבֵּץ מֵאַרְבַּע כַּנְפוֹת הָאָרֶץ:
וְסָרָה קִנְאַת אֶפְרַיִם וְצֹרְרֵי יְהוּדָה יִכָּרֵתוּ אֶפְרַיִם לֹא־יְקַנֵּא
אֶת־יְהוּדָה וִיהוּדָה לֹא־יָצֹר אֶת־אֶפְרָיִם: וְעָפוּ בְכָתֵף פְּלִשְׁתִּים
יָמָּה יַחְדָּו יָבֹזּוּ אֶת־בְּנֵי־קֶדֶם אֱדוֹם וּמוֹאָב מִשְׁלוֹחַ יָדָם וּבְנֵי
עַמּוֹן מִשְׁמַעְתָּם: וְהֶחֱרִים יְהֹוָה אֵת לְשׁוֹן יַם־מִצְרַיִם וְהֵנִיף יָדוֹ
עַל־הַנָּהָר בַּעְיָם רוּחוֹ וְהִכָּהוּ לְשִׁבְעָה נְחָלִים וְהִדְרִיךְ בַּנְּעָלִים:
וְהָיְתָה מְסִלָּה לִשְׁאָר עַמּוֹ אֲשֶׁר יִשָּׁאֵר מֵאַשּׁוּר כַּאֲשֶׁר הָיְתָה
לְיִשְׂרָאֵל בְּיוֹם עֲלֹתוֹ מֵאֶרֶץ מִצְרָיִם: וְאָמַרְתָּ בַּיּוֹם הַהוּא אוֹדְךָ
יְהֹוָה כִּי אָנַפְתָּ בִּי יָשֹׁב אַפְּךָ וּתְנַחֲמֵנִי: הִנֵּה אֵל יְשׁוּעָתִי אֶבְטַח

וְלֹא אֶפְחָד כִּי־עָזִּי וְזִמְרָת יָהּ יְהֹוָה וַיְהִי־לִי לִישׁוּעָה׃ וּשְׁאַבְתֶּם־
מַיִם בְּשָׂשׂוֹן מִמַּעַיְנֵי הַיְשׁוּעָה׃ וַאֲמַרְתֶּם בַּיּוֹם הַהוּא הוֹדוּ לַיהֹוָה
קִרְאוּ בִשְׁמוֹ הוֹדִיעוּ בָעַמִּים עֲלִילֹתָיו הַזְכִּירוּ כִּי נִשְׂגָּב שְׁמוֹ׃
זַמְּרוּ יְהֹוָה כִּי גֵאוּת עָשָׂה מידעת זֹאת בְּכָל־הָאָרֶץ׃ צַהֲלִי וָרֹנִּי מוּדַעַת
יוֹשֶׁבֶת צִיּוֹן כִּי־גָדוֹל בְּקִרְבֵּךְ קְדוֹשׁ יִשְׂרָאֵל׃

ממשיכים בברכות שלאחר ההפטרה בעמ׳ 483.

הפטרה ליום טוב שני של שבועות בחוץ לארץ

וַיהֹוָה בְּהֵיכַל קָדְשׁוֹ הַס מִפָּנָיו כָּל־הָאָרֶץ׃ חבקוק ב,כ – ג,יט
תְּפִלָּה לַחֲבַקּוּק הַנָּבִיא עַל שִׁגְיֹנוֹת׃

יש המוסיפים כאן פיוט זה בתוך ההפטרה.

יַצִּיב פִּתְגָם, לְאָת וּדְגַם, בְּרִבּוֹ רִבְבָן עִירִין.
עָנֵה אֲנָא, בְּמִנְיָנָא, דְּפָסְלִין אַרְבְּעָה טוּרִין.
קֳדָמוֹהִי, לְגוֹ מוֹהִי, נְגִיד וּנְפִיק נְהַר דִּי נוּרִין.
בְּטוּר תַּלְגָּא, נְהוֹר שְׁרָגָא, וְזִיקִין דִּי נוּר וּבָעוּרִין.
בְּרָא וּסְכָא, מַה בַּחֲשׁוֹכָא, וְעִמֵּהּ שָׁרְיָין נְהוֹרִין.
רְחִיקִין צְפָא, בְּלָא שְׁטָפָא, וּגְלַיִן לֵהּ דְּמִטַּמְרִין.
בְּעֵית מִנֵּהּ, יָת הַרְמָנֵהּ, וּבָתְרוֹהִי עֲדֵי גַּבְרִין.
יְדָעֵי הִלְכְתָא, וּמַתְנִיתָא, וְתוֹסֶפְתָּא סִפְרָא וְסִפְרִין.
מֶלֶךְ חַיָּא, לְעָלְמַיָּא, יְמַגַּר עַם לְהוֹן מְשַׁחֲרִין.
אֲמִיר עֲלֵיהוֹן, כְּחַלָּא יְהוֹן, וְלָא יִתְמְנוֹן הֵיךְ עַפְרִין.
יְחַוְּרוּן כְּעַן, לְהוֹן בְּקָעַן, יְטוּפוּן נַעֲוֵי חַמְרִין.
רְעוּתְהוֹן הַב, וְאַפֵּיהוֹן צְהַב, יְנַהֲרוּן כִּנְהוֹר צַפְרִין.
לִי הַב תְּקוֹף, וְעֵינָךְ זְקוֹף, חֲזִי עָרָךְ דְּבָךְ כָּפְרִין.
יְהוֹן כְּתִבְנָא, בְּגוֹ לִבְנָא, כְּאַבְנָא יִשְׁתְּקוּן חָפְרִין.
כְּקָאֵמְנָא, וְתַרְגְּמָנָא, בְּמִלּוֹי דִּבְחִיר סָפְרִין.
יְהוֹנָתָן, גְּבַר עִנְוְתָן, בְּכֵן נְמַטִּין אַפְרִין.

יְהוָה שָׁמַעְתִּי שִׁמְעֲךָ יָרֵאתִי יְהוָה פָּעָלְךָ בְּקֶרֶב שָׁנִים חַיֵּיהוּ
בְּקֶרֶב שָׁנִים תּוֹדִיעַ בְּרֹגֶז רַחֵם תִּזְכּוֹר: אֱלוֹהַּ מִתֵּימָן יָבוֹא וְקָדוֹשׁ
מֵהַר־פָּארָן סֶלָה כִּסָּה שָׁמַיִם הוֹדוֹ וּתְהִלָּתוֹ מָלְאָה הָאָרֶץ: וְנֹגַהּ
כָּאוֹר תִּהְיֶה קַרְנַיִם מִיָּדוֹ לוֹ וְשָׁם חֶבְיוֹן עֻזֹּה: לְפָנָיו יֵלֶךְ דָּבֶר
וְיֵצֵא רֶשֶׁף לְרַגְלָיו: עָמַד ׀ וַיְמֹדֶד אֶרֶץ רָאָה וַיַּתֵּר גּוֹיִם וַיִּתְפֹּצְצוּ
הַרְרֵי־עַד שַׁחוּ גִּבְעוֹת עוֹלָם הֲלִיכוֹת עוֹלָם לוֹ: תַּחַת אָוֶן רָאִיתִי
אָהֳלֵי כוּשָׁן יִרְגְּזוּן יְרִיעוֹת אֶרֶץ מִדְיָן: הֲבִנְהָרִים
חָרָה יְהוָה אִם בַּנְּהָרִים אַפֶּךָ אִם־בַּיָּם עֶבְרָתֶךָ כִּי תִרְכַּב עַל־
סוּסֶיךָ מַרְכְּבֹתֶיךָ יְשׁוּעָה: עֶרְיָה תֵעוֹר קַשְׁתֶּךָ שְׁבֻעוֹת מַטּוֹת
אֹמֶר סֶלָה נְהָרוֹת תְּבַקַּע־אָרֶץ: רָאוּךָ יָחִילוּ הָרִים זֶרֶם מַיִם
עָבָר נָתַן תְּהוֹם קוֹלוֹ רוֹם יָדֵיהוּ נָשָׂא: שֶׁמֶשׁ יָרֵחַ עָמַד זְבֻלָה
לְאוֹר חִצֶּיךָ יְהַלֵּכוּ לְנֹגַהּ בְּרַק חֲנִיתֶךָ: בְּזַעַם תִּצְעַד־אָרֶץ בְּאַף
תָּדוּשׁ גּוֹיִם: יָצָאתָ לְיֵשַׁע עַמֶּךָ לְיֵשַׁע אֶת־מְשִׁיחֶךָ מָחַצְתָּ רֹּאשׁ
מִבֵּית רָשָׁע עָרוֹת יְסוֹד עַד־צַוָּאר סֶלָה: נָקַבְתָּ
בְמַטָּיו רֹאשׁ פְּרָזָו יִסְעֲרוּ לַהֲפִיצֵנִי עֲלִיצֻתָם כְּמוֹ־לֶאֱכֹל עָנִי
בַּמִּסְתָּר: דָּרַכְתָּ בַיָּם סוּסֶיךָ חֹמֶר מַיִם רַבִּים: שָׁמַעְתִּי ׀ וַתִּרְגַּז
בִּטְנִי לְקוֹל צָלֲלוּ שְׂפָתַי יָבוֹא רָקָב בַּעֲצָמַי וְתַחְתַּי אֶרְגָּז אֲשֶׁר
אָנוּחַ לְיוֹם צָרָה לַעֲלוֹת לְעַם יְגוּדֶנּוּ: כִּי־תְאֵנָה לֹא־תִפְרָח וְאֵין
יְבוּל בַּגְּפָנִים כִּחֵשׁ מַעֲשֵׂה־זַיִת וּשְׁדֵמוֹת לֹא־עָשָׂה אֹכֶל גָּזַר
מִמִּכְלָה צֹאן וְאֵין בָּקָר בָּרְפָתִים: וַאֲנִי בַּיהוָה אֶעְלוֹזָה אָגִילָה
בֵּאלֹהֵי יִשְׁעִי: יְהוִה אֲדֹנָי חֵילִי וַיָּשֶׂם רַגְלַי כָּאַיָּלוֹת וְעַל־בָּמוֹתַי
יַדְרִכֵנִי לַמְנַצֵּחַ בִּנְגִינוֹתָי:

ממשיכים בברכות שלאחר ההפטרה בעמ׳ 483.

הפטרה ליום טוב שני של סוכות בחוץ לארץ

מלכים א' ח,ב–כא

וַיִּקָּהֲלוּ אֶל־הַמֶּלֶךְ שְׁלֹמֹה כָּל־אִישׁ יִשְׂרָאֵל בְּיֶרַח הָאֵתָנִים בֶּחָג הוּא הַחֹדֶשׁ הַשְּׁבִיעִי׃ וַיָּבֹאוּ כֹּל זִקְנֵי יִשְׂרָאֵל וַיִּשְׂאוּ הַכֹּהֲנִים אֶת־הָאָרוֹן׃ וַיַּעֲלוּ אֶת־אֲרוֹן יהוה וְאֶת־אֹהֶל מוֹעֵד וְאֶת־כָּל־כְּלֵי הַקֹּדֶשׁ אֲשֶׁר בָּאֹהֶל וַיַּעֲלוּ אֹתָם הַכֹּהֲנִים וְהַלְוִיִּם׃ וְהַמֶּלֶךְ שְׁלֹמֹה וְכָל־עֲדַת יִשְׂרָאֵל הַנּוֹעָדִים עָלָיו אִתּוֹ לִפְנֵי הָאָרוֹן מְזַבְּחִים צֹאן וּבָקָר אֲשֶׁר לֹא־יִסָּפְרוּ וְלֹא יִמָּנוּ מֵרֹב׃ וַיָּבִאוּ הַכֹּהֲנִים אֶת־אֲרוֹן בְּרִית־יהוה אֶל־מְקוֹמוֹ אֶל־דְּבִיר הַבַּיִת אֶל־קֹדֶשׁ הַקֳּדָשִׁים אֶל־תַּחַת כַּנְפֵי הַכְּרוּבִים׃ כִּי הַכְּרוּבִים פֹּרְשִׂים כְּנָפַיִם אֶל־מְקוֹם הָאָרוֹן וַיָּסֹכּוּ הַכְּרֻבִים עַל־הָאָרוֹן וְעַל־בַּדָּיו מִלְמָעְלָה׃ וַיַּאֲרִכוּ הַבַּדִּים וַיֵּרָאוּ רָאשֵׁי הַבַּדִּים מִן־הַקֹּדֶשׁ עַל־פְּנֵי הַדְּבִיר וְלֹא יֵרָאוּ הַחוּצָה וַיִּהְיוּ שָׁם עַד הַיּוֹם הַזֶּה׃ אֵין בָּאָרוֹן רַק שְׁנֵי לֻחוֹת הָאֲבָנִים אֲשֶׁר הִנִּחַ שָׁם מֹשֶׁה בְּחֹרֵב אֲשֶׁר כָּרַת יהוה עִם־בְּנֵי יִשְׂרָאֵל בְּצֵאתָם מֵאֶרֶץ מִצְרָיִם׃ וַיְהִי בְּצֵאת הַכֹּהֲנִים מִן־הַקֹּדֶשׁ וְהֶעָנָן מָלֵא אֶת־בֵּית יהוה׃ וְלֹא־יָכְלוּ הַכֹּהֲנִים לַעֲמֹד לְשָׁרֵת מִפְּנֵי הֶעָנָן כִּי־מָלֵא כְבוֹד־יהוה אֶת־בֵּית יהוה׃ אָז אָמַר שְׁלֹמֹה יהוה אָמַר לִשְׁכֹּן בָּעֲרָפֶל׃ בָּנֹה בָנִיתִי בֵּית זְבֻל לָךְ מָכוֹן לְשִׁבְתְּךָ עוֹלָמִים׃ וַיַּסֵּב הַמֶּלֶךְ אֶת־פָּנָיו וַיְבָרֶךְ אֵת כָּל־קְהַל יִשְׂרָאֵל וְכָל־קְהַל יִשְׂרָאֵל עֹמֵד׃ וַיֹּאמֶר בָּרוּךְ יהוה אֱלֹהֵי יִשְׂרָאֵל אֲשֶׁר דִּבֶּר בְּפִיו אֵת דָּוִד אָבִי וּבְיָדוֹ מִלֵּא לֵאמֹר׃ מִן־הַיּוֹם אֲשֶׁר הוֹצֵאתִי אֶת־עַמִּי אֶת־יִשְׂרָאֵל מִמִּצְרַיִם לֹא־בָחַרְתִּי בְעִיר מִכֹּל שִׁבְטֵי יִשְׂרָאֵל לִבְנוֹת בַּיִת לִהְיוֹת שְׁמִי שָׁם וָאֶבְחַר בְּדָוִד לִהְיוֹת עַל־עַמִּי יִשְׂרָאֵל׃ וַיְהִי עִם־לְבַב דָּוִד אָבִי

לבנות בית לשם יהוה אלהי ישראל: ויאמר יהוה אל־דוד
אבי יען אשר היה עם־לבבך לבנות בית לשמי הטיבת כי
היה עם־לבבך: רק אתה לא תבנה הבית כי אם־בנך היצא
מחלציך הוא־יבנה הבית לשמי: ויקם יהוה את־דברו אשר
דבר ואקם תחת דוד אבי ואשב | על־כסא ישראל כאשר דבר
יהוה ואבנה הבית לשם יהוה אלהי ישראל: ואשם שם מקום
לארון אשר־שם ברית יהוה אשר כרת עם־אבתינו בהוציאו
אתם מארץ מצרים:

ממשיכים בברכות שלאחר ההפטרה בעמוד הבא.

הפטרה לשמיני עצרת בחוץ לארץ

מלכים א׳ ח,נד – ט,א
ויהי | ככלות שלמה להתפלל אל־יהוה את כל־התפלה
והתחנה הזאת קם מלפני מזבח יהוה מכרע על־ברכיו
וכפיו פרשות השמים: ויעמד ויברך את כל־קהל ישראל קול
גדול לאמר: ברוך יהוה אשר נתן מנוחה לעמו ישראל ככל
אשר דבר לא־נפל דבר אחד מכל דברו הטוב אשר דבר ביד
משה עבדו: יהי יהוה אלהינו עמנו כאשר היה עם־אבתינו
אל־יעזבנו ואל־יטשנו: להטות לבבנו אליו ללכת בכל־דרכיו
ולשמר מצותיו וחקיו ומשפטיו אשר צוה את־אבתינו: ויהיו
דברי אלה אשר התחננתי לפני יהוה קרבים אל־יהוה אלהינו
יומם ולילה לעשות | משפט עבדו ומשפט עמו ישראל דבר־
יום ביומו: למען דעת כל־עמי הארץ כי יהוה הוא האלהים
אין עוד: והיה לבבכם שלם עם יהוה אלהינו ללכת בחקיו
ולשמר מצותיו כיום הזה: והמלך וכל־ישראל עמו זבחים זבח

לִפְנֵי יהוה: וַיִּזְבַּח שְׁלֹמֹה אֵת זֶבַח הַשְּׁלָמִים אֲשֶׁר זָבַח לַיהוה
בָּקָר עֶשְׂרִים וּשְׁנַיִם אֶלֶף וְצֹאן מֵאָה וְעֶשְׂרִים אָלֶף וַיַּחְנְכוּ אֶת־
בֵּית יהוה הַמֶּלֶךְ וְכָל־בְּנֵי יִשְׂרָאֵל: בַּיּוֹם הַהוּא קִדַּשׁ הַמֶּלֶךְ
אֶת־תּוֹךְ הֶחָצֵר אֲשֶׁר לִפְנֵי בֵית־יהוה כִּי־עָשָׂה שָׁם אֶת־הָעֹלָה
וְאֶת־הַמִּנְחָה וְאֵת חֶלְבֵי הַשְּׁלָמִים כִּי־מִזְבַּח הַנְּחֹשֶׁת אֲשֶׁר
לִפְנֵי יהוה קָטֹן מֵהָכִיל אֶת־הָעֹלָה וְאֶת־הַמִּנְחָה וְאֵת חֶלְבֵי
הַשְּׁלָמִים: וַיַּעַשׂ שְׁלֹמֹה בָעֵת־הַהִיא ׀ אֶת־הֶחָג וְכָל־יִשְׂרָאֵל
עִמּוֹ קָהָל גָּדוֹל מִלְּבוֹא חֲמָת ׀ עַד־נַחַל מִצְרַיִם לִפְנֵי יהוה
אֱלֹהֵינוּ שִׁבְעַת יָמִים וְשִׁבְעַת יָמִים אַרְבָּעָה עָשָׂר יוֹם: בַּיּוֹם
הַשְּׁמִינִי שִׁלַּח אֶת־הָעָם וַיְבָרֲכוּ אֶת־הַמֶּלֶךְ וַיֵּלְכוּ לְאָהֳלֵיהֶם
שְׂמֵחִים וְטוֹבֵי לֵב עַל כָּל־הַטּוֹבָה אֲשֶׁר עָשָׂה יהוה לְדָוִד
עַבְדּוֹ וּלְיִשְׂרָאֵל עַמּוֹ: וַיְהִי כְּכַלּוֹת שְׁלֹמֹה לִבְנוֹת
אֶת־בֵּית־יהוה וְאֶת־בֵּית הַמֶּלֶךְ וְאֵת כָּל־חֵשֶׁק שְׁלֹמֹה אֲשֶׁר
חָפֵץ לַעֲשׂוֹת:

ברכות לאחר ההפטרה

אחר קריאת ההפטרה המפטיר מברך:

בָּרוּךְ אַתָּה יהוה אֱלֹהֵינוּ מֶלֶךְ הָעוֹלָם, צוּר כָּל הָעוֹלָמִים, צַדִּיק בְּכָל הַדּוֹרוֹת, הָאֵל הַנֶּאֱמָן, הָאוֹמֵר וְעוֹשֶׂה, הַמְדַבֵּר וּמְקַיֵּם, שֶׁכָּל דְּבָרָיו אֱמֶת וָצֶדֶק. נֶאֱמָן אַתָּה הוּא יהוה אֱלֹהֵינוּ וְנֶאֱמָנִים דְּבָרֶיךָ, וְדָבָר אֶחָד מִדְּבָרֶיךָ אָחוֹר לֹא יָשׁוּב רֵיקָם, כִּי אֵל מֶלֶךְ נֶאֱמָן (וְרַחֲמָן) אָתָּה. בָּרוּךְ אַתָּה יהוה, הָאֵל הַנֶּאֱמָן בְּכָל דְּבָרָיו.

רַחֵם עַל צִיּוֹן כִּי הִיא בֵּית חַיֵּינוּ, וְלַעֲלוּבַת נֶפֶשׁ תּוֹשִׁיעַ בִּמְהֵרָה בְיָמֵינוּ. בָּרוּךְ אַתָּה יהוה, מְשַׂמֵּחַ צִיּוֹן בְּבָנֶיהָ.

שַׂמְּחֵנוּ יהוה אֱלֹהֵינוּ בְּאֵלִיָּהוּ הַנָּבִיא עַבְדֶּךָ, וּבְמַלְכוּת בֵּית דָּוִד מְשִׁיחֶךָ, בִּמְהֵרָה יָבוֹא וְיָגֵל לִבֵּנוּ. עַל כִּסְאוֹ לֹא יֵשֶׁב זָר, וְלֹא יִנְחֲלוּ עוֹד אֲחֵרִים אֶת כְּבוֹדוֹ, כִּי בְשֵׁם קָדְשְׁךָ נִשְׁבַּעְתָּ לּוֹ שֶׁלֹּא יִכְבֶּה נֵרוֹ לְעוֹלָם וָעֶד. בָּרוּךְ אַתָּה יהוה, מָגֵן דָּוִד.

עַל הַתּוֹרָה וְעַל הָעֲבוֹדָה וְעַל הַנְּבִיאִים (בשבת: וְעַל יוֹם הַשַּׁבָּת הַזֶּה), וְעַל יוֹם

בפסח: חַג הַמַּצּוֹת הַזֶּה

בשבועות: חַג הָעֲצֶרֶת הַזֶּה

בסוכות: חַג הַסֻּכּוֹת הַזֶּה

בשמיני עצרת: הַשְּׁמִינִי חַג הָעֲצֶרֶת הַזֶּה

שֶׁנָּתַתָּ לָּנוּ, יהוה אֱלֹהֵינוּ (בשבת: לִקְדֻשָּׁה וְלִמְנוּחָה) לְשָׂשׂוֹן וּלְשִׂמְחָה, לְכָבוֹד וּלְתִפְאָרֶת. עַל הַכֹּל יהוה אֱלֹהֵינוּ אֲנַחְנוּ מוֹדִים לָךְ וּמְבָרְכִים אוֹתָךְ. יִתְבָּרַךְ שִׁמְךָ בְּפִי כָּל חַי תָּמִיד לְעוֹלָם וָעֶד. בָּרוּךְ אַתָּה יהוה, מְקַדֵּשׁ (בשבת: הַשַּׁבָּת וְ)יִשְׂרָאֵל וְהַזְּמַנִּים.

בשבת ממשיכים ׳יְקוּם פֻּרְקָן׳ בעמ׳ 288,
ובשאר הימים, תפילה לשלום המדינה (עמ׳ 290).

פיוטים לשמחת תורה

יש הנוהגים להוסיף פיוטים אלה לפני הכנסת ספר תורה.

אֲשֶׁר בִּגְלַל אָבוֹת בָּנִים גִּדֵּל / וּבַעֲבוּרָם תּוֹרָה נָתַן
בְּגַלְגַּלֵּי רוּחַ יהוה נִגְלָה / בְּמַלְאֲכֵי צְבָאוֹת, אַלְפֵי שִׁנְאָן
גִּבּוֹר עַל גֵּאִים, אֱלוֹהַּ אַדִּיר / קָרָא לְמשֶׁה לְקַבֵּל לוּחוֹת
דִּבְרֵי אֵל חַי שָׁמְעָה הָאָרֶץ / וְעַמּוּדֶיהָ יִתְפַּלָּצוּן
הִטָּה שָׁמַיִם וַיֵּרַד וַיִּרְכַּב עַל כְּרוּב / וַיֵּדֶא עַל כַּנְפֵי רוּחַ
וַיֵּצְאוּ דְּבָרִים מִתּוֹךְ הָאֵשׁ / וַיִּתְחוֹקְקוּ עַל לוּחוֹת הָאָבֶן.

זְמִירוֹת אָמְרוּ כָּל בְּנֵי אֱלֹהִים / שׁוֹפָר תָּקַע מִשְּׁמֵי מָרוֹם
חֲרָדָה לָבְשׁוּ כָּל בְּנֵי עֵשָׂו / כִּי מִשֵּׂעִיר יהוה זָרַח
טָפְחוּ כֻּלָּם בְּנֵי יִשְׁמָעֵאל / כִּי מִפָּארָן יהוה הוֹפִיעַ.

יְמִין יהוה טְפָחַיִם בַּלּוּחוֹת / וִימִין משֶׁה טְפָחַיִם בַּלּוּחוֹת
כִּי אֹרֶךְ הַלּוּחוֹת שִׁשָּׁה טְפָחִים / טְפָחַיִם מְפֹרָשׁ בֵּין יָד לְיָד.

לֵךְ משֶׁה שְׂמַח בִּגְדֻלָּתֶךָ / כִּי אֵין כָּמוֹךָ בְּכָל הַנְּבִיאִים
מִי עָלָה שָׁמַיִם לְתוֹךְ הֶעָנָן / וּמִי רָאָה תְּמוּנַת אֱלֹהֵינוּ
(נ״א: משֶׁה עָלָה בְּתוֹךְ הֶעָנָן / כִּי הוּא רָאָה תְּמוּנַת אֱלֹהֵינוּ)
נְשִׂיא נְשִׂיאִים הָיָה משֶׁה רַבֵּנוּ / אָב לַחֲכָמִים וְרֹאשׁ לַנְּבִיאִים
סָגַר הַיָּם בִּתְפִלָּתוֹ / וְעַל יַד שְׁלוּחוֹ, חֲרוֹן אַף הֵשִׁיב.

עָנָה יהוה וְאָמַר לְעַמּוֹ /
אָנֹכִי יהוה אֱלֹהֶיךָ, אֲשֶׁר הוֹצֵאתִיךָ מֵאֶרֶץ מִצְרָיִם: שמות כ
וּמִבֵּית עֲבָדִים פְּדִיתִיךָ
פָּתְחוּ כֻלָּם פִּיהֶם וְאָמְרוּ / יהוה יִמְלֹךְ לְעוֹלָם וָעֶד: שמות טו

צָעַק משֶׁה צְעָקָה גְּדוֹלָה וּמָרָה
בְּשָׁעָה שֶׁאָמַר לוֹ הַקָּדוֹשׁ בָּרוּךְ הוּא, עֲלֵה וּמוּת בָּהָר
קָרַע בְּגָדָיו וְהֵרִים קוֹלוֹ / יְהוֹשֻׁעַ בִּן נוּן, שְׁמֹר נָא צֹאנִי
רָאָה משֶׁה מֵרֹאשׁ הַפִּסְגָּה / נַחֲלַת שְׁבָטִים עוֹמְדִים לְפָנָיו
שָׁם מֵת משֶׁה עֶבֶד יהוה / מוּל בֵּית פְּעוֹר אָסְפוּ אֱלֹהֵינוּ.

תְּפִלַּת מֹשֶׁה קָרַע רָקִיעַ / עָנָה צוּר לְעַמּוֹ בְּעֵת צָרָתָם
תְּפִלָּתוֹ לְעוֹלָם לֹא תָשׁוּב רֵיקָם / כִּי רוֹעֶה נֶאֱמָן הָיָה מֹשֶׁה לְיִשְׂרָאֵל
מֹשֶׁה מֵת, מִי לֹא יָמוּת / עַל פִּי יהוה מֵת מֹשֶׁה רַבֵּנוּ.

יְהוֹשֻׁעַ בִּן נוּן קָם אַחֲרֵי מֹשֶׁה / גַּם הוּא לִמֵּד תּוֹרָה לְיִשְׂרָאֵל
בָּרוּךְ אַתָּה יהוה, הַבּוֹחֵר בַּצַּדִּיקִים
וְנָתַן תּוֹרָה לְעַמּוֹ יִשְׂרָאֵל עַל יְדֵי מֹשֶׁה רַבֵּנוּ.

* * *

שִׂישׂוּ וְגִילוּ בְּשִׂמְחַת תּוֹרָה / וּתְנוּ כָבוֹד לַתּוֹרָה
כִּי טוֹב סַחְרָהּ מִכָּל סְחוֹרָה / מִפָּז וּמִפְּנִינִים יְקָרָה.
נָגִיל וְנָשִׂישׂ בְּזֹאת הַתּוֹרָה / כִּי הִיא לָנוּ עֹז וְאוֹרָה.

אֲהַלֵּל אֱלֹהַי וְאֶשְׂמְחָה בוֹ / וְאָשִׂימָה תִקְוָתִי בּוֹ
אֲהוֹדֶנּוּ בְּסוֹד עַם קְרוֹבוֹ / אֱלֹהֵי צוּרִי, אֶחֱסֶה בּוֹ.
נָגִיל וְנָשִׂישׂ בְּזֹאת הַתּוֹרָה / כִּי הִיא לָנוּ עֹז וְאוֹרָה.

בְּכָל עֵת אֲרַנֵּן גְּבוּרוֹתֶיךָ / וַאֲסַפֵּר תְּהִלָּתֶךָ
בְּשָׂשׂוֹן הֲשִׁיבֵנוּ לְבֵיתֶךָ / עַל חַסְדְּךָ וְעַל אֲמִתֶּךָ.
נָגִיל וְנָשִׂישׂ בְּזֹאת הַתּוֹרָה / כִּי הִיא לָנוּ עֹז וְאוֹרָה.

גּוֹאֵל הָחִישׁ מְבַשֵּׂר טוֹב / כִּי אַתָּה מִגְדַּל עֹז וָטוֹב
גְּאוּלִים יְשַׁבְּחוּךָ בְּלֵב טוֹב / הוֹדוּ לַיהוה כִּי טוֹב. תהלים קלו
נָגִיל וְנָשִׂישׂ בְּזֹאת הַתּוֹרָה / כִּי הִיא לָנוּ עֹז וְאוֹרָה.

דָּגוּל גְּאַל נָא אֶת הֲמוֹנַי / כִּי אֵין קָדוֹשׁ כַּיהוה
דּוֹרְשֶׁיךָ יוֹדוּךָ יהוה / מִי יְמַלֵּל גְּבוּרוֹת יהוה. תהלים קו
נָגִיל וְנָשִׂישׂ בְּזֹאת הַתּוֹרָה / כִּי הִיא לָנוּ עֹז וְאוֹרָה.

הֲלֹא בְּאַהֲבָתוֹ בָּחַר בָּנוּ / כִּי בְכוֹרִי קְרָאָנוּ
הוֹד וְהָדָר הֶחְכִּימָנוּ / כִּי לְעוֹלָם חַסְדּוֹ עִמָּנוּ.
נָגִיל וְנָשִׂישׂ בְּזֹאת הַתּוֹרָה / כִּי הִיא לָנוּ עֹז וְאוֹרָה.

* * *

הִתְקַבְּצוּ מַלְאָכִים זֶה אֶל זֶה / זֶה לְקַבֵּל זֶה
וְאָמַר זֶה לָזֶה / מִי הוּא זֶה וְאֵיזֶה הוּא
מְאַחֵז פְּנֵי־כִסֵּה, פַּרְשֵׁז עָלָיו עֲנָנוֹ: איוב כו

מִי עָלָה לַמָּרוֹם / מִי עָלָה לַמָּרוֹם / מִי עָלָה לַמָּרוֹם
וּמִי הוֹרִיד עֹז מִבְטֶחָה

מֹשֶׁה עָלָה לַמָּרוֹם וְהוֹרִיד עֹז מִבְטֶחָה
נְתַנְאֵל עָלָה לַמָּרוֹם וְהוֹרִיד עֹז מִבְטֶחָה
חָבֵר עָלָה לַמָּרוֹם וְהוֹרִיד עֹז מִבְטֶחָה
אֲבִי גְדוֹר עָלָה לַמָּרוֹם וְהוֹרִיד עֹז מִבְטֶחָה
אֲבִי סוֹכוֹ עָלָה לַמָּרוֹם וְהוֹרִיד עֹז מִבְטֶחָה
יֶרֶד עָלָה לַמָּרוֹם וְהוֹרִיד עֹז מִבְטֶחָה
יְקוּתִיאֵל עָלָה לַמָּרוֹם וְהוֹרִיד עֹז מִבְטֶחָה
אֲבִי זָנוֹחַ עָלָה לַמָּרוֹם וְהוֹרִיד עֹז מִבְטֶחָה
טוֹבִיָּה עָלָה לַמָּרוֹם וְהוֹרִיד עֹז מִבְטֶחָה
שְׁמַעְיָה עָלָה לַמָּרוֹם וְהוֹרִיד עֹז מִבְטֶחָה

* * *

אָגִיל וְאֶשְׂמַח בְּשִׂמְחַת תּוֹרָה / בּוֹא יָבוֹא צֶמַח בְּשִׂמְחַת תּוֹרָה.

* * *

תּוֹרָה הִיא עֵץ חַיִּים / לְכֻלָּם חַיִּים / כִּי עִמְּךָ מְקוֹר חַיִּים:

* * *

אַבְרָהָם שָׂמַח בְּשִׂמְחַת תּוֹרָה / יִצְחָק שָׂמַח בְּשִׂמְחַת תּוֹרָה
יַעֲקֹב שָׂמַח בְּשִׂמְחַת תּוֹרָה / מֹשֶׁה שָׂמַח בְּשִׂמְחַת תּוֹרָה
אַהֲרֹן שָׂמַח בְּשִׂמְחַת תּוֹרָה / דָּוִד שָׂמַח בְּשִׂמְחַת תּוֹרָה
שְׁלֹמֹה שָׂמַח בְּשִׂמְחַת תּוֹרָה / בּוֹא יָבוֹא צֶמַח בְּשִׂמְחַת תּוֹרָה.

* * *

אַשְׁרֵיכֶם יִשְׂרָאֵל / אֲשֶׁר בָּחַר בָּכֶם אֵל
וְהִנְחִילְכֶם הַתּוֹרָה / מִסִּינַי מַתָּנָה.

אַשְׁרֵיכֶם אַדִּירֵי אֵל / אַשְׁרֵיכֶם יִשְׂרָאֵל
אַשְׁרֵיכֶם בְּרוּכֵי אֵל / אַשְׁרֵיכֶם יִשְׂרָאֵל / כִּי בָחַר בָּכֶם אֵל

אַשְׁרֵיכֶם גְּאוּלֵי אֵל / אַשְׁרֵיכֶם יִשְׂרָאֵל
אַשְׁרֵיכֶם דְּרוּשֵׁי אֵל / אַשְׁרֵיכֶם יִשְׂרָאֵל / כִּי בָחַר בָּכֶם אֵל

אַשְׁרֵיכֶם הֲדוּרֵי אֵל / אַשְׁרֵיכֶם יִשְׂרָאֵל
אַשְׁרֵיכֶם וָתִיקֵי אֵל / אַשְׁרֵיכֶם יִשְׂרָאֵל / כִּי בָחַר בָּכֶם אֵל

אַשְׁרֵיכֶם זְכוּרֵי אֵל / אַשְׁרֵיכֶם יִשְׂרָאֵל
אַשְׁרֵיכֶם חֲסִידֵי אֵל / אַשְׁרֵיכֶם יִשְׂרָאֵל / כִּי בָחַר בָּכֶם אֵל

אַשְׁרֵיכֶם טְהוֹרֵי אֵל / אַשְׁרֵיכֶם יִשְׂרָאֵל
אַשְׁרֵיכֶם יִשְׁרֵי אֵל / אַשְׁרֵיכֶם יִשְׂרָאֵל / כִּי בָחַר בָּכֶם אֵל

אַשְׁרֵיכֶם כַּבִּירֵי אֵל / אַשְׁרֵיכֶם יִשְׂרָאֵל
אַשְׁרֵיכֶם לִמּוּדֵי אֵל / אַשְׁרֵיכֶם יִשְׂרָאֵל / כִּי בָחַר בָּכֶם אֵל

אַשְׁרֵיכֶם מְהַלְלֵי אֵל / אַשְׁרֵיכֶם יִשְׂרָאֵל
אַשְׁרֵיכֶם נְקִיֵּי אֵל / אַשְׁרֵיכֶם יִשְׂרָאֵל / כִּי בָחַר בָּכֶם אֵל

אַשְׁרֵיכֶם סְגוּלֵי אֵל / אַשְׁרֵיכֶם יִשְׂרָאֵל
אַשְׁרֵיכֶם עֲמוּסֵי אֵל / אַשְׁרֵיכֶם יִשְׂרָאֵל / כִּי בָחַר בָּכֶם אֵל

אַשְׁרֵיכֶם פְּדוּיֵי אֵל / אַשְׁרֵיכֶם יִשְׂרָאֵל
אַשְׁרֵיכֶם צַדִּיקֵי אֵל / אַשְׁרֵיכֶם יִשְׂרָאֵל / כִּי בָחַר בָּכֶם אֵל

אַשְׁרֵיכֶם קְדוֹשֵׁי אֵל / אַשְׁרֵיכֶם יִשְׂרָאֵל
אַשְׁרֵיכֶם רְחוּמֵי אֵל / אַשְׁרֵיכֶם יִשְׂרָאֵל / כִּי בָחַר בָּכֶם אֵל

אַשְׁרֵיכֶם שְׁלוּמֵי אֵל / אַשְׁרֵיכֶם יִשְׂרָאֵל
אַשְׁרֵיכֶם תְּמִימֵי אֵל / אַשְׁרֵיכֶם יִשְׂרָאֵל / כִּי בָחַר בָּכֶם אֵל

וממשיכים ׳אַשְׁרֵי׳ בעמ׳ 296.

שיר של יום למועדים

במסכת סופרים (פרק יח) מובאת רשימת שירים שהלוויים היו אומרים במקדש במועדים.
יש נוהגים לומר במועדים מזמורים אלה במקום שיר של יום, וכן נהג הגר״א.
אין אומרים אלא מזמור אחד.
כל המזמורים נדחים מפני מזמור של שבת (׳מעשה רב׳, קנח).

שיר של יום טוב ראשון של פסח

תהלים קיד

בְּצֵאת יִשְׂרָאֵל מִמִּצְרָיִם, בֵּית יַעֲקֹב מֵעַם לֹעֵז: הָיְתָה יְהוּדָה לְקָדְשׁוֹ, יִשְׂרָאֵל מַמְשְׁלוֹתָיו: הַיָּם רָאָה וַיָּנֹס, הַיַּרְדֵּן יִסֹּב לְאָחוֹר: הֶהָרִים רָקְדוּ כְאֵילִים, גְּבָעוֹת כִּבְנֵי־צֹאן: מַה־לְּךָ הַיָּם כִּי תָנוּס, הַיַּרְדֵּן תִּסֹּב לְאָחוֹר: הֶהָרִים תִּרְקְדוּ כְאֵילִים, גְּבָעוֹת כִּבְנֵי־צֹאן: מִלִּפְנֵי אָדוֹן חוּלִי אָרֶץ, מִלִּפְנֵי אֱלוֹהַּ יַעֲקֹב: הַהֹפְכִי הַצּוּר אֲגַם־מָיִם, חַלָּמִישׁ לְמַעְיְנוֹ־מָיִם:

קדיש יתום (בעמ׳ 329)

שיר של יום ב׳ של פסח

אם חל ביום ראשון אומרים את מזמור קיד (למעלה).

תהלים עח

מַשְׂכִּיל לְאָסָף, הַאֲזִינָה עַמִּי תּוֹרָתִי, הַטּוּ אָזְנְכֶם לְאִמְרֵי־פִי: אֶפְתְּחָה בְמָשָׁל פִּי, אַבִּיעָה חִידוֹת מִנִּי־קֶדֶם: אֲשֶׁר שָׁמַעְנוּ וַנֵּדָעֵם, וַאֲבוֹתֵינוּ סִפְּרוּ־לָנוּ: לֹא נְכַחֵד מִבְּנֵיהֶם, לְדוֹר אַחֲרוֹן מְסַפְּרִים תְּהִלּוֹת יהוה, וֶעֱזוּזוֹ וְנִפְלְאוֹתָיו אֲשֶׁר עָשָׂה: וַיָּקֶם עֵדוּת בְּיַעֲקֹב, וְתוֹרָה שָׂם בְּיִשְׂרָאֵל, אֲשֶׁר צִוָּה אֶת־אֲבוֹתֵינוּ לְהוֹדִיעָם לִבְנֵיהֶם: לְמַעַן יֵדְעוּ דּוֹר אַחֲרוֹן בָּנִים יִוָּלֵדוּ, יָקֻמוּ וִיסַפְּרוּ לִבְנֵיהֶם: וְיָשִׂימוּ בֵאלֹהִים כִּסְלָם, וְלֹא יִשְׁכְּחוּ מַעַלְלֵי־אֵל, וּמִצְוֺתָיו יִנְצֹרוּ: וְלֹא יִהְיוּ כַּאֲבוֹתָם, דּוֹר סוֹרֵר וּמֹרֶה, דּוֹר לֹא־הֵכִין לִבּוֹ, וְלֹא־נֶאֶמְנָה אֶת־אֵל רוּחוֹ: בְּנֵי־אֶפְרַיִם נוֹשְׁקֵי רוֹמֵי־קָשֶׁת, הָפְכוּ בְּיוֹם קְרָב: לֹא שָׁמְרוּ בְּרִית אֱלֹהִים, וּבְתוֹרָתוֹ מֵאֲנוּ לָלֶכֶת: וַיִּשְׁכְּחוּ עֲלִילוֹתָיו, וְנִפְלְאוֹתָיו אֲשֶׁר הֶרְאָם: נֶגֶד אֲבוֹתָם עָשָׂה פֶלֶא, בְּאֶרֶץ מִצְרַיִם שְׂדֵה־צֹעַן: בָּקַע יָם וַיַּעֲבִירֵם, וַיַּצֶּב־מַיִם כְּמוֹ־נֵד: וַיַּנְחֵם בֶּעָנָן יוֹמָם, וְכָל־הַלַּיְלָה בְּאוֹר אֵשׁ: יְבַקַּע צֻרִים בַּמִּדְבָּר,

וַיַּשְׁקְ כִּתְהֹמוֹת רַבָּה: וַיּוֹצִא נוֹזְלִים מִסָּלַע, וַיּוֹרֶד כַּנְּהָרוֹת מָיִם: וַיּוֹסִיפוּ עוֹד לַחֲטֹא־לוֹ, לַמְרוֹת עֶלְיוֹן בַּצִּיָּה: וַיְנַסּוּ־אֵל בִּלְבָבָם, לִשְׁאָל־אֹכֶל לְנַפְשָׁם: וַיְדַבְּרוּ בֵּאלֹהִים, אָמְרוּ הֲיוּכַל אֵל לַעֲרֹךְ שֻׁלְחָן בַּמִּדְבָּר: הֵן הִכָּה־צוּר וַיָּזוּבוּ מַיִם וּנְחָלִים יִשְׁטֹפוּ, הֲגַם־לֶחֶם יוּכַל תֵּת, אִם־יָכִין שְׁאֵר לְעַמּוֹ: לָכֵן שָׁמַע יהוה וַיִּתְעַבָּר, וְאֵשׁ נִשְּׂקָה בְיַעֲקֹב, וְגַם־אַף עָלָה בְיִשְׂרָאֵל: כִּי לֹא הֶאֱמִינוּ בֵּאלֹהִים, וְלֹא בָטְחוּ בִּישׁוּעָתוֹ: וַיְצַו שְׁחָקִים מִמָּעַל, וְדַלְתֵי שָׁמַיִם פָּתָח: וַיַּמְטֵר עֲלֵיהֶם מָן לֶאֱכֹל, וּדְגַן־שָׁמַיִם נָתַן לָמוֹ: לֶחֶם אַבִּירִים אָכַל אִישׁ, צֵידָה שָׁלַח לָהֶם לָשֹׂבַע: יַסַּע קָדִים בַּשָּׁמָיִם, וַיְנַהֵג בְּעֻזּוֹ תֵימָן: וַיַּמְטֵר עֲלֵיהֶם כֶּעָפָר שְׁאֵר, וּכְחוֹל יַמִּים עוֹף כָּנָף: וַיַּפֵּל בְּקֶרֶב מַחֲנֵהוּ סָבִיב לְמִשְׁכְּנֹתָיו: וַיֹּאכְלוּ וַיִּשְׂבְּעוּ מְאֹד, וְתַאֲוָתָם יָבִא לָהֶם: לֹא־זָרוּ מִתַּאֲוָתָם, עוֹד אָכְלָם בְּפִיהֶם: וְאַף אֱלֹהִים עָלָה בָהֶם, וַיַּהֲרֹג בְּמִשְׁמַנֵּיהֶם, וּבַחוּרֵי יִשְׂרָאֵל הִכְרִיעַ: בְּכָל־זֹאת חָטְאוּ־עוֹד, וְלֹא הֶאֱמִינוּ בְּנִפְלְאוֹתָיו: וַיְכַל־בַּהֶבֶל יְמֵיהֶם, וּשְׁנוֹתָם בַּבֶּהָלָה: אִם־הֲרָגָם וּדְרָשׁוּהוּ, וְשָׁבוּ וְשִׁחֲרוּ־אֵל: וַיִּזְכְּרוּ כִּי־אֱלֹהִים צוּרָם, וְאֵל עֶלְיוֹן גֹּאֲלָם: וַיְפַתּוּהוּ בְּפִיהֶם, וּבִלְשׁוֹנָם יְכַזְּבוּ־לוֹ: וְלִבָּם לֹא־נָכוֹן עִמּוֹ, וְלֹא נֶאֶמְנוּ בִּבְרִיתוֹ: וְהוּא רַחוּם, יְכַפֵּר עָוֹן וְלֹא־יַשְׁחִית, וְהִרְבָּה לְהָשִׁיב אַפּוֹ, וְלֹא־יָעִיר כָּל־חֲמָתוֹ: וַיִּזְכֹּר כִּי־בָשָׂר הֵמָּה, רוּחַ הוֹלֵךְ וְלֹא יָשׁוּב: כַּמָּה יַמְרוּהוּ בַמִּדְבָּר, יַעֲצִיבוּהוּ בִּישִׁימוֹן: וַיָּשׁוּבוּ וַיְנַסּוּ אֵל, וּקְדוֹשׁ יִשְׂרָאֵל הִתְווּ: לֹא־זָכְרוּ אֶת־יָדוֹ, יוֹם אֲשֶׁר־פָּדָם מִנִּי־צָר: אֲשֶׁר־שָׂם בְּמִצְרַיִם אֹתוֹתָיו, וּמוֹפְתָיו בִּשְׂדֵה־צֹעַן: וַיַּהֲפֹךְ לְדָם יְאֹרֵיהֶם, וְנֹזְלֵיהֶם בַּל־יִשְׁתָּיוּן: יְשַׁלַּח בָּהֶם עָרֹב וַיֹּאכְלֵם, וּצְפַרְדֵּעַ וַתַּשְׁחִיתֵם: וַיִּתֵּן לֶחָסִיל יְבוּלָם, וִיגִיעָם לָאַרְבֶּה: יַהֲרֹג בַּבָּרָד גַּפְנָם, וְשִׁקְמוֹתָם בַּחֲנָמַל: וַיַּסְגֵּר לַבָּרָד בְּעִירָם, וּמִקְנֵיהֶם לָרְשָׁפִים: יְשַׁלַּח־בָּם חֲרוֹן אַפּוֹ, עֶבְרָה וָזַעַם וְצָרָה, מִשְׁלַחַת מַלְאֲכֵי רָעִים: יְפַלֵּס נָתִיב לְאַפּוֹ, לֹא־חָשַׂךְ מִמָּוֶת נַפְשָׁם, וְחַיָּתָם לַדֶּבֶר הִסְגִּיר: וַיַּךְ כָּל־בְּכוֹר בְּמִצְרָיִם, רֵאשִׁית אוֹנִים בְּאָהֳלֵי־חָם: וַיַּסַּע כַּצֹּאן עַמּוֹ, וַיְנַהֲגֵם כָּעֵדֶר בַּמִּדְבָּר: וַיַּנְחֵם לָבֶטַח וְלֹא פָחָדוּ, וְאֶת־אוֹיְבֵיהֶם כִּסָּה הַיָּם: וַיְבִיאֵם

אֶל־גְּבוּל קָדְשׁוֹ, הַר־זֶה קָנְתָה יְמִינוֹ: וַיְגָרֶשׁ מִפְּנֵיהֶם גּוֹיִם, וַיַּפִּילֵם
בְּחֶבֶל נַחֲלָה, וַיַּשְׁכֵּן בְּאָהֳלֵיהֶם שִׁבְטֵי יִשְׂרָאֵל: וַיְנַסּוּ וַיַּמְרוּ אֶת־אֱלֹהִים
עֶלְיוֹן, וְעֵדוֹתָיו לֹא שָׁמָרוּ: וַיִּסֹּגוּ וַיִּבְגְּדוּ כַּאֲבוֹתָם, נֶהְפְּכוּ כְּקֶשֶׁת רְמִיָּה:
וַיַּכְעִיסוּהוּ בְּבָמוֹתָם, וּבִפְסִילֵיהֶם יַקְנִיאוּהוּ: שָׁמַע אֱלֹהִים וַיִּתְעַבָּר,
וַיִּמְאַס מְאֹד בְּיִשְׂרָאֵל: וַיִּטֹּשׁ מִשְׁכַּן שִׁלוֹ, אֹהֶל שִׁכֵּן בָּאָדָם: וַיִּתֵּן לַשְּׁבִי
עֻזּוֹ, וְתִפְאַרְתּוֹ בְיַד־צָר: וַיַּסְגֵּר לַחֶרֶב עַמּוֹ, וּבְנַחֲלָתוֹ הִתְעַבָּר: בַּחוּרָיו
אָכְלָה־אֵשׁ, וּבְתוּלֹתָיו לֹא הוּלָּלוּ: כֹּהֲנָיו בַּחֶרֶב נָפָלוּ, וְאַלְמְנֹתָיו לֹא
תִבְכֶּינָה: וַיִּקַץ כְּיָשֵׁן אֲדֹנָי, כְּגִבּוֹר מִתְרוֹנֵן מִיָּיִן: וַיַּךְ־צָרָיו אָחוֹר, חֶרְפַּת
עוֹלָם נָתַן לָמוֹ: וַיִּמְאַס בְּאֹהֶל יוֹסֵף, וּבְשֵׁבֶט אֶפְרַיִם לֹא בָחָר: וַיִּבְחַר
אֶת־שֵׁבֶט יְהוּדָה, אֶת־הַר צִיּוֹן אֲשֶׁר אָהֵב: וַיִּבֶן כְּמוֹ־רָמִים מִקְדָּשׁוֹ,
כְּאֶרֶץ יְסָדָהּ לְעוֹלָם: וַיִּבְחַר בְּדָוִד עַבְדּוֹ, וַיִּקָּחֵהוּ מִמִּכְלְאֹת צֹאן:
מֵאַחַר עָלוֹת הֱבִיאוֹ, לִרְעוֹת בְּיַעֲקֹב עַמּוֹ וּבְיִשְׂרָאֵל נַחֲלָתוֹ: וַיִּרְעֵם
כְּתֹם לְבָבוֹ, וּבִתְבוּנוֹת כַּפָּיו יַנְחֵם:

אומרים קדיש יתום (עמ׳ 329).

שיר של יום ג׳ של פסח

אם חל ביום שני אומרים את מזמור עח (עמ׳ 489).

תהלים פ
לַמְנַצֵּחַ אֶל־שֹׁשַׁנִּים, עֵדוּת לְאָסָף מִזְמוֹר: רֹעֵה יִשְׂרָאֵל הַאֲזִינָה, נֹהֵג
כַּצֹּאן יוֹסֵף, יֹשֵׁב הַכְּרוּבִים הוֹפִיעָה: לִפְנֵי אֶפְרַיִם וּבִנְיָמִן וּמְנַשֶּׁה עוֹרְרָה
אֶת־גְּבוּרָתֶךָ, וּלְכָה לִישֻׁעָתָה לָּנוּ: אֱלֹהִים הֲשִׁיבֵנוּ, וְהָאֵר פָּנֶיךָ וְנִוָּשֵׁעָה:
יהוה אֱלֹהִים צְבָאוֹת, עַד־מָתַי עָשַׁנְתָּ בִּתְפִלַּת עַמֶּךָ: הֶאֱכַלְתָּם לֶחֶם
דִּמְעָה, וַתַּשְׁקֵמוֹ בִּדְמָעוֹת שָׁלִישׁ: תְּשִׂימֵנוּ מָדוֹן לִשְׁכֵנֵינוּ, וְאֹיְבֵינוּ
יִלְעֲגוּ־לָמוֹ: אֱלֹהִים צְבָאוֹת הֲשִׁיבֵנוּ, וְהָאֵר פָּנֶיךָ וְנִוָּשֵׁעָה: גֶּפֶן מִמִּצְרַיִם
תַּסִּיעַ, תְּגָרֵשׁ גּוֹיִם וַתִּטָּעֶהָ: פִּנִּיתָ לְפָנֶיהָ, וַתַּשְׁרֵשׁ שָׁרָשֶׁיהָ וַתְּמַלֵּא־
אָרֶץ: כָּסּוּ הָרִים צִלָּהּ, וַעֲנָפֶיהָ אַרְזֵי־אֵל: תְּשַׁלַּח קְצִירֶהָ עַד־יָם, וְאֶל־
נָהָר יוֹנְקוֹתֶיהָ: לָמָּה פָּרַצְתָּ גְדֵרֶיהָ, וְאָרוּהָ כָּל־עֹבְרֵי דָרֶךְ: יְכַרְסְמֶנָּה
חֲזִיר מִיָּעַר, וְזִיז שָׂדַי יִרְעֶנָּה: אֱלֹהִים צְבָאוֹת שׁוּב נָא, הַבֵּט מִשָּׁמַיִם
וּרְאֵה, וּפְקֹד גֶּפֶן זֹאת: וְכַנָּה אֲשֶׁר־נָטְעָה יְמִינֶךָ, וְעַל־בֵּן אִמַּצְתָּה

לָךְ: שְׂרֻפָה בָאֵשׁ כְּסוּחָה, מִגַּעֲרַת פָּנֶיךָ יֹאבֵדוּ: תְּהִי־יָדְךָ עַל־אִישׁ יְמִינֶךָ, עַל־בֶּן־אָדָם אִמַּצְתָּ לָּךְ: וְלֹא־נָסוֹג מִמֶּךָּ, תְּחַיֵּנוּ וּבְשִׁמְךָ נִקְרָא: יהוה אֱלֹהִים צְבָאוֹת הֲשִׁיבֵנוּ, הָאֵר פָּנֶיךָ וְנִוָּשֵׁעָה:

קדיש יתום (בעמ׳ 329)

שיר של יום ד׳ של פסח

אם חל ביום ראשון או שלישי אומרים את מזמור פ (בעמוד הקודם).

תהלים קה
הוֹדוּ לַיהוה קִרְאוּ בִשְׁמוֹ, הוֹדִיעוּ בָעַמִּים עֲלִילוֹתָיו: שִׁירוּ־לוֹ זַמְּרוּ־
לוֹ, שִׂיחוּ בְּכָל־נִפְלְאוֹתָיו: הִתְהַלְלוּ בְּשֵׁם קָדְשׁוֹ, יִשְׂמַח לֵב מְבַקְשֵׁי
יהוה: דִּרְשׁוּ יהוה וְעֻזּוֹ, בַּקְּשׁוּ פָנָיו תָּמִיד: זִכְרוּ נִפְלְאוֹתָיו אֲשֶׁר־
עָשָׂה, מֹפְתָיו וּמִשְׁפְּטֵי־פִיו: זֶרַע אַבְרָהָם עַבְדּוֹ, בְּנֵי יַעֲקֹב בְּחִירָיו:
הוּא יהוה אֱלֹהֵינוּ, בְּכָל־הָאָרֶץ מִשְׁפָּטָיו: זָכַר לְעוֹלָם בְּרִיתוֹ, דָּבָר
צִוָּה לְאֶלֶף דּוֹר: אֲשֶׁר כָּרַת אֶת־אַבְרָהָם, וּשְׁבוּעָתוֹ לְיִשְׂחָק: וַיַּעֲמִידֶהָ
לְיַעֲקֹב לְחֹק, לְיִשְׂרָאֵל בְּרִית עוֹלָם: לֵאמֹר, לְךָ אֶתֵּן אֶת־אֶרֶץ־כְּנָעַן,
חֶבֶל נַחֲלַתְכֶם: בִּהְיוֹתָם מְתֵי מִסְפָּר, כִּמְעַט וְגָרִים בָּהּ: וַיִּתְהַלְּכוּ
מִגּוֹי אֶל־גּוֹי, מִמַּמְלָכָה אֶל־עַם אַחֵר: לֹא־הִנִּיחַ אָדָם לְעָשְׁקָם, וַיּוֹכַח
עֲלֵיהֶם מְלָכִים: אַל־תִּגְּעוּ בִמְשִׁיחָי, וְלִנְבִיאַי אַל־תָּרֵעוּ: וַיִּקְרָא רָעָב
עַל־הָאָרֶץ, כָּל־מַטֵּה־לֶחֶם שָׁבָר: שָׁלַח לִפְנֵיהֶם אִישׁ, לְעֶבֶד נִמְכַּר
יוֹסֵף: עִנּוּ בַכֶּבֶל רַגְלוֹ, בַּרְזֶל בָּאָה נַפְשׁוֹ: עַד־עֵת בֹּא־דְבָרוֹ, אִמְרַת
יהוה צְרָפָתְהוּ: שָׁלַח מֶלֶךְ וַיַּתִּירֵהוּ, מֹשֵׁל עַמִּים וַיְפַתְּחֵהוּ: שָׂמוֹ אָדוֹן
לְבֵיתוֹ, וּמֹשֵׁל בְּכָל־קִנְיָנוֹ: לֶאְסֹר שָׂרָיו בְּנַפְשׁוֹ, וּזְקֵנָיו יְחַכֵּם: וַיָּבֹא
יִשְׂרָאֵל מִצְרָיִם, וְיַעֲקֹב גָּר בְּאֶרֶץ־חָם: וַיֶּפֶר אֶת־עַמּוֹ מְאֹד, וַיַּעֲצִמֵהוּ
מִצָּרָיו: הָפַךְ לִבָּם לִשְׂנֹא עַמּוֹ, לְהִתְנַכֵּל בַּעֲבָדָיו: שָׁלַח מֹשֶׁה עַבְדּוֹ,
אַהֲרֹן אֲשֶׁר בָּחַר־בּוֹ: שָׂמוּ־בָם דִּבְרֵי אֹתוֹתָיו, וּמֹפְתִים בְּאֶרֶץ חָם:
שָׁלַח חֹשֶׁךְ וַיַּחְשִׁךְ, וְלֹא־מָרוּ אֶת־דְּבָרוֹ: הָפַךְ אֶת־מֵימֵיהֶם לְדָם, וַיָּמֶת
אֶת־דְּגָתָם: שָׁרַץ אַרְצָם צְפַרְדְּעִים בְּחַדְרֵי מַלְכֵיהֶם: אָמַר וַיָּבֹא עָרֹב,
כִּנִּים בְּכָל־גְּבוּלָם: נָתַן גִּשְׁמֵיהֶם בָּרָד, אֵשׁ לֶהָבוֹת בְּאַרְצָם: וַיַּךְ גַּפְנָם

וּתְאֵנָתָם, וַיְשַׁבֵּר עֵץ גְּבוּלָם: אָמַר וַיָּבֹא אַרְבֶּה, וְיֶלֶק וְאֵין מִסְפָּר: וַיֹּאכַל כׇּל־עֵשֶׂב בְּאַרְצָם, וַיֹּאכַל פְּרִי אַדְמָתָם: וַיַּךְ כׇּל־בְּכוֹר בְּאַרְצָם, רֵאשִׁית לְכׇל־אוֹנָם: וַיּוֹצִיאֵם בְּכֶסֶף וְזָהָב, וְאֵין בִּשְׁבָטָיו כּוֹשֵׁל: שָׂמַח מִצְרַיִם בְּצֵאתָם, כִּי־נָפַל פַּחְדָּם עֲלֵיהֶם: פָּרַשׂ עָנָן לְמָסָךְ, וְאֵשׁ לְהָאִיר לָיְלָה: שָׁאַל וַיָּבֵא שְׂלָו, וְלֶחֶם שָׁמַיִם יַשְׂבִּיעֵם: פָּתַח צוּר, וַיָּזוּבוּ מָיִם, הָלְכוּ בַּצִּיּוֹת נָהָר: כִּי־זָכַר אֶת־דְּבַר קׇדְשׁוֹ, אֶת־אַבְרָהָם עַבְדּוֹ: וַיּוֹצִא עַמּוֹ בְשָׂשׂוֹן, בְּרִנָּה אֶת־בְּחִירָיו: וַיִּתֵּן לָהֶם אַרְצוֹת גּוֹיִם, וַעֲמַל לְאֻמִּים יִירָשׁוּ: בַּעֲבוּר יִשְׁמְרוּ חֻקָּיו וְתוֹרֹתָיו יִנְצֹרוּ, הַלְלוּיָהּ:

קדיש יתום (בעמ׳ 329)

שיר של יום ה׳ של פסח

אם חל ביום שני או רביעי אומרים את מזמור קה (בעמוד הקודם).

תהלים קלה

הַלְלוּיָהּ, הַלְלוּ אֶת־שֵׁם יהוה, הַלְלוּ עַבְדֵי יהוה: שֶׁעֹמְדִים בְּבֵית יהוה, בְּחַצְרוֹת בֵּית אֱלֹהֵינוּ: הַלְלוּיָהּ כִּי־טוֹב יהוה, זַמְּרוּ לִשְׁמוֹ כִּי נָעִים: כִּי־יַעֲקֹב בָּחַר לוֹ יָהּ, יִשְׂרָאֵל לִסְגֻלָּתוֹ: כִּי אֲנִי יָדַעְתִּי כִּי־גָדוֹל יהוה, וַאֲדֹנֵינוּ מִכׇּל־אֱלֹהִים: כֹּל אֲשֶׁר־חָפֵץ יהוה עָשָׂה, בַּשָּׁמַיִם וּבָאָרֶץ, בַּיַּמִּים וְכׇל־תְּהֹמוֹת: מַעֲלֶה נְשִׂאִים מִקְצֵה הָאָרֶץ, בְּרָקִים לַמָּטָר עָשָׂה, מוֹצֵא־רוּחַ מֵאוֹצְרוֹתָיו: שֶׁהִכָּה בְּכוֹרֵי מִצְרָיִם, מֵאָדָם עַד־בְּהֵמָה: שָׁלַח אוֹתֹת וּמֹפְתִים בְּתוֹכֵכִי מִצְרָיִם, בְּפַרְעֹה וּבְכׇל־עֲבָדָיו: שֶׁהִכָּה גּוֹיִם רַבִּים, וְהָרַג מְלָכִים עֲצוּמִים: לְסִיחוֹן מֶלֶךְ הָאֱמֹרִי, וּלְעוֹג מֶלֶךְ הַבָּשָׁן, וּלְכֹל מַמְלְכוֹת כְּנָעַן: וְנָתַן אַרְצָם נַחֲלָה, נַחֲלָה לְיִשְׂרָאֵל עַמּוֹ: יהוה שִׁמְךָ לְעוֹלָם, יהוה זִכְרְךָ לְדֹר־וָדֹר: כִּי־יָדִין יהוה עַמּוֹ, וְעַל־עֲבָדָיו יִתְנֶחָם: עֲצַבֵּי הַגּוֹיִם כֶּסֶף וְזָהָב, מַעֲשֵׂה יְדֵי אָדָם: פֶּה־לָהֶם וְלֹא יְדַבֵּרוּ, עֵינַיִם לָהֶם וְלֹא יִרְאוּ: אׇזְנַיִם לָהֶם וְלֹא יַאֲזִינוּ, אַף אֵין־יֶשׁ־רוּחַ בְּפִיהֶם: כְּמוֹהֶם יִהְיוּ עֹשֵׂיהֶם, כֹּל אֲשֶׁר־בֹּטֵחַ בָּהֶם: בֵּית יִשְׂרָאֵל בָּרְכוּ אֶת־יהוה, בֵּית אַהֲרֹן בָּרְכוּ אֶת־יהוה: בֵּית הַלֵּוִי בָּרְכוּ אֶת־יהוה, יִרְאֵי יהוה בָּרְכוּ אֶת־יהוה: בָּרוּךְ יהוה מִצִּיּוֹן, שֹׁכֵן יְרוּשָׁלָםִ, הַלְלוּיָהּ:

קדיש יתום (בעמ׳ 329)

שיר של יום ו׳ של פסח

ואם חל ביום ראשון, שלישי או חמישי אומרים את מזמור קלה (בעמוד הקודם).

תהלים סו לַמְנַצֵּחַ שִׁיר מִזְמוֹר, הָרִיעוּ לֵאלֹהִים כָּל־הָאָרֶץ: זַמְּרוּ כְבוֹד־שְׁמוֹ,
שִׂימוּ כָבוֹד תְּהִלָּתוֹ: אִמְרוּ לֵאלֹהִים מַה־נּוֹרָא מַעֲשֶׂיךָ, בְּרֹב עֻזְּךָ
יְכַחֲשׁוּ־לְךָ אֹיְבֶיךָ: כָּל־הָאָרֶץ יִשְׁתַּחֲווּ לְךָ וִיזַמְּרוּ־לָךְ, יְזַמְּרוּ שִׁמְךָ
סֶלָה: לְכוּ וּרְאוּ מִפְעֲלוֹת אֱלֹהִים, נוֹרָא עֲלִילָה עַל־בְּנֵי אָדָם: הָפַךְ יָם
לְיַבָּשָׁה, בַּנָּהָר יַעַבְרוּ בְרָגֶל, שָׁם נִשְׂמְחָה־בּוֹ: מֹשֵׁל בִּגְבוּרָתוֹ עוֹלָם,
עֵינָיו בַּגּוֹיִם תִּצְפֶּינָה, הַסּוֹרְרִים אַל־יָרוּמוּ לָמוֹ סֶלָה: בָּרְכוּ עַמִּים
אֱלֹהֵינוּ, וְהַשְׁמִיעוּ קוֹל תְּהִלָּתוֹ: הַשָּׂם נַפְשֵׁנוּ בַּחַיִּים, וְלֹא־נָתַן לַמּוֹט
רַגְלֵנוּ: כִּי־בְחַנְתָּנוּ אֱלֹהִים, צְרַפְתָּנוּ כִּצְרָף־כָּסֶף: הֲבֵאתָנוּ בַמְּצוּדָה,
שַׂמְתָּ מוּעָקָה בְמָתְנֵינוּ: הִרְכַּבְתָּ אֱנוֹשׁ לְרֹאשֵׁנוּ, בָּאנוּ־בָאֵשׁ וּבַמַּיִם,
וַתּוֹצִיאֵנוּ לָרְוָיָה: אָבוֹא בֵיתְךָ בְעוֹלוֹת, אֲשַׁלֵּם לְךָ נְדָרָי: אֲשֶׁר־פָּצוּ
שְׂפָתָי וְדִבֶּר־פִּי בַּצַּר־לִי: עֹלוֹת מֵחִים אַעֲלֶה־לָּךְ עִם־קְטֹרֶת אֵילִים,
אֶעֱשֶׂה בָקָר עִם־עַתּוּדִים סֶלָה: לְכוּ־שִׁמְעוּ וַאֲסַפְּרָה כָּל־יִרְאֵי אֱלֹהִים,
אֲשֶׁר עָשָׂה לְנַפְשִׁי: אֵלָיו פִּי־קָרָאתִי, וְרוֹמַם תַּחַת לְשׁוֹנִי: אָוֶן אִם־
רָאִיתִי בְלִבִּי, לֹא יִשְׁמַע אֲדֹנָי: אָכֵן שָׁמַע אֱלֹהִים, הִקְשִׁיב בְּקוֹל תְּפִלָּתִי:
בָּרוּךְ אֱלֹהִים, אֲשֶׁר לֹא־הֵסִיר תְּפִלָּתִי וְחַסְדּוֹ מֵאִתִּי:

קדיש יתום (בעמ׳ 329)

שיר של יום ז׳ של פסח

תהלים יח לַמְנַצֵּחַ לְעֶבֶד יהוה לְדָוִד, אֲשֶׁר דִּבֶּר לַיהוה אֶת־דִּבְרֵי הַשִּׁירָה הַזֹּאת,
בְּיוֹם הִצִּיל־יהוה אוֹתוֹ מִכַּף כָּל־אֹיְבָיו וּמִיַּד שָׁאוּל: וַיֹּאמַר אֶרְחָמְךָ
יהוה חִזְקִי: יהוה סַלְעִי וּמְצוּדָתִי וּמְפַלְטִי, אֵלִי צוּרִי אֶחֱסֶה־בּוֹ, מָגִנִּי
וְקֶרֶן־יִשְׁעִי מִשְׂגַּבִּי: מְהֻלָּל אֶקְרָא יהוה, וּמִן־אֹיְבַי אִוָּשֵׁעַ: אֲפָפוּנִי
חֶבְלֵי־מָוֶת, וְנַחֲלֵי בְלִיַּעַל יְבַעֲתוּנִי: חֶבְלֵי שְׁאוֹל סְבָבוּנִי, קִדְּמוּנִי מוֹקְשֵׁי
מָוֶת: בַּצַּר־לִי אֶקְרָא יהוה וְאֶל־אֱלֹהַי אֲשַׁוֵּעַ, יִשְׁמַע מֵהֵיכָלוֹ קוֹלִי,
וְשַׁוְעָתִי לְפָנָיו תָּבוֹא בְאָזְנָיו: וַתִּגְעַשׁ וַתִּרְעַשׁ הָאָרֶץ, וּמוֹסְדֵי הָרִים
יִרְגָּזוּ, וַיִּתְגָּעֲשׁוּ כִּי־חָרָה לוֹ: עָלָה עָשָׁן בְּאַפּוֹ וְאֵשׁ־מִפִּיו תֹּאכֵל, גֶּחָלִים
בָּעֲרוּ מִמֶּנּוּ: וַיֵּט שָׁמַיִם וַיֵּרַד, וַעֲרָפֶל תַּחַת רַגְלָיו: וַיִּרְכַּב עַל־כְּרוּב וַיָּעֹף,

וַיֵּדֶא עַל־כַּנְפֵי־רוּחַ: יָשֶׁת חֹשֶׁךְ סִתְרוֹ סְבִיבוֹתָיו סֻכָּתוֹ, חֶשְׁכַת־מַיִם עָבֵי שְׁחָקִים: מִנֹּגַהּ נֶגְדּוֹ, עָבָיו עָבְרוּ בָּרָד וְגַחֲלֵי־אֵשׁ: וַיַּרְעֵם בַּשָּׁמַיִם יהוה, וְעֶלְיוֹן יִתֵּן קֹלוֹ, בָּרָד וְגַחֲלֵי־אֵשׁ: וַיִּשְׁלַח חִצָּיו וַיְפִיצֵם, וּבְרָקִים רָב וַיְהֻמֵּם: וַיֵּרָאוּ אֲפִיקֵי מַיִם, וַיִּגָּלוּ מוֹסְדוֹת תֵּבֵל, מִגַּעֲרָתְךָ יהוה, מִנִּשְׁמַת רוּחַ אַפֶּךָ: יִשְׁלַח מִמָּרוֹם יִקָּחֵנִי, יַמְשֵׁנִי מִמַּיִם רַבִּים: יַצִּילֵנִי מֵאֹיְבִי עָז, וּמִשֹּׂנְאַי כִּי־אָמְצוּ מִמֶּנִּי: יְקַדְּמוּנִי בְיוֹם־אֵידִי, וַיְהִי־יהוה לְמִשְׁעָן לִי: וַיּוֹצִיאֵנִי לַמֶּרְחָב, יְחַלְּצֵנִי כִּי חָפֵץ בִּי: יִגְמְלֵנִי יהוה כְּצִדְקִי, כְּבֹר יָדַי יָשִׁיב לִי: כִּי־שָׁמַרְתִּי דַּרְכֵי יהוה, וְלֹא־רָשַׁעְתִּי מֵאֱלֹהָי: כִּי כָל־מִשְׁפָּטָיו לְנֶגְדִּי, וְחֻקֹּתָיו לֹא־אָסִיר מִמֶּנִּי: וָאֱהִי תָמִים עִמּוֹ, וָאֶשְׁתַּמֵּר מֵעֲוֺנִי: וַיָּשֶׁב־יהוה לִי כְצִדְקִי, כְּבֹר יָדַי לְנֶגֶד עֵינָיו: עִם־חָסִיד תִּתְחַסָּד, עִם־גְּבַר תָּמִים תִּתַּמָּם: עִם־נָבָר תִּתְבָּרָר, וְעִם־עִקֵּשׁ תִּתְפַּתָּל: כִּי־אַתָּה עַם־עָנִי תוֹשִׁיעַ, וְעֵינַיִם רָמוֹת תַּשְׁפִּיל: כִּי־אַתָּה תָּאִיר נֵרִי, יהוה אֱלֹהַי יַגִּיהַּ חָשְׁכִּי: כִּי־בְךָ אָרֻץ גְּדוּד, וּבֵאלֹהַי אֲדַלֶּג־שׁוּר: הָאֵל תָּמִים דַּרְכּוֹ, אִמְרַת־יהוה צְרוּפָה, מָגֵן הוּא לְכֹל הַחוֹסִים בּוֹ: כִּי מִי אֱלוֹהַּ מִבַּלְעֲדֵי יהוה, וּמִי צוּר זוּלָתִי אֱלֹהֵינוּ: הָאֵל הַמְאַזְּרֵנִי חָיִל, וַיִּתֵּן תָּמִים דַּרְכִּי: מְשַׁוֶּה רַגְלַי כָּאַיָּלוֹת, וְעַל בָּמֹתַי יַעֲמִידֵנִי: מְלַמֵּד יָדַי לַמִּלְחָמָה, וְנִחֲתָה קֶשֶׁת־נְחוּשָׁה זְרוֹעֹתָי: וַתִּתֶּן־לִי מָגֵן יִשְׁעֶךָ, וִימִינְךָ תִסְעָדֵנִי, וְעַנְוַתְךָ תַרְבֵּנִי: תַּרְחִיב צַעֲדִי תַחְתָּי, וְלֹא מָעֲדוּ קַרְסֻלָּי: אֶרְדּוֹף אוֹיְבַי וְאַשִּׂיגֵם, וְלֹא־אָשׁוּב עַד־כַּלּוֹתָם: אֶמְחָצֵם וְלֹא־יֻכְלוּ קוּם, יִפְּלוּ תַּחַת רַגְלָי: וַתְּאַזְּרֵנִי חַיִל לַמִּלְחָמָה, תַּכְרִיעַ קָמַי תַּחְתָּי: וְאֹיְבַי נָתַתָּה לִּי עֹרֶף, וּמְשַׂנְאַי אַצְמִיתֵם: יְשַׁוְּעוּ וְאֵין־מוֹשִׁיעַ, עַל־יהוה וְלֹא עָנָם: וְאֶשְׁחָקֵם כְּעָפָר עַל־פְּנֵי־רוּחַ, כְּטִיט חוּצוֹת אֲרִיקֵם: תְּפַלְּטֵנִי מֵרִיבֵי עָם, תְּשִׂימֵנִי לְרֹאשׁ גּוֹיִם, עַם לֹא־יָדַעְתִּי יַעַבְדוּנִי: לְשֵׁמַע אֹזֶן יִשָּׁמְעוּ לִי, בְּנֵי־נֵכָר יְכַחֲשׁוּ־לִי: בְּנֵי־נֵכָר יִבֹּלוּ וְיַחְרְגוּ מִמִּסְגְּרוֹתֵיהֶם: חַי־יהוה וּבָרוּךְ צוּרִי, וְיָרוּם אֱלוֹהֵי יִשְׁעִי: הָאֵל הַנּוֹתֵן נְקָמוֹת לִי, וַיַּדְבֵּר עַמִּים תַּחְתָּי: מְפַלְּטִי מֵאֹיְבָי, אַף מִן־קָמַי תְּרוֹמְמֵנִי, מֵאִישׁ חָמָס תַּצִּילֵנִי: עַל־כֵּן אוֹדְךָ בַגּוֹיִם יהוה, וּלְשִׁמְךָ אֲזַמֵּרָה: מַגְדִּל יְשׁוּעוֹת מַלְכּוֹ, וְעֹשֶׂה חֶסֶד לִמְשִׁיחוֹ, לְדָוִד וּלְזַרְעוֹ עַד־עוֹלָם:

קדיש יתום (בעמ' 329)

שיר של יום ח׳ של פסח (בחו״ל)

תהלים קלו

הוֹדוּ לַיהוה כִּי־טוֹב, כִּי לְעוֹלָם חַסְדּוֹ: הוֹדוּ לֵאלֹהֵי הָאֱלֹהִים, כִּי לְעוֹלָם חַסְדּוֹ: הוֹדוּ לַאֲדֹנֵי הָאֲדֹנִים, כִּי לְעוֹלָם חַסְדּוֹ: לְעֹשֵׂה נִפְלָאוֹת גְּדֹלוֹת לְבַדּוֹ, כִּי לְעוֹלָם חַסְדּוֹ: לְעֹשֵׂה הַשָּׁמַיִם בִּתְבוּנָה, כִּי לְעוֹלָם חַסְדּוֹ: לְרֹקַע הָאָרֶץ עַל־הַמָּיִם, כִּי לְעוֹלָם חַסְדּוֹ: לְעֹשֵׂה אוֹרִים גְּדֹלִים, כִּי לְעוֹלָם חַסְדּוֹ: אֶת־הַשֶּׁמֶשׁ לְמֶמְשֶׁלֶת בַּיּוֹם, כִּי לְעוֹלָם חַסְדּוֹ: אֶת־הַיָּרֵחַ וְכוֹכָבִים לְמֶמְשְׁלוֹת בַּלָּיְלָה, כִּי לְעוֹלָם חַסְדּוֹ: לְמַכֵּה מִצְרַיִם בִּבְכוֹרֵיהֶם, כִּי לְעוֹלָם חַסְדּוֹ: וַיּוֹצֵא יִשְׂרָאֵל מִתּוֹכָם, כִּי לְעוֹלָם חַסְדּוֹ: בְּיָד חֲזָקָה וּבִזְרוֹעַ נְטוּיָה, כִּי לְעוֹלָם חַסְדּוֹ: לְגֹזֵר יַם־סוּף לִגְזָרִים, כִּי לְעוֹלָם חַסְדּוֹ: וְהֶעֱבִיר יִשְׂרָאֵל בְּתוֹכוֹ, כִּי לְעוֹלָם חַסְדּוֹ: וְנִעֵר פַּרְעֹה וְחֵילוֹ בְיַם־סוּף, כִּי לְעוֹלָם חַסְדּוֹ: לְמוֹלִיךְ עַמּוֹ בַּמִּדְבָּר, כִּי לְעוֹלָם חַסְדּוֹ: לְמַכֵּה מְלָכִים גְּדֹלִים, כִּי לְעוֹלָם חַסְדּוֹ: וַיַּהֲרֹג מְלָכִים אַדִּירִים, כִּי לְעוֹלָם חַסְדּוֹ: לְסִיחוֹן מֶלֶךְ הָאֱמֹרִי, כִּי לְעוֹלָם חַסְדּוֹ: וּלְעוֹג מֶלֶךְ הַבָּשָׁן, כִּי לְעוֹלָם חַסְדּוֹ: וְנָתַן אַרְצָם לְנַחֲלָה, כִּי לְעוֹלָם חַסְדּוֹ: נַחֲלָה לְיִשְׂרָאֵל עַבְדּוֹ, כִּי לְעוֹלָם חַסְדּוֹ: שֶׁבְּשִׁפְלֵנוּ זָכַר לָנוּ, כִּי לְעוֹלָם חַסְדּוֹ: וַיִּפְרְקֵנוּ מִצָּרֵינוּ, כִּי לְעוֹלָם חַסְדּוֹ: נֹתֵן לֶחֶם לְכָל־בָּשָׂר, כִּי לְעוֹלָם חַסְדּוֹ: הוֹדוּ לְאֵל הַשָּׁמָיִם, כִּי לְעוֹלָם חַסְדּוֹ:

קדיש יתום (בעמ׳ 329)

שיר של יום טוב ראשון של שבועות

תהלים יט

לַמְנַצֵּחַ מִזְמוֹר לְדָוִד: הַשָּׁמַיִם מְסַפְּרִים כְּבוֹד־אֵל, וּמַעֲשֵׂה יָדָיו מַגִּיד הָרָקִיעַ: יוֹם לְיוֹם יַבִּיעַ אֹמֶר, וְלַיְלָה לְּלַיְלָה יְחַוֶּה־דָּעַת: אֵין־אֹמֶר וְאֵין דְּבָרִים, בְּלִי נִשְׁמָע קוֹלָם: בְּכָל־הָאָרֶץ יָצָא קַוָּם, וּבִקְצֵה תֵבֵל מִלֵּיהֶם, לַשֶּׁמֶשׁ שָׂם־אֹהֶל בָּהֶם: וְהוּא כְּחָתָן יֹצֵא מֵחֻפָּתוֹ, יָשִׂישׂ כְּגִבּוֹר לָרוּץ אֹרַח: מִקְצֵה הַשָּׁמַיִם מוֹצָאוֹ, וּתְקוּפָתוֹ עַל־קְצוֹתָם, וְאֵין נִסְתָּר מֵחַמָּתוֹ: תּוֹרַת יהוה תְּמִימָה, מְשִׁיבַת נָפֶשׁ, עֵדוּת יהוה נֶאֱמָנָה, מַחְכִּימַת פֶּתִי: פִּקּוּדֵי יהוה יְשָׁרִים, מְשַׂמְּחֵי־לֵב, מִצְוַת יהוה בָּרָה, מְאִירַת עֵינָיִם: יִרְאַת יהוה טְהוֹרָה, עוֹמֶדֶת לָעַד, מִשְׁפְּטֵי־יהוה אֱמֶת, צָדְקוּ יַחְדָּו: הַנֶּחֱמָדִים מִזָּהָב וּמִפַּז רָב, וּמְתוּקִים מִדְּבַשׁ וְנֹפֶת צוּפִים:

גַּם־עַבְדְּךָ נִזְהָר בָּהֶם, בְּשָׁמְרָם עֵקֶב רָב: שְׁגִיאוֹת מִי־יָבִין, מִנִּסְתָּרוֹת נַקֵּנִי: גַּם מִזֵּדִים חֲשֹׂךְ עַבְדֶּךָ, אַל־יִמְשְׁלוּ־בִי אָז אֵיתָם, וְנִקֵּיתִי מִפֶּשַׁע רָב: יִהְיוּ לְרָצוֹן אִמְרֵי־פִי וְהֶגְיוֹן לִבִּי לְפָנֶיךָ, יהוה, צוּרִי וְגֹאֲלִי:

קדיש יתום (בעמ׳ 329)

שיר של יום טוב שני של שבועות (בחו״ל)

אם חל ביום ראשון אומרים את מזמור יט (בעמוד הקודם).

תהלים סח לַמְנַצֵּחַ לְדָוִד מִזְמוֹר שִׁיר: יָקוּם אֱלֹהִים, יָפוּצוּ אוֹיְבָיו, וְיָנוּסוּ מְשַׂנְאָיו מִפָּנָיו: כְּהִנְדֹּף עָשָׁן תִּנְדֹּף, כְּהִמֵּס דּוֹנַג מִפְּנֵי־אֵשׁ יֹאבְדוּ רְשָׁעִים מִפְּנֵי אֱלֹהִים: וְצַדִּיקִים יִשְׂמְחוּ יַעַלְצוּ לִפְנֵי אֱלֹהִים, וְיָשִׂישׂוּ בְשִׂמְחָה: שִׁירוּ לֵאלֹהִים זַמְּרוּ שְׁמוֹ, סֹלּוּ לָרֹכֵב בָּעֲרָבוֹת בְּיָהּ שְׁמוֹ, וְעִלְזוּ לְפָנָיו: אֲבִי יְתוֹמִים וְדַיַּן אַלְמָנוֹת, אֱלֹהִים בִּמְעוֹן קָדְשׁוֹ: אֱלֹהִים מוֹשִׁיב יְחִידִים בַּיְתָה, מוֹצִיא אֲסִירִים בַּכּוֹשָׁרוֹת, אַךְ סוֹרְרִים שָׁכְנוּ צְחִיחָה: אֱלֹהִים בְּצֵאתְךָ לִפְנֵי עַמֶּךָ, בְּצַעְדְּךָ בִישִׁימוֹן סֶלָה: אֶרֶץ רָעָשָׁה אַף־שָׁמַיִם נָטְפוּ מִפְּנֵי אֱלֹהִים, זֶה סִינַי מִפְּנֵי אֱלֹהִים אֱלֹהֵי יִשְׂרָאֵל: גֶּשֶׁם נְדָבוֹת תָּנִיף אֱלֹהִים, נַחֲלָתְךָ וְנִלְאָה אַתָּה כוֹנַנְתָּהּ: חַיָּתְךָ יָשְׁבוּ־בָהּ, תָּכִין בְּטוֹבָתְךָ לֶעָנִי אֱלֹהִים: אֲדֹנָי יִתֶּן־אֹמֶר, הַמְבַשְּׂרוֹת צָבָא רָב: מַלְכֵי צְבָאוֹת יִדֹּדוּן יִדֹּדוּן, וּנְוַת־בַּיִת תְּחַלֵּק שָׁלָל: אִם־תִּשְׁכְּבוּן בֵּין שְׁפַתָּיִם, כַּנְפֵי יוֹנָה נֶחְפָּה בַכֶּסֶף, וְאֶבְרוֹתֶיהָ בִּירַקְרַק חָרוּץ: בְּפָרֵשׂ שַׁדַּי מְלָכִים בָּהּ, תַּשְׁלֵג בְּצַלְמוֹן: הַר־אֱלֹהִים הַר־בָּשָׁן, הַר גַּבְנֻנִּים הַר־בָּשָׁן: לָמָּה תְּרַצְּדוּן הָרִים גַּבְנֻנִּים, הָהָר חָמַד אֱלֹהִים לְשִׁבְתּוֹ, אַף־יהוה יִשְׁכֹּן לָנֶצַח: רֶכֶב אֱלֹהִים רִבֹּתַיִם אַלְפֵי שִׁנְאָן, אֲדֹנָי בָם סִינַי בַּקֹּדֶשׁ: עָלִיתָ לַמָּרוֹם, שָׁבִיתָ שֶּׁבִי, לָקַחְתָּ מַתָּנוֹת בָּאָדָם, וְאַף סוֹרְרִים לִשְׁכֹּן יָהּ אֱלֹהִים: בָּרוּךְ אֲדֹנָי יוֹם יוֹם יַעֲמָס־לָנוּ, הָאֵל יְשׁוּעָתֵנוּ סֶלָה: הָאֵל לָנוּ אֵל לְמוֹשָׁעוֹת, וְלֵיהוִה אֲדֹנָי לַמָּוֶת תּוֹצָאוֹת: אַךְ־אֱלֹהִים יִמְחַץ רֹאשׁ אֹיְבָיו, קָדְקֹד שֵׂעָר מִתְהַלֵּךְ בַּאֲשָׁמָיו: אָמַר אֲדֹנָי, מִבָּשָׁן אָשִׁיב, אָשִׁיב מִמְּצֻלוֹת יָם: לְמַעַן תִּמְחַץ רַגְלְךָ בְּדָם, לְשׁוֹן כְּלָבֶיךָ מֵאֹיְבִים מִנֵּהוּ: רָאוּ הֲלִיכוֹתֶיךָ אֱלֹהִים, הֲלִיכוֹת אֵלִי מַלְכִּי בַקֹּדֶשׁ: קִדְּמוּ שָׁרִים אַחַר

נֹגְנִים, בְּתוֹךְ עֲלָמוֹת תּוֹפֵפוֹת: בְּמַקְהֵלוֹת בָּרְכוּ אֱלֹהִים, אֲדֹנָי מִמְּקוֹר
יִשְׂרָאֵל: שָׁם בִּנְיָמִן צָעִיר רֹדֵם, שָׂרֵי יְהוּדָה רִגְמָתָם, שָׂרֵי זְבֻלוּן שָׂרֵי
נַפְתָּלִי: צִוָּה אֱלֹהֶיךָ עֻזֶּךָ, עוּזָּה אֱלֹהִים זוּ פָּעַלְתָּ לָּנוּ: מֵהֵיכָלֶךָ עַל־
יְרוּשָׁלָםִ, לְךָ יוֹבִילוּ מְלָכִים שָׁי: גְּעַר חַיַּת קָנֶה עֲדַת אַבִּירִים בְּעֶגְלֵי
עַמִּים, מִתְרַפֵּס בְּרַצֵּי־כָסֶף, בִּזַּר עַמִּים קְרָבוֹת יֶחְפָּצוּ: יֶאֱתָיוּ חַשְׁמַנִּים
מִנִּי מִצְרָיִם, כּוּשׁ תָּרִיץ יָדָיו לֵאלֹהִים: מַמְלְכוֹת הָאָרֶץ שִׁירוּ לֵאלֹהִים,
זַמְּרוּ אֲדֹנָי סֶלָה: לָרֹכֵב בִּשְׁמֵי שְׁמֵי־קֶדֶם, הֵן יִתֵּן בְּקוֹלוֹ קוֹל עֹז: תְּנוּ עֹז
לֵאלֹהִים, עַל־יִשְׂרָאֵל גַּאֲוָתוֹ, וְעֻזּוֹ בַּשְּׁחָקִים: נוֹרָא אֱלֹהִים מִמִּקְדָּשֶׁיךָ,
אֵל יִשְׂרָאֵל הוּא נֹתֵן עֹז וְתַעֲצֻמוֹת לָעָם, בָּרוּךְ אֱלֹהִים:

קדיש יתום (בעמ׳ 329)

שיר של יום טוב ראשון של סוכות

תהלים עו לַמְנַצֵּחַ בִּנְגִינֹת מִזְמוֹר לְאָסָף שִׁיר: נוֹדָע בִּיהוּדָה אֱלֹהִים, בְּיִשְׂרָאֵל
גָּדוֹל שְׁמוֹ: וַיְהִי בְשָׁלֵם סֻכּוֹ, וּמְעוֹנָתוֹ בְצִיּוֹן: שָׁמָּה שִׁבַּר רִשְׁפֵי־קָשֶׁת,
מָגֵן וְחֶרֶב וּמִלְחָמָה סֶלָה: נָאוֹר אַתָּה, אַדִּיר מֵהַרְרֵי־טָרֶף: אֶשְׁתּוֹלְלוּ
אַבִּירֵי לֵב נָמוּ שְׁנָתָם, וְלֹא־מָצְאוּ כָל־אַנְשֵׁי־חַיִל יְדֵיהֶם: מִגַּעֲרָתְךָ
אֱלֹהֵי יַעֲקֹב, נִרְדָּם וְרֶכֶב וָסוּס: אַתָּה נוֹרָא אַתָּה, וּמִי־יַעֲמֹד לְפָנֶיךָ
מֵאָז אַפֶּךָ: מִשָּׁמַיִם הִשְׁמַעְתָּ דִּין, אֶרֶץ יָרְאָה וְשָׁקָטָה: בְּקוּם־לַמִּשְׁפָּט
אֱלֹהִים, לְהוֹשִׁיעַ כָּל־עַנְוֵי־אֶרֶץ סֶלָה: כִּי־חֲמַת אָדָם תּוֹדֶךָּ, שְׁאֵרִית
חֵמֹת תַּחְגֹּר: נִדְרוּ וְשַׁלְּמוּ לַיהוה אֱלֹהֵיכֶם, כָּל־סְבִיבָיו יוֹבִילוּ שַׁי לַמּוֹרָא:
יִבְצֹר רוּחַ נְגִידִים, נוֹרָא לְמַלְכֵי־אָרֶץ:

קדיש יתום (בעמ׳ 329)

שיר של יום טוב שני של סוכות בחו״ל

אם חל ביום ראשון אומרים את מזמור עו (למעלה).

תהלים מב לַמְנַצֵּחַ מַשְׂכִּיל לִבְנֵי־קֹרַח: כְּאַיָּל תַּעֲרֹג עַל־אֲפִיקֵי־מָיִם, כֵּן נַפְשִׁי
תַעֲרֹג אֵלֶיךָ אֱלֹהִים: צָמְאָה נַפְשִׁי לֵאלֹהִים לְאֵל חָי, מָתַי אָבוֹא וְאֵרָאֶה
פְּנֵי אֱלֹהִים: הָיְתָה־לִּי דִמְעָתִי לֶחֶם יוֹמָם וָלָיְלָה, בֶּאֱמֹר אֵלַי כָּל־
הַיּוֹם, אַיֵּה אֱלֹהֶיךָ: אֵלֶּה אֶזְכְּרָה וְאֶשְׁפְּכָה עָלַי נַפְשִׁי, כִּי אֶעֱבֹר בַּסָּךְ,
אֶדַּדֵּם עַד־בֵּית אֱלֹהִים, בְּקוֹל־רִנָּה וְתוֹדָה הָמוֹן חוֹגֵג: מַה־תִּשְׁתּוֹחֲחִי

נַפְשִׁי וַתֶּהֱמִי עָלָי, הוֹחִלִי לֵאלֹהִים כִּי־עוֹד אוֹדֶנּוּ יְשׁוּעוֹת פָּנָיו: אֱלֹהַי, עָלַי נַפְשִׁי תִשְׁתּוֹחָח, עַל־כֵּן אֶזְכָּרְךָ מֵאֶרֶץ יַרְדֵּן, וְחֶרְמוֹנִים מֵהַר מִצְעָר: תְּהוֹם־אֶל־תְּהוֹם קוֹרֵא לְקוֹל צִנּוֹרֶיךָ, כָּל־מִשְׁבָּרֶיךָ וְגַלֶּיךָ עָלַי עָבָרוּ: יוֹמָם יְצַוֶּה יהוה חַסְדּוֹ, וּבַלַּיְלָה שִׁירֹה עִמִּי, תְּפִלָּה לְאֵל חַיָּי: אוֹמְרָה לְאֵל סַלְעִי, לָמָה שְׁכַחְתָּנִי, לָמָּה־קֹדֵר אֵלֵךְ בְּלַחַץ אוֹיֵב: בְּרֶצַח בְּעַצְמוֹתַי חֵרְפוּנִי צוֹרְרָי, בְּאָמְרָם אֵלַי כָּל־הַיּוֹם, אַיֵּה אֱלֹהֶיךָ: מַה־תִּשְׁתּוֹחֲחִי נַפְשִׁי וּמַה־תֶּהֱמִי עָלָי, הוֹחִילִי לֵאלֹהִים כִּי־עוֹד אוֹדֶנּוּ, יְשׁוּעֹת פָּנַי וֵאלֹהָי:

קדיש יתום (בעמ׳ 329)

שיר של יום ב׳ של סוכות

תהלים כט

מִזְמוֹר לְדָוִד, הָבוּ לַיהוה בְּנֵי אֵלִים, הָבוּ לַיהוה כָּבוֹד וָעֹז: הָבוּ לַיהוה כְּבוֹד שְׁמוֹ, הִשְׁתַּחֲווּ לַיהוה בְּהַדְרַת־קֹדֶשׁ: קוֹל יהוה עַל־הַמָּיִם, אֵל־הַכָּבוֹד הִרְעִים, יהוה עַל־מַיִם רַבִּים: קוֹל־יהוה בַּכֹּחַ, קוֹל יהוה בֶּהָדָר: קוֹל יהוה שֹׁבֵר אֲרָזִים, וַיְשַׁבֵּר יהוה אֶת־אַרְזֵי הַלְּבָנוֹן: וַיַּרְקִידֵם כְּמוֹ־עֵגֶל, לְבָנוֹן וְשִׂרְיוֹן כְּמוֹ בֶן־רְאֵמִים: קוֹל־יהוה חֹצֵב לַהֲבוֹת אֵשׁ: קוֹל יהוה יָחִיל מִדְבָּר, יָחִיל יהוה מִדְבַּר קָדֵשׁ: קוֹל יהוה יְחוֹלֵל אַיָּלוֹת וַיֶּחֱשֹׂף יְעָרוֹת, וּבְהֵיכָלוֹ, כֻּלּוֹ אֹמֵר כָּבוֹד: יהוה לַמַּבּוּל יָשָׁב, וַיֵּשֶׁב יהוה מֶלֶךְ לְעוֹלָם: יהוה עֹז לְעַמּוֹ יִתֵּן, יהוה יְבָרֵךְ אֶת־עַמּוֹ בַשָּׁלוֹם:

קדיש יתום (בעמ׳ 329)

שיר של יום ג׳ של סוכות

בחו״ל, שהוא היום הראשון בחול המועד, אומרים את מזמור כט (למעלה).

תהלים נ

מִזְמוֹר לְאָסָף, אֵל אֱלֹהִים יהוה דִּבֶּר וַיִּקְרָא־אָרֶץ, מִמִּזְרַח־שֶׁמֶשׁ עַד־מְבֹאוֹ: מִצִּיּוֹן מִכְלַל־יֹפִי אֱלֹהִים הוֹפִיעַ: יָבֹא אֱלֹהֵינוּ וְאַל־יֶחֱרַשׁ, אֵשׁ־לְפָנָיו תֹּאכֵל, וּסְבִיבָיו נִשְׂעֲרָה מְאֹד: יִקְרָא אֶל־הַשָּׁמַיִם מֵעָל, וְאֶל־הָאָרֶץ לָדִין עַמּוֹ: אִסְפוּ־לִי חֲסִידָי, כֹּרְתֵי בְרִיתִי עֲלֵי־זָבַח: וַיַּגִּידוּ שָׁמַיִם צִדְקוֹ, כִּי־אֱלֹהִים שֹׁפֵט הוּא סֶלָה: שִׁמְעָה עַמִּי וַאֲדַבֵּרָה, יִשְׂרָאֵל וְאָעִידָה בָּךְ, אֱלֹהִים אֱלֹהֶיךָ אָנֹכִי: לֹא עַל־זְבָחֶיךָ אוֹכִיחֶךָ, וְעוֹלֹתֶיךָ לְנֶגְדִּי תָמִיד: לֹא־אֶקַּח מִבֵּיתְךָ פָר, מִמִּכְלְאֹתֶיךָ עַתּוּדִים: כִּי־לִי כָל־

חַיְתוֹ־יָעַר, בְּהֵמוֹת בְּהַרְרֵי־אָלֶף: יָדַעְתִּי כָּל־עוֹף הָרִים, וְזִיז שָׂדַי עִמָּדִי:
אִם־אֶרְעַב לֹא־אֹמַר לָךְ, כִּי־לִי תֵבֵל וּמְלֹאָהּ: הַאוֹכַל בְּשַׂר אַבִּירִים, וְדַם
עַתּוּדִים אֶשְׁתֶּה: זְבַח לֵאלֹהִים תּוֹדָה, וְשַׁלֵּם לְעֶלְיוֹן נְדָרֶיךָ: וּקְרָאֵנִי
בְּיוֹם צָרָה, אֲחַלֶּצְךָ וּתְכַבְּדֵנִי: וְלָרָשָׁע אָמַר אֱלֹהִים, מַה־לְּךָ לְסַפֵּר חֻקָּי,
וַתִּשָּׂא בְרִיתִי עֲלֵי־פִיךָ: וְאַתָּה שָׂנֵאתָ מוּסָר, וַתַּשְׁלֵךְ דְּבָרַי אַחֲרֶיךָ:
אִם־רָאִיתָ גַנָּב, וַתִּרֶץ עִמּוֹ, וְעִם מְנָאֲפִים חֶלְקֶךָ: פִּיךָ שָׁלַחְתָּ בְרָעָה,
וּלְשׁוֹנְךָ תַּצְמִיד מִרְמָה: תֵּשֵׁב, בְּאָחִיךָ תְדַבֵּר, בְּבֶן־אִמְּךָ תִּתֶּן־דֹּפִי:
אֵלֶּה עָשִׂיתָ וְהֶחֱרַשְׁתִּי, דִּמִּיתָ הֱיוֹת־אֶהְיֶה כָמוֹךָ, אוֹכִיחֲךָ וְאֶעֶרְכָה
לְעֵינֶיךָ: בִּינוּ־נָא זֹאת, שֹׁכְחֵי אֱלוֹהַּ, פֶּן־אֶטְרֹף וְאֵין מַצִּיל: זֹבֵחַ תּוֹדָה
יְכַבְּדָנְנִי, וְשָׂם דֶּרֶךְ, אַרְאֶנּוּ בְּיֵשַׁע אֱלֹהִים:

קדיש יתום (בעמ׳ 329)

שיר של יום ד׳ של סוכות

אם חל ביום ראשון, אומרים את מזמור נ (בעמוד הקודם).

בחו״ל, שהוא היום השני בחול המועד, אומרים את מזמור נ (בעמוד הקודם), ואם חל ביום ראשון אומרים את מזמור כט (בעמוד הקודם).

תהלים צד מִי־יָקוּם לִי עִם־מְרֵעִים, מִי־יִתְיַצֵּב לִי עִם־פֹּעֲלֵי אָוֶן: לוּלֵי יהוה עֶזְרָתָה
לִּי, כִּמְעַט שָׁכְנָה דוּמָה נַפְשִׁי: אִם־אָמַרְתִּי מָטָה רַגְלִי, חַסְדְּךָ יהוה
יִסְעָדֵנִי: בְּרֹב שַׂרְעַפַּי בְּקִרְבִּי, תַּנְחוּמֶיךָ יְשַׁעַשְׁעוּ נַפְשִׁי: הַיְחָבְרְךָ
כִּסֵּא הַוּוֹת, יֹצֵר עָמָל עֲלֵי־חֹק: יָגוֹדּוּ עַל־נֶפֶשׁ צַדִּיק, וְדָם נָקִי יַרְשִׁיעוּ:
וַיְהִי יהוה לִי לְמִשְׂגָּב, וֵאלֹהַי לְצוּר מַחְסִי: וַיָּשֶׁב עֲלֵיהֶם אֶת־אוֹנָם,
וּבְרָעָתָם יַצְמִיתֵם, יַצְמִיתֵם יהוה אֱלֹהֵינוּ:

קדיש יתום (בעמ׳ 329)

שיר של יום ה׳ של סוכות

אם חל ביום שני, אומרים את חלקו השני של המזמור (למעלה).

בחו״ל, שהוא היום השלישי בחול המועד, אומרים את המזמור כסדרו (מתחיל ׳אֵל־נְקָמוֹת ה׳׳, וממשיך ׳מִי־יָקוּם לִי׳ למעלה), ואם חל ביום שני אומרים את מזמור נ (בעמוד הקודם).

תהלים צד אֵל־נְקָמוֹת יהוה, אֵל נְקָמוֹת הוֹפִיעַ: הִנָּשֵׂא שֹׁפֵט הָאָרֶץ, הָשֵׁב גְּמוּל
עַל־גֵּאִים: עַד־מָתַי רְשָׁעִים, יהוה, עַד־מָתַי רְשָׁעִים יַעֲלֹזוּ: יַבִּיעוּ יְדַבְּרוּ
עָתָק, יִתְאַמְּרוּ כָּל־פֹּעֲלֵי אָוֶן: עַמְּךָ יהוה יְדַכְּאוּ, וְנַחֲלָתְךָ יְעַנּוּ: אַלְמָנָה

וְגֵר יַהֲרֹגוּ, וִיתוֹמִים יְרַצֵּחוּ: וַיֹּאמְרוּ לֹא יִרְאֶה־יָּהּ, וְלֹא־יָבִין אֱלֹהֵי יַעֲקֹב: בִּינוּ בֹּעֲרִים בָּעָם, וּכְסִילִים מָתַי תַּשְׂכִּילוּ: הֲנֹטַע אֹזֶן הֲלֹא יִשְׁמָע, אִם־יֹצֵר עַיִן הֲלֹא יַבִּיט: הֲיֹסֵר גּוֹיִם הֲלֹא יוֹכִיחַ, הַמְלַמֵּד אָדָם דָּעַת: יהוה יֹדֵעַ מַחְשְׁבוֹת אָדָם, כִּי־הֵמָּה הָבֶל: אַשְׁרֵי הַגֶּבֶר אֲשֶׁר־תְּיַסְּרֶנּוּ יָּהּ, וּמִתּוֹרָתְךָ תְלַמְּדֶנּוּ: לְהַשְׁקִיט לוֹ מִימֵי רָע, עַד יִכָּרֶה לָרָשָׁע שָׁחַת: כִּי לֹא־יִטֹּשׁ יהוה עַמּוֹ, וְנַחֲלָתוֹ לֹא יַעֲזֹב: כִּי־עַד־צֶדֶק יָשׁוּב מִשְׁפָּט, וְאַחֲרָיו כָּל־יִשְׁרֵי־לֵב:

קדיש יתום (בעמ׳ 329)

שיר של יום ו׳ של סוכות

אם חל ביום שלישי, אומרים את חלקו הראשון של מזמור צד (בעמוד הקודם), ובחו״ל אומרים את מזמור צד כסדרו (בעמוד הקודם, ראה בהנחיה למזמור הקודם).

לַמְנַצֵּחַ עַל־הַגִּתִּית לְאָסָף: הַרְנִינוּ לֵאלֹהִים עוּזֵּנוּ, הָרִיעוּ לֵאלֹהֵי תהלים פא
יַעֲקֹב: שְׂאוּ־זִמְרָה וּתְנוּ־תֹף, כִּנּוֹר נָעִים עִם־נָבֶל: תִּקְעוּ בַחֹדֶשׁ שׁוֹפָר, בַּכֵּסֶה לְיוֹם חַגֵּנוּ: כִּי חֹק לְיִשְׂרָאֵל הוּא, מִשְׁפָּט לֵאלֹהֵי יַעֲקֹב: עֵדוּת בִּיהוֹסֵף שָׂמוֹ, בְּצֵאתוֹ עַל־אֶרֶץ מִצְרָיִם, שְׂפַת לֹא־יָדַעְתִּי אֶשְׁמָע: הֲסִירוֹתִי מִסֵּבֶל שִׁכְמוֹ, כַּפָּיו מִדּוּד תַּעֲבֹרְנָה: בַּצָּרָה קָרָאתָ וָאֲחַלְּצֶךָּ, אֶעֶנְךָ בְּסֵתֶר רַעַם, אֶבְחָנְךָ עַל־מֵי מְרִיבָה סֶלָה: שְׁמַע עַמִּי וְאָעִידָה בָּךְ, יִשְׂרָאֵל אִם־תִּשְׁמַע־לִי: לֹא־יִהְיֶה בְךָ אֵל זָר, וְלֹא תִשְׁתַּחֲוֶה לְאֵל נֵכָר: אָנֹכִי יהוה אֱלֹהֶיךָ, הַמַּעַלְךָ מֵאֶרֶץ מִצְרָיִם, הַרְחֶב־פִּיךָ וַאֲמַלְאֵהוּ: וְלֹא־שָׁמַע עַמִּי לְקוֹלִי, וְיִשְׂרָאֵל לֹא־אָבָה לִי: וָאֲשַׁלְּחֵהוּ בִּשְׁרִירוּת לִבָּם, יֵלְכוּ בְּמוֹעֲצוֹתֵיהֶם: לוּ עַמִּי שֹׁמֵעַ לִי, יִשְׂרָאֵל בִּדְרָכַי יְהַלֵּכוּ: כִּמְעַט אוֹיְבֵיהֶם אַכְנִיעַ, וְעַל־צָרֵיהֶם אָשִׁיב יָדִי: מְשַׂנְאֵי יהוה יְכַחֲשׁוּ־לוֹ, וִיהִי עִתָּם לְעוֹלָם: וַיַּאֲכִילֵהוּ מֵחֵלֶב חִטָּה, וּמִצּוּר, דְּבַשׁ אַשְׂבִּיעֶךָ:

קדיש יתום (בעמ׳ 329)

שיר של הושענא רבה

אם חל ביום ראשון, שני או רביעי אומרים את מזמור פא (למעלה).

מִזְמוֹר לְאָסָף, אֱלֹהִים נִצָּב בַּעֲדַת־אֵל, בְּקֶרֶב אֱלֹהִים יִשְׁפֹּט: עַד־מָתַי תהלים פב
תִּשְׁפְּטוּ־עָוֶל, וּפְנֵי רְשָׁעִים תִּשְׂאוּ־סֶלָה: שִׁפְטוּ־דָל וְיָתוֹם, עָנִי וָרָשׁ

הַצְדִּיקוּ: פַּלְּטוּ־דַל וְאֶבְיוֹן, מִיַּד רְשָׁעִים הַצִּילוּ: לֹא יָדְעוּ וְלֹא יָבִינוּ,
בַּחֲשֵׁכָה יִתְהַלָּכוּ, יִמּוֹטוּ כָּל־מוֹסְדֵי אָרֶץ: אֲנִי־אָמַרְתִּי אֱלֹהִים אַתֶּם,
וּבְנֵי עֶלְיוֹן כֻּלְּכֶם: אָכֵן כְּאָדָם תְּמוּתוּן, וּכְאַחַד הַשָּׂרִים תִּפֹּלוּ: קוּמָה
אֱלֹהִים שָׁפְטָה הָאָרֶץ, כִּי־אַתָּה תִנְחַל בְּכָל־הַגּוֹיִם:

קדיש יתום (בעמ׳ 329)

שיר של שמיני עצרת

תהלים יב לַמְנַצֵּחַ עַל־הַשְּׁמִינִית מִזְמוֹר לְדָוִד: הוֹשִׁיעָה יהוה כִּי־גָמַר חָסִיד, כִּי־
פַסּוּ אֱמוּנִים מִבְּנֵי אָדָם: שָׁוְא יְדַבְּרוּ אִישׁ אֶת־רֵעֵהוּ, שְׂפַת חֲלָקוֹת בְּלֵב
וָלֵב יְדַבֵּרוּ: יַכְרֵת יהוה כָּל־שִׂפְתֵי חֲלָקוֹת, לָשׁוֹן מְדַבֶּרֶת גְּדֹלוֹת: אֲשֶׁר
אָמְרוּ, לִלְשֹׁנֵנוּ נַגְבִּיר שְׂפָתֵינוּ אִתָּנוּ, מִי אָדוֹן לָנוּ: מִשֹּׁד עֲנִיִּים מֵאַנְקַת
אֶבְיוֹנִים, עַתָּה אָקוּם, יֹאמַר יהוה, אָשִׁית בְּיֵשַׁע יָפִיחַ לוֹ: אִמֲרוֹת יהוה
אֲמָרוֹת טְהֹרוֹת, כֶּסֶף צָרוּף בַּעֲלִיל לָאָרֶץ, מְזֻקָּק שִׁבְעָתָיִם: אַתָּה־
יהוה תִּשְׁמְרֵם, תִּצְּרֶנּוּ מִן־הַדּוֹר זוּ לְעוֹלָם: סָבִיב רְשָׁעִים יִתְהַלָּכוּן,
כְּרֻם זֻלּוּת לִבְנֵי אָדָם:

קדיש יתום (בעמ׳ 329)

שיר של שמחת תורה בחוץ לארץ

אם חל ביום ראשון אומרים את מזמור יב (למעלה).

תהלים ח לַמְנַצֵּחַ עַל־הַגִּתִּית מִזְמוֹר לְדָוִד: יהוה אֲדֹנֵינוּ, מָה־אַדִּיר שִׁמְךָ בְּכָל־
הָאָרֶץ, אֲשֶׁר־תְּנָה הוֹדְךָ עַל־הַשָּׁמָיִם: מִפִּי עוֹלְלִים וְיֹנְקִים יִסַּדְתָּ עֹז,
לְמַעַן צוֹרְרֶיךָ, לְהַשְׁבִּית אוֹיֵב וּמִתְנַקֵּם: כִּי־אֶרְאֶה שָׁמֶיךָ מַעֲשֵׂה
אֶצְבְּעֹתֶיךָ, יָרֵחַ וְכוֹכָבִים אֲשֶׁר כּוֹנָנְתָּה: מָה־אֱנוֹשׁ כִּי־תִזְכְּרֶנּוּ, וּבֶן־
אָדָם כִּי תִפְקְדֶנּוּ: וַתְּחַסְּרֵהוּ מְּעַט מֵאֱלֹהִים, וְכָבוֹד וְהָדָר תְּעַטְּרֵהוּ:
תַּמְשִׁילֵהוּ בְּמַעֲשֵׂי יָדֶיךָ, כֹּל שַׁתָּה תַחַת־רַגְלָיו: צֹנֶה וַאֲלָפִים כֻּלָּם,
וְגַם בַּהֲמוֹת שָׂדָי: צִפּוֹר שָׁמַיִם וּדְגֵי הַיָּם, עֹבֵר אָרְחוֹת יַמִּים: יהוה
אֲדֹנֵינוּ, מָה־אַדִּיר שִׁמְךָ בְּכָל־הָאָרֶץ:

קדיש יתום (בעמ׳ 329)

לערבית של חול בחוץ לארץ

בחו״ל לאחר ברכת ׳הַשְׁכִּיבֵנוּ׳ נוהגים להוסיף את הפסוקים ׳בָּרוּךְ ה׳ לְעוֹלָם׳
ואת ברכת ׳יִרְאוּ עֵינֵינוּ׳, וברוב הקהילות אין מוסיפים אותם במוצאי שבת.

בָּרוּךְ יהוה לְעוֹלָם, אָמֵן וְאָמֵן: תהלים פט
בָּרוּךְ יהוה מִצִּיּוֹן, שֹׁכֵן יְרוּשָׁלָםִ, הַלְלוּיָהּ: תהלים קלה
בָּרוּךְ יהוה אֱלֹהִים אֱלֹהֵי יִשְׂרָאֵל, עֹשֵׂה נִפְלָאוֹת לְבַדּוֹ: תהלים עב
וּבָרוּךְ שֵׁם כְּבוֹדוֹ לְעוֹלָם
וְיִמָּלֵא כְבוֹדוֹ אֶת־כָּל־הָאָרֶץ, אָמֵן וְאָמֵן:
יְהִי כְבוֹד יהוה לְעוֹלָם, יִשְׂמַח יהוה בְּמַעֲשָׂיו: תהלים קד
יְהִי שֵׁם יהוה מְבֹרָךְ מֵעַתָּה וְעַד־עוֹלָם: תהלים קיג
כִּי לֹא־יִטֹּשׁ יהוה אֶת־עַמּוֹ בַּעֲבוּר שְׁמוֹ הַגָּדוֹל שמואל א׳, יב
כִּי הוֹאִיל יהוה לַעֲשׂוֹת אֶתְכֶם לוֹ לְעָם:
וַיַּרְא כָּל־הָעָם וַיִּפְּלוּ עַל־פְּנֵיהֶם מלכים א׳, יח
וַיֹּאמְרוּ, יהוה הוּא הָאֱלֹהִים, יהוה הוּא הָאֱלֹהִים:
וְהָיָה יהוה לְמֶלֶךְ עַל־כָּל־הָאָרֶץ זכריה יד
בַּיּוֹם הַהוּא יִהְיֶה יהוה אֶחָד וּשְׁמוֹ אֶחָד:
יְהִי־חַסְדְּךָ יהוה עָלֵינוּ, כַּאֲשֶׁר יִחַלְנוּ לָךְ: תהלים לג
הוֹשִׁיעֵנוּ יהוה אֱלֹהֵינוּ, וְקַבְּצֵנוּ מִן־הַגּוֹיִם תהלים קו
לְהוֹדוֹת לְשֵׁם קָדְשֶׁךָ, לְהִשְׁתַּבֵּחַ בִּתְהִלָּתֶךָ:
כָּל־גּוֹיִם אֲשֶׁר עָשִׂיתָ, יָבוֹאוּ וְיִשְׁתַּחֲווּ לְפָנֶיךָ, אֲדֹנָי תהלים פו
וִיכַבְּדוּ לִשְׁמֶךָ:
כִּי־גָדוֹל אַתָּה וְעֹשֵׂה נִפְלָאוֹת, אַתָּה אֱלֹהִים לְבַדֶּךָ:
וַאֲנַחְנוּ עַמְּךָ וְצֹאן מַרְעִיתֶךָ, נוֹדֶה לְּךָ לְעוֹלָם תהלים עט
לְדוֹר וָדֹר נְסַפֵּר תְּהִלָּתֶךָ:

בָּרוּךְ יהוה בַּיּוֹם, בָּרוּךְ יהוה בַּלָּיְלָה
בָּרוּךְ יהוה בְּשָׁכְבֵנוּ, בָּרוּךְ יהוה בְּקוּמֵנוּ.

כִּי בְיָדְךָ נַפְשׁוֹת הַחַיִּים וְהַמֵּתִים.
אֲשֶׁר בְּיָדוֹ נֶפֶשׁ כָּל־חָי, וְרְוּחַ כָּל־בְּשַׂר־אִישׁ: איוב יב
בְּיָדְךָ אַפְקִיד רוּחִי, פָּדִיתָה אוֹתִי יהוה אֵל אֱמֶת: תהלים לא
אֱלֹהֵינוּ שֶׁבַּשָּׁמַיִם, יַחֵד שִׁמְךָ וְקַיֵּם מַלְכוּתְךָ תָּמִיד
וּמְלֹךְ עָלֵינוּ לְעוֹלָם וָעֶד.

יִרְאוּ עֵינֵינוּ וְיִשְׂמַח לִבֵּנוּ
וְתָגֵל נַפְשֵׁנוּ בִּישׁוּעָתְךָ בֶּאֱמֶת
בֶּאֱמֹר לְצִיּוֹן מָלַךְ אֱלֹהָיִךְ.
יהוה מֶלֶךְ, יהוה מָלָךְ, יהוה יִמְלֹךְ לְעֹלָם וָעֶד.
◂ כִּי הַמַּלְכוּת שֶׁלְּךָ הִיא, וּלְעוֹלְמֵי עַד תִּמְלֹךְ בְּכָבוֹד
כִּי אֵין לָנוּ מֶלֶךְ אֶלָּא אָתָּה.
בָּרוּךְ אַתָּה יהוה
הַמֶּלֶךְ בִּכְבוֹדוֹ תָּמִיד, יִמְלֹךְ עָלֵינוּ לְעוֹלָם וָעֶד
וְעַל כָּל מַעֲשָׂיו.

ממשיכים בחצי קדיש בעמ׳ 433.

קידוש לבנה

במוצאי שבת אומרים קידוש לבנה תחת כיפת השמים בזמן שהלבנה נראית, משלושה ימים לאחר המולד. אם לא אמרו קידוש לבנה בתחילת חודש סיון, אומרים במוצאי שבועות.

תהלים קמח

הַלְלוּיָהּ
הַלְלוּ אֶת־יהוה מִן־הַשָּׁמַיִם
הַלְלוּהוּ בַּמְּרוֹמִים:
הַלְלוּהוּ כָל־מַלְאָכָיו
הַלְלוּהוּ כָּל־צְבָאָו:
הַלְלוּהוּ שֶׁמֶשׁ וְיָרֵחַ
הַלְלוּהוּ כָּל־כּוֹכְבֵי אוֹר:
הַלְלוּהוּ שְׁמֵי הַשָּׁמָיִם, וְהַמַּיִם אֲשֶׁר מֵעַל הַשָּׁמָיִם:
יְהַלְלוּ אֶת־שֵׁם יהוה, כִּי הוּא צִוָּה וְנִבְרָאוּ:
וַיַּעֲמִידֵם לָעַד לְעוֹלָם, חָק־נָתַן וְלֹא יַעֲבוֹר:

יש הנוהגים להוסיף פסוקים אלה בעקבות מנהג הספרדים.

תהלים ח

כִּי־אֶרְאֶה שָׁמֶיךָ מַעֲשֵׂה אֶצְבְּעֹתֶיךָ
יָרֵחַ וְכוֹכָבִים אֲשֶׁר כּוֹנָנְתָּה:
מָה־אֱנוֹשׁ כִּי־תִזְכְּרֶנּוּ
וּבֶן־אָדָם כִּי תִפְקְדֶנּוּ:

מסתכל בלבנה ומברך:

בָּרוּךְ אַתָּה יהוה אֱלֹהֵינוּ מֶלֶךְ הָעוֹלָם, אֲשֶׁר בְּמַאֲמָרוֹ בָּרָא שְׁחָקִים, וּבְרוּחַ פִּיו כָּל צְבָאָם, חֹק וּזְמַן נָתַן לָהֶם שֶׁלֹּא יְשַׁנּוּ אֶת תַּפְקִידָם. שָׂשִׂים וּשְׂמֵחִים לַעֲשׂוֹת רְצוֹן קוֹנָם, פּוֹעֵל אֱמֶת שֶׁפְּעֻלָּתוֹ אֱמֶת. וְלַלְּבָנָה אָמַר שֶׁתִּתְחַדֵּשׁ, עֲטֶרֶת תִּפְאֶרֶת לַעֲמוּסֵי בָטֶן, שֶׁהֵם עֲתִידִים לְהִתְחַדֵּשׁ כְּמוֹתָהּ וּלְפָאֵר לְיוֹצְרָם עַל שֵׁם כְּבוֹד מַלְכוּתוֹ. בָּרוּךְ אַתָּה יהוה, מְחַדֵּשׁ חֳדָשִׁים.

אומר שלוש פעמים כל פסוק מן הפסוקים הבאים (מסכת סופרים):

בָּרוּךְ יוֹצְרֵךְ, בָּרוּךְ עוֹשֵׂךְ, בָּרוּךְ קוֹנֵךְ, בָּרוּךְ בּוֹרְאֵךְ.

מרקד כנגד הלבנה שלוש פעמים, ובכל פעם אומר:

כְּשֵׁם שֶׁאֲנִי רוֹקֵד כְּנֶגְדֵּךְ
וְאֵינִי יָכוֹל לִנְגֹּעַ בָּךְ
כָּךְ לֹא יוּכְלוּ כָּל אוֹיְבַי לִנְגֹּעַ בִּי לְרָעָה.

תִּפֹּל עֲלֵיהֶם אֵימָתָה וָפַחַד, בִּגְדֹל זְרוֹעֲךָ יִדְּמוּ כָּאָבֶן: שמות טו

אומר את הפסוק הקודם גם בסדר הפוך (סידור הרוקח):

כָּאָבֶן יִדְּמוּ זְרוֹעֲךָ בִּגְדֹל, וָפַחַד אֵימָתָה עֲלֵיהֶם תִּפֹּל.

ומזכיר את מלכות דוד, שנמשלה ללבנה (רמ״א תקכו, א, על פי רבינו בחיי לבראשית לח, ל):

דָּוִד מֶלֶךְ יִשְׂרָאֵל חַי וְקַיָּם.

מברך שלוש פעמים את חברו או שלושה אנשים שונים (מסכת סופרים):

שָׁלוֹם עֲלֵיכֶם.

ועונים לו:

עֲלֵיכֶם שָׁלוֹם.

ואומר שלוש פעמים:

סִימָן טוֹב וּמַזָּל טוֹב יְהֵא לָנוּ וּלְכָל יִשְׂרָאֵל, אָמֵן.

נהגו להוסיף פסוקים אלה, על פי מנהג ר׳ יהודה החסיד (מובא במג״א, תכו, י).

קוֹל דּוֹדִי הִנֵּה־זֶה בָּא שיר השירים ב
מְדַלֵּג עַל־הֶהָרִים, מְקַפֵּץ עַל־הַגְּבָעוֹת:
דּוֹמֶה דוֹדִי לִצְבִי אוֹ לְעֹפֶר הָאַיָּלִים
הִנֵּה־זֶה עוֹמֵד אַחַר כָּתְלֵנוּ
מַשְׁגִּיחַ מִן־הַחַלֹּנוֹת, מֵצִיץ מִן־הַחֲרַכִּים:

נהגו להוסיף שני מזמורים אלה (מג״א שם בשם השל״ה):

תהלים קכא שִׁיר לַמַּעֲלוֹת, אֶשָּׂא עֵינַי אֶל־הֶהָרִים, מֵאַיִן יָבֹא עֶזְרִי: עֶזְרִי מֵעִם יהוה, עֹשֵׂה שָׁמַיִם וָאָרֶץ: אַל־יִתֵּן לַמּוֹט רַגְלֶךָ, אַל־יָנוּם שֹׁמְרֶךָ: הִנֵּה לֹא־יָנוּם וְלֹא יִישָׁן, שׁוֹמֵר יִשְׂרָאֵל: יהוה שֹׁמְרֶךָ, יהוה צִלְּךָ עַל־יַד יְמִינֶךָ: יוֹמָם הַשֶּׁמֶשׁ לֹא־יַכֶּכָּה, וְיָרֵחַ בַּלָּיְלָה: יהוה יִשְׁמָרְךָ מִכָּל־רָע, יִשְׁמֹר אֶת־נַפְשֶׁךָ: יהוה יִשְׁמָר־צֵאתְךָ וּבוֹאֶךָ, מֵעַתָּה וְעַד־עוֹלָם:

תהלים קנ הַלְלוּיָהּ, הַלְלוּ־אֵל בְּקָדְשׁוֹ, הַלְלוּהוּ בִּרְקִיעַ עֻזּוֹ: הַלְלוּהוּ בִגְבוּרֹתָיו, הַלְלוּהוּ כְּרֹב גֻּדְלוֹ: הַלְלוּהוּ בְּתֵקַע שׁוֹפָר, הַלְלוּהוּ בְּנֵבֶל וְכִנּוֹר: הַלְלוּהוּ בְתֹף וּמָחוֹל, הַלְלוּהוּ בְּמִנִּים וְעוּגָב: הַלְלוּהוּ בְצִלְצְלֵי־שָׁמַע, הַלְלוּהוּ בְּצִלְצְלֵי תְרוּעָה: כֹּל הַנְּשָׁמָה תְּהַלֵּל יָהּ, הַלְלוּיָהּ:

סנהדרין מב. תָּנָא דְבֵי רַבִּי יִשְׁמָעֵאל: אִלְמָלֵי לֹא זָכוּ יִשְׂרָאֵל אֶלָּא לְהַקְבִּיל פְּנֵי אֲבִיהֶם שֶׁבַּשָּׁמַיִם פַּעַם אַחַת בַּחֹדֶשׁ, דַּיָּם. אָמַר אַבַּיֵי: הִלְכָּךְ צָרִיךְ לְמֵימְרָא מְעֻמָּד. מִי זֹאת עֹלָה מִן־הַמִּדְבָּר, מִתְרַפֶּקֶת עַל־דּוֹדָהּ: שיר השירים ח

וִיהִי רָצוֹן מִלְּפָנֶיךָ יהוה אֱלֹהַי וֵאלֹהֵי אֲבוֹתַי, לְמַלֹּאת פְּגִימַת הַלְּבָנָה וְלֹא יִהְיֶה בָּהּ שׁוּם מִעוּט. וִיהִי אוֹר הַלְּבָנָה כְּאוֹר הַחַמָּה וּכְאוֹר שִׁבְעַת יְמֵי בְרֵאשִׁית, כְּמוֹ שֶׁהָיְתָה קֹדֶם מִעוּטָהּ, שֶׁנֶּאֱמַר:
בראשית א אֶת־שְׁנֵי הַמְּאֹרֹת הַגְּדֹלִים: וְיִתְקַיֵּם בָּנוּ מִקְרָא שֶׁכָּתוּב: וּבִקְשׁוּ
הושע ג אֶת־יהוה אֱלֹהֵיהֶם וְאֵת דָּוִיד מַלְכָּם: אָמֵן.

תהלים סז לַמְנַצֵּחַ בִּנְגִינֹת, מִזְמוֹר שִׁיר: אֱלֹהִים יְחָנֵּנוּ וִיבָרְכֵנוּ, יָאֵר פָּנָיו אִתָּנוּ סֶלָה: לָדַעַת בָּאָרֶץ דַּרְכֶּךָ, בְּכָל־גּוֹיִם יְשׁוּעָתֶךָ: יוֹדוּךָ עַמִּים אֱלֹהִים, יוֹדוּךָ עַמִּים כֻּלָּם: יִשְׂמְחוּ וִירַנְּנוּ לְאֻמִּים, כִּי־תִשְׁפֹּט עַמִּים מִישֹׁר, וּלְאֻמִּים בָּאָרֶץ תַּנְחֵם סֶלָה: יוֹדוּךָ עַמִּים אֱלֹהִים, יוֹדוּךָ עַמִּים כֻּלָּם: אֶרֶץ נָתְנָה יְבוּלָהּ, יְבָרְכֵנוּ אֱלֹהִים אֱלֹהֵינוּ: יְבָרְכֵנוּ אֱלֹהִים, וְיִירְאוּ אוֹתוֹ כָּל־אַפְסֵי־אָרֶץ:

אומרים ׳עָלֵינוּ׳ בעמידה (טור, קלג) ומשתחווים במקום המסומן ב*.

עָלֵינוּ לְשַׁבֵּחַ לַאֲדוֹן הַכֹּל, לָתֵת גְּדֻלָּה לְיוֹצֵר בְּרֵאשִׁית
שֶׁלֹּא עָשָׂנוּ כְּגוֹיֵי הָאֲרָצוֹת, וְלֹא שָׂמָנוּ כְּמִשְׁפְּחוֹת הָאֲדָמָה
שֶׁלֹּא שָׂם חֶלְקֵנוּ כָּהֶם וְגוֹרָלֵנוּ כְּכָל הֲמוֹנָם.
שֶׁהֵם מִשְׁתַּחֲוִים לְהֶבֶל וָרִיק וּמִתְפַּלְלִים אֶל אֵל לֹא יוֹשִׁיעַ.
*וַאֲנַחְנוּ כּוֹרְעִים וּמִשְׁתַּחֲוִים וּמוֹדִים
לִפְנֵי מֶלֶךְ מַלְכֵי הַמְּלָכִים, הַקָּדוֹשׁ בָּרוּךְ הוּא
שֶׁהוּא נוֹטֶה שָׁמַיִם וְיוֹסֵד אָרֶץ, וּמוֹשַׁב יְקָרוֹ בַּשָּׁמַיִם מִמַּעַל
וּשְׁכִינַת עֻזּוֹ בְּגָבְהֵי מְרוֹמִים.
הוּא אֱלֹהֵינוּ, אֵין עוֹד.
אֱמֶת מַלְכֵּנוּ, אֶפֶס זוּלָתוֹ
דברים ד כַּכָּתוּב בְּתוֹרָתוֹ, וְיָדַעְתָּ הַיּוֹם וַהֲשֵׁבֹתָ אֶל־לְבָבֶךָ
כִּי יהוה הוּא הָאֱלֹהִים בַּשָּׁמַיִם מִמַּעַל וְעַל־הָאָרֶץ מִתָּחַת, אֵין עוֹד:

עַל כֵּן נְקַוֶּה לְּךָ יהוה אֱלֹהֵינוּ לִרְאוֹת מְהֵרָה בְּתִפְאֶרֶת עֻזֶּךָ
לְהַעֲבִיר גִּלּוּלִים מִן הָאָרֶץ, וְהָאֱלִילִים כָּרוֹת יִכָּרֵתוּן
לְתַקֵּן עוֹלָם בְּמַלְכוּת שַׁדַּי.
וְכָל בְּנֵי בָשָׂר יִקְרְאוּ בִשְׁמֶךָ לְהַפְנוֹת אֵלֶיךָ כָּל רִשְׁעֵי אָרֶץ.
יַכִּירוּ וְיֵדְעוּ כָּל יוֹשְׁבֵי תֵבֵל כִּי לְךָ תִּכְרַע כָּל בֶּרֶךְ, תִּשָּׁבַע כָּל לָשׁוֹן.
לְפָנֶיךָ יהוה אֱלֹהֵינוּ יִכְרְעוּ וְיִפֹּלוּ, וְלִכְבוֹד שִׁמְךָ יְקָר יִתֵּנוּ
וִיקַבְּלוּ כֻלָּם אֶת עֹל מַלְכוּתֶךָ, וְתִמְלֹךְ עֲלֵיהֶם מְהֵרָה לְעוֹלָם וָעֶד.
כִּי הַמַּלְכוּת שֶׁלְּךָ הִיא וּלְעוֹלְמֵי עַד תִּמְלֹךְ בְּכָבוֹד
שמות טו כַּכָּתוּב בְּתוֹרָתֶךָ, יהוה יִמְלֹךְ לְעֹלָם וָעֶד:
זכריה יד ◄ וְנֶאֱמַר, וְהָיָה יהוה לְמֶלֶךְ עַל־כָּל־הָאָרֶץ
בַּיּוֹם הַהוּא יִהְיֶה יהוה אֶחָד וּשְׁמוֹ אֶחָד:

יש מוסיפים:

משלי ג אַל־תִּירָא מִפַּחַד פִּתְאֹם וּמִשֹּׁאַת רְשָׁעִים כִּי תָבֹא:
ישעיה ח עֻצוּ עֵצָה וְתֻפָר, דַּבְּרוּ דָבָר וְלֹא יָקוּם, כִּי עִמָּנוּ אֵל:
ישעיה מו וְעַד־זִקְנָה אֲנִי הוּא, וְעַד־שֵׂיבָה אֲנִי אֶסְבֹּל אֲנִי עָשִׂיתִי וַאֲנִי אֶשָּׂא וַאֲנִי אֶסְבֹּל וַאֲמַלֵּט:

קדיש יתום

אם יש מניין, האבלים אומרים קדיש.

אבל: יִתְגַּדַּל וְיִתְקַדַּשׁ שְׁמֵהּ רַבָּא (קהל: אָמֵן)
בְּעָלְמָא דִּי בְרָא כִרְעוּתֵהּ
וְיַמְלִיךְ מַלְכוּתֵהּ
בְּחַיֵּיכוֹן וּבְיוֹמֵיכוֹן וּבְחַיֵּי דְכָל בֵּית יִשְׂרָאֵל
בַּעֲגָלָא וּבִזְמַן קָרִיב, וְאִמְרוּ אָמֵן. (קהל: אָמֵן)

קהל ואבל: יְהֵא שְׁמֵהּ רַבָּא מְבָרַךְ לְעָלַם וּלְעָלְמֵי עָלְמַיָּא.

אבל: יִתְבָּרַךְ וְיִשְׁתַּבַּח וְיִתְפָּאַר
וְיִתְרוֹמַם וְיִתְנַשֵּׂא וְיִתְהַדָּר וְיִתְעַלֶּה וְיִתְהַלָּל
שְׁמֵהּ דְּקֻדְשָׁא בְּרִיךְ הוּא (קהל: בְּרִיךְ הוּא)
לְעֵלָּא מִן כָּל בִּרְכָתָא וְשִׁירָתָא, תֻּשְׁבְּחָתָא וְנֶחֱמָתָא
דַּאֲמִירָן בְּעָלְמָא, וְאִמְרוּ אָמֵן. (קהל: אָמֵן)

יְהֵא שְׁלָמָא רַבָּא מִן שְׁמַיָּא
וְחַיִּים, עָלֵינוּ וְעַל כָּל יִשְׂרָאֵל, וְאִמְרוּ אָמֵן. (קהל: אָמֵן)

כורע ופוסע שלוש פסיעות לאחור. קד לשמאל, לימין ולפנים באמירת:

עֹשֶׂה שָׁלוֹם בִּמְרוֹמָיו
הוּא יַעֲשֶׂה שָׁלוֹם עָלֵינוּ וְעַל כָּל יִשְׂרָאֵל, וְאִמְרוּ אָמֵן. (קהל: אָמֵן)

נוהגים לשיר:

טוֹבִים מְאוֹרוֹת שֶׁבָּרָא אֱלֹהֵינוּ, יְצָרָם בְּדַעַת בְּבִינָה וּבְהַשְׂכֵּל
כֹּחַ וּגְבוּרָה נָתַן בָּהֶם, לִהְיוֹת מוֹשְׁלִים בְּקֶרֶב תֵּבֵל.

מְלֵאִים זִיו וּמְפִיקִים נֹגַהּ, נָאֶה זִיוָם בְּכָל הָעוֹלָם
שְׂמֵחִים בְּצֵאתָם וְשָׂשִׂים בְּבוֹאָם, עוֹשִׂים בְּאֵימָה רְצוֹן קוֹנָם.

פְּאֵר וְכָבוֹד נוֹתְנִים לִשְׁמוֹ, צָהֳלָה וְרִנָּה לְזֵכֶר מַלְכוּתוֹ
קָרָא לַשֶּׁמֶשׁ וַיִּזְרַח אוֹר, רָאָה וְהִתְקִין צוּרַת הַלְּבָנָה.

סדר ברית מילה

כשמביאים את הילד,
הקהל עומד על רגליו ואומר (ספר המנהיג):

בָּרוּךְ הַבָּא.

פסוק זה נדרש בזוהר (לך לך, עו ע״ב) על הבחירה בישראל
הבאה לידי ביטוי בברית המילה.

תהלים סה — המוהל: **אַשְׁרֵי תִּבְחַר וּתְקָרֵב, יִשְׁכֹּן חֲצֵרֶיךָ**

הקהל: **נִשְׂבְּעָה בְּטוּב בֵּיתֶךָ, קְדֹשׁ הֵיכָלֶךָ:**

האב לוקח את בנו ואומר בלחש:

תהלים קלז — **אִם־אֶשְׁכָּחֵךְ יְרוּשָׁלָםִ, תִּשְׁכַּח יְמִינִי:**
תִּדְבַּק לְשׁוֹנִי לְחִכִּי אִם־לֹא אֶזְכְּרֵכִי
אִם־לֹא אַעֲלֶה אֶת־יְרוּשָׁלַםִ עַל רֹאשׁ שִׂמְחָתִי:

מנהג ארץ ישראל הוא שהאב אומר את הפסוקים הבאים בקול רם,
והקהל אחריו:

דברים ו — **שְׁמַע יִשְׂרָאֵל, יהוה אֱלֹהֵינוּ, יהוה אֶחָד:**

פעמיים: **יהוה מֶלֶךְ, יהוה מָלָךְ, יהוה יִמְלֹךְ לְעוֹלָם וָעֶד.**

תהלים קיח — פעמיים: **אָנָּא יהוה הוֹשִׁיעָה נָּא**

פעמיים: **אָנָּא יהוה הַצְלִיחָה נָּא:**

לאחר שאליהו הנביא קינא לקיום ברית המילה,
שנאמר ״קַנֹּא קִנֵּאתִי לַה׳ אֱלֹהֵי צְבָאוֹת, כִּי־עָזְבוּ בְרִיתְךָ בְּנֵי יִשְׂרָאֵל״ (מל״א יט, יד),
הקב״ה ציווה עליו שיהא נוכח בכל טקס מילה (שיבולי הלקט).

מניחים את הילד על כיסא אליהו, והמוהל אומר:

זֶה הַכִּסֵּא שֶׁל אֵלִיָּהוּ הַנָּבִיא זָכוּר לַטּוֹב.

לִישׁוּעָתְךָ קִוִּיתִי יהוה: בראשית מט
שִׂבַּרְתִּי לִישׁוּעָתְךָ יהוה, וּמִצְוֹתֶיךָ עָשִׂיתִי: תהלים קיט
אֵלִיָּהוּ מַלְאַךְ הַבְּרִית, הִנֵּה שֶׁלְּךָ לְפָנֶיךָ, עֲמֹד עַל יְמִינִי וְסָמְכֵנִי.
שִׂבַּרְתִּי לִישׁוּעָתְךָ יהוה: תהלים קיט
שָׂשׂ אָנֹכִי עַל־אִמְרָתֶךָ, כְּמוֹצֵא שָׁלָל רָב:
שָׁלוֹם רָב לְאֹהֲבֵי תוֹרָתֶךָ, וְאֵין־לָמוֹ מִכְשׁוֹל:
אַשְׁרֵי תִּבְחַר וּתְקָרֵב, יִשְׁכֹּן חֲצֵרֶיךָ תהלים סה

והקהל עונה:

נִשְׂבְּעָה בְּטוּב בֵּיתֶךָ, קְדשׁ הֵיכָלֶךָ:

הסנדק מקבל את הילד על ברכיו, והמוהל מברך:

בָּרוּךְ אַתָּה יהוה אֱלֹהֵינוּ מֶלֶךְ הָעוֹלָם
אֲשֶׁר קִדְּשָׁנוּ בְּמִצְוֹתָיו וְצִוָּנוּ עַל הַמִּילָה.

ומיד אבי הבן מברך:

בָּרוּךְ אַתָּה יהוה אֱלֹהֵינוּ מֶלֶךְ הָעוֹלָם
אֲשֶׁר קִדְּשָׁנוּ בְּמִצְוֹתָיו
וְצִוָּנוּ לְהַכְנִיסוֹ בִּבְרִיתוֹ שֶׁל אַבְרָהָם אָבִינוּ.

בארץ ישראל נוהגים שהאב מברך 'שֶׁהֶחֱיָנוּ' (רמב"ם):

בָּרוּךְ אַתָּה יהוה אֱלֹהֵינוּ מֶלֶךְ הָעוֹלָם
שֶׁהֶחֱיָנוּ וְקִיְּמָנוּ וְהִגִּיעָנוּ לַזְּמַן הַזֶּה.

הקהל עונה:

אָמֵן. כְּשֵׁם שֶׁנִּכְנַס לַבְּרִית
כֵּן יִכָּנֵס לְתוֹרָה וּלְחֻפָּה וּלְמַעֲשִׂים טוֹבִים.

אחר המילה מברך (שבת קלז ע״ב):

בָּרוּךְ אַתָּה יהוה אֱלֹהֵינוּ מֶלֶךְ הָעוֹלָם, בּוֹרֵא פְּרִי הַגָּפֶן.

בָּרוּךְ אַתָּה יהוה אֱלֹהֵינוּ מֶלֶךְ הָעוֹלָם, אֲשֶׁר קִדַּשׁ יְדִיד מִבֶּטֶן, וְחֹק בִּשְׁאֵרוֹ שָׂם, וְצֶאֱצָאָיו חָתַם בְּאוֹת בְּרִית קֹדֶשׁ. עַל כֵּן בִּשְׂכַר זֹאת, אֵל חַי חֶלְקֵנוּ צוּרֵנוּ צַוֵּה לְהַצִּיל יְדִידוּת שְׁאֵרֵנוּ מִשַּׁחַת, לְמַעַן בְּרִיתוֹ אֲשֶׁר שָׂם בִּבְשָׂרֵנוּ. בָּרוּךְ אַתָּה יהוה, כּוֹרֵת הַבְּרִית.

המברך אומר:

אֱלֹהֵינוּ וֵאלֹהֵי אֲבוֹתֵינוּ, קַיֵּם אֶת הַיֶּלֶד הַזֶּה לְאָבִיו וּלְאִמּוֹ, וְיִקָּרֵא שְׁמוֹ בְּיִשְׂרָאֵל (פלוני בֶּן פלוני). יִשְׂמַח הָאָב בְּיוֹצֵא חֲלָצָיו
וְתָגֵל אִמּוֹ בִּפְרִי בִטְנָהּ, כַּכָּתוּב: יִשְׂמַח־אָבִיךָ וְאִמֶּךָ, וְתָגֵל משלי כג
יוֹלַדְתֶּךָ: וְנֶאֱמַר: וָאֶעֱבֹר עָלַיִךְ וָאֶרְאֵךְ מִתְבּוֹסֶסֶת בְּדָמָיִךְ, יחזקאל טז
וָאֹמַר לָךְ בְּדָמַיִךְ חֲיִי, וָאֹמַר לָךְ בְּדָמַיִךְ חֲיִי: וְנֶאֱמַר: זָכַר לְעוֹלָם תהלים קה
בְּרִיתוֹ, דָּבָר צִוָּה לְאֶלֶף דּוֹר: אֲשֶׁר כָּרַת אֶת־אַבְרָהָם, וּשְׁבוּעָתוֹ לְיִשְׂחָק: וַיַּעֲמִידֶהָ לְיַעֲקֹב לְחֹק, לְיִשְׂרָאֵל בְּרִית עוֹלָם: וְנֶאֱמַר:
וַיָּמָל אַבְרָהָם אֶת־יִצְחָק בְּנוֹ בֶּן־שְׁמֹנַת יָמִים, כַּאֲשֶׁר צִוָּה אֹתוֹ בראשית כא
אֱלֹהִים: הוֹדוּ לַיהוה כִּי־טוֹב, כִּי לְעוֹלָם חַסְדּוֹ: תהלים קיח

הקהל עונה:

הוֹדוּ לַיהוה כִּי־טוֹב, כִּי לְעוֹלָם חַסְדּוֹ:

המברך ממשיך:

(פלוני בֶּן פלוני) זֶה הַקָּטָן גָּדוֹל יִהְיֶה, כְּשֵׁם שֶׁנִּכְנַס לַבְּרִית, כֵּן יִכָּנֵס לְתוֹרָה וּלְחֻפָּה וּלְמַעֲשִׂים טוֹבִים.

נותנים מעט מהיין לתינוק, לסנדק ולאם.

אומרים ׳עָלֵינוּ׳ (עמ׳ 508), ואחריו קדיש יתום.

קורן ירושלים